Ernst-Otto Czempiel

Machtprobe

Ernst-Otto Czempiel

Machtprobe

Die USA und die Sowjetunion in den achtziger Jahren

Verlag C. H. Beck München

CIP-Titelaufnahme der Deutschen Bibliothek

Czempiel, Ernst-Otto:
Machtprobe : Die USA und die Sowjetunion in den achtziger Jahren / Ernst-Otto Czempiel. –
München : Beck, 1989
ISBN 3 406 33625 6

ISBN 3 406 33625 6

Satz: C. H. Beck'sche Buchdruckerei, Nördlingen
Druck- und Bindearbeiten: May & Co., Darmstadt
Printed in Germany

Für C-B-L

wie stets

Inhalt

III.
Sowjetische Außenpolitik von Andropow bis Gorbatschow
Seite 217

IV.
Aufrüstung und Pragmatismus
Seite 238

V.
Kampf und Widerstand
Seite 304

VI.
Der Preis der Macht
Seite 344

VII.
George Bush: Erbschaft und Chancen
Seite 355

VIII.
Methodisch-theoretische Nachbemerkung
Seite 362

Anhang

Vorwort

Der Ost-West-Konflikt ist in eine neue Phase getreten. Was 1979 mit der Afghanistan-Intervention der Sowjetunion und mit dem Scheitern des SALT II-Vertrages begann, ist zehn Jahre danach in sein Gegenteil umgeschlagen: Rückzug der Sowjets aus Kabul, Abrüstung der Mittelstreckenwaffen, Kontrolle und Reduzierung anderer offensiver Waffensysteme, sogar der der Seerüstung. Entspannung ist wieder angesagt zwischen Washington und Moskau. In der Sowjetunion hat die Glasnost- und Perestroika-Politik Gorbatschows Tritt gefaßt. In den USA hat ein neuer Präsident das Ruder übernommen und die Ära Reagan beendet.

Die Wiederkehr der siebziger Jahre also? Wir wissen seit langem, daß die amerikanisch-sowjetischen Beziehungen in einem Zyklus von zehn Jahren zwischen dem Pol der Konfrontation und dem der Kooperation hin- und herschwingen. Oder handelt es sich diesmal um das Ende des Konfliktes, um den Beginn einer wirklichen «Ära des Friedens», die Richard Nixon 1972 zwar beschworen aber nicht erreicht hatte? Darauf gibt es keine verbindliche Antwort. Der geschichtliche Prozeß, dessen aktuelle Fortsetzung jeden Tag abläuft, ist prinzipiell offen. Der Politologe ist kein Prophet. Er will sich aber auch nicht auf die Position der Historiker zurückziehen, die die Politik beschreiben und kritisieren, wenn sie längst vergangen ist. Man kann in der Tat aus der Geschichte dann nichts lernen, wenn viel zu spät über sie unterrichtet wird.

Demgenüber arbeitet die politologische Analyse bewußt zeitgleich, versucht sich an der kontinuierlichen Beschreibung und Erklärung aktueller Prozesse. Natürlich muß sie dabei auf die Vergangenheit zurückgreifen, weil die Gegenwart nichts anderes ist als derjenige Teil des historischen Prozesses, der sich gerade vollzieht. Indem die Politikwissenschaft Gegenwart, die sich jeden Tag in Vergangenheit verwandelt, analysiert, vermag sie die große Richtung des politischen Prozesses zu erkennen und darüber zu informieren. Sie kann zeigen, daß der Ost-West-Konflikt seit den siebziger Jahren einen neuen Kern entwickelt hat, die globale Machtrivalität zwischen den beiden Supermächten. Die Sowjetunion, bis zum Ende des sechsten Jahrzehnts eine wesentlich eurasische Macht, hat seitdem begonnen, die Vereinigten Staaten an allen vier Weltenden herauszufordern. Die traditionelle Auseinandersetzung zwischen Liberalismus und Kommunismus wird zunehmend überlagert durch den Kampf um die Macht in der Welt, den die beiden Supermächte austragen.

Wie sind die Vereinigten Staaten mit diesem neuen Konflikt umgegangen? Indem das Buch diese Frage für die Administrationen Carter und Reagan beantwortet, sucht es Aufschluß darüber, wie die politische Konstellation aussieht, mit der der neue Präsident regieren muß. Immerhin sind in den vergangenen zehn Jahren erstaunliche Brüche in der amerikanischen Außenpolitik aufgetreten. Carter, der als Präsident der Entspannung und Anwalt der Rüstungskontrolle begann, endete mit seiner Doktrin von 1980, deren Vollzug die amerikanische Flotte an den Persischen Golf brachte und die Nixon-Doktrin beendete. Präsident Reagan hingegen, der als «Hardliner» sein Amt begann, jeder Entspannung und vor allem der Rüstungskontrolle mit Moskau abgeschworen hatte, verließ das Weiße Haus als «Friedenspräsident», der den ersten Abrüstungsvertrag der Weltgeschichte zustande gebracht hat und während der Moskauer Gipfelkonferenz mit dem Erzfeind Gorbatschow quasi Arm in Arm auf dem Roten Platz spazieren ging.

Diese Wandlungen waren so groß, daß keine Prognose sie vorherzusagen gewagt hätte. Die Europäer haben ihren Teil davon zu spüren bekommen, als Reagan mit der Revolution von Reykjavik der NATO-Allianz den Boden der Sicherheit unter den Füßen wegzog. Der von den Deutschen so gern belächelte Zick-Zack-Kurs Präsident Carters wurde von den – gar nicht mehr belächelten – Kehrtwendungen Ronald Reagans weit übertroffen. Was dessen Nachfolger in dieser Hinsicht bieten wird, muß man abwarten.

Denn es ist ja nicht Willkür, die in Amerika zustande bringt, was den Europäern als Schlangenlinie erscheint. Es sind vielmehr Stadien eines Prozesses, mit dem sich die Vereinigten Staaten eine Meinung darüber bilden, wie sie mit der sowjetischen Rivalität, einer sich rasch wandelnden weltpolitischen Situation und ihren Sicherheitsinteressen darin zurechtkommen sollen, ohne ihr System und dessen gesellschaftliche Grundlage anpassen zu müssen. Deswegen probierten sie seit 1972 unterschiedliche Strategien aus; Reagan wandte bis 1984 eine dritte, dann die vierte an. Deswegen bildeten sich unterschiedliche Koalitionen, die um die Zustimmung einer zunehmend besser informierten, aber deswegen immer schwieriger zu mobilisierenden Öffentlichkeit warben. Der amerikanische Präsident kann ja nicht, wie seine europäischen Kollegen, mit einer festen Parteienkoalition rechnen. Er muß sich für jede größere politische Entscheidung eine Meinungskoalition erst herstellen. Dadurch wird jener zentripetale Prozeß in Gang gesetzt, dem kein Präsident, auch wenn er wie Reagan lange Widerstand leistet, entgehen kann.

Wie sieht diese politische Mitte der USA aus? Die Antwort auf diese Frage enthält den Schlüssel, mit dem sich das Fenster in die Zukunft der amerikanischen Außenpolitik ein wenig öffnen läßt. Deswegen wird hier der Versuch gemacht, die amerikanische Sowjetunionpolitik der letzten

Dekade zu analysieren, ihre Impulse und ihre Impulsgeber aufzuspüren, deren Interessen und deren Kompetenzen zu vermessen. Diese gesellschaftlich-politischen Kräfte werden die erste Phase der neuen Administration maßgeblich beeinflussen. Sie werden auch weiterhin maßgeblich sein. Die Strukturen der amerikanischen Sowjetunionpolitik, die in dieser Arbeit vorgestellt werden, sind nicht in den achtziger Jahren entstanden und werden nicht mit ihnen zur Vergangenheit werden. Allerdings müssen sie sich in einer Welt bewähren, die sich in den letzten eineinhalb Dekaden stark verändert hat. Die Sowjetunion bleibt trotz ihres Rückzugs die Weltmacht Nummer Zwei, die ihrer globalen Anerkennung sicher ist. Europa, das vertraute Zentrum des Ost-West-Konflikts, ist an dessen Peripherie gerückt; die Machtprobe der Sowjetunion gilt der außereuropäischen Welt. Sie ist durch Industrialisierung und wachsende Interdependenz polyarchisch und multipolar geworden, weist mit Japan, China, Indien neue Machtzentren, mit den vier ‹Tigern› Taiwan, Südkorea, Singapur und Hongkong neue kräftige wirtschaftliche Akteure auf. Gleichzeitig sind neue Polarisierungen, die sogenannten Süd-Süd-Konflikte entstanden, von denen der zwischen Irak und Iran nur der blutigste, nicht der einzige war. Afrika muß die Figur seines Staatensystems erst ausbilden. Im Pazifik erzeugt die Stärke Japans neue Einflußzonen und alte Sorgen.

Diese polyarchisch-multipolare Welt kann nicht mehr, wie es Reagan noch einmal versucht hat, mit dem Verlaß auf Militärallianzen geführt werden. Sie verlangt die Entwicklung eines neuen, zeitgemäßen, nicht-hegemonialen Führungsstils, der sich weniger auf den octroi als auf Überzeugung und Konsens stützt. Ihn zu entwickeln, stellt die neue, vielleicht die eigentliche Probe der amerikanischen Macht dar.

Dieses Politogramm der amerikanischen Auseinandersetzung mit der Sowjetunion in der Welt von heute hätte ich nicht anfertigen können, wenn mir nicht die Stiftung Volkswagenwerk für das Jahr 1987/88 ein Akademiestipendium bewilligt und es großzügig ausgestattet hätte. Im Anschluß an ein Forschungssemester des Landes Hessen konnte ich auf diese Weise eineinhalb Jahre ununterbrochen der empirischen Forschung widmen. Der reale Aufwand war noch größer. 1984 hatte ich ein Teilprojekt abgeschlossen, das sich mit der zweiten Nixon- und der Carter-Administration beschäftigte, auch schon den Übergang zur Reagan-Administration untersuchte. Die Deutsche Forschungsgemeinschaft hatte mir dafür eine Sachbeihilfe gewährt. Mein Abschlußbericht ist seinerzeit nicht publiziert worden; dafür sind wichtige Ergebnisse dieses Teilprojektes, das sich insbesondere mit der «Innenseite» der amerikanischen Außenpolitik beschäftigte, in das zweite Kapitel dieses Buches eingegangen. Beiden, der Deutschen Forschungsgemeinschaft und insbesondere der Stiftung Volkswagenwerk, die mich von meinen Lehrverpflichtungen entband, ist es zu verdanken, daß dieses langjährige Projekt, in dessen Rahmen ich schon eine Reihe kleinerer Arbeiten vorgelegt habe, nunmehr abgeschlossen werden konnte.

Mein Dank gilt nicht nur den beiden Förderungsinstitutionen. Viele Gesprächspartner aus Politik und Diplomatie der USA und der pazifischen Staaten haben zu meiner Information beigetragen. Das Washingtoner Büro der Gesellschaft für Mathematik und Datenverarbeitung hat mir bei der Beschaffung aktueller Dokumente unentbehrliche Hilfe gewährt, für die ich insbesondere Frau Feulner verpflichtet bin. Frau Birgit Hasselbach, M. A., und Frau Kinka Gerke, Wissenschaftliche Hilfskräfte an der Universität, haben mir bei der Sammlung aktueller Daten über Vorgänge in Afrika und Asien geholfen; Frau Hasselbach hat die Register erstellt. Frau Gerke die Korrekturen gelesen. Frau Kolata, Frau Sanner und Frau Weidner, die Sekretärinnen der von mir geleiteten Forschungsgruppe USA an der Hessischen Stiftung Friedens- und Konfliktforschung haben die beiden Fassungen des Manuskripts und die zahlreichen Veränderungen geschrieben. Ihnen, die es mir so sehr erleichtert haben, das Buch fertigzustellen, danke ich besonders.

Frankfurt, im Winter 1988/89 Ernst-Otto Czempiel

I.
Von der Kooperation zur Konfrontation

1. Die sowjetische Herausforderung unter Breschnew

Im weltpolitischen Konzept des neuen amerikanischen Präsidenten spielt die Auseinandersetzung mit der Sowjetunion nach wie vor die oberste Rolle. Der Konflikt mit Moskau hat sich zwar beruhigt, aber die Herausforderung ist geblieben. Sie präsentiert sich ausgangs der achtziger und anfangs der neunziger Jahre in einem veränderten Gewand, das aber noch immer den Zuschnitt aufweist, nach dem Moskau seit der Mitte der sechziger Jahre verfahren ist. Die Sowjetunion strebt die militärische und die politische Parität mit den Vereinigten Staaten an, sie bestreitet den Vereinigten Staten den weltpolitischen Führungsanspruch, den sie mindestens mit ihnen teilen, wenn möglich an sich ziehen will. Obwohl die sowjetische Herausforderung sehr viel älter ist, sogar bis 1917 zurückreicht, hat sie ihre gegenwärtige Form erst seit ungefähr 25 Jahren angenommen. Erst mit dem in der Mitte der sechziger Jahre einsetzenden Aufrüstungsprozeß der Sowjetunion hat sie den Versuch unternommen, den ideologisch schon immer postulierten Anspruch auf Überlegenheit durch militärisches und politisches Verhalten zu verwirklichen. Seitdem taucht innerhalb des alten Ost-West-Konfliktes die neue Machtprobe zwischen den Vereinigten Staaten und der Sowjetunion auf.

Gewiß, in der amerikanischen Weltpolitik nach 1945 hat die Sowjetunion immer eine hervorragende Rolle gespielt. Der zweite Entwurf der amerikanischen Nachkriegspolitik, der 1948 den Weltführungsversuch im Rahmen der Vereinten Nationen abgelöst hatte, war ausschließlich auf die Sowjetunion gerichtet. Im Zentrum dieses Entwurfs stand Europa. Das zu seiner Sicherung entworfene Netz von Militärallianzen wurde Mitte der fünfziger Jahre auch auf Südostasien ausgedehnt und führte schließlich zum Vietnam-Krieg. Er bezeichnet den Höhe- und Wendepunkt jenes zweiten Entwurfs der amerikanischen Nachkriegspolitik, der ihre Weltführungsposition der Führung von Militärallianzen anvertraut hatte. Die Niederlage in Vietnam zeigte, daß dieser Entwurf zwar in Europa, aber nicht in Asien funktionierte und daß er, wenn er weltweit ausgeführt werden sollte, selbst die Kräfte der USA überstieg. Die amerikanische

Gesellschaft rebellierte und erzwang die außenpolitische Kurskorrektur. Mit der Nixon-Doktrin zogen sich die USA aus der Rolle des Weltpolizisten zurück. Mit der von Kissinger entwickelten Linkage-Politik versuchten sie, der Sowjetunion die weltpolitische Selbsteindämmung schmackhaft zu machen.

Diese neue Strategie unterschätzte den Wandel der sowjetischen Weltpolitik, der nach ihrer Niederlage in der kubanischen Raketenkrise mit ihrem Aufrüstungsprogramm seit der Mitte der sechziger Jahre eingesetzt hatte. Bis dahin war Moskau mit seiner strategischen Unterlegenheit gegenüber den Vereinigten Staaten zufrieden gewesen. Es glich damit die notorische konventionelle Überlegenheit aus, die die Sowjetunion in Zentraleuropa besaß. Das daraus entstandene «Gleichgewicht der Ungleichgewichte» hatte das Verhältnis der Supermächte ausbalanciert. Damit konnten die Vereinigten Staaten zufrieden sein, weil es ihre Weltmachtposition unangetastet ließ. Die strategischen Waffen verliehen mit ihrer Zerstörungskraft mehr Macht und mehr Prestige als die konventionellen, die in der NATO-Strategie durch die Nuklearwaffen mehr als ausgeglichen werden konnten. Hinzu kam die absolute Überlegenheit der Vereinigten Staaten auf See, der die Sowjetunion nichts entgegenzusetzen hatte. Abgesehen von dem prekären, aber letztlich doch die USA begünstigenden militärischen Machtverhältnis in Europa besaßen die USA bis zur Mitte der sechziger Jahre die für die Weltpolitik entscheidenden Waffensysteme, ebenso wie sie die für die Weltwirtschaft entscheidenden Wirtschaftspotentiale innehatten. Beides zog eine enge Grenze um den Bereich, innerhalb dessen die Sowjetunion überhaupt zur Machtprobe antreten konnte.

Dies änderte sich mit dem sowjetischen Aufrüstungsprogramm seit der Mitte der sechziger Jahre. Es brachte in wenigen Jahren eine nuklearstrategische Kapazität Moskaus hervor, die der der Vereinigten Staaten zumindest ebenbürtig war. Mit der Modernisierung ihrer nuklearen Mittelstreckenraketen in Europa fügte die Sowjetunion ihrer konventionellen Überlegenheit nun noch die nukleartaktische Superiorität in diesem Konfliktschauplatz hinzu. Sie startete darüber hinaus eine Seerüstung, verwandelte sich von der Kontinentalmacht, die sie bis dahin gewesen war, in eine Seemacht mit globalen Kapazitäten. Die Symmetrie der Asymmetrien wich einem Kräfteverhältnis, das auf allen Ebenen zugunsten der Sowjetunion auszufallen schien.

Damit hatte sich die Sowjetunion von einem mächtigen Gegner in einen Herausforderer verwandelt, der den Vereinigten Staaten die Weltführungsrolle streitig machte. Ein Meta-Konflikt entstand, der den klassischen Ost-West-Konflikt zunehmend überlagerte. Er muß zum Typus jener Machtkonflikte gezählt werden, die in der Geschichte, vor allem in der westeuropäischen Geschichte, häufig anzutreffen sind und in der Regel mit Waffengewalt ausgetragen werden. Die Anfechtung einer Großmacht durch einen Rivalen, der Versuch eines bisher unterlegenen Staates, den überlegenen zu überrunden, gehört in die Gruppe der besonders gewaltträchtigen Konflikte.

Dieser makrohistorische Aspekt enthält indessen keine Prognose für den Ausgang der amerikanisch-sowjetischen Rivalität, er beleuchtet lediglich ihre Bedeutung. Die Vereinigten Staaten sahen sich erstmals in der Geschichte der Nachkriegszeit nicht einem Regional-, sondern einem Globalkonflikt gegenüber, der sich nicht auf einen konkreten regionalen Streitfall, sondern auf ihre Machtposition insgesamt richtete. Die Sowjetunion strebte die strategische Parität mit den Vereinigten Staaten an – die sie wenige Jahre später auch erreichte –, und sie schickte sich ganz offensichtlich an, die damit verbundene politische Parität ebenfalls einzufordern. Das Interesse an der Gleichberechtigung mit den Vereinigten Staaten durchzog die sowjetische Weltpolitik spätestens seit 1958 wie ein roter Faden. Schon die für 1960 geplante Pariser Gipfelkonferenz sollte dazu dienen, der Sowjetunion erstmals die amerikanische Anerkennung als einer zweiten Supermacht zu verschaffen. Was sich damals wegen des U-2-Zwischenfalls nicht verwirklichen ließ, was in der Kuba-Krise 1962 von den USA noch einmal machtvoll bestritten werden konnte, hatte die Sowjetunion auf klassische Weise, nämlich durch ihre Aufrüstung erreicht: die strategische Gleichheit mit den Vereinigten Staaten und die sich daraus ergebende Möglichkeit, ihnen auch die politische Gleichberechtigung abzuverlangen.

Sie war erheblich schwieriger zu definieren als die militärische Parität, die sich in Waffenarsenalen ausdrücken ließ. Ob Weltmacht allein aus Kanonenrohren zu erzielen war – um ein Wort von Mao Zedong abzuwandeln –, war mehr als zweifelhaft. Die weltpolitische Führungsposition der Vereinigten Staaten beruhte neben ihrer militärischen vor allem auf ihrer ökonomischen Kapazität, sodann aber auch auf ihrer politischen Leistungsfähigkeit. In diesen beiden Bereichen war die Sowjetunion nach wie vor äußerst leistungsschwach. Das hat sie aber nicht davon abgehalten, aufgrund der militärischen Parität die politische Gleichberechtigung einzufordern. Sie wurde ihr auf der Moskauer Gipfelkonferenz von 1972 mit der «Grundsatzerklärung über die amerikanisch-sowjetischen Beziehungen» und 1973 sowie 1974 durch weitere Abkommen mit den Vereinigten Staaten über Probleme der ‹gemeinsamen Weltverwaltung› zumindest deklaratorisch zugestanden.

Diese Konzession Nixons im Rahmen seiner, die Erfahrungen und die Opfer des Vietnam-Krieges liquidierenden Doktrin enthielten eigentlich keine Strategie. Sie machten eher aus der Not eine Tugend. Kissinger hoffte, die Sowjetunion mit dem Angebot eines Netzwerks gleichberechtigter Kooperation zur globalen Selbstbeschränkung veranlassen zu können. Die Sowjetunion zeigte 1974 mit ihrer Einmischung in Angola, daß sie zu diesem Gegengeschäft nicht bereit war. Nixons Konzept fand aber auch innerhalb der Vereinigten Staaten nicht diejenige Zustimmung, die für das hochdemokratisierte Land die unentbehrliche Voraussetzung für jeden anhaltenden Erfolg ist. Nicht nur die amerikanische Regierung, auch die amerikanische Öffentlichkeit und die Elite standen vor dem Problem der weltweiten Herausforderung durch die Sowjetunion und vor der Frage, wie sie damit umgehen wollten. Sollten die Vereinigten Staaten die sowjetische Parität akzeptieren, also ihre Weltführungsposition und den dazugehörigen Anspruch mit Moskau teilen? Oder sollten sie versuchen, dieser Liquidierung ihrer Vormachtstellung zu entgehen und der Sowjetunion die militärische und die politische Parität wieder abzunehmen? Die zweite Frage ließ sich noch einmal in zwei Optionen unterteilen, insofern die USA die militärische Parität Moskaus, nicht aber die politische zulassen konnte.

Bei allen diesen Fragen stellte sich das Problem der Strategie: Auf welche Weise sollte das gewünschte Ziel erreicht, die militärische Überlegenheit wieder hergestellt und die politische bewahrt werden? Daß dies nicht nur konzeptuelle, sondern höchst virulente politische Probleme darstellte, zeigte sich sofort, wenn man die anderen Optionen betrachtete: Welche politische Partei, welche politische Elite sollte denn die Abdankung der amerikanischen Überlegenheit gegenüber der sowjetischen Herausforderung in Amerika präsentieren und durchsetzen? Gewiß, die politischen Eliten, die die Weltführungspolitik der USA nach 1945 geleitet hatten, waren durch den Vietnam-Krieg diskreditiert worden, ebenso die Wertverteilung, die den inneramerikanischen Akzent auf die Rüstung und weniger auf Erziehung und Bildung gelegt hatte. Damit war die größere der beiden Denkschulen, die in der amerikanischen Außenpolitik aufzufinden sind, in gewisser Weise entmachtet worden. Nixon und Kissinger gehörten beide dieser «Sicherheits»-Schule an. Hinter ihr wurde aber schon die andere, die «Gleichheits»-Schule, sichtbar, die aus den Erfahrungen in Vietnam die Konsequenzen ziehen und selbst an die Macht kommen wollte.

Die sowjetische Herausforderung wurde also nicht nur durch sowjetisches Verhalten dargestellt, sondern auch durch den Reflex dieses Verhaltens in der inneramerikanischen Auseinandersetzung um außenpolitische Ziele, Strategien und die dazugehörige Verteilung von Macht und Einfluß im politischen System der USA. Angesichts der ungeheuren Machtfülle der Vereinigten Staaten, die sowohl real wie im Bewußtsein der politischen Öffentlichkeit fest verankert ist, kommt den amerika-internen Entscheidungsprozessen eine sehr viel höhere Bedeutung zu als dem Verhalten der Sowjetunion, das diesen inneramerikanischen Vorgängen eher als Folie dient. Wie die gesamte amerikanische Außenpolitik wird auch die

Politik gegenüber der Sowjetunion überwiegend von innenpolitischen Interessen bestimmt. Die sowjetische Aufrüstungspolitik seit der Mitte der sechziger Jahre war stark genug, um in den Vereinigten Staaten jenseits der strategischen Diskussion, die es im NATO-Rahmen immer schon gegeben hatte, eine politische in Gang zu setzen, die sich mit Ablehnung oder Annahme der Parität der Sowjetunion befaßte. Sie durchzieht die achtziger und die beginnenden neunziger Jahre ebenso, wie sie die Diskussion seit der zweiten Hälfte der siebziger Jahre bestimmt hatte. Aber die von der Sowjetunion ausgehende Herausforderung ist zu keiner Zeit so stark gewesen, daß sie die Analysen der sowjetischen Bedrohung eindimensional gemacht und die Anzahl der strategischen Optionen eingeschränkt hätte.

Versteht man die Präsidentschaft Richard Nixons und die seines Nachfolgers Ford (1974–1976) als die Verwaltung des Konkurses der ‹imperialen Präsidentschaft›, die den Vietnam-Krieg liquidieren und das durch den Watergate-Skandal stark erschütterte Ansehen des Weißen Hauses reparieren mußte, dann ist Jimmy Carter der erste Präsident der USA, der sich mit der neuen Herausforderung durch die Sowjetunion auseinanderzusetzen hatte. Er mußte prüfen, was Nixon, Ford und Kissinger ihm in dieser Hinsicht überlassen hatten, mußte seine eigene Konzeption entwickeln, sie mit den Präferenzen der amerikanischen politischen Öffentlichkeit abstimmen, sie in den existierenden Macht- und Einflußkonstellationen des politischen Lebens in den USA durchsetzen.

Eine Analyse der amerikanischen Sowjetunionpolitik, der Antwort auf die von der Sowjetunion gestartete Machtprobe, muß daher mit der Durchsicht der Carter-Administration beginnen. Sie war nicht nur die erste, die ihre außenpolitische Aufmerksamkeit voll und uneingeschränkt diesem Problem widmen konnte, sie war auch die einzige, die, zumindest in den ersten beiden Jahren ihrer Amtszeit, eine alternative Strategie zu entwickeln versucht hatte, auf die Präsident Reagan in seiner zweiten Amtszeit wenigstens punktuell zurückgriff. Allgemein gesehen stehen sich diese beiden Administrationen, die sie tragenden politischen Koalitionen, die jeweils eingesetzten Konzepte und Strategien, fast antipodisch gegenüber, jedenfalls wenn man die erste Phase der Carter-Administration mit der ersten Phase der Reagan-Administration vergleicht. In ihren jeweiligen zweiten Phasen kommen sie sich schon bedeutend näher. Insgesamt aber bilden sie das Spektrum an Konzepten und Strategien ab, die den Vereinigten Staaten aufgrund ihrer Tradition, ihrer gesellschaftlichen Interessen und politischen Konstellationen zur Verfügung stehen, um der sowjetischen Herausforderung zu begegnen. Aus diesem Fundus wird die Strategie des neuen Präsidenten in der 1989 begonnenen neuen Phase der Machtprobe genommen werden.

a) Aufrüstungs- und Rüstungskontrollpolitik

Die Sowjetunion hatte bis zur Mitte der siebziger Jahre ihre strategische Aufrüstung so weit vorangetrieben, daß sie ungefähr die gleiche Anzahl von Startgeräten besaß wie die Vereinigten Staaten und versuchen konnte, den amerikanischen Vorsprung bei der Zahl der Sprengköpfe und deren Technologie aufzuholen. Ebenso war ihre Marinerüstung gut vorangekommen, vor allem im Bereich der atomgetriebenen Unterseeboote und der Amphibienfahrzeuge. Auf beiden Gebieten hat sie während der vier Jahre der Carter-Administration gleichmäßig weitergearbeitet.[1]

1979 verfügte die Sowjetunion über rund 5400 Sprengköpfe, die USA besaßen 9614. In den beiden entscheidenden Kategorien der land- und seegestützten ballistischen Raketen belief sich das Verhältnis auf 5284 : 7274.[2] In der Sprengkraft strategischer Nuklearwaffen war die Sowjetunion den Vereinigten Staaten überlegen, aber nur deswegen, weil diese seit langem auf kleinere Waffen mit dafür höherer Zielgenauigkeit gesetzt hatten. Sie aber ist «in der Regel sehr viel wirksamer als eine höhere Sprengkraft».[3] Die USA hatten auch seit Anfang der siebziger Jahre ihre Raketen mit Mehrfachsprengköpfen ausgerüstet, wodurch sich die Zahl der Raketen verminderte, die der Sprengköpfe drastisch erhöhte.[4] Allerdings besaßen auch die kleineren von ihnen noch nicht die notwendige Zielgenauigkeit, die mit den in der ersten Hälfte der achtziger Jahre dislozierten Sprengköpfen vom Typ Mark 12A verbessert, endgültig erst von den geplanten MX erwartet wurde. Die amerikanische Nuklearstreitmacht konnte verläßlich gegen sowjetische Städte und Industriezentren eingesetzt werden, also nur im Rahmen der bisher gültigen Strategie der «gesicherten Zerstörung». Eine «counterforce-Fähigkeit», sieht man von den Bombern ab, besaß sie nicht.

Die sowjetischen Nuklearwaffen hatten diese Fähigkeit ausgangs der siebziger Jahre überhaupt nicht. Ihre Wurfgewichte waren erheblich höher als die der amerikanischen Waffen, ihre Treffgenauigkeit war erheblich geringer. Sie konnten das amerikanische landgestützte Nuklearpotential nicht vernichten, das seinerseits zu sehr viel genaueren Schlägen imstande war. Allerdings war die Sowjetunion dabei, dies zu ändern. 1979/1980 wurde in den Vereinigten Staaten erwartet, daß die Sowjetunion in der Mitte der achtziger Jahre die Treffgenauigkeit ihrer SS-18 und SS-19 soweit verbessert haben würde, daß ihr auch die härtesten amerikanischen Raketensilos nicht standhalten könnten. Zwar verblieben den Vereinigten Staaten dann immer noch ihre seegestützten Raketen, auf die ohnehin drei Viertel der amerikanischen Nuklearsprengkraft entfielen. Es blieben die Bomber, und es blieb die Strategie des ‹launch-on-warning›, die allerdings eine äußerste Kriseninstabilität bewirken würde. Es gab also in der zweiten Hälfte der siebziger Jahre keinerlei sowjetische Überlegenheit im nuklearstrategischen Bereich, sondern nur die Perspektive, daß die Sowjetunion in absehbarer Zeit die Fähigkeit besitzen würde, siloverbunkerte ICBMs der USA in einem Erstschlag auszuschalten – wenn sie nicht bis dahin durch andere Stationierungsformen davor geschützt wurden.

Bei den seegestützten Offensivwaffen (SLBMs) stand die Sowjetunion noch sehr viel schlechter da. Bis 1970 hatte sie überhaupt nur über veraltete U-Boote mit Kurzstreckenraketen verfügt. Bis 1979 waren 49 atomgetriebene U-Boote hinzugekommen, die aber den amerikanischen in jeder Hinsicht unterlegen waren.[5] Auf dem entscheidenden Gebiet der seegestützten Nuklearwaffen konnte daher selbst Ende der siebziger Jahre noch nicht einmal perspektivisch von einer sowjetischen Parität gesprochen werden.

Über eine dem amerikanischen Potential auch nur annähernd vergleichbare Bomberflotte verfügte die Sowjetunion überhaupt nicht. Ihr einziger moderner Bomber, Backfire, konnte die Vereinigten Staaten nicht erreichen, ohne in der Luft aufgetankt zu werden. Die amerikanische Bomberflotte hingegen konnte immerhin ein Drittel der amerikanischen Nuklearsprengkraft in die Sowjetunion transportieren. Ihre Eindringfähigkeit verbesserte sich durch luftgestützte Cruise Missiles (ALCMs), die die Vereinigten Staaten in der zweiten Hälfte der siebziger Jahre entwickelten.

Es war unbezweifelbar, daß die Sowjetunion im nuklearstrategischen Bereich aufgeholt hatte; ebenso unbezweifelbar war, daß sie die Parität mit den Vereinigten Staaten nicht in der zweiten Hälfte der siebziger Jahre, sondern erst 1981 erreichte. Einen Gleichstand der beiderseitigen Nuklearkapazitäten hatte schon die Nixon-Administration akzeptiert. Er war freilich erst perspektivisch gegeben und sollte keinesfalls in eine sowjetische Überlegenheit verwandelt werden. Die Frage in der zweiten Hälfte der siebziger Jahre lautete dementsprechend, ob die Sowjetunion die volle Parität je erreichen und darüber hinaus die Überlegenheit anstreben würde. Die Antwort darauf hing in erster Linie von der Bewertung der sowjetischen Rüstungsanstrengungen ab; sie durfte aber weder den Fortgang der amerikanischen Aufrüstung noch die Möglichkeit außer acht lassen, mit erfolgreichem Abschluß des SALT II-Vertrages die Sowjetunion davon abzuhalten, durch eine überreiche Ausstattung ihrer schweren ICBMs mit Mehrfachsprengköpfen eine Erstschlagskapazität gegen das landgestützte US-Potential zu erreichen.

Die amerikanische Diskussion in der zweiten Hälfte der siebziger Jahre drehte sich interessanterweise weniger um die Erfolgsaussichten von SALT II als um den Trend der sowjetischen Rüstungsausgaben. Waren sie höher, als von der CIA vermutet, und wiesen sie gegebenenfalls sogar eine steigende Tendenz auf? Nur sie hätte darauf hingedeutet, daß es der Sowjetunion nicht auf Parität, sondern auf die Überlegenheit ankam. Auf diese Frage haben die amerikanischen Nachrichtendienste, allen voraus die

CIA, vorsichtige und wechselnde Antworten gegeben[6] – verständlich angesichts der Tatsache, daß der sowjetische Etat auf die Verteidigungsausgaben gerade eine Zeile verwendet. 1975 ging die CIA davon aus, daß das sowjetische Verteidigungsprogramm jährlich um 3% im Durchschnitt wuchs und dabei bestimmte, von der Entwicklung und der Produktion neuer Waffen abhängige Zyklen aufwies. Ein solcher Zyklus begann 1973; sein Abschluß wurde für 1976/1977 erwartet, nach der Fertigstellung der laufenden ICBM-Generation.[7] Die CIA nahm 1975 an, daß die Sowjetunion 6 bis 8% ihres Bruttosozialproduktes (BSP) für die Rüstung aufwandte.

Da die Vereinigten Staaten mit der Beendigung des Vietnam-Krieges ihre Rüstungsausgaben verringerten, ergab sich Mitte der siebziger Jahre eine beachtliche Differenz des Rüstungsverhaltens. Je nachdem, ob in Rubeln oder Dollar gemessen, gab die Sowjetunion erheblich mehr für ihre Rüstung aus als die Vereinigten Staaten: viereinhalbmal soviel für ICBMs, 60% mehr, wenn alle interkontinentalen Angriffswaffen gezählt wurden.[8] Diese Berechnungen wurden keineswegs alarmierend interpretiert, war man sich doch über die unterschiedlichen Zyklen in den USA und in der Sowjetunion – hier von der Unterlegenheit zur Parität, dort von der Überrüstung des Vietnam-Krieges zu deren Verminderung – im klaren. Auch wußte man um die technologische Überlegenheit der Vereinigten Staaten, die die Sowjetunion auf absehbare Zeit nicht erreichen konnte. Dennoch war die Diskrepanz bei der Beschaffung nuklearstrategischer Trägersysteme evident, ebenso ihr nach oben gerichteter Trend. Dem Zyklus entsprechend, würden die sowjetischen Ausgaben 1977 absinken, um zu Beginn der achten Dekade mit einer neuen Runde der Modernisierung strategischer Waffen wieder anzusteigen.[9]

Im folgenden Jahr, 1976, revidierte die CIA ihre Schätzungen abrupt nach oben, registrierte aber auch Veränderungen im Zyklusverhalten. Zunächst verdoppelte die CIA den Rüstungsanteil am sowjetischen BSP: Sie sah ihn jetzt nicht mehr bei 6–8, sondern zwischen 12 und 13%. Ebenso hob sie die Steigerungsrate von 3 auf nunmehr 4 bis 5% an. Die CIA stritt ab, daß diese Korrekturen durch die inneramerikanische konservative Kritik verursacht worden waren, die im Sommer 1976 zur Einrichtung des ‹Team B› geführt hatte. Sie diagnostizierte auch keinen höheren Rüstungsaufwand der Sowjetunion, lediglich höhere Preise. Die Sowjetunion kam ihre Rüstung teurer zu stehen, als es die CIA zunächst angenommen hatte; dementsprechend mußte Moskau auch einen größeren Teil des Bruttosozialproduktes auf die Verteidigung verwenden.[10] Der Nachrichtendienst des Pentagon, die Defense Intelligence Agency, stimmte mit der Bewertung und mit der Prognose überein, daß die sowjetischen Rüstungsausgaben in der zweiten Hälfte der siebziger Jahre nur mit der gleichen Steigerungsrate anwachsen würden.[11] Nach den Berechnungen der CIA gab die

Sowjetunion 1976 für die Beschaffung von Waffensystemen 141% mehr aus als die Vereinigten Staaten; betrachtete man lediglich die interkontinentalen Offensivsysteme, so gab die Sowjetunion 157% dessen aus, was die Vereinigten Staaten aufwandten.[12] Auch noch 1980 blieben die Nachrichtendienste bei dieser Einschätzung.[13]

Obwohl die CIA 1977 bereits gemerkt hatte, daß das sowjetische Wirtschaftswachstum nicht ausreichte, um die Beschaffungszyklen der Waffensysteme weiter beizubehalten, blieb sie aber gegenüber dem Kongreß bei ihrer Meinung, daß die sowjetischen Verteidigungsausgaben jährlich um 3 bis 5% erhöht wurden. Sie lieferte auch die Gründe: Die Sowjetunion steigerte ihre Rüstung, um der chinesischen Rüstung und den erhöhten Militärausgaben der NATO-Länder zu begegnen und dabei vor allem die amerikanischen Programme für die Cruise Missiles, die Trident-Unterseeboote und die MX auszugleichen. Noch 1981 sah sich die CIA in ihrer Analyse bestätigt, daß der 11. Fünfjahresplan die höchsten Wachstumsraten der Schwerindustrie zugewiesen hatte, die für die Aufrüstung am wichtigsten war.[14]

Erst zwei Jahre später räumte die CIA öffentlich ein, daß der sowjetische Verteidigungshaushalt seit 1976 nur um 2% jährlich gewachsen und dieser Rückgang darauf zurückzuführen war, daß die Waffenbeschaffungsprogramme in diesen sieben Jahren überhaupt nicht mehr erhöht wurden.[15] Die Analysen der vorangegangenen Jahre wurden damit beträchtlich korrigiert.

Hinter dem Nullwachstum des sowjetischen Waffenbeschaffungsprogramms vermutete die CIA mehrere Gründe. Zunächst war mit den SS-18, SS-19 und den SS-17 die neueste Waffengeneration stationiert worden. Sodann zwangen der Rückgang des Wirtschaftswachstums, die ansteigenden technologischen Probleme und industrielle Produktionsengpässe zum Einhalten. Die CIA vermutete aber auch, daß die Sowjetunion nach eineinhalb Dekaden der Aufrüstung Ende der siebziger Jahre damit zufrieden war, «daß sie nicht nur die strategische Parität erreicht, sondern in manchen Hinsichten sie schon hinter sich gelassen ... und gegenüber den Vereinigten Staaten eine Position erreicht hatte, die sie als ausreichend ansah».[16] Eindeutig war, daß die aktuellen Wachstumsraten in der Periode von 1976 bis 1982 deutlich zurückgegangen waren; vor allem im Bereich der strategischen Angriffswaffen wurde weniger produziert. Bei den Mittel- und Kurzstreckenraketen sowie im konventionellen Bereich war die Verlangsamung ebenfalls zu spüren, fiel aber nicht so deutlich aus.[17]

Es ist nicht recht verständlich, warum die amerikanischen Nachrichtendienste sieben Jahre brauchten, um das veränderte Rüstungsverhalten der Sowjetunion öffentlich zu konstatieren. Auf diese Weise mußten sich Kongreß und Exekutive der USA sieben Jahre an einem Bild sowjetischer Rüstung orientieren, das nicht nur generell, sondern vor allem auch speziell unrichtig war, weil es die Stagnation in der sowjetischen Produktion von strategischen Waffen, die für das amerikanisch-sowjetische Verhältnis von entscheidender Bedeutung sind, nicht enthielt. Das politische System der USA ging also bei seiner Einschätzung der sowjetischen Bedrohung jahrelang von falschen Daten aus.

Aber selbst sie gaben keinen Anlaß zur Beunruhigung, zeigten keine amerikanische Unterlegenheit. Der Kongreß ließ sich im Januar 1976 berichten, daß, über die gesamte Breite der globalen Herausforderung gesehen, das quantitative Verhältnis die Sowjetunion begünstigte und durch die qualitative Überlegenheit der Vereinigten Staaten nicht kompensiert werden konnte. In der direkten strategischen Beziehung der beiden Supermächte hingegen bestand die qualitative Überlegenheit der Vereinigten Staaten im Bereich der land- und seegestützten Raketen mit Mehrfachsprengköpfen nach wie vor.[18] Der liberale Abgeordnete Les Aspin, Rüstungsexperte und Mitglied des Streitkräfteausschusses des Repräsentantenhauses, rechnete öffentlich vor, daß höchstens ein Drittel der sowjetischen Mehrausgaben für die Verteidigung (deren Höhe, wie erwähnt, überschätzt wurde) den strategischen, gegen die USA gerichteten Waffen zugute käme, während zwei Drittel anderen sowjetischen Zielen in Europa, Asien, besonders China galten. Wenn die Sowjets mehr Schiffe bauten als die USA, so bauten diese jedes Jahr mehr Schiffstonnage als die Sowjets. Wenn die Sowjetunion mehr Soldaten unterhielt, so dienten sie in der Regel nur sechs Monate und waren deswegen sehr viel schlechter ausgebildet. Selbst wenn – das war die in der Mitte der siebziger Jahre verstärkt aufgemachte Gegenrechnung der Konservativen – die Sowjetunion mit ihren zielgenauer werdenden ICBMs einen überraschenden Erstschlag gegen die Vereinigten Staaten ausführte, würden immer noch 3100 Sprengköpfe der USA überleben – 10% mehr als die Sowjetunion 1976 insgesamt besaß.[19] Les Aspin wies auf die unter Fachleuten unbestrittene Tatsache hin, daß man erst nach Ablauf des damals laufenden Dislozierungszyklus der strategischen Waffen, der für die zweite Hälfte der siebziger Jahre erwartet wurde, sehen könne, ob die Sowjetunion Parität oder Superiorität anstrebe.

Hier lag das Hauptproblem bei der Bewertung der sowjetischen Aufrüstung im strategischen Bereich. Mitte der siebziger Jahre war die Sowjetunion gerade erst im Begriff, ihre Interkontinentalraketen mit Mehrfachsprengköpfen auszustatten, die zielgenauer und daher sehr viel gefährlicher waren als die alten Systeme der SS-8 und SS-9. 1973 hatte die Sowjetunion zum ersten Mal ICBMs mit Mehrfachsprengköpfen getestet.[20] 1975 begann sie mit der Stationierung der schweren SS-18 und der leichten SS-17 und SS-19. 1976 waren 36 SS-18, 1978 176 und 1979 240 stationiert.

Ein ähnliches Bild zeigte die SS-19, deren Aufbau 1975 begann, etwas schneller voranschritt, aber 1979 auch bei 240 Systemen endete.[21] Gleichzeitig wurden die Startgeräte für die veralteten SS-7 und SS-8 beseitigt, die für die SS-9 und die SS-11 stark reduziert. Die Gesamtanzahl der sowjetischen ICBMs nahm ab, vor allem die der schweren Raketen. Die Sowjetunion blieb auf diese Weise in dem Rahmen, der 1972 mit dem SALT I-Vertrag gezogen worden war. Die Anzahl ihrer Sprengköpfe erhöhte sich freilich und mit ihr auch deren Zielgenauigkeit. Die SS-18 und die SS-19 konnten damit erfolgreich auch gegen gehärtete Ziele eingesetzt werden, etwa die Silos der amerikanischen Minuteman III. Besondere Sorge löste dabei die SS-18 aus, deren hohes Wurfgewicht sehr viel mehr Sprengköpfe zu tragen erlaubte, als es den amerikanischen Systemen möglich war. Entscheidend war also, mit wie vielen Sprengköpfen die Sowjetunion ihre Counterforce-Fähigkeit ausstatten würde, nachdem 1975 die Stationierung der modernen SS-17, SS-18 und SS-19 begonnen hatte. Erst in der Antwort darauf entschied sich, ob die Sowjetunion Parität oder Superiorität anstrebte.

Denn die USA waren mit der Modernisierung und Vermirvung ihrer Raketen zeitlich vorausgegangen, hatten sie 1975 schon abgeschlossen. Sie besaßen zu diesem Zeitpunkt – und behielten seitdem – 450 Minuteman II und 550 Minuteman III; hinzu kam die schwere ICBM vom Typ Titan II. Die sowjetische Aufrüstung war unter diesem Gesichtspunkt eine Nachrüstung, die erst in ihrem weiteren Verlauf erweisen würde, ob sie eine Vorrüstung enthielt.

Auf die sowjetischen Entscheidungen konnten die USA durchaus Einfluß nehmen, und zwar durch die laufenden Rüstungskontrollverhandlungen. Der SALT I-Vertrag von 1972 war Ausdruck der strategischen Parität der beiden Supermächte und ihrer Absicht gewesen, diese Parität festzuschreiben. Dementsprechend bot der in Vorbereitung befindliche SALT II-Vertrag die Möglichkeit, die kommende Counterforce-Kapazität der Sowjetunion einvernehmlich zu begrenzen. In die Beurteilung der sowjetischen Aufrüstungspolitik in der zweiten Hälfte der siebziger Jahre muß daher auch ihre Position bei den Rüstungskontrollverhandlungen miteinbezogen werden.

Hier war keine Änderung der sowjetischen Position zu verzeichnen. Sie blieb bei den auf dem Gipfeltreffen von Wladiwostok 1974 verabredeten Obergrenzen von 2400 Startgeräten und der darin enthaltenen Untergrenze von 1320 Startgeräten für Raketen mit Mehrfachsprengköpfen, erklärte sich aber im September 1977 in Genf auch zu etwas niedrigeren Niveaus und zu jener vierfachen Unterteilung bereit, die durch die Entwicklung luftgestützter Cruise Missiles erforderlich geworden war. Die zu diesem Zeitpunkt verabredete Obergrenze von 820 ICBM-Startgeräten mit Mehrfachsprengköpfen bewahrte das sowjetische Monopol von 308 schweren ICBMs, verhinderte aber die geplante Vermehrung der – leichten – SS-17 und SS-19 um 100 Systeme.[22] Die Sowjetunion akzeptierte also die Rüstungskontrolle als ein Instrument, mit dem sich ihre Nuklearrüstung beschränken ließ – freilich auf gleichem Fuß mit den Amerikanern. Wenn die USA nach wie vor zur Parität bereit waren, konnten sie mit Hilfe der Rüstungskontrolle die Sowjetunion auf dieses Niveau verpflichten.

Die sowjetische Aufrüstung im nuklearstrategischen Bereich war zwar die wichtigste, aber nicht die einzige, die für die USA bilateral von Interesse war. Aufmerksamkeit mußte auch der Seerüstung gelten, die die Sowjetunion Mitte der sechziger Jahre als Reaktion auf den Bruch mit China und den erzwungenen Rückzug aus den Gewässern vor Kuba begonnen hatte. Während die sowjetische Marine bis 1960 sich auf die Verteidigung ihrer Küsten beschränkt und lediglich Angriffs-U-Boote gegen die amerikanische Flotte entwickelt hatte, baute sie seitdem sechs Hochseeflotten auf. Architekt dieser Seerüstung war der Flottenadmiral Gorschkow, der die dazugehörige Doktrin 1976 in seinem Buch über die Seemacht dargelegt hatte.[23] Die Sowjetunion wollte keine traditionelle Seemacht errichten, die sich mit dem Gegner traditionelle Seeschlachten liefern konnte; sie schuf sich vielmehr eine moderne Marine, deren Kern durch strategische Unterseeboote mit Raketen sowie durch Angriffsunterseeboote gebildet wurde. Darüber hinaus sollte die Flotte amerikanische Unterseeboote abwehren, die Häfen und den Nachschub der amerikanischen Marine vernichten und damit die amerikanische Seekontrolle erheblich stören können.[24] Sicherlich war sie nicht imstande, diese Kontrolle selbst auszuüben. Dazu fehlten ihr so gut wie alle logistischen Voraussetzungen, fehlten Stützpunkte und Häfen weltweit, fehlten Nachschub- und Versorgungsschiffe. Vor allem fehlten die großen Flugzeugträger, von denen die Vereinigten Staaten 1974 14 besaßen und die Sowjetunion keinen. Ihr erster Flugzeugträger, die Kiev, wurde 1973 in Dienst gestellt, besaß aber bei weitem nicht die Angriffskapazitäten wie ihre amerikanischen Gegenstücke.

In den Vereinigten Staaten wurde denn auch weniger die militärische (ein amerikanischer Flugzeugträger führte mehr Munition mit sich als die gesamte sowjetische Überseeflotte[25]) als vielmehr die politische Bedeutung der sowjetischen Flotte aufmerksam beobachtet. War bis zum Ausgang der siebziger Jahre jährlich höchstens ein sowjetisches Schiff im Indischen Ozean zu sehen gewesen, so waren es seitdem jährlich ungefähr 50. Insgesamt hatten zwischen 1970 und 1972 mehr als 1000 sowjetische Kriegsschiffe die Häfen von 60 Ländern angelaufen.[26] Im Nahen Osten wurde die sowjetische Mittelmeerflotte regelmäßig verstärkt, wenn auch nur die leichteste Chance bestand, daß amerikanische Kriegsschiffe in den arabisch-israelischen Krieg eingreifen würden. Auch diese «paradiplomatische» Tätigkeit der sowjetischen Flotte konnte sich nicht mit der amerikanischen Seemacht vergleichen. Sie war zur ‹power projection› nicht imstande. Wohl aber konnte sie die sowjetische Macht demonstrieren, konnte sie den Anliegerstaaten signalisieren, daß die Sowjetunion präsent und wachsam war, daß jedenfalls sie eine Realität bildete. Die USA blieben auf den Weltmeeren nicht mehr unbeobachtet; die hegemoniale Rolle, die die Vereinigten Staaten – und ihre westlichen Alliierten – in der Dritten Welt spielten und weiterspielen wollten, wurde durch die zunehmende Präsenz sowjetischer Schiffe auf den Weltmeeren als nicht mehr alternativlos ausgewiesen.

Die sowjetische Seerüstung stellte also für die Vereinigten Staaten weniger eine militärische Bedrohung als eine politische Herausforderung dar. Staaten mit anti-amerikanischer Orientierung wurden in ihrem Verhalten gestärkt, anti-amerikanische Revolutionen in der Dritten Welt durch die militärische Präsenz der Sowjetunion abgesichert. Hatte die sowjetische Flotte eher einen Symbolwert, so symbolisierte er unübersehbar, daß die Sowjetunion sich nicht mit der militärischen Parität allein zufriedengeben würde, sondern auch die politische anstrebte. Sie baute mit der Flotte ein Instrument auf, das diesen Anspruch zunächst dokumentieren, später machtpolitisch umsetzen sollte. Sie zeigte mit der Seerüstung viel stärker als mit den nuklearen Offensivwaffen, daß sie die politische Führungsrolle der USA global anfechten wollte. Hier lag die eigentliche Machtprobe.

b) Weltpolitische Expansion

In der zweiten Hälfte der siebziger Jahre – bis zur Intervention in Afghanistan – konzentrierte Moskau seine Politik und seine Hilfe nach wie vor auf die «Zone der nationalen Befreiung», die sich vom nördlichen Afrika an den Mittelmeerküsten entlang durch den Nahen Osten bis nach Süd- und Südostasien erstreckte, und stattete sie wie bisher mit Wirtschafts- und Militärhilfe aus. Dabei kam ihr allerdings die Ölpreisrevolution entgegen, die einigen Ländern dieser Zone neuen Reichtum verschaffte und ihre Nachfrage nach Waffen steigerte.[27] 1975 führte die Sowjetunion erstmals großangelegte Seemanöver unter dem Titel «Ozean 1975» im Nordatlantik, im westlichen Mittelmeer, im Schwarzen Meer und im westlichen Pazifik durch. Das Unternehmen beeindruckte durch die gute Zusammenarbeit von See- und Luftstreitkräften, enthielt einen Schimmer von ‹power projection›. Ob der Einfluß auf die Dritte Welt durchweg positiv war, steht dahin. Moskau hatte es ohnehin schwer, seinen Ausgriff in die Dritte Welt gegen den Vorwurf des Imperialismus zu verteidigen und die reichlich gegebene Militärhilfe abzuschirmen gegenüber der Forderung der Entwicklungsländer, daß sich auch die Sowjetunion an der Entwicklungshilfe und an der Errichtung einer Neuen Weltwirtschaftsordnung aktiver beteiligen sollte. Schließlich mußte Moskau besorgen, daß eine allzu stürmische Einforderung der politischen Parität die Entspannungspolitik mit dem Westen endgültig beschädigen würde. Anfänge hatten sich bereits in Angola deutlich gezeigt.

Allerdings kamen der Sowjetunion zwei Ereignisse zu Hilfe, die sie nicht herbeigeführt hatte, aber auszunützen verstand: der Rückzug der Vereinigten Staaten aus Indochina und der politische Umsturz in Äthiopien.

Nach dem Rückzug der Vereinigten Staaten aus Vietnam übernahm die Sowjetunion die ehemaligen amerikanischen Stützpunkte am Ostausgang des Indischen Ozeans. Von dort aus konnte sie die amerikanischen Basen auf den Philippinen bedrohen und die Seeverbindungen stören. Sie wurde auch geographisch zum Partner Vietnams und damit stärker in dessen Auseinandersetzungen mit China über das Schicksal Kamputscheas (wo Vietnam am 2. 12. 1978 einmarschiert war) hineingezogen.[28] Sie zog sich damit auch die Kritik der ASEAN-Staaten zu, die, wenn überhaupt, China als die regionale Vormacht ansahen und ihre wirtschaftlichen Hoffnungen auf Japan und die Vereinigten Staaten richteten. Das Nachrücken der Sowjetunion in Vietnam wurde in diesen Staaten eher als Fortsetzung des Indochina-Konfliktes empfunden. Die Stellung Chinas wurde auf diese Weise gestärkt, selbst Nordkorea neigte sich zu Beijing. Obwohl eine asiatische Macht, konnte die Sowjetunion außer dem Zugang zu den Basen in Südvietnam vom Rückzug der USA nicht profitieren. Sie kam an der politischen Bedeutung Chinas, an der wirtschaftlichen Stärke Japans und am Zusammenhalt der ASEAN-Staaten nicht vorbei.[29]

In Afrika endete der Tausch des sowjetischen Einflusses in Somalia gegen den in Äthiopien ebenfalls ohne Gewinn. Zwar konnte die Sowjetunion, als sie im Frühjahr 1978 rund 17000 kubanische Soldaten nach Äthiopien einflog, ihre Fähigkeit zu weit ausholenden Lufttransportoperationen unter Beweis stellen. Diese Leistung wurde aber in Afrika mit gemischten Gefühlen betrachtet, um so mehr, als sie auch der Unterdrükkung der Befreiungsbewegung Eritreas durch die äthiopische Zentralregierung zugutekam. Der afrikanische Nationalismus war überhaupt nicht daran interessiert, westlichen Einfluß gegen den der sowjetischen Großmacht einzutauschen; sein Anti-Imperialismus richtete sich gegen jeden europäischen Einfluß.[30] Unter strategischen Gesichtspunkten war Somalia für die Sowjetunion zweifellos wichtiger gewesen als Äthiopien. Die Häfen Berbera und Kismayu waren seit dem Vertrag über Freundschaft und Zusammenarbeit von 1974 wichtige sowjetische Stützpunkte an der westlichen Gegenküste des Indischen Ozeans geworden; sie gingen 1977 wieder verloren. 1976 hatte der Sudan die Sowjetunion aus dem Land gewiesen.

Der Abschluß eines Vertrages über Freundschaft und Zusammenarbeit mit Mosambik, 1977, war da nur ein schwacher Trost. Er räumte den Sowjets politischen Einfluß ein; da er aber nicht durch entsprechend große

Wirtschaftshilfe untermauert wurde, verlor er rasch an Bedeutung. 1978 schon entschloß sich Präsident Samora Machel zu erneuter Westorientierung.

Im Nahen Osten, dem strategischen und politischen Kernbereich der «Zone der nationalen Befreiung», erging es der Sowjetunion nicht besser. Im Gegenteil: Schon 1972 hatte der ägyptische Präsident Sadat die Beziehungen zu Moskau praktisch abgebrochen, indem er die sowjetischen Berater des Landes verwies.[31] Aus den Sinai-Entflechtungsabkommen von 1974/1975, im Anschluß an den Sechs-Tage-Krieg, wurde die Sowjetunion durch die geschickte Diplomatie Kissingers herausgehalten. Die Genfer Nahostkonferenz, der die Vereinigten Staaten und die Sowjetunion gleichermaßen vorsaßen, war 1973 zum ersten und zum letzten Mal zusammengetreten; Präsident Carters Bereitschaft, sie 1977 wieder aufleben zu lassen, wurde durch den spektakulären Besuch Präsident Sadats in Jerusalem, im November 1977, hinfällig gemacht. Damit war die Sowjetunion von dem einzigen erfolgversprechenden Versuch ausgeschlossen worden, den arabisch-israelischen Zwist beizulegen. Zwar versuchte sie sich schadlos zu halten, indem sie nunmehr die Ablehnungsfront der arabischen Staaten unterstützte. Aber daraus ergab sich nur eine Außenseiterrolle, die um so geringer war, als sie sich nur auf den arabischen Gegensatz zu Israel stützen konnte. Die Sowjetunion erfuhr das in Libyen, wo sie nur sehr beschränkt Eingang fand. Sie erfuhr es auch im Irak, dessen regierende Baath-Partei die Kommunisten im Irak erbarmungslos verfolgte und, durch das Öl reich geworden, sich kommerziell stärker dem Westen zuwandte. Lediglich Syrien bot in der zweiten Hälfte der siebziger Jahre ein etwas abweichendes Bild. Diesem Land galt, nach dem Verlust Ägyptens, die besondere Aufmerksamkeit der Sowjetunion, die es mit modernen Waffen und mit Militärberatern versorgte. Am 8. Oktober 1980 schlossen die beiden Länder einen Vertrag über Freundschaft und Zusammenarbeit mit einer Laufzeit von 20 Jahren ab, der, wie bei solchen Verträgen häufig, auch eine militärische Beistandsklausel enthielt.

In Lateinamerika sah es nicht viel besser aus, obwohl in diesem «Hinterhof» der USA auch der kleinste sowjetische Vorteil einen besonderen Wert besaß. Die Sowjetunion verhielt sich hier in der zweiten Hälfte der siebziger Jahre relativ zurückhaltend, verlegte sich auf Diplomatie und Handel. In der Mitte der Dekade besaß die Sowjetunion diplomatische Beziehungen zu allen südamerikanischen und mehreren zentralamerikanischen Staaten. Ihr eigentlicher politischer Brückenkopf war und blieb Kuba. Mit dem Sturz Allendes vergingen ihre Hoffnungen auf Chile. Erst am Ende der Dekade eröffnete der Sieg der Sandinisten am 19. Juli 1979 in Nicaragua neue und strategisch bedeutsame Perspektiven für die Vergrößerung des sowjetischen Einflusses.[32] Sie führten offenbar zu einer Reformulierung der sowjetischen Zentralamerika-Politik, die zumindest in dieser Region wieder stärker auf den «bewaffneten Kampf» zu setzen begann.[33] Allerdings dauerte es bis 1981, bevor sich Moskau entschloß, die sandinistische Revolution voll zu unterstützen.

Die Auslandshilfe wurde nominal, aber nicht real gesteigert. Unter den kommunistischen Entwicklungsländern erhielt Kuba nach wie vor weit mehr als die Hälfte der sowjetischen Wirtschaftshilfe, in weitem Abstand gefolgt von Vietnam und der Mongolei. Mit rund 3,5 Mrd. USD war und blieb die Insel ein teurer Kostgänger Moskaus. Für die nichtkommunistischen Entwicklungsländer gab die Sowjetunion in der zweiten Hälfte der siebziger Jahre 8,1 Mrd. USD an Wirtschaftshilfe aus, am meisten im Mittleren Osten (3,9 Mrd.), in Afrika 2,7 und in Nordafrika 2,3 Mrd. USD, wobei der Löwenanteil auf die wohl einmalige Unterstützung der Phosphat-Industrie in Marokko mit 2 Mrd. entfiel.[34] Afrika südlich der Sahara und Lateinamerika erhielten in diesen fünf Jahren lediglich rund 340 Mio. USD.

Das war, absolut gesehen, eine beachtliche Steigerung. Moskau wandte in der zweiten Hälfte der siebziger Jahre – zieht man die Marokko-Hilfe ab – so viel auf wie in den zehn Jahren von 1965 bis 1974. Die realen Ausgaben blieben aber weit hinter den Vereinbarungen zurück; gemessen daran steigerte sich die sowjetische Hilfe in der zweiten Hälfte der siebziger Jahre gegenüber der ersten lediglich von 2,4 Mrd. auf 2,5 Mrd. USD.[35]

Das Bild ändert sich etwas, wenn man die Militärhilfe und den Waffenhandel berücksichtigt. Hier waren in der zweiten Hälfte der siebziger Jahre deutliche Steigerungen zu verzeichnen. Moskau lieferte an die nichtkommunistischen Entwicklungsländer Waffen im Wert von rund 22 Mrd. USD. Vor allem Nordafrika wurde stärker bedacht. In den zwanzig Jahren von 1956 bis 1974 hatte die Waffenhilfe einen Wert von rund 13,5 Mrd. USD gehabt.[36]

Der sowjetische Handel mit den nichtkommunistischen Entwicklungsländern verdoppelte sich von 1975 auf 1980 nominal, nämlich von 8,6 auf 17,7 Mrd. USD. Eine Steigerung war darin aber nicht enthalten, der Anteil dieser Entwicklungsländer am sowjetischen Außenhandel blieb konstant und klein bei 12%. Die Sowjetunion lieferte vor allem Maschinen und Ausrüstungsgegenstände, sie führte vornehmlich Lebensmittel aus der Dritten Welt ein. Dieser Handel nahm in den siebziger Jahren eher ab, so daß man nicht davon sprechen konnte, daß die Sowjetunion über hohe Anteile im Handel mit der Dritten Welt verfügte.[37]

Von einem wirtschaftlichen Ausgriff der Sowjetunion in die Dritte Welt konnte in der zweiten Hälfte der siebziger Jahre keine Rede sein. Auch ihre Attraktivität als Modell eines nicht-kapitalistischen Entwicklungslandes nahm sichtlich ab. Vielmehr waren es politische und militärische Aktivitäten, mit denen die Sowjetunion in der zweiten Hälfte der siebziger Jahre ihren Anspruch auf politische Parität unterstrich. Zwar war auch hier der

Erfolg eher bescheiden, bestand mehr in Demonstration als in realer Expansion. Er hatte aber zwei bedeutende Folgen. Washington nahm zur Kenntnis, daß die Sowjetunion die Politik der Entspannung nicht mit einem Verzicht auf Einflußerweiterung zu honorieren bereit war. Und es interpretierte die sowjetische Aktivität im Horn von Afrika als Auftakt zu einer Politik, die den amerikanischen Einfluß in der Dritten Welt schon zu beschneiden imstande und zu ersetzen offensichtlich gewillt war. Die Intervention der Sowjetunion in Afghanistan im Dezember 1979 bestätigte nur zu deutlich, daß beide Analysen richtig waren.

2. Militärische Parität als Angebot

a) Das Konzept des Präsidenten

Als Präsident James Earl Carter im Januar 1977 sein Amt übernahm, sah er sich also einer weitgehend unveränderten und kontinuierlichen Politik der Sowjetunion gegenüber. Dementsprechend beabsichtigte er, in dem zentralen Bereich der Rüstungs-, Rüstungskontroll- und Sicherheitspolitik fortzuführen, was seine republikanischen Vorgänger für richtig befunden hatten: eine gemäßigte, kontinuierliche Aufrüstung im strategischen Bereich, die jeden möglichen sowjetischen Vorteil ausglich; eine Rüstungskontrollpolitik, die dieser sowjetischen Aufrüstungspolitik Obergrenzen setzen sollte; und eine aktive Auslandshilfe, die es den Empfängerländern erleichtern sollte, sich wirtschaftlich zu entwickeln und politisch zu stabilisieren. In zweierlei Hinsicht aber unterschied sich Carter von Ford. Er setzte sehr viel mehr Energie hinter die Rüstungskontrolle, trieb den SALT II-Vertrag kräftig voran. Er ersetzte, zweitens, das defensive Konzept der Verknüpfung (linkage), das der Sowjetunion wirtschaftliche Vorteile gegen weltpolitisches Wohlverhalten anbot, durch eine aktive Menschenrechtspolitik, die die Sowjetunion (aber nicht nur sie) zur Korrektur ihres Herrschaftssystems oder zum weltpolitischen Rückzug veranlassen sollte. Carter war bereit, der Sowjetunion die militärische Parität zuzugestehen, auf dem kontrollierten Niveau, das der SALT II-Vertrag beschrieb. Aber er bestritt der Sowjetunion die politische Parität, indem er dem Kommunismus die politische Legitimität absprach und ihm die Legitimität der Menschenrechte entgegensetzte.

Die gemäßigt konservative Sowjetunionpolitik von Nixon und Ford wurde durch Carter erheblich aktiviert, weil er der Rüstungskontrolle einen höheren Wert beimaß und die Verwirklichung der Menschenrechte zur außenpolitischen Leitlinie erhob. Beides waren klassische Bestandteile des amerikanischen Liberalismus, als dessen Exponent die Carter-Administration – jedenfalls in ihren ersten beiden Amtsjahren – zu gelten hat. Sie personalisierte die politischen Konsequenzen, die die amerikanische Gesellschaft aus dem Vietnamkrieg und dem Watergate-Skandal gezogen hatte; sie brachte die Gleichheits-Schule der amerikanischen Außenpolitik an die Macht. Dementsprechend groß war der Wechsel in der Besetzung der politischen Führungspositionen. Besonders demonstrativ war die Ernennung des Schwarzen Andrew Young zum UN-Botschafter der USA. Die wichtigen Positionen des Außenministers und die des Verteidigungsministers wurden Cyrus R. Vance und Harold Brown anvertraut, zwei Politikern, die erfahren und liberal zugleich waren. Beide sahen mit Carter das überragende Ziel der amerikanischen Sowjetunionpolitik in der erfolgreichen Durchsetzung der Rüstungskontrolle. Vance vertrat darüber hinaus ein Weltbild, das die sowjetische Expansion zwar nicht unterschätzte, aber auch die zahllosen regionalen und lokalen Probleme berücksichtigte, die nicht von der Sowjetunion verursacht worden waren, aber von ihr ausgenutzt werden konnten.

Im Außenministerium waren weitere wichtige Positionen mit Liberalen besetzt worden: so die des Stellvertretenden Außenministers für Wirtschaftsfragen mit Richard N. Cooper, die des Staatssekretärs für Sicherheitshilfe mit Joseph S. Nye, Jr. und die des Direktors der Abteilung für politisch-militärische Angelegenheiten mit Leslie H. Gelb. Natürlich mußte Carter auch Konzessionen an den mehr konservativen Flügel der Demokratischen Partei machen, etwa indem er Joseph A. Califano, Jr. zum Minister für Gesundheit, Erziehung und Wohlfahrt machte und James R. Schlesinger zum Energieberater und später zum Energieminister. Die wichtigste Konzession an den demokratischen Konservativismus war zweifellos die Berufung von Zbigniew Brzezinski zum Nationalen Sicherheitsberater. Er war der konservative Gegenpol zum Außenminister Vance, dem er nach 1978 die Führung der Carterschen Sowjetunion-Politik abnahm. Ansonsten aber las sich die Liste der politischen Besetzungen Präsident Carters wie ein Namenskompendium der Gleichheits-Schule. Sie hatte zum ersten Mal in der amerikanischen Nachkriegsgeschichte das Ruder der Politik in die Hand bekommen und die Eliten der Sicherheits-Schule, die bisher diese Politik bestimmt hatten, aus dem Amt verdrängt. Mit der Carter-Administration schienen sich die Hoffnungen all derer zu erfüllen, die sich vom Ende des Vietnam-Krieges einen Verteilungsbonus erhofften. Was den Rüstungsausgaben genommen wurde, sollte der Sozialpolitik zugute kommen, «Neue Prioritäten» sollten in der Wertverteilung des politischen Systems gesetzt werden. Außen- wie innenpolitisch schien die Carter-Administration eine entschiedene Alternative zu dem zu bieten, was im Zeichen des ‹Sicherheitsstaates› die Ordnungspolitik der USA bestimmt hatte.

b) Einstellungen der Gesellschaft

Die genauere Analyse zeigt, daß die Wahl der Carter-Administration nicht den Auftakt zu einer neuen außen- wie innenpolitischen Orientierung darstellte, sondern ihren Höhepunkt, jenseits dessen sie sich wieder zurückzubilden begann. Im ersten Drittel der siebziger Jahre hatte ein neuer konservativer Gegenstrom eingesetzt, der dem aus dem Vietnam-Trauma fließenden Interesse an einer gründlichen Neuorientierung zunehmenden Widerstand entgegenbrachte. Ihn bekamen schon die Administrationen Nixon und Ford zu spüren. Er verfügte über bedeutende Zuflüsse. Da gab es zunächst die Alte Rechte, zu der die Aufrüstungsfraktionen im Kongreß gehörten und zu der, als größter Interessenverband, der American Security Council zählte. Ende der sechziger Jahre formierte sich das Konglomerat der Neuen Rechten, innerhalb deren sich die Zeitschrift ‹Commentary› zum außenpolitischen Sprecher machte. Das Committee on the Present Danger wirkte seit 1976 als Interessengruppe, wenn es sich auch nicht eindeutig zu der Neuen Rechten zählt läßt. Und schließlich wurde die Kritik an der Rüstungskontrollpolitik getragen von dem gewerkschaftlichen Dachverband AFL-CIO, der darin sowohl einen Ausverkauf der Politik wie der Arbeitnehmerinteressen der Vereinigten Staaten sah. Zwischen den Gewerkschaften, der Aufrüstungsfraktion im Kongreß und Teilen der Neuen Rechten gab es darüber hinaus eine weitere Verbindung, insofern sie alle, wenn auch unabhängig voneinander, die Position und die Politik Israels unterstützten.

Es gab also mit den beiden Gruppierungen auf der Rechten und den Gewerkschaften drei große gesellschaftliche Gruppen, die der Politik der Regierung skeptisch und kritisch gegenüberstanden. Allerdings vertraten sie parallele, nicht gemeinsame Interessen. Um sie zu integrieren, bedurfte es einer besonderen Leistung. Sie wurde erbracht von Senator Henry Jackson, der es, zusammen mit seinem Assistenten Richard Perle, verstand, diese drei Gruppen zusammen und hinter seine Kandidatur für die Präsidentschaft 1976 zu bringen.

Diese Koalition zustandegebracht zu haben zählt zu den großen politisch-taktischen Meisterleistungen, die in der jüngeren Gegenwart der Vereinigten Staaten erbracht worden sind.[38] Ihr Fernziel war, wie erwähnt, Jackson 1976 zum Präsidenten der USA wählen zu lassen. Dies mißlang 1976, obwohl Jackson Erfolg dabei hatte, die Rechten, die Gewerkschaft und die Juden auf seine Kandidatur zu verpflichten. 1980 war diese Koalition dann durchaus erfolgreich, freilich ohne Jackson als Kandidat und ohne die Organisation der Gewerkschaften (allerdings mit vielen Gewerkschaftsangehörigen). Jacksons Leistung hatte also durchaus Langzeitwirkung, wenngleich sie ihm nicht mehr zugute kam. Einen Etappensieg aber hatte die Koalition schon 1974 zu verzeichnen. Mit dem – zwei

Jahre lang heiß umkämpften – Jackson-Vanik-Amendment zum Handelsgesetz von 1974 gelang es ihr, die Entspannungspolitik mit der Sowjetunion stark zu verlangsamen und empfindlich zu stören.[39] Zwar erlitten die Gewerkschaften eine Niederlage, weil das Handelsgesetz nicht aufgehalten, sondern aufgrund von Konzessionen Senator Jacksons schließlich doch verabschiedet wurde. Für die Arbeitnehmerinteressen der AFL-CIO hatte sich die Koalition also nicht ausgezahlt. Das traf im übrigen auch für die Juden zu. Unmittelbarer Gegenstand des Jackson-Vanik-Amendments war es ja gewesen, die Gewährung der amerikanischen Meistbegünstigung an die Sowjetunion abhängig zu machen von der Verbesserung der Ausreisemöglichkeiten sowjetischer Juden. Dies mißlang gründlich, weil die Sowjetunion infolge dieses Amendments die Emigration von Juden stark drosselte. Die jüdische Gemeinde in den USA war sich schon 1975 darüber im klaren, daß sich ihr Einsatz für Jackson nicht gelohnt hatte.[40] Sie mußte ohnehin, wie die Gewerkschaften, in dieser Koalition eher als die Geführte gelten, nicht als Initiator.[41]

Kamen also die unmittelbaren Interessen der Juden und der Gewerkschaften nicht zum Zuge, so wurden ihre weitergehenden Ziele, wenn es ihnen vielleicht auch zu dieser Zeit nicht bewußt war, durchaus gefördert. Mit dem Jackson-Vanik-Amendment erfuhr die Politik der Rüstungskontrolle und der Entspannung einen empfindlichen Rückschlag mit anhaltenden Folgen.[42] Was die Gewerkschaften stets gefordert hatten: Aufrüstung der Vereinigten Staaten anstelle von Rüstungskontrollverhandlungen mit der Sowjetunion, nahm 1974, wenn auch zunächst erst als Perspektive, durchaus Gestalt an. Knapp ein Jahr später, im Wahlkampf des Jahres 1976, mußte sich Präsident Ford schon einer massiven Kampagne aus den Reihen der Republikanischen Partei erwehren, die seine Politik und die seines Vorgängers insgesamt zur Disposition stellen wollte. Das lag durchaus im Sinne dieser Koalition, wenn sie es auch 1974 nicht so deutlich sagte, sondern sich mehr an den kurzfristigen Zielen des Amendments orientierte. Als die Langfristfolgen 1976 und vor allem dann 1980 sichtbar wurden, zeigte sich, daß die Forderungen nach einer veränderten Rüstungs- und Rüstungskontrollpolitik, wie sie in der Mitte der siebziger Jahre von allen Gruppen der Koalition gestellt worden waren, in Erfüllung zu gehen schienen. Nur die AFL-CIO mußte sich 1980 fragen, ob dies in der Tat die für sie richtige Koalition gewesen war. Ihre 1975 erklärte Bereitschaft, für die Aufrüstung gegenüber der Sowjetunion auch erhöhte Kosten in Kauf zu nehmen, wurde ihr mit der Kürzung der staatlichen Sozialausgaben gelohnt.

1974 erzielte jedenfalls die breite Koalition der Gegner von Rüstungskontrolle und der Befürworter von Aufrüstung einen ersten politisch wirksamen Erfolg. Ihre Forderung, die von den republikanischen Administrationen gepflegte Triade von Aufrüstung, Rüstungskontrolle und

Auslandshilfe aufzugeben zugunsten einseitiger Aufrüstung und Wiedererlangung der Superiorität der Vereinigten Staaten gegenüber der Sowjetunion, wurde gehört, wenn auch nicht sofort verwirklicht. Der Wandlungsprozeß war noch nicht erfolgreich, aber er hatte begonnen.

Dazu hatten paradoxerweise auch entschieden liberale Gruppierungen beigetragen, denen die Entspannungspolitik der Nixon-Administration eigentlich nicht weit genug ging. Sie kritisierten sie, sozusagen, von ‹links›. Die großen politischen und gesellschaftlichen Gruppierungen, die die Entspannungspolitik der Nixon-Kissinger-Administrationen bis hinauf zu der von Jimmy Carter trugen, mußten sich also nicht nur gegen die Neue und die Alte Rechte, gegen militärische und gewerkschaftliche Eliten, sondern auch gegen den entschiedenen Liberalismus verteidigen, der die Entspannungspolitik aus ganz anderen Gründen kritisierte. Allerdings verlangte er keine militärischen, sondern politische Maßnahmen. Die gesellschaftliche Forderung nach mehr Rüstung, nach Überrüstung und Verzicht auf Rüstungskontrolle und Auslandshilfe wurde ausschließlich von solchen Gruppen erhoben, die auf dem rechten Teil des politischen Spektrums der USA angesiedelt waren.[43]

Erwiesen ist auch, daß in der Zeit von 1974 bis 1976 ein Umschwung in der öffentlichen Meinung zugunsten einer wieder stärkeren Konfrontationsbereitschaft mit der Sowjetunion stattfand. Er läßt sich an der anwachsenden Zustimmung für wieder höhere Verteidigungsausgaben und an einer kritischen Einstellung gegenüber der weltpolitischen Rolle der Vereinigten Staaten ablesen.[44] Aussagekräftig ist insbesondere die abnehmende Kritik an den Verteidigungsausgaben. Sie fiel, wie die nachfolgende Tabelle 1 zeigt, von 1971 49% auf 1974 32%, wobei zwischen September und Dezember 1974 offenbar eine besonders drastische Abnahme zu verzeichnen war.

Gerade auf diesen Punkt hatten die Konservativen und die ihnen nahestehenden Interessengruppen besonderen Wert gelegt; sie hatten immer wieder ihre Auffassung betont, daß die Vereinigten Staaten in bezug auf die militärische Stärke hinter der Sowjetunion zurückblieben. Sie hatten aber auch die aus der Sowjetunion stammende Gefahr für die Vereinigten Staaten grell beleuchtet. Auch hier ist eine Rezeption in der Öffentlichkeit festzustellen. War in der Zeit von 1968 bis 1974 die Furcht vor der Sowjetunion zwar nicht verschwunden, aber doch weitgehend gesunken, so nahm sie seitdem in der amerikanischen Öffentlichkeit wieder zu.[45] Sie verstärkte das wachsende Interesse an einer starken Weltführungsposition der Vereinigten Staaten, die in bezug auf Macht und militärische Stärke wieder «second to none» sein sollten.

Allerdings war bis 1976 nur eine Trendumkehr zu verzeichnen, eine Abkehr vom Trauma des Vietnam-Krieges, das einen Verzicht auf die Weltpolizistenrolle und auf militärische Einmischung nahegelegt hatte.

Tabelle 1: Umfrageergebnisse über die wünschenswerte Höhe der Verteidigungsausgaben der USA, 1960–1978

Es wurden jeweils zwei Fragen gestellt:

«Es gibt viele Diskussionen darüber, wieviel Geld die Regierung in Washington für die nationale Verteidigung und für militärische Zwecke ausgeben sollte. Was ist Ihre Ansicht dazu? Glauben Sie, daß unsere Verteidigungsausgaben zu niedrig, zu hoch oder gerade angemessen sind?» (März 1960 – September 1974, Januar/Februar 1976 – Juli 1977)

«Meinen Sie, daß wir unsere Verteidigungsausgaben erhöhen, etwa auf dem jetzigen Niveau lassen oder sie verringern sollten?» (Dezember 1974, November 1978)

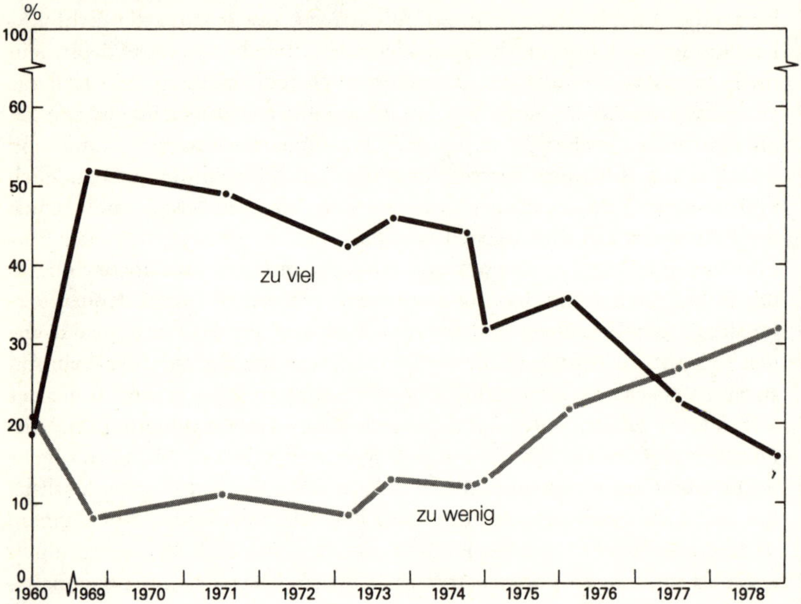

	1960	1969	1971	Febr. 1973	Sept. 1973	Sept. 1974	Dez. 1974	1976	1977	1978
zu viel	18%	52%	49%	42%	46%	44%	32%	36%	23%	16%
etwa richtig	45	31	31	40	30	32	47	32	40	45
zu wenig	21	8	11	8	13	12	13	22	27	32

Quelle: Public Opinion, März/Mai 1979, S. 25

Dies war auch das Führungsangebot der Nixon-Doktrin gewesen, die insofern sicherlich auch auf die Nach-Vietnam-Stimmung reagierte. Wie die weitere Entwicklung nach 1976 zeigt, ging der seit 1974 zu beobachtende Wandel aber über die von Präsident Nixon und Henry Kissinger angebotene Kombination von Aufrüstung und Rüstungskontrolle weit hinaus. Sieben von zehn Amerikanern waren 1976 bereits der Meinung, daß die amerikanisch-sowjetischen Beziehungen sich nicht verbessern, sondern eher verschlechtern würden.[46] Sich darauf einzustellen und die notwendigen Vorbereitungen zu treffen und zu finanzieren, wurde in der Zeit von 1974 bis 1976 zu einer akzeptierten Forderung. Das Angebot von Kissinger und Nixon, gemäßigte Aufrüstung mit Rüstungskontrollverhandlungen und Auslandshilfe zu verbinden, wurde zunehmend als nicht mehr tragfähig eingeschätzt. Dabei ist zu berücksichtigen, daß sich die amerikanische Auslandshilfe in der Öffentlichkeit während der Jahre 1973 bis 1976 einer gleichbleibend hohen Unbeliebtheit erfreute.[47]

Daß sich in der Mitte der siebziger Jahre das Vietnam-Trauma zu legen und ein neuer Konservativismus zu regen begann, schlug sich im Ergebnis der Präsidentschaftswahlen von 1976 nicht nieder. Dem Außenseiter Jimmy Carter gelang es, die traditionelle demokratische Wahlkoalition zwischen dem Süden und dem industrialisierten Norden, zwischen Gewerkschaften, Stadtbewohnern, den Schwarzen und Fremdstämmigen sowie den Frauen und Armen wiederherzustellen und mit ihr 297 Wahlmännerstimmen zu gewinnen. Präsident Ford unterlag mit 241 Stimmen. Carter erhielt 40,3 Millionen der abgegebenen Stimmen und damit 51%. Für Ford entschieden sich 48% oder 38,6 Millionen Wähler.

Die Mehrheit war knapp, aber ausreichend. Die Demokraten konnten die Kontrolle beider Häuser des Kongresses noch verstärken; mit einem demokratischen Präsidenten im Weißen Haus war damit seit acht Jahren erstmals wieder die gesamte Administration in der Hand der Demokratischen Partei. Sie war während des Wahlkampfes geeint und aktivistisch aufgetreten und hatte auch bei den Wahlen in den Einzelstaaten zugelegt. Sie stellte den Gouverneur in 37 Staaten (die Republikaner nur in 12) und beherrschte in 36 Staaten beide Häuser des jeweiligen Parlaments.[48] Auf dieser breiten Basis konnte der Sieg Carters, war er auch schmal ausgefallen, eine Weichenstellung in der politischen Landschaft der USA bedeuten. Er war aber doch nur eine letzte Konsequenz von Vietnam und Watergate, ein kräftiger, aber doch später Ausdruck politischer Einstellungen, die sich schon wieder änderten. Sie erzeugten Unterströme, die dem Wahlergebnis zuwiderliefen und seine längerfristige Wirkung in Frage stellten.

Die relevante außenpolitische Kontroverse im Wahlkampf hatte sich denn auch weniger zwischen Carter und Ford, als vielmehr zwischen diesem und seinem Rivalen Reagan abgespielt, der dem Präsidenten immerhin den Verzicht auf den Begriff «Entspannung» abrang und ihn zu einer zweiprozentigen Aufstockung des Verteidigungsbudgets veranlaßte. Im Gegensatz dazu unterschied sich das Programm Präsident Fords von dem Jimmy Carters nur in Nuancen und in der besonderen Betonung, die Carter auf eine aktivere Menschenrechtspolitik legte. Gemeinsam traten sie für eine Fortführung der Entspannungspolitik ein, für die Verbindung von militärischer Stärke und Rüstungskontrolle. Carter versprach eine offenere Chinapolitik, während Ford durch das republikanische Wahlprogramm stärker auf die bilateralen Beziehungen zu Taiwan verpflichtet wurde.[49]

Es ist daher schwierig, dem Wahlergebnis bestimmte gesellschaftliche außenpolitische Anforderungen zu entnehmen. Hinzu kommt, daß die Außenpolitik im Wahlkampf zwar einen auffälligen, aber keinen wichtigen Platz eingenommen hatte. Im Vordergrund standen vielmehr Fragen der Wirtschafts- und der Erziehungspolitik, die Überwindung der Rezession und eine intensivere Gesundheitspolitik. Noch immer war die Nation damit beschäftigt, die innenpolitischen Defizite aufzuarbeiten, die während der langen Jahre der Außenorientierung, vor allem des Vietnamkrieges, entstanden waren. Die Einstellung zur Außenpolitik dürfte sich daher kaum von der unterschieden haben, die der Chicago Council on Foreign Relations ein Jahr zuvor festgestellt hatte. 85% der Öffentlichkeit und 95% der Eliten bezeichneten 1974 den Frieden als das wichtigste Ziel der amerikanischen Außenpolitik, dicht gefolgt von der Rüstungskontrolle, die allerdings bei den Eliten (86%) mehr Anklang fand als bei der breiten Öffentlichkeit (64%).[50] Drei Jahre später, 1978, war die Lage kaum verändert, als der Council seine Untersuchung wiederholte. Zwar hatte sich zu diesem Zeitpunkt das Vietnam-Trauma weiter zurückgebildet und die Sowjetunion wieder einen der vordersten Plätze in der Aufmerksamkeit eingenommen; insgesamt gesehen hatte sich aber nicht viel verändert. Die Zahl derer, die eine aktivere Weltpolitik der USA wünschten, war sogar zurückgegangen, lag mit 59% auf dem niedrigsten Wert seit 1947.[51] Noch immer interessierten sich die Amerikaner zweimal mehr für inneramerikanische oder gar lokale Angelegenheiten als für die Außenpolitik.

Unter denen aber, die sich dafür interessierten, war eine spürbare Veränderung festzustellen. Fast ein Drittel von ihnen war 1978 wieder bereit, die Verteidigungsausgaben zu erhöhen, das waren 20% mehr als 1974. Die Zahl derer, die eine Kürzung des Verteidigungsbudgets verlangten, war zurückgegangen. 1974 waren es 32%, 1978 nur noch 16%. Diese Verschiebungen änderten nichts daran, daß die Amerikaner 1978 nach wie vor mit großer Mehrheit die Grundelemente der Entspannungspolitik befürworteten. 71% begrüßten weitere Rüstungskontrollabkommen mit der Sowjetunion, fast genau so viele forderten die Zusammenarbeit mit der Sowjetunion, um die Energieprobleme zu lösen.[52] Auch die negative Einschätzung der Auslandshilfe, wirtschaftlich wie militärisch, hatte sich nicht verändert.

Bemerkenswert ist allein, daß die Aufrüstung wieder mehr Fürsprecher fand. 1978 traten 34% der Befragten dafür ein, 20% mehr als 1974. Der Anstieg ist interessant genug, auch wenn er noch keinen Anforderungswandel anzeigt. Besonders aufschlußreich ist dabei, daß dieser Anstieg sich fast ausschließlich bei dem ‹attentive public›, also den außenpolitisch gut Informierten, zeigte, während er weder beim allgemeinen Publikum noch bei der Führungselite anzutreffen war. Von diesen Informierten waren 1978 mehr als die Hälfte für erhöhte Rüstungsausgaben, die von weniger als einem Viertel der Nicht-Informierten bejaht wurden.[53] Auch die Führungseliten waren nicht für eine Steigerung der Rüstung. Sie wurde von nicht einmal einem Drittel befürwortet, während fast derselbe Anteil für eine Senkung dieser Ausgaben eintrat.[54]

Die allgemeine Gesellschaft und ihre politische, wirtschaftliche und intellektuelle Führungselite sprach sich mehrheitlich nicht für vermehrte Rüstungsanstrengungen und zu einem Drittel sogar nach wie vor für deren Verminderung aus. Sie teilten auch mehrheitlich nicht die Einschätzung, daß die Vereinigten Staaten hinter der Sowjetunion militärisch zurückgeblieben seien. Führungselite und allgemeines Publikum waren also praktisch der Meinung, daß sich in der Zeit von 1976 bis 1978 nichts verändert hatte, daß es keinen Anlaß zu besonderer Sorge und keinen zu vermehrter Aufrüstung gab. Lediglich das ‹attentive public›, zu dem man die informierten Mittel- und Oberschichten rechnen muß, waren anderer Meinung, betonten die sowjetische Bedrohung und forderten mehr amerikanische Rüstung zu deren Abwehr.

Diese Abweichung des ‹attentive public› von der Einschätzung durch die Elite muß auffallen. Zu dieser Elite zählten immerhin Kongreßabgeordnete, Regierungsbeamte, Wirtschaftsführer und Intellektuelle. Sie galten naturgemäß als die am besten Informierten, weil ihnen neben den Medien auch noch die offiziellen Informationsmöglichkeiten des Staates zur Verfügung standen. Was konnte das ‹attentive public›, das zwar gut, aber doch eben bei weitem nicht so gut informiert war wie die Elite, dazu veranlassen, eine so drastisch unterschiedliche Einschätzung der sowjetischen Bedrohung und der Notwendigkeit amerikanischer Aufrüstung vorzunehmen? Selbst der Chicago Council on Foreign Relations, der die Umfrage veranstaltet hatte, stellte sich die Frage, «woher die Informierten die Information beziehen, daß die Vereinigten Staaten (hinter der Sowjetunion) zurückgefallen sind, und woher die Eliten die Information erhalten, daß das nicht der Fall ist».[55] Lag der Grund der Differenz, so fragte der Council, in der Ideologie oder in der Information?

Natürlich geben die Umfragedaten darauf keine klare Antwort. Aber sie geben interessante Aufschlüsse, die der Council auch publiziert hat. So hat er beispielsweise die 39% der Elite, die eine militärische Unterlegenheit der Vereinigten Staaten feststellten, weiter aufgegliedert. Dabei zeigte sich, daß diese Einschätzung zu 100% von speziellen Interessengruppen geteilt wurde, gefolgt von speziellen außenpolitischen Interessengruppen (87%) und Kongreßmitgliedern (79%).[56] Allerdings fallen die Zahlen hier gemäßigter aus: 45% der Kongreßangehörigen, 44% der Wirtschaftsführer, 39% der politischen Beamten und 37% der Interessengruppenvertreter – so setzte sich das Drittel der Elite zusammen, das im Gegensatz zur Zweidrittelmehrheit dieser Gruppe eine verstärkte Aufrüstung der Vereinigten Staaten forderte.

Wenn die Daten des Chicago Council auch keine beweisbare Antwort geben, so lassen sie doch Schlüsse zu. Es gab 1978 in der Elite eine Gruppe, etwas mehr als ein Drittel, die eine militärische Unterlegenheit der Vereinigten Staaten gegenüber der Sowjetunion diagnostizierte. Da hinter dieser Einschätzung alle in dieser Gruppe vertretenen Interessenverbände und drei Viertel der ihr zuzurechnenden Kongreßangehörigen standen, ist dies die Gruppierung, deren Informationen und Bewertungen von einer Mehrheit des ‹attentive public› aufgenommen und akzeptiert wurden. Woher sonst sollte diese Öffentlichkeit Analysen und Evaluationen beziehen? Sie zu verbreiten, war ja gerade die Aufgabe, die sich die einschlägigen Interessenorganisationen gestellt hatten. Man geht also wohl kaum fehl in der Annahme, daß in jener Minderheit der politischen Elite die Informationen und Bewertungen bereitgestellt und dem ‹attentive public› erfolgreich übermittelt wurden. Demgegenüber gilt es noch einmal zu betonen, daß rund zwei Drittel der politischen Elite noch 1978 an der seit langem vertretenen Auffassung festhielten, daß die Vereinigten Staaten der Sowjetunion nicht unterlegen waren.

In anderen Worten: Es gelang dieser Minderheit nicht, die Mehrheit der Eliten von ihrer Bewertung der sowjetischen Bedrohung zu überzeugen; wohl aber gelang es ihr, damit in das ‹attentive public› erfolgreich einzudringen. Sie benutzte die für die Vereinigten Staaten mit ihrem hohen Grad an partizipatorischer Demokratie als klassisch zu bezeichnende Strategie, auf das politische System durch Veränderung der gesellschaftlichen Anforderungen einzuwirken. Solche Strategien kündigten sich durch die Gründung von Interessengruppen und von Forschungsinstituten an. Seit 1974 wurde die Entstehung des «Committee on the Present Danger» vorbereitet, die im Dezember 1976 erfolgte. Dieses Committee wandte sich im besonderen an das ‹attentive public›. Seit 1973 arbeitete das Forschungsinstitut der erzkonservativen «Heritage Foundation», um mit seinen Analysen – wie die Foundation selbst sagte – «der konservativen Bewegung intellektuelle Unterstützung» zukommen zu lassen.[57] Auch das Georgetown Center for Strategic Studies muß in diesem Zusammenhang genannt werden, das sich zwar von der Heritage Foundation deutlich unterschied, aber auch deutlich konservativ war. Neo-Konservative Kongreß-Mitglieder gründeten die «Coalition for a New Democratic Majority».

Wenn die Carter-Administration bis 1978 keinen und danach nur einen geringfügigen Anlaß sah, das Verteidigungsbudget aufzustocken, so wurde diese Politik von der amerikanischen Gesellschaft und von der Führungselite der USA weitgehend geteilt. Die Forderung nach energischer Aufrüstung, die einem perzipierten sowjetischen Vorsprung gerecht werden sollte, wurde lediglich von einem Drittel der Elite erhoben, von ihr aber erfolgreich im ‹attentive public› verbreitet. Dort wurde sie als gesellschaftliche Anforderung formuliert und an das politische System gerichtet. Dessen Antwort, wie die des größeren Teils der politischen Elite, war eindeutig: Es gab keine amerikanische Unterlegenheit in der zweiten Hälfte der siebziger Jahre gegenüber der Sowjetunion; potentiellen Defiziten wurde seit der Anhebung des Verteidigungsetats durch Präsident Ford im Winter 1975 durch jährliche Anpassungen, schließlich auch durch das Langzeitprogramm der NATO von 1977 Rechnung getragen. Administration, Elite und die breite Öffentlichkeit der USA waren sich mit Mehrheit darin einig, daß die USA auch nach 1976 in der Lage waren, der sowjetischen Herausforderung angemessen zu begegnen.

Präsident Carter konnte sich also bei seiner Sowjetunionpolitik, die die seiner Vorgänger fortführte und aktivierte, auf die mehrheitliche Zustimmung der Eliten und der breiten Öffentlichkeit stützen. Er mußte andererseits auf die informierte Öffentlichkeit, das ‹attentive public›, achten, weil dort die konservativen Interessengruppen, verstärkt noch durch die Political Action Committees, die sich aufgrund der Wahlkampffinanzierungsreform von 1972 sprunghaft vermehrt hatten, zunehmend Einbrüche erzielten. Auf sie stützte sich Brzezinski, als er 1978 die Wende in der Carterschen Außenpolitik einleitete; sie waren es, die der Außenpolitik der Reagan-Koalition den Boden bereiteten.

c) Beschleunigte Aufrüstung

Schon vier Wochen nach ihrem Amtsantritt hatte die Regierung Carter die Gelegenheit, ihre sicherheitspolitischen Vorstellungen zu konkretisieren. Als Kandidat hatte Jimmy Carter versprochen, das Verteidigungsbudget um fünf bis sieben Mrd. USD zu senken; auf seiner zweiten Pressekonferenz, am 24. 2. 1977, konnte er immerhin eine Senkung um fast drei Mrd. USD vorweisen.[58] Das sah freilich besser aus, als es war. Der Entwurf des Verteidigungsbudgets für 1978 stammte noch aus der Feder des republikanischen Verteidigungsministers Rumsfeld; er hatte einen Bewilligungsumfang von 120,5 Mrd. USD vorgesehen, reale Ausgaben in Höhe von 110,1 Mrd. USD. Diese beiden Beträge lagen um 13,9 bzw. 11,8% über dem Budget von 1977.[59] Das amerikanische Verteidigungsbudget hatte 1975 seinen tiefsten Punkt nach Vietnam erreicht und begann seitdem wieder zu steigen. Die von der Carter-Administration im Februar 1977 vorgelegten Änderungen kürzten den Bewilligungsumfang in der Tat um rund 3 Mrd. USD, die aktuellen Ausgaben hingegen lediglich um 400 Millionen. Hatte Ford eine Steigerung in diesem Bereich gegenüber dem Vorjahr von 11,8% geplant, so Carter eine solche von 11,4%. Von einer maßgeblichen Kürzung konnte also keine Rede sein. Carter kürzte Planungen, keine laufenden Programme. Er wollte von dem noch immer umstrittenen B-1-Bomber statt acht nur fünf Exemplare bestellen, die endgültige Entscheidung über die ebenso umstrittene MX-Rakete um ein Jahr hinausschieben und die von Ford bestellten 60 Minuteman III-Raketen nicht mehr kaufen, weil die USA genügend dieser Systeme besaßen und ihre Verwundbarkeit durch die genauer werdenden sowjetischen ICBMs nur noch eine Frage der Zeit war.

Verteidigungsminister Brown führte aber noch einen weiteren Grund an: die Rüstungskontrollvereinbarungen von Wladiwostok. Wenn die USA jetzt weitere 60 Minuteman III-Raketen anschafften, würden sie den in Wladiwostok gezogenen Rahmen für vermirvte Systeme mit zwar zielgenauen, aber verwundbaren Raketen ausfüllen, anstatt Raum zu lassen für die neuen, beweglichen und daher weniger verwundbaren MX-Raketen.[60] Die Rüstungskontrolle erfolgreich weiter voranzutreiben war für die Carter-Administration von Anfang an wesentlicher Bestandteil ihrer Sicherheitspolitik. Das hatte auch für die vorangehenden Administrationen gegolten. In seinem letzten Bericht zum Verteidigungsprogramm hatte Verteidigungsminister Donald H. Rumsfeld das Ziel unterstrichen, den amerikanisch-sowjetischen Rüstungswettlauf zu verringern und die sowjetische Zusammenarbeit in der Rüstungskontrolle, in der Nichtweiterverbreitung der Atomwaffen und in anderen Bereichen der gemeinsamen Sicherheitsinteressen zu ermutigen.[61] In der Carter-Administration nahm die Rüstungskontrolle eher einen noch wichtigeren Platz ein.

Die von Carter im Frühjahr 1977 vorgesehenen Änderungen in dem – noch unter republikanischer Leitung entworfenen – Verteidigungsbudget für 1978 stellten also die Sicherheit der USA nicht in Frage. Der Vorsitzende des Vereinigten Generalstabs, General Brown, war zwar mit einzelnen Änderungen nicht einverstanden, behielt sich auch eine detaillierte Prüfung für die kommenden Monate vor. Er war dennoch der Meinung, «daß das Gesamtbudget angemessen für die unmittelbaren Sicherheitserfordernisse des Landes sorge» und daß vor allem die Planung für die kommenden fünf Jahre zum ersten Mal die Forderungen des Pentagon erfülle.[62] Auch der Kongreß war mehrheitlich dieser Meinung, blieb mit seiner Bewilligung sogar noch um 4,1 Mrd. USD unterhalb der von Präsident Carter geforderten Höhe. Die Aufrüstungsfraktion im Kongreß konnte sich nicht durchsetzen, nicht einmal beim B-1-Bomber. Zwar stimmte das Repräsentantenhaus noch im Juni für dessen Produktion; als aber der Präsident wenig später seine Entscheidung bekanntgab, die Produktion des Bombers einzustellen und stattdessen auf das modernere Waffensystem der Cruise Missiles zu setzen, folgte ihm darin – wenn auch mit knappen Mehrheiten – der Kongreß.[63]

Die von Jimmy Carter versprochene Kürzung des Verteidigungshaushaltes nahm sich also praktisch als Verzögerung der Erhöhung aus. Mit Steigerungen des Budgets um rund 10 Mrd. USD jährlich (in laufenden Dollar 1978) wollte Carter das Verteidigungsbudget von 105 Mrd. 1978 auf rd. 150 Mrd. USD 1982 anheben. In der Planung Fords waren zu diesem Zeitpunkt 156 Mrd. USD vorgesehen, die Carter ein Jahr später, 1983, mit rd. 160 Mrd. USD überholen wollte, wie die Tabelle 2 zeigt:

Tabelle 2 Planung der Verteidigungsausgaben durch das Verteidigungsministerium in den Administrationen Ford und Carter (Stand 1978)

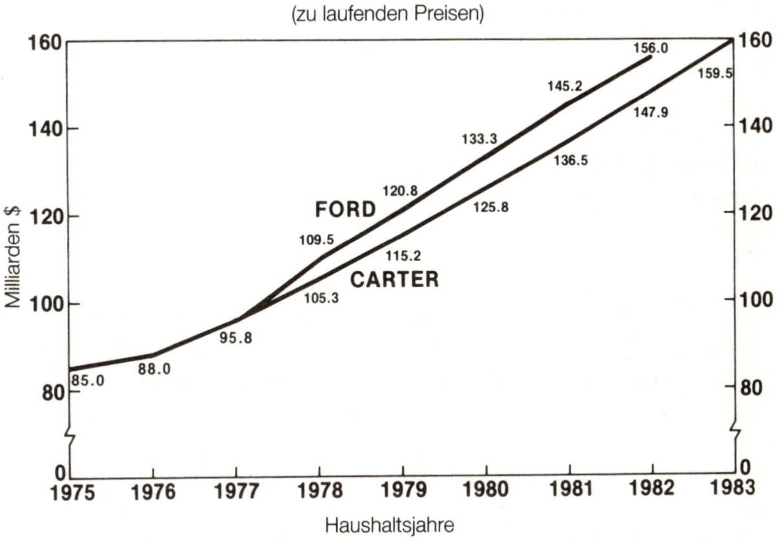

Quelle: U.S. Congress 95/2, Committee on Appropriations: Senate, Department of Defense Appropriations for Fiscal Year 1979, Hearings, Part 1, Washington, D. C. 1978, S. 565.

Carter war sich von Anfang an darüber im klaren, daß aufgrund des anhaltenden Aufrüstungsprogramms der Sowjetunion die USA ihre Rüstung steigern mußten. Allerdings wollte er damit weder die Amerikaner alarmieren, noch die Europäer beunruhigen, geschweige denn den Sowjets den Vorwand zu einer neuen Propagandakampagne geben.[64] Ihm war klar, daß das militärische Hauptproblem nach wie vor in Europa lag und sich dort auch noch verschärfen würde, wenn aufgrund der Begrenzung oder eventuellen Verringerung der Kernwaffen das konventionelle Übergewicht der Sowjetunion noch stärker zum Ausdruck kam. Carter drängte deswegen auf der Ministertagung des Nordatlantikrates vom 10. und 11. Mai 1977 auf ein langfristiges Aufrüstungsprogramm der NATO, das sich den veränderten Verteidigungsbedürfnissen der achtziger Jahre anpassen sollte. Das Programm wurde vom Verteidigungs-Planungsausschuß der NATO Mitte Mai in Brüssel beschlossen und sah eine jährliche Steigerung der Verteidigungshaushalte der Mitglieder um 3% real vor.[65] An dieser Größenordnung orientierten sich das erste, gänzlich von der Carter-Administration ausgearbeitete Verteidigungsbudget für 1979 und die Planung bis 1983.[66]

Die von der Carter-Administration betriebene Aufrüstung war allerdings nicht dazu bestimmt, im strategischen Bereich die Überlegenheit gegenüber der Sowjetunion wieder zurückzugewinnen. Carter war und blieb bereit, der Sowjetunion die militärische Parität zuzugestehen. Seine Direktive vom August 1977 (PD-18) gab sich mit der «essential equivalence» zufrieden, also mit der Parität.[67] Auch das von Samuel Huntington verfaßte, berühmte Presidential Review Memorandum 10 vom Juni 1977 stimmte diesem Ziel zu. Dahinter verbarg sich allerdings keine fatalistische Hinnahme der sowjetischen Gleichheit. PD-18 legte den Grund zu einer konventionellen, weltweit operierenden Eingreiftruppe, der späteren Rapid Deployment Force. Vor allem wies PD-18 den strategischen Streitkräften der USA nicht nur die Aufgabe zu, zu nuklearer Vergeltung imstande zu sein; sie sollten auch, war der Krieg einmal ausgebrochen, ihn zu günstigen Bedingungen für die USA beenden können. Das Dokument stellte insofern einen weiteren Schritt in Richtung auf eine Kriegführungsfähigkeit der USA dar.[68] In diese Richtung zielten auch diverse Direktiven für den Zivilschutz, die allerdings niemals ausgeführt wurden, sowie die in PD-18 formulierte Verbesserung der C3I-Struktur. Ihr waren auch PD-53 vom November 1979 und PD-58 vom Juni 1980 gewidmet. Den abschließenden Höhepunkt dieser konzeptuellen Neuentwicklung einer auch die Kriegführung einschließenden «countervailing strategy» bildete die berühmt gewordene Direktive 59 vom 25. Juli 1980. In den letzten Tagen der Carter-Administration faßte dann PD-62 die neuen Grundsätze der Nuklearstrategie und PD-63 das neue Sicherheitskonzept für die Region des Persischen Golfes zusammen.

Vollzog sich diese Weiterentwicklung des strategischen Konzeptes unter Ausschluß der Öffentlichkeit, die nur durch Presseindiskretionen davon unterrichtet wurde, so kündeten die Rüstungsbudgets der Carter-Administration deutlich von der Absicht, im Zeichen der «essential equivalence» die amerikanische Stärke auszubauen. Zwar wurde die Anzahl der Minuteman III-Raketen nicht erhöht, aber die Mehrzahl von ihnen (300 von 550) mit dem zielgenauen Mark 12A-Sprengkopf und dem NS 20-Leitsystem ausgestattet. Die Entscheidung dazu war noch von Präsident Ford getroffen, im Mai von der Carter-Administration übernommen worden. Zwar kündigte Carter am 30. Juni 1977 den Vertrag mit Rockwell International über den B-1-Bomber, ordnete aber gleichzeitig die Beschleunigung des Entwicklungsprogramms der Cruise Missiles, insbesondere ihrer luftgestützten Versionen ALCM-A und ALCM-B, an, die auf den vorhandenen, wenn auch modernisierungsbedürftigen B-52-Bombern stationiert werden sollten.[69] Diese Lösung war nicht nur sehr viel billiger; sie war auch sehr viel moderner, weil sie gegenüber einer stark verbesserten sowjetischen Luftabwehr die Eindringfähigkeit garantierte. Carter trieb auch, unter strengster Geheimhaltung, die Stealth-Technologie voran,[70] die die amerikanischen Flugzeuge radarunkenntlich machen sollte.

Die amerikanische Militärmacht wurde auch in Europa stark verbessert. Zwar rückte hier der Präsident in diplomatisch äußerst ungeschickter und speziell die Bundesrepublik diskriminierender Weise von der Neutronen-Bombe am 7. April 1978 wieder ab; dafür hatte er zuvor die Feuerkraft der der NATO zugeordneten amerikanischen Unterseeboote von 80 Sprengköpfen auf 400 erhöht, hatte er die Zahl der in Großbritannien stationierten F-111 von 80 auf 164 mehr als verdoppelt. Seit dem Dezember 1977, aufgrund der Rede von Bundeskanzler Schmidt in London im Oktober, wandelte sich auch die amerikanische Einstellung zur Modernisierung ihrer Mittelstreckenraketen in Europa.[71] Schließlich trieben die USA auf der strategischen Ebene die Entwicklung des Trident U-Boots und der Trident-II-Raketen voran, die ihnen auch eine seegestützte Counterforce-Fähigkeit verschaffen sollten; die landgestützte MX sollte die gleiche Leistung erbringen – auch wenn die USA jahrelang keine Möglichkeit fanden, die Verwundbarkeit dieses Systems zu beheben.

Carters jährliche Erhöhung des Verteidigungsbudgets um etwas mehr als 3 % war also nicht nur nominal. Die Generalstabschefs zeigten sich denn auch durchweg zufrieden, wenn sie auch die USA für einen konventionellen Krieg in Europa nicht hinreichend gerüstet sahen. In ihren Augen war die strategische Abschreckung intakt, die Fähigkeit der Vereinigten Staaten zu weltweiten begrenzten Operationen einzigartig. Sie bezweifelten nicht, daß die Vereinigten Staaten die stärkste Macht der Welt waren, wiesen lediglich daraufhin, daß zunehmende sowjetische Übergewichte in einzelnen Bereichen sich akkumulieren könnten.[72] Das galt vor allem für die strategische Gleichung. Generalstabschef Jones unterstützte Anfang 1979, wie alle seine Vorgänger, die Bemühung um ein Rüstungskontrollabkommen in diesem Bereich, weil sonst die amerikanischen Anstrengungen noch höher sein müßten. Vor allem drängte er auf eine Verpflichtung, eine überlebensfähige ICBM zu entwickeln. In den Augen des neuen Generalstabsvorsitzenden Jones bewegte sich das Verteidigungsbudget für 1980 auf dem niedrigsten, gerade noch akzeptablen Niveau. Der Kongreß teilte mehrheitlich diese Einschätzung. Das Budget Carters für 1979 wurde weder gekürzt noch erhöht und in Höhe von 126 Mrd. USD bewilligt.

d) Verhinderte Rüstungskontrolle

Die Höhe des Verteidigungsbudgets und die Einschätzung seiner Leistungsfähigkeit waren natürlich abhängig von dem erfolgreichen Abschluß eines Rüstungskontrollabkommens im strategischen Bereich. Die damit mögliche Begrenzung der sowjetischen Aufrüstung rechtfertigte die Beschränkung der amerikanischen Nuklearrüstung. Dieser Zusammenhang wurde von den Befürwortern wie von den Kritikern deutlich gesehen. Für die einen brauchte das Rüstungsbudget nicht erhöht zu werden, wenn SALT II gelang; für die anderen konnte es in diesem Fall nicht erhöht werden. Das in Arbeit befindliche SALT II-Abkommen entwickelte sich auf diese Weise immer mehr zum Kernpunkt der rüstungs- und sicherheitspolitischen Auseinandersetzung in den USA.

Carter machte die erste Erfahrung schon am 9. Mai 1977, als der Senat lediglich mit zwei Stimmen Mehrheit (und weit unterhalb der für die Ratifikation eines Rüstungskontrollabkommens erforderlichen Zweidrittelmehrheit) Paul C. Warnke als Chefunterhändler für die SALT II-Verhandlungen bestätigte. Das war kein gutes Omen. Carter hatte aber auch auf der sowjetischen Seite kein Glück, Außenminster Vance fuhr Ende März 1977 mit zwei weitreichenden Vorschlägen nach Moskau. Der eine sollte die auf beiden Seiten vorhandene Anzahl der Abschußvorrichtungen und der Mehrfachsprengköpfe weit unter die in Wladiwostok vorgesehenen Höchstzahlen senken, die Anzahl der Raketen bei 550 einfrieren und die Entwicklung mobiler Raketen wie die der SS-16 und der MX verbieten. Der zweite Vorschlag enthielt eine Rückfallposition und sah vor, aus den Wladiwostok-Übereinkommen die umstrittenen Cruise Missiles und Backfire-Bomber auszuklammern.[73] Die Sowjetunion war vor allem von dem substantiellen Kürzungsvorschlag überrascht worden. Sie hatte erwartet, daß die Carter-Administration die in Wladiwostok getroffene Übereinkunft dem Kongreß zuleiten und nicht versuchen würde, ganz von vorn anzufangen. Sie war außerdem irritiert darüber, daß Carter die amerikanischen Vorbereitungen mit allen Ministerien und mit dem Kongreß in aller Öffentlichkeit abstimmte und sie damit in sowjetischen Augen zu reiner Propaganda degradierte.[74] Es ist auch nicht auszuschließen, daß die März-Vorschläge in erster Linie dazu dienten, den wichtigsten Gegner der Rüstungskontrolle, Senator Jackson, zu besänftigen, der an ihrer Ausarbeitung offensichtlich maßgeblich beteiligt worden war.

Von dem Scheitern dieser Mission unberührt blieben acht amerikanisch-sowjetische Arbeitsgruppen, deren Einsetzung Vance in Moskau verabredete.[75] Zwei dieser Gruppen, die sich mit radiologischen und chemischen Waffen beschäftigten, konnten im Laufe des Jahres 1979 Vertragsentwürfe fertigstellen und dem Committee on Disarmament in Genf übermitteln. Die beiden wichtigeren Gruppen, die an einem umfassenden Verbot von Kernwaffentests und von Anti-Satellitenwaffen arbeiteten, kamen nicht voran. Brzezinski war gegen den umfassenden Teststopp, so daß die Vereinigten Staaten zurückwichen. Im ASAT-Bereich kam es, obwohl die Vereinigten Staaten seit Ende 1976 an einem eigenen Programm arbeiteten, immerhin zu gewissen Annäherungen, wenn die Arbeitsgruppe auch nach der sowjetischen Invasion in Afghanistan suspendiert wurde. Die Arbeitsgruppe, die die Bekanntgabe von Nukleartests verabreden sollte, trat nie zusammen. Hinsichtlich des Handels mit konventionellen Waffen änderte sich die amerikanische Einstellung im Laufe des Jahres 1978, so daß die Gespräche eingestellt wurden. Etwas ähnliches galt für die Entmilitarisierung des Indischen Ozeans. Carter hatte diese Idee bereits in seinem ersten Gespräch mit dem sowjetischen Botschafter Dobrynin eine Woche nach seinem Amtsantritt geäußert und sie im Oktober 1977 in den Vorschlag gekleidet, daß beide Seiten ihre Seestreitkräfte in dieser Region weder erhöhen noch umbauen sollten. Dieser Plan unterschätzte die Bedeutung des Indischen Ozeans als westlicher Seestraße und wurde im Herbst 1978, nachdem die Sowjetunion ihre Häfen in Somalia verloren hatte, von den USA stillschweigend zur Seite gelegt.[76]

Nach der Enttäuschung von Moskau trieb die Carter-Administration die Rüstungskontrolle wieder auf der Basis von Wladiwostok voran und einigte sich mit Außenminister Gromyko am 27. September 1977 über die Zahlenverhältnisse, über die Verifizierung und über die weitere Beachtung von SALT I nach dem Auslaufdatum vom Oktober.[77] Die verbleibenden Schwierigkeiten waren noch beachtlich. Sie wurden aber erheblich verschärft durch die brutalen Menschenrechtsverletzungen in der Sowjetunion. Während des ganzen Jahres 1977 wurde in der Sowjetunion eine vehemente Kampagne gegen die Dissidenten veranstaltet, von denen viele, wie beispielsweise Schtscharanski und Ginsburg, verhaftet und verurteilt wurden.

Carter geriet damit in eine schwierige Lage, innen wie außen. Seine außenpolitische Strategie, das Ziel der Rüstungskontrolle wie das der Menschenrechte gleichzeitig, aber getrennt zu verfolgen, drohte zu scheitern. Die Sowjetunion verbat sich jede Kritik als Einmischung in ihre inneren Angelegenheiten. In den USA warfen Konservative und Liberale die 1974 schon verneinte Frage erneut auf,[78] ob die Rüstungskontrollkooperation mit einer Sowjetunion, die die Menschenrechte mit Füßen trat, möglich und zulässig war. Carter versuchte dem Dilemma mit einem

Seiltanz zu entgehen: Er empfing den Dissidenten Bukowski, aber nicht die Frau des inhaftierten Bürgerrechtlers Schtscharanski. Das mochte Moskau besänftigen, nicht aber die inneramerikanische Kritik. Sie fühlte sich bestärkt in ihrer Absicht, mit der Rüstungskontrolle die gesamte Politik der Entspannung, die sie für prinzipiell verfehlt hielt, zu beseitigen.

Die Einigung mit Moskau gestaltete sich verhältnismäßig einfach,[79] so daß die Arbeiten am SALT-Vertrag weitergingen. Sie folgten dem von den USA im Anschluß an die gescheiterten Märzverhandlungen entwickelten Vorschlag hinsichtlich der jeweiligen Obergrenzen, der Verbannung der sensitiven Probleme, die die Marschflugkörper und mobile ICBMs boten, in das Protokoll sowie eines Ausblicks auf SALT III. Sie folgten auch den meisten amerikanischen Vorschlägen für die verringerten Obergrenzen (2250 Startgeräte insgesamt, davon nicht mehr als 1320 für Systeme mit Mehrfachsprengköpfen, von denen nur 1200 Raketen, 120 Bomber sein dürften, darunter wiederum nur 820 ICBMs mit Mehrfachsprengköpfen). Die USA konnten auch durchsetzen, daß höchstens zehn Sprengköpfe auf einer Rakete montiert sein dürften – was den Vorteil der sowjetischen überschweren ICBMs ausglich. Es wurde eine neue ICBM erlaubt sowie die Stationierung von ALCMs bis 600 km. Washington konnte das Verbot beweglicher ICBMs unterbringen, ebenso die Zulassung luftgestützter Marschflugkörper.[80]

Die inneramerikanische Kritik hingegen wollte trotz dieser «günstigen Ergebnisse»[81] nicht verstummen. Sie blies Wind in die Segel des Sicherheitsberaters Brzezinski, der nach seiner Rückkehr von einer Beijing-Reise Ende Mai 1978 in einer Fernsehsendung die «China-Karte» ausspielte[82] und damit die auf die Entspannung ausgerichtete Politik des Außenministers, die Moskau nicht verprellen wollte, konterkarierte.

Die von Vance erbetene Klärung[83] gab Carter am 7. Juni 1978 in der Marine-Akademie von Annapolis, wo er in seiner Rede die Sowjetunion vor die berühmt gewordene Alternative der «Kooperation oder Konfrontation» stellte.[84] Von Brzezinski maßgeblich inspiriert, legte diese Rede den Kurs Carters auf die Konfrontation um.[85] Am 15. Dezember 1978 gaben die USA bekannt, daß sie diplomatische Beziehungen mit China aufnehmen wollten.

Die Sowjetunion reagierte verärgert; sie zögerte deswegen[86] die Klärung der restlichen Streitfragen bei SALT[87] um ein halbes Jahr hinaus, unterschrieb aber im Mai 1979.

Gravierende Folgen zeitigten Klärung und Wende Carters in den USA. Sie stärkte die Ablehnungsfront im amerikanischen Kongreß, die jetzt den Rückenwind verspürte. Am Vorabend der Abreise Carters nach Wien klagte Senator Jackson, der die Anti-Entspannungskoalition schon 1974 geführt hatte, die Carter-Administration des Appeasements gegenüber der Sowjetunion an. Demonstrativ trat der Vertreter des amerikanischen Generalstabs bei den Rüstungskontrollverhandlungen, Generalleutnant Edward L. Rowny, von diesem Amt zurück.[88]

Dabei hatte die Carter-Administration schon vorauseilende Konzessionen gemacht. Der Leiter der Abrüstungsbehörde Warnke, ein engagierter Anwalt der Rüstungskontrolle und seit seiner Nominierung Zielscheibe der Rüstungskontrollgegner, war im Oktober 1978 zurückgetreten und auf Drängen von Brzezinski durch den General Seignious ersetzt worden. Seignious war ein Mitglied der SALT-Verhandlungsdelegation gewesen, stand aber Brzezinskis Ansichten über den engen Zusammenhang zwischen Verteidigungsprioritäten und Rüstungskontrolle sehr nahe. Im Januar 1979 hatte die Administration einen Rüstungsnachtragshaushalt mit einem Bewilligungsrahmen von 2,2 Mrd. und aktuell geplanten Ausgaben in Höhe von rd. 600 Mio. vorgelegt, der die Kürzungen des laufenden Verteidigungsbudgets, die der Kongreß vorgenommen hatte, ausgleichen und diesen Haushalt damit um die versprochenen 3% real erhöhen sollte. Das Verteidigungsbudget für 1980 enthielt mit einem Gesamtrahmen von 135,5 Mrd. und Ausgaben in Höhe von 122,7 Mrd. USD erneut eine reale Erhöhung um 3,1% gegenüber dem laufenden Haushaltsjahr. Beide Etats spiegelten die Absicht Carters wider, «der langanhaltenden sowjetischen Aufrüstung zu begegnen und sein Versprechen gegenüber der NATO einzulösen, die amerikanischen Verteidigungsausgaben pro Jahr real um 3% zu erhöhen».[89] Aber die Konzession reichte nicht mehr aus. Obwohl der Verteidigungsminister wie der Generalstabschef nach wie vor glaubten, die USA seien die stärkste Macht der Welt, verlangten sie ohne Rücksicht auf den SALT-Vertrag eine Erhöhung der strategischen Rüstung.[90]

Den gewünschten Schritt tat Präsident Carter am 8. Juni 1979, eine Woche vor seiner Abreise zum Gipfeltreffen nach Wien. Er genehmigte den Bau der MX-Rakete, die zehn Sprengköpfe haben und beweglich stationiert sein sollte.[91] Sicherheitsberater Brzezinski stellte zwei Tage später fest, daß diese Rakete «Stabilität und echte Überlebensfähigkeit während der ‹Ära von SALT II› und während der Verhandlungsperiode für SALT III» garantieren würde.[92] Die Carter-Administration nützte mit dieser Entscheidung die Bestimmung des bevorstehenden SALT II-Vertrages aus, wonach jede Seite eine neue ICBM entwickeln und – nach dem Auslaufen des Protokolls – auch beweglich stationieren durfte. Wie diese Stationierung im einzelnen aussehen würde, blieb offen und wurde erst im September zugunsten unterirdischer, schwer zu verifizierender Raketen-Laufbahnen entschieden (die dann wieder verworfen wurden). Dabei war der Stationierungsmodus entscheidend, weil eigentlich nur er die gefährdete Überlebensfähigkeit der amerikanischen Zweitschlagskapazität sicherte.

Mit diesem Raketenbeschluß und einem um mehr als 3% erhöhten Verteidigungsbudget hoffte Präsident Carter, nun endlich die innenpolitischen Voraussetzungen für die Ratifizierung des SALT II-Vertrages geschaffen zu haben. Diese Meinung war auch im Senat verbreitet. Der zuständige Auswärtige Ausschuß unterzog das Vertragswerk ausgedehnten Anhörungen, stimmte ihm aber am 9. November 1979, wenn auch mit mehr als zwanzig Zusätzen und Interpretationen, zu.[93] Das Stimmenverhältnis war mit 9 : 6 nicht gerade überwältigend, aber doch komfortabel, die Zusätze waren zum Teil akzeptabel, zum Teil überflüssig, durchweg aber nicht problematisch.

Allerdings sahen sich auch noch zwei andere Ausschüsse des Senats bemüßigt, sich um den Vertrag zu kümmern: der Intelligence-Ausschuß, der ihm zustimmte, und der Streitkräfte-Ausschuß, der ihn rigoros ablehnte, weil er «nicht im Interesse der nationalen Sicherheit der Vereinigten Staaten von Amerika» lag.[94] Für dieses Votum stimmten zehn Ausschußangehörige, sieben enthielten sich der Stimme. Der Streitkräfte-Ausschuß war zwar nicht verfassungsmäßig zuständig, aber er hatte politisches Gewicht. Um es auszutarieren, mußte die Carter-Administration offensichtlich denjenigen Senatoren mehr entgegenkommen, denen es weniger um den Vertrag als um die Aufrüstung ging. Zwar glaubten Präsident und Außenminister, hier genug getan zu haben, zumal diese Interessenten keine Lücken benennen konnten.[95] Ein solcher Interessent saß aber auch in der Regierung selbst. Brzezinski «wünschte SALT ratifiziert zu sehen, aber ... wünschte auch eine größere amerikanische Verteidigungsanstrengung».[96] Er riet dem Präsidenten, diesen Senatoren, vor allem Nunn und Byrd, nachzugeben, weil sie den SALT-Vertrag retten konnten. In einem ungewöhnlichen Schritt legte daher die Carter-Administration bereits am 19. Dezember 1979 die Grundzüge ihres Verteidigungsetats für 1981 vor, der eine erneute Erhöhung und zwar real um 5,6% vorsah,[97] just jenen Satz, der von den gemäßigt konservativen Senatoren gefordert worden war. Für die darauffolgenden vier Jahre faßte die Carter-Administration eine Erhöhung zwischen 10,6 und 25,4% ins Auge.

Es ist denkbar, daß diese Konzession den Vertrag gerettet haben würde. Viele Opponenten fürchteten weniger die Rüstungskontrolle und die Entspannung als deren verteilungspolitische Folgen. Sie waren bisher durch den Vietnam-Krieg verhindert worden, der immer wieder Rüstung nachfragte und den Sicherheitseliten Einfluß verschaffte. Nach seinem Ende und dem Amtsantritt der ‹alternativen› Carter-Administration war, wenn jetzt auch noch Rüstungskontrolle und Entspannung sich durchsetzten, eine neue Verteilungspolitik politisch logisch. Sie würde die gesellschafts- und vor allem die sozialpolitischen Bedürfnisse sehr viel höher, die sicherheitspolitischen niedriger bewerten und damit auch viele Macht- und Einflußpositionen verändern. Gelang es, diese Gefahr durch eine neue Aufrüstungsrunde zu bannen, war für die gemäßigt Konservativen unter den Demokraten und Republikanern der SALT II-Vertrag notfalls akzeptabel.

Der harte Kern der Konservativen schloß sich selbst dieser Rechnung nicht an. Er wollte den Konflikt mit der Sowjetunion nicht entspannen, sondern verschärfen, wollte die alte Verteilungspolitik nicht nur wiederherstellen, sondern noch ausbauen. Er wollte die Ratifikation unter allen Umständen verhindern.

Das Glück kam dieser Opposition zu Hilfe. Durch die Abdankung des Schahs, der am 16. Januar 1979 den Iran verlassen hatte, verloren die Vereinigten Staaten einen wichtigen Bundesgenossen und Beobachtungsstationen im nördlichen Teil des Landes, von denen aus sie sowjetische Raketentests überwachen konnten. Der Einflußverlust, den die USA darüber hinaus mit den einsetzenden politischen Wirren im Iran erlitten, wurde schmerzlich unterstrichen, als am 4. November 1979 die amerikanische Botschaft in Teheran gestürmt und 52 Diplomaten als Geiseln genommen wurden.

Sechs Wochen später dramatisierte die Sowjetunion den amerikanischen Einflußverlust weiter, indem sie mit der Invasion Afghanistans die Entspannungspolitik Carters offen brüskierte. Carter war gezwungen, den Ratifizierungsprozeß des SALT II-Vertrages zu suspendieren. Die Sowjetunion hatte sämtliche kritischen Vorbehalte der Konservativen in den USA eindrucksvoll bestätigt. Die harte, offenbar nur im kleinen Kreis der Alten Garde Moskaus beschlossene Intervention hat ebenso zum Wahlsieg der konservativen Koalition Ronald Reagans beigetragen wie das irrationale Verhalten des Ayatollah Khomeini in Teheran.

Die inneramerikanische Opposition hatte diese beiden Ereignisse nicht etwa tatenlos abgewartet, sondern jede Gelegenheit benutzt, um die antisowjetische Stimmung zu steigern. Sie bauschte die im Juni 1979 von amerikanischen Nachrichtendiensten neu entdeckten sowjetischen Ausbilder auf Kuba zu einer vertragswidrig dort stationierten ‹Kubanischen Brigade› auf, die im Schatten der Entspannungspolitik heimlich die USA bedrohte. Der Aufruhr war beträchtlich, zumal er auch von liberalen Senatoren wie Church[98] geschürt und seine Ursachen vom Außenminister durchaus ernst genommen wurden.[99] Erst die von Vance einberufene Gruppe hochrangiger Politiker, darunter Kissinger und Ball, konnte Öl auf die künstlichen Wogen gießen. Sie stellte fest, daß es keine sowjetische Brigade auf Kuba gab und die sowjetischen Ausbilder keine Gefahr für die Vereinigten Staaten darstellten.[100] Die Gruppe empfahl, sozusagen, einen ehrenvollen Rückzug.

Carter trat ihn mit seiner Fernsehansprache vom 1. Oktober 1979 an.[101] Er gab darin die Existenz sowjetischer Truppen auf Kuba nach wie vor als eine «ernste Angelegenheit» aus, die aber durch die sowjetische Zusicherung, daß diese Soldaten auch in Zukunft nur Ausbildungsaufgaben wahrnehmen würden, beruhigt worden sei. Er kündigte eine stärkere Luftüberwachung Kubas und vermehrte amerikanische Manöver in der Karibik an.

Ferner richtete er eine karibische Eingriffstruppe ein (Joint Task Force), mit dem Hauptquartier in Florida. Damit nicht genug, gab Carter auch Konsequenzen für die amerikanische Weltpolitik bekannt. Er vergrößerte die Schnelle Eingreiftruppe (Rapid Deployment Force), die er im August 1977 aufgrund der Vorschläge des Presidential Review Memorandum No. 10 gebildet hatte. Er intensivierte die amerikanische Überwachung sowjetischer und kubanischer Militäraktionen, und zwar nicht nur in Kuba, sondern «in der ganzen Welt». Er stockte darüber hinaus die amerikanischen Marineeinheiten im Indischen Ozean auf. Kurz: Carter mußte den konservativen Sicherheitseliten weitere Konzessionen anbieten, um ihre Opposition gegen den Rüstungskontrollvertrag zu mindern.

Carters Appell ging ins Leere. Er beendete zwar die Diskussion um die ‹Kubanische Brigade‹, aber er konnte den Vertrag nicht mehr retten. Nicht nur war kostbare Zeit verlorengegangen; weitgehend herrscht Einigkeit darüber, daß die Diskussion um diese Brigade die restlichen Chancen des Vertrages, ratifiziert zu werden – wie groß auch immer sie gewesen sein mögen –, zerstört hat.[102] Aber nicht nur das. Sie ließ auch in der Sowjetunion die Zweifel darüber wachsen, welche Absichten die Vereinigten Staaten, und auch der Präsident, eigentlich verfolgten. Die Aufregung um die ‹Kubanische Brigade› konnte in Moskau leicht mißverstanden werden, und zwar um so eher, je weniger man dort mit den komplizierten, oft widerläufigen Bewegungen des amerikanischen außenpolitischen Entscheidungsprozesses vertraut war. Bedenken gegenüber der Konsistenz der amerikanischen Entspannungspolitik hatten in Moskau schon früher eingesetzt, wahrscheinlich im Winter 1978/79 im Zusammenhang mit der Aufnahme diplomatischer Beziehungen zu China, mit Sicherheit im Frühjahr/Frühsommer 1979.[103] Die Diskussion um die ‹Kubanische Brigade› und die schädlichen Folgen für die Ratifizierungschancen des SALT II-Vertrages trugen vermutlich dazu bei, diese Bedenken weiter zu verstärken. Jedenfalls ist es nicht unrichtig, diesen September 1979 als einen «Wendepunkt in Richtung auf einen höheren Grad von Feindseligkeit zwischen den Supermächten» zu sehen.[104]

Für die meisten amerikanischen Entscheidungsträger der Carter-Administration, eingeschlossen den Verteidigungsminister Brown, hat bereits die ‹Kubanische Brigade› das Schicksal des SALT II-Vertrages besiegelt. Konnte seine Ratifizierung davor als gesichert gelten, so war sie danach, in den Worten des Fraktionschefs der Demokraten im Senat Byrd, «problematisch».[105]

Wie konnte eine solche eklatante – und offen eingestandene – außenpolitische Fehldiagnose solche Wirkungen zeitigen? Die Erklärung liefert der Nationale Sicherheitsberater Brzezinski, der einzige Politiker der Carter-Administration, der die Affäre um die sowjetische Brigade sehr viel niedriger bewertete. Für Brzezinski lag der Wendepunkt in den amerikanisch-sowjetischen Beziehungen woanders und sehr viel früher: 1978 in der sowjetisch-kubanischen Aktion in Äthiopien. Hier, im «Sand von Ogaden»,[106] wo die Sowjetunion nach Angola zum zweiten Mal und mit sehr viel größerem, demonstrativem Aufwand ihren politischen Einfluß in die Dritte Welt expandiert hatte, lag die Entspannung begraben. Wenn die Sowjetunion ihre Präsenz auf Kuba nicht verstärkt hatte – woran Brzezinski nie gezweifelt hatte –, so war es doch etwas, was sie in dieser Perspektive durchaus hätte tun können. Brzezinski vermutete in Moskau die Absicht zu weltpolitischer Expansion, zur globalen politischen Herausforderung der USA. Ihr wollte er militärisch begegnen; deswegen hatte er schon im Herbst 1978 ein militärisches Eingreifen der Vereinigten Staaten im Horn befürwortet, deswegen nutzte er die Debatte um die ‹Kubanische Brigade›, um die Carter-Administration zu erhöhten Rüstungsanstrengungen anzutreiben.

Auch für Brzezinski also lag das Problem nicht im SALT II-Vertrag, nicht in der Rüstungskontrolle als solcher. Es lag in der damit verbundenen Entspannungspolitik, die er für falsch hielt, weil sie den von ihm diagnostizierten weltpolitischen Expansionismus Moskaus unterschätzte. Er teilte – weitgehend als einziger in der Administration – die in einer Minderheit der amerikanischen Elite und im ‹attentive public› verbreitete – und sich ausbreitende – Einstellung, daß die Sowjetunion die Rüstungskontrolle und die Entspannung lediglich benutzte, um hinter diesem Schirm ihre geopolitischen Interessen zu verfolgen. War er mit dieser Einschätzung 1978 noch unterlegen, so kam er mit der demonstrativen Aufnahme der Beziehungen zu China und der Ersetzung Warnkes durch Seignious ein gutes Stück voran. Die ungewöhnliche Erhöhung des Verteidigungshaushaltes im Dezember 1979 trug, wie die Rede Carters in Annapolis und die Fernsehansprache vom 1. Oktober 1979, schon deutlich seine Handschrift. Die Sowjetunion tat ihm schließlich am Weihnachtstag 1979 den Gefallen, mit der bewaffneten Intervention in Afghanistan seine Einschätzung offensichtlich zu bestätigen.

Mit seiner Bitte an den Senat,[107] den Ratifikationsprozeß für den SALT II-Vertrag zu unterbrechen, verknüpfte Präsident Carter nun selbst, was er stets getrennt halten wollte: die Rüstungskontrolle und sowjetisches Wohlverhalten. Das hatte er bei den Menschenrechtsverletzungen noch gerade vermeiden können; mit der Afghanistan-Intervention drängte die Sowjetunion der konservativen Kritik in den USA die Verknüpfung geradezu in die Hand. Sachlich war sie nicht zwingend: Nach – und trotz – Afghanistan mußten die USA daran interessiert sein, den Aufwuchs sowjetischer Offensivpotentiale durch Rüstungskontrollvereinbarungen zu begrenzen. In der Innenpolitik der USA war die Verknüpfung zwischen der Afghanistan-Intervention und dem Schicksal des SALT II-Vertrages nicht mehr aufzulösen. Der einzige, der strikt an der Trennung festhielt und noch nach Afghanistan für den Vertrag und für eine differenzierte und individuelle Behandlung jeden Konflikts in der Dritten Welt warb, war Außenminister Vance.[108] Er konnte sich nicht mehr durchsetzen und trat im Zusammenhang mit dem gescheiterten Rettungsversuch der Geiseln in Teheran am 28. April 1980 zurück.

Gewonnen hatte Brzezinski und mit ihm jener Neue und Alte Konservativismus, der die Trennung von Recht und Interesse in der Außenpolitik stets als moralisch verwerflich und für die Weltführungsposition der USA als schädlich angesehen hatte. Diese Konservativen wollten die überlegene Position der Vereinigten Staaten wiederherstellen, die mit der die militärische Parität anerkennenden Rüstungskontrollpolitik der siebziger Jahre aufgegeben worden war. Sie vertraten ein anderes Konzept der amerikanischen Weltpolitik, das Sicherheit und Frieden nicht durch die Verständigung mit der Sowjetunion, sondern, gestützt auf eine überlegene militärische Position, durch die Konfrontation mit ihr gewährleisten wollte. In diesem Konzept hatte die Rüstungskontrolle nur Platz, wenn sie der Überlegenheit der USA zugutekam. War der Sowjetunion auf diese Weise erstmal die militärische Parität genommen, so entfiel damit auch das Mittel, auf das sie den Anspruch auf politische Parität stützen konnte. Die amerikanische Weltführungsposition war dann wiederhergestellt, mit der sich eine globale Ordnungspolitik durchsetzen, jedenfalls eine neue und akzeptable Synthese von Macht und Recht herstellen ließ.

Damit sollen die erheblichen Meinungsunterschiede, die es vor allem im neo-konservativen Lager gab, nicht verwischt werden. In der Ablehnung des Versuchs Carters, der Sowjetunion die militärische Parität zu belassen und ihr die politische allein durch eine aktive Menschenrechtspolitik zu nehmen, war sich die Rechte jedoch einig. Sie konnte auf Moskaus Politik im Horn und in Afghanistan verweisen als Beleg dafür, daß Carters Politik offensichtlich gescheitert war. Das war so nicht richtig, und zwar schon deswegen nicht, weil diese Politik nicht einmal zwei Jahre zur Verfügung hatte, um ihren Ansatz auszuprobieren – eine viel zu kurze Zeitspanne. Aber es konnte politisch plausibel gemacht werden, nicht zuletzt dank der Hilfe Breschnews und Khomeinis.

3. Verweigerung der politischen Parität

In der Auseinandersetzung mit der Sowjetunion bildete die militärische Herausforderung nur einen Teil, und zwar den kleineren und einfacheren. So sehr die Bedrohungsanalysen und die Politikpräferenzen sich unterschieden, das Problem der militärischen Parität konnte in Zahlen dargestellt und – notfalls – durch höhere Zahlen beantwortet werden. Dagegen barg die weltpolitische Herausforderung der Sowjetunion ungleich größere Schwierigkeiten. Sie war evident, aber es fiel schwer, ihre Absichten und ihre Wirkungen verläßlich abzuschätzen. Wollte die Sowjetunion die USA als Weltführungsmacht ablösen, also nicht nur die politische Parität, sondern sogar die Superiorität erreichen? Im ideologischen Programm des Kommunismus stand es so verzeichnet. Die Weltpolitik der Sowjetunion sah sehr viel bescheidener aus, schien eher darauf gerichtet zu sein, wie Kissinger es ausgedrückt hatte, «günstige Gelegenheiten auszunützen». Wie weit konnten die Vereinigten Staaten einen solchen weltpolitischen Opportunismus Moskaus zulassen? Wie viele «Kubas» und «Angolas» ließen sich mit dem amerikanischen Weltführungsanspruch vereinbaren, wann wurde der Grenzwert überschritten, jenseits dessen ein amerikanischer Machtverlust lag?

Die sowjetische Herausforderung bestand aber nicht nur in der direkten Einmischung in Konflikte der Dritten Welt, die aus kolonialen Restproblemen entstanden waren. Deren Zahl war begrenzt. Moskau konnte sich jedoch potentiell in jeden Drittweltkonflikt einschalten und damit seinen Einfluß erweitern. Es konnte schließlich die kommunistische Ideologie sowjetischer Provenienz als Alternative zu Westorientierung und Kapitalismus verbreiten und auch daraus Einflußkapital schlagen.

Carter wollte keinerlei Risiko eingehen und die amerikanische Weltführungsposition ungeschmälert erhalten. Er war entschlossen, der Sowjetunion den mit dieser dreifach gestaffelten Strategie ausgestatteten Anspruch auf die politische Parität zu nehmen. Seine Administration setzte dazu zwei Strategien ein: Die Offensive der Menschenrechte sollte die kommunistische Ideologie entlegitimieren. Die aktive Mitwirkung der USA an der Lösung der aktuellen und nicht ganz so aktuellen Konflikte der Dritten Welt sollten diese Einfallstore sowjetischen Einflusses verschließen. Mit dieser Doppelstrategie sollte darüber hinaus die amerikanische Weltpolitik aus der Bewegungslosigkeit gelöst werden, in die sie durch die Nixon-Doktrin und die Linkage-Politik Kissingers geraten war. Die Auslandshilfe hatte nie das Ausmaß erhalten, das für ihre politische Instrumentalisierung erforderlich gewesen wäre. Vor ein erneutes militärisches Engagement der USA, das die republikanischen Administrationen als einzige Alternative bereitgestellt hatten, hatte der Kongreß schon in Angola einen Riegel vorgeschoben.

Diese Situation wollte die Carter-Administration durch eine aktive Strategie aufbrechen, die aber nicht militärisch, sondern politisch, nicht allein gegen die Sowjetunion, sondern auf alle Weltprobleme und Weltregionen gerichtet sein sollte. Im Vordergrund stand die Offensive der Menschenrechte, die schon der Kandidat Jimmy Carter gefordert hatte. Den Mittelpunkt bildete eine Politik, die das bisherige Schwarz-Weiß-Raster der Analyse auflöste und in den sich daraus ergebenden abgestuften Grautönen auch die Möglichkeit zu politischer, wirtschaftlicher und sozialer Beeinflussung der einzelnen Staaten und Regionen suchte. Sie ermöglichte die aktive Rückkehr der Vereinigten Staaten in die Weltpolitik, ohne in die Rolle des Weltpolizisten zurückzufallen. Sie stützte sich auf die wirtschaftliche, die finanzielle und die technologische Kompetenz der Vereinigten Staaten, vor allem aber auf die politische, die die USA als Vormacht des liberalen Westens für sich beanspruchen konnten. Sie würden in der Dritten Welt Aufnahme und womöglich Akzeptanz finden – und bei dieser Gelegenheit gleichzeitig konkurrierenden sowjetischen Einfluß zurückdrängen. Amerikas Stärke bestand nach wie vor darin, daß es für die meisten Menschen in der Welt den attraktivsten gesellschaftlichen Zustand repräsentierte, wenn nicht sogar das attraktivste Modell.[109] Deswegen sollte es sich nicht aus der Welt zurückziehen, wie es die Niederlage in Vietnam nahezulegen schien. Andererseits sollte es aber auch seinen Lebensstil nicht der gesamten Welt aufzuzwingen versuchen, was das Ziel der amerikanischen Weltpolitik bis zum Vietnamkrieg gewesen war. Die Gründung der OPEC und die Auseinandersetzungen um die Neue Weltwirtschaftsordnung in der Mitte der siebziger Jahre deuteten an, daß die Welt eine solche amerikanische Politik nicht mehr zu akzeptieren bereit war, daß die staatliche Organisation der Dritten Welt sich verfestigte und der Macht des amerikanischen Big Business, vor allem der der Transnationalen Korporationen entgegenzutreten begann. Amerika mußte sich anpassen, sollte sich kooperativ einfügen in eine zunehmend pluralistisch und selbstbewußt werdende Welt, aber dabei doch seinen Einfluß geltend machen zugunsten einer neuen weltpolitischen Ordnung. Bei diesem globalen Anpassungsprozeß mußte die amerikanische Regierung die Führung übernehmen, mußte mit den anderen Staaten die Bedingungen aushandeln, unter denen die geistige, wirtschaftliche und soziale Kraft der USA in die Welt ausstrahlen konnte.

In den Augen der Carter-Administration war und blieb der Kommunismus sowjetischer Machart nicht akzeptabel, weil er totalitär war und weil er – wie die Judenprozesse in den siebziger Jahren erneut zeigten – auch vor Menschenrechtsverletzungen nicht zurückschreckte. Die Anerkennung einer pluralen Welt sollte daher eben gerade nicht zur Anerkennung der politischen Gleichberechtigung der Sowjetunion, zur politischen Parität führen.

Diese von Brzezinski formulierten großen Leitlinien der neuen Außenpolitik wurden von den meisten Mitgliedern der Carter-Administration geteilt, auch wenn Brzezinski in seiner Betonung der Rolle des Staates und der staatlichen Macht von dem Interdependenz-Modell abwich, das diese Administration anfänglich verfolgte. Die Konsequenzen dieser Abweichung wurden ohnehin erst zwei Jahre später sichtbar. Niemand bestritt jedoch, daß in dieser Linie der rettende Weg lag, der zwischen der Scylla des Rückfalls in den Isolationismus und der Charybdis des Rückfalls in die

Intervention hindurchführte zu einer neuen großen Bewegungsfreiheit der amerikanischen Weltpolitik.

Die Carter-Administration unternahm mit diesen Überlegungen den ersten Versuch, eine neue Führungsstrategie der Vereinigten Staaten zu entwickeln, die auf die im Entstehen begriffene polyarchische und multipolare Welt zugeschnitten war. Leider waren diesem Versuch nur knapp zwei Jahre beschieden.

a) Die Offensive der Menschenrechte

Im Zentrum dieser neuen Weltpolitik stand eine Strategie der aktiven Verfolgung der Menschenrechte. Jimmy Carter hatte sie freilich nicht erfunden. Vielmehr hatte sich der Kongreß dieses allgemeinen Zieles seit 1973 angenommen und eine aktive Menschenrechts-Politik 1974 und 1976 in das Auslandshilfegesetz eingefügt.[110] Aber der Kandidat Jimmy Carter hatte die zunehmende weltpolitische Relevanz der Menschenrechte und auch ihre Eignung als Mobilisierungsfaktor der amerikanischen Öffentlichkeit richtig erfaßt und sie daher zum Mittelpunkt seines Wahlkampfes gemacht.[111] Sein außenpolitischer Berater Brzezinski sah in den Menschenrechten «die Welle der Gegenwart»,[112] die die ganze Welt erfaßt hatte: Die USA wollten sie verstärken.

Mit einer aktiven Kampagne zugunsten der Menschenrechte konnten aber nicht nur die Beziehungen zur Dritten Welt verbessert werden – was ohnehin wegen des zu erwartenden Widerstands der betroffenen Regierungen nicht allzu leicht werden würde. Vor allem konnte die Sowjetunion weiter in die ideologische Defensive gedrängt werden, in die sie aufgrund der Bürgerrechtsprozesse ohnehin geraten war. Sie hatte sich in der Schlußakte von Helsinki, vor allem mit deren Korb Drei, zur Verbesserung der Menschenrechte verpflichtet, sie aber kurz darauf demonstrativ wieder verletzt. Hier konnte Moskau politisch vorgeführt werden. Das versprach zwar auch nicht einfach zu werden, weil eine solche Einmischung in die inneren Angelegenheiten der zweiten Supermacht die Politik der Rüstungskontrolle und der Entspannung mit ihr gefährden konnte. Andererseits aber konnte eine solche ideologische Offensive – das war der dritte Aspekt – in den Vereinigten Staaten die Gegner der Rüstungskontroll- und Entspannungspolitik entmachten. Sie dokumentierte, daß Carter eben nicht eine Appeasement-Politik betrieb, sondern den ideologischen Konflikt mit der Sowjetunion profilierte. Mit der Menschenrechtspolitik als dem Kernstück ihrer neuen weltpolitischen Strategie wollte die Carter-Administration also die amerikanische Außenpolitik wieder aktivieren, sich den neuen weltpolitischen Bedingungen anpassen und gleichzeitig von ihnen profitieren, der Sowjetunion die politische Parität versagen und die innenpolitischen Gegner der Entspannungs- und

Rüstungskontrollpolitik zum Schweigen bringen. Das war zweifellos eine kluge, komplexe, und erfolgversprechende Politik.

Sie wurde allerdings von der Carter-Administration nicht einhellig, nicht geschickt und schließlich auch nicht kontinuierlich genug betrieben. Für den Präsidenten waren die Menschenrechte eine Sache der moralischen Überzeugung und der ethischen Verpflichtung. Beides hatte er schon bei seiner Einführungsansprache betont; er setzte es bei seiner ersten außenpolitischen Grundsatzrede am 22. Mai 1977 an der Notre Dame Universität in den ersten Grundsatz seiner Außenpolitik um: «Unsere Politik sollte die grundlegende Verpflichtung unseres Volkes widerspiegeln, die Sache der Menschenrechte zu befördern.»[113]

Außenminister Vance dachte sehr viel pragmatischer. Er wollte mit Hilfe der Menschenrechte die Sozialstruktur der Staaten verändern und damit die Bedingungen des Friedens verbessern. «Praktisches Selbstinteresse» leitet diese Strategie an.[114] In einer Welt, in der die Freiheit gedieh, konnte auch Amerika gedeihen. Vance war Praktiker genug, um auch die Grenzen einer solchen Politik deutlich zu sehen. Sie durfte sich nicht auf die Proklamation von Rechtsansprüchen beschränken, sondern mußte versuchen, die vitalen Bedürfnisse der einzelnen zu erfüllen. Bis zum Ende seiner Amtszeit blieb der Außenminister dabei, daß die konkrete Problemlösung vor Ort Vorrang haben müsse vor der Anwendung sowohl ideeller Prinzipien wie militärischer Macht.

Für den Sicherheitsberater Brzezinski hingegen konnten die Menschenrechte die weltweiten Interessen Amerikas dadurch fördern, daß sie die Wirklichkeit der amerikanischen Demokratie in scharfem Gegensatz zum System der Sowjetunion zeigten. «Der beste Weg, die ideologische Herausforderung der Sowjets zu beantworten, würde darin bestehen, die Vereinigten Staaten auf ein Konzept zu verpflichten, das das Wesen Amerikas am besten widerspiegelte.»[115] Für den Sicherheitsberater bildeten die Menschenrechte in erster Linie ein Mittel der Auseinandersetzung mit der Sowjetunion in der Welt.

Die Unterschiede in der instrumentellen Einschätzung der Menschenrechte zwischen Carter und Vance einerseits, Brzezinski andererseits waren also groß, und sie waren wichtig. In Lateinamerika und in Europa fielen sie weniger ins Gewicht. Der sowjetische Einfluß in Lateinamerika war auf Kuba begrenzt und seine Zukunft nicht sehr rosig. In Europa waren die Grenzen des Ost-West-Konfliktes festgezogen, darüber hinaus hatte die ideologische Auseinandersetzung in der Schlußakte von Helsinki eine allseits akzeptierte Form gefunden. Amerika beteiligte sich an der Kontrolle dieses Konfliktes und insbesondere an der der Menschenrechtsverletzungen in der Sowjetunion durch die 1976 gegründete überparteiliche Commission on Security and Cooperation.

Im übrigen sahen die Westeuropäer, allen voran die Bundesrepublik, die ideologische Offensive der Carter-Administration gegen die Sowjetunion mit skeptischen, teilweise kritischen Augen. In Afrika aber, wo die amerikanische Politik unter Kissinger die Südafrikanische Republik unterstützt und sich dementsprechend festgefahren hatte,[116] in Südostasien, wo der Rückzug der USA aus Indochina ein politisches Vakuum hinterlassen hatte, sowie im Nahen und Mittleren Osten, zu dessen Problemen auch die sozialen Gärungsprozesse maßgeblich beitrugen, konnte die Betonung der Menschenrechte dazu verhelfen, eine Ausweitung des sowjetischen Einflusses abzuwehren. In Lateinamerika konnte sie die verbreiteten politischen und sozialen Mißstände mildern, die schon die Revolution in Kuba ausgelöst und damit sowjetischen Einfluß auch in den amerikanischen Hinterhof gebracht hatten. Freilich konnte die Menschenrechtspolitik überall mit den strategischen Interessen der USA kollidieren, wenn die dafür erforderlichen Bündnispartner der USA zu denjenigen repressiven Systemen zählten, gegen die sich die Menschenrechtspolitik richten sollte. Hier mußte sich entscheiden, ob sie lediglich ein taktisches Element in der weltpolitischen Auseinandersetzung mit der Sowjetunion darstellte oder die langfristige Grundlage abgab für ein konzeptuell neues Verständnis von Außenpolitik.

In dieser breiten Form hatte der Kongreß sie angelegt, als er seit 1973 die Wirtschaftshilfe, die Militärhilfe und den Handel der USA von der Beachtung der Menschenrechte beim Adressaten abhängig machte. Vor allem die Militärhilfe wurde diesem Prinzip unterstellt,[117] aber auch die Wirtschaftshilfe. Das Harkin-Amendment zum Auslandshilfegesetz von 1975 verbot Hilfeleistungen an Regierungen, die ständig die international anerkannten Menschenrechte verletzten.[118] Eine solche Regelung wurde ebenfalls in das «Food for Peace Program» eingefügt. Das Außenministerium wurde angewiesen, regelmäßig über den Stand der Beachtung der Menschenrechte in den einzelnen Ländern zu berichten.[119]

In der Praxis traten allerdings alsbald Einschränkungen auf, die strategisch begründet wurden. Konsequent wurde die Militärhilfe nur in Lateinamerika verweigert, vor allem gegenüber Brasilien, El Salvador, Guatemala und Uruguay, die daraufhin prompt auf amerikanische Unterstützungen verzichteten. Südkorea hingegen, Indonesien und die Philippinen erhielten die Militärhilfe, wenn auch teilweise eingeschränkt, weiter; sie galten als strategisch unersetzlich. Die Auslandshilfe wurde etwas weicher gehandhabt, zumal die Gesetzgebung hier schon Ausnahmen für den Fall vorgesehen hatte, daß die Hilfe den bedürftigen Menschen direkt zukam. Aus dem wiederum stärker strategisch gerichteten «Food for Peace Program» fielen die amerikafeindlichen Staaten Angola, Mosambik, Uganda, Kamputschea, Laos und Vietnam heraus.[120] Hingegen erhielten diejenigen Staaten mehr Wirtschaftshilfe, die eine aufsteigende Tendenz bei der Berücksichtigung der Menschenrechte vorzuweisen hatten.

Die Carter-Administration betrat also gut vorbereiteten Boden, und sie bestellte ihn 1977 durch die Einrichtung einer interministeriellen Gruppe für Menschenrechte und Auslandshilfe. 1978 wurde der Menschenrechts-Koordinator im Außenministerium zum Assistant Secretary of State aufgewertet. Im Kongreß wurde 1977 keine außenpolitische Maßnahme verabschiedet, ohne daß ihr nicht irgendein Bezug zu den Menschenrechten mitgegeben wurde. Ob es um die Panama-Verträge, die Meistbegünstigung für Rumänien oder um den Austritt der USA aus der ILO ging, der Bezug zu den Menschenrechten wurde überall, und kontrovers, hergestellt. Präsident Carter erließ am 17. Februar 1978 die Presidential Directive 30, die die Prioritäten festlegte, Anreize gegenüber Sanktionen bevorzugte und auch die Mitwirkung der Vereinigten Staaten in internationalen Finanzinstituten dem Obligo der Beachtung der Menschenrechte unterstellte.[121]

Hier fand die Menschenrechtspolitik der Carter-Administration ihren größten konkreten Niederschlag, insofern die USA bei zahlreichen Mittelvergaben multilateraler Banken an Länder der Dritten Welt, die die Menschenrechte verletzten, sich entweder der Stimme enthielten oder dagegen stimmten.

Eine wirklich geklärte, auf Eingriffe in die Binnenstruktur der Empfängerländer gerichtete Politik wurde aber aus all dem nicht. Strategische Interessen entzogen die Militärhilfe, landwirtschaftliche Interessen das «Food for Peace Program» dem Einsatz zu Gunsten der Menschenrechte. Die bilaterale Wirtschaftshilfe, seit den Reformen von 1973 vor allem auf die unmittelbare Unterstützung der Bedürftigen gerichtet,[122] war viel zu gering dimensioniert, um wirklich weltweit zugunsten der Menschenrechte eingesetzt werden zu können. Daran war nicht nur der Kongreß schuld, für den die Auslandshilfe zu den eher «unpopulären» Programmen gehörte,[123] die er dementsprechend besonders gern kürzte. Die Administration hatte nicht viel mehr verlangt, als sie schließlich bekam, nämlich in den Jahren 1976 bis 1980 zwischen 6 und 9 Mrd. USD.[124] Im Durchschnitt der Jahre wurden 41 % dieses Betrages für die Militärhilfe und die sicherheitsbezogene Hilfe ausgegeben, und 59 % für die Wirtschaftshilfe im engeren Sinn.[125] In Zahlen ausgedrückt, gaben die Vereinigten Staaten für diese Hilfe 1978 3,3, 1979 4,2, 1980 4,0 und 1981 ebenfalls 4,0 Mrd. USD aus. Das war die Hälfte des Betrages, den die amerikanische Bundesbank 1979 als Gewinn auszuweisen hatte, und damit sicherlich kein Aufwand, mit dem sich eine aktive Menschenrechtspolitik in der Dritten Welt betreiben ließ.

Diese Politik war doch eher deklaratorischer Natur. Ihrer operativen Umsetzung fehlte nicht nur der erforderliche Mittelumfang, sie stieß sich auch zunehmend an den Interessen und Verbindlichkeiten der amerikanischen Außenpolitik, an den Rücksichten auf Alliierte und Freunde, schließlich auch an den wirtschaftlichen Interessen der USA. Eindeutig und klar konnten die Menschenrechte nur gegen deren Verletzung in der Sowjetunion geltend gemacht werden; der Kongreß verabschiedete 1978 eine Reihe von Entschließungen zu den Dissidentenprozessen und der Emigrationsverweigerung.[126]

Aber das war nicht die große neue Beweglichkeit, die die amerikanische Weltpolitik hatte erhalten sollen. Es war nicht die Offensive der demokratischen Legitimität mit den Menschenrechten in ihrem Zentrum, die Kommunismus und Sozialismus aus der Welt vertreiben konnte. Dazu war der Aufwand nicht genügend durchdacht, dazu war er vor allem zu klein.

Denn auch die Auslandshilfe, die, richtig eingesetzt, die wichtigsten Menschenrechte hätte durchsetzen können, blieb unter Carter ein vorwiegend sicherheitspolitisch gerichtetes Instrument. Diese Hilfe, ein Konglomerat zahlreicher Gesetze und Zuständigkeiten, die für jedes Kongreßmitglied einen prozeduralen Alptraum darstellten, verteilte sich auf die Militärhilfe, die Sicherheitsunterstützungs-Hilfe (Security Supporting Assistance), die Mitte der siebziger Jahre in den Wirtschaftlichen Unterstützungsfonds (Economic Support Fund) umgetauft worden war, und die reine Wirtschaftshilfe.

Zwei Drittel der Auslandshilfe hatten also etwas mit dem Sicherheitsproblem zu tun, und sie waren im Haushaltsjahr 1976 schon von der ord-Administration erheblich aufgestockt worden. Das betraf einmal die Kredite für Waffenverkäufe, die an die Stelle der bisherigen rückzahlungsfreien Militärhilfe-Zuwendungen getreten waren. Der dafür vorgesehene Betrag stieg von 300 Mio. USD, 1975, auf 1,06 Mrd. 1976. Das betraf zum anderen den Wirtschaftlichen Unterstützungsfonds, dessen Mittel von 660 Mio., 1975, auf 1,87 Mrd. 1976 aufgestockt wurden.[127] Der Löwenanteil dieser auf die Sicherheit bezogenen Hilfe, nämlich 74%, ging in den Mittleren Osten, vornehmlich an Israel und Ägypten. So waren beispielsweise von den in dem Wirtschaftlichen Unterstützungsfonds für 1979 vorgesehenen Mitteln in Höhe von 1,9 Mrd. USD 785 Mio. für Israel und fast der gleiche Betrag, nämlich 750,8 Mio. für Ägypten vorgesehen. Syrien und Jordanien folgten mit jeweils rund 90 Mio. USD, die Türkei erhielt 50 Mio.[128]

Im Vergleich dazu waren für die allgemeine Auslandshilfe für das Jahr 1979 nur 1,79 Mrd. USD vorgesehen, die sich nicht nur auf die gesamte andere Welt verteilten, sondern erstmals auch noch zusätzlich in die schon von dem Wirtschaftlichen Unterstützungsfonds profitierenden Länder flossen. Die USA konzentrierten also ihre Auslandshilfe auf den Bereich der militärischen Sicherheit und auf die Region des Nahen Ostens, der strategisch von besonderer Bedeutung war. Bei dieser Auswahl spielten die Menschenrechte keine Rolle.

Sie rückten nach vorn, je weiter der Hilfsempfänger von der Sowjetunion entfernt war, dominierten aber nirgendwo die gesamte Außenpolitik, auch nicht in Lateinamerika. Carter ging entschlossen, aber doch auch vorsichtig vor und wurde in beiden Haltungen von wechselnden Koalitionen im Kongreß unterstützt. Uruguay erhielt 1978 keinerlei Militärhilfe, Argentinien keine Militärausbildungshilfe. Kredite für den Waffenkauf wurden verringert, vor allem gegenüber Brasilien, aber auch gegenüber Argentinien, dessen Militärdiktatur im Zentrum der lateinamerikanischen Menschenrechtspolitik Carters stand. Aber selbst hier war er darauf bedacht, den Kontakt zu den Militärs nicht zu beschädigen.

Carters Test kam in Nicaragua und in El Salvador.[129] Carter hatte, um die Opposition gegen den Diktator Somoza zu unterstützen, die Militärhilfe an Nicaragua Ende 1978 eingestellt und wollte, nach dem Sturz Somozas, dem Land eine wirtschaftliche Soforthilfe geben. Er wußte um den marxistischen Einfluß in der Sandinistischen Bewegung und wollte mit der raschen Bewilligung von 75 Mio. USD verhindern, daß dieser Einfluß sich ausbreitete und das Land nach Havanna und Moskau orientierte. Das war zweifellos eine richtige Strategie, die bei dem kleinen und den USA nahegelegenen Land auch gewirkt haben würde, wäre sie konsequent und rasch durchgeführt und mit der Unterstützung der liberalbürgerlichen Kräfte in Nicaragua ergänzt worden. Der mögliche Erfolg wurde durch konservative Republikaner im Kongreß verhindert, die hinter der Revolution nur Moskaus Hand vermuteten. Die Hilfsbewilligung wurde dadurch fast um ein Jahr verzögert, der Einfluß Kubas und der Sowjetunion in dieser wichtigen Inkubationszeit des neuen Nicaragua erheblich gefördert.

In El Salvador stellte sich Carter hinter Napoleon Duarte, der durch einen Militärputsch gegen den Diktator Romero im Oktober 1979 zur Macht gekommen war. Von der Linken bekämpft, gab Duarte dem Militär, der Polizei und den Todesschwadronen der Rechten freie Hand, so daß die Repression erheblich anstieg. Carter versuchte vergeblich, sie durch den zeitweiligen Entzug von Militärhilfe zu beeinflussen.

In beiden Ländern hätte wohl nur eine massive politische Intervention geholfen, die eine radikale Landreform durch- und eine demokratische Regierung eingesetzt hätte. In Nicaragua wurde Carter vom Kongreß gehindert, eine solche Regierung durch rechtzeitige Wirtschaftshilfe wenigstens zu stützen. In El Salvador bevorzugte auch Carter das Instrument der Militärhilfe, das im Endeffekt nur der Repression zugutekam.

Eine politische Intervention hätte sich um so mehr empfohlen, als der Zusammenhang zwischen der sozialen Ungerechtigkeit und Unterdrückung sowie dem Einfluß des Marxismus und der Sowjetunion zum Greifen deutlich war. Ihn einzudämmen, indem die USA für die Lösung der sozialen und politischen Probleme sorgten, hätte gerade der Carter-Administration wohl angestanden, weil sie diese Strategie gegen die Sowjetunion bevorzugte. Amerikas Dilemma, auf die politische Intervention aus Rechtsgründen und mangels geeigneter Instrumente zu verzichten, und dann, wenn die Probleme sich zugespitzt haben, zur militärischen Intervention zu greifen (die ohne anschließende politische Intervention doch auch folgenlos bleibt, wie Vietnam gezeigt hatte), wurde in Carters Zentralamerikapolitik besonders deutlich. Hier hätte Carter (hätten aber auch seine Vorgänger) für politische Ordnung sorgen können und müssen. Dazu war das Instrument der Auslandshilfe viel zu schwach.

Nur eine außergewöhnliche Maßnahme hat die Carter-Administration aufzuweisen: die Einschränkung des Handels mit konventionellen Waffen. Sie setzte sie nicht nur in Lateinamerika, sondern weltweit ein. Aber dabei hatte der Kongreß schon vorgearbeitet. Er hatte 1976 den «International Security Assistance and Arms Export Control Act» erlassen,[130] der die überbordenden Waffenverkäufe – sie beliefen sich 1974 bis 1977 auf 20 Mrd. USD – einschränkte. Die Regierung wurde verpflichtet, der Legislative jedes Verkaufsangebot, das den Wert von 25 Mio. USD, oder im Falle sensitiver Waffen den von 7 Mio. USD, überstieg, zwecks Zustimmung oder Ablehnung bekanntzugeben.[131]

Präsident Carter ging mit seiner Direktive 13 vom 19. Mai 1977[132] über diese Absichten des Kongresses noch hinaus. Er ordnete eine substantielle Verringerung der Waffenverkäufe an, die in der Außenpolitik nur noch eine Ausnahmerolle spielen und nur dort gegeben werden sollten, wo sie «klar ... unseren nationalen Sicherheits-Interessen dienten». Unter den Zielen dieser Kürzung nannte Carter die Beförderung der Menschenrechte und die wirtschaftliche Entlastung der Entwicklungsländer nur am Schluß, sozusagen beiläufig. Hauptsächlich ging es ihm um die Stabilität in der Welt, die durch die sich rasch steigernden Waffenverkäufe, zu denen auch die Sowjetunion und die westeuropäischen Alliierten der USA beitrugen, gefährdet war.

Das Ziel wurde durchaus erreicht, das Volumen der Waffenverkäufe in der Zeit der Carter-Administration real gesenkt. Hatte es zuvor durchschnittlich bei rund 3,1 Mrd. USD pro Jahr gelegen, so drückte Carter es auf rund 2,7 Mrd. USD herab. Der Aufwärtstrend wurde gebrochen.[133]

Mit dieser Beschränkung des konventionellen Waffenhandels ordnete die Carter-Administration die Interessen des Militärs und der Rüstungswirtschaft dem politischen Interesse an Wohlfahrt und Stabilität der Dritten Welt eindeutig unter. Die von Carter propagierte neue Beweglichkeit der Politik, ihre Befreiung von überschwerer Rüstungslast zugunsten der Entfaltungsinteressen der Menschen – hier wurde sie verwirklicht.

Aber die USA zahlten einen hohen Preis dafür, daß sie die individuellen Menschenrechte bevorzugt hatten vor den klassischen Interessen der Realpolitik.

Weder Westeuropa noch die Sowjetunion folgten dem amerikanischen Beispiel, sondern füllten die entstehenden Lücken auf. Die Sowjetunion wurde während der Carter-Administration «zum Weltwaffenlieferant Nummer 1».[134] Nun wird eine richtige Politik nicht dadurch falsch, daß sie vom Konkurrenten nicht befolgt wird. Carter tat recht daran, dem alten Argument nicht zu entsprechen, daß die USA die Waffen liefern müßten, weil sonst andere Staaten dies täten. Aber solche innovativen Maßnahmen lassen sich nicht isoliert ausführen, sie müssen, sollen sie erfolgreich sein, eingebettet werden in eine Strategie, die die möglichen Nachteile der Strategie vermeidet oder doch mindert.

Die Carter-Administration machte diese Erfahrung bei einem ähnlich gelagerten Problem, der Nichtweiterverbreitung der Atomwaffen. Auch sie war eines der Hauptziele Carters. Seine Administration verfuhr ganz strikt, versagte Südkorea, Pakistan und Brasilien sowie Taiwan Wiederaufbereitungsanlagen; sie drängte die Republik Südafrika, die amerikanischen Sicherheitsauflagen zu akzeptieren. Die Hauptsorge dabei bereitete Indien.[135] Dessen Kernexplosion von 1974 ließ fraglich werden, ob sich Indien noch an die Auflagen des Vertrages über die nukleare Zusammenarbeit von 1964 hielt. In den USA entflammte die Diskussion über die Weiterverbreitung von Atomwaffen und den nuklearen Terrorismus erneut.[136]

Carter ging mit gutem Beispiel voran. Er verzichtete auf die Entwicklung des Schnellen Brüters für die USA.[137] Der Kongreß verabschiedete den «Nuclear Non-Proliferation Act of 1978»,[138] der die IAEA-Kontrollen verschärfte. Indien weigerte sich aber, sie anzuerkennen.

Wem sollte Carter den Vorzug geben: dem Interesse an der Nichtweiterverbreitung der Atomwaffen – das die USA seit langem mit der Sowjetunion teilten – oder dem an der Verbesserung der Beziehungen zu Indien, das sich unter Indira Gandhi immer stärker an die Sowjetunion angelehnt hatte? 1977 war Gandhi durch Morarji Desai abgelöst worden, der wieder stärker nach Westen blickte.[139] Carter stand damit vor dem gleichen Problem wie beim konventionellen Waffentransfer. Versagte er aus Gründen des Prinzips die weitere Kooperation mit Indien, würde davon in erster Linie die Sowjetunion profitieren, die ihre Beziehungen zu Desai verbessern konnte. Diesmal entschied sich Carter für die Realpolitik. Er setzte die Zusammenarbeit mit Indien in der Kernenergie fort, obwohl auch Desai die verschärften IAEA-Kontrollen ablehnte.

Damit hatte sich der große Aufbruch der Carter-Administration zur Offensive der Menschenrechte festgefahren. Es war nicht gelungen, die Menschenrechte als Kernstück der demokratischen Legitimität verbindlich darzustellen und sie sozusagen exportfähig zu machen. Dazu fehlte es an jeglicher theoretischer und konzeptueller Vorarbeit, auch an jedem strategischen Konzept. Es war aber auch nicht geglückt, mit Hilfe der

Außenpolitik und vor allem der Auslandshilfe[140] die Beachtung der Grundbedürfnisse, der wirtschaftlich-politischen Grundrechte, voranzubringen. Der außenpolitische Aufwand war nicht groß genug, um die zahllosen gesetzlichen Vorschriften, die auf dieses Ziel gerichtet waren, in der Welt auch durchzusetzen. Gelang dies gelegentlich, wie bei der Einschränkung des konventionellen Waffenhandels, so profitierte von dieser Innovation machtpolitisch die Sowjetunion. Das war das Gegenteil dessen, was die Offensive der Menschenrechte bezweckte, und diese Bilanz wirkte nicht ermunternd.

Allerdings enthielt diese Offensive nur den spektakulärsten, nicht den wichtigsten Versuch Carters, der Sowjetunion die politische Parität zu versagen. Seine Hauptstrategie bestand darin, bei der Lösung regionaler Probleme mitzuwirken und so die Einfallstore der Sowjetunion zu schließen. Kissinger hatte versucht, die sowjetische Selbsteindämmung durch die Offerte wirtschaftlicher Zugeständnisse zu erkaufen. Carter wußte, daß dazu die Macht der USA nicht ausreichte. Sie war aber groß genug, um kooperativ bei der Lösung der Probleme in der Dritten Welt eingesetzt zu werden.

b) Zurückhaltung in Afrika

Dazu mußte die amerikanische Weltpolitik, wo es möglich war, von der exklusiven Ausrichtung auf den Gegensatz zur Sowjetunion gelöst werden. Die Carter-Administration weigerte sich, hinter jedem afrikanischen Busch einen Kommunisten zu wittern, sah vielmehr auch die lokalen und regionalen Ursachen der Konflikte. In der Tat war die Welt in der zweiten Hälfte der siebziger Jahre nicht mehr die der sechziger; die Entkolonialisierung hatte nicht nur zahlreiche neue Staaten, sondern mit ihnen auch zahlreiche endogene Konflikte geschaffen, die aus der Aufarbeitung der Kolonialzeit und den Problemen der Staatsbildung stammten. Die Welt war polyarchisch und multipolar geworden, weitläufiger und diversifizierter. Sie bot gegebenenfalls sogar Platz für die beiden Supermächte, jedenfalls so lange, wie sie ihren bilateralen Konflikt nicht in die Dritte Welt übertrugen.[141]

Andererseits mußte sich zeigen, ob ein solcher Verzicht möglich war, nachdem die Sowjetunion ihren weltpolitischen Einfluß ständig zu erweitern versuchte. Die Vereinigten Staaten mußten diesen Aspekt bei jedem einzelnen Konflikt im Auge behalten. Für den Nationalen Sicherheitsberater war dies nach wie vor der einzige, wirklich ausschlaggebende Aspekt. Carter und Außenminister Vance hingegen wollten ihn zwar nicht vernachlässigen, sie glaubten jedoch, ihm durch die Hilfe bei der Lösung solcher lokalen Probleme am besten gerecht zu werden. Die Dritte Welt wartete geradezu darauf. Es genügte nicht, Menschenrechtsverletzungen zu sanktionieren, Bewaffnungen zu mindern und die Weiterverbreitung von Kernwaffen zu verhindern. Die USA waren nach wie vor eine globale Macht, die in allen Teilen der Welt präsent und damit automatisch engagiert war. Gerade wenn sie – im Gegensatz zu ihrer Vorgängerin – keine globalistische Strategie verfolgen wollte, mußte die Carter-Administration um die Lösung der Einzelprobleme bemüht sein und dabei versuchen, ihr Ziel der Verbesserung menschlicher Lebensbedingungen zu verwirklichen. Wenn auf diese Weise der Sowjetunion die politische Parität versagt, die Ausnutzung dieser Probleme zu ihren Gunsten verweigert wurde, um so besser. Die Carter-Administration wußte sehr genau, daß ihre «Fähigkeit und Entschlossenheit zu einer gleichgewichtigen Politik gegenüber der Sowjetunion am stärksten in der Dritten Welt getestet» werden würde.[142] Amerikanischer Führungsanspruch und der Vermittlungs- und Hilfsbedarf der Dritten Welt konnten so miteinander in Beziehung gesetzt werden, daß die Rückdämmung der Sowjetunion sich von selbst ergab.

Am leichtesten schien dies in Afrika möglich zu sein. Mit der Ernennung des Schwarzen Andrew Young zum UN-Botschafter der Vereinigten Staaten hatte die Carter-Administration symbolisiert, daß sie gerade in Afrika von der verdeckten Politik der Unterstützung der Südafrikanischen Republik abweichen und sich den schwarzen Staaten öffnen wollte. Carter wollte afrikanische Lösungen für afrikanische Probleme suchen und sich dabei auf den Nationalismus der afrikanischen Staaten stützen. Diese Politik war natürlich auch an die schwarzen Wähler Präsident Carters in den USA gerichtet; nicht umsonst entwickelte Außenminister Vance die Grundsätze der amerikanischen Afrika-Politik in einer Rede vor der «National Association for the Advancement of Colored People» am 1. Juli 1977.[143] Der Außenminister versprach, die Beziehungen zu den afrikanischen Staaten hauptsächlich auf die Hilfe für ihre politische Unabhängigkeit und ihre wirtschaftliche Entwicklung zu stützen, eine «affirmative» Politik zu führen.

Sie beschränkte sich nicht auf die Abwehr sowjetischer und kubanischer Aktivitäten – was Vance als gefährlich und vergeblich bezeichnete –, wollte aber Afrika auch keine amerikanischen Lösungen überstülpen. Die USA suchten vielmehr den Dialog mit den afrikanischen Staaten in der Absicht, darin zur afrikanischen Lösung afrikanischer Probleme beizutragen. Vance war deswegen nicht bereit, die sowjetischen und kubanischen Aktivitäten im Horn von Afrika hinzunehmen; er versprach dort wie anderswo in Afrika Hilfe für die bedrohten Staaten. Aber darin sollte sich eben die Afrikapolitik der Carter-Administration nicht erschöpfen. Vielmehr wollte sie die Entwicklung der politischen Freiheit und der Wirtschaft in allen afrikanischen Staaten fördern.

Die Frage war, wie sich diese guten Absichten diplomatisch verwirklichen lassen würden.[144] Die Carter-Administration startete schnell. Fast unmittelbar nach seiner Vereidigung als UN-Botschafter brach Young zu einem Besuch Tansanias und Nigerias auf, um «zu hören und zu lernen».[145] Nebenher ging es dabei auch um Energieprobleme, war doch Nigeria der zweitgrößte Öllieferant der Vereinigten Staaten. Diesem Land galt dann auch der Besuch Präsident Carters im April 1978 – der erste Besuch eines amerikanischen Präsidenten in Afrika.

Der amerikanische Beitrag zur Lösung der Probleme in Afrika ließ sich um so leichter an, je kleiner der sowjetische Schatten war, der darauf fiel. In Rhodesien verstärkte Carter den schon von Kissinger begonnenen Druck auf die Abdankung Ian Smiths. Außenminister Vance sprach sich am 10. Februar 1977 vor dem Auswärtigen Senatsausschuß energisch für die Rücknahme des Byrd-Amendments aus,[146] das vom Kongreß im März aufgehoben wurde. Die USA schwenkten damit auf die von allen afrikanischen Staaten getragene Sanktionspolitik des UN-Sicherheitsrates gegen Rhodesien zurück, die sie bis 1971 eingehalten, dann aber mit dem Byrd-Amendment verlassen hatten. Ein endgültiger Sieg über diejenigen Kräfte in den USA und in Rhodesien, die mit dem Hinweis auf eine sowjetische Unterstützung der rhodesischen Opposition die weiße Herrschaft dort konservieren wollten, war damit noch nicht gegeben. Die Carter-Administration blieb aber fest und unterstützte die erneuten britischen Anstrengungen, die im April 1980 zur Installierung der Regierung Mugabe und dann zur Unabhängigkeit von Zimbabwe führten.

Gegen die brutale Unterdrückung der Menschenrechte in Uganda blieb die Carter-Administration bei den Maßnahmen, die, wie die Schließung der amerikanischen Botschaft und die Beendigung der Auslandshilfe, schon 1973 begonnen worden waren. Sie wollte nicht weiter gehen, weil sie um das Leben der amerikanischen Staatsbürger in Uganda fürchtete und vor einer offenen Unterstützung der Revolte gegen Amin zurückschreckte. Hier wurde sie vom Kongreß überholt. Die Legislative verabschiedete 1978 eine Reihe von Gesetzen, die einen totalen Handels- und Hilfeboykott gegen das Land verhängten und – wenn auch nur mit zögernder Unterstützung Carters – dazu beitrugen, daß Amin Anfang 1979 aufgrund einer Invasion Tansanias gestürzt werden konnte.[147]

In Südafrika, wo die Probleme sehr viel komplizierter lagen, fiel die Politik der Carter-Administration erheblich schwächer aus. Ein unmittelbarer Einfluß der Sowjetunion in der Republik Südafrika war zwar nicht zu erkennen, doch wurde er von der Regierung in Pretoria unermüdlich beschworen.[148] Carter und Vance sahen ihn auch – im Gegensatz zu Premierminister Vorster – als mögliche Folge der anhaltenden Unterdrükkung der Schwarzen in der Republik. Vizepräsident Mondale machte das in seiner Begegnung mit Vorster in Wien im Mai 1977 deutlich, was zu scharfen Auseinandersetzungen, aber zu keiner Änderung der Politik Pretorias führte. Im Gegenteil. Die Unterdrückung wurde verstärkt, sie führte im September zum gewaltsamen Tod des Oppositionellen Steve Biko in einem südafrikanischen Gefängnis und am 19. Oktober 1977 zu einer Fülle von Verhaftungen und Verbannungen. Sie lösten im Herbst 1977 zahlreiche Beschwerden von Kongreßabgeordneten bei der südafrikanischen Regierung und zwei scharfe Resolutionen der beiden Häuser aus.[149] 1978 beschäftigte sich der Kongreß mit zahlreichen Gesetzesvorlagen, die einen Handels- und Investitionsboykott gegenüber der Republik anstrebten.[150] Im Endeffekt wurden lediglich die Kredite der Export-Import-Bank für Exporte in die Republik eingeschränkt. Für diese Zurückhaltung waren zwei Gründe maßgebend: Zahlreiche Kongreßmitglieder erwarteten bei schärferen Maßnahmen eine Zuspitzung des Rassenkrieges in Südafrika, von der nur die Sowjetunion profitieren könnte. Auch wurde Schaden befürchtet für die wirtschaftlichen Interessen der Vereinigten Staaten in der Republik – schließlich hatten sich die amerikanischen Investitionen dort in der Zeit von 1970 bis 1976 verdoppelt.[151]

Außenminister Vance teilte die Zurückhaltung, wenn auch aus anderen Gründen. Verhängten die USA Sanktionen, würden sie damit den schwarzafrikanischen Staaten Tür und Tor öffnen, die solche Maßnahmen seit langem verlangt hatten, um die Republik zur Aufgabe Namibias zu zwingen. Würden die USA eine einschlägige Resolution im Sicherheitsrat blockieren, verdürben sie es mit den Schwarzafrikanern; würden sie ihr stattgeben, schädigten sie nicht nur ihre wirtschaftlichen Interessen in Südafrika, sondern auch jede Chance zu einer friedlichen Loslösung Namibias von der Republik.[152]

Darin lag wiederum der Schlüssel für die Lösung des Angola-Problems. Carter und Vance wollten die MPLA-Regierung in Angola anerkennen, anstatt sie, wie vordem Kissinger, mit der CIA zu bekämpfen. Dem standen die 20000 Kubaner im Wege, die sich in Angola aufhielten und die Regierung gegen die rechtsgerichtete UNITA unterstützten, die von Pretoria subventioniert und durch zahlreiche militärische Übergriffe südafrikanischer Truppen von Namibia aus entlastet wurde. Gelang es, Namibia die Unabhängigkeit zu verschaffen, entfiel diese Invasionsmöglichkeit und damit der Grund für die Kubaner, in Angola zu bleiben. Auf Vorschlag von Young organisierten die USA die aus ihnen, Großbritannien, Frankreich, der Bundesrepublik und Kanada bestehende «Kontaktgruppe», die die Unabhängigkeit Namibias betreiben sollte.

Der Erfolg dieser Strategie hing in erster Linie davon ab, daß die Republik Südafrika kooperierte – was sie nicht tat. Dann stellte sich aber auch die Frage nach der Rolle Kubas in Afrika, eine Frage, die durch den im Sommer 1977 mit sowjetischer Hilfe erfolgten Einsatz von 20000 Kubanern im Horn von Afrika zugespitzt wurde. Im April 1977 und im Mai 1978 waren von Angola aus die sogenannten Katanga-Gendarmen in Zaire eingefallen und hatten das dortige Regime Mobutu bedroht.

Außenminister Vance hielt nichtsdestoweniger an seiner These fest, daß es sich bei den Aktivitäten Kubas und der Sowjetunion nicht um einen «grand design» handelte, sondern um die individuelle Ausnutzung lokaler Möglichkeiten. Eine von Vance angeordnete Gesamtanalyse der amerikanischen Afrikapolitik kam im Sommer 1978 zu dem gleichen Ergebnis.[153] Diese differenzierte Analyse der Ungleichheit so anscheinend gleicher Ereignisse war aber in der Regierung nicht mehr unumstritten und der Öffentlichkeit der USA kaum noch zu vermitteln. Brzezinski forderte im Sinne dieser Kritik, daß die USA entweder ihr Afrikaengagement vermindern, oder aber die sowjetisch-kubanischen Aktivitäten zu deren Hauptgegenstand machen sollten. Für ihn war Angola nur ein sowjetisches Vorspiel für die Politik im Horn von Afrika, waren beide Eingriffe eine Demonstration der Sowjetunion dafür, «daß das Containment vollständig gebrochen worden war».[154]

Präsident Carter folgte der Analyse seines Außenministers, daß die Kubaner in Angola nicht Ausdruck eines sowjetischen Expansionismus, sondern die direkte Folge der unnachgiebigen Politik Südafrikas in der Apartheid- und Namibiafrage einerseits, der unglücklichen Hand Kissingers in Angola andererseits waren. Diese Analyse war zweifellos richtig.[155] Aber sie hätte zu ihrer Plausibilisierung in der Öffentlichkeit eines sichtbaren Erfolges bedurft, etwa der Freigabe Namibias durch Südafrika und des anschließenden Rückzugs der Kubaner. Indem Pretoria der Carter-Administration diesen Erfolg versagte, bestärkte es in den Vereinigten Staaten diejenigen Kritiker, die der Carterschen Afrikapolitik den Ausverkauf des Schwarzen Kontinents an die Sowjetunion vorwarfen und damit die Politik Vorsters nicht nur bestätigten, sondern auch rechtfertigten. Es gibt in der Außenpolitik – wie in der Politik insgesamt – stets mehrere Lösungen zu einem Problem, über deren Auswahl durch Macht entschieden wird. Wer über sie verfügt, vermag den Gang der Ereignisse so zu steuern, daß richtige Analysen nicht getestet werden können und durch veränderte Problemlagen nach gewisser Zeit auch ihren Wert verlieren.

Die Politik der USA im Horn von Afrika beleuchtet diesen Zusammenhang sehr anschaulich. Die Vorgänge selbst lagen klar zutage, aber die Administration war sich nicht einig darin, wie sie interpretiert und beantwortet werden sollten. Indem sich das Außenministerium hier erfolgreich durchsetzen konnte, bestimmte es – letztmals – den Gang der Ereignisse und damit auch deren Interpretation. Die Vereinigten Staaten waren seit jeher mit Äthiopien liiert, dessen Herrscher Haile Selassie sie stützten; seit 1942 betrieben sie ein strategisch wichtiges Kommunikationszentrum in der Nähe von Asmara. Somalia hingegen, das 1960 unabhängig geworden war und seit 1969 von Ministerpräsident Siad Barre regiert wurde, hatte 1974 als erstes schwarzafrikanisches Land einen Vertrag über Freundschaft und Zusammenarbeit mit der Sowjetunion abgeschlossen, die in Berbera eine Marinestation unterhielt. 1974 wurde Haile Selassie gestürzt und zunächst durch eine Militärregierung, wenig später durch den sozialistisch orientierten Oberst Mengistu Haile Mariam ersetzt. Die Vereinigten Staaten stellten angesichts der zunehmenden Radikalisierung des Regimes Mengistu, das mit Unterdrückung und Terror regierte, im Frühjahr 1977 ihre Hilfe an Äthiopien ein, das im April 1977 das amerikanische Militärpersonal des Landes verwies und stattdessen sowjetische Berater hineinließ. Im Gegenzug dazu hatte Somalia im November 1977 die sowjetischen und kubanischen Berater ausgewiesen und die sowjetische Basis in Berbera geschlossen. Es wandte sich stattdessen nun seinerseits an die USA und bat um Hilfe.[156]

Die USA waren zwar daran interessiert, den Einflußverlust in Äthiopien wettzumachen, zögerten aber, weil Somalia offen den Aufstand der Westsomalischen Befreiungsfront gegen die äthiopische Oberherrschaft im Ogaden unterstützte und damit ein geheiligtes Prinzip Afrikas, die Integrität der Staatsgrenzen, verletzte. Somalia war demzufolge in der arabischen Welt weitgehend isoliert; sich mit diesem Land zu verbünden hieß für die USA, dessen Isolierung zu teilen und die befreundeten arabischen Staaten zu enttäuschen. Die amerikanische Regierung erklärte sich daher Mitte Juli 1977 lediglich bereit, es anderen Staaten zu ermöglichen, Verteidigungswaffen an Somalia zu liefern.[157]

Die Lage spitzte sich dramatisch zu, weil Somalia eine Woche später im Ogaden offen intervenierte und die Sowjetunion daraufhin ihre Präsenz in Äthiopien verstärkte. Die USA machten die Aufrechterhaltung ihrer Zusage davon abhängig, daß sich Somalia aus dem Ogaden wieder zurückzog. Dabei blieben sie auch, nachdem Somalia die sowjetischen Berater im November 1977 ausgewiesen und die Beziehungen zu Kuba abgebrochen hatte. Sie blieben selbst dann noch dabei, als die Sowjetunion Mitte Dezember 1977 auf dem Luftweg Waffen und rund 10000 kubanische Soldaten nach Äthiopien geflogen hatte. Erneut war eine innovative Zurückhaltung der Carter-Administration durch eine ‹realpolitische› Maßnahme der Sowjetunion beantwortet worden.

Zum ersten Mal hatte die Sowjetunion direkt, wenn auch passiv, in einen regionalen Konflikt in Afrika eingegriffen. Konnte nach dem ‹renversement des alliances› und nach dem sowjetischen Eingriff der Konflikt im Horn noch immer als regional, oder mußte er vielmehr schon als Teil der amerikanisch-sowjetischen Auseinandersetzung um die Machtverteilung in der Dritten Welt angesehen werden?

Darüber kam es in der Carter-Administration zu einer langanhaltenden, erstmals scharf geführten Kontroverse zwischen dem Außenminister und dem Sicherheitsberater. Vance, gestützt auf Verteidigungsminister Brown und das Außenministerium, beharrte darauf, daß es sich im Horn um einen «Bilderbuchfall der sowjetischen Ausnutzung eines lokalen Konfliktes» handelte und nicht um den Teil «eines großen Plans».[158] Brzezinski ließ das zunächst offen, neigte aber zweifellos zu der zweiten Interpretation und riet, sich mit dieser erneuten sowjetischen Präsenz in einem afrikanischen Land nicht abzufinden, sondern sie zu beenden. Er verwies auf die Sorgen Saudi-Arabiens und Ägyptens über den sowjetischen Ausgriff und plädierte für die Entsendung einer amerikanischen Flugzeugträgergruppe in die Region.[159]

Damit griff er praktisch auf die alte Containment-Politik zurück, die Kissinger schon in Angola, wenn auch vergeblich, wiederzubeleben versucht hatte. Brzezinski brachte auch das Instrument des «Linkage» wieder ins Gespräch. Auch darauf hatte die Carter-Administration verzichtet, weil sie es als verfehlt und zwecklos betrachtete. Brzezinski hingegen trat dafür ein, der Sowjetunion offen mit dem Scheitern des SALT II-Vertrages zu drohen, um sie zum Abzug aus Äthiopien zu veranlassen.

Brzezinski ließ es nicht beim Argument bewenden. Er versorgte die amerikanische Presse mit entsprechenden Artikeln, die seit Mitte 1977 zu erscheinen begannen und den sowjetischen Ausgriff nach Afrika drastisch schilderten.[160] Am 1. März 1978 trug er die Kontroverse und seine Interpretation mit Hilfe einer Pressekonferenz in die Öffentlichkeit,[161] leugnete zwar die Renaissance der Linkage-Politik – zumal sie nur von ihm selbst vertreten wurde –, brachte sie aber doch deutlich ins Gespräch. Präsident Carter rückte am nächsten Tag die Dinge wieder zurecht,[162] machte aber eine kleine Verbeugung in Richtung seines Sicherheitsberaters mit dem Hinweis, daß die Sowjetunion mit ihrer Aktion die Verbindung zur Rüstungskontrolle hergestellt habe.[163]

Aber Brzezinski konnte sich (noch) nicht durchsetzen. Mitte März 1978 zogen sich die somalischen Truppen aus dem Ogaden zurück, und die USA nahmen, wie versprochen, Verhandlungen über die Lieferung von Wirtschaftshilfe und Verteidigungswaffen wieder auf. Der Kongreß stellte sich dem nicht entgegen, zumal sich die sowjetischen und kubanischen Aktivitäten in der zweiten Hälfte von 1978 wieder zurückzubilden begannen.[164] Außenminister Vance lehnte Aktionen vom Typ der sowjetischen und kubanischen Intervention ab, weil sie langfristig nicht wirksam waren und lediglich den militärischen Konflikt mit seinen großen menschlichen Opfern eskalierten. «Unser bester Kurs», sagte der Außenminister in einer Grundsatzrede am 20. Juni 1978 in Atlantic City, «ist Hilfe bei der Lösung der Probleme, die den Vorwand für auswärtige Intervention schaffen, und ein Beitrag zur Stärkung der Fähigkeit der Afrikaner, sich selbst zu verteidigen».[165] Vance verpflichtete die amerikanische Afrikapolitik erneut auf das Engagement zugunsten sozialer Gerechtigkeit und wirtschaftlicher Entwicklung in Afrika, auf den Respekt für den afrikanischen Nationalismus und auf die Hilfe zur friedlichen Lösung der Streitigkeiten.

Wenn auch der weitere Verlauf der Ereignisse in Afrika der Politik und der Analyse des Außenministers recht gab,[166] so hatte er doch nur einen Etappensieg errungen, den er auch noch mit weiterem Einflußverlust bezahlen mußte. Denn der Sicherheitsberater Brzezinski brachte Carter dazu, aus dem Konflikt am Horn doch noch militärische Konsequenzen zu ziehen: Carter verstärkte die amerikanische Flotte im Indischen Ozean und gab den Gedanken an eine Rüstungsbegrenzung in diesem Raum auf. Wie ein Jahr später im Zusammenhang mit der ‹Kubanischen Brigade› nutzte Brzezinski auch hier die Gelegenheit, das Instrument der militärischen Macht auszubauen, das er – im Gegensatz zu Carter und Vance – für ausschlaggebend hielt.

Brzezinski tat noch mehr. Er betrieb eine aktive Informationspolitik gegenüber der amerikanischen Presse mit dem Erfolg, daß sich das ‹attentive public› in den USA immer mehr der von ihm vertretenen Linie zuwandte. Eine Umfrage innerhalb des Council on Foreign Relations und seinen Mitgliedsorganisationen Anfang 1979 ergab eine Mehrheit für die Wiederherstellung der Linkage-Politik zwischen der Rüstungskontrolle und dem politischen Wohlverhalten der Sowjetunion in der Dritten Welt. 43 % der Befragten stimmten für die militärische Unterstützung jedes schwarzafrikanischen Regimes (mit Ausnahme Südafrikas), das zum Widerstand gegen Kubaner und Sowjets entschlossen war.[167] Brzezinski schuf sich damit anhand der Vorgänge im Horn die gesellschaftliche Zustimmung zu dem außenpolitischen Kurswechsel, den er vorbereitete. Im «Sand von Ogaden», sagte er in seinen Memoiren, lag die Entspannung begraben.

Im Horn von Afrika war es Vance noch einmal gelungen, die Detailanalyse nicht mit dem Hinweis auf die sowjetische Herausforderung überkleistern zu lassen. Freilich kam diese Detailanalyse schon viele Jahre zu spät. Die eigentliche Problemformation war in den fünfziger und sechziger Jahren durch die Politik Haile Selassies in Äthiopien entstanden. Die Konzentration politischer Herrschaft und wirtschaftlichen Reichtums in den Händen des Adels und des feudalen Monarchen hatte zu scharfen sozialen Spannungen geführt, die den Umsturz heraufbeschworen und die Ursachen geschaffen hatten, die im ferneren Verlauf von der Sowjetunion und Kuba ausgenutzt wurden. Diese Analyse von Außenminister Vance war richtig und beleuchtete eine Problematik, die den Vereinigten Staaten nicht nur in Afrika, sondern in der gesamten Dritten Welt begegnete. Wenn sie, wie es die Carter-Administration vorhatte, zur Entwicklung der Länder beitragen und auf diese Weise die Eingangspforten des sowjetischen Einflusses verschließen wollte, mußte sie frühzeitig politisch intervenieren, um nicht später – wie es sich im Horn von Afrika schon abzuzeichnen begann – militärisch intervenieren zu müssen. Wer der Sowjetunion die politische Parität in der Dritten Welt versagen wollte, mußte die eigene Führung sehr viel stärker ausüben.

Dem waren in den Vereinigten Staaten aufgrund ihrer prinzipiell nicht-interventionistischen Einstellung enge Grenzen gesetzt, die sich erst dann erweiterten, wenn aufgrund militärischer Aktionen die nationale Sicherheit gefährdet schien. Sich ausschließlich auf solche Situationen vorzubereiten, hieß andererseits, die vorausgehenden Möglichkeiten der Einflußnahme zu vernachlässigen. Diesen fatalen Zirkel wollte die Carter-Administration, wollte vor allem Außenminister Vance durchbrechen. Es gelang im Horn von Afrika, und es gelang in den ersten beiden Jahren der Carter-Administration generell. Aber diese Zeitspanne war zu kurz, und der Aufwand, den die Administration beantragte und der Kongreß genehmigte, war zu klein.

Vor allem verengte sich der innenpolitische Handlungsspielraum der Carter-Administration, weil sich der Konsens innerhalb des ‹attentive public› abschwächte. Diese Elite sah zunehmend den sowjetischen Einfluß weltpolitisch vordringen – was ja nicht zu bezweifeln war. Anders als die Administration, die diesen Einfluß durch geduldige, problemorientierte Arbeit vor Ort zurückdrängen wollte, interessierte sich die informierte Öffentlichkeit zunehmend wieder für das militärische Instrument der USA. Obwohl die Carter-Administration in der Bilanz ihrer Afrikapolitik nicht nur nicht schlecht, sondern sehr gut dastand, war die oppositionelle Elite nicht zufrieden. Ihr fehlte nicht nur die Solidarisierung mit den Weißen in Südafrika und mit den westlich orientierten afrikanischen Staaten wie Kenia, Zaire und Marokko und deren stärkere Unterstützung mit Wirtschafts- und Waffenhilfe. Ihr fehlte vor allem die Einbettung der Afrikapolitik in den weltpolitischen Kontext der Auseinandersetzung mit der Sowjetunion. Sie veranschlagte die Herausforderung durch die Sowjetunion in Afrika sehr viel höher und kritisierte von dort aus den Versuch der Carter-Administration, sich lediglich mit den afrikanischen Aspekten zu beschäftigen.[168] Die oppositionelle Kritik vermißte den amerikanischen Machtanspruch in Afrika, der in ihren Augen um so stärker erhoben werden sollte, als es das Vakuum zu füllen galt, das durch den Rückzug Portugals aus seinen Kolonien und die relative Zurückhaltung Großbritanniens – Frankreich verhielt sich aktiver – entstanden war. Amerikanischer Machteinfluß sollte hier wiederum nachrücken, so wie er im Nahen und Fernen Osten immer schon nachgerückt war, wenn die traditionellen Kolonialmächte des Westens ihre Stellung geräumt hatten.

Wurde dieses Argument noch relativ differenziert vorgetragen,[169] so häuften sich im Kongreß und im ‹attentive public› 1978 die Stimmen, die die Cartersche Afrikapolitik schlicht der Schwäche ziehen. Sie konnten nicht leichtgenommen werden, weil im November die Midterm-Wahlen anstanden. Carter und Vance leisteten dennoch Widerstand, weil die von der Kritik geforderte Machtpolitik klassischen Stils eben erst in Vietnam massiv diskreditiert worden war. Am 29. April 1975 hatte der letzte Amerikaner Saigon verlassen und damit ein Kapitel amerikanischer Weltmachtpolitik abgeschlossen, das nicht nur zu einem zehnjährigen Krieg und zu einer Niederlage, sondern auch zu einem eindeutigen Sieg der Sowjetunion geführt hatte, die in die von den Vereinigten Staaten geräumten Basen in Vietnam nachrückte. Sollte dieser Kardinalfehler wiederholt werden?

Carter und Vance wollten ja nicht die amerikanische Weltführungspolitik, sondern nur eine antiquierte Weltmachtpolitik liquidieren, deren Scheitern evident geworden war. Aber dazu fehlte es ihnen an Zeit, weil der gesellschaftliche Rückhalt, jedenfalls im ‹attentive public›, zerbrach. Mit dem erzwungenen Rücktritt ihres UN-Botschafters Andrew Young im Juli 1979 verloren Carter und Vance die Symbolfigur ihrer Afrikapolitik. Um so größer wurde der Einfluß Brzezinskis. Das innenpolitische Echo verstärkte seine Stimme. Geschickt überredete er den Präsidenten, Außenminister Vance vornehmlich mit den Beziehungen zur Sowjetunion zu beschäftigen, ihm aber die zu China anzuvertrauen.[170] Damit bekam er einen Hebel in die Hand, mit dem er die Kursänderung erfolgreich weiterbetreiben konnte.

c) Wende in Asien

In Asien war die Sowjetunion schon geographisch als Gegner der Vereinigten Staaten präsent. Sie war selbst eine asiatische Macht, und die Kriege, die die Vereinigten Staaten in Korea und in Vietnam geführt sowie die Allianzsysteme, die sie im asiatischen Raum aufgebaut hatten, galten sämtlich der Eindämmung kommunistischer Macht. Nach dem Vietnam-Krieg aber stellte sich die Frage, ob die Vereinigten Staaten den sowjetischen Faktor nicht zu hoch veranschlagt und seine Beschränkung zu teuer bezahlt hatten, und die Carter-Administration bejahte sie. In ihren Augen wurden zu viele der internationalen Interessen der USA fast ausschließlich durch eine chronische amerikanisch-sowjetische Konfrontations-Mentalität bestimmt, die der Carter-Administration als «kurzsichtig und unproduktiv»[171] erschien.

Die Carter-Administration hatte also die Gelegenheit, sich um die politischen Probleme der Region zu kümmern, sie hatte auch die Absicht dazu. Sie wollte die Schäden des Vietnam-Krieges beheben, den Schock heilen, den die Nixon-Doktrin hinterlassen hatte.[172] Sie hätte auch die Gelegenheit gehabt, sich um die Menschenrechtsdefizite bei ihren Verbündeten zu kümmern. Auf den Philippinen trat der Diktator Marcos diese Rechte mit Füßen. In Indonesien trat zu den Menschenrechtsverletzungen noch die rechtswidrige Annexion von Ost-Timor. In Südkorea herrschte der Diktator Park Chung Hee. Es gab also genug zu tun für eine Politik, die sich an der Lösung regionaler und nationaler Probleme beteiligen und auf diese Weise Weltführung verwirklichen wollte. Eine sowjetische Bedrohung war zumindest bei den ASEAN-Staaten nicht in Sicht, auch wenn Moskau den Handel mit ihnen in der zweiten Hälfte der siebziger Jahre beträchtlich gesteigert hatte.[173]

Dafür gab es die alten Widerlager einer amerikanischen Reformpolitik: die strategischen Interessen. Sie behielten, unter tätiger Mithilfe Brzezinskis, die Oberhand. Zunächst hatte sich die Carter-Administration zu einer auf den Einzelfall abstellenden pragmatischen Politik entschlossen.[174] Sie wollte eine Politik der Normalisierung, der Beruhigung betreiben.[175] Aber schon der vom Kandidaten Carter geplante Truppenabzug aus Südkorea, Zeichen der Normalisierung, kam nicht zustande, sondern wurde vertagt.[176] Auf den Philippinen kümmerte sich Carter vornehmlich um die amerikanischen Basen, weniger um die innenpolitische Lage. Und Brzezinski sorgte dafür, daß der Hauptakzent der Carterschen Asienpolitik dorthin rückte, wo der Konflikt mit der Sowjetunion zugespitzt werden konnte, auf Vietnam und auf China.

Der Vertrag mit den Philippinen über die beiden Basen, erstmals 1947 abgeschlossen, wurde im Januar 1979 verlängert und die Konditionen für die Regierung Marcos wurden sogar noch verbessert.[177] Die Basen kamen unter philippinische Oberhoheit, ihre Benutzung wurde erstmals mit der amerikanischen Militär- und Wirtschaftshilfe verbunden. Anders als im Falle Südkorea lagen die strategischen Interessen der USA hier auf der Hand. Die geographische Position der Philippinen zwischen dem Pazifischen und dem Indischen Ozean, ihre Nähe zu wichtigen Seeverbindungen wie beispielsweise der Straße von Malakka und der Verbindung zum Persischen Golf wiesen den Inseln eine besondere Bedeutung in der geostrategischen Auseinandersetzung der USA mit der Sowjetunion zu. Wenn auch die Sowjetunion auf den Philippinen nicht präsent war und auf absehbare Zeit keine Chance hatte es zu werden, war der Wert der beiden amerikanischen Basen für die See- und Luftstrategie hoch zu veranschlagen. Er war um so höher, als durch den Rückzug aus Vietnam die USA ihre Basen am Ostausgang des Indischen Ozeans verloren hatten. Er stieg noch weiter, nachdem die Sowjetunion im Jahre 1979 diese ehemals amerikanischen Basen selbst benutzte. Vor strategischen Interessen eines solchen Ausmaßes traten die an der Verwirklichung der Menschenrechte zurück. Zwar wurde der Zusammenhang zwischen beiden durchaus gesehen, doch glaubte die Carter-Administration, ihm mit der großzügig ausgestalteten Wirtschaftshilfe genügend Rechnung getragen zu haben.

Die Beziehungen zu China und zu Vietnam zu verbessern und auf diese Weise den sowjetischen Geländegewinn aus der amerikanischen Niederlage in Vietnam rückgängig zu machen, erwies sich als gar nicht einfach. Zwar hatte Henry Kissinger der China-Politik schon gründlich vorgearbeitet, er hatte aber das dornige Problem Taiwan ausgelassen und die Anerkennung Chinas, die die Sowjetunion alarmieren mußte, vermieden. In Vietnam hatte die Kissingersche Politik nur Scherben hinterlassen. Sie ließen sich aufsammeln, aber doch nur dann zu einer neuen politischen Figur zusammenfügen, wenn Hanoi kooperierte, sich von Moskau löste und seine anti-chinesische Position aufgab. Wenn in den Beziehungen zu China und zu Vietnam der amerikanische Schlüssel zur politischen Rückkehr nach Asien und zur Eindämmung des sowjetischen Einflusses dort lag, so waren die beiden Schlösser ineinander verzahnt und konnten sich leicht blockieren.

Sie waren auch einzeln schwer zu bewegen. Die Carter-Administration hatte gleich nach Amtsantritt die Verhandlungen mit Hanoi über die Aufnahme diplomatischer Beziehungen begonnen und dabei erfahren, daß Hanoi sie von «Reparationszahlungen» für den Vietnam-Krieg abhängig machte.[178] Darauf wollte sich Carter nicht einlassen, und er konnte es um so weniger, als der Kongreß 1977 nicht nur die gesamte bilaterale, sondern auch den amerikanischen Beitrag zur multilateralen Hilfe für die drei Staaten Indochinas gesperrt hatte. Den offiziellen Grund bildeten die Menschenrechte. Sie wurden in Kamputchea durch das Pol Pot-Regime massiv verletzt, während den Vietnamesen die mangelnde Kooperation bei der Suche nach vermißten Amerikanern und die Anlehnung an die Sowjetunion vorgeworfen wurde.

In dieser Lage kamen die amerikanisch-vietnamesischen Normalisierungsgespräche sehr schnell ins Stocken, und als Hanoi sie im September 1978 mit dem Verzicht auf Vorleistungen wieder in Schwung bringen wollte, hatte sich die Lage durch den angeschwollenen Strom vietnamesischer Flüchtlinge verändert und durch die vietnamesische Intervention in Kamputchea verhärtet. Das war eigentlich widersinnig. Das Regime der Roten Khmer unter Pol Pot dezimierte die Bevölkerung auf die brutalste Weise, so daß das Repräsentantenhaus am 25. April 1978 und der gesamte Kongreß wenig später die Regierung Kamputcheas scharf verurteilten und andere Nationen aufforderten, dem Folge zu leisten.[179] In der Logik dieser Linie hätte es gelegen, wenn die USA die Intervention Vietnams in Kamputchea unterstützt hätten, die im Januar 1979 zum Sturz von Pol Pot, zur Besetzung Kamputcheas durch Vietnam und zur Bildung der Regierung Heng Samrin führte.

Aber die Menschenrechtsverletzungen Kamputcheas und deren Beseitigung war nicht der einzige Aspekt. Vietnam hatte vielmehr im November 1978 einen Freundschaftsvertrag mit der Sowjetunion geschlossen, seine Abhängigkeit von Moskau nahm zu. China wiederum hatte wegen des Gegensatzes zu Vietnam das Pol Pot-Regime in Phnom Penh unterstützt. Damit gestaltete sich der Versuch Washingtons, Beziehungen zu Vietnam aufzunehmen und die zu Peking zu verbessern, zu einer Alternative.

Die Carter-Administration entschied sich in dieser Lage für die Unterstützung Chinas, wenn auch aus unterschiedlichen Gründen. Außenminister Vance folgte dem Wunsch der ASEAN-Staaten, die an der Legalität des Pol Pot-Regimes festhielten und Sorge vor einem Übergriff der vietnamesischen Truppen nach Thailand hatten.[180] Für Brzezinski hingegen waren die Vietnamesen, wie er selbst öffentlich sagte, lediglich ein «Stellvertreter der Sowjetunion»,[181] an den sich anzunähern keinesfalls im amerikanischen Interesse liegen konnte. Vielmehr galt es, China, den unversöhnlichen Feind der Sowjetunion in Asien, stärker auf die amerikanische Seite zu ziehen. Diesem Ziel ordnete der Sicherheitsberater jede differenziertere Reflexion unter, weil er die Entspannungsstruktur des internationalen Systems, die auf der Dreierbeziehung Washington-Moskau-Beijing beruht hatte, endgültig zerbrechen wollte.

Brzezinski gestaltete das Fernsehinterview vom 28. Mai 1978, in dem er über seine China-Reise und die Vorbereitung der Aufnahme diplomatischer Beziehungen berichtet hatte, zu einem Affront gegenüber der Sowjetunion. Er warf ihr ihre Aufrüstung und die Bedrohung Chinas vor, die Einkreisung des Mittleren Ostens, die Schürung rassischer Probleme in Afrika – kurz, ein Verhaltensmuster, das mit «dem, das einst der Kodex der Entspannung genannt wurde», unvereinbar war.[182] Diese öffentliche Absage an die Dreiecks-Politik, an der Carter und Vance ja festhalten wollten, war auch ein Schlag in das Gesicht des Außenministers, und sollte es auch sein. Ein Sturm der Entrüstung brach in der amerikanischen Öffentlichkeit los, aber Brzezinski gab das Steuer der Außenpolitik nicht mehr aus der Hand. Am 1. Januar 1979 nahmen die USA diplomatische Beziehungen zur Volksrepublik China auf und brachen die zur Republik China (Taiwan) ab. Am 28. Januar 1979 traf der stellvertretende chinesische Premierminister Deng Xiaoping zu einem Staatsbesuch in den USA ein, den er zu einer anti-sowjetischen Demonstration gestaltete. Vierzehn Tage nach seiner Abreise startete China eine militärische Intervention in Vietnam, die vom Außenministerium sehr milde dahin beurteilt wurde, daß sie nicht «unser besonderes Nationalinteresse» berührt.[183]

Die Carter-Administration war bereit gewesen, für die von ihr angestrebte Normalisierung der Beziehungen zur Volksrepublik den Preis innerpolitischer Kritik am notwendigen Abbruch der Beziehungen zu Taiwan zu zahlen.[184] Die Kritik fiel ungewöhnlich harsch aus, schloß sogar den Versuch von 24 konservativen Kongreßmitgliedern ein, dem Präsidenten den Abbruch der Beziehungen zu Taiwan ohne vorherige Zustimmung des Senats zu untersagen.[185] Das mißlang, aber der Kongreß verabschiedete Ende März 1979 den «Taiwan Relations Act», der den Präsidenten auf den Schutz Taiwans erneut verpflichtete, also die Aufkündigung des gegenseitigen Beistandsvertrages der Substanz nach gegenstandslos zu machen schien. So wurde es jedenfalls in Beijing aufgefaßt.

Viel höher als der innenpolitische Preis war die außenpolitische Konsequenz der Normalisierung der Beziehungen zu China. Der Präsident und der Außenminister hatten sie betrieben als Teil einer gleichgewichtigen Dreieckspolitik, die die Entspannung verfestigen sollte. Die neue Freundschaft mit China sollte der ständigen Verbesserung der Beziehungen mit der Sowjetunion zugute kommen.[186] Für den Sicherheitsberater aber ging es darum, mit diesem Schritt «das Gleichgewicht der globalen Macht deutlich zu ändern».[187] Das amerikanisch-chinesische Abschlußkommuniqué des Besuches von Deng Xiaoping enthielt den ominösen Hinweis auf die gemeinsame Ablehnung jeder Hegemonie, der eindeutig auf die Sowjetunion zielte; in dem amerikanisch-chinesischen Handelsabkommen vom 7. Juli 1979 wurde China vom Verdikt des Jackson-Vanik-Amendments befreit und ihm die Meistbegünstigung zugestanden – wiederum gegen den Willen des Außenministers, der diese Bevorzugung Chinas vor der Sowjetunion für falsch hielt. Im August reiste Vizepräsident Walter Mondale nach China.

Der «tilt» der amerikanischen Außenpolitik in Richtung China war damit offenkundig. Die ASEAN-Staaten hatten abgeraten, hatten die USA bedrängt, die Lage in Asien nicht ausschließlich unter ihrer Rivalität zur Sowjetunion zu sehen und deswegen China zur regionalen Vormacht aufzubauen. Indonesien warb sogar darum, in Vietnam einen möglichen Verbündeten für ein südostasiatisches Sicherheitssystem zu sehen. Vergebens: Brzezinski opferte jede Differenzierung und jede diplomatische Öffnung seinem Hauptziel, den Einfluß der Sowjetunion zu blockieren, ihr die politische Parität zu verweigern. Ihm fiel auch der Kompromiß mit Vietnam zum Opfer, der im September 1978 erneut zustande gekommen war. Brzezinski erklärte ihn für anti-chinesisch und erledigte ihn auf diese Weise.[188] Auf absehbare Zeit hatte Vietnam keinen Anlaß mehr, dem sowjetischen Einfluß Widerstand zu leisten.

War es dem Außenminister im Frühjahr 1978 beim Konflikt im Horn von Afrika noch gelungen, eine regionalspezifische Bewertung durchzusetzen, so gaben in der Asien-Politik Anfang 1979 die globalen geostrategischen Kriterien des Sicherheitsberaters den Ton an. Über die ganze Welt fiel nun wieder der große Schatten Moskaus und beeinflußte die Perspektive, in der Washington das Supermacht-Verhältnis sah. Noch immer war es auf die Entspannung, auf den erfolgreichen Abschluß des SALT II-Vertrages als deren Kernstück ausgerichtet. Aber die dazugehörige Figur des internationalen Systems, die gleichmäßige Dreiecksbeziehung zwischen den USA, der Sowjetunion und China war durch Brzezinski erfolgreich beschädigt worden.

Auch die mögliche Verbesserung der amerikanischen Beziehungen zu dem zweiten großen Staat in Südasien, Indien, wurde ein Opfer der Annäherung zwischen den USA und China. Amerika hatte seit dem indischpakistanischen Krieg von 1971 sich immer mehr Pakistan angenähert und diese Politik wegen des indisch-sowjetischen Freundschaftsvertrages verstärkt. China pflegte wegen seiner Rivalität zu Indien gute Beziehungen zu Pakistan. Die Carter-Administration versuchte, das in langfristiger Sicht gefährliche Vakuum in den Beziehungen zu Indien etwas aufzufüllen; die Verhandlungen mit der Sowjetunion über eine Rüstungsbegrenzung im Indischen Ozean kam dem indischen Wunsch, diesen Bereich zu einer «Zone des Friedens» zu gestalten, entgegen. Indien erhielt in der zweiten Hälfte der siebziger Jahre weiter Auslandshilfe (unter dem AID- und Public Law 480-Programm) sowie «security assistance», allerdings relativ weniger als Pakistan, dessen Militärhilfe sogar absolut über der lag, die Indien bekam.[189] Präsident Carter besuchte auf seiner ersten großen Auslandsreise am 2. und 3. Januar 1978 auch Neu-Delhi und betonte dort die gemeinsame Verpflichtung beider Länder bei den Menschenrechten und der wirtschaftlichen Entwicklung. Sie ging dann auch in die Delhi-Erklärung ein.[190] Indem er die weltpolitische Bedeutung der Blockfreien und die führende Rolle Indiens darin anerkannte, wollte Carter dokumentieren, in welchem Maß er die amerikanische Weltpolitik von der bis dahin geltenden Ausrichtung auf die Auseinandersetzung mit der Sowjetunion zu befreien gedachte.[191]

Die Reise verbesserte das Klima, aber nicht die Beziehungen. Sie litten unter der indischen Atompolitik, gegen die sich der amerikanische Non-Proliferation Act von 1978 richtete, litten unter dem amerikanischen Ausbau des Inselstützpunktes Diego Garcia im Indischen Ozean, den Indien scharf kritisierte. Washington bewertete jetzt, angeleitet von den Kriterien Brzezinskis, die Marinebasis höher als den politischen Konsens Indiens. Es bevorzugte auch die eindeutig anti-sowjetische Position Pakistans gegenüber dem eher ambivalenten Verhalten Neu Delhis. Und es nahm in Kauf, daß die Intensivierung der Beziehungen zu China die zu Indien weiter belastete.

Dabei wußte man in Washington um die Bedeutung Indiens als regionaler Vormacht in Südasien. Man wußte auch, daß das nichtsozialistische Land den USA gesellschaftlich wie ideologisch näher stand als das kommunistische China.[192] Solche langfristig ausschlaggebenden Gesichtspunkte in die politische Rechnung einzustellen hätte der Carter-Administration eigentlich naheliegen müssen. Sie waren auch im Konzept der «regionalen Führungsmächte» enthalten, das Brzezinski entwickelt und auf Indien und den Iran zugeschnitten hatte. Die Verbindung beider ließ aber schon erkennen, wie wenig Beachtung die herrschaftlichen und gesellschaftlichen Voraussetzungen der Politik fanden. Diese Vernachlässigung schlug prompt zu Buche – in Teheran als Totalverlust, in Neu-Delhi als anhaltende Kooperation des Landes mit der Sowjetunion. Brzezinski glaubte sie in Kauf nehmen zu können, wenn er damit die Zusammenarbeit mit dem kommunistischen China gegen die kommunistische Sowjetunion verstärken konnte.

Die weitere Zusammenarbeit mit Pakistan ergab sich unter diesem Aspekt von selbst. Zwar war die Carter-Administration sehr viel zurückhaltender als ihre Vorgänger. Ihre Zurückhaltung verstärkte sich zur Kritik nach dem Sturz Bhuttos im Juli 1977 durch das Militärregime Zia und durch das anhaltende Interesse auch dieser Regierung an einer nuklearen Option für Pakistan. So war es als Demonstration gedacht, daß Carter bei seinem Asien-Besuch im Januar 1978 zwar Neu-Delhi, aber nicht Islamabad besuchte. Aber dabei blieb es. General Zias Argument, daß die Carter-Administration den sowjetischen Expansionismus sowohl global wie regional, wo er hinter dem Aufstand der Belutschen gegen Islamabad[193] gesehen wurde, unterschätzte, fand nicht nur in Saudi-Arabien und im Iran, sondern auch in den Vereinigten Staaten Aufmerksamkeit. Das Argument hielt die traditionelle Bevorzugung Pakistans in den USA offen, bis auch Präsident Carter nach der sowjetischen Intervention in Afghanistan zu ihr zurückkehrte.[194]

Das war nun gewiß unvermeidlich. Pakistan erhielt als Anrainer Afghanistans während der Invasionszeit eine besondere Bedeutung. Aber sie mußte nicht Washingtons Beziehungen zu Indien zusätzlich belasten. Denn auch Neu-Delhi war gegen die sowjetische Invasion. Hätte Carter die vorsichtige Politik gegenüber China fortgesetzt und die von ihm richtig begonnenen Verhandlungen mit Moskau über die Entmilitarisierung des Indischen Ozeans erfolgreich abgeschlossen (anstatt sie abzubrechen), hätten sich die Beziehungen zu Indien verbessern, dessen Westorientierung verfestigen lassen.

Ein solcher großer außenpolitischer Erfolg lag durchaus auf der Linie Carters, der ja der amerikanischen Weltpolitik eine neue Beweglichkeit verschaffen wollte, indem er sie aus der absoluten Fixierung auf die Sowjetunion löste. Stattdessen hat Carter, geführt von Brzezinski und gedrängt durch den Chor der Konservativen, in der zweiten Hälfte seiner Amtszeit diese Fixierung wieder zugelassen. Ihr fiel alles zum Opfer, was mit der Korrektur der herrschaftlichen Zustände auf den Philippinen und in Südkorea (sowie in Taiwan) das Eindringen des Kommunismus langfristig verhindert und mit der Verbesserung der Beziehungen zu Indien den sowjetischen Einfluß in Asien erheblich verringert haben würde.

d) Erfolg in Nahost

Den gleichen Bogen durchlief die Carter-Administration mit ihrer Politik im Nahen und Mittleren Osten, einer Region mit überragender wirtschaftlicher, politischer und strategischer Bedeutung. Ihr galt, neben der Rüstungskontrolle, das besondere Augenmerk Präsident Carters. Er wollte es zunächst auf den arabisch-israelischen Konflikt, mußte es aber später mehr und mehr auf die Krise im Iran richten. Dabei wurde seine Politik nicht nur geographisch immer näher an die Sowjetunion herangerückt; auch die Strategie der Auseinandersetzung mit ihr näherte sich wieder den traditionellen Formen des Containment an, die Carter durch die «neue Beweglichkeit» hatte ersetzen wollen.

Carter hatte in seiner ersten außenpolitischen Grundsatzrede vom Mai 1977 die These entwickelt, daß die vermeintliche Drohung des Konfliktes mit der Sowjetunion sich verringert, aber «der Wettbewerb mit ihr sich ausgedehnt» habe.[195] Danach richtete er seine Nahostpolitik aus. Sie sollte die komplexen und zahlreichen Konfliktformationen der Region ins Auge fassen, nicht nur den geopolitischen Gegensatz zu Moskau. Im Vordergrund standen dabei der israelisch-arabische Konflikt, der 1973 letztmals in einen offenen Krieg umgeschlagen war; der Bürgerkrieg im Libanon, die soziale Stabilität der arabischen Monarchien, die energiepolitische und, natürlich, auch die strategische Bedeutung des Gebietes. Carter hatte, wie viele andere Demokraten auch, die «Schritt-für-Schritt»-Politik Kissingers abgelehnt, weil sie nur eine Symptomkur darstellte. Er sah richtig, daß der Schlüssel zur Sicherung des Friedens und der Stabilität des Nahen Ostens in der Befriedung des israelisch-arabischen Konfliktes mit seinen Teilkonflikten lag. Gelang sie, so war nicht nur die wichtigste Kriegsursache beseitigt, sondern auch der Grund für die wirtschaftliche und politische Stabilität der arabischen Welt befestigt worden. Die USA würden endlich aus der schizophrenen, durch den arabischen Boykott der westlichen Handelspartner Israels nochmals unterstrichenen Lage befreit werden, in der sie sowohl zu Israel wie zu dessen arabischen Gegnern gute Kontakte zu unterhalten versuchten, ohne jedoch in der Lage zu sein, den Konflikt zwischen den beiden Lagern zu beenden. Ein solcher Friede würde schließlich auch im Nahen Osten die Pforte schließen, durch die sowjetischer Einfluß immer wieder eindringen konnte.

Um dieses Ziel zu erreichen, war die Carter-Administration in der ersten Phase ihrer Nahost-Politik auch bereit, die Sowjetunion an der Friedensregelung zu beteiligen.[196] Das war erstaunlich, und es war ein Fehler. Carter wünschte eigentlich nicht, «sowjetischen Einfluß in diesem Gebiet erweitert zu sehen».[197] Ganz besonders galt das für Brzezinski, der die Sowjets, wenn auch nur prozedural, beteiligen wollte, um besser Druck auf die Israelis ausüben zu können.[198] Außenminister Vance und das Außenministerium wollten die Sowjetunion, die schließlich im Dezember 1973 zusammen mit den USA die erste Nahost-Konferenz in Genf geleitet hatte, einbinden, um zu verhindern, daß sie über ihre guten Beziehungen zu den arabischen Staaten den Friedensprozeß unterlief.[199]

Mit dieser Politik der direkten Beteiligung Moskaus am nahöstlichen Friedensprozeß widersprach die Carter-Administration nicht nur ihrer eigenen Politik in Afrika und in Asien, die auf eine politische Distanzierung der Sowjetunion zielte. Sie legte auch eine merkwürdige Ignoranz gegenüber den Erfahrungen von 1973 an den Tag, wo schon die Perspektive einer amerikanisch-sowjetischen Kooperation im Nahen Osten zur Bildung einer von den USA bis nach Israel reichenden Koalition geführt hatte, die diese Politik strikt ablehnte und mit dem Jackson-Vanik-Amendment auch erfolgreich durchkreuzte. Wenn auch Kissingers Shuttle-Politik erfolglos geblieben war, so hatte sie es doch geschafft, die Sowjetunion aus dem Nahen Osten herauszumanövrieren. Über die Modalitäten ließ sich streiten, kaum aber darüber, daß man einem Gegner nicht auch noch zum Erfolg verhelfen soll.

Die Carter-Administration bekam diese Lektion erneut. Die Zusammenarbeit mit der Sowjetunion für die Vorbereitung einer zweiten Genfer Nahostkonferenz ließ sich zwar gut an, stieß bei den arabischen Staaten auf wenig, bei der PLO auf gar keine Gegenliebe und bei den Israelis auf erbitterten Widerstand. Das gemeinsame amerikanisch-sowjetische Kommuniqué vom 1. November 1977, das die Rahmenbedingungen der Konferenz beschrieb,[200] löste nicht nur in Israel, sondern auch in den Vereinigten Staaten eine Kritikwelle aus, in der die Konferenzidee unterging. Nicht nur israelische Interessengruppen, sondern auch zahlreiche Kongreßmitglieder kritisierten den Versuch der Administration, die Sowjetunion an einem offensichtlichen Supermächte-Kondominium im Nahen Osten zu beteiligen.[201] Die gemäßigten arabischen Staaten waren dagegen, vor allem Saudi-Arabien, das die sowjetische Politik im Horn von Afrika als Teil eines Umklammerungsversuches interpretierte. Auch der zweite Hauptadressat der amerikanischen Nahostpolitik, der ägyptische Präsident Sadat, lehnte eine Beteiligung ab; er war es dann, der mit seinem überraschenden Besuch in Israel im November 1977 die Sturmwellen glättete und das Schiff der amerikanischen Nahostpolitik wieder flottmachte.

Damit war der Fehlansatz der ersten Nahostpolitik Carters beseitigt worden, aber der Preis war hoch. Eine umfassende arabisch-israelische Konfliktregelung war diskreditiert worden und geriet außer Sicht. Die Sowjetunion war erneut ausgeschlossen, aber dabei derart vor den Kopf gestoßen worden, daß sie vermutlich aus diesem Grunde alle Rücksichten im Horn von Afrika fallen ließ.[202] Jedenfalls solidarisierte sich Moskau um so stärker mit den arabischen Staaten, die die sich entwickelnde Teileinigung zwischen Israel und Ägypten ablehnten.

Auf diese Teillösung hatte sich die Carter-Administration nach dem Scheitern des Konferenz-Projektes versteift und sie durch den direkten Einsatz des Präsidenten in den berühmt gewordenen Direktverhandlungen zwischen ihm, Begin und Sadat in Camp David schließlich auch erreicht. Am 26. März 1979 wurde der ägyptisch-israelische Friedensvertrag unterschrieben, der den Sinai an Ägypten zurückgab, aber das zweite Problem, die Palästina-Regelung, de facto offenließ. Immerhin: Camp David und der ägyptisch-israelische Friedensvertrag stellten, neben der Verabschiedung der Panama-Verträge, den bedeutendsten außenpolitischen Erfolg der Carter-Administration dar. Sie hatte erreicht, was niemals zuvor gelungen war: die Konfliktregelung zwischen zwei Hauptfeinden im Nahen Osten. Damit war die Gefahr eines erneuten Nahost-Krieges so gut wie beseitigt, mit ihr seine mögliche Ausnutzung durch die Sowjetunion. Mit Ägypten war das wichtigste arabische Land aus der anti-israelischen Front herausgebrochen und in eine enge politische Beziehung nicht nur zu Israel, sondern auch zu den USA gebracht worden. Die neue Außenpolitik Carters und seines Außenministers Vance, die nicht auf das militärische, sondern auf das politische Containment der Sowjetunion mittels aktivem amerikanischen Beitrag zu regionalen Konfliktlösungen abzielte, hatte sich hier hervorragend bewährt. Das Engagement erforderte hohen Einsatz. Präsident Carter leitete nicht nur die Gespräche von Camp David selbst, sondern reiste in der ersten Märzhälfte 1979 noch einmal persönlich zu den beiden Kontrahenten. Aber der Erfolg war groß, sichtbar und von Dauer.[203]

Allerdings war er begrenzt, weil die Palästinaregelung ausblieb. Das gab der arabischen Ablehnungsfront Auftrieb, die wegen der Teilregelung die Beziehungen zu Ägypten abbrach, und es gab Israel freie Hand. Vom Gespenst eines Zweifrontenkrieges befreit, trieb Israel die Siedlungspolitik in den besetzten Gebieten voran und annektierte im Juli 1980 den Ostteil Jerusalems.[204] Aus der Teilbefriedung des arabisch-israelischen Konfliktes erwuchs gleichzeitig seine erneute Verschärfung und damit eine neue politische Gelegenheit für die Sowjetunion.

Das sah man auch in Israel und malte unaufhörlich die Drohung eines sowjetischen Einflußgewinnes an die Wand der amerikanisch-israelischen Beziehungen. Zu seiner Abwehr wünschte sich Israel aber eine ganz andere Strategie. Nicht weitere Konfliktlösungen à la Camp David, die dem sowjetischen Einfluß den Boden entzogen, sondern militärische Präsenz der USA, die Moskau diesen Boden streitig machte. Israel wünschte keine «neue Beweglichkeit» Washingtons, die ihm Konzessionen abverlangte, sondern die alte militärische Eindämmungspolitik, in deren Schutz Israel seine Interessen verwirklichen konnte. Daß dieser alte Weg falsch war, wußten Carter und Vance, deswegen hatten sie ja den neuen beschritten. Er war aber nicht gangbar, ohne daß Israel mitging. Umgekehrt wünschte nicht nur Israel, sondern auch die Rechte in den USA, daß die Carter-Administration zum alten Pfad der militärischen Eindämmung Moskaus zurückfand.[205]

e) Fehler in Mittelost

Diese Rückwende wurde Carter durch die sowjetische Invasion in Afghanistan schließlich aufgezwungen. Mit der von Brzezinski bewußt an Trumans Erklärung von 1947 angelehnten Carter-Doktrin kehrte die Administration verbal und symbolisch zur Politik des militärischen Containment der Sowjetunion zurück. Wenn sie dabei auch nicht aufgeben wollte, was sie bei ihrem Regierungsantritt für richtig gehalten hatte: das aktive Engagement für konkrete Problemlösungen, so hielt sie jetzt für richtig, was sie seinerzeit hatte aufgeben wollen: die Konzentration auf den Konflikt mit der Sowjetunion und den primären Verlaß auf das Instrument militärischer Macht.

Die durch die sowjetische Invasion Afghanistans heraufgeführte Wende in der amerikanischen Sowjetunionpolitik war folgenschwer und tiefgreifend. Aber sie war nicht zwingend gewesen, erfolgte eher aus der in den USA mittlerweile vorhandenen Reaktionsbereitschaft als aus irgend einem strategischen Kalkül. Welchen Einfluß sollte die den Golf schützende Carter-Doktrin auf Moskaus Intervention in Afghanistan haben? Für Carters Reaktion waren vielmehr drei ganz andere Faktoren verantwortlich: der Umsturz im Iran, der einen Führungsverlust der USA dokumentierte; der politische Druck der – durch Israel verstärkten – Rechten in den USA, die die Nixon-Doktrin für einen Fehler gehalten hatten und seitdem auf die Renaissance des Containment drängten, vor allem im Nahen Osten; und schließlich der Einflußverlust derer, die, wie Außenminister Vance, auch angesichts des sowjetischen Gewaltaktes bei einer kühlen – und richtigen – Analyse blieben.

Der Fall des Schahs Pahlevi im Januar 1979 bot ein Paradebeispiel dafür, daß sowohl das klassische Modell der Welt als Staatenwelt wie der dazugehörige Verlaß auf militärische Macht im letzten Viertel des 20. Jahrhunderts hoffnungslos veraltet waren. Die USA hatten den Iran seit 1972 zur stärksten Militärmacht am Golf hochgerüstet, weil er als regionale Führungsmacht dort stellvertretend für Ordnung sorgen sollte. Der Iran erhielt die modernsten Waffen wie die F-16 oder den Zerstörer der Spruance-Klasse.[206] 1977 allein wurden Abkommen für die Lieferung von Waffen im Wert von 5,7 Mrd. USD getroffen, wenn sie auch nicht alle erfüllt wurden.[207]

In den USA wußte man spätestens seit dem Putsch von Mossadegh 1953, daß die Herrschaft des Schahs auf schwachen Füßen stand und durch seine Politik der raschen Industrialisierung, der ungleichen Verteilung des Öl-Reichtums und der gewaltsamen, blutigen Unterdrückung jeglicher Opposition nicht gestärkt worden war. Der Schah verband wirtschaftliche Modernisierung mit politischer Despotie; er gab mehr Geld für die Rüstung als für die Sozialpolitik aus – wenn er auch noch mehr in die Wirtschaft steckte –,[208] stützte aber sein Regime vor allem auf die Gewalt des Militärs und der Polizei. Der Iran unter dem Schah war, in anderen Worten, eine waffenstarrende Tyrannei.

Gegen sie richtete sich die Revolution. Sie war die Folge einer Politik, die sich auf die reiche Oberschicht gestützt, Militarisierung und wirtschaftliche Modernisierung des Landes ohne Rücksicht auf deren Konsequenzen für Sozialstruktur und Sozialpsychologie vorangetrieben, den Kontakt zur Bevölkerung und zu deren Religion weder gesucht noch gefunden und die Bemühung um den politischen Konsens durch die Geheimpolizei und deren Terror ersetzt hatte.

Die Vereinigten Staaten standen damit vor einem Paradefall ihres Dilemmas in der Dritten Welt: nämlich vor einem Land, das für sie aus wirtschaftlichen und strategischen Gründen außerordentlich wichtig, dessen Herrschaftssystem aber äußerst undemokratisch und daher auch äußerst instabil, von Washington aus aber nicht direkt zu reformieren war.

Trotz dieses Dilemmas, das in Vietnam schon so deutlich geworden war, waren die Vereinigten Staaten dem Iran gegenüber keineswegs machtlos gewesen. Sie hätten ihre Waffenlieferungen mit der Forderung nach innen- und sozialpolitischen Reformen, zumindest mit der nach Abschaffung der Geheimpolizei und ihres Terrors, verknüpfen können. Aber sie nützten unter Nixon und Kissinger diese «erheblichen Einflußmöglichkeiten» [209] nicht aus. Statt dessen wimmelte es im Iran von amerikanischen Regierungsvertretern und Geschäftsleuten: 1972 waren es ca. 16000, 1976 bereits 24000,[210] sichtbares Zeichen der amerikanischen Unterstützung für den Schah.

Als die Carter-Administration ihr Amt antrat, waren sich Vance und Brzezinski über die Ursachen der iranischen Instabilität weitgehend einig.[211] Aber sie stritten von Anfang an über die Therapie. Während Außenminister, Außenministerium und Botschafter darauf drängten, den Schah zu Reformen und zur Bildung einer Koalitionsregierung zu veranlassen, plädierte Brzezinski dafür, bei allem Reforminteresse vor allem den Schah zu stützen, und zwar je mehr, je krisenhafter sich die Lage zuspitzte.

Es ist mehr als zweifelhaft, ob eines der beiden Konzepte, wäre es denn konsequent durchgehalten worden, den Sturz des Schahs verhindert hätte. Dafür war es zu spät, waren die acht Jahre unter Kissinger handlungslos vertan worden. Präsident Carter aber entschied sich weder für die eine noch für die andere Therapie, so daß eine Mixtur herauskam,[212] die die Erfolgsaussichten keineswegs verbesserte. Gerade die Carter-Administration, die die Einschränkung des Handels mit konventionellen Waffen zu einem Hauptziel gemacht hatte, verkaufte dem Schah im Oktober 1977 gegen erheblichen Widerstand aus der Legislative sieben Flugzeuge vom Typ AWACS. Sie knüpfte an die Waffenlieferungen keinesfalls die Forderung nach innenpolitischen Reformen. Sie nahm keinen breiten

Kontakt zur Opposition und zur Gesellschaft in Persien auf, hofierte stattdessen den Schah. Er wurde im November 1977 nach Washington eingeladen, sein Staat von Präsident Carter beim Gegenbesuch in Teheran zu einer «Insel der Stabilität» erklärt.[213] Die schärfste Kritik am amerikanischen Beitrag zur iranischen Krise hatte der einstige stellvertretende amerikanische Außenminister George W. Ball geliefert. Weil er das Vietnam-Engagement der USA kritisch begleitet und schließlich mit seinem Rücktritt beantwortet hatte, hatte ihn Präsident Carter zu Analyse und Rat aufgefordert. Die Analyse war glänzend: Die USA sollten niemals ein Regime unterstützen, das keine konsensuale Beziehung zu seinem Volk unterhält.[214] Aber sie kam zu spät.

Andererseits ließen sich die Beziehungen mit dem neuen Regime unter Khomeini gar nicht schlecht an. Die kurzfristige Besetzung der amerikanischen Botschaft am 14. Februar 1979 ging glimpflich zu Ende. Die Massenhinrichtungen, mit denen sich das Regime Khomeini im Iran einführte, wurden in den USA – wie im Westen insgesamt – scharf verurteilt; der Senat verabschiedete am 17. Mai eigens eine Resolution dazu (S. Res. 164). Darüber hinaus aber begann der Normalisierungsprozeß relativ rasch. Die Konsularabteilung der amerikanischen Botschaft in Teheran wurde im Sommer wieder eröffnet; angesichts der sowjetischen Unterdrückung des Islam in Afghanistan machten sich auch wieder gemeinsame, anti-sowjetische Interessen bemerkbar. Ohnehin war, sieht man von der Kritik an den Massenhinrichtungen im nachrevolutionären Iran ab, der Machtwechsel in den USA relativ ruhig hingenommen worden. Der Schah war dort nie sehr beliebt gewesen, und die Aufmerksamkeit der USA wurde durch den ägyptisch-israelischen Friedensprozeß im Frühjahr 1979 und die Aufnahme diplomatischer Beziehungen mit China gefesselt.

Diese relativ ruhige Entwicklung wurde durchbrochen durch die Geiselnahme der amerikanischen Diplomaten in Teheran am 4. November 1979, mit der der Iran auf die Aufnahme des Schahs in den USA zwecks ärztlicher Behandlung reagierte. Damit begann die ‹babylonische Gefangenschaft› von 52 amerikanischen Diplomaten, die exakt 444 Tage dauern und erst wenige Minuten nach dem Amtsantritt des neuen Präsidenten Reagan beendet werden sollte.

Auch an diesem Ereignis war die Sowjetunion völlig unschuldig. Die kommunistische Tudeh-Partei war an der Revolution unbeteiligt gewesen und spielte auch danach keine Rolle. Vielmehr dokumentierte die Geiselnahme das Ausmaß der iranischen Kritik an der amerikanischen Unterstützung des Schahs; sie war ein weiterer, überspitzter und exklusiv gegen die USA gerichteter Ausbruch der Stimmungen, die der gesamten Revolution des Iran gegen den Schah zugrunde gelegen hatten.

In der politischen Öffentlichkeit der USA sah man die Geiselnahme vom November 1979 anders. Sie schien den USA und der ganzen Welt den amerikanischen Machtverlust zu demonstrieren. Ein kleiner, von postrevolutionären Unruhen geschüttelter Staat konnte es erfolgreich wagen, 52 Diplomaten der Supermacht USA ungestraft einzusperren. Weder fuhr die amerikanische Flotte auf, noch wurde der Iran aus der Welt bombardiert. Dies alles wurde erwogen, aber als erfolglos verworfen.

In der Administration, vor allem im Außenministerium, sah man sehr viel genauer, daß die Geiselnahme in Teheran nicht einen Machtverlust der USA dokumentierte, sondern erneut die Dysfunktionalität militärischer Macht bei politischen Auseinandersetzungen. Diese Macht hatte dem Schah nicht geholfen, sie würde auch den Geiseln nicht helfen. Übrig blieb lediglich eine politische Lösung, an der Außenminister Vance und sein Ministerium geduldig arbeiteten, auch der Präsident bis hin zu seiner letzten Amtshandlung. Nur zwischenzeitlich ließ er sich von seinem Sicherheitsberater Brzezinski zu einem militärischen Husarenstück verleiten, das die Geiseln zu retten versprach. Es mißlang (und zeigte dabei auch die technischen und die personellen Engpässe des amerikanischen Militärs). Außenminister Vance vollzog seinen schon vorher angekündigten Rücktritt;[215] er hatte in der nun vollends von Brzezinski dominierten Administration keine Entfaltungschance mehr. In der amerikanischen Öffentlichkeit aber hinterließ die Geiselnahme den Eindruck des amerikanischen Machtverlustes. Wie sonst war es zu erklären, daß der mit den USA verbündete Schah von Iran durch einen Geistlichen gestürzt und die amerikanische Botschaft von ein paar Hundert iranischen Studenten gestürmt werden konnten? Diese verständlichen, aber eben doch zu einfachen Perzeptionen legten den psychologischen Grund, auf dem das nächste Mißverständnis gedeihen konnte: die Bewertung der sowjetischen Intervention in Afghanistan. Sie folgte der Geiselnahme in Teheran fast auf dem Fuße, nämlich am 25. Dezember 1979.

Wenn auch auf absehbare Zeit unbekannt bleiben dürfte, was exakt Breschnew veranlaßt hat, erstmals in der Nachkriegsgeschichte mit bewaffneter Macht in ein Land der Dritten Welt einzufallen, so war von Anfang an klar, was nicht dahinter stand. Es handelte sich nicht um den Beginn einer globalen Invasion, nicht um den ersten Schritt eines ‹grand design›. Vielmehr dürfte es der Sowjetunion darum gegangen sein, einerseits die islamischen, auf Unabhängigkeit bedachten Stämme in Afghanistan niederzukämpfen, andererseits auf diese Weise zu verhindern, daß das Land seine Funktion als neutraler Puffer zu Pakistan verlieren könnte.[216] Hinzu kamen vielleicht auch Gründe der Opportunität. Die USA waren durch die Geiselnahme in Teheran abgelenkt – so bot sich der Zeitpunkt an, den seit längerem vorbereiteten Aufmarsch in einen Einmarsch zu verwandeln. Hinzu kam wohl auch, daß die Sowjets keine Rücksichten mehr nehmen zu müssen glaubten auf die guten Beziehungen zu den Vereinigten Staaten. Seit dem Frühjahr 1979 schon hatten sie signalisiert, daß sie angesichts der Verzögerungen des SALT II-Vertrages und der ständigen Kritik daran ihrerseits die Entspannungspolitik überprüfen würden. Aus dem Nahen Osten waren sie 1978 ausmanövriert worden; im Fernen Osten drohte die amerikanische «China-Karte» die ehemalige Politik des Dreiecks in eine der Umklammerung überzuführen. In Europa bereitete sich der Doppelbeschluß der NATO vor, der am 12. Dezember 1979 verabschiedet wurde und erstmals die Stationierung amerikanischer Mittelstreckenraketen in Westeuropa plante. Moskau sah sich im Winter 1979/80 einer «weltweiten anti-sowjetischen Koalition (USA, Japan, China, Naher Osten, Europa)» gegenüber – ein Alptraum, der auch auf die Afghanistan-Intervention eingewirkt haben dürfte.[217] Jedenfalls gab es für Moskau keinen Anlaß, Rücksichten walten zu lassen. Ob es auf die Invasion verzichtet hätte, wären die Beziehungen zu den USA besser gewesen,[218] bleibt fraglich.

Jedenfalls wurden diese Beziehungen erheblich verschlechtert; von Brzezinski bis Vance reichte die Einschätzung, daß die Invasion in Afghanistan eine Wasserscheide in den amerikanisch-sowjetischen Beziehungen darstellte.[219] Die Heftigkeit dieser Reaktion kam nicht nur für die Sowjetunion, sie kam auch für die Westeuropäer überraschend. Gewiß gab es Grund zur Kritik – der Einmarsch verstieß gegen das Völkerrecht und gegen die Charta der Vereinten Nationen. Gewiß gab es Anlaß zur Sorge – bei anhaltender Besetzung Afghanistans konnte die Sowjetunion direkten Druck auf Pakistan ausüben und eventuell eine Front von Osten her gegen den Iran eröffnen. Schließlich konnte sie auf diese Weise die Distanz zum Arabischen Meer verringern, wenn auch nicht unbedingt den Zugang dorthin verbessern. Als dramatisch konnten die strategischen Vorteile, die die Sowjetunion gegebenenfalls erreichen und bewahren konnte, nicht gelten. Afghanistan gehörte zwar dem Lager der Bündnisfreien an, es gehörte andererseits aber seit langem in die sowjetische Einflußzone. Die amerikanischen Erfahrungen mit Vietnam ließen bezweifeln, daß die Sowjetunion strategische Vorteile aus der Besetzung Afghanistans ziehen konnte – vielmehr waren langanhaltende Zermürbungskämpfe zu erwarten. Daß die Sowjetunion militärisch in ein Land eingefallen war, das zur Dritten Welt und darin wieder zum Lager der Bündnisfreien gehörte, spielte vor allem den Vereinigten Staaten und dem Westen einen politischen Trumpf von besonderem Wert in die Hand. Die Sowjetunion wurde von der gesamten Dritten Welt, sogar von Indien, scharf kritisiert. Hier lag ein Ansatzpunkt, von dem aus die USA das politische Defizit, das ihre Politik im Iran belastet hatte, auffüllen konnten. Die Solidarisierung mit der Kritik der Bündnisfreien vermochte die amerikanische Position im Nahen und Mittleren Osten erheblich zu stärken, konnte sogar die Beziehungen zum Iran wieder verbessern; schließlich war der Iran unter Khomeini nicht weniger anti-sowjetisch als unter dem Schah. Die sowjetfreundlichen arabischen Staaten wie Syrien und Libyen konnten der Kritik ausgesetzt werden; der sowjetische Einfluß, soweit er überhaupt im Nahen Osten vorhanden war, ließ sich mit der Kritik an Afghanistan erfolgreich zurückdrängen.

Es ist nicht einfach zu erklären, warum die Reaktion der USA auf die sowjetische Invasion Afghanistans so ganz anders ausfiel. Präsident Carter verhängte am 4. Januar 1980 ein Weizenembargo gegen Moskau; er schränkte die Exporte von Hochtechnologieprodukten sowie die Fischereirechte der Sowjetunion in amerikanischen Gewässern ein; er berief den amerikanischen Botschafter aus Moskau ab und sistierte die offiziellen bilateralen Kommissionen. Er verhängte einen Boykott amerikanischer Sportler gegenüber den Olympischen Spielen in Moskau und forderte den Senat auf, den Ratifikationsprozeß des SALT II-Vertrages bis auf weiteres zu vertagen.[220]

Präsident Carter hat diese erste Salve der Reaktionen – die zweite folgte mit der Carter-Doktrin knapp drei Wochen später – mit der Brutalität des Einmarsches, seinen möglichen strategischen Konsequenzen und damit erklärt, daß es für ihn das «ernsteste internationale Ereignis» seiner Amtszeit war.[221] Im September erst hatte Carter mühsam die Schockwirkungen der ‹Kubanischen Brigade› auf den Ratifizierungsprozeß des SALT II-Vertrages überwunden. Zu seinen Gunsten hatte er schon am 19. Dezember 1979 den Verteidigungsetat für 1981 um 5,6% erhöht. Jetzt machte die Sowjetunion mit ihrem Einmarsch in Afghanistan einen neuen dicken Strich durch eine Rechnung, die offen zu halten Carter sich so lange und aufrichtig bemüht hatte.

Daß seine persönliche Enttäuschung groß war, ist verständlich. Daß daraus ein Wendepunkt der amerikanisch-sowjetischen Beziehungen werden konnte, verlangt aber noch andere, weiterreichende Erklärungen. Zunächst gab diese Invasion ganz augenscheinlich den konservativen Kritikern in den USA recht, die die Sowjetunion – gegen die Entspannungsthese der Administrationen von Nixon bis Carter – immer schon als aggressiv und imperialistisch bezeichnet hatten. Für sie legte Moskau mit Afghanistan den Beweis sozusagen auf den Tisch. Für die Liberalen, die die Sowjetunion wegen ihrer internen Menschenrechtsverletzungen immer schon kritisiert hatten, lag die offene militärische Gewaltanwendung ebenfalls auf einer bekannten Linie. Weniger ausgesprochen, aber nicht weniger wirksam dürfte auf der ganzen Breite des politischen Spektrums der USA die Erkenntnis gewesen sein, daß die Sowjetunion in Afghanistan auch ihre politische Parität mit der Supermacht USA demonstrierte. Was bisher lediglich die USA für sich in Anspruch genommen hatten, nämlich zwecks Bewahrung von Sicherheit oder Freiheit notfalls mit militärischer Gewalt auch außerhalb ihres Allianzgebietes zu intervenieren, nahm sich nun auch die Sowjetunion heraus. Sie setzte ihren Anspruch auf

Durchsetzung und Bewahrung ihrer Interessen dem amerikanischen Anspruch auf Weltführung entgegen. Die schmerzliche Einsicht stellte sich ein, daß die USA dies nicht zu ändern vermochten. Wenn die Sowjetunion es für richtig befand, zugunsten ihrer Interessen in der Dritten Welt mit militärischer Gewalt zu intervenieren, dann konnte sie niemand daran hindern. Als prinzipieller Grundsatz, der das Verhalten der beiden Supermächte zueinander regulierte, war dies schon 1956, in der Suez-Krise anerkannt worden.[222] Politisch-praktisch hatten bisher davon lediglich die Vereinigten Staaten profitiert, vor allem in Vietnam. In Afghanistan nahm die Sowjetunion diesen Grundsatz für sich in Anspruch.

Die Intervention in Afghanistan unterstrich, was die Revolution im Iran schon gezeigt und die Geiselnahme in Teheran noch unterstrichen hatte: Die Vereinigten Staaten hatten einen Führungsverlust aufzuweisen. Im Falle Iran war er die Folge einer falschen Politik, im Falle Afghanistan die der unvermeidlichen Entwicklung der Sowjetunion zur Supermacht. Iran und Teheran waren vermeidbar gewesen, Afghanistan nicht. Eine sorgfältige Analyse hätte beide Ereignisse deutlich auseinanderhalten und unterschiedliche Lehren daraus ziehen müssen. Statt dessen wurden die beiden Enttäuschungen über den Einheitsleisten der Frustration geschlagen und mit einer Politik beantwortet, die auf beide Ereignisse falsch reagierte: der Rückkehr zum Containment. Gegenüber der Dritten Welt war sie, wie der Iran erwiesen hatte, zwecklos; gegenüber der Sowjetunion war sie, wie Afghanistan zeigte, machtlos. Dennoch wurde sie gewählt.

Das bedarf der Erklärung. Denn der eigentliche Verlust, den die USA erlitten hatten, lag im Iran, nicht in Afghanistan. Dieses Land war bestenfalls neutral, lag, realistisch gesehen, im sowjetischen Einflußbereich und war strategisch von untergeordneter Bedeutung. Der Iran hingegen war stets pro-westlich gewesen, er besaß wirtschaftlich wie strategisch außerordentlich hohen Wert. Sein Bruch mit den USA und mit dem Westen war ein realer großer Verlust. Über dessen Ursachen intensiv nachzudenken, war um so dringlicher, als sie sich auch bei den arabischen Anrainerstaaten fanden, selbst in Saudi-Arabien. Traditionale, autokratische Herrschaften führten aufgrund des Ölreichtums ihre Länder in die ökonomische Modernisierung, ohne diesen Weg durch innergesellschaftliche und verfassungspolitische Reformen abzusichern. Die Instabilität wurde verstärkt durch die großen Zahlen von Ausländern, nicht nur Europäern, sondern auch Palästinensern und Iranern, die in den Golfstaaten an der Ölproduktion mitwirkten und zum Teil mehr als die Hälfte der jeweiligen Bevölkerung ausmachten.

Daß das Problem, das zur Revolution im Iran geführt hatte, sich auf die ganze Region erstreckte, wurde in Washington zwar nicht übersehen, im wesentlichen aber doch nur von den Angehörigen des Außenministeriums erkannt.[223] Bei der Öffentlichkeit schob sich verständlicherweise das Geiseldrama in den Vordergrund, das tägliche Aufmerksamkeit erfuhr.[224] Auch Präsident Carter arbeitete bis zum letzten Amtstag daran, diese menschliche Tragödie zu einem guten Ende zu führen.

Um so ungestörter konnte Brzezinski daran gehen, die von ihm für richtig gehaltenen Konsequenzen aus dem Verlust des Iran zu ziehen und sie mit dem Vorrücken der Sowjetunion zu begründen. Da der Iran als Statthalter amerikanisch-westlicher Interessen nicht mehr existierte, war das Konzept der «Regionalen Vormächte» zusammengebrochen. Die USA mußten wieder selbst am Golf Posto fassen, und zwar militärisch. Dieser Entscheidung hatte Brzezinski schon vorgearbeitet. Er hatte während des ganzen Jahres 1979 innerhalb des von ihm geleiteten, besonders wichtigen Special Coordination Committee des National Security Council die Situation am Golf, im «arc of crisis», diskutiert und eine Reihe von Entscheidungen treffen lassen, die eine Verstärkung der amerikanischen Präsenz im Indischen Ozean und im Arabischen Meer vorsahen.[225] Seit 1977 hatte er innerhalb der Regierung für den Aufbau einer Schnellen Eingreiftruppe geworben, die vom Präsidenten in der Entscheidung PD-18 gutgeheißen wurde. Brzezinski verpaßte dieser Truppe den Namen «Rapid Deployment Force», die im März 1980 mit dem Hauptquartier in Florida offiziell eingesetzt wurde.[226] Am 28. Februar 1979 hatte Brzezinski dem Präsidenten den Aufbau eines Sicherheitssystems («Security Framework») im Nahen und Mittleren Osten vorgeschlagen, das an die Stelle der De-Militarisierung des Indischen Ozeans eine verstärkte amerikanische Präsenz und Kooperation mit anderen Staaten setzen sollte.[227]

Damit war nicht nur der Grund gelegt worden für eine stärkere Re-Militarisierung der amerikanischen Politik im Nahen und Mittleren Osten; es war auch der Filter konstruiert worden, durch den Brzezinski und der Nationale Sicherheitsrat die Revolution im Iran und vor allem dann die sowjetische Intervention in Afghanistan wahrnahmen und interpretierten. Diese Seite der Administration war also schon seit längerem darauf vorbereitet, der Sowjetunion in der Dritten Welt vermehrte amerikanische Militärmacht entgegenzusetzen; sie fühlte sich durch Afghanistan in herausragendem Maße bestätigt.

Die «Carter-Doktrin», die der Präsident in seiner Botschaft zur Lage der Nation am 23. Januar 1980 verkündete,[228] trug ganz die Handschrift dieser Gruppe. Carter bezeichnete die sowjetische Invasion als «radikalen und aggressiven neuen Schritt», dessen Folgen die «ernsteste Bedrohung des Friedens seit dem Zweiten Weltkrieg» darstellten. Er gab bekannt, daß jeder «Versuch einer auswärtigen Macht, die Kontrolle über die Region des Persischen Golfes zu erringen, als Angriff auf die vitalen Interessen der Vereinigten Staaten von Amerika angesehen und daß ein solcher Angriff mit allen notwendigen Mitteln, eingeschlossen die militärischer Gewalt, zurückgeschlagen werden würde». Der Präsident interpretierte die sowjetische Invasion als eine klare Bedrohung der Golfregion, weil die Sowjetunion bis auf 300 Meilen an den Indischen Ozean herangerückt und damit auch der für den Öltransport entscheidend wichtigen Straße von Hormuz näher gekommen war. Moskau habe damit eine strategische Position eingenommen, die eine «schwere Bedrohung» für den Öltransport darstelle.

Dieser Analyse entsprachen die amerikanischen Entscheidungen, die Carter bekanntgab. Er erwähnte die Erhöhung des Verteidigungsetats, die Verbesserung der Schnellen Eingreiftruppe und die Erweiterung der maritimen Präsenz der USA im Indischen Ozean. Er gab die Erneuerung des Hilfsvertrages mit Pakistan von 1959 bekannt und die Wiederaufnahme erweiterter militärischer und wirtschaftlicher Hilfe an dieses Land. Er versprach, die politischen und militärischen Bindungen zu anderen Staaten der Region zu verbessern und mit ihnen, wie mit anderen Staaten, ein «cooperative security framework» aufzubauen. Brzezinski hatte ihm diesen Begriff noch rasch in die Rede hineingeschrieben. 1980 erwarben die USA Stützpunktrechte in Oman (Masirah), in Somalia (Berbera), Kenia (Mombasa) und Ägypten (Ras Banas).

Besonders interessant an Carters Diagnose war, daß er nicht zwischen Iran und Afghanistan unterschied. Im Gegenteil: Er schlug beide Krisen über den gemeinsamen Leisten der Bedrohung der nationalen Sicherheit der USA im Hinblick auf ihre Ölversorgung. Damit waren nicht nur beide Krisen gleichgerichtet, sondern auch die des Iran der in Afghanistan untergeordnet und damit in den amerikanisch-sowjetischen Gegensatz in der Dritten Welt eingeordnet worden. Schon die Maßnahmen vom 4. Januar 1980 hatten sich exklusiv gegen die Sowjetunion gewandt, wobei Carter auch vor unpopulären, seine Nominierung (gegen Kennedy) und seine Wiederwahl möglicherweise gefährdenden Maßnahmen wie dem Weizenembargo und der Wiederbelebung der Wehrpflicht nicht zurückgescheut hatte.[229]

Mit der Carter-Doktrin war die Administration unter der steten Führung von Brzezinski nicht nur zurück zu Nixon und Kissinger, sondern bis zu Truman gegangen – zu einer Politik, die entschieden zu revidieren Carter angetreten war. Die Auseinandersetzung mit der Sowjetunion beherrschte die Perspektive, das militärische Instrument stand wieder an der Spitze des Mittelkataloges. In diesem – etwas anderen – Sinne brachte Afghanistan in der Tat einen Wendepunkt in der amerikanischen Weltpolitik hervor.

Freilich verlief die Politik nicht so eindeutig wie ihre Proklamation am 23. Januar 1980. In der Administration gab es Gegenstimmen, vor allem vom Außenminister, der zwar die veränderte Sicherheitslage im Nahen Osten nicht gering schätzte, sie aber nicht dramatisierte und ihr weder die Entspannungspolitik noch die Rüstungskontrolle, geschweige denn den geduldigen Problemlösungsansatz unterordnen wollte.[230] Vertreter des

Außenministeriums entwarfen im Laufe des Jahres 1980 vor dem Kongreß ein sehr viel differenzierteres Bild der Problemlage im Nahen Osten. Das durch Afghanistan geschaffene neue Sicherheitsproblem nahm darin einen gebührenden Platz ein. Ebenso beleuchtet aber wurde die störende Rolle, die der durch Camp David teils behobene, teils verschärfte Konflikt zwischen den arabischen Staaten und Israel spielte. Solange dieses Problem mit Hilfe einer Palästina-Regelung nicht gelöst war, fehlte der Schlüssel zur Befriedung der Region.[231] Die arabischen Staaten waren daher außerstande, sich offen mit den USA zu verbünden – außer Oman wagte es keiner, ihnen Basen zur Verfügung zu stellen. Der Irak lud kurz nach Verkündung der Carter-Doktrin zur Teilnahme an einer arabischen National-Charta ein, die sich eindeutig gegen die amerikanische militärische Präsenz wandte und weite, wenn auch nur offizielle, Zustimmung am Golf fand. Das ungelöste Palästina-Problem stimulierte die politische Opposition der zahlreichen Palästinenser, die in den arabischen Ölstaaten tätig waren. Sie vergrößerten deren politische Instabilität, die nach der Revolution im Iran nun auch noch zusätzlich unter den Druck der radikalen Moslems, vor allem der Schiiten, kam. Dadurch wurde die Entfernung zwischen Saudi-Arabien und dem Iran, die schon unter dem Schah-Regime sehr groß gewesen war, weiter vergrößert.

Mit der Besetzung der großen Moschee in Mekka durch radikale Moslems im November 1979 fiel erneut Licht auf die eigentlichen Probleme, die der Umsturz im Iran in der Region ausgelöst hatte. Vor allem die Wissenschaftler wiesen immer wieder den Kongreß darauf hin, daß gegen diese Gefahren am Golf, gegen die sozial-religiösen Folgen der iranischen Revolution, militärische Maßnahmen nichts ausrichten konnten.[232] Vielmehr warben sie für ein politisches Engagement der USA zugunsten der Bevölkerung, zugunsten größerer Wohlstandsgerechtigkeit und größerer Teilnahme an den politischen Entscheidungen.

Diese Forderungen in Politik umzusetzen war für die USA gewiß nicht leicht. Zunächst aber war es die richtige Forderung. Richtig vor allem war die Kritik am einseitigen Verlaß auf das Militär, die auch von den gemäßigten arabischen Ölstaaten geteilt wurde. Waffen konnten nur gegen die Sowjetunion selbst helfen, wozu die globale amerikanische Militärkapazität ausreichte. Im delikaten Krisengeflecht des Golfes hingegen konnten sie die Lage gerade der gemäßigten Staaten nur verschlechtern.[233] Der Kongreß verhielt sich denn auch vorsichtig. Er bewilligte die für die Rapid Deployment Force (RDF) beantragten Mittel nur zum Teil und beauftragte das Verteidigungsministerium, bis zum Februar 1981 eine Studie über die militärischen Erfordernisse der RDF vorzulegen.[234] Er konzentrierte die zu Verteidigungszwecken der Empfängerländer gedachten Mittel des Economic Support Fund erneut auf Israel und Ägypten, zum Teil auch auf Jordanien. Syrien wurde von der Empfängerliste gestrichen und stattdessen Oman mit einem Kredit in Höhe von 25 Mio. USD für Waffenkäufe belohnt dafür, daß das Land den USA Basen zur Verfügung stellte. Ein schwacher Versuch, die Hilfe für Israel abhängig zu machen von der Aufgabe der Besiedlungspolitik, scheiterte.[235]

Ihre relative Zurückhaltung verband die Legislative aber mit scharfer Kritik an der Sowjetunion und mit Genugtuung darüber, daß Präsident Carter mit seiner Doktrin endlich den richtigen Weg gegenüber dem Rivalen eingeschlagen hatte. Auch für den Kongreß zog die Invasion in Afghanistan den Schlußstrich unter die Entspannungspolitik, bildete sie den Auftakt zu einer neuen Phase der Auseinandersetzung zwischen den beiden Supermächten. Verstärkte Aufrüstung und die endgültige Absage an den SALT II-Vertrag war die Folge.

Zweifellos stellte die Doppelkrise im Winter 1979/1980 die Vereinigten Staaten vor eine schwierige Lage. Wenn auch die sowjetische Invasion Afghanistans ausschließlich bezweckte, die inneren Zustände in diesem Land zu verändern, so hatte sie doch auch die strategische Lage verändert. Zumindest ließ sich nicht ausschließen, daß die Sowjetunion daraus auch weitergreifenden Nutzen ziehen würde, wenngleich ihr direkter Weg zum Persischen Golf aus geographischen Gründen eher über den Iran führen würde. Als Vorsichtsmaßnahme war die Carter-Doktrin insofern eine unvermeidliche und richtige Maßnahme. Sie hätte deswegen – worauf vor allem der Außenminister bis zuletzt hinwies – weder die Absage an die Entspannungspolitik noch die an den SALT II-Vertrag erforderlich gemacht. Sie war auch kein Ersatz für Politik. Das Außenministerium machte darauf aufmerksam, daß sich aufgrund der Afghanistan-Invasion bestenfalls die subversiven Aktivitäten Moskaus am Golf verstärken würden. Die geeignete Abwehr bestand darin, die weltweite, gerade auch von den Arabern geteilte Kritik an der Invasion zu unterstützen und zu verbreiten. Damit hätte Washington Zugang zu allen arabischen Staaten und vielleicht sogar zum Iran gewinnen können. Zumindest wäre der Sowjetunion die Möglichkeit genommen worden, die amerikanische Reaktion zu weiterer Einflußnahme auf die arabischen Staaten auszunutzen. Auch wäre der Weg offen geblieben, die Gründe für das eigentliche Debakel, den Umsturz im Iran und das Ausscheiden des Landes aus dem amerikanischen Einflußbereich, näher zu analysieren und in verändertes politisches Verhalten gegenüber den Golf-Staaten umzusetzen.

Diese Möglichkeiten wurden nicht wahrgenommen, weil das Verteidigungsministerium die differenzierte Analyse des Außenministeriums nicht teilte. In der Sicht des Pentagon hatte sich die Sowjetunion mit der Invasion Afghanistans in Stand gesetzt, «vermehrten politischen und militärischen Druck in der Region des Persischen Golfes auszuüben» – ein Vorgang, der ganz auf der Linie der vom Pentagon in den letzten beiden Jahrzehnten beobachteten sowjetischen Politik lag, ihre militärische Macht in die Dritte Welt «durch Stellvertreter ... und durch die Lieferung von militärischen Ausrüstungsgegenständen auszudehen».[236] Diese Einschätzung des Pentagon war inzwischen im Kongreß und in der Öffentlichkeit weit verbreitet.[237] Abweichende Analysen, die den Einmarsch in Afghanistan als lokal begrenzten Einsatz werteten und nachzuweisen versuchten, daß die Sowjetunion, aufs Ganze gesehen, in der Dritten Welt mehr Niederlagen als Erfolge zu verzeichnen hatte, konnten sich nicht mehr durchsetzen.[238]

Afghanistan hatte in der Tat eine Wende in der amerikanischen Weltpolitik ausgelöst. Sie aus der Fixierung auf die Sowjetunion zu lösen war der Carter-Administration nur vorübergehend und im Endeffekt nicht geglückt. Darunter hatte auch der Versuch gelitten, diese Weltpolitik zugunsten der liberalen Werte von Demokratie und Menschenrechten zu aktivieren, sie zur Lösung lokaler und regionaler Probleme einzusetzen und auf diese Weise sowohl der Dritten Welt wie den amerikanischen Interessen zu nutzen. Das Verhalten der Sowjetunion in Afghanistan – wie immer es eingeschätzt werden mußte – gab denjenigen Kräften in den USA erneuten Auftrieb, die dem Versuch der Carter-Administration, den Gegensatz zur Sowjetunion getrennt zu halten von der amerikanischen Weltpolitik, von Anfang an ablehnend gegenüber gestanden hatten. Der Kampf um die Macht in der Welt gegen die Sowjetunion verband sich mit der politischen Auseinandersetzung in den USA, die 1980 langsam vom Vorwahlkampf in den Wahlkampf um die nächste Präsidentschaft überging.

4. Interessen der Außenwirtschaft

Carters ursprüngliche Sowjetunionpolitik lag ganz auf der Linie der großen außenwirtschaftlichen Interessen. Sie unterstützten seine Entspannungspolitik, die das Volumen des Osthandels zu vergrößern half, und warben im Kongreß dafür. Der Präsident fand in der Exportwirtschaft einen wichtigen und einflußreichen Partner, der ihn erst in dem Moment verließ, als der Präsident in einer abrupten Wende wirtschaftliche, vor allem landwirtschaftliche Interessen zugunsten einer symbolischen Bestrafungsgeste gegenüber der Sowjetunion opferte.

Das Verhältnis von Außenwirtschaft und Außenpolitik der USA zählt zu den interessantesten und schwierigsten Themen.[239] Nach dem schnellen und umfassenden Ausgriff der in den USA heimischen Transnationalen Korporationen in die Weltwirtschaft nahm das Interesse der amerikanischen Großwirtschaft an einer zu engen Bindung an die amerikanische Außenpolitik ab. Je geringer die Rolle der politischen Systeme in der Weltpolitik, desto größer gestaltet sich die Handlungsfreiheit potenter wirtschaftlicher Akteure. Sie waren ihrer individuellen Einstellung nach zumeist Republikaner, waren anti-kommunistisch und an der führenden Weltmachtsposition der USA gegenüber der Sowjetunion interessiert.[240] Aber sie wollten den Konflikt mit Moskau nicht bis zu dem Punkt verschärfen, von dem ab die Regierung ihm die Interessen der Wirtschaft unterordnen, die Handlungsfreiheit der ökonomischen Akteure beschneiden konnte.

Der Versuch des politischen Systems, sich mit dem Hinweis auf die sowjetische Bedrohung aus der Gesellschaft zu emanzipieren und deren Akteure zu disziplinieren, stieß gerade bei der Außenwirtschaft auf Widerstand. Er fiel ihr ideologisch nicht leicht, weil es gerade republikanische Präsidenten wie Nixon und Reagan waren, die die ‹imperiale Präsidentschaft› förderten. Mit dem Pentagon, in dem die Außenwirtschaft mit Recht den größten Widerstand vermutete,[241] war sie über die Rüstungsindustrie eng verbunden. Sie löste das Problem, indem sie auf der deklaratorisch-prinzipiellen Ebene ihre Interessen vortrug, ihre Durchsetzung aber der operativen Ebene anvertraute, wo das Geräusch erheblich leiser, die Effektivität erheblich höher war.

In dieser Lage kam ihr ein Präsident wie Carter eigentlich gelegen. Er stand wie sie den vom Handelsgesetz 1974 verhängten Beschränkungen des Osthandels[242] kritisch gegenüber, wollte diesen Handel beleben. Die Exportindustrie wurde nicht müde, die Aufhebung dieser Bestimmungen zu fordern. Der Präsident der amerikanischen Handelskammer Richard L. Lesher sagte am 10. November 1975 dem Senat, daß die amerikanische Wirtschaft «ein spezielles Interesse an der Entwicklung von Handelsbeziehungen zwischen den Vereinigten Staaten und den ... (kommunistischen) Ländern gewonnen habe. Wir glauben, daß ein zweiseitiger, langfristiger und regulärer Handel von äußerster Wichtigkeit sein wird bei der Überbrückung der Differenzen zwischen unseren Systemen. Wir werden wechselseitig von diesem Handelskontakt profitieren. Wir sind beeindruckt von den enormen Möglichkeiten bei der Entwicklung positiver Beziehungen zwischen amerikanischen Wirtschaftlern und ihren Partnern in diesen Ländern.»[243] Einen ähnlichen Standpunkt vertraten die National Association of Manufacturers, das Committee for Economic Development, der Business Council und der 1974 gegründete Business Roundtable. Man kann hier durchaus von einer geschlossenen Front der Industrie, der Landwirtschaft, des Handels und der Banken sprechen.

Die Landwirtschaft war am stärksten daran interessiert, die politischen Handelsschranken so klein wie möglich zu halten, weil sie sie nicht, wie die anderen Wirtschaftszweige, über Tochterunternehmen im Ausland unterlaufen konnte. Sie hatte denn auch durchgesetzt, daß die Regierung am 20. Oktober 1975, also knappe zehn Monate nach der Verabschiedung des Handelsgesetzes von 1974, der Sowjetunion vertraglich zusicherte, daß sie innerhalb der kommenden fünf Jahre 6 bis 8 Mio. t Getreide in den

Vereinigten Staaten jährlich einkaufen konnte. Die Vereinbarung sah zwar keine besondere Subventionierung vor; der Handel sollte zu jeweiligen Marktpreisen und «in Übereinstimmung mit den normalen Handelsbedingungen» abgewickelt werden.[244] Darin waren aber die Subventionen für die amerikanischen Farmer durchaus enthalten; soweit die amerikanischen Frachtraten – das interessierte die Gewerkschaften – den Weltmarktpreis überstiegen, standen der Sowjetunion amerikanische Kredite zur Verfügung.[245] Am gleichen Tag wurde ein amerikanisch-sowjetisches Abkommen vereinbart, demnach die Sowjetunion in den kommenden fünf Jahren jeweils 10 Mio. t Rohöl und Ölprodukte in die Vereinigten Staaten liefern würde, und zwar zu Preisen, die «den Interessen sowohl der Regierung der Vereinigten Staaten wie der der Sowjetunion» entsprachen[246] – auch dies ein klares Gegenstück zu den beschränkenden Amendments des Trade Act. Sie wurden also durchaus umgangen, und zwar dann, wenn amerikanische Wirtschaftsinteressen zur Diskussion standen, die auf keine andere Weise befriedigt werden konnten.

Auf der handelspraktischen Ebene sah es also bei weitem nicht so rigide aus wie im Wortlaut des Gesetzes. Vor allem die Landwirtschaft war gut bedient worden. Ihre Exporte in die Sowjetunion beliefen sich 1976 auf 1,358 Mrd. USD, 1978 auf 1,44 Mrd. USD – d. h. auf jeweils zwei Drittel des Gesamtexportvolumens der Vereinigten Staaten in die Sowjetunion.

Aber auch die Exporte von Fertigwaren hatten zugenommen, wenn auch deren Gesamtumfang gering blieb. Das galt für den Handel mit den kommunistischen Staaten in Osteuropa und mit der Sowjetunion generell: Die amerikanischen Exporte dorthin nahmen nur einen geringen Anteil – maximal 3,5% – an den amerikanischen Gesamtexporten ein, der Anteil der Importe aus dieser Region stagnierte bei einem Prozent. Allerdings fiel die amerikanische Handelsbilanz gegenüber der Sowjetunion und Osteuropa stets drastisch positiv aus,[247] was in einer Zeit, in der die allgemeine Handelsbilanz der USA ebenso drastisch defizitär war, nur willkommen sein konnte.

In dieser Situation, die durch einen fallenden Dollar nur ungünstig beleuchtet, aber nicht korrigiert wurde, war es nur zu verständlich, daß die Exportwirtschaft auf eine weitere Befreiung von außenpolitischen Auflagen drängte und die Administration diesen Anforderungen prinzipiell positiv gegenüberstand. Die Industrie kämpfte unentwegt – wenn auch nicht besonders intensiv – gegen das Jackson-Vanik-Amendment; das Emergency Committee for American Trade (ECAT) sagte noch im November 1979 der Carter-Administration volle Unterstützung zu, falls sie die Aufhebung dieses Amendments fordern sollte.[248] Gerade die Vertreter der Agrarindustrie haben immer wieder auf die Rücknahme des Jackson-Vanik-Amendments gedrängt[249] und darauf hingewiesen, daß es der amerikanischen Außenpolitik nicht erlaubt werden dürfte, «die wirtschaftliche Zukunft der amerikanischen Farmer zu gefährden».[250]

War das Interesse der betroffenen landwirtschaftlichen Industrie also groß, so war ihr Einfluß nicht groß genug. Bei der Verabschiedung des Agricultural Trade Act von 1978 scheiterte ein einschlägiger Vorstoß im Repräsentantenhaus, der Sowjetunion und anderen osteuropäischen Staaten Kredite der Commodity Credit Corporation (CCC) zugänglich zu machen. Der Abgeordnete Vanik wies darauf hin, daß mit einer solchen Ausnahme das Ende der nach ihm und Jackson benannten Politik eingeläutet werden würde.[251]

In der Praxis aber wurden die landwirtschaftlichen Exporte in die Sowjetunion immer mehr gesteigert. Am 1. August 1979 bewilligten die Vereinigten Staaten Moskau den Kauf von weiteren 2 Mio. t Weizen, um sowjetische Ernteausfälle auszugleichen. Damit erhöhte sich der Getreideexport für 1979 auf 17 Mio. t, mehr als das Doppelte dessen, was im Abkommen von 1975 verabredet worden war. Zwar wurden bis zum 30. September 1979 nur 15,7 Mio. t ausgeliefert; am 1. Oktober 1979 aber stimmte das amerikanische Landwirtschaftsministerium für das kommende Jahr einer weiteren Erhöhung der Lieferung von Getreide auf 25 Mio. t zu.

Der für die Landwirtschaft gefundene Ausweg über die Handelspraxis ließ sich allerdings nicht auf das Gebiet der industriellen Exporte übertragen. Zwar drängte auch hier die Wirtschaft, aber nicht so stark, weil sie über ihre westeuropäischen Tochterunternehmen genügend Handlungsfreiheit besaß. Hinzu kam, daß industrielle Fertigwaren und Technologien – wenigstens einige von ihnen – militärische Bedeutung besaßen und damit die feindselige Politik der Sowjetunion unterstützen konnten. Sie fielen aus diesem Grunde unter administrative Restriktionen und unter das Verdikt einer in der zweiten Hälfte der siebziger Jahre zunehmend kritischer werdenden Öffentlichkeit.[252] Finanzminister Simon bemühte sich, die Kritik zu zerstreuen, indem er auf den Nutzen des Handelsaustausches mit den kommunistischen Ländern und darauf hinwies, daß durch die Kontrollen des Export Administration Review Board der Export jeglichen sensitiven Produktes ausgeschlossen sei.[253] Eine vom Verteidigungsministerium eingesetzte Arbeitsgruppe unter dem Präsidenten von Texas Instruments, J. Fred Bucy, hatte 1976 vorgeschlagen, weniger den Export von Endprodukten als vielmehr den von Plänen und technologischem Know-how zu kontrollieren, weil darin der eigentliche Profit für den Empfänger lag.[254] Auf dieses Kriterium sollte auch das alliierte Coordinating Committee for Export Controls (COCOM) verpflichtet werden.

An diesem Vorschlag orientierte Präsident Carter seinen Bericht an den Congress vom Dezember 1978.[255] Er hoffte, damit einen brauchbaren Kompromiß gefunden zu haben zwischen den Interessen der Industrie und ihrer Unterstützung durch Außenminister Vance und Finanzminister Simon einerseits, den sehr viel kritischeren Einstellungen des Verteidigungsministers Brown und des Nationalen Sicherheitsberaters Brzezinski andererseits. Aber es gelang nicht: Der Sturm der Kritik an den sowjetischen Prozessen gegen Schtscharansky und Ginsburg veranlaßte den Präsidenten, sowohl den Verkauf eines Sperry Rand Computers an die sowjetische Nachrichtenagentur TASS zu untersagen wie eine ganze Reihe von Ölbohrgeräten und die dazu gehörige Technologie den Einschränkungen des Exportkontroll-Gesetzes unterzuordnen.[256]

Allerdings wollte Carter nach wie vor kein gesamtpolitisches Konzept daraus machen;[257] er wollte die kooperative Struktur der Beziehungen zur Sowjetunion nicht gefährden, und er wußte sehr wohl, daß ein amerikanischer Exportverzicht sehr rasch durch die europäischen Verbündeten ausgeglichen werden konnte – was auch geschah. Im September bewilligte Präsident Carter dann doch die Lieferung von Ölbohrausrüstungen der Firma Dresser an die Sowjetunion. 1979 erreichte der amerikanische Export von Maschinen zur Gewinnung von Erdöl und Erdgas mit einem Umfang von 164,1 Mio. USD einen einsamen Höhepunkt seit 1972.[258]

Gesamtwirtschaftlich konnte das nur willkommen sein. Als Folge verstärkter Importe hatte sich die amerikanische Leistungsbilanz verschlechtert; sie fiel 1977 um fast 20 Mrd. USD, von einem Überschuß von 4,3 auf ein Defizit von 15,3 Mrd., das sich 1978 noch einmal um fast 2 Mrd. erhöhte.[259] Im gleichen Zeitraum setzte, in zwei Schüben, ein rapider Verfall des Außenwertes des Dollars ein, der allein in den sechs Monaten vom September 1977 bis März 1978 8,7% im gewogenen Durchschnitt ausmachte. Konnte dieser Verfall noch als Korrektur der externen Ungleichgewichte angesehen werden, so wurde der zweite Schub, vom Juni bis zum Oktober 1978, vornehmlich durch die hohe amerikanische Inflationsrate bedingt.[260] Die USA hatten also allen Anlaß, die Lage an ihrer außenwirtschaftlichen Flanke zu verbessern.

Am 24. Oktober 1978 gab Präsident Carter ein umfassendes Anti-Inflationsprogramm bekannt, das das Haushaltsdefizit verringern sollte – Carter hatte es schon von 66 Mrd., 1976, auf 40 Mrd. USD, 1979, heruntergebracht –, die Beschäftigung erhöhen und durch die Beseitigung unnötiger Einschränkungen die Exportwirtschaft ankurbeln sollte.[261] Eine Woche später erfolgte ein Stabilisierungsprogramm für den Dollar, unter anderem durch Anhebung des Diskontsatzes um 1% und die Bereitstellung von 30 Mrd. USD zur Intervention an den Devisenmärkten.[262]

Zu dem für die Außenpolitik besonders sensitiven Gebiet der Exportförderung hatte sich Präsident Carter schon sechs Wochen zuvor gemeldet. Er hatte am 11. April 1978 die Handelsministerin Kreps aufgefordert, eine Arbeitsgruppe zum Thema Exportförderung einzusetzen; gestützt auf deren Empfehlungen, legte der Präsident am 27. September 1978 sein Exportförderungsprogramm vor.[263] Es sah im wesentlichen Hilfe für die amerikanischen Exporteure, sowie die Beseitigung inneramerikanischer und ausländischer Exportbarrieren vor. Unter ihnen nannte der Präsident auch Auflagen, die der amerikanischen Außenpolitik dienen sollten. Er wies das Handels-, Außen-, Verteidigungs- und Landwirtschaftsministerium an, beim Einsatz von Exportkontrollen zu Zwecken der auswärtigen Politik die «Konsequenzen für den Export voll in Betracht zu ziehen».[264] Vor allem sollte berücksichtigt werden, ob die von solchen Auflagen betroffenen Güter von anderen Ländern geliefert werden könnten.

Dieser «bedeutende Richtungswandel der Administration»[265] reagierte auf die vom Kongreß verstärkten Klagen der amerikanischen Exportwirtschaft über die von der Regierung aus politischen Gründen verhängten Einschränkungen. Carter hatte sie für seine Menschenrechtspolitik, Brzezinski für seine Sowjetunionpolitik verstärkt eingesetzt. Jetzt rückte die Exportförderung wieder in den Vordergrund, wovon auch der Osthandel profitierte. Das Volumen des Handels mit der Sowjetunion verdoppelte sich; der amerikanische Export in die Sowjetunion stieg 1978 um rund ein Drittel, von 2,25 Mrd. auf 3,6 Mrd. USD.[266] Die Exportindustrie nahm ganz offensichtlich wahr, daß die außenpolitischen Ziele der USA wieder hinter die Interessen der Wirtschaft zurücktraten.[267] Unmittelbar nach Carters neuer Verordnung zog das Außenministerium seinen Einspruch gegen die Lieferung von Turbinen an Argentinien zurück, angeblich, weil sich dort die Lage der Menschenrechte verbessert hatte.[268]

Was für die Außenpolitik galt, galt nicht für die Sicherheitspolitik. Im Bereich der Sicherheit, der sich gegen die Sowjetunion richtete, blieben die Exportkontrollen bestehen. Dafür warben das Verteidigungsministerium und der Nationale Sicherheitsrat. Daß der Kongreß dem Werben nachzugeben begann, läßt sich nur mit der konservativen Welle jener Periode erklären. Natürlich hatte die Legislative stets die Sicherheitsinteressen der USA berücksichtigt, sie ordnete aber die wirtschaftlichen nicht weniger hoch an. Sie hatte sich bei der erneuten Verlängerung des Export Administration Act im Mai 1977[269] ein Veto vorbehalten, falls die Regierung den Export von Agrarprodukten aus außenpolitischen Gründen einschränken wollte.

Ein Jahr später, beim Agricultural Trade Act von 1978, nahm dann der Kongreß Osteuropa von der Krediterleichterung aus. Bei der großen Neuregelung der Exportpolitik durch den Export Administration Act von 1979[270] gab der Kongreß dem Präsidenten die Möglichkeit, die Exporte aus Gründen der nationalen Sicherheit einzuschränken. Das Interesse an der Exportförderung wurde jetzt eindeutig dem an der Gewährleistung der nationalen Sicherheit untergeordnet, das nur dann zurücktreten sollte, wenn die entsprechenden Produkte vom Ausland geliefert werden konnten.

Der Präsident wurde zwei weiteren Einschränkungen unterworfen. Er sollte die Außenwirtschaft nicht benutzen können, um die Beziehungen zur Sowjetunion zu verbessern; er sollte andererseits Exportbeschränkungen nicht einsetzen dürfen, um damit auf das Verhalten anderer Staaten einzuwirken. Beide Einschränkungen richten sich gegen die ursprüngliche Carter-Politik, die die Außenwirtschaft für die Durchsetzung der Menschenrechte und für die Verbesserung der Beziehungen zur Sowjetunion benutzt hatte. Der Kongreß gab damit einmal den Interessen der Wirtschaft, zum anderen denen der konservativen Koalition um das Jackson-Vanik-Amendment nach.

Das ging nicht bruchlos ab. Der sowjetische Markt war für die amerikanische Wirtschaft zunehmend interessanter geworden.[271] Die sicherheitspolitische Sensitivität eines Produkts ließ sich weder leicht noch eindeutig feststellen, die Möglichkeit Moskaus, sich von anderen Lieferanten versorgen zu lassen, war bekannt. Hinzu kam die unterschiedliche Behandlung der Landwirtschaft und der Industrie beim Export ihrer Produkte in die Sowjetunion. Der Agrarexport wurde gefördert, obwohl er es dem Gegner erleichterte, seine größten Versorgungsdefizite zu beseitigen, ohne dafür aus der Rüstungsproduktion Kapazitäten abziehen zu müssen. Eine konsequente Konfliktpolitik hätte weder das eine noch das andere zugelassen; eine konsequente Entspannungspolitik hätte beides befürwortet und lediglich die Ausfuhr sensitiver Militärtechnologien verhindert. Indem der Kongreß eine Mischung dieser beiden Politiken anwandte, ließ er erkennen, daß seine Hand nicht nur von außenpolitischen Erwägungen, sondern auch von innenpolitischen Rücksichten geführt wurde.

Die amerikanische Landwirtschaft besaß großen Einfluß in der Legislative, der noch dadurch unterstrichen wurde, daß ihre außenpolitische Haltung einwandfrei konservativ und anti-sowjetisch war. Die Industrie hingegen hatte ihre Exportinteressen in der ersten Hälfte der siebziger Jahre stark mit der Entspannungspolitik verknüpft und wurde daher von deren Rückbildung direkt betroffen. Sie machte sich Sorgen darüber, daß ein Zusammenbruch der Entspannungspolitik ihre politische Position beschädigen und daß der Vorwurf erhoben werden könnte, sie nütze durch den Export von Hochtechnologie direkt dem außenpolitischen Gegner. Aus diesen Gründen hielt sie sich mit der Werbung um eine Exporterleichterung gegenüber der Sowjetunion zurück, zumal sie sich selbst nicht darüber im klaren war, welche politische Position richtig war.[272] So ließ sie die gesetzlichen Regelungen hingehen, schaltete sich, wie beispielsweise der Business Roundtable, lediglich bei den gegen die arabischen Staaten gerichteten Anti-Boykott-Vorschriften des Exportverwaltungsgesetzes ein[273] und gab sich pragmatisch mit Situationen zufrieden, in denen ihre Ostexporte ungeachtet der restriktiven gesetzlichen Regelungen anstiegen.

De facto wenigstens befand sich die amerikanische Industrie (wie die Landwirtschaft) auf dem vom liberalen Flügel der Carter-Administration befürworteten Kurs, der der Sowjetunion in ihrem Expansionismus entgegentreten, aber die Beziehungen zu ihr aufrechterhalten wollte. Diese Haltung wurde der Industrie dadurch erleichtert, daß sich ihr im Geschäft mit China aufgrund der Politik Brzezinskis Exportmöglichkeiten auftaten, die mögliche Einschränkungen in Richtung der Sowjetunion wettmachen konnten. Die Administration hatte im Herbst 1979 ein Handelsabkommen mit China geschlossen und den Kongreß zur Aussetzung der Jackson-Vanik-Beschränkungen gegenüber Peking aufgefordert.[274] Sie fielen am 24. Januar 1980 – zehn Tage, nachdem der amerikanische Verteidigungsminister Brown von einem ersten Besuch in China zurückgekehrt war. Im April und im Juli 1980 liberalisierte das Außenministerium den Verkauf von para-militärischem Gerät an China.[275]

Die Carter-Administration brauchte also bei ihrer Sowjetunionpolitik keine besondere Rücksicht auf die amerikanischen Wirtschaftsinteressen zu nehmen. In der ersten Hälfte der Amtszeit entsprachen sich beide, in der zweiten schlug die von der konservativen Koalition im Kongreß geforderte und vom Präsidenten vollzogene Verhärtung der Beziehungen nicht auf die Wirtschaft durch. Die Exportwirtschaft ordnete sich der Sowjetunionpolitik Carters beinahe geräuschlos ein. Daraus ließ sich allerdings nicht schließen, daß sie jeden Schwenk der Carterschen Sowjetunionpolitik mitmachen und zu deren Gunsten auch eine drastische Einschränkung ihrer Gewinnmöglichkeiten hinnehmen würde. Das galt vor allem für die Landwirtschaft, deren Wohlstand zu einem großen Teil von den Exporten in die Sowjetunion abhängig war. Fraglich war demzufolge auch, ob der Kongreß eine solche Politik mittragen werde.

Dennoch griff Carter ausgerechnet zu wirtschaftlichen Sanktionen, um die Sowjetunion für ihre Invasion Afghanistans zu bestrafen. Er unterband den Verkauf von Hochtechnologieausrüstungen an Moskau und beschränkte die sowjetischen Fischereirechte in amerikanischen Gewässern. Seine Hauptwaffe bildete das Verbot aller Weizenverkäufe über die vertraglich vereinbarte Menge von 8 Mio. t jährlich. Das konnte zwar als sachlich richtig erscheinen, weil unter allen wirtschaftlichen Maßnahmen das Weizenembargo die Sowjetunion am empfindlichsten traf. Im Hinblick auf die Interessen der Landwirtschaft und auf die Stimmung im Kongreß aber war es eine Fehlentscheidung. Die Legislative begrüßte zwar die entschlossene Haltung des Präsidenten. Die Konservativen hätten jedoch einen Verzicht auf den SALT II-Vertrag – dessen Ratifizierung Carter nur verschob – sehr viel lieber gesehen als die Beeinträchtigung der landwirtschaftlichen Interessen. Die Farmer selbst reagierten ganz negativ, ließen sich von den in Aussicht gestellten Entschädigungen und staatlichen Ersatzkäufen nicht beruhigen. Auf diese erwartbare Reaktion war Carter von seinem Stab, insbesondere auch von Vizepräsident Mondale vergeblich aufmerksam gemacht worden, zumal die Vorwahlen für die Nominierung zum demokratischen Präsidentschaftskandidaten in Iowa unmittelbar bevorstanden.[276] Carters Kandidatur für eine zweite Amtsperiode erhielt denn auch in dem agrarischen Mittleren Westen eine erste entscheidende Blessur.

Carter mißverstand aber auch den Kongreß. Dessen Unterstützung, deren sich die Regierung rühmte,[277] war durchaus differenziert. Der Kongreß war in der Kunst geübt, auseinanderstrebenden Interessen Rechnung zu tragen – eine unentbehrliche Strategie für eine Legislative, die ihre Information über Umfeldanforderungen auch aus den zahlreichen und starken Interessengruppen in der amerikanischen Gesellschaft bezieht. Die Legislative erwies sich hierin als sehr viel geschickter als die Exekutive.

Die Legislative war bereit, wirtschaftliche Interessen hinter solchen an der nationalen Sicherheit zurücktreten zu lassen, aber eben nicht hinter allgemeine außenpolitische Ziele, die diesen Bezug nicht aufwiesen. Im Exportverwaltungsgesetz von 1979 war diese Unterscheidung deutlich hervorgetreten. Am 28. September 1980 verabschiedete der Senat als Zusatz zu einem allgemeinen Regierungsetat die Aufhebung des Weizenembargos.[278] Der Vorstoß scheiterte am Repräsentantenhaus, aber er zeigte, daß der zweiten Kammer der Legislative die präsidentielle Mißachtung der landwirtschaftlichen Interessen viel zu weit ging. Wenn die militärische Sicherheit und Stärke der USA berührt war, eilte der Kongreß in der zweiten Hälfte der Carter-Administration dem Präsidenten weit voraus; fehlte dieses Kriterium, so blieb die Legislative bei einem flexiblen Pragmatismus, für den wirtschaftliche Interessen keineswegs eine quantité négligeable, sondern einen wichtigen Orientierungspunkt der Außenpolitik bildeten.

Für den Kongreß war Afghanistan weniger ein Problem der Sicherheits- als der Außenpolitik, der die wirtschaftlichen Interessen gerade nicht geopfert werden sollten. In den Augen seiner Kritiker schoß Carter mit den wirtschaftlichen Sanktionen genauso weit über das richtige Maß hinaus, wie er zuvor mit seiner Entspannungspolitik hinter ihm zurückgeblieben war. Noch wichtiger war, daß sich Carter mit diesen Sanktionen auch die Unterstützung durch die Wirtschaft nahm. Sie hatte seine bisherige pragmatische Politik mitgetragen und mit Konsens honoriert, daß er noch in den Wirren um die Kubanische Brigade und trotz der Bedrängnis, in die der SALT II-Vertrag geraten war, den Umfang der amerikanischen Weizenlieferungen in die Sowjetunion aufgestockt hatte. Um so mehr verdroß er jetzt die Landwirtschaft, der er mit den Maßnahmen vom 4. Januar 1980 die Last seiner Sowjetunionpolitik aufbürdete. Sie versagte ihm fortan ihre Zustimmung, so daß Carter einen starken Pfeiler des gesellschaftlichen Konsenses verlor.

5. Forderungen an die Sozialpolitik

Carter mußte seine Sowjetunionpolitik auch in Einklang bringen mit den Anforderungen anderer großer gesellschaftlicher Gruppen, die, wie die Gewerkschaften und die Urban Coalition, seinen Wahlkampf massiv unterstützt hatten. Das war eine fiskalpolitische, aber auch eine außenpolitische Aufgabe. Gerade diese Gruppen warteten auf den Vietnam-Bonus, auf die Umverteilung der staatlichen Wertzuweisungen zugunsten ihrer langgehegten sozialpolitischen Wünsche. Sie standen nicht sämtlich und nicht notwendigerweise in Wettbewerb mit dem Ziel nationaler Sicherheit, gehörten also nicht alle in jenen Einzugsbereich der ‹internationalisierenden Politik›, der von der Auseinandersetzung mit der Sowjetunion gebildet wurde. Die Verbesserung der Sozialversicherungsleistungen wie die der Sozialfürsorge und des Armutsprogramms hingegen waren darauf angewiesen, daß das Budget entsprechende Beiträge zur Verfügung stellen konnte. Ein demokratischer Präsident, der die Auseinandersetzung mit der Sowjetunion tiefer hängen, sie mehr den Menschenrechten als der Macht widmen wollte, konnte der Sozialpolitik mehr Aufmerksamkeit zukommen lassen als seine Vorgänger, die der Außenpolitik den Primat zumaßen. Zwar hatten sich in der Administration Nixon die von Johnson eingeleiteten Reformen der Großen Gesellschaft finanziell voll ausgewirkt, hatten die steigenden Sozialausgaben die abnehmenden Verteidigungsaufwendungen 1971 eingeholt und in den Folgejahren spürbar überschritten. In der Arbeitsgesetzgebung aber, in der Armutsbekämpfung und in der sozialen Gleichstellung der Schwarzen waren zahlreiche Wünsche übriggeblieben, die jetzt sofort an die Carter-Administration gerichtet wurden.

Woher sollte das Geld dafür kommen? Darauf hatte Präsident Johnson 1964 eine aufschlußreiche Antwort gegeben, indem er die Hälfte aus dem Verteidigungsetat nahm.[279] Von Anfang an war damit ein Wettbewerb zwischen den Ausgaben für die Verteidigung und denen für die Sozialpolitik eingeleitet worden, der die sich daran anschließende innenpolitische Auseinandersetzung in den USA bis in die achtziger Jahre bestimmte. Zwar gerieten Verteidigung und Sozialpolitik nicht zu Alternativen. Die USA waren und sind reich genug, sich beides leisten zu können. Wenn aber die Staatseinnahmen nicht durch Steuererhöhungen vermehrt – und der Geldwert nicht durch Inflation verringert – werden sollten, mußten ordnungspolitischen Veränderungen auch Umschichtungen im Haushalt folgen. 1969 gaben die Vereinigten Staaten für den gesamten Verteidigungsbereich 80,2 und 1975 86,5 Mrd. USD aus. Für die Einkommenssicherung hingegen wurden 1969 37,2 und 1975 bereits 108,6 Mrd., zwei Jahre später 137,1 Mrd. USD ausgegeben.[280] Auch die Gesundheitsfürsorge – um noch einen weiteren Bereich zu nennen – nahm beträchtlich zu, von 11,7 Mrd. USD 1969 auf 27,6 Mrd. 1975, also fast um das Dreifache. Dabei ist zu beachten, daß rund 40% des Verteidigungsbudgets für Personalausgaben verwandt wurden und von dem verbleibenden Betrag fast die Hälfte für Erhaltung und Reparaturen. Während die Ausgaben für Forschung und Entwicklung von 1969 bis 1975 sehr wohl weiter gesteigert wurden, und zwar um 19%, nahmen die für die Beschaffung neuer Waffen um 32% ab.[281]

Es konnte also so aussehen, als würde die von Johnson eingeleitete Sozialpolitik die USA vor die klassische Frage stellen, ob sie mehr Kanonen oder mehr Butter anschaffen wollten. Zumindest war klar, daß eine Abhängigkeit bestand zwischen den Aufwendungen für die Sozialpolitik und denen für die Verteidigung, die sich fast wie ein Null-Summenspiel ausnahm: Was die eine verlor, konnte die andere hinzugewinnen. Von konservativen Kritikern wurde deutlich registriert, daß sich hierin eine doppelte Veränderung im Herrschaftssystem der USA vollzog. Nicht nur gewann die Bundesregierung eine sehr viel größere Kompetenz, als sie sie je besessen hatte; sie nützte sie auch aus, um die Ausgaben des Bundes stärker auf sozialpolitische Dienstleistungen als auf die Verteidigung zu lenken. Die Kritik fand es besonders erstaunlich, «daß solch ein fundamentaler Wandel von den bei der Gründung der Republik vorherrschenden Konzepten hin zum «Dienstleistungsstaat» oder «Wohlfahrtsstaat» hatte stattfinden können, ohne daß die Verfassung verändert wurde».[282]

In der Diskussion um die «nationalen Prioritäten» war eine solche Perspektive durchaus sichtbar geworden. 1970 hatte das Joint Economic Committee des amerikanischen Kongresses die zweite Serie von Anhörungen über die Frage begonnen, wie angesichts des Vietnam-Krieges einerseits, steigender innenpolitischer Bedürfnisse nach Beseitigung der Rassendiskriminierung, der Wohnungsnot, der Luft- und Wasserverschmutzung andererseits, die staatlichen Mittel verteilt werden sollten.[283] Das galt vor allem für den zu erwartenden «Vietnam-Bonus», also für die aus dem zu Ende gehenden Vietnam-Krieg frei werdenden Gelder. Sollten sie, wie das Rüstungsindustrie und Militär wollten, zur Modernisierung der amerikanischen Rüstung[284] oder vielleicht besser eben für diese innenpolitischen Zwecke verwendet werden, unter denen vor allem der sozialpolitische Regelungsbedarf durch die Rassenunruhen der sechziger Jahre drastisch unterstrichen worden war? Dafür setzte sich die National Urban Coalition ein, deren «Counterbudget» für die Jahre 1971 bis 1976 eine Kürzung des Verteidigungsbudgets um 24 Mrd. USD vorsah.[285] Demgegenüber sollten in der gleichen Zeitspanne von 1971 bis 1976 die Ausgaben für die Gesundheitsfürsorge um 51 Mrd. USD steigen. In den Augen der National Urban Coalition war die «erste Priorität sicherzustellen, daß jeder Amerikaner die Grundbedürfnisse des Lebens befriedigen» konnte.[286]

Es stand also für Carter mehr zur Diskussion als lediglich eine Aufbesserung der Sozialpolitik. Es ging seit dieser Auseinandersetzung in der Wende der sechziger zu den siebziger Jahren um die grundlegende Frage, ob für das politische System der USA wie bisher die Verteidigungs- und die Außenpolitik im Vordergrund der Aufmerksamkeit (und der Ausgaben) stehen sollte oder die Anhebung des Lebensstandards aller Amerikaner, vor allem derjenigen, die bisher auf der Schattenseite materieller Existenz standen. Je nachdem, wie diese Alternative entschieden werden würde, würden im politischen System der USA auf Bundesebene weiterhin wie bisher die Sicherheitseliten und das Verteidigungsministerium den Ton angeben oder aber eben die mehr am innergesellschaftlichen Fortschritt interessierten Eliten und die Ministerien für Arbeit bzw. Erziehung und Gesundheit.

Diese innenpolitische Seite der amerikanischen Sowjetunionpolitik darf weder überbewertet noch übersehen werden. Die Auseinandersetzung mit der Sowjetunion verlangte außenpolitisch wie budgetpolitisch ihr Recht, daran zweifelte niemand. Zur Diskussion stand vielmehr, ob nicht auch die innenpolitischen Bedürfnisse der Vereinigten Staaten angesichts der unbezweifelbaren Notlage fast eines Drittels der amerikanischen Bevölkerung mehr Aufmerksamkeit erfahren sollten als bisher. Dies zu bejahen war Präsident Johnsons Vorschlag, den er mit vertretbaren Kürzungen des Militäretats verwirklichte. Zwar setzte er dann, indem er den Vietnam-Krieg aktivierte, ein ganz anderes, in der Tradition der USA seit 1945 liegendes Zeichen. Der von ihm eingeleitete Korrekturprozeß aber entwickelte, nicht zuletzt infolge des Vietnam-Krieges, eine Eigendynamik, die zumindest im amerikanischen Haushalt eine Prioritätenumkehr durchsetzte. Das Verteidigungsbudget blieb groß und wurde vergrößert; aber es war nicht mehr der einzige und größte Empfänger von Haushaltsmitteln. Sie flossen in den siebziger Jahren dem sozialpolitischen Bereich im weitesten Sinne zu. Wurde also die Verteidigungsfähigkeit in keiner Weise beschädigt, so standen die ordnungspolitischen Prioritäten zur Disposition, mit ihnen die Macht- und Einflußpositionen der jeweiligen Eliten. Die einen kämpften darum, diese Positionen mit der Wiederherstellung der Priorität der Verteidigungspolitik zu bewahren, jedenfalls nicht weiter zu verlieren. Die anderen waren daran interessiert, ihrerseits in diese Positionen einzurücken bzw. sie auszuweiten. Auf diese Weise verband sich die Auseinandersetzung mit der Sowjetunion mit der um die Ordnungs- und Innenpolitik der USA. Nimmt man die Ausgaben für Verteidigung und Soziales als Indikator, so gibt die nachstehende Tabelle 3 die Entstehung, den Verlauf und die Wende dieser Konkurrenz deutlich wieder.

Jimmy Carter fand also eine höchst gespannte Situation vor, in der die Liberalen die sozialpolitische Wende weiter vorantreiben, die Konservativen sie zugunsten der Verteidigung rückgängig machen wollten. Der

Tabelle 3 Anteile der Verteidigungs- und der Sozialausgaben am Budget der USA

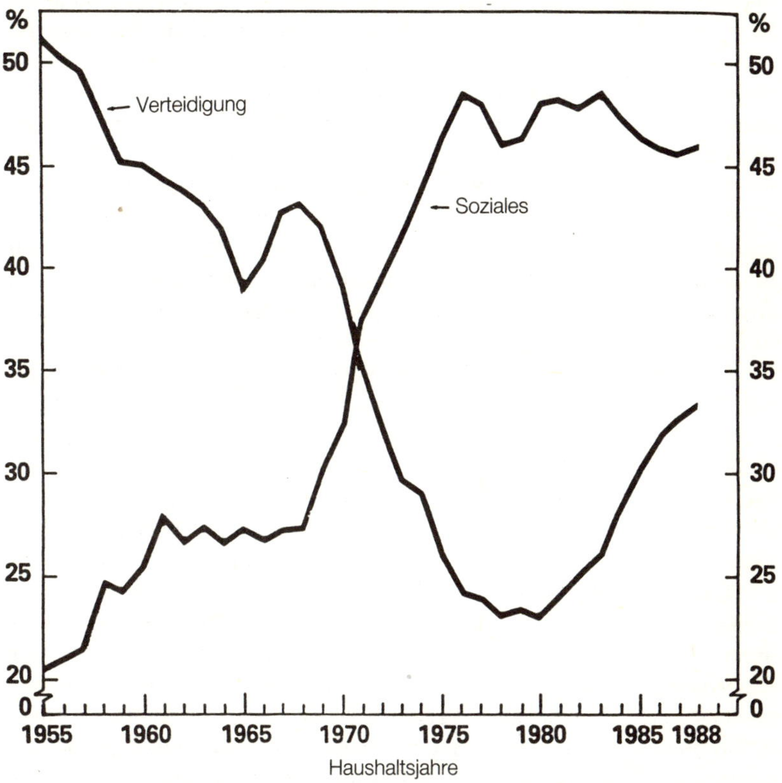

Quelle: United States Congress 98/1, Committee on Armed Services, Senate: Department of Defense Authorization for Appropriations for Fiscal Year 1984, Part 1, Washington, D. C. 1983. Statement Verteidigungsminister Weinberger, S. 19.

Konflikt war besonders scharf, weil eine Reform der Sozialpolitik aus Kostengründen unvermeidbar war. Der Präsident mußte handeln. Carter war ein eher gemäßigt konservativer, keinesfalls ein ‹liberaler› Demokrat. Er erfüllte in der Arbeitsgesetzgebung einige – nicht alle – Wünsche der Gewerkschaften, trat bei der Sozialversicherung und bei der Sozialfürsorge auf die Bremse und gab mit alledem zu erkennen, daß er nicht Johnsons Spuren folgen, sondern eher den Reaganschen Kürzungen den Weg bereiten würde.

Zunächst kam den gewerkschaftlichen Wünschen die Rezession der Jahre 1975 und 1976 zugute. Carter verband eine beachtliche Steuersenkung mit einer symbolischen Senkung des Verteidigungsetats und einem öffentlichen Arbeitsbeschaffungsprogramm.[287] Auch die Anhebung der Mindestlöhne 1977 erfolgte im Sinne der AFL-CIO.[288] 4,5 Mio. Arbeiter der untersten Lohngruppen erhielten vom 1. Januar 1978 an einen Stundenlohn von 2,65 USD statt zuvor 2,30 USD; in den darauf folgenden drei Jahren sollte die Erhöhung insgesamt 45% ausmachen. Das Gesetz für Vollbeschäftigung und ausgewogenes Wachstum (Humphrey-Hawkins-Bill), das unter Präsident Ford 1976 gescheitert, aber von Präsident Carter unterstützt worden war, kam schließlich auch zum Zuge. Es strebte die Vollbeschäftigung an, und zwar durch verbesserte Planung sowie durch die Schaffung öffentlicher Arbeitsplätze, falls die Privatwirtschaft keine ausreichende Anzahl zur Verfügung stellen sollte. Eigentlich wollten die Gewerkschaften die hohe Arbeitslosigkeit lieber durch den Abbau der in ihren Augen unfairen liberalen Handelspolitik der USA und der Förderung von Auslandsinvestitionen über die Overseas Private Investment Corporation und das Steuererleichterungssystem der Domestic International Sales Corporation (DISC) erreichen.[289] Das Gesetz für Vollbeschäftigung und ausgewogenes Wachstum war also nur ein Ersatz. Es wurde vom Senat am 13. Oktober 1978 verabschiedet und von Präsident Carter am 27. Oktober 1978 unterzeichnet; es verpflichtete den Präsidenten, sowohl die Arbeitslosenquote wie die Inflationsrate bis 1983 auf 3% zu senken – eine sicher gutgemeinte, aber unrealistische Aufgabe.

Schlechter erging es der AFL-CIO mit der Reform des Arbeitsrechts, ihrem Hauptwunsch. Seit dem National Labor Relations Act von 1935 war wenig geschehen, was den Gewerkschaften, aber viel, was denjenigen Arbeitgebern nützte, die einen gewerkschaftlichen Zusammenschluß ihrer Arbeiter verhindern wollten. Präsident Carter hatte am 18. Juli 1977 ein Reformgesetz eingebracht,[290] das die Entscheidung der Arbeitnehmer, einer Gewerkschaft und damit dem System von Kollektivverträgen beizutreten, klären und erleichtern sollte. Das zweite Ziel der Gewerkschaften, nämlich den Prozeß der Vertragsabschlüsse selbst zu regulieren, war von Carter nicht aufgenommen worden, so daß die Gewerkschaften seinem Entwurf mit «gemischten Gefühlen»[291] gegenüberstanden. Selbst dieser Entwurf wurde 1977 lediglich vom Repräsentantenhaus verabschiedet, weil seine Passage im Senat durch ein Filibuster verhindert wurde. 1978 traf er dann auf eine massive Gegenkampagne der Unternehmerseite, insbesondere deren National Right to Work Committee,[292] an der er schließlich endgültig scheiterte.

Den Schlußstein dieser für die Gewerkschaften so enttäuschenden Entwicklung setzte Carter am 7. März 1978, als er unter Rückgriff auf das den National Labor Relations Act von 1935 novellierende Taft-Hartley-Gesetz von 1947 streikende Bergarbeiter zur Wiederaufnahme ihrer Arbeit zwang und eine achtzigtägige «Abkühlungs»-Periode verordnete.[293] Damit hatte er nicht nur seine relativ mäßige Unterstützung der gewerkschaftlichen Forderungen endgültig decouvriert, er hatte auch seine Neigung gezeigt, diese Forderungen gesamtpolitischen – wie sich später zeigen sollte, auch außenpolitischen – Interessen unterzuordnen, also zu einer mehr konservativen Wünschen entsprechenden Verteilung zurückzukehren.

Das Wohlfahrtsprogramm war aufgrund seiner Kosten, seiner Vielfalt, der damit verbundenen Unübersichtlichkeit, der ins Kraut geschossenen Bürokratie und vieler regionaler Ungleichheiten seit langem unter Kritik geraten. Präsident Carter brachte am 3. Mai 1977 einen Reformvorschlag ein, der die Richtlinien vereinheitlichen, Sachbeihilfen durch Geldzuschüsse ersetzen und Anreize bieten sollte, die Unterhaltszuschüsse durch eigenes Arbeitseinkommen zu ersetzen.[294] Das Volumen der Hilfe sollte dabei nicht erhöht werden. Am 6. August 1977 sandte Carter dem Kongreß einen Gesetzesvorschlag, der die staatliche Beschaffung von Arbeitsplätzen umwandelte in eine Arbeitspflicht, von der allerdings alleinstehende Mütter mit Kindern ausgenommen werden sollten.[295] Vor allem dieser «workfare»-Aspekt traf auf scharfe Kritik, ebenso aber auch die Abschaffung der Lebensmittelunterstützung, gegen die sich auch die amerikanische Landwirtschaft wandte. Aus gewerkschaftlicher Sicht war der Vorschlag Carters «weit entfernt von dem, was erforderlich ist, um den Armen angemessene Beschäftigung oder Einkommen zu beschaffen».[296]

Angesichts der anhaltenden Kritik von rechts und links gab Carter die Gesamtreform des Fürsorgeprogramms auf und versuchte stattdessen, einige Teile zu verändern, eine bundesweit einheitliche Einkommensuntergrenze zu ziehen und Unterstützung auch dann zu gewähren, wenn in einer Familie beide Eltern vorhanden waren. Dieses Programm passierte zwar das Repräsentantenhaus am 7. November 1979;[297] aber es blieb im Senat stecken und mit ihm auch dieser zweite Anlauf Carters zur strukturellen Veränderung des staatlichen Fürsorgeprogramms.

Auch am finanziellen Volumen änderte sich wenig. Das von Bund und Bundesstaaten gemeinsam getragene Programm für Familien mit abhängigen Kindern (AFDC) erfuhr keinen Inflationsausgleich, so daß die Realeinkommen darunter zurückgingen. Die vom Bund getragene zusätzliche Sicherheitshilfe (supplemental security income) für die Alten, Blinden und Behinderten erhielt einen automatischen Inflationsausgleich, der aber zu klein war. Kurz vor dem Ende der Carter-Administration gelang es dem Repräsentantenhaus noch, das Kinder-Ernährungsprogramm bis 1985 zu verlängern und damit vor dem erwarteten drastischen Rückschnitt durch die neue republikanische Mehrheit im Senat zu retten.

Als nennenswerte Steigerung im Bereich der öffentlichen Fürsorge blieb das Lebensmittelhilfeprogramm (food stamps) übrig, zu dem infolge steigender Inflation und Arbeitslosigkeit immer mehr Amerikaner drängten. Das Programm mußte seit 1977 laufend erweitert werden und belief sich 1980 auf rund 10 Mrd. USD, die 21 Millionen Empfängern, also einem Zehntel der amerikanischen Bevölkerung, zugute kamen.[298] Sie dürften mit jenen 11% der Bevölkerung identisch gewesen sein, die 1980 offiziell als arm galten.

Präsident Carter wollte nicht nur das Fürsorgeprogramm, er mußte auch das Sozialversicherungsprogramm reformieren, weil es ebenfalls sehr teuer und wenig effektiv war. Eine genaue Abgrenzung zwischen diesem «social security»- und dem «welfare»-Programm ist nicht möglich, weil beide ineinander übergehen und in den Statistiken zumeist gemeinsam aufgeführt werden. Der prinzipielle Unterschied ist jedoch deutlich: Das Fürsorgeprogramm lebt ausschließlich von staatlichen Zuschüssen, das Sozialversicherungsprogramm von den Beiträgen der Arbeitgeber und der Arbeitnehmer; lediglich die Arztkosten unter der Krankenversicherung Medicare werden zur Hälfte von Steuergeldern finanziert. Dennoch kann es nicht als reines Versicherungsprogramm bezeichnet werden, weil es nicht kostendeckend arbeitet. Sowohl die Versicherungsbeiträge wie die Leistungen werden per Gesetz festgestellt; dementsprechend muß der Staat entscheiden, woher die zusätzlichen Mittel genommen werden sollen, wenn die vorhandenen nicht ausreichen.

Diese Frage tauchte bei der Altersversicherung auf, verursacht durch die verlängerte Lebenserwartung und die 1972 vorgenommene automatische Angleichung der Leistungen an Lohn- und Preissteigerungen, die sogenannte doppelte Indexierung. Hinzu kam in der Mitte der siebziger Jahre, daß infolge steigender Arbeitslosigkeit die Einnahmen sanken. Der Bankrott war abzusehen. Um ihn abzuwenden, gab es drei Möglichkeiten: die Leistungen zu senken, die Beiträge zu erhöhen oder das Defizit aus allgemeinen Steuermitteln auszugleichen. Eine Leistungsminderung kam nicht in Frage, weil die Altersversicherung schon jetzt nicht ausreichte, um die Empfänger oberhalb der Armutsgrenze zu halten.[299] Die Carter-Administration schlug im Herbst 1977 eine Beitragserhöhung, vor allem für die Arbeitgeberseite, sowie einen Zuschuß aus Steuermitteln vor, falls die Arbeitslosigkeit 6% übersteigen sollte. Dieser Teil wurde vom Kongreß nicht angenommen, wohl aber die Beitragserhöhung. Sie sollte in den kommenden zehn Jahren 227 Mrd. USD erbringen und im Endeffekt 7% aller Löhne und Gehälter ausmachen.[300] Die volle Belastung wurde allerdings auf den Januar 1981 verschoben, nach den nächsten Präsidentschaftswahlen.

Erschrocken über diese so schnell beschlossene faktische Steuererhöhung, die dem allgemeinen, durch die ‹Proposition 13› in Kalifornien grell beleuchteten Interesse an Steuersenkung so diametral entgegenstand, überlegte der Kongreß im Frühjahr 1978, die Beitragserhöhung wieder rückgängig zu machen.[301] Der Gedanke fand vor allem im Repräsentantenhaus Interesse, wurde aber schließlich fallengelassen, weil sich damit die Defizite der Sozialversicherung, die trotz der Beitragssteigerung nicht vollständig aufgefangen werden konnten, wieder erhöht hätten. Der zuständige Minister Califano schlug daher im Dezember 1979 Reformen vor, die de facto auf Kürzungen hinausliefen. Die Leistungen der Sozialversicherung sollten besteuert, die Altersgrenze sollte langsam von 62 auf 65 Jahre erhöht, die Zuschüsse für Studenten sollten beschränkt und die für den Todesfall eliminiert werden.[302]

Präsident Carter übernahm, wenn auch widerwillig, diese Vorschläge in sein Budget für das Haushaltsjahr 1980 und verteidigte sie sowohl gegenüber der Kritik führender Demokraten wie vor der Presse mit dem Hinweis, daß die Knappheit der Mittel sowohl eine Straffung des Systems wie die vorrangige Berücksichtigung der Bedürftigen erzwinge.[303] In dem gleichen Budget hatte Präsident Carter allerdings die Verteidigungsausgaben angehoben, und zwar um real 3,1%. In seiner Budgetrede hob er hervor, daß er innerhalb eines allgemein knapp gehaltenen Budgets nicht nur die Ausgaben für die Verteidigung, sondern auch die für die Bedürftigen und die Benachteiligten angehoben habe.[304]

Das war im Prinzip nicht unrichtig, enthielt aber auch nicht die volle Wahrheit. Die Sozialleistungen stiegen um 7,1%, wodurch die Inflation ausgeglichen wurde; real blieben sie auf der gleichen Höhe. Das Verteidigungsbudget hingegen erfuhr mit seiner Anhebung um fast 10% eine reale Steigerung um 3%. Das war die Rate, auf die Präsident Carter die NATO-Verbündeten im Langzeitprogramm von 1977 verpflichtet hatte; er sah sich veranlaßt, sie selbst einzuhalten. Da er auf der anderen Seite das Defizit im Staatshaushalt, das 1978 rund 50 Mrd. und 1979 35 Mrd. USD betrug, angesichts der rapide ansteigenden Inflation auf unter 30 Mrd. drücken wollte – Ende März 1979 hatten immerhin schon 29 Staaten den Kongreß aufgefordert, den Budgetausgleich in der Verfassung zu verankern –, blieb ihm nichts anderes übrig, als bei den nicht-militärischen Ausgaben zu sparen.

Er beschränkte die Gehaltserhöhung für den öffentlichen Dienst auf 5,5%, also auf den Inflationsausgleich, bemühte sich, wie schon 1978, darum, die üppig ins Kraut geschossenen Krankenhauskosten in den Griff zu bekommen, ließ aber auch das Sozialbudget nicht ungeschoren. Die oben erwähnten, von Califano vorgeschlagenen Kürzungen betrugen zwar 1980 nur 500 Mio. USD, weil sie nur auf die seit 1980 neu hinzukommenden Sozialversicherungsempfänger angewendet werden sollten. 1984 aber mußten sich diese Kürzungen bereits auf rund 4 Mrd. USD belaufen. Wichtiger noch war, daß die gestrichenen Programme zwar klein, aber für diejenigen von Bedeutung waren, die sich am unteren Ende der Wohlstandspyramide befanden.[305]

Mit Recht wurden diese Kürzungen als ein Angriff auf das Sozialversicherungssystem angesehen.[306] In dem Dilemma, den Haushalt nicht erweitern zu können, aber das Verteidigungsbudget anheben zu müssen, mußte sich Präsident Carter auch am Sozialbudget schadlos halten. Weil er auch die Zuwendungen des Bundes an die Einzelstaaten kürzte, die viele sozialpolitische Leistungen wie Medicaid und Programme wie Arbeitsbeschaffungsmaßnahmen und Sozialdienste betreuten, schlugen diese Kürzungen ebenfalls auf die Sozialpolitik durch.[307]

Bekam die Sozialpolitik die Folgen verstärkter Verteidigungsausgaben angesichts eines knappen Budgets also durchaus zu spüren, so kann von einer wechselseitigen Abhängigkeit unter Carter nicht gesprochen werden. Die Sozialpolitik wurde nur am Rande berührt; ihre Aufwendungen lagen mit 43,2% des Gesamthaushalts noch immer doppelt so hoch wie die für die Verteidigung, die sich auf 23,2% des Budgets beliefen. Der Trend der siebziger Jahre, die Transferleistungen des Staates zu erhöhen, war und wurde nicht gebrochen. 1980 betrug der Umfang dieser Leistungen rund 250 Mrd. USD, während im Verteidigungshaushalt rund 123 Mrd. USD ausgegeben wurden.

An diesem generellen Verhältnis haben die Kürzungen, die Carter im Sozialbudget vornahm, nichts geändert, sie haben auch den Trend nicht gestoppt. Dennoch setzten sie ein Zeichen, weil sie 1979 zum ersten Mal wieder die Sozialausgaben gegen die für die Verteidigung aufrechneten und zu ihren Gunsten kürzten. Carter mußte seit 1978 nicht nur die Verteidigungsausgaben erhöhen, er mußte sie, wenn auch nur zu einem geringen Teil, aus den Sozialaufwendungen finanzieren, die Johnsonsche Verteilung also revidieren. Von konservativer Seite war seit 1978 darauf hingewiesen worden, daß sich die USA beide Programme nicht leisten können würden; daß selbst wenn die Verteidigungsausgaben stets den gleichen Anteil am Bruttosozialprodukt behielten, das notwendige Geld für die Sozialpolitik – infolge der eingebauten Steigerungsmechanismen – nicht vorhanden sein würde.[308] In dem Moment, in dem diese Sichtweise die Oberhand und eventuell sogar das Weiße Haus gewann, konnten die Steigerungsansprüche des Verteidigungs- und des Sozialbudgets als klare Alternativen ausgewiesen werden.

Präsident Carter war es eben nicht mehr, wie seinen Vorgängern, gelungen, die wirtschaftliche Schwäche der USA durch aktive Außenpolitik zu kompensieren, zumindest zu verbergen. Die Inflation, die durch die Rezession von 1974/75 auf 6% gesunken war, konnte im ersten Jahr der Carter-Administration auf diesem Niveau gehalten werden, schoß aber seit Anfang 1978 wieder in die Höhe und erreichte 1980 13,5%.[309] Der Außenwert des Dollar, jener zweite Index wirtschaftlicher Stärke oder Schwäche, verlor 1979 erneut 10% gegenüber den meisten europäischen Währungen.[310] Die Gründe für beide Erscheinungen waren komplex und nicht leicht zu korrigieren. Die Inflationsrate wurde durch erhöhte Nachfrage und durch eine Steigerung der Nahrungsmittelpreise bedingt; hinzu kam durch den Verlust des Iran auch die zweite Ölpreissteigerung von 1979.

War es Nixon und Kissinger noch gelungen, die notwendigen binnenwirtschaftlichen Anpassungen der USA dadurch zu vermeiden, daß sie sie den Ölstaaten des Nahen Ostens und den Europäern sowie den Japanern auferlegten[311] und dazu auch die Entspannung mit der Sowjetunion einsetzten, so hatte Carter zu einer solchen Strategie weder die Absicht noch die Mittel. Die politische Kontrolle des Nahen Ostens war Carter nicht nur durch die Revolution im Iran – deren Ursachen seine Vorgänger gelegt hatten – entglitten; sie war auch geschwächt worden durch die Verstimmung Saudi-Arabiens über die Abkommen von Camp David, die nun allerdings einen zentralen Punkt der Carterschen Nahostpolitik abgegeben hatten. Die Saudis erhöhten nicht, sondern senkten ihre Ölproduktion in der ersten Hälfte von 1979 und trugen somit nicht unwesentlich zur Ölpreissteigerung bei. Gewiß, noch immer gab es die International Energy Agency in Paris, die Kissinger dazu benutzt hatte, sowohl die europäischen Verbraucher wie die nahöstlichen Produzenten an die Leine amerikanischer Interessen zu legen. Aber die Kooperation wollte jetzt nicht mehr so richtig funktionieren, zumal Carter, jedenfalls im Hinblick auf die Europäer, nicht mehr mit dem Druckmittel einer funktionierenden Entspannungspolitik gegenüber der Sowjetunion operieren konnte. Für Brzezinskis Re-Konfrontationspolitik wurden die Westeuropäer wieder gebraucht, deren Handlungsfreiheit wuchs dementsprechend.

Kurz, Jimmy Carter hatte es sehr viel schwerer als Richard Nixon, die internen Schwächen der amerikanischen Wirtschaft durch erzwungene oder stimulierte Anpassung der internationalen Umwelt auszugleichen. Er besaß in der Tat nicht mehr die Machtfülle, über die Nixon und Kissinger noch verfügt hatten. Zwar waren auch sie nicht in der Lage gewesen, die wirtschaftlichen Defizite wie Produktivitätsminderung und fehlende Investitionen zu ersetzen. Sie konnten lediglich die Folgen verschleiern und auch dies nur zeitweise.

Jimmy Carter war insofern auf dem richtigen Weg, als er die notwendigen wirtschaftlichen Reformen im Innern der USA durchsetzen wollte. Er gab die Öl- und Erdgaspreise im April 1979 frei, nachdem durch den National Energy Act vom Herbst 1978 die Reduzierung der Öl-Importe bereits eingeleitet worden war. Er bekam aber auch die kurzfristigen Folgen dieser Entscheidung zu spüren: ansteigende Energiepreise, die Verknappung der Benzinversorgung und den politischen Unwillen der Verbraucher. Carter hörte nicht auf, die Amerikaner darauf hinzuweisen, daß sie sich keine weiteren Steuererleichterungen leisten konnten, sondern den Gürtel des Budgets enger schnallen mußten. Er verhängte zwar nicht, wie sein Vorgänger Nixon, einen Lohn- und Preisstopp. Aber er beschränkte die Lohnerhöhungen im öffentlichen Dienst und gab Leitlinien für Löhne und Preise im privaten Sektor heraus.[312] Vor allem aber wurde Carter nicht müde, den Amerikanern zu erklären, daß sie das Wachstum der

Produktivität erhöhen und die amerikanische Wettbewerbsfähigkeit international verbessern müßten.[313] Er hatte also durchaus vor, nicht nur an den Symptomen zu kurieren, sondern die Ursachen abnehmender wirtschaftlicher Stärke der USA zu beseitigen. Politisch konnte diese Absicht natürlich auch gedeutet werden als der Versuch, auf die Ausübung von Weltmacht zu verzichten, die notwendigen Anpassungen nicht mehr, wie bisher, der internationalen Umwelt, sondern den USA selbst aufzubürden. In gewisser Weise war diese Interpretation nicht unrichtig; die Carter-Administration zeichnete sich dadurch aus, daß sie den Faktor der Macht, vor allem den der militärischen Gewalt, in der Außenpolitik reduzieren wollte.

Das galt nicht nur in der Sozial- und Wirtschaftspolitik. Es galt auch für den Sachbereich der Herrschaft und des Herrschaftssystems. Die Carter-Administration trieb den Entmachtungsprozeß der CIA, den der Kongreß 1975 und 1976 begonnen hatte, weiter voran. Carters Regierungsverordnung vom Mai 1976, die den Foreign Intelligence Advisory Board zugunsten des Intelligence Oversight Board abschaffte, war als Vorläufer zu einer Charta gedacht, die die CIA auf eine gesetzliche Grundlage stellen und auf den Boden von Recht und Ethik zurückbringen sollte. Carter hatte auch den Freedom of Information Act, der das Recht des Bürgers auf Information höher bewertete als das Interesse des Staates an Geheimhaltung, extensiv praktizieren lassen. Nicht nur die Macht also hatte Carter zurückgenommen, er hatte auch die Instrumente der Weltmacht gestutzt.

Diese zunächst freiwillige Zurücknahme amerikanischer Weltmacht, die dann 1979 durch Ereignisse außerhalb der Reichweite der USA zum dokumentierten Machtverlust aufwuchs, beseitigte den Schutz, unter dem in der Nixon-Administration die Sozialpolitik ausgebaut und gleichzeitig die Forderung nach vermehrter Rüstung befriedigt werden konnte. Jetzt konnte von der Neuen Rechten und den Neo-Konservativen, denen sie immer schon am Herzen gelegen hatte, eine ganz andere Rechnung aufgemacht werden. War nicht der auswärtige Machtverlust der Vereinigten Staaten eine Folge der Vernachlässigung der Machtinstrumente zugunsten übertriebener sozialpolitischer Bedürfnisbefriedigung? Zwar wollten auch diese Gruppen die Sozialpolitik nicht beseitigen, auch nicht die Fürsorge für die Armen. Aber sie wollten die Entwicklung zum «welfare»-Staat abschneiden, die Wohlfahrts-Bürokratie abbauen und mit ihr diejenigen Leistungen, die aus konservativer Sicht ohnehin überflüssig und sozial schädlich waren. Steuererleichterungen statt neuer Sozialleistungen und Wiederherstellung der militärischen Superiorität anstelle des weiteren Ausbaus des Wohlfahrtsstaates – das waren die Forderungen vom rechten Flügel. Sie waren nicht neu, sie wurden schon seit dem Ausgang der sechziger Jahre erhoben, seitdem der ausgehende Vietnam-Konflikt die ausgabenpolitischen Prioritäten der USA neu zu ordnen erlaubte. Aber jetzt, nachdem das Vietnam-Trauma langsam abzuklingen begann, nachdem mit dem Fall des Iran und der sowjetischen Intervention in Afghanistan ein so anschaulicher Beweis geführt werden konnte, wurde seitens der Rechten immer stärker betont, daß das Verhältnis zwischen den Ausgaben für die Verteidigung und für die Sozialpolitik geändert werden müßte. Das Niveau des Arguments und die Schärfe seines Ausdrucks variierten – von dem eher faktologischen Hinweis des gemäßigt konservativen Senators Stennis über die akademischen Formulierungen von Mitgliedern des Committee on the Present Danger und des Reagan-Lagers[314] bis zu den holzschnittartigen Formulierungen auf der Propaganda-Seite der Neuen Rechten.[315] Aber der Tenor blieb der gleiche: In der Konkurrenz zwischen den Sachbereichen der Sicherheit und der Wohlfahrt sollte die Sicherheit, sollte die Verteidigung wieder den ersten Rang einnehmen. Gegenüber der internationalen Umwelt wie auch im gesellschaftlichen Umfeld sollte diejenige Rangordnung wieder hergestellt werden, die in konservativer Sicht die USA nach 1945 zur Weltmacht gemacht hatte: unbestrittene militärische Stärke nach außen und im Innern eine dezentrale, die Kompetenz des einzelnen wie die des Einzelstaates betonende gesellschaftliche Ordnung mit entsprechend reduzierter Funktion des Bundesstaates und verringerten Steuern.

In der Politik der Carter-Administration und in den Entscheidungen des Kongresses machte sich diese Argumentation seit 1978 schon bemerkbar. Die Ausgaben für die Sozialpolitik wurden eingefroren, während die für die Verteidigung um real 3% stiegen. Das war zunächst nur eine fiskalpolitische Wende, keine ordnungspolitische. Von der konservativen Opposition gedrängt, von einer sich verschlechternden Wirtschaftslage bedrängt, mußte sich Carter anpassen. Die Parallele zu seiner Wende in der Außen- und Sowjetunionpolitik ist dennoch deutlich zu sehen. Seit 1978 bereitete sich vor, was auch unter einer zweiten Präsidentschaft Carter eingetreten wäre: der Versuch, die ordnungspolitischen Prioritäten wieder stärker an den vor 1968 geltenden Maßstäben zu orientieren.

6. Der Zerfall des Konsenses und die Niederlage Carters

Wenn 1980 zahlreiche Arbeitnehmer statt für Carter für Ronald Reagan votierten, so taten sie es, weil sie sich von ihm eine bessere Wirtschaftspolitik erwarteten als die, die Carter schließlich geboten hatte. Sie war der schwächste Bereich in seiner Leistungsbilanz von Anfang an gewesen; sie hatte im Sommer 1978 einen ersten, im Frühjahr 1979 einen zweiten Tiefpunkt in der öffentlichen Einschätzung eingenommen, vor allem wegen der Inflation und der Arbeitslosigkeit.[316] Das war das entscheidende Verdikt, und es kam großenteils von der Klientel der Carter-Koalition. Der Präsident hatte ihre Hoffnungen nicht erfüllt, von Anfang an eine sehr gemäßigte Sozialpolitik betrieben und sie schließlich hinter die Aufrüstungsbedürfnisse zurückgestellt. Vor allem hatte er die wirtschaftliche Gesamtlage nicht verbessert. Bei der übergroßen Bedeutung, die ihr bei der Wählerentscheidung in den USA zukommt, war Carters Niederlage in gewisser Weise schon vorprogrammiert.

Der Nachteil ließ sich durch die Außenpolitik nicht mehr kompensieren. Carter stand auf diesem Feld nicht schlecht da. Einen Monat vor der Wahl 1980 trauten die Befragten Carter die bessere Außenpolitik, Reagan die bessere Wirtschaftspolitik zu.[317] Aber Carter wurde vom Pech verfolgt und durch gezielte Manipulationen geschwächt. Breschnew tat Reagan den Gefallen, mit der Invasion in Afghanistan den konservativen Ruf nach Stärke zu rechtfertigen. Carters geduldige Politik in der Geiselaffäre von Teheran hatte ihm durchaus die Achtung der Amerikaner eingetragen, hätte ihm vielleicht sogar den Wahlsieg beschert, wenn die Geiseln vor dem Wahltag entlassen worden wären. Die Möglichkeit dazu war vorhanden, weil der Iran infolge des Überfalls durch den Irak dringend an amerikanischen Hilfelieferungen interessiert und zu einem Handel bereit war. Der frühere Präsident des Iran, Bani-Sadr, machte 1987 geltend, daß eine solche Lösung durch Zusammenarbeit zwischen dem Khomeini-Flügel und der Reagan-Wahlkampfleitung verhindert worden sei.[318] Das ist ein interessanter Hinweis, der auch neues Licht auf die Iran-Contra-Angelegenheit wirft.

Eindeutig gezielt war der Versuch konservativer Interessengruppen, Carters ja nicht unbeachtliche und steil ansteigende Aufrüstungspolitik zu diskreditieren. Damit wurde ihm auch auf dem Gebiet, wo er eigentlich gute Leistungen vorzuweisen hatte, der Konsens abspenstig gemacht. 1977 hatte nur ein Viertel der amerikanischen Öffentlichkeit eine Steigerung des Verteidigungshaushaltes verlangt; im September 1979, also vor Teheran und Afghanistan, waren es bereits 38%.[319] Die konservative Welle lief, und sie wurde von den Interessengruppen noch erheblich verstärkt.

Eine erste Folge trat bei den Wahlen von 1978 auf. Ihr Ausgang brachte zwar nur «einen kleinen Schritt nach rechts» für den Kongreß. Die Republikaner gewannen drei neue Senatssitze und elf Sitze im Repräsentantenhaus hinzu – lediglich ein Zeichen dafür, daß die republikanische Partei aufzuholen begann. Die Demokraten behielten im Senat ein Übergewicht von 18 und im Repräsentantenhaus von 119 Stimmen. Die Zugewinne der Republikaner, im übrigen nicht ungewöhnlich für eine «Midterm»-Wahl, hielten sich also in bescheidenen Grenzen.

Dennoch zeigte sich hier zum ersten Mal die Stärke der Neuen Rechten. Ihrer Agitation, vor allem der des Committee for the Survival of a Free Congress und der der National Conservative Political Action Committees, war zu verdanken, daß die beiden liberalen Senatoren Dick Clark und Thomas J. McIntyre ihre Mandate abgeben mußten zugunsten der beiden strammen Rechten Roger Jepsen und Gordon Humphrey.[320] Viele Demokraten sahen in diesem kleinen, aber ideologisch signifikanten Sieg den Vorboten der Rechtswende. Im Wahlkampf der beiden Kandidaten hatte die Außenpolitik, hatten die Panamakanal-Verträge und die Rüstung eine große, wenn auch nicht die einzige Rolle gespielt. Zwei Jahre später, bei den Wahlen von 1980, zeigten die konservativen Interessengruppen, vor allem die 1979 gegründete Moral Majority, daß sie zu sehr viel schärferen Wahlkämpfen und zu sehr viel größeren Wahlsiegen imstande waren.

Das Einflußvermögen der politischen Interessengruppen und der Political Action Committees[321] wurde befördert und gestärkt durch die allgemeine Umgestaltung der politischen Landschaft in den Vereinigten Staaten während der siebziger Jahre. Basisdemokratische Bewegungen mobilisierten weite Wählerschichten, schwächten aber gleichzeitig die ohnehin nicht stark ausgeprägte Ordnungsfunktion der etablierten politischen Parteien.

Dazu trug auch die rasche Ausbreitung des Fernsehens bei, das den persönlichen Kontakt zwischen Politiker und Wähler durch den medialen ersetzte, ihn quantitativ verbreiterte, aber qualitativ vereinfachte. Es konnten nicht nur, es mußten immer größere Wählerpotentiale aktiviert werden; in die dabei von den Parteien nicht gefüllte Lücke traten die politischen Interessengruppen und die Political Action Committees ein. Finanziell gestützt auf die Wahlkampffinanzierungsreform von 1971 bis 1976, die den Einfluß privater Spender auf Kandidaten und Wähler verringern sollte und dabei paradoxerweise den solcher Aktivgruppen stärkte, betätigten sich diese PACs als Ersatz-Parteien. Sie entwickelten neue Massenkommunikationsmöglichkeiten, wie beispielsweise die «direct mail»-Aktionen, die Richard Viguerie zur Meisterschaft entfaltete. Sie kauften Sendezeiten und gestalteten die politischen Informationen. Sie besetzten, viel schneller als die Parteien es vermochten, die «issues».

Erst in der Mitte der achtziger Jahre gingen die beiden großen Parteien wieder zum Gegenangriff über, besannen sich auf ihre Funktionen, reformierten ihre Organisation und drängten die unorthodoxen politischen Einflußgruppen wieder in den Hintergrund. Sie finanzieren zwar nach wie vor Wahlkämpfe, fungieren aber nicht mehr als quasi-politische Parteien. In der zweiten Hälfte der siebziger Jahre aber war diese Funktion gerade erst im Aufstieg begriffen. Sie konnte sich frei über die Vereinigten Staaten entfalten und trug dazu bei, daß das Niveau der politischen Auseinandersetzung sich vergröberte. Ein unbeholfener, aber virulenter Nationalismus breitete sich aus, weil neben den politischen Parteien und ihren Funktionsträgern immer mehr politische Einflußgruppen um politische Zustimmung bei immer größeren gesellschaftlichen Gruppen warben und zu deren Mobilisierung die einfachsten und zugkräftigsten Symbole verwandten.[322]

Auf der Seite der Neuen Rechten wurde diese Entwicklung allerdings auch inhaltlich bejaht, wurde sie interpretiert als die natürliche Reaktion auf die Selbstkritik an dem verlorenen Vietnam-Krieg und auf den Rückzug aus der Weltpolitik im Zeichen der Nixon-Doktrin und der Entspannungspolitik. Besonders die Neo-Konservativen sahen sich durchaus als Neo-Nationalisten[323] – für die Gruppen der Neuen Rechten galt das aufgrund ihrer populistischen und oftmals parochialen Sichtweisen ohnehin.

Ihnen kamen die Entwicklungstendenzen der öffentlichen Meinung in den USA der aufgehenden siebziger Jahre entgegen. Die konservativen Interessengruppen stießen auf ein sich langsam regenerierendes Selbstbewußtsein in der amerikanischen öffentlichen Meinung, und sie versuchten erfolgreich, es in Richtung auf die Wiederherstellung einer amerikanischen Vormachtposition und zu diesem Zweck auch auf vermehrte Rüstungsausgaben hin zu manipulieren.

Die Carter-Administration bekam das nicht nur in der Detaildiskussion außenpolitischer Probleme wie beispielsweise um den Panamakanal zu spüren. Die seit dem Beginn der siebziger Jahre einsetzende Trendumkehr ermutigte auch die Konservativen im Kongreß zu stärkerer Artikulation. Sie warfen Carter die Beihilfe zum Sturz Somozas in Nicaragua vor und lasteten ihm die Übernahme der Macht durch eine linke Gruppierung in Grenada an. Was hier als Ausverkauf amerikanischer Interessen gegenüber der Linken dargestellt wurde, präsentierte sich gegenüber der Sowjetunionpolitik als Kritik an der Entspannungspolitik generell, an der zu großen Selbstbeschränkung amerikanischer Macht. 38 republikanische Senatoren stießen im Mai 1978 in dieses Horn;[324] ein Jahr später, am Vorabend der Abreise Carters zum Gipfeltreffen mit Breschnew in Wien, warf der demokratische Senator Jackson dem Präsidenten wie seinen beiden Vorgängern vor, eine «appeasement»-Politik gegenüber der Sowjetunion zu treiben. Demonstrativ trat der Generalleutnant Rowny, der den Vereinigten Generalstab bei den SALT-II-Gesprächen seit 1973 vertrat, von seinem Posten zurück, um gegen die Rüstungskontrollpolitik der Carter-Administration zu votieren.[325]

Die außenpolitische Meinungslandschaft der USA war also mit konservativen Strömungen und Landmarken gut durchsetzt, als die außenpolitisch konservativen Interessengruppen zu ihrer Höchstform aufzulaufen begannen. Sie lassen sich in zwei große Lager einteilen.[326] Auf der traditionell konservativen Seite, und nunmehr angereichert durch die Zustimmung und Mitarbeit der Neuen Rechten, befand sich der American Security Council mit seinen Tochterunternehmungen, unter denen vor allem die Coalition for Peace Through Strength hervorzuheben ist. Diese Gruppierung forderte in Fortführung der Konzepte des Kalten Krieges die amerikanische Hochrüstung und die Wiederherstellung der amerikanischen Überlegenheit gegenüber der Sowjetunion.

Die Neo-Konservativen mit ihrem Kommunikationszentrum in der Zeitschrift «Commentary» warben zwar ebenfalls für vermehrte Aufrüstung; sie hatten dabei aber nicht nur die militärische Stärkung der Vereinigten Staaten, sondern auch die der Menschenrechte und der liberalen Demokratie im Auge. Nicht umsonst gehörten dieser Gruppe zahlreiche Angehörige von Minderheiten an, die aus Osteuropa und aus der Sowjetunion geflohen waren, sowie viele Juden, deren Glaubensgenossen in der Sowjetunion auf die Ausreise warteten.

Die Einigkeit der beiden Gruppen hinsichtlich der Notwendigkeit verstärkter Aufrüstung der Vereinigten Staaten war groß genug, um sie in diesem Punkt zusammenarbeiten zu lassen. Darüber hinaus waren sie nicht durch viele Gemeinsamkeiten verbunden, sondern durch den Antisemitismus der Rechten und die noch immer vorhandenen Residuen des Liberalismus bei den Neo-Konservativen deutlich getrennt.[327] Auch waren sie innenpolitisch geteilter Meinung, vertraten die einen den Sozialstaat, den die anderen verwarfen. Die Coalition for Peace Through Strength, in der die meisten dieser Gruppierungen – aber nicht alle Persönlichkeiten – zusammenarbeiteten, konnte also bestenfalls als eine Negativ-Koalition bezeichnet werden, die sich lediglich in der Kritik an der ihrer Ansicht nach nicht ausreichenden Rüstungs- und Verteidigungspolitik der Carter-Administration einig war. Diesen Aspekt breiteten sie mit großem propagandistischen Aufwand und unter Einschaltung zahlreicher neuer oder erneut aktivierter Forschungseinrichtungen vor der amerikanischen Öffentlichkeit aus und lobbyierten zu seinen Gunsten in der Legislative.

Das im Zentrum der Gemeinsamkeiten angesiedelte, sich strikt überparteilich gebende und auch so zusammengesetzte Committee on the Present Danger (CPD) lieferte für diese Kampagne die Informationen und versuchte sie auch in die Administration hineinzutragen. Ursprünglich dazu gegründet, auf die Carter-Administration Einfluß zu nehmen – und wohl auch einige ihrer Stellen zu besetzen –, wuchs das Committee, das sich Carter vergeblich anzudienen versuchte aber von ihm nur zweimal empfangen wurde, zu einer ebenso vehementen wie brillanten Opposition in der Rüstungsfrage heran. Es ist zwar müßig, aber doch reizvoll, darüber nachzudenken, was wohl geschehen wäre, hätte Carter sich dem CPD geöffnet und die beiden wichtigsten Wortführer, Paul Nitze und Eugene Rostow, in seine Regierung aufgenommen.

Der politische Kern des CPD wurde von Mitgliedern und Beamten früherer Regierungen gebildet, die bis zum Beginn der Entspannungspolitik und zum Ende des Vietnam-Krieges die amerikanische Außenpolitik maßgeblich mitbestimmt hatten. Von den 141 Gründungsmitgliedern gehörten 45, also fast ein Drittel, in diese Kategorie. Sie, die früher Insider waren, konnten jetzt nur noch von außen auf die Politik blicken.[328] Insofern die Carter-Administration diese Politiker um ihre Macht- und Einflußpositionen gebracht hatte, waren sie auch aus diesem Grunde die geborene Opposition. Wenn sie Carter nicht dazu bringen konnten, sie wieder zu integrieren, mußten sie ihn bekämpfen. Gründe der Überzeugung und der politischen Karriere fielen hier zusammen. Sie wiesen, nachdem Carter die Chance zur Integration entweder verpaßt oder abgelehnt hatte, ausschließlich in die Opposition.

Das Committee richtete seine Agitation zunächst gegen die Ratifizierung der SALT II-Verträge, denen es Unausgewogenheit und Bevorzugung der sowjetischen Seite vorwarf; dann, nach der Vertagung der Ratifikation, gegen die Rüstungspolitik der Carter-Administration. Das CPD hatte schon im ersten Jahr nach seiner Gründung eine große publizistische Aktivität entfaltet, über die es sich und der Öffentlichkeit jährlich Bericht erstattete.[329] Es veröffentlichte detaillierte, mit zahlreichen Fakten ausgestattete Analysen des amerikanisch-sowjetischen Kräfteverhältnisses, die die amerikanische Unterlegenheit beweisen sollten.[330] Viele kleine, kaum zehnseitige Faltblätter, von hochrangigen Experten wie beispielsweise Paul Nitze geschrieben,[331] verbreiteten die Auffassung des CPD, daß die Cartersche Rüstungspolitik die USA hoffnungslos in die Unterlegenheit gegenüber der Sowjetunion treibe. Das Committee beschränkte sich auf diesen einen Aspekt. Es kritisierte keinesfalls die gesamte Außenpolitik der Carter-Administration, auch nicht ihr Verhalten in der Iran- oder Afghanistan-Frage. Mangelnde Aufrüstung und übertriebene, fehlgeleitete Hoffnungen auf Rüstungskontrolle – das waren die beiden Vorwürfe, die vom Committee on the Present Danger wieder und immer wieder erhoben und argumentativ ausgebreitet wurden.[332]

Wahrscheinlich gab es für diese Konzentration mehrere und unterschiedliche Gründe. Bei Fachleuten wie Nitze dürfte Überzeugung die Triebfeder gewesen sein, wenn ihm wohl auch daran lag, an den Schalthebel der Macht zurückzukehren. Die Gewerkschaften, die ebenfalls im Committee vertreten waren, hatten sich stets für eine starke Verteidigungspolitik eingesetzt. Dem National Security Council ging es ohnehin um nichts anderes, und die mit ihm verbundenen Rüstungsfirmen dürften dieses Interesse geteilt haben. Es wurde durch den Sturz des Schah, mit dem der Iran als potenter Kunde amerikanischer Rüstungs- und Dienstleistungsfirmen entfiel, offensichtlich noch bestärkt.[333] Hinzu kam die in den USA weit verbreitete Überzeugung, daß alle Probleme sich lösen lassen, wenn nur der finanzielle Aufwand hoch genug ist; zur Wiedergewinnung weltpolitischer Macht schien daher die Geldbewilligung zum Zweck der Wiederaufrüstung das geeignete Mittel.

Läßt sich nur vermuten, warum das Committee on the Present Danger sich vornehmlich auf die Kritik an der Rüstungs- und der Rüstungskontrollpolitik Carters beschränkte, so lassen sich die Folgen deutlich erkennen. Die öffentliche Meinung schätzte die außenpolitischen Leistungen Carters durchweg höher ein als die Versprechungen seines Rivalen Reagan, dem sie aber in einem Punkte folgte, in der Kritik an der Carterschen Rüstungspolitik. Sie nahm, wie erwähnt, stetig zu und wurde durch die Politik der Sowjetunion in Afghanistan und des Ajatollah im Iran 1980 zusätzlich gesteigert. Als Folge dieser Kampagne, die den Wahlkampf vom Herbst 1980 maßgeblich mitbeeinflußte, waren 1981 mehr als die Hälfte aller Amerikaner der Meinung, daß die Vereinigten Staaten mehr Geld für die Rüstung ausgeben sollten.[334] Ein Jahr später, nachdem die Kampagne mit dem Sieg Reagans ihr Ziel erreicht hatte und abgebrochen worden war, sank die Zahl der Befürworter verstärkter Rüstung wieder auf 20% herab.

Damit wurde sichtbar, daß die Forderung nach vermehrter Aufrüstung weniger einer erkennbaren Sachnotwendigkeit als vielmehr einem politischen Interesse entstammte. Warum der Ajatollah auf die Geiselnahme amerikanischer Diplomaten und Breschnew auf die Intervention in Afghanistan verzichtet haben sollten, wenn die USA mehr für ihre Rüstung aufgewendet hätten, blieb unerörtert und unerfindlich. Die Forderung des CPD nach einer amerikanischen Strategie, die jede Aggression durch die Sowjetunion oder einen Stellvertreter im Atlantik, im Mittelmeer, dem Pazifik und dem Persischen Golf, dem Indischen Ozean und der westlichen Hemisphäre eindämmen sollte,[335] blieb ganz allgemein und völlig unvermittelt zu den sehr konkreten Forderungen nach der Modernisierung der strategischen Triade und der Aufstockung der Einsatzbereitschaft amerikanischer Truppen weltweit. Solche Aufrüstungspotentiale hatten weder den Vietnam-Krieg verhindert oder siegreich beendet, geschweige denn die Revolution im Iran vermieden.

Es hieße wohl die Intelligenz der Mitglieder des CPD zu unterschätzen, wollte man ihnen eine andere Ansicht unterstellen. Ihnen ging es um die Aufrüstung per se und um die Wiederherstellung der ordnungs- und einflußpolitischen Prioritäten, wie sie bis zum Beginn der Entspannungsperiode und dem Ende des Vietnam-Krieges geherrscht hatten. Diese Restauration mußte ihnen, den traditionellen Eliten, auch die Rückkehr an die Macht bringen.

Die Wahl Carters 1976 und zumindest seine beiden ersten Amtsjahre konnten als ein Zeichen dafür gedeutet werden, daß das politische System auf die durch die Entspannungspolitik und das Ende des Vietnam-Krieges geänderte Situation in der internationalen Umwelt mit veränderten Verteilungsleistungen reagieren würde. Präsident Carter hätte die Verminderung der Rüstungs- und die Erhöhung der Sozialausgaben, die von Johnson vorbereitet worden waren und die unter Nixon eingesetzt hatten, weiter vorantreiben und sogar institutionalisieren können. Das mußte auch Folgen im Herrschaftssystem haben: Hatte bis dahin die Sicherheitsschule in der amerikanischen Außen- und Innenpolitik vorgeherrscht, so wäre sie dann durch die Gleichheitsschule abgelöst worden, und zwar für lange Zeit. Wer diese Perpetuierung des Wandels verhindern wollte, mußte dessen außenpolitische Grundlagen, die Politik der Entspannung und der Rüstungskontrolle, zerstören. Er mußte eine massive Aufrüstung durchsetzen, nicht weil sie außenpolitisch notwendig, sondern weil sie innenpolitisch unentbehrlich war, sollte die Umverteilung der Werte zugunsten der Sozialpolitik nicht zur Regel werden. Ließen sich hingegen diese verteilungspolitischen Prioritäten wieder zurückbilden, so mußte sich die gewohnte Verteilung von Macht und Einfluß, die Rückkehr der alten Eliten in die Führungspositionen quasi von selbst ergeben.

Welche Sowjetunionpolitik dann ausgeführt, ob nicht sogar eine Rückkehr zur Entspannungspolitik stattfinden würde, stand auf einem ganz anderen Blatt des Kalküls. Es sollte drei Jahre nach dem Amtsantritt der Reagan-Administration aufgeschlagen werden, und zwar von keinem Geringeren als Paul Nitze selbst in seinem «Waldspaziergang» mit dem sowjetischen Verhandlungspartner Julij Kwizinskij. Nachdem das eigentliche politische Ziel, die Rückkehr an die Macht und die Verhinderung der Re-Distribution erreicht worden war, konnte die Sowjetunionpolitik von dem instrumentellen Ballast befreit und auf den sachlichen Weg der außenpolitischen Interessen zurückgebracht werden. Immerhin waren von den 141 Gründungsmitgliedern des Committee on the Present Danger 60 in die Reagan-Administration eingetreten,[336] brauchten also nicht mehr ‹von draußen› in die Administration zu blicken. Das riesige Aufrüstungsprogramm, das Reagan den USA verordnete, ersetzte jeden Gedanken an eine eventuelle Re-Distribution durch die Sorge um das schiere Überleben der Sozialpolitik.

Wenn der gesellschaftliche Konsens gegenüber der Carter-Administration nach 1978 generell verfiel (nur noch 30% der Bevölkerung bewertete sie positiv), so wurde er im Bereich der Rüstung und der Rüstungskontrolle auch bewußt zerstört. Administration und politische Elite, eingeschlossen die Führung des Pentagon, waren sich jederzeit darin einig, daß es keine Unterlegenheit der Vereinigten Staaten gegenüber der Sowjetunion gab, daß das amerikanische Rüstungspotential ausreichte und der SALT II-Vertrag durchaus auch im amerikanischen Interesse lag. Eine Alternative zu dieser Politik konnte nur von denen gefordert werden, denen es weniger um die Wirkungen auf die Sowjetunion als vielmehr um die Ursachen in den USA selbst ging. Deswegen wurde der herrschende Konsens über die ausreichende militärische Ausstattung der USA von rechts gestört, und zwar lange bevor die sowjetische Intervention in Afghanistan einen – wenn auch nur augenscheinlichen – Anlaß für Korrekturüberlegungen nachlieferte.

Natürlich verbanden nicht alle gesellschaftlichen Gruppen, die im Krisenwinter 1979/1980 nach vermehrter Aufrüstung verlangten, damit die Absicht zu grundsätzlichen Korrekturen im Bereich der Macht- und Einkommensverteilung. Auch die Gewerkschaften kritisierten nach der sowjetischen Invasion in Afghanistan, daß der amerikanische Rüstungsaufwand zu gering gewesen sei, und forderten seine Erhöhung.[337] Aber sie unterstützten in den Präsidentschaftswahlen nach wie vor Jimmy Carter[338] und keinesfalls Ronald Reagan, den sie – wohl kaum zu Unrecht – als arbeiterfeindlich einschätzten. Der Präsident der AFL-CIO Lane S. Kirkland war Mitglied des Committee on the Present Danger, gleichzeitig aber weit davon entfernt, die innen- und sozialpolitischen Ziele Reagans, der ebenfalls dem Committee angehörte, zu unterschreiben. Das CPD war in seiner Zusammensetzung überparteilich, reflektierte den Konsens all derer, die seinerzeit den Ost-West-Konflikt in der Figur des Kalten Krieges mitgetragen hatten. Die Demokratische Partei, der die Gewerkschaften traditionell zuneigten, hatte damals einen außenpolitisch harten Kurs mit gesteigerter Sozialpolitik verbunden. Präsident Johnson hatte die ‹Große Gesellschaft› und den Vietnam-Krieg durchgesetzt; Senator Jackson war seitdem der beredte Anwalt dieser Kombination im Kongreß geblieben.

Nicht jedes Mitglied des CPD mußte also die weitergehenden Ziele seiner Initiatoren und Aktivisten kennen oder gar teilen; gemeinsam war ihnen lediglich, daß sie die Vormachtstellung der USA in der Welt erhalten und gegen die sowjetische Rivalität durchsetzen wollten.

Dennoch: die Außenpolitik hat im Wahlkampf 1980 zwar eine wichtige, aber keineswegs die ausschlaggebende Rolle gespielt. Weniger als ein Fünftel aller Wähler hielt sie für wichtig; am ehesten war es noch das Geiseldrama in Teheran, das die Wähler beeindruckte – zugunsten Carters übrigens.[339] Entscheidend für die Wahl war vielmehr die Wirtschaft; sie hatte seit dem Beginn der siebziger Jahre mit ihren Problemen der Inflation und der Arbeitslosigkeit die Außenpolitik vom Spitzenplatz der Aufmerksamkeit verdrängt.[340] Schon früher, schon in den sechziger Jahren, hatte sich ein tiefgreifender Wandel der politischen Landschaft der USA abgezeichnet, insofern sich die Demokratische Partei immer weiter nach liberal-links und die Republikanische Partei nach konservativ-rechts entwickelte. Beide Parteien tauschten dabei nicht nur Wählerschichten, sondern auch Leistungsprofile aus.[341] Die Demokraten verloren den Ruf, die Partei wirtschaftlicher Sicherheit für alle zu sein. Carter hatte es nicht vermocht, die Inflation, deren Ursprünge Präsident Johnson mit seinem Verzicht auf die notwendigen Steuererhöhungen gelegt hatte, in den Griff zu bekommen. Die Republikaner ihrerseits galten nicht mehr als die Partei des Friedens, als die sie die USA sowohl aus dem Korea- wie auch aus dem Vietnam-Krieg, die jeweils von Demokraten begonnen worden waren, zurückgeholt hatten. Ihr Rechtsruck unter der Führung Ronald Reagans ließ sie sogar als kriegsgeneigt erscheinen.

Dafür wurde der Republikanischen Partei nun am ehesten zugetraut, die Wirtschaft wieder zu sanieren. Mit seiner gezielten Frage, ob die Amerikaner nach vier Jahren der Carter-Administration wirtschaftlich «besser dran» seien als zuvor, ob sie diese Politik fortgesetzt sehen wollten oder nicht, ließ der Kandidat Reagan die Wahl von 1980 zum erfolgreichen Plebiszit über die wirtschaftliche Lage werden.[342] Reagan stützte sich stark auf das populistische Anti-Establishment-Syndrom; er stellte Carters überdemokratisiertem Politikstil das Bild einer überstarken Führungspersönlichkeit gegenüber.

Der Wahlausgang von 1980 hat aber in erster Linie als Kritik der Wähler an der Carterschen Wirtschaftspolitik zu gelten, nicht als Mandat für die konservative Innen- und Außenpolitik Reagans. So sahen es auch die meisten amerikanischen Wähler. Sie votierten mit 43,9 Millionen Stimmen gegenüber 35,5 Millionen, die an Carter gingen, für einen Wandel, aber nicht für ein erzkonservatives Programm, schon gar nicht für eine konfliktverstärkende Außenpolitik.

Negativ für Carter kam die Kandidatur von John Anderson hinzu, der 5,7 Millionen Stimmen, vor allem aus dem linksliberalen Lager der Demokraten, auf sich zog. Wären sie auf Carter entfallen, hätten sie sein Abschneiden verbessert, ihn aber nicht zum Präsidenten gemacht. Dazu hätte es einer größeren Wahlbeteiligung der Anhänger der Demokratischen Partei bedurft – gerade sie aber übten sich überproportional in Wahlenthaltung. Auch hätte die beträchtliche Menge der Unentschiedenen mehrheitlich für Carter stimmen müssen, statt, wie sie es dann überraschend taten, für Reagan. Beide Wählergruppen waren dafür verantwortlich, daß aus dem Patt, das die Wahlforscher noch eine Woche zuvor vorausgesagt hatten, ein so überraschend großer Sieg Ronald Reagans wurde.

Ein Sieg des Republikanismus war es durchaus, wie das Ergebnis der Kongreßwahlen zeigt. Die Republikaner gewannen zwölf Senatssitze und damit erstmals seit mehr als dreißig Jahren wieder die Mehrheit in der zweiten Kammer. Fünf prominente Liberale, darunter der frühere Präsidentschaftskandidat McGovern und der Vorsitzende des Auswärtigen Ausschusses Church, verloren ihre Sitze. Im Repräsentantenhaus gewannen die Republikaner 33 Mandate. Sie reichten zwar nicht zu einer republikanischen Mehrheit, aber sie verstärkten die traditionelle konservative Koalition zwischen Südstaatendemokraten und Republikanern zu einer «faktischen konservativen Mehrheit».[343] Es waren diese übergroßen Erfolge der Republikaner bei den Kongreßwahlen, die den Eindruck eines republikanischen Erdrutsches hinterließen und Kevin Phillips' These von dem «Entstehen einer republikanischen Mehrheit» [344] zu bestätigen schienen. Jedenfalls besaß der gewählte Präsident Reagan in beiden Häusern eine tragfähige politische Basis für sein Programm.

Dennoch stellte die Wahl von 1980 weder eine endgültige Wende der USA hin zum Konservativismus, noch zum Republikanismus dar. Im nachhinein scheint sie eher ein Normalfall gewesen zu sein, dem keine langfristige politische Bedeutung zukam. Schon gar nicht durfte das Wahlergebnis als legislative Stütze für die gesellschaftspolitischen Programme Ronald Reagans angesehen werden.[345]

Auch der Einfluß der konservativen Interessengruppen und der Political Action Committees scheint nicht so groß gewesen zu sein, wie die von ihnen erzeugte Aufregung vermuten ließ.[346] Nur im Bereich der Rüstungs- und Sowjetunionpolitik wird man ihn höher zu veranschlagen haben. In dem geringen Maß, in dem dieser Sachbereich die Wahlentscheidung von 1980 beeinflußt hat, können diese Interessengruppen einen Beitrag zum Erfolg Ronald Reagans für sich verbuchen.

Ihre politisch bedeutendere Leistung aber liegt darin, daß sie schon zuvor Carters Sowjetunionstrategie maßgeblich beschädigt hatten. Der Präsident mußte seinen Versuch, der Sowjetunion als Gegenleistung zur Rüstungskontrolle die militärische Parität zuzugestehen, 1978 zurückstellen und 1979 praktisch aufgeben. Das zweite Element seiner Strategie, die Menschenrechtskampagne, mit deren Hilfe er der Sowjetunion die politische Parität verweigern wollte, war schon früher und aus anderen Gründen verfallen. Der Kongreß hatte nicht die genügenden Mittel im Rahmen der Auslandshilfe bewilligt; weder dem Präsidenten noch seinem Außenminister war es gelungen, ihre richtigen Analysen der sowjetischen Expansion in die Dritte Welt in politische Entscheidungen umzusetzen. Vielmehr wurde der politische Meinungskampf von denjenigen gewonnen, die die Rüstungskontrollpolitik der Administration systematisch bekämpften und durch eine verstärkte Aufrüstungspolitik zu ersetzen suchten. Sie wollten die Überlegenheit der USA gegenüber der Sowjetunion wieder herstellen und bei dieser Gelegenheit auch ihre eigenen innenpolitischen Machtpositionen zurückgewinnen. In jedem Falle wollten sie verhindern, daß mit der Rüstungskontrolle sich das Regime der Entspannung festigte und eine neue Verteilungspolitik, neue innenpolitische Prioritäten zulassen würde. Auf diesem Gebiet hat die von den konservativen Interessengruppen gezielt herbeigeführte Konsenseinbuße nachweisbare Erfolge aufzuzeigen – jedenfalls für das erste Drittel der achtziger Jahre.

Carters Zustimmung zum Bau der MX-Rakete und sein zusätzlicher Militärhaushalt vom Dezember 1979 deuteten, ebenso wie die Carter-Doktrin vom darauffolgenden Januar, an, daß der Präsident selbst seine Strategie aufgegeben hatte, der Sowjetunion die militärische Parität zu lassen, ihr aber die politische zu nehmen. Carter ließ die Politik in seiner Sowjetunionpolitik zurücktreten und griff nach dem alten, vertrauten, aber keinesfalls besonders bewährten Mittel der Aufrüstung. Ob sie einen Grundstein abgeben konnte, auf dem sich eine neue amerikanische Sowjetunionpolitik für die achtziger Jahre aufbauen ließ, mußte sich freilich erst zeigen. Carters Nachfolger hatte da keine Zweifel. Aber es muß doch betont werden, daß Präsident Reagan nur fortsetzte – freilich in sehr viel größerem Stil –, was sein Vorgänger in den letzten achtzehn Monaten seiner Administration schon begonnen hatte: die Rückkehr zur Aufrüstung als dem entscheidenden Instrument, um die Machtprobe mit der Sowjetunion zu bestehen.

II.
Reagans Regime

1. Der Sieg Reagans und die konservative Koalition

Die «heroischen Träume», zu denen Präsident Reagan die Amerikaner in seiner Inauguraladresse vom 20. Januar 1981 aufforderte, gingen nur begrenzt in Erfüllung. Sie dauerten zwei Jahre, genau so lange wie die Zeitspanne, die Jimmy Carter beschieden gewesen war. Ab 1983 mußte Reagan seine Sowjetunionpolitik ändern, mußte er von rechts außen zu der mittleren amerikanischen Linie zurückfinden, auf die Carter, von links kommend, zurückgeführt worden war. Allerdings war die gesellschaftliche Basis für die Reagansche Sowjetunionpolitik breiter; die Übergänge zwischen gemäßigten und konservativen Positionen sind offenbar zahlreicher als die, die zu einer fortschrittlich-liberalen Position führen. Sicherheit wird in der Regel traditionell als militärische Sicherheit verstanden und damit konservativ definiert. Wenn es in der Reagan-Koalition zwischen den Religiösen und den Neo-Konservativen erhebliche Unterschiede gab, so waren sie in der Sowjetunionpolitik jedenfalls über weite Strekken hin einer Meinung.

Aus diesem Grunde hatte das Committee on the Present Danger den außenpolitischen Part im Wahlkampf des Präsidenten Reagan spielen können, der sehr viel weiter rechts stand als die meisten Mitglieder des Committee und sich auf ganz andere Gruppen stützte. Ronald Reagan kam aus dem ultrakonservativen Lager des Republikanismus, in dem nicht großbürgerliche, sondern kleinbürgerliche Konzepte vorherrschen. Reagan hatte es verstanden, das populistische Ressentiment von der Wirtschaft weg und auf die Bundesregierung hin zu lenken. Das war zwar seit der Watergate-Affäre nicht besonders originell; auch der Kandidat Carter hatte die Kritik an Washington für seinen Wahlkampf genutzt. Reagan aber ging weit darüber hinaus, indem er nicht nur einzelne Mißgriffe, sondern die Bundesregierung selbst zum Gegenstand der Kritik werden ließ. Er führte sie als diejenige Gewalt vor, die die Freiheit und den Lebensspielraum des einzelnen Amerikaners einschränkte; er verkehrte das seit Roosevelt herrschende Dogma der Demokratischen Partei, daß nämlich die Bundesregierung der Helfer des kleines Mannes in der Bedrängnis durch ökonomische Übermacht sei, in sein Gegenteil. «Die Regierung ist nicht die Lösung des Problems, sondern sie ist selbst das Problem» – auch dieser Kernsatz wurde von Reagan bereits in seiner Rede zum Amtsantritt geäußert. Das war natürlich ein klassisches Dogma des klassischen Konservativismus, das Ronald Reagan von 1956 bis 1965 als Werbefachmann für die General Electric Company und danach als Sprachrohr zahlreicher konservativer Organisationen und Think Tanks verkündet hatte.[1] Reagans besondere Leistung als Politiker und als Kandidat hatte darin bestanden, von der Richtigkeit dieses Grundsatzes auch die Mittel- und Unterschichten der Vereinigten Staaten zu überzeugen. Dadurch schuf er die politische Basis seiner Koalition, auf der sich Großbürger und Kleinbürger, Big Business und Small Business treffen konnten. So unterschiedlich ihre Interessen waren – die Kritik am Big Ggovernment in Washington vereinigte sie. Sie war der Zündfunke des ‹Buschfeuers›, das anzuzünden Reagan sich schon 1964 vorgenommen hatte. Er wollte das Volk von der «Last der Regierung» befreien, in diesem Zeichen gewann er die Wahlen von 1980.

Ronald Reagan war es gelungen, den wirtschaftlichen Populismus, auf dem der Konsens der Demokratischen Partei beruht hatte, in einen gesellschaftspolitischen Populismus zu verwandeln, der sich gegen die Regierung wandte.[2] Das war eine große Leistung, und sie bezeugt das überragende rhetorische Talent Ronald Reagans. Das Epitheton ‹Großer Kommunikator› kommt ihm zu Recht zu. Er versprach, die USA wieder zur stärksten Führungsmacht der Welt werden zu lassen und gleichzeitig die Bundesregierung zu schwächen. Er versprach, das Haushaltsdefizit, das 1980 bei 40 Mrd. USD gelegen hatte, abzubauen, und trieb es während seiner Amtszeit auf über 200 Mrd. hinauf. Er versprach, die Steuern zu senken, und verteilte sie doch nur um. Er bezeichnete die Sowjetunion als das «Reich des Bösen» und verkaufte ihr gleichzeitig amerikanischen Weizen, auch noch zu Vorzugspreisen.

Reagan war kein Spezialist auf dem Gebiet der Außenpolitik, aber er war ein hervorragender, hochbegabter Politiker. Er beherrschte vielleicht nicht alle Einzelheiten der Politik – wie es sein Vorgänger Carter vorbildlich getan hatte –, aber er beherrschte das wichtige Kommunikationsmedium: das Fernsehen. Er verstand es, komplizierte Sachverhalte so zu vereinfachen, daß sie über die Medien vermittelt und in der Gesellschaft verstanden werden konnten. Er erweckte den Eindruck von Führung, auch wenn seine Administration zumindest das gleiche Ausmaß von Widersprüchlichkeit, Konfusion und Personalwechsel aufwies wie ihre Vorgänger. Es gelang Ronald Reagan, ein Ausmaß von Konsens in der amerikanischen Gesellschaft für seine Person zu erzeugen, das durchaus als einmalig gelten kann. Sie erfuhr die Zustimmung auch derer, die unter Reagans Politik wirtschaftlichen Schaden erlitten.

Die Koalition von Big Business, Mittelklassen, Neo-Konservativen und religiösen Fundamentalisten[3] und ihr Erfolg waren selbstverständlich nicht allein das Werk Reagans. In der politischen Kultur der USA lagen die emphatische Bejahung des Herrschaftssystems und die aufmerksame Reserve gegenüber dem politischen System eng beieinander. An der Rollenzuweisung für das politische System schieden sich traditionell die politischen Geister in den USA, unterschieden sich, wenn auch in wechselnden Konstellationen, die beiden großen politischen Parteien. Im 20. Jahrhundert traten die Demokraten aus Gründen der sozialen Gerechtigkeit für eine starke, die Republikaner aus Gründen der individuellen Freiheit für eine schwache Regierung ein. Aber auch die Demokraten teilten die allgemeine Reserve gegenüber «den Regierenden», die Skepsis gegen das politische Establishment in Washington. Es wurde durch die Watergate-Affäre krisenartig verschärft; das traditionelle Mißtrauen hatte sich in einen breiten, vor allem die Exekutive betreffenden Vertrauensentzug umgewandelt. Hatte schon Carter als Kandidat diese Stimmung auszunutzen versucht, so wurde er darin von Ronald Reagan bei weitem übertroffen.

Der kleinbürgerliche, rechtsextreme Flügel der Republikanischen Partei hatte unter Goldwater einen ersten Versuch gestartet, die Präsidentschaft zu erringen; er war 1964 gescheitert.[4] Aber das war noch die Alte Rechte gewesen, die sich seitdem, unter kräftiger Mitarbeit von Ronald Reagan, zur Neuen Rechten erweitert hatte. Sie gruppierte sich um eine Erneuerung der traditionellen sozialen Werte der amerikanischen Gesellschaft, vornehmlich um die Familie und die Rolle der Frau.[5] Sie wurde emotional abgestützt durch eine neue Religiosität, zu der sich viele «born again»-Christen bekannten. Sie erhielten in der «angebotsorientierten» Wirtschaftstheorie Arthur Laffers, die auf Steuersenkungen und eine Reduzierung der Regierungsintervention setzte, eine ökonomische Konzeption; sie erhielten von den Neo-Konservativen eine außenpolitische Theorie, die den Anti-Kommunismus und Militarismus der Alten Rechten in eine moderne und daher für viele Amerikaner akzeptable Form goß.

Die Neue Rechte wies keine scharf begrenzten Umrisse auf,[6] sie reflektierte vielmehr eine breite Welle von Einstellungen und Orientierungen, denen nur der Anti-Liberalismus gemein war, die Kritik dessen, was in den siebziger Jahren die amerikanische Innen- und Außenpolitik angeleitet hatte. Ronald Reagan ritt diese Welle, beschleunigte und verbreiterte sie. Er versprach das Gegenteil der Carter-Jahre, die Eindämmung der Inflation, den Abbau der Arbeitslosigkeit, die Steuersenkung. Er versprach, den USA den Rang der militärischen Vormacht in der Welt wieder zu geben. Er versprach vor allem, Big Government in Washington abzubauen, die Größe und den Einfluß der Bundesregierung zu verringern und dafür die der Bundesstaaten zu vergrößern. Sie haben schließlich, sagte Reagan in seiner Inauguraladresse, die Bundesregierung eingesetzt, nicht umgekehrt.

Dieser «neue Föderalismus», auf den sich allerdings schon Nixon berufen hatte, bildete einen weiteren gemeinsamen Nenner der Reagan-Koalition. Ihm ließ sich auch das traditionelle Ostküsten-Establishment der Republikanischen Partei anschließen, wenn auch nicht deren liberaler Flügel. Industrieunternehmen und Banken hatten sich noch nie für eine große Rolle der Bundesregierung erwärmen können; sie hatten sie auch seit den sechziger Jahren, seitdem die Transnationalen Konzerne an wirtschaftlicher Macht gewonnen und sich über den Erdball ausgebreitet hatten, weniger und weniger in Anspruch genommen. Es war fraglich, ob der Wirtschaftsflügel der Republikanischen Partei das populistische Programm Ronald Reagans mittragen würde, außenpolitisch wie wirtschaftspolitisch. Auf den gegen die Übermacht der Bundesregierung gerichteten Teil des populistischen Syndroms ließ sich aber auch der traditionelle Republikanismus verpflichten, symbolisiert durch den Verzicht George Bushs auf die Weiterführung seiner Präsidentschaftskampagne und seine Bereitschaft, in einer Regierung Reagan Vizepräsident zu werden.

Damit war die Reagan-Koalition komplett. Sie stellte ein sehr heterogenes Gebilde dar, das im wesentlichen durch die Person Reagans und durch den Anti-Government-Populismus zusammengehalten wurde. Daß die Randpositionen nicht zum Zuge kommen und alsbald abbröckeln würden, ließ sich voraussehen. Einer der extremsten Anwälte militärischer Macht, William van Cleave, wie Arthur Laffer Professor an der University of Southern California und ein strategischer Chefdenker des Reagan-Teams, kam gar nicht in die Regierung. Daß die Wirtschaft, die sich über die geplanten Steuersenkungen freute, die gleiche Freude über das anschwellende Haushaltsdefizit und die anschwellenden Rüstungsaufträge empfinden würde, war unwahrscheinlich. Es war symptomatisch, daß Präsident Reagan den Bundesbankpräsidenten der Carter-Zeit, Paul A. Volcker, im Amt behielt.

Die Vermehrung militärischer Stärke wurde selbstverständlich vom Pentagon und dem amerikanischen Militär gern gesehen, weil sie dadurch die Bedeutung zurückerhielten, die ihnen in der Entspannungsperiode zu entschwinden schien. Deswegen mußten sie Reagans Kritik an der Rüstungskontrollpolitik nicht unbedingt teilen – faktisch blieb der SALT II-Vertrag bis 1986 in Kraft. Die religiösen Fundamentalisten sahen sich alsbald von ihrem Kandidaten enttäuscht, der sie zwar mit Kraftworten besänftigte, aber weder in der Frage der Abtreibung noch in der der Wiedereinführung des Schulgebetes Wort hielt. Die gleichen Erfahrungen machten auch die Neo-Konservativen. Sie fanden sich zwar in der bramarbasierenden Rhetorik Reagans in den ersten Jahren, nicht aber in seiner pragmatischen Sowjetunionpolitik dieser Jahre und schon gar nicht in der außenpolitischen Wende nach 1983 wieder. Schließlich mußte die breite Masse der Neuen Rechten alsbald feststellen, daß sich die Regelungskompetenz der Bundesregierung nur aus solchen Bereichen zurückzog, in denen es, wie in der Sozial- und Bildungspolitik, um die Entfaltungsinteressen des kleinen Mannes ging.

Um die innere Konsistenz der Reagan-Koalition war es also von Anfang an nicht sehr gut bestellt. Die konservative Welle, die durch die Vereinigten Staaten lief, verzweigte sich in so viele Kanäle, daß sie nur dann den Eindruck eines zusammenhängenden Deltas machte, wenn man sie aus sehr großer Höhe betrachtete. Sie zeigt dann das Bild einer sozialen Bewegung, die lange vor Reagan begann und auch nach seiner Amtszeit weiter wirksam ist. Phasen gesellschaftlicher Grundorientierungen lassen sich nicht nach Jahren, sondern nur nach Jahrzehnten rechnen. Sie lassen auf der anderen Seite mehrere Varianten der Politik zu. Orientierungen und Konsense bezeichnen lediglich die Bandbreiten politischer Entscheidungen, determinieren sie nicht im einzelnen. Die Politik Reagans konnte daher in den acht Jahren zahlreiche Phasen durchlaufen und sich dabei deutlich von den Programmen des Anfangs entfernen. Diese Bewegung ist für amerikanische Präsidentschaften typisch, sie pendeln sich nach dem zweiten Jahr ihrer Amtszeit auf eine mittlere Linie ein, weil die amerikanische Gesellschaft extreme Positionen zwar bei Amtsbewerbern akzeptiert und honoriert, sie aber bei Amtsinhabern nicht toleriert.

So hat Ronald Reagan, der sich als Kandidat klar als Alternative zu Jimmy Carter präsentierte, diese Politik nur drei Jahre lang – und selbst in diesem Zeitraum vielfach nur rhetorisch – durchhalten können. Danach kam seine Revolution innenpolitisch ins Stocken. Seine Außenpolitik mußte den langfristig wirksamen Interessen der USA, den gesellschaftlichen Anforderungen, den bürokratischen Routineentscheidungen und, vor allem, den parlamentarischen Mehrheiten Rechnung tragen.

Ab 1984 schlug Reagan eine Politik gegenüber der Sowjetunion ein, die flexibler und offener war als die Linkage-Politik Kissingers. Seit der Genfer Gipfelkonferenz mit Gorbatschow im November 1985 verfolgte er realistisch die Abrüstung der Mittelstreckenraketen in Europa, die 1987 vertraglich verabredet wurde. Damit ließ er fast dreißig Jahre amerikanischer Rüstungskontrollpolitik zur Makulatur werden, stellte er sich auf die Seite derjenigen liberalen Rüstungskontrollgegner in den USA, die sie stets durch Abrüstung ersetzt sehen wollten. Aus dem Kandidaten, der die militärische Überlegenheit der Vereinigten Staaten wiederherstellen wollte, war ein Präsident geworden, der im Laufe seiner Amtszeit die militärische Parität der Sowjetunion erneut akzeptierte, die Rüstungskontrolle in Abrüstung verwandelte und der von ihm selbst totgesagten Entspannung zu ungeahnter Auferstehung verhalf.

Freilich muß bei dieser einführenden Bilanz zwischen der Innen- und der Außenpolitik doch unterschieden werden. In der Wirtschafts- und Sozialpolitik, auch in der Gesellschaftspolitik im breiteren Sinn, hat Ronald Reagan Veränderungen durchgesetzt, die auf lange Zeit in der amerikanischen Innenpolitik nachwirken werden. Während sich seine Sowjetunionpolitik im Laufe der acht Jahre um 180 Grad drehte, hat Reagan an seiner

Innen-, Wirtschafts- und Sozialpolitik unbeirrbar festgehalten. Er hat sich nicht voll durchsetzen können, aber er hat sie niemals aufgegeben. Das läßt den Schluß zu, der auch durch die Genese der Kandidatur Ronald Reagans seit der Mitte der sechziger Jahre nahegelegt wird, daß Reagans Interesse im wesentlichen nach innen, gegen diejenige amerikanische Gesellschaftsordnung gerichtet war, die sich in den siebziger Jahren im Zusammenhang mit der Entspannungspolitik gegenüber der Sowjetunion zu entwickeln begonnen hatte. Es ist denkbar, daß Reagan die Sowjetunionpolitik stets nur instrumental aufgefaßt und betrieben hat, um die Große Gesellschaft, den Wohlfahrtsstaat zu zerstören. Das würde plausibel erklären, warum er so mühelos von der Konfrontation auf die Kooperation mit Moskau umschalten konnte, als sich seine innenpolitische Revolution festgefahren hatte.

Die Vermutung, daß die Sowjetunionpolitik im Kalkül Ronald Reagans lediglich instrumentelle Bedeutung für seine Innenpolitik besaß, kann vielfach bestätigt, aber nicht bewiesen werden. Sicher ist jedoch, daß Reagan in den ersten beiden Jahren seiner Präsidentschaft sich mit fast ausschließlichem Vorrang der amerikanischen Innenpolitik zuwandte und die Sowjetunionpolitik auf die gewaltige Forcierung der amerikanischen Aufrüstung reduzierte. Reagans Revolution war innenpolitisch; genauer: sie versuchte einen sozialpolitischen Staatsstreich. Reagan wollte die altliberale Gesellschaftsordnung der USA wiederherstellen. Dazu brauchte er einen großen Hebel, den er in dem populären, durch Afghanistan und Teheran zusätzlich aufgewerteten Ziel fand, Amerika wieder zur Nummer Eins der Weltpolitik zu machen. Die dazu erforderliche Aufrüstung kostete viel Geld, das nur zu Lasten der Sozialpolitik aufgebracht werden konnte. Denn Reagan hatte auch versprochen, die Steuern zu senken. Daß Reagan die Rüstungsausgaben erhöhen, die Einnahmen senken und den Haushalt ausgleichen wollte, wurde ihm als Aberwitz angerechnet, aber es hatte Methode. Der Zirkel ließ sich quadrieren, wenn die Rüstung mit der Sozialpolitik bezahlt wurde.

Dieses Kernstück der Reaganomics ließ sich politisch nicht durchsetzen, weil der Kongreß, nach anfänglichen Korrekturen, an der Sozial-, Wohlfahrts- und Bildungspolitik eisern festhielt. Aber Reagan war nicht weniger entschlossen. Er beging lieber die Ursünde gegen den Republikanismus und ließ das Haushaltsdefizit in ungeahnte Höhen hinaufschnellen, als daß er nachgegeben und entweder die Steuern erhöht oder das Rüstungsbudget gesenkt hätte.

Der Konflikt mit dem Kongreß und sein Resultat, die Staatsverschuldung, zeigen, wie weit rechts vom konservativen Republikanismus Reagan stand. Der klassische amerikanische Konservativismus war gegen den Sozialstaat und gegen den Zentralstaat. Er machte aber auch bei der Rüstung keine Ausnahme – nicht umsonst hatte Präsident Eisenhower den militärisch-industriellen Komplex kritisiert, den New Look eingeführt, den Koreakrieg beendet und die erste Entspannungspolitik mit der Sowjetunion verwirklicht. Reagan aber akzeptierte den starken Militär- und Rüstungsstaat und nahm zu seinen Gunsten, als es nicht anders ging, das riesige Haushaltsdefizit hin. Mehr noch: Er ordnete die innenpolitische Freiheit dem außenpolitischen Machtgewinn unter – eine gänzlich unrepublikanische Rangordnung. Reagan war auf dem besten Wege, dem ‹Primat der Außenpolitik› zu folgen, jenem europäischen ‹System›, vor dem schon Monroe gewarnt hatte, weil es nach außen zur Konfliktverschärfung, nach innen zur Reduzierung der Freiheit tendiert.

Reagan hat sein Programm nicht durchführen können, weil ihn die amerikanische Gesellschaft und ihr Repräsentant, der Kongreß, daran hinderten. Die Wahl von 1980 war keine Richtungswahl gewesen, sie hatte keine ‹neue republikanische Mehrheit› erbracht, jedenfalls keine rechtsrepublikanische Mehrheit Reaganscher Obödienz. Es ist fraglich, ob Reagan ohne die Hilfe Breschnews in Afghanistan und des Ayatollah in Teheran gesiegt haben würde. Wenn er sich auf ein Mandat berufen konnte, dann betraf es die Wiederherstellung der weltpolitischen Reputation der USA, die unter diesen beiden Ereignissen gelitten zu haben schien, betraf es den Abbau der Inflation und der Arbeitslosigkeit, die unter Carter zu grassieren schienen. Alle drei Mandate hat Reagan erfüllt, ohne sein Hauptziel, die Beseitigung des Sozialstaats, zu erreichen. Das ‹Buschfeuer› konnte er nicht entfachen.

2. Das Programm

Muß es also bezweifelt werden, daß Präsident Reagan für seine konfrontative Sowjetunionpolitik ein Mandat der Wähler besaß, so konnte er sich für deren Kernstück, die Aufrüstung, auf eine breite Mehrheit stützen. 1981, im ersten Jahr seiner Administration, stimmten 65% aller befragten Amerikaner für eine Rüstungserhöhung;[7] 1980 waren es schon 56% gewesen. 1982 wurde die Zustimmung bereits wieder halbiert; nur noch knapp ein Drittel befürwortete mehr Rüstung, während ein weiteres Drittel die Ausgaben für ausreichend und das dritte Drittel sie sogar für zu hoch ansahen.[8] Die Einflüsse des Committee on the Present Danger und anderer konservativer Interessengruppen, der Wahlkampf und seine Unterstützung durch die sowjetische Invasion in Afghanistan und die Gefangenschaft von 52 amerikanischen Diplomaten in Teheran hatten ihre Wirkung nicht verfehlt, die allerdings nicht lange vorhielt.

Die Aufrüstung bildete auch den gemeinsamen Nenner der gesamten Administration. In ihr stimmten alle maßgebenden Politiker der Reagan-Administration überein, angefangen von dem Verteidigungsminister Caspar Weinberger als ihrem unermüdlichsten Anwalt, über den Leiter des Büros für internationale Sicherheit im Verteidigungsministerium, Richard Perle, bis hin zu Außenminister Alexander Haig und dem Direktor der Abrüstungsbehörde Eugene Rostow. Auch der erste Sicherheitsberater Reagans, Richard Allen, lag auf dieser Linie. Konservativ wie sie war, erfüllte sie nicht alle Wünsche der Erzkonservativen. Auch gab es innerhalb der Administration erhebliche Meinungsunterschiede, etwa zwischen dem Sicherheitsberater Allen, der Europa gut kannte, und dem stellvertretenden Außenminister Clark, dessen politischer Horizont in Kalifornien gebildet worden war. Es gab Differenzen zwischen dem Verteidigungs- und dem Außenminister nicht nur über die Kompetenzverteilung unter den beiden Ministerien, sondern auch über die Rolle Europas und die besondere Rücksichtnahme, die die europäischen Alliierten erforderten.[9] Auch dürfte nicht jedes Kabinettsmitglied Reagans drastische These geteilt haben, daß die Sowjetunion für sich das Recht beanspruche, «jedes Verbrechen zu begehen, zu lügen und zu betrügen», wenn es um ihre Ziele geht.[10] Übereinstimmung aber herrschte hinsichtlich der Notwendigkeit, die Vereinigten Staaten aufzurüsten, ihnen eine Position der militärischen Stärke zurückzugeben, die sie in den Augen der Reagan-Administration während der siebziger Jahre verloren hatte. Diese Periode mit ihrer Politik der Entspannung war zu einer «Einbahnstraße» für die Sowjetunion geworden,[11] auf der sie ihre Ziele der Einflußexpansion und der Subversion erfolgreich verfolgt hatte. Diese Straße wollte die Reagan-Administration verriegeln, und zwar durch verstärkte amerikanische Aufrüstung.

Der Unterschied zur Carter-Administration lag vor allem in dieser Einseitigkeit. Auch Carter hatte die Notwendigkeit zur Modernisierung und Erweiterung der Militärmacht der Vereinigten Staaten gesehen; er hatte letzthin den Militäretat um 5% erhöht. Ronald Reagan ging nicht nur über diesen Prozentsatz weit hinaus; er verließ sich auch in seiner Sowjetunionpolitik ausschließlich auf die Aufrüstung, vergaß die Menschenrechte und verzichtete auf jeden Dialog. Erst wenn Moskau bereit sein werde, «sich wie eine verantwortliche Macht zu verhalten»,[12] wollten die Vereinigten Staaten die Verhandlungen mit Moskau wieder aufnehmen. Wollte Jimmy Carter mit seiner Nachrüstung lediglich eine Lücke im amerikanischen Dispositiv schließen, so wurde die Aufrüstung für die Reagan-Administration zum Inbegriff ihrer Sowjetunionpolitik. Aufrüstung war – und blieb – das Fundament der Sowjetunionpolitik der Reagan-Administration praktisch bis zu ihrem Ende. Alle anderen Bestandteile haben sich im Laufe dieser acht Jahre geändert, sogar in ihr Gegenteil verkehrt. Die Abneigung gegenüber der Rüstungskontrolle schlug in die Bereitschaft zur Abrüstung um, die Konfrontationspolitik in die Kooperation mit Moskau. Das Interesse an kontinuierlicher Aufrüstung hingegen blieb konstant wie die Halterung einer Windfahne. Wie immer die Großwetterlage zwischen den Vereinigten Staaten und der Sowjetunion sich gestaltete – die Reagan-Administration legte bei jedem neuen Haushalt die Forderung weiterer Rüstungserhöhung vor. Sie bildete sozusagen den Grundkanon der Reagan-Administration, das einzige definierte und kontinuierlich verfolgte Element ihrer Politik gegenüber der Sowjetunion.

Alles andere blieb vage und variabel. Außenminister Haig gelang es in den anderthalb Jahren seiner Amtszeit – er trat am 25. Juni 1982 zurück – nicht, ein kohärentes, detailliertes Konzept der Sowjetunionpolitik zu entwickeln, in das sich das Aufrüstungsprogramm hätte einbetten lassen. Seine Ansprache vor der Anwaltskammer am 11. August 1981 enthielt einen Zielkatalog, aber kein Konzept.[13] Erst ein Jahr später – Reagans Regime der Konfrontation neigte sich bereits dem Ende zu – fügte der neue Außenminister George P. Shultz die verschiedenen Bruchstücke zu einem theoretisch geschlossenen Konzept zusammen.[14] Er begründete darin auch die politische Funktion der Aufrüstung. Durch sie werde die Sowjetunion viel eher von aggressiven Maßnahmen abgeschreckt als «durch ein zerbrechliches Netz der Interdependenz».

Erst zum Abschluß der Periode, in der sich Reagans Sowjetunionpolitik uneingeschränkt entfalten konnte, wurde also ihr konzeptuelles Gebäude enthüllt. Die Verspätung läßt sich kaum damit erklären, daß Reagan nur marginal über Carters Aufrüstungsprogramm hinausging und dies aus Sorge vor der Kritik von rechts nicht öffentlich eingestehen wollte.[15] Zutreffender dürfte sein, daß die Reagan-Administration über gar kein außenpolitisches Konzept, sondern lediglich über eine durch Anti-Kommunismus und Anti-Sowjetismus gekennzeichnete ideologische Basis verfügte, auf der sich eine fast ausschließliche Präferenz für militärische Gewaltmittel erhob.

Hierin unterschied sie sich ganz deutlich von Carter wie von Nixon, die beide die Notwendigkeit militärischer Stärke nicht übersehen, aber der Politik untergeordnet hatten.[16] Die Reagan-Administration setzte auf die militärische Gewalt, die der Sowjetunion zunächst die militärische, dann aber auch die politische Parität verweigern und den Vereinigten Staaten das Führungspotential der Superiorität zurückgeben sollte. Moskau sollte gezwungen werden, sich auf die Abrüstung einzulassen und sich aus der Welt zurückzuziehen, zumindest sich dort nicht weiter zu engagieren. Was Nixon/Kissinger mit wirtschaftlichen Anreizen und Carter/Vance mit einer aktiven amerikanischen Politik in der Dritten Welt erreichen wollten, nämlich die Selbsteindämmung der Sowjetunion und ihre Bereitschaft zu Rüstungskontrolle und Abrüstung, wollte die Reagan-Administration mit der Bereitstellung überlegener amerikanischer Rüstung erzwingen. Ihre Verbindung von Counterforce-Strategie und Strategischer Verteidigungsinitiative, ihre Einbeziehung des Territoriums der Sowjetunion und Osteuropas in eine Offensivstrategie im Falle eines Krieges, die offen reklamierte Überlegenheit der amerikanischen Marine gegenüber der sowjetischen und die Konzeptualisierung einer ausdrücklich offensiven maritimen Strategie[17] – dergleichen ließ sich im einzelnen fordern, aber kaum im ganzen proklamieren. Eine so grundlegende Abweichung von dem bisherigen Kurs der Sowjetunionstrategie hätte wohl weder die amerikanische Öffentlichkeit noch den Kongreß passiert.

Die Legislative unterstützte zwar das Aufrüstungsprogramm Reagans, jedenfalls in den ersten beiden Jahren. Sie unterstützte aber keineswegs das dahinterstehende strategische Konzept.[18] Deswegen war es besser und klüger, ein solches Gesamtkonzept weder zu entwickeln noch vorzustellen. Verteidigungsminister Weinberger wich der mehrfach gestellten Frage, ob die Vereinigten Staaten unter Reagan nunmehr die militärische Superiorität anstrebten, mit dem Hinweis aus, daß es sich hier nur um ein semantisches Problem handele.[19] Präsident Reagan erklärte kategorisch, daß die Sowjetunion «definitiv eine Marge der Überlegenheit» besäße und sich damit für die Vereinigten Staaten ein «Fenster der Verwundbarkeit» ergebe.[20] Diese These war vom Committee on the Present Danger in den Vorjahren hinreichend erläutert worden, sie hatte einen Haupttenor des Wahlkampfes von Ronald Reagan abgegeben, sie traf auf breite Zustimmung.

Auf ihre konzeptuelle Ausarbeitung zu verzichten hatte den zusätzlichen Vorteil, den Plausibilitätsbeweis gar nicht antreten zu müssen. Vor ihm hatte schon Carter zurückgescheut. Auf welche Weise sollte eine verstärkte amerikanische Aufrüstung Ereignisse wie den Umsturz im Iran und die sowjetische Intervention in Afghanistan verhindern können, wenn das eine eine Revolution und das andere ein Vorgang war, der sich ausschließlich in der sowjetischen Einflußsphäre abspielte? Wie sollte eine amerikanische militärische Überlegenheit in den achtziger Jahren das erbringen, was sie in den Fünfzigern, wo sie nachweislich bestand, nicht erreicht hatte? Die sowjetische Einflußerweiterung in der Dritten Welt wurde zwar von der stark verbesserten Fähigkeit zur power projection gestützt und – wie im Horn von Afrika – auch unterstützt. Sie vollzog sich aber prinzipiell unterhalb der Ebene des Einsatzes militärischer Macht, so daß sie durch amerikanische militärische Gegenmacht auch nicht gestoppt werden konnte.

Solche schwierigen Fragen brauchte nicht zu beantworten, wer sie gar nicht erst aufwarf. Auch wäre die Reagan-Administration bei der nächsten sowjetischen Einflußoffensive in Zugzwang geraten. Daran konnte ihr nicht gelegen sein. Sie war sich zwar einig darin, die militärische Stärke der USA zu erhöhen. Etwas ganz anderes war es, diese Stärke auch gegen die Sowjetunion einzusetzen. Keinesfalls ergab sich das eine notwendig aus dem anderen. Auch die Reagan-Administration wußte um die Gefahr, die aus einer direkten Kollision der beiden Supermächte in der Dritten

Welt entstehen würde. Sie wußte seit dem Wahlkampf 1980, daß sie im Verdacht der Kriegstreiberei stand.

Vor allem: Warum sollte sie sich mit der theoretischen Diskussion von Konsequenzen der Aufrüstung belasten, wo es ihr doch ausschließlich um diese Aufrüstung selbst ging? Sie sollte durchgesetzt werden, und mit ihr die erwünschten Folgen für die Verteilung von Macht, Einfluß und Werten im politischen System. Unter diesem Aspekt war die Aufrüstung ein Zweck an sich, der die alten Verteilungsprioritäten in den Vereinigten Staaten wiederherstellen und die traditionellen Eliten wieder an die Macht bringen sollte. War das eine schon erreicht, mußte das andere noch bewirkt werden. Dazu reichte die Aufrüstung völlig aus, sie brauchte nicht noch zusätzlich gegen die Sowjetunion eingesetzt zu werden.

Einen Hauch solcher Machtpolitik war die Administration vielleicht dem ultrarechten Flügel ihrer Koalition schuldig; 1983 hat sie mit der Intervention im Libanon (und dem Rückzug daraus), sowie der Besetzung Grenadas und den Demonstrationen an der libyschen Küste diesen Interessen sicher Genüge getan. Darüber hinaus aber hat sich die Reagan-Administration in ihren Taten sehr zurückgehalten, sie hat der donnernden Rhetorik ihres Präsidenten eine militärisch vorsichtige Sowjetunionpolitik folgen lassen, die sich alsbald zu den traditionellen Bahnen des Dialogs, der Rüstungskontrollverhandlungen und der Kooperation mit der Sowjetunion zurücktastete.

War also Reagans außenpolitisches Regime eher deklaratorischer als operativer Natur?[21] Es ist richtig, daß Reagans Militärpolitik seinem Wort von der Sowjetunion als der «bösen Macht»[22] nicht gerecht wurde. Andererseits hat es die Reagan-Administration nicht nur bei einem riesigen Aufrüstungsprogramm bewenden lassen. Sie hat in den ersten beiden Jahren ihrer Amtszeit, in denen sie sich, wie jede Administration, relativ frei entfalten konnte, eine Konfrontationspolitik gegenüber der Sowjetunion betrieben, die bei den europäischen Regierungen große Besorgnis und in den europäischen Gesellschaften, wie auch in den USA, zahlreiche Friedensbewegungen auslöste. Die Ideologie blieb also nicht nur rhetorisch, sie hatte auch politische Folgen.[23] Die Aufrüstungspolitik stellte darüber hinaus Gewaltinstrumente bereit, die ihren Einsatz zwar nicht notwendig, aber immerhin doch möglich machten, die Rüstungskontrollgespräche lange Zeit verzögerten und erschwerten und, mit der Strategischen Verteidigungsinitiative, auch langfristig belasteten. Die Konfrontationspolitik veränderte den Stellenwert, den die Nachrüstung für die Westeuropäer besaß, und forderte ihnen erhebliche Anstrengungen ab, um sich nicht in den von Reagan gewünschten Wirtschaftskrieg gegenüber der Sowjetunion hineinziehen zu lassen.[24]

Es war also wohl weniger den Absichten der Reagan-Administration als vielmehr ihren begrenzten Möglichkeiten zu verdanken, daß sie den Versuch der Wiedererlangung einer Suprematie über den Rivalen und die Hoffnung aufgeben mußte, die Sowjetunion in eine politische und militärische Inferiorität zurückzudrücken, in der sie sich der militärisch instrumentierten Machtpolitik der USA zu fügen hatte. Gewiß, der Versuch war aussichtslos. Er ist aber in den Äußerungen führender Politiker der Reagan-Administration, vor allem in denen des Präsidenten und des Verteidigungsministers, deutlich erkennbar. Daß er dennoch relativ mühelos aufgegeben werden konnte, als sich seine Vergeblichkeit erwies, unterstreicht noch einmal, daß er ein erwünschtes Ziel der Reagan-Administration, aber nicht ihr Hauptziel war. Es bestand in der Aufrüstung der Vereinigten Staaten und darin, die dafür erforderlichen Etatmittel durch die Kürzung anderer, vor allem sozialpolitischer Ausgabeposten bereitzustellen. An diesem Ziel hat Präsident Reagan praktisch bis zum Ende seiner Amtszeit festgehalten. Er hat dafür den großen Preis eines riesigen Haushaltsdefizits in Kauf genommen, weil er mit dessen Hilfe den Kongreß immer wieder zwingen wollte, den außen- und innenpolitischen Prioritäten der Reagan-Administration zu folgen, die Ausgaben für die innen-, vor allem die sozialpolitischen Programme drastisch zu kürzen und die für die Militärrüstung der USA ebenso drastisch zu erhöhen. Die Kontinuität belegt, daß wir es hier mit dem Kern des Programms Ronald Reagans und seiner Koalition zu tun haben.

In den ersten beiden Jahren seiner Amtszeit konnte Reagan weit über dieses Kernprogramm hinausgehen und versuchen, es außenpolitisch zur Wiedergewinnung der amerikanischen Suprematie einzusetzen, der Sowjetunion sowohl die militärische wie die politische Parität zu verweigern. Hatten seine Vorgänger versucht, die sowjetische Herausforderung mit wirtschaftlicher Zusammenarbeit zu besänftigen oder mit einer politischen Offensive zu bekämpfen, so verfolgte Reagan in den beiden Jahren seines uneingeschränkten Regimes in den Vereinigten Staaten die Absicht, Moskau durch die Entfaltung militärischer Macht zum Rückzug zu zwingen. Damit waren die drei Elemente der Sowjetunionstrategie Reagans bestimmt worden. Sie sollte global, sie sollte militärisch und sie sollte offensiv sein.

Reagans Regime profitierte von der Schockwelle, die die sowjetische Intervention in Afghanistan und die Geiselnahme von 52 Amerikanern in Teheran ausgelöst hatten. Sie waren erst am Tag der Amtsübernahme Reagans endlich in die Vereinigten Staaten zurückgekehrt. Kaum sechs Wochen danach legte Verteidigungsminister Weinberger einen Nachtrag für das laufende Haushaltsjahr in Höhe von 6,8 Mrd. USD und eine Zusatzforderung für den noch von der Carter-Administration eingebrachten Haushalt für 1982 in Höhe von 25,8 Mrd. USD vor.[25] Diese enormen Summen beleuchten die Differenz zwischen Carter und Reagan. Denn auch der Cartersche Verteidigungshaushalt hatte, wie erwähnt, auf diese beiden Ereignisse reagiert, hatte die Verteidigungsausgaben um 5% erhöht. Es gab keine neuen sowjetischen Aktivitäten, auf die Reagan sich hätte berufen können; es gab lediglich eine ganz neue Einschätzung.

Verteidigungsminister Weinberger addierte Afghanistan, Äthiopien und den Südjemen zu einer klaren «Evidenz aggressiver (sowjetischer) Aktivität rund um den Globus»[26] und füllte die fehlenden Stellen mit Hinweisen auf den sowjetischen Einsatz von Militärhilfe und Stellvertretern, auf die Ausbildung von Terroristen und eine indirekte militärische Bedrohung. Hatte Carter mit seiner Doktrin den Persischen Golf zur vitalen Sphäre der Vereinigten Staaten erklärt und die Nixon-Doktrin für diese Weltregion aufgehoben, so kündigte Weinberger die Rückkehr der militärischen Präsenz der Vereinigten Staaten weltweit an. Die USA unter Reagan wollten die angeblichen Versäumnisse Carters wettmachen, die Führung der westlichen Welt wieder kraftvoll übernehmen, der Sowjetunion global mit militärischer Macht entgegentreten, ihre Herausforderung annehmen und langfristig bestehen. Hatten ihre Vorgänger ein differenziertes Bild der Weltpolitik und der sowjetischen Rolle darin gezeichnet, so wurde es von der Reagan-Administration auf die beiden Aspekte der sowjetischen Herausforderung und der westlichen Verteidigung reduziert. Ausdrücklich wandte sich Weinberger gegen die vor allem in der Carter-Administration geltenden Thesen der Interdependenz-Schule, daß Multipolarisierung, die Vielfalt staatlicher und ethnischer Interessen, der dominante Wunsch nach wirtschaftlicher Entwicklung die Welt vielfältiger und damit für die Sowjetunion schwieriger gemacht habe. In den Augen Weinbergers konnte die Sowjetunion vielmehr diese Vielfalt für ihre Expansionsinteressen nutzen.

Die «beherrschende Aufmerksamkeit» der Reagan-Administration richtete sich daher konsequent auf die «sowjetischen Fähigkeiten, die gegenwärtigen und die zukünftigen».[27] Wo immer ein sowjetischer Berater anwesend war – und Weinberger lokalisierte sie beispielsweise in mehr als 20 afrikanischen Ländern – expandierte sowjetischer Einfluß. Er galt als vorherrschend, wo er sich auf eine sowjetische Militärpräsenz stützen konnte, wie z.B. in Südvietnam und im Pazifik. Deswegen forderte Weinberger eine massive amerikanische Aufrüstung, die die Bereitschaft der Streitkräfte weltweit erhöhen, ihren Personalbestand verstärken, die strategischen Waffen modernisieren und, vor allem, die Flotte vergrößern sollte. Bei der Seerüstung forderte Weinberger offen, was er sonst meist kryptisch formulierte: «Wir brauchen die maritime Superiorität.»[28]

Damit zog die Reagan-Administration aus den gleichen Daten, die auch ihren Vorgängerinnen vorgelegen hatten, radikal andere Schlüsse. Der hohe Grad von Ideologisierung, der der Reagan-Administration von den demokratischen Kritikern schon immer bescheinigt worden war, schlug sich nieder in einem dichotomischen Weltbild, in einer fast ausschließlichen Bevorzugung militärischer Instrumente und dem Verlaß auf militärische Macht als dem geeigneten, jedenfalls bevorzugten Mittel ihrer Sowjetunionpolitik.[29] Mit dieser Vorliebe übertraf Präsident Reagan sogar noch die Vereinigten Stabschefs der USA. Es war klar, daß ihnen die Reagan-Administration wie gerufen kam, um ihre langgehegten Aufrüstungswünsche, insbesondere die der Modernisierung der Waffen, zu erfüllen.[30] Die Stabschefs freuten sich, daß ihre Devise, die lange Zeit in der amerikanischen Politik verschüttet lag, durch die Ereignisse in Teheran und Afghanistan wiederentdeckt und von der Reagan-Administration zum Leitmotiv der gesamten Politik gemacht wurde, nämlich daß «militärische Macht zählt».[31] Das galt für die Sowjetunion, die mit dieser Macht ihren sich erweiternden Einflußbereich kontrollierte; es galt eben auch für die Vereinigten Staaten, die sich davor schützen mußten. Militärische Macht war es auch, die die Verbindung zwischen den einzelnen Weltregionen herstellte und den Vereinigten Staaten eine «umfassende strategische Vision» abverlangte.[32] Aber Verteidigungsminister Weinberger ging weit darüber hinaus. Er sprach bereits von einer «globalen militärischen Situation»,[33] in der die alte Frage der amerikanischen Verteidigungskonzeption, wie viele große und kleine Kriege die USA gleichzeitig zu führen imstande sein müßten, obsolet geworden war. Die USA mußten zu globaler Kriegführung imstande sein.

Weinberger ließ es selbst dabei nicht bewenden. In dem ersten Bericht über die Verteidigung, den er für die Reagan-Administration am 31. Januar 1982 dem Kongreß vorlegte, erweiterte er den Verteidigungsauftrag der amerikanischen Streitkräfte hin zur Offensive. Sollte ein Konflikt mit der Sowjetunion an einer Stelle des Globus ausbrechen, so «könnten *wir* uns dafür entscheiden, der Aggression nicht an ihrer unmittelbaren Front ... (sondern) an vielen Plätzen» zu begegnen.[34] Die USA könnten dabei die Kriegsschauplätze erweitern und dorthin verlegen, wo ihre Gewinnchancen besonders groß waren. Weinberger schloß darin explizit das Gebiet des Warschauer Paktes und implizit auch das der Sowjetunion ein, erwog also eine direkte Offensive gegen die Sowjetunion und ihr westliches Glacis, sollte irgendwo, vornehmlich natürlich im Nahen Osten, die Sowjetunion einen Krieg beginnen. Dies würden die Vereinigten Staaten nicht tun – Weinberger hat diesen Gedanken in den kommenden Jahren oftmals wiederholt. Die USA waren und blieben defensiv, überließen es der anderen Seite, den ersten Schuß abzugeben. War er gefallen, reklamierte Weinberger das Recht zur Offensive, und zwar auch zur Erweiterung des Krieges bis hin zu seiner Globalisierung.

Diese Strategie der «horizontalen Eskalation» hatte nur wenige Monate Bestand. Sie traf auf derart scharfe Kritik innerhalb und außerhalb der USA, daß sie nicht aufrechterhalten werden konnte. Selbst Befürworter der Aufrüstungspolitik der Reagan-Administration kritisierten den Offensivcharakter dieser Strategie und den unermeßlichen finanziellen Aufwand, den sie im Endeffekt kosten würde.[35] In Weinbergers zweitem Jahresbericht vom 1. Februar 1983 war denn auch nicht mehr von der Vermehrung der Kriegsschauplätze, sondern davon die Rede, daß die Feindseligkeiten auf dem untersten Schadensniveau so rasch wie möglich beendet werden sollten.[36] In den «Verteidigungsrichtlinien», die die Reagan-Administration im Frühjahr 1982 erstmals erließ, war sie aber – anders als die Medien es wahrnahmen[37] – sehr wohl noch vorhanden. Der Nationale Sicherheitsberater Reagans William P. Clark, der diese Verteidigungsrichtlinien in einer Rede vor dem Georgetown University Center for Strategic and International Studies paraphrasierte, gab sie nach wie vor als ein «wesentliches Element unserer Strategie» aus.[38]

Der offensive Charakter der Reagan-Strategie wurde in diesem Dokument keineswegs gemindert. Es enthielt eine klare Kampfansage an die Sowjetunion, deren weltweite Politik gegenüber den USA feindselig war. Sie bedrohte vitale amerikanische Interessen rund um den Globus, so daß die Vereinigten Staaten sich durch ihre Aufrüstung in Stand setzen müßten, zusammen mit ihren Alliierten die gemeinsamen Interessen in einer zunehmend turbulenter werdenden Welt zu schützen. Clark gab das Aufrüstungsprogramm der Reagan-Administration bekannt, das für überlebensfähige strategische Kommunikationssysteme sorgen, die Bomber modernisieren und vermehren, die seegestützten strategischen Raketen zielgenauer machen und die landgestützten MX-Raketen stationieren sollte. Die Bereitschaft der Streitkräfte sollte erhöht, ihre Mobilität global ausgestaltet werden. Zwar wiesen die Verteidigungsrichtlinien den Verbündeten der USA wieder eine Rolle bei der gemeinsamen Verteidigung zu, doch behielten sich die Vereinigten Staaten jede Option vor, «die wir brauchen könnten, um unsere vitalen Interessen zu schützen».[39]

Die Richtlinie entwarf ein Kontinuum der amerikanischen Sicherheitspolitik, an dessen oberem Ende die Aufrüstung der amerikanischen Streitkräfte und an deren unterem Ende die Sicherheitshilfe für die bedrohten Länder der Dritten Welt stand. Die Strategien Nixons und Carters waren damit genau auf den Kopf gestellt worden. Beide hatten die Auslandshilfe betont, weil sie die militärische Präsenz und Intervention der USA entbehrlich oder sogar überflüssig machen würde. Für die Reagan-Administration bildete sie das Schlußlicht einer Strategie, an deren Spitze nunmehr wieder der weltweite Einsatz der amerikanischen Militärmacht getreten war. Mit ihrer Hilfe sollte die Sowjetunion gezwungen werden, ihr Imperium aufzugeben, sich nach innen zu orientieren und Butter statt Kanonen zu produzieren.[40] Zugunsten dieses Ziels schien die Reagan-Administration in den ersten beiden Jahren bereit, notfalls auch das Risiko einer nuklearen Auseinandersetzung einzugehen. In jedem Fall sollte die Sowjetunion mit allen verfügbaren militärischen Mitteln, eingeschlossen das des Guerilla-Krieges, der Sabotage und anderer spezieller Aktionen aus der Welt zurückgedrängt werden. Die wichtigste Rolle dabei sollte die Rapid Deployment Force spielen. Von Präsident Carter entwickelt, wurde sie von Präsident Reagan in eine ganz andere, nämlich globale Größenordnung gehoben. Darüber hinaus sollte der Sowjetunion ein Rüstungswettlauf aufgezwungen werden, den sie verlieren, dem sie aber zuerst alle anderen wirtschaftlichen Ziele opfern mußte.[41]

Natürlich war es zweifelhaft, ob dieser Plan gelingen, ob der Kongreß, die amerikanische Öffentlichkeit, Europa mitmachen würden. Selbst dann blieb offen, ob das Konzept erfolgreich sein würde. Wenn es ein Gebiet gab, auf dem die Sowjetunion sich als ebenso leistungsfähig erwies wie der Westen, dann war es das der Rüstung. Unbestreitbar aber hat Präsident Reagan in der Zeit seines unumschränkten Regimes den Versuch unternommen, durch massive Aufrüstung die militärische Überlegenheit der Vereinigten Staaten wiederherzustellen und die Sowjetunion damit zu zwingen, sowohl auf die militärische wie auf die politische Parität zu verzichten.

Das offensive Element dieser Strategie beschränkte sich nicht auf die horizontale Eskalation allein. Sie bildete zweifellos ihr spektakulärstes Element, wurde allerdings frühzeitig wieder aufgegeben. Die Aufstockung der Schnellen Eingreiftruppe, die zum Einsatz in der Dritten Welt bestimmt war, die Weiterentwicklung der nuklearstrategischen Counterforce-Fähigkeit der Vereinigten Staaten, die sich gegen die Sowjetunion selbst richtete, sowie schließlich die Maritime Strategie, die bei Kriegsausbruch die sowjetische Flotte und deren Stützpunkte zerstören sollte, diese Gesamtheit kennzeichnet die Strategie Reagans auch nach dem Ende seines Regimes.[42] Die Strategische Verteidigungsinitiative stellt das letzte, bis zuletzt aufrechterhaltene Symbol dieser offensiven Strategie, die Reagan-Doktrin ihr erst 1985 vollständig formuliertes politisches Brevier dar. Alle haben die Kurskorrektur überlebt, die die Reagan-Administration Anfang 1984 vornehmen mußte. Sie dokumentieren gerade deswegen die Vitalität der ursprünglichen Strategie Präsident Reagans und seiner Koalition, die mit Hilfe militärischer Überlegenheit eine Politik der Konfrontation gegenüber der Sowjetunion betreiben wollte.

Als Reagans Regime sich dem Ende zuneigte, hat Außenminister Shultz in der ersten geschlossenen Darlegung der Reaganschen Strategie deren Kernelement noch einmal deutlich herausgearbeitet. Es bestand in der Annahme, «daß die Sowjetunion von unseren Maßnahmen, die ihr die mit einer Aggression verbundenen Risiken verdeutlichen, eher abgeschreckt wird als durch ein zerbrechliches Netz der Interdependenz».[43] Das war die Absage an jede Art der Kooperation mit Moskau, der Verzicht auf jegliches Arrangement. Vielmehr sollten unilaterale amerikanische Maßnahmen den Bewegungsraum der sowjetischen Außenpolitik bestimmen und begrenzen, wollten die Vereinigten Staaten durch militärische Machtentfaltung sowjetische Handlungsfreiheit einschränken. Das Konzept der Abschreckung wurde nicht mehr auf das Sachgebiet der militärischen Sicherheit beschränkt, sondern regelte die ganze Bandbreite der Politik, eingeschlossen die der Wirtschaft. Reagan versuchte, gegenüber der Sowjetunion ein Regime militärisch instrumentierter Konfrontation zu errichten.

3. Konfrontation und Sanktion

War es der Reagan-Administration relativ leicht gefallen, aus ihrer Einschätzung der Sowjetunion als «Reich des Bösen»[44] eine konfrontative Ideologie abzuleiten, so fiel es ihr gar nicht so leicht, daraus über die Aufrüstung hinaus eine konkrete Politik zu entwickeln. Die während der Entspannungsperiode entstandenen Strukturen des Ost-West-Konflikts konnten nicht einfach negiert werden; dafür sorgten schon die Westeuropäer. Dafür sorgten auch die Legislative und die öffentliche Meinung in den Vereinigten Staaten, die zwar die Aufrüstung billigten, nicht aber die Konfrontationspolitik. Dafür sorgte schließlich auch die Sowjetunion, weil abzuwarten blieb, ob sie sich von Ronald Reagan mit Hilfe militärischen Drucks in die weltpolitischen Schranken verweisen lassen würde. Die Reagan-Administration ihrerseits mußte sich fragen, ob eine solche Militarisierung wirklich zweckmäßig oder lediglich gefährlich war. Seit der Suez-Krise von 1956 hatten beide Supermächte es sorgfältig vermieden, irgendwo in der Welt direkt militärisch aneinanderzugeraten. Dieser Konfrontationsverzicht hatte sich als Strukturelement der amerikanisch-sowjetischen Beziehungen bewährt; ihn aufzugeben, konnte leicht den dritten Weltkrieg auslösen. Andererseits legte das große Ziel der Nicht-Weiterverbreitung der Kernwaffen sogar die Kooperation mit der Sowjetunion, ohne die es nicht zu verwirklichen war, nahe. Es war also gar nicht einfach, eine Konfrontationspolitik gegenüber Moskau zu verwirklichen, in vielen Fällen war es unzweckmäßig und sogar gefährlich. Nicht umsonst hat das Regime, in dem der Versuch einer solchen Politik unternommen wurde, nur zwei Jahre gedauert. Er verschlechterte das Klima in den amerikanisch-sowjetischen Beziehungen, vermochte aber nicht, eine neue, erfolgversprechende Strategie der USA gegenüber der sowjetischen Herausforderung zu entwickeln.

Entgegen den allgemeinen Erwartungen setzte Ronald Reagan als Präsident in Außenpolitik um, was er zuvor als Kandidat gefordert hatte. Zwar gab es im ersten Jahr seiner Amtszeit nicht allzu viele Gelegenheiten dazu; Reagans Aufmerksamkeit war nach innen, auf die Steuerreform, die Aufrüstung und die Umschichtung des Haushalts gerichtet. Von Anfang an aber dominierte in seiner Politik ein Konfliktbegriff, der die ganze Welt und alle Sachbereiche umfaßte. Reagan beschränkte seine Kampfansage nicht auf die Sowjetunion und nicht auf die kommunistischen Staaten, sondern erweiterte sie auf jegliche Erscheinungsform des Kommunismus schlechthin. Das Kennwort dazu, von Außenminister Alexander Haig sehr früh in die Debatte und von der UN-Botschafterin Jeane Kirkpatrick frühzeitig auf den Begriff gebracht, war der Terrorismus. Er trat in der Aufmerksamkeit der Reagan-Administration an die Stelle, die die Menschenrechte in der Carter-Administration innegehabt hatten.[45] Außenminister Haig sah in dem Terrorismus die größte Verletzung der Menschenrechte, denjenigen Aspekt, für den sich die USA am meisten interessieren müßten.

Für Präsident Reagan war der Terrorismus das «Saatbeet des sowjetischen Einflusses».[46] Hier wurde eine Interpretationslinie eröffnet, in der jeder terroristische Akt nicht nur als anti-amerikanisch aufgefaßt,[47] sondern, was wichtiger war, mit der sowjetischen Außenpolitik in Verbindung gebracht werden konnte. Ob es sich um die Entführung eines pakistanischen Militärflugzeuges im März 1981 oder um den Bürgerkrieg in El Salvador, um die Palästinensische Befreiungsfront oder um die Regierung in Grenada handelte, stets erblickte die Reagan-Administration am Endpunkt ihrer Ursachenanalyse die Sowjetunion. Für Außenminister Haig, beispielsweise, war sie «der Bankier des Bürgerkrieges in Mittelamerika».[48] Was später in der Reagan-Doktrin zu einem geschlossenen Denkgebäude ausgebaut wurde, zeichnete sich in der zentralen Stellung, die dem Phänomen des Terrorismus zugewiesen wurde, bereits ab: die Schuld an jedem anti-amerikanischen oder anti-westlichen Vorgang in der Welt wurde der Sowjetunion zugewiesen. Hatte sich die Carter-Administration geweigert, hinter jedem afrikanischen Busch einen Kommunisten zu erblicken, so sah die Reagan-Administration einen Terroristen überall dort am Werk, wo gegen amerikanische Interessen verstoßen wurde. Der Terrorismus symbolisierte die weltweite Herausforderung des Westens durch die Sowjetunion und demonstrierte die Notwendigkeit weltweiter Reaktion dagegen.

Das daraus eigentlich resultierende universale und totale Konfliktverständnis hat die Reagan-Administration zwar niemals in völliger Konsequenz, aber doch mit bemerkenswerter Kontinuität und in den ersten beiden Jahren ihrer Regierung auch sehr hartnäckig praktiziert. Zunächst setzte sie freilich mit der Aufhebung des Weizenembargos, das Präsident Carter aus Anlaß der Afghanistan-Intervention gegen die Sowjetunion verhängt hatte, einen bemerkenswerten Kontrapunkt. Während sie gerade dabei war, das amerikanische Volk, den Westen und die Welt zu einem verstärkten Kampf gegen die Sowjetunion und den Kommunismus aufzurufen, gab sie schon drei Monate nach ihrem Amtsantritt, am 24. April

1981, die sofortige Wiederaufnahme der Getreidelieferungen an die Sowjetunion in der vereinbarten Höhe bekannt. Präsident Reagan löste damit ein Wahlkampfversprechen ein, aber er hatte doch große Mühe, es in seine strikt antagonistische Sowjetunionpolitik einzuordnen.[49]

Denn er vergrößerte dieses Gegenstück zu seiner Konfrontationspolitik mit der Erweiterung des Weizenexports in die Sowjetunion um 6 Mio. t am 9. Juni 1981 und mit der am 5. August erfolgten Verlängerung des fünfjährigen Lieferungsvertrages um ein weiteres Jahr. Die Erhöhung der Exporte hatte eigentlich schon 1979 stattfinden sollen, war dann aber der sowjetischen Intervention in Afghanistan zum Opfer gefallen. Landwirtschaftsminister Block sprach dabei schon ganz offen von einem neuen Langzeitabkommen mit der Sowjetunion, das im Juni 1983 als dritte Erneuerung des Fünfjahres-Abkommens zustande kam und acht Wochen später durch ein Weizenlieferungsabkommen mit wiederum fünfjähriger Laufzeit ergänzt wurde. Am 11. September 1984 wurde der Lieferungsumfang dieses Abkommens erneut erheblich ausgeweitet.[50]

Die Reagan-Administration hat zahlreiche und unterschiedliche Begründungen dafür angeboten, daß sie innerhalb einer Politik der entschlossenen Konfrontation, die sie sich und ihren Alliierten gegenüber der Sowjetunion verordnet hatte, diese Ausnahme der Kooperation unterhielt. Natürlich ging es zunächst um die wirtschaftlichen Interessen der amerikanischen Farmer und des amerikanischen Agrobusiness. Das Embargo war von den Alliierten nicht eingehalten, sondern zur Verstärkung ihrer eigenen Agrarexporte in die Sowjetunion benutzt worden mit der Folge, daß der sowjetische Markt für die amerikanischen Farmer weitgehend verlorenging. Es galt, Teile davon wiederzugewinnen. Gleichzeitig läßt diese Politik erkennen, was Präsident Reagan unter der Erneuerung des Führungsanspruches der Vereinigten Staaten verstand. Er glaubte, sowohl den westeuropäischen Alliierten wie der Sowjetunion diesen Widerspruch zwischen allgemeiner Konfrontation und landwirtschaftlicher Kooperation zumuten zu können. Westeuropa sollte dabei einen Denkzettel für die Subventionen des Agrarexports im Rahmen der Gemeinsamen Agrarpolitik der Europäischen Gemeinschaft erhalten, die den Vereinigten Staaten seit langem ein Dorn im Auge war. Die Sowjetunion sollte daran gewöhnt werden, daß sie zwar Produkte der amerikanischen Landwirtschaft, nicht aber solche der Industrie, schon gar nicht der Hochtechnologie erwerben konnte. Die Supermacht USA bestimmte, was der Gegner erhalten und die Alliierten liefern sollten.

Denn die Wiederaufnahme des Weizenhandels deutete keinesfalls in die Richtung wirtschaftlicher Kooperation mit der Sowjetunion. Im Gegenteil: Präsident Reagan erweiterte den Konflikt mit ihr auch auf das Gebiet ökonomischer Transaktionen, versuchte die Sowjetunion mit einem Wirtschaftskrieg zu überziehen.[51] Die Gelegenheit dazu bot die Verhängung des Kriegsrechtes durch General Jaruzelski in Polen am 13. Dezember 1981. Sie beendete eine lange Phase politischer Unruhen in Polen, bei der bis zum Schluß eine unmittelbare sowjetische Intervention befürchtet wurde. Präsident Reagan nahm diesen Schritt zum Anlaß, um am 23. Dezember 1981 wirtschaftliche Sanktionen gegen Polen und, eine Woche später, solche gegen die Sowjetunion zu verhängen, die als der eigentliche Urheber der Unterdrückung der Gewerkschaft ‹Solidarität› in Polen und der Verhängung des Kriegsrechtes angesehen wurde.

Gegenüber Polen stellten die Vereinigten Staaten die offizielle Lebensmittelhilfe und die Vergabe von Kreditversicherungen durch die Export-Import-Bank ein; sie verschärften die Exportkontrollen, hoben polnische Fischfangrechte in amerikanischen Hoheitsgewässern auf und suspendierten die Rechte der polnischen Zivilluftfahrt in den Vereinigten Staaten.[52] Polen verlor vor allem einen 100 Mio. USD Kredit, den es zum Einkauf von Lebensmitteln in den Vereinigten Staaten hätte benutzen können. Reagan wollte damit die Regierung in Warschau zwingen zu garantieren, daß die Lebensmittel wirklich dem polnischen Volk und nicht «seinen Unterdrückern» zugute kamen. Die private humanitäre Hilfe wurde von diesen Einschränkungen nicht betroffen. Sie wurden ein dreiviertel Jahr später, am 9. Oktober 1982, noch einmal verschärft, als Reagan bekanntgab, daß er den Status der Meistbegünstigung für Polen aufheben werde.[53]

Wurden diese Maßnahmen in Westeuropa zwar nicht als erfolgversprechender, aber doch unumgänglicher Ausdruck westlicher Kritik an der Unterdrückung der demokratischen Bewegungen in Polen angesehen und mit eigenen, wenn auch gemäßigten, Sanktionen ergänzt, so trafen die von Präsident Reagan am 29. Dezember 1981 verhängten wirtschaftlichen Boykottmaßnahmen gegen die Sowjetunion nur auf begrenztes Verständnis bei den Alliierten. Denn Präsident Reagan hob nicht nur die Landerechte für die sowjetische Fluglinie Aeroflot auf, schloß nicht nur die sowjetische Einkaufskommission und verschob die Verhandlungen über den Abschluß des langfristigen neuen Getreideabkommens. Er verbot vor allem die Erteilung von Lizenzen für den Export von Erdgastransporteinrichtungen.[54] Ebenso wurden die Lizenzen für den Export von Produkten der Elektronik oder anderer Hochtechnologie aufgehoben.

Diese Entscheidungen standen zunächst im Zeichen der umfassenden Konfrontationspolitik, die die Reagan-Administration gegenüber der Sowjetunion begonnen hatte. In ihrer Sicht stärkte der Handel mit der Sowjetunion lediglich deren Fähigkeit, ihre Rüstung und ihre Militärprogramme zu verbessern, also ihr Drohpotential gegenüber dem Westen zu erhöhen.[55] Wegen der strategischen Bedeutung des Ost-West-Handels sollte er nicht der Privatwirtschaft überlassen bleiben, sondern von den Regierungen kontrolliert werden. Zumindest verlangte die Reagan-

Administration, daß die Belange der nationalen Sicherheit denen des wirtschaftlichen Profits ausdrücklich vorgeordnet würden.

Genau dagegen aber verstießen die Westeuropäer mit ihrer laschen Handhabung der Exportbeschränkungen unter der sog. COCOM-Liste, der großzügigen Vergabe von Krediten an die Sowjetunion und, vor allem, mit dem Erdgasröhren-Geschäft. Bei der Carter-Administration waren die Europäer mit diesem Unternehmen noch auf zwar skeptische, aber doch offene Ohren gestoßen; die Reagan-Administration lehnte es rundweg ab.[56] Sie benutzte die Sanktionen vom Dezember 1981, um sowohl die amerikanischen Exporte von Rohrverlegemaschinen und Kompressoren zu verbieten wie deren Herstellung durch amerikanische Tochtergesellschaften im Ausland und durch ausländische Lizenznehmer. Die Sanktionen Reagans trafen also nicht nur die Sowjetunion, sie trafen auch Westeuropa und die amerikanische Öl- und Gaswirtschaft. Da sie alle nicht freiwillig auf den Wirtschaftskrieg mit der Sowjetunion einschwenken wollten, sollten sie von Washington dazu gezwungen werden.

Die Konfrontationspolitik Reagans konnte nicht schärfer ausfallen. Wie seine Vorgänger wollte er die Schwäche der Sowjetunion wirtschaftlich ausnutzen, aber nicht, um sowjetisches Wohlverhalten durch Belohnung anzureizen, sondern um Fehlverhalten zu bestrafen. Es kam der Reagan-Administration nicht darauf an, die Sowjetunion zu verändern, sondern sie zu schwächen.[57] Der Zugang zur Technologie und zu den Krediten des Westens sollte ihr versagt, und ihr sollte durch die Entwicklung neuer Waffengenerationen ein Produktionswettlauf aufgezwungen werden, den sie nur durch Übernahme riesiger wirtschaftlicher Belastungen bestehen konnte.

Diese Politik traf auf den hartnäckigen Widerstand der Westeuropäer, übrigens auch auf den zahlreicher Kongreßmitglieder. Ende September 1982 scheiterte im Repräsentantenhaus ein Antrag, die Sanktionen wieder aufzuheben, nur knapp.[58] Westeuropa hielt einen Wirtschaftskrieg gegen die Sowjetunion zunächst für aussichtslos und sodann auch für ungeeignet, um sowjetisches Verhalten zu beeinflussen. Abgesehen von den wirtschaftlichen Vorteilen, die sich die westeuropäische Wirtschaft von diesem Handel versprach, stellte er in europäischen Augen auch einen unabdingbaren Bestandteil entspannter Beziehungen zwischen Ost und West dar, auf den Westeuropa keinesfalls verzichten wollte. Es teilte das Interesse der Vereinigten Staaten, den Gegner nicht mit militärisch nutzbaren Produkten westlicher Hochtechnologie auszurüsten. Es teilte aber nicht die Absicht der Reagan-Administration, daraus einen Wirtschaftskrieg gegen die Sowjetunion werden zu lassen.[59] Hatte es zwischen den Alliierten schon immer Auseinandersetzungen über die richtige Strategie im Konflikt mit der Sowjetunion gegeben, so wurde durch den Alleingang Reagans, der die Alliierten vor der Verhängung der Sanktionen überhaupt nicht konsultiert hatte, eine schwere amerikanisch-westeuropäische Krise ausgelöst. Was die Sowjetunion treffen sollte, traf vor allem die Allianz.

Der Konflikt konnte auf dem Wirtschaftsgipfel, im Juni 1982 in Paris, nicht beigelegt werden. Außenminister Haig, der dem europäischen Standpunkt gewogen war, trat zurück, nachdem er von Verteidigungsminister Weinberger und den beiden Präsidentenberatern Meese und Clark desavouiert worden war. Sie hatten in seiner Abwesenheit und gegen seinen Willen beschlossen, das Embargo auf Produkte auszudehnen, die von Tochtergesellschaften amerikanischer Firmen bzw. mit amerikanischen Lizenzen hergestellt worden waren. Dem Außenminister wurde die zusätzliche Demütigung zuteil, daß der Präsident sein Rücktrittsgesuch annahm, bevor er es überhaupt eingereicht hatte.[60]

Der Konflikt wurde schließlich unter tätiger Mithilfe des neuen Außenministers Shultz beigelegt. Die Vereinigten Staaten hoben am 13. November 1982 die Sanktionen auf, die Europäer ergänzten ihre schon zuvor erklärte Bereitschaft, der Sowjetunion keine begünstigten Kredite mehr einzuräumen, mit der Zustimmung zur einvernehmlichen Regelung der Ostexporte. Aber der Schaden für das amerikanisch-westeuropäische Verhältnis war beträchtlich. Der französische Außenminister Cheysson sprach von einer «fortschreitenden Scheidung».[61]

Warum die Reagan-Administration in dieser Sache eine derart starre Politik verfolgte, die der Allianz mehr schadete als dem Gegner, ist schwer erklärbar. Gewiß, der rechte Flügel der konservativen Reagan-Koalition war mit deren Kurs nicht zufrieden und verlangte nach energischen Gesten, zumal mit dem Rücktritt des Sicherheitsberaters Allen und der Rückkehr von Nofziger nach Kalifornien zwei weitere Berater seiner Couleur aus dem Umkreis Reagans verschwunden waren.[62] Präsident Reagan mußte am 1. Februar 1982 zwei Stunden lang auf die Vertreter dieses ultrakonservativen Flügels seiner Koalition einreden, um ihre Kritik zu entkräften.[63]

Schwerer wog die Unerfahrenheit im Umgang mit Westeuropa. Auch gab es mehrere und unterschiedliche Einflüsse, die auf den Präsidenten und seine Entscheidungen einwirkten. Bot Präsident Reagan am 9. Mai 1982 in Eureka, Ill., der Sowjetunion eine versöhnliche Politik an, die auch die sowjetischen Befürchtungen und Bedürfnisse zu respektieren versprach und ihr ein erstes, wenn auch sehr einseitiges Rüstungskontrollabkommen im strategischen Bereich vorschlug,[64] so verurteilte er vier Wochen später in seiner Ansprache vor den Vereinten Nationen die Sowjetunion auf das Schärfste. Er bezweifelte ihre Politik, unterstellte ihr Unaufrichtigkeit und Täuschung.[65] Wer die jeweilige Rede schrieb, bestimmte ihren Tenor.

Die Unterschiede betrafen freilich nur den Redestil, nicht die Politik. Der Präsident verfolgte nur eine Absicht: «to prevail over the Soviet

Union».[66] Die Reagan-Administration glaubte, daß die Sowjetunion sich in einer tiefgreifenden Krise befand, weil ihre Wirtschaft nicht die Bedürfnisse des privaten Konsums und die des Militärs befriedigen konnte, das sie für ihre Weltmachtpolitik brauchte. Dieses Dilemma wollte die Reagan-Administration ausnutzen und darauf auch die Westeuropäer verpflichten. Sie hatten bei Carter amerikanische Führung vermißt, jetzt bekamen sie sie. Reagan führte den amerikanischen Unilateralismus auf einen bis dahin unbekannten Höhepunkt.

Mag die Ausführung holperig, in einzelnen Fällen widersprüchlich gewesen sein – die dahinterstehende Politik nahm sich durchaus konsequent und folgerichtig aus. Wenn die Sowjetunion nicht nur eingedämmt oder etwa in ihrem Konfliktverhalten beeinflußt, sondern eben «überwunden» werden sollte, dann mußte ihr auf der gesamten Bandbreite von Politik und Wirtschaft der Kampf angesagt und Europa verpflichtet werden, diese Politik mitzutragen. Ihre Umrisse wurden in der National Security Decision Directive 75 Anfang 1983 niedergelegt. Von dem konservativen Sowjetunionspezialisten Richard E. Pipes verfaßt, bezog sie auch die Wirtschaftspolitik in die Absicht der Reagan-Administration ein, die Sowjetunion zur Aufgabe ihres Expansionismus zu zwingen.[67] In dem Regierungsentwurf für die Verlängerung des Export Administration Act 1983 war denn auch ausdrücklich vorgesehen, daß die amerikanischen Sicherheitskontrollen den Maßstab abgeben sollten, nach dem sich auch ausländische Firmen in ihrem Handel mit der Sowjetunion und anderen kommunistischen Staaten zu richten hätten.[68]

Der Konfrontationspolitik opferte die Reagan-Administration auch die Reste der amerikanisch-sowjetischen Kooperation, die die von Carter anläßlich der Afghanistan-Invasion bereits verhängten Einschränkungen noch überlebt hatten. Am 24. Mai 1982 lief das amerikanisch-sowjetische Raumfahrtabkommen von 1972, am 28. Juni der Vertrag über die Energieforschung, am 8. Juli 1982 der über Wissenschaft und Technologie aus. Sie wurden, wie es Präsident Reagan schon am 29. Dezember 1981 bekanntgegeben hatte, nicht verlängert.[69] Ende 1983 waren nur noch sieben amerikanisch-sowjetische Abkommen im Bereich der wissenschaftlichen Zusammenarbeit in Kraft – ein Fünftel des Umfangs von 1979.[70] Zur Teilnahme an der KSZE-Konferenz in Madrid hatten sich die Vereinigten Staaten ebenfalls nur sehr widerwillig entschlossen und nur unter der Perspektive, daß die Sowjetunion die von den westlichen Alliierten vereinbarten Vorschläge ohnehin ablehnen würde.

Im Sommer 1983 waren damit die Beziehungen zwischen den beiden Supermächten praktisch zu einem Stillstand gekommen. Der Tod Generalsekretärs Breschnews am 10. November 1982 und die Politik seines Nachfolgers Andropow waren für diese Entwicklung ohne jede Bedeutung. Zwischen Washington und Moskau herrschte eine neue «Eiszeit», gekennzeichnet durch «eine ärmliche Kommunikation, durch Spannung, den Abbau der Kooperation und durch scharfe Rhetorik».[71] Eine Delegation von acht Senatoren, die im Herbst 1983 die Sowjetunion besuchte, fand einen «gefährlichen Stillstand» der Beziehungen zwischen den beiden Supermächten vor. Sie empfahl vor allem die Wiederaufnahme der Kontakte und die Intensivierung der Kommunikation.[72]

Unter dem Tiefpunkt in den amerikanisch-sowjetischen Beziehungen im Sommer 1983 litt nicht nur die Sowjetunion. Die Emigration sowjetischer Juden, zu deren Förderung die konservative Koalition sich anfangs der siebziger Jahre in den Vereinigten Staaten zusammengefunden hatte, war seit dem Regierungsantritt der Reagan-Administration kontinuierlich und drastisch gefallen. Während 1979 51 320 jüdische Bürger die Sowjetunion verlassen konnten, waren es 1983 nur noch 1300.[73] Darin lag gewiß kein Beweis, wohl aber doch eine sichtbare Demonstration, daß die Politik der Reagan-Administration, die ja der administrative Exponent dieser Koalition geworden war, ihr hauptsächliches Ziel verfehlt hatte. Es ist nicht ausgeschlossen, daß diese Entwicklung mit dazu beigetragen hat, daß die Reagan-Administration im Sommer 1983 begann, über die Verbesserung der Kontakte zur Sowjetunion nachzudenken.[74] Der Denkprozeß wurde durch den Abschuß des koreanischen Verkehrsflugzeuges durch einen sowjetischen Abfangjäger noch einmal nachhaltig, aber nicht mehr langfristig gestört. Washington schloß nun auch die Büros der sowjetischen Luftfahrtgesellschaft Aeroflot zum 15. September 1983. Der sowjetische Außenminister Gromyko sagte seinen Besuch in New York ab, weil die USA seiner Maschine nur eine begrenzte – und für Gromyko sehr unbequeme – Landeerlaubnis erteilt hatten.[75] Erneut breitete sich im amerikanisch-sowjetischen Verhältnis Sprachlosigkeit aus, vertieft noch mit dem Abbruch der Genfer Rüstungskontrollverhandlungen durch die Sowjetunion nachdem im November 1983 in der Bundesrepublik die ersten Mittelstreckenraketen stationiert worden waren.

Unter der dichten Decke dieses Schweigens aber bereitete sich ein neuer Dialog vor. Im Winter 1983/1984 ging Reagans Regime zu Ende, dessen politisches Konzept Außenminister Shultz im Juni 1983 erstmals – und eben auch letztmals – öffentlich und detailliert formuliert hatte.[76] Shultz sprach nicht mehr in der aggressiven Tonlage des «prevailing». Er kehrte vielmehr zu einer Version der Eindämmungspolitik zurück, die der Sowjetunion indes sowohl die militärische wie die politische Parität versagte und fest auf amerikanische Überlegenheit gegründet war. Shultz räumte die Möglichkeit ein, daß sich die Sowjetunion intern verändern und zu realistischen Abkommen mit den Vereinigten Staaten bereit sein werde. Aber er rechnete nicht damit, verließ sich nicht darauf, sondern auf die gestärkte amerikanische Macht, mit der sich die Vereinigten Staaten «gegen die Möglichkeit des Scheiterns» der Verhandlungen und der Hoffnungen versichert hatten.[77] Der Sowjetunion wies Shultz die Aufgabe zu, ihr Streben nach militärischer Superiorität, ihre Einmischung in der Dritten Welt und ihren willkürlichen Umgang mit Verträgen aufzugeben und sich zu einem annehmbaren Mitglied der Weltgesellschaft zu entwickeln. Die Vereinigten Staaten wollten zu dieser Metamorphose dadurch beitragen, daß sie den außenpolitischen Spielraum der Sowjetunion durch militärischen, politischen und wirtschaftlichen Wettbewerb eingrenzten. Diese Demonstration der neuen Entschlossenheit des Westens, seine Verteidigung zu stärken und Widerstand gegen das sowjetische Abenteurertum zu leisten, sollte es der Sowjetunion leicht machen, die außenpolitische «Zurückhaltung als die attraktivste, wenn nicht die einzige Option anzusehen».[78]

Im Ton milder, in der Argumentation geschmeidiger und im strategischen Konzept nicht ganz so brutal, wie es die Ideologen in der Anfangszeit der Reagan-Administration formuliert hatten, referierte Shultz hier nichtsdestoweniger das politische Konzept jener ersten drei Jahre der Reagan-Administration. Der Sowjetunion wurde die militärische Gleichberechtigung entzogen, insofern die Vereinigten Staaten aufrüsteten, um die Parität hinter sich zu lassen. Dem sowjetischen Anspruch auf politische Parität trat die amerikanische Forderung nach dem Rückzug der Sowjetunion aus der Dritten Welt entgegen. Washington erklärte sich zwar bereit, die legitimen Interessen der Sowjetunion zu respektieren und mit ihr darüber zu reden. Es behielt es sich aber gleichzeitig vor, diese Interessen unilateral zu definieren und damit den außenpolitischen Handlungsspielraum der Sowjetunion zu bestimmen. Unter dem Regime Ronald Reagans verstanden sich die Vereinigten Staaten wieder als die Vormacht, die die weltpolitische Ordnung nicht herzustellen brauchte, sondern vorschreiben konnte.

Die Politik, die Außenminister Shultz hier formulierte, war bei Lichte gesehen eine Absichtserklärung. Mit ihr die Wirklichkeit zu beschreiben ist ein erprobtes Mittel politischer Konsenserzeugung. Von ihm hat gerade die Reagan-Administration überreich und überaus erfolgreich Gebrauch gemacht. Präsident Reagan verstand es wie kein anderer seiner Vorgänger, die günstigen Ereignisse in der Weltpolitik seiner Leistung zuzuschreiben und die ungünstigen davon fernzuhalten. Mit Recht ist er der «große Kommunikator» genannt worden; mit Recht, wenn auch ohne Freundlichkeit, hat die Abgeordnete Patricia Schroeder ihn als den «Teflon-Präsidenten» bezeichnet, weil an ihm kein politischer Fehler haften blieb. Aufgrund beider Fähigkeiten war es Reagan während der Zeit seines Regimes gelungen, zwischen seinem politischen Konzept und seiner politischen Praxis eine relative Distanz aufrecht zu erhalten und beide nur verbal zu synchronisieren. Seine Rhetorik war bei weitem kriegerischer als seine außenpolitische Praxis.

Dennoch enthielt diese Praxis eine substantielle Abwendung von den Strategien seiner Vorgänger. Reagan hat in den drei Jahren seines Regimes jede Form der Entspannungspolitik und der Verständigung mit der Sowjetunion außer Kraft gesetzt, hat den Vereinigten Staaten ein Programm massiver Aufrüstung und zunehmender Intervention in der Dritten Welt verordnet, hat Ideologie und Propaganda sehr viel stärker instrumentalisiert als jeder seiner Vorgänger. Er hat schließlich auch vor der direkten Demonstration militärischer Macht der USA nicht zurückgescheut. Die Rüstungskontrolle trat ganz in den Hintergrund. Das am Ende dieses Regimes von Außenminister Shultz vorgelegte außenpolitische Konzept ließ zwar nur noch schwach, aber in Umrissen unverkennbar die Zielsetzung erkennen, die alle einzelnen Politiken dieser ersten Periode der Reagan-Administration angeleitet hatte: die Wiedergewinnung der Superiorität.

4. Crescendo der Aufrüstung

Die Aufrüstung war das Kernstück nicht nur der Verteidigungs-, sondern der gesamten Sowjetunionpolitik Reagans. Was er über zwei Jahrzehnte hin als sein außenpolitisches Credo entwickelt, womit er den außenpolitischen Teil seines Wahlkampfes seit 1976 bestritten und worin er massive Unterstützung durch die konservativen Interessengruppen, vor allem durch das Committee on the Present Danger, erfahren hatte, das machte er nach seinem Einzug in das Weiße Haus konsequent zum Mittelpunkt seiner Sowjetunionpolitik.

Dieses Verhalten entsprach der dritten Phase in jedem amerikanischen Aufrüstungszyklus: Die Kritiker der Zurückhaltung und Proponenten massiver Aufrüstung gewinnen die Mehrheit und setzen ihr Programm in Politik um.[79] Allerdings endet hier auch die Normalität bereits. Solche Zyklen umfaßten in Friedenszeiten höchstens drei aufeinanderfolgende Jahre. Zwei davon hatten bereits unter Carter stattgefunden; Reagans Aufrüstungsprogramm hätte sich also auf das Jahr 1981 beschränken müssen. Statt dessen ist es bis 1985 ununterbrochen und mit beträchtlichen realen Steigerungsraten fortgesetzt worden – ein in der Geschichte der USA einmaliger Vorgang. Er läßt sich mit den Aufrüstungspräferenzen Ronald Reagans und der ihn tragenden Koalition allein nicht erklären. Aufrüstungsforderungen angesichts realer oder vermeintlicher sowjetischer Überlegenheit waren schon vorher erhoben und erfüllt worden, zwischen 1950 und 1953, dann zwischen 1960 und 1962. War der Zyklus ausgelaufen, wurden die Steigerungsraten des Verteidigungsbudgets wieder nivelliert. Daß diese Entwicklung während der Reagan-Administration nicht stattgefunden hat, dem Verteidigungsbudget erst 1986 ein Nullwachstum durch den Kongreß verordnet wurde, beweist zunächst einmal die Standfestigkeit Ronald Reagans, die Breite und politische Kraft der ihn tragenden Koalition. Erstaunlich ist ferner, daß der Kongreß diese Politik über lange Jahre hin mittrug, obwohl im Repräsentantenhaus die Demokratische Partei stets die Mehrheit hatte, obwohl den fiskalkonservativen Republikanern das rasch ansteigende Haushaltsdefizit ein politischer Greuel war und obwohl weite Teile der amerikanischen Bevölkerung auf die riesigen Aufrüstungsforderungen Reagans mit einer massiven Friedensbewegung antworteten. Gewiß, die Legislative hat das Verteidigungsbudget des Präsidenten regelmäßig gekürzt – weshalb es regelmäßig von der Administration mit einer entsprechenden «cut insurance» versehen worden war. Daß der Kongreß dieses Verfahren, das ihm ja nicht unbekannt war, akzeptierte, deutet darauf hin, daß Ronald Reagan für sein Aufrüstungsprogramm einen politischen Konsens verbuchen konnte, der weit über seine Koalition hinausging. Die amerikanischen Verteidigungsausgaben stiegen von 1981 bis 1985 real um 51%, also um mehr als die Hälfte.

Dabei starteten diese Steigerungen von einem hohen und von Präsident Carter bereits erhöhten Niveau. Es war zu keiner Zeit als unzureichend angesehen worden. Die für die Sicherheit der USA in erster Linie verantwortlichen Vereinigten Generalstabschefs erklärten 1982, daß zwischen den Vereinigten Staaten und der Sowjetunion strategisch ein wirkliches Gleichgewicht («essential equivalence») und auf allen anderen Gebieten eine eindeutige Überlegenheit der Vereinigten Staaten gegeben war.[80] Wenn der Kongreß dennoch – trotz aller Kritik und Abstriche im einzelnen – das massive Aufrüstungsprogramm akzeptierte, so mußte er mehr als die Sicherheit der Vereinigten Staaten im Auge haben. Die Ereignisse in Teheran und Afghanistan hatten offensichtlich auch in der Legislative den Eindruck verbreitet, daß die amerikanische Weltgeltung beschädigt, das amerikanische Prestige im Abstieg begriffen war, während die Handlungsfreiheit der Sowjetunion zunahm. Sie hatte die ihr gewährte militärische Parität offensichtlich dazu benutzt, jetzt auch die politische zu reklamieren und die Vereinigten Staaten als Weltführungsmacht Nummer Eins herauszufordern. Während die Niederlage im Vietnam-Krieg noch als Scheitern der USA, als eigenes Versagen angesehen werden konnte, mußte Afghanistan als Machtzuwachs des weltpolitischen Rivalen gedeutet werden, als Vorspiel für eine weiter expandierende sowjetische Weltpolitik.

Mußten die USA nicht künftig darauf gefaßt sein, daß die Sowjetunion ihnen Stück um Stück ihrer Weltführungsposition abzujagen versuchen würde? Die Intervention in Afghanistan selbst war ein begrenzter und die westliche Position sachlich nicht tangierender Vorgang. Er ließ aber erkennen, daß die Sowjetunion ihre Kontroll- und Expansionsinteressen notfalls auch mit ihrer gewaltigen Militärmaschine unterstützen würde.

Dann allerdings würde der Kampf um die Macht in der Welt zwischen den Vereinigten Staaten und der Sowjetunion in voller Schärfe entbrennen, dann wäre aus dem Dual zwischen Washington und Moskau eine klassische Rivalität entstanden, und zwar im globalen Maßstab. Die Perspektive eines solchen, zwar noch nicht aktuellen aber in Zukunft wahrscheinlichen Machtkampfes gab offensichtlich vielen Abgeordneten und Senatoren das Motiv, den Reaganschen Aufrüstungsplänen zuzustimmen.

Zwar war deren Bezug zu dieser Art der politischen Herausforderung durch die Sowjetunion nicht ohne weiteres erkennbar. Gesteigerte militärische Macht der USA hatte die Geiselnahme in Teheran und hätte die sowjetische Intervention in Afghanistan nicht verhindern können. Wenn aber die Vereinigten Staaten ihre konventionelle Militärmacht verstärkten, wenn sie die Schnelle Eingreiftruppe ausbauten und die Fähigkeit der amerikanischen Flotte zur ‹power projection› verbesserten, wurden Instrumente bereitgestellt, mit denen sich sowjetische Ausgriffe verhindern und unsichere Lagen stabilisieren ließen. Carter hatte mit diesen Programmen schon begonnen, und er hatte mit der nach ihm benannten Doktrin auch das außenpolitische Signal gegeben.

Damit war die weltpolitische Herausforderung durch die Sowjetunion keineswegs vollständig beantwortet, auch das wußte man im Kongreß. Sie verlangte vor allem politische und wirtschaftliche Gegenmaßnahmen. Sie waren schwierig zu treffen und schwer zu begründen. Beides traf für die Aufrüstung nicht zu. Sie ließ sich einfach und demonstrativ begründen. Sie schien zudem dem Wählerauftrag zu entsprechen, der Präsident Reagan an die Macht gebracht hatte. Dabei kam es dann nicht mehr so genau darauf an, ob das vom Präsidenten verlangte Aufrüstungsprogramm den Bedürfnissen erweiterter Machtposition wirklich entsprach oder nur die langen «Einkaufszettel» der Streitkräfte abhakte. Die Aufrüstung – von den Reaganites ohnehin gewollt – bot sich den anderen Parlamentariern als Mittel an, angesichts der durch Afghanistan und Teheran dokumentierten Machteinbuße Amerikas neue Aktivität und Entschlossenheit zu zeigen.

Zahlenmäßig betrachtet, unterschied sich Reagans Fünfjahresplan der Verteidigung nicht sonderlich von dem, den sein Vorgänger entworfen hatte. Carter hatte für diesen Zeitraum – in laufenden USD gerechnet – 1,33 Bill. USD vorgesehen, Reagan 100 Mrd. mehr, nämlich 1,447 Bill. Der Unterschied war, wie die nachstehende Tabelle 4 zeigt, nicht eben groß.[81]

Gleichwohl lagen politische Welten zwischen diesen beiden Langzeitprogrammen. Carter hatte sich zu dem seinen vor allem entschlossen, um legislative Widerstände gegen den SALT II-Vertrag aus dem Wege zu räumen. Es wurde mit Recht bezweifelt, daß er die geplanten Steigerungsraten in den kommenden fünf Jahren auch durchgehalten hätte. Für Präsi-

Tabelle 4 Planungen der Carter- und der Reagan-Administration für die Erhöhung der Verteidigungsausgaben im Zeitraum 1981–1986; in Milliarden Dollar, Stand 1981

Pläne/Daten	Haushaltsjahr						Gesamt
	1981	1982	1983	1984	1985	1986	
zu laufenden Preisen							
Carter (Januar 1981)	157,6	180,0	205,3	232,3	261,8	293,3	1.330,3
Reagan (März 1981)	158,6	184,8	221,1	249,8	297,3	336,0	1.447,6
Reagan (September 1981)	158,6	181,8	214,9	242,6	297,3	336,0	1.431,2
in Preisen von 1982							
Carter (Januar 1981)	172,5	180,0	188,2	197,1	207,0	217,5	1.162,3
Reagan (März 1981)	174,0	184,8	205,6	218,1	245,3	263,3	1.291,1
Reagan (September 1981)	174,0	181,8	199,8	211,8	245,3	263,3	1.276,0

Quelle: Joseph A. Pechmann: Setting National Priorities. The 1983 Budget, Washington, D. C., Brookings 1982, S. 52.

dent Reagan hingegen waren sie die unterste Grenze dessen, was durchgesetzt werden sollte. Er verlangte eine jährliche Steigerung des Verteidigungsbudgets um real 7,4%, und er begründete diese enorme Forderung[82] in seinem ersten Verteidigungsbudget 1982 mit dem «kollektiven Versagen» der USA gegenüber dem größten Aufrüstungsprogramm aller Zeiten, das die Sowjetunion veranstaltet hatte.

Konkretere Gründe gab Präsident Reagan selten an, schon gar nicht in seinem ersten Regierungsjahr, in dem er am 4. März 1981 vom Kongreß 6,8 Mrd. für den laufenden und 25,8 Mrd. USD für den Verteidigungshaushalt von 1982 zusätzlich forderte. Man konnte diese Unbestimmtheit als Mäßigung deuten, weil sich Reagan weder auf die «quick fixes» wie die bewegliche Stationierung der existierenden ICBMs einließ, die ihm sein Wahlkampfberater in Strategiefragen van Cleave angeraten hatte, noch auf das Raketenabwehrprogramm, das ihm 1980 von konservativen Republikanern empfohlen worden war. Als Reagan am 2. Oktober 1981 endlich eine Begründung nachlieferte,[83] konzentrierte sie sich auf denjenigen Bereich, in dem nun gerade keine amerikanische Unterlegenheit bestand, nämlich den strategischen. Reagan gab 100 B-1-Bomber in Auftrag und die Fortsetzung des Baus der Trident D-5-SLBM sowie der MX-ICBM.

Das waren 100 MX weniger, als Carter geplant hatte. Sie sollten auch nicht in unterirdischen Laufgängen, sondern in vorhandenen Raketensilos stationiert werden. Auch nicht ganz neu, aber doch begründungsfähig war sein Auftrag, das amerikanische C3I-System zu verbessern, das der luftgestützten Aufklärung, der Kommunikation sowie der genauen Orts- und Zielbestimmung dienen sollte.

Das Programm war also nicht besonders aufregend, gleichzeitig war es hoch umstritten, vor allem hinsichtlich der Nützlichkeit des B-1-Bombers angesichts der Entwicklungsarbeiten am radarunkenntlichen Stealth-Bomber. Die georderten MX in vorhandenen Silos zu stationieren war praktisch und preisgünstig, schloß aber mit Sicherheit nicht das «Fenster der Verwundbarkeit», auf das Reagan seinen Wahlkampf und als Präsident seine Rhetorik stützte. Reagans Nachtrag sah 13,1 Mrd. USD vor, um dafür 1982 150 Flugzeuge, 55 Hubschrauber und fast 300 Panzerfahrzeuge mehr zu kaufen, als Carter es vorgesehen hatte. 2,5 Mrd. flossen in die Weiterentwicklung der Rapid Deployment Force (RDF), deren Notwendigkeit niemand bestritt.[84]

Höchst umstritten war auch der Plan, die amerikanische Marine von 450 auf 600 Schiffe aufzustocken, ihr 15 große Flugzeugträgergruppen zu verschaffen anstatt der 12, die Präsident Carter vorgesehen hatte. Die Erhöhung gehörte in die sich abzeichnende neue Marinestrategie, die im Falle eines Krieges den amerikanischen Angriff gegen die sowjetischen Flotten und gegen das sowjetische Mutterland vorantragen sollte. Ob dies angesichts der sowjetischen Raketenabwehr überhaupt möglich, ob es nicht vielmehr besser war, statt der riesigen Flugzeugträger kleinere und beweglichere Kampfschiffe zu bauen – all dies blieb ebenso kontrovers wie die Frage, auf welche Weise Reagans Aufrüstungsprogramm die Sicherheit der USA und ihrer Verbündeten vergrößern würde.

Mit Sicherheit vergrößern würde sich hingegen das Haushaltsdefizit, dessen Abbau sich Reagan ebenfalls verschrieben hatte. OMB-Direktor Stockman fand bald heraus, daß die Verbindung von Steuersenkungen und Verteidigungsausgabenerhöhung den USA 1984 ein Defizit von 130 Mrd. USD bescheren würde und die massiven Kürzungen im Nicht-Verteidigungsbereich nicht ausreichten, um diese Katastrophe aufzuhalten.[85] Präsident Reagan mußte denn auch im Oktober 1981 sein Verteidigungsbudget wieder beschneiden. Er tat es widerwillig und unzureichend: Er strich lediglich 8 Mrd. USD und demonstrierte damit zum ersten Mal seine Strategie, mit Hilfe des unumgänglich anwachsenden Haushaltsdefizits den Kongreß zu immer weiteren Kürzungen bei den nicht auf die Verteidigung bezogenen Ausgaben zu zwingen. Die Aufrüstung sollte eben nicht nur die militärische Stärke der USA vergrößern, sondern auch den zivilen Leistungsumfang der Bundesregierung, vor allem im Bereich der Sozialpolitik, verkleinern.

In den drei Jahren von Ronald Reagans Regime, 1981–1983, erhielt das Verteidigungsministerium 150 Mrd. USD mehr, als es im letzten Jahr der Carter-Administration erhalten hatte.[86] Begründet wurde diese enorme Steigerung mit der «unilateralen Abrüstung» der Vereinigten Staaten gegenüber der Sowjetunion in den vorangegangenen Jahren. Streitkräftevergleiche sind immer schwierig. Unleugbar hatte die Sowjetunion seit 1964 aufgerüstet und gewiß mehr Geld aufgewendet als die Vereinigten Staaten nach dem Vietnam-Krieg. Ebenso richtig war andererseits, daß die Sowjetunion einen großen Rückstand aufzuholen hatte, wenn sie mit den USA gleichziehen wollte, also ein anderes Rüstungsverhalten an den Tag legen mußte als die bereits strategisch hochgerüsteten USA. 1983 spätestens wußte die CIA auch, daß die von ihr seit 1976 benutzten Zahlen über die sowjetische Rüstung unrichtig waren. Die sowjetischen Waffenbeschaffungsprogramme waren seitdem nicht mehr erhöht worden.

Ob die Reagan-Administration dies nun wußte oder nicht – berücksichtigt hat sie es nicht. Sie hat bei ihren Streitkräftevergleichen geflissentlich übersehen, daß die Sowjetunion es nicht nur mit den Vereinigten Staaten, sondern auch mit China zu tun hatte. Sie übersah auch die gewaltigen Unterschiede zwischen dem Militärpotential der westeuropäischen NATO-Alliierten und den osteuropäischen Mitgliedern des Warschauer Paktes. Hätte sie die Verteidigungsausgaben der beiden Paktsysteme miteinander verglichen, so hätte sich ein Vorsprung der NATO von 29% ergeben, sogar einer von 49%, wenn man die sowjetischen Verteidigungsausgaben gegenüber China mitberücksichtigte.[87]

Im strategischen Bereich war die Zweitschlagskapazität der Vereinigten Staaten zu keiner Zeit gefährdet. Das berühmte «Fenster der Verwundbarkeit» hatte offensichtlich, wie zuvor die «Raketen-Lücke» des Kandidaten Kennedy, mehr dem Wahlsieg als der Wahrheit genützt. Seit 1982 wurde das Argument denn auch von der Administration nicht mehr verwendet. Reagan hatte es schon in seinem strategischen Konzept vom 2. Oktober 1981 zur Seite gelegt, als er die neue MX-Rakete dort zu stationieren vorschlug, wo er zuvor die Minuteman-Rakete so gefährdet gesehen hatte: in fest verbunkerten Silos.

Als selbst der Kongreß ihm das nicht abnahm, entwickelte Reagan am 22. November 1982 das Konzept des «dense pack», der dicht konzentrierten Stationierung von MX-Abschußrampen – um dann sich und den Kongreß durch den Bericht der von ihm eingesetzten Scowcroft Commission wieder von der Möglichkeit der Silo-Stationierung überzeugen zu lassen.[88]

Von einem wirklich definierten Sicherheitsbedarf und dem gezielten Versuch, ihn zu befriedigen, kann also kaum die Rede sein. Das Repräsentantenhaus lehnte am 5. August 1982 mit einer Stimme Mehrheit eine Entschließung ab, die beiderseitigen nuklearen Waffenpotentiale auf dem gegenwärtigen Niveau einzufrieren.[89] Das sprach nicht gerade für ein verbreitetes Bewußtsein der Asymmetrie, obwohl das gleiche Repräsentantenhaus eine Woche zuvor das Verteidigungsbudget verabschiedet hatte. Ein Jahr später, am 4. Mai 1983, war eine Freeze-Resolution im Repräsentantenhaus erfolgreich.[90]

Ein Viertel der Verteidigungshaushalte unter Reagans Regime entfiel auf das strategische Aufrüstungsprogramm. Die Modernisierung der 300 Minuteman III-ICBMs mit jeweils drei Sprengköpfen vom Typ Mark 12-A wurde fortgesetzt und abgeschlossen. Treffsicherheit und Zerstörungsfähigkeit wurden damit erheblich erhöht. Das B-1-Bomber-Programm wurde 1981 mit einem Gesamtbetrag von 20,5 Mrd. USD beschlossen; es sollte ab 1985 einsatzfähig werden, traf aber noch 1988 auf erhebliche Probleme. Statt dessen haben die Vereinigten Staaten die B-52-Bomber teils ausrangiert, teils so modernisiert, daß sie luftgestützte Cruise Missiles tragen können. Bis 1985 wurden 90 B-52 G in dieser Weise verändert. Die MX-Rakete wurde in die Produktion genommen, jedoch bis 1985 nicht stationiert. Entsprechend den Empfehlungen der Scowcroft Commission wurde die Entwicklung der Midgetman-Rakete, die mobil und mit nur einem Sprengkopf versehen ist, aufgenommen.

Zwischen 1980 und 1983 wurden acht Polaris-Unterseeboote aus dem Dienst genommen, dafür 1982 das erste Trident-Unterseeboot in Dienst gestellt. In jedem Jahr sollte jeweils ein neues Boot der Trident-Klasse gebaut werden.[91] Es stellte die einzige, wirklich durchgreifende Verbesserung der strategischen Fähigkeiten der Vereinigten Staaten in diesem Zeitraum dar, war freilich schon unter Carter beschlossen und begonnen worden.

Mit dem Stationierungsbeginn amerikanischer Mittelstreckensysteme in Europa im Spätherbst 1983 führte Reagan nur aus, was sein Vorgänger begonnen hatte.[92] Von der Bundesrepublik unter Bundeskanzler Helmut Schmidt angeregt und von der NATO im Dezember 1979 beschlossen, sollten 108 landgestützte Pershing II und 464 ebenfalls landgestützte Cruise Missiles die vorhandenen amerikanischen FBS und die der NATO assignierten, auf vier Poseidon-Unterseebooten stationierten 400 Sprengköpfe ergänzen. Während die Mittelstreckensysteme von deutscher und europäischer Seite dazu bestimmt waren, eine Lücke im Abschreckungsspektrum zu schließen und die «Ankoppelung» der Nuklearstreitmacht der Vereinigten Staaten an die europäische Sicherheit verläßlich sicherzustellen, wurden diese Systeme von der Reagan-Administration in ihre – zumindest rhetorisch – offensive Politik gegenüber der Sowjetunion miteinbezogen und deswegen in ihrem Stellenwert verändert. Aus diesem Grunde machte vor allem die SPD in der Bundesrepublik nunmehr Front gegen die Dislozierung, die nichtsdestoweniger am 22. November 1983 vom Deutschen Bundestag beschlossen wurde und begann. Sie verbesserte, weil beide Systeme die Sowjetunion erreichen konnten, das strategische Potential der USA. Dafür zogen die Vereinigten Staaten im Oktober 1983 1400 atomare Gefechtsfeldwaffen aus Gründen der Überalterung zurück.

Der Löwenanteil des Aufrüstungsprogramms Ronald Reagans entfiel auf die konventionellen Streitkräfte. Ihr Umfang hat sich von 1980 bis 1984 nicht erhöht, blieb bei 16 Armee-Divisionen, 3 Marine-Divisionen und 26 taktischen Luftwaffengeschwadern. Aber ihre Ausrüstung wurde verbessert, vor allem durch die Einführung von mehr als 2100 Abrams M-1-Panzern.[93] Im August 1982 wurde mit dem Field Manual 100–5 in Washington die neue Doktrin AirLand Battle veröffentlicht, die zwar nicht in erster Linie auf Europa gerichtet, aber mit ihrer Integration konventioneller, elektronischer, nuklearer und chemischer Kriegführung in Europa die Sorgen vor dem Offensivcharakter der Reagan-Politik verstärkte.[94]

Die taktische Luftwaffe fand sich in den ersten Jahren der Reagan-Administration sogar schlechter gestellt als unter Carter. Während sie seinerzeit im Durchschnitt 227 Kampfflugzeuge pro Jahr kaufen konnte, sank deren Zahl bis 1985 um 24%, auf 172 pro Jahr.[95] In der gleichen Zeit stiegen die Preise für den F-15- und F-16-Jäger um 50%, Symptom des durch die raschen Budgeterweiterungen hergestellten Verkäufermarktes in den Vereinigten Staaten und Signal einer Entwicklung, die dem amerikanischen Verteidigungsbudget in den darauffolgenden Jahren besonders schwer zu schaffen machen sollte.

In der Marine kam die Reagan-Administration ihrem erklärten Ziel von 600 Schiffen 1984 schon beträchtlich nahe. Die Zahl hatte sich von 479 auf 542 erhöht.[96] Ein neuer Flugzeugträger und zwei Kriegsschiffe der Iowa-Klasse sowie zwei Kreuzer der Aegis-Klasse waren neu hinzugekommen, die Zahl der Fregatten war um 34 auf 106, die der Angriffsunterseeboote um 17 auf 99 erhöht worden.[97]

Wurde hier eine bestehende Überlegenheit weiter ausgebaut, so wurden die für die Mobilität und Flexibilität amerikanischer Truppen entscheidenden Transportmöglichkeiten unzureichend vermehrt. Das galt vor allem für Transportschiffe, denen im Kriegsfall nicht nur die Versorgung mit Öl, sondern der Transport von fast 95% aller Waffen und Geräte anvertraut werden muß. Sie wurden nur langsam vermehrt, während auch die Zahl der einsatzfähigen Schiffe der Handelsmarine zunehmend sank. Statt dessen baute die Reagan-Administration die Lufttransportkapazität aus, indem sie 26 KC-10-Tanker/Transportmaschinen sowie Transportflugzeuge vom Typ C-5-B ankaufte.[98]

Die Besoldung der Soldaten wurde erheblich verbessert. Reagan hatte es von Anfang an abgelehnt, über die Wiedereinführung der Dienstpflicht auch nur nachzudenken. Durch die Verbesserung der Bezahlung und die

Gewährung erhöhter «quality-of-life»-Leistungen war er erfolgreich darin, die Mannschaftsstärke zu erhalten und gleichzeitig ihren Ausbildungsstand zu erhöhen. Das war nicht billig; die Personalausgaben stiegen bis 1984 um mehr als die Hälfte, von 31 Mrd. auf 51 Mrd. USD.

Unter Reagans Regime hat der Kongreß die Verteidigungsbudgets des Präsidenten durchweg akzeptiert; er kürzte regelmäßig die Finanzmittel, aber nicht die Steigerungsrate. Etwas deutlicher war die Opposition gegen die Wiederaufnahme der Giftgasproduktion. Präsident Reagan forderte am 8. Februar 1982, den 1969 einseitig von den USA vorgenommenen Herstellungsverzicht aufzuheben, weil die Produktion binärer chemischer Waffen «wesentlich für das Nationalinteresse» sei.[99] Das Projekt wurde 1982 aufgrund des erfolgreichen Widerstandes im Repräsentantenhaus nicht finanziert. 1983 mußte Vizepräsident Bush im Senat seine Stimme in die Waagschale werfen, um die Ablehnung zu verhindern;[100] schließlich half aber der Abschuß des koreanischen Verkehrsflugzeugs dem Präsidenten zur ersten Bewilligungsrate für die Produktion binärer Chemiewaffen. Sie blieb allerdings auch in der Folgezeit hoch umstritten.

Die entscheidende Differenz zwischen dem Kongreß und dem Präsidenten entwickelte sich jedoch über die nuklearen Offensivwaffen, insbesondere über die MX-Rakete. Das Stationierungsproblem, das 1982 noch die Meinungsverschiedenheiten dominiert hatte, trat dabei aufgrund der Empfehlungen der Scowcroft Commission in den Hintergrund. Es wurde abgelöst durch die Meinungsverschiedenheit über den Zusammenhang zwischen der Modernisierung der strategischen Waffen und der Bedeutung der Rüstungskontrolle. Er wurde von der Reagan-Administration durchweg geleugnet; für sie war die Rüstungskontrolle Anathema schlechthin. Diese negative Position wurde vom Kongreß zunehmend als bedrohlich empfunden, so daß er versuchte, die Bewilligung der MX abhängig zu machen von einer aktiven Rüstungskontrollpolitik der Administration.

Damit hatten sich die politischen Fronten zwischen Legislative und Exekutive seit der Carter-Administration in ihr Gegenteil verkehrt. Präsident Carter mußte einem zögernden Kongreß 200 MX anbieten, um ihn für die Rüstungskontrolle in Gestalt des SALT II-Vertrages einzunehmen. Unter Reagans Regime mußte der Kongreß einem zögernden Präsidenten die MX anbieten, um seinem Widerstand gegen die Rüstungskontrolle zu brechen. Deutlicher konnte nicht zum Ausdruck kommen, daß selbst dem stark konservativen, aufrüstungsbereiten 97. Kongreß die offensive Position Präsident Reagans und seiner Verteidigungsfachleute zu weit ging. Unterstützt von der öffentlichen Meinung in den Vereinigten Staaten und Europa hat der Kongreß seit 1982 Präsident Reagan immer neue Tauschgeschäfte zwischen Aufrüstung und Rüstungskontrolle angeboten, um ihn zu einer flexibleren Haltung zu bewegen.

Der Kongreß war um so besorgter, als Präsident Reagan im Frühjahr 1983 zusätzlich zu seiner Politik der Schutzbauten und der Nervengasproduktion ein nun wirklich neues Aufrüstungselement einführte, die Strategische Verteidigungsinitiative. Er hatte sie in seiner Fernsehansprache vom 23. März 1983 mit der Absicht begründet,[101] «die Bedrohung durch strategische Nuklearraketen zu beseitigen». Er rückte das Forschungsprogramm in eine enge Nähe zur Rüstungskontrolle, mußte aber selbst darauf hinweisen, daß Verteidigungssysteme, wenn sie mit Offensivsystemen gepaart werden, «als Nährboden einer aggressiven Politik betrachtet werden» könnten. SDI warf denn auch in den USA und in Europa sofort die Frage auf, ob Reagan, der schon die Entspannung für tot erklärt und die Rüstungskontrolle storniert hatte, den USA eine Erstschlagskapazität verschaffen wollte.

Wer Präsident Reagan zu seiner Initiative überredet hat, und aus welchen Gründen, konnte während der Amtszeit des Präsidenten nicht endgültig geklärt werden.[102] Für die Entwicklung der amerikanisch-sowjetischen Beziehungen sind auch die Folgen wichtiger als die Ursprünge. Wenn sich die Administration zunächst zu diesem Programm vorsichtig, zurückhaltend und etwas orientierungslos verhielt, so muß es doch als das wichtigste bezeichnet werden, das von Präsident Reagan in der Phase seines uneingeschränkten Regimes begonnen wurde. Es stellte die bisherigen, beiderseits anerkannten Verhaltensweisen im Abschreckungssystem auf den Kopf und die Sowjetunion vor die Frage, ob es wünschenswert und überhaupt möglich war, ein sowjetisches Gegenstück zu verwirklichen. Die Absicht des harten Kerns der Reagan-Administration, der Sowjetunion einen für sie ungewinnbaren Rüstungswettlauf aufzuzwingen, schien im SDI-Programm Gestalt angenommen zu haben.

Was die Strategische Verteidigungsinitiative Präsident Reagans so aufregend machte, waren die Heimlichkeit ihrer Vorbereitung und die Tragweite ihrer Konsequenzen. Denn mit strategischen Abwehrmöglichkeiten hatten sich die Vereinigten Staaten schon früher und ausführlich beschäftigt. Von 1958 bis 1968 war das «Project Defender» betrieben worden, das die Einsatzmöglichkeiten satellitengestützter kinetischer Projektile erforscht hatte.[103] 1967 hatte die Johnson-Administration beschlossen, das Sentinel-System zu bauen, das von der Nixon-Administration unter dem Namen Safeguard neu aufgelegt und als Schutzgürtel um bestimmte amerikanische Städte herumgelegt werden sollte. Beide Systeme konnten, ebenso wie vor ihnen schon das «Project Defender», ihre Plausibilität im Abschreckungssystem nicht begründen. Sie wurden beiseite gelegt mit dem amerikanisch-sowjetischen Verzicht auf die Errichtung von Raketenabwehrsystemen (bis auf jeweils eines) im ABM-Vertrag von 1972/1974.

Die USA hatten schließlich auch auf die erlaubte Raketenstellung verzichtet, dennoch aber die Möglichkeiten einer Raketenabwehr immer weiter erforscht. Das galt auch für die Anti-Satellitenwaffen. Beide Programme waren aber mehr darauf gerichtet, sowjetische Forschungsfortschritte zu kompensieren, als neue Waffensysteme zu bauen und zu dislozieren. Besonders die Carter-Administration hatte gehofft, im Wege der Rüstungskontrolle mit der Sowjetunion die Anti-Satellitenwaffen zu eliminieren. Seinerzeit hatten schon drei entsprechende Verhandlungsrunden stattgefunden. Im Gegensatz dazu war die Reagan-Administration von vornherein positiv zur Raketenabwehr und zu den Anti-Satellitenwaffen eingestellt. 1980 hatte sich eine Gruppe republikanischer Senatoren dafür eingesetzt; in ihrem «Mandate for Leadership» hatte sich die Heritage Foundation, eine der führenden Denkfabriken der Reagan-Koalition, für ein raumgestütztes ABM-System ausgesprochen.[104] Die enormen Steigerungen des Verteidigungshaushaltes der Reagan-Administration kamen auch diesen Forschungen zugute.

Deren Auftrag war allerdings seit der Carter-Administration fast unverändert geblieben. Wie Verteidigungsminister Brown 1979, stellte auch sein Nachfolger Weinberger noch 1983 die Notwendigkeit in den Vordergrund, die BMD-Technologie besser zu verstehen, um für alle Eventualitäten gerüstet zu sein.[105] Beide trieben die Arbeiten an einem ASAT-Programm voran. Keiner sprach davon, daß die amerikanischen Raketenstellungen – ganz zu schweigen vom amerikanischen Kontinent – gegen sowjetische Raketen vollständig geschützt werden konnten oder sollten. Verteidigungsministerium und Generalstabschefs waren sich darin einig, daß ein solches System weder technologisch machbar, noch finanzierbar, noch strategisch wünschbar war.

Diese Einstellung konnte wohl nicht durch die im amerikanischen Entscheidungssystem häufig verwendete Methode der Konsensbildung von unten, sondern nur durch einen Hammerschlag von oben verändert werden. Reagan hielt denn auch seinen Beschluß vom 23. März 1983, die Erforschung eines Raketenabwehrsystems breitester Wirkung anzuordnen, vor dem Verteidigungs-, dem Außenminister, dem Vorsitzenden des Vereinigten Generalstabs und selbst vor seinem Rüstungskontrollbeauftragten Nitze geheim. Sie wurden erst am Tage der Fernsehansprache oder kurz davor informiert. Die Initiative scheint aus dem Fördererumkreis der Hoover Institution on War, Peace, and Revolution gekommen, von dem Physiker Edward Teller dem Präsidenten nahegebracht und von seinem nationalen Sicherheitsberater McFarlane im kleinsten Kreis des National Security Council entwickelt worden zu sein.[106] Reagans Strategische Verteidigungsinitiative war, wie der frühere Verteidigungsminister Schlesinger schrieb, ein weiteres Beispiel jener «unbedachten Abenteuer in persönlicher Diplomatie».[107] Ohne gründliche Vorbereitung, ohne die Konsequenzen durchdacht, geschweige denn die Alliierten gefragt zu haben, stellte Präsident Reagan die gesamte Strategie im Ost-West-Konflikt in

Frage. Er tat es mit bemerkenswerter Konsequenz und ebensolchem Erfolg.

Zunächst freilich mußte aus dem Programm erst einmal ein Projekt werden. Es wurde im Sommer 1983 von zwei Arbeitsgruppen entwickelt, deren eine, unter dem früheren Direktor der National Aeronautics and Space Administration James C. Fletcher, die technologischen Aspekte, deren andere, unter der Leitung von Fred S. Hoffman im Rahmen des Institute for Defense Analysis, die strategischen Aspekte und die Konsequenzen für die Verteidigungs- und Rüstungskontrollpolitik untersuchte.[108] Das Ergebnis dieser Arbeiten faßte eine interministerielle Arbeitsgruppe unter Verteidigungsminister Weinberger und dem Nationalen Sicherheitsberater Clark im Oktober 1983 in die Empfehlung an den Präsidenten zusammen, mit dem Aufbau eines boden- und raumgestützten Verteidigungssystems zu beginnen, das Anfang der neunziger Jahre fertiggestellt sein konnte. Es würde der Sowjetunion die Option nehmen, gegen die Vereinigten Staaten und gegen ihre Alliierten präemptive Nuklearschläge zu führen. Indem es Counterforce-Optionen beseitigte oder einschränkte, reduzierte es den Nutzen strategischer und eurostrategischer Kernwaffen und unterminierte damit gleichzeitig das Vertrauen in den Erfolg eines Angriffs.[109] Auf absehbare Zeit, so versicherte der Bericht, würde ein solches Programm nicht gegen den ABM-Vertrag von 1972, der ja raumgestützte Verteidigungssysteme verbot, verstoßen.

Das Programm und seine Annahmen stießen von vornherein auf verbreitete Ungläubigkeit hinsichtlich der Realisierungschancen und auf scharfe Kritik wegen der zerstörenden Wirkung auf die Strategie und die Rüstungskontrolle. In der Logik des Abschreckungssystems bedeutete der Aufbau einer Raketenabwehr, daß ein gegnerischer Zweitschlag erwartet, ein eigener Erstschlag also vorbereitet wurde. Dies war bei der Diskussion um den ABM-Vertrag von 1972 verbindlich geklärt worden. Freilich war inzwischen die Technologie verbessert, waren Computer und Steuerungssysteme erfunden, die Lasertechnik verbessert worden, so daß zu Beginn der achtziger Jahre mehr technologische Möglichkeiten zur Verfügung standen als 1972. Aber das strategische Grundproblem war dadurch nicht verändert worden. Es ließ sich nur vermeiden, wenn der Aufbau eines Verteidigungssystems mit dem Abbau der Offensivsysteme verbunden wurde. Geschah dies auf beiden Seiten, dann gab es keine Offensivsysteme und damit auch keinen Anlaß mehr, ein Verteidigungssystem aufzubauen. Reagans These, daß es besser sei, «Menschenleben zu retten, als sie zu rächen», stimmte zwar hinsichtlich der Zielsetzung, diskreditierte aber zu Unrecht das Abschreckungssystem, dessen stabilisierende Wirkung er mit SDI beseitigte. Wenn Reagan seine These ernst nahm, woran niemand zweifelte, warum schlug er dann zu ihrer Verwirklichung einen Weg ein, der zumindest die Möglichkeit enthielt, daß seine Absichten in ihr Gegenteil verkehrt wurden? Hatte nicht die von ihm selbst eingesetzte Scowcroft Commission gerade eben erst festgestellt, daß eine Raketenabwehr unpraktisch, teuer und gefährlich sei?

Daß die Strategische Verteidigungsinitiative nur humanitäre Ziele verfolgte, erschien noch unglaubwürdiger, wenn man sie auf dem Hintergrund der politischen Philosophie der Reagan-Administration insgesamt betrachtete. Sie betrieb eine politische Konfrontation gegen die Sowjetunion und ein massives Aufrüstungsprogramm. Es war unvermeidlich, daß SDI in diesem Gesamtrahmen geortet und interpretiert wurde. Selbst wer vorwegnahm, daß das umfassende Konzept einer totalen Raketenverteidigung abgeschwächt werden würde zugunsten eines gemischten Systems, das defensive und offensive Elemente miteinander verbinden, also das System der Abschreckung nicht aufgeben, sondern lediglich verändern würde, konnte nicht umhin, über diese Veränderungen besorgt zu sein.

Präsident Reagan hatte immer schon den SALT II-Vertrag kritisiert, den er als «totally flawed» bezeichnete, wenn er sich auch in den ersten Jahren seiner Administration an dessen Obergrenzen hielt. Er hatte das Rüstungskontrollgespräch mit der Sowjetunion zu langem Schweigen verurteilt. SDI mußte notwendig auch den ABM-Vertrag zerstören und damit den Auftakt bilden zu einem Rüstungswettlauf im Weltraum, zu einem Ersatz der Rüstungskontrolle durch eigene weitere Aufrüstung.[110] Der von Präsident Reagan eingesetzte neue Direktor der Abrüstungsbehörde Kenneth L. Adelman sah in der eigenen Aufrüstung und in der strategischen Verteidigung einen besseren Weg, den Gegner zu Rüstungskontrolle und Rüstungsminderung zu zwingen, als mit Hilfe von formalisierten Rüstungskontrollabkommen.[111] Das Argument verstärkte noch den Argwohn, die Reagan-Administration habe das Konzept der Rüstungskontrolle endgültig aufgegeben und sei dabei, das System der wechselseitigen Abschreckung durch eine einseitige amerikanische Überlegenheit zu ersetzen.

Die westeuropäischen Alliierten glaubten darüber hinaus, hinter SDI das Abkoppelungsinteresse der USA wiederzuerkennen, das sie schon in der Strategie der Flexiblen Antwort entdeckt hatten. Die Stationierung amerikanischer Mittelstreckensysteme veränderte in einer solchen Perspektive ihre Funktion völlig, und nicht nur für die Friedensbewegungen, sondern auch für die Regierungen Europas. SDI ließ diese Systeme, die einst die amerikanische Sicherheit unverbrüchlich an die Europas hatten knüpfen sollen, jetzt zu Offensivwaffen werden, die die Vereinigten Staaten gegen die Sowjetunion einsetzen konnten, ohne daß der dann in Europa stattfindende Nuklearkrieg das Mutterland der USA mit einbezog. Zog man schließlich noch in Betracht, daß die Sowjetunion dem Aufbau eines amerikanischen SDI nicht tatenlos zusehen, sondern nachfolgen würde, so zeigte sich sofort die Zukunft eines neuen, den Weltraum mit einbeziehenden Rüstungswettlaufs. Er würde die Rüstungskontrolle endgültig zunichte machen.

SDI nahm zumindest die Beschädigung des ABM-Vertrages billigend in Kauf. Der SALT II-Vertrag wurde von der Administration zwar bis auf weiteres befolgt, aber nicht anerkannt. Weitere Rüstungskontrollverhandlungen hatten in Reagans Regime keinen Platz. Damit wurde aus der bisherigen amerikanischen Strategie, die Aufrüstung und Rüstungskontrolle als zwei sich ergänzende, jeweils unentbehrliche Elemente einer Sicherheit und Entspannung ermöglichenden Politik angesehen hatte, ein Bestandteil entfernt, so daß nur noch die Aufrüstung übrigblieb. Reagans Strategische Verteidigungsinitiative schien den Höhepunkt in dieser Entwicklung darzustellen.

5. Fermate in der Rüstungskontrolle

Mit der Abkehr von der Rüstungskontrolle unterschied sich das Regime Reagans besonders drastisch von allen seinen Vorgängern. Sie hatten seit 1961 die Aufrüstung mit der Rüstungskontrolle flankiert, sie teilweise, wie beim ABM-Vertrag von 1972, sogar dadurch ersetzt. Jimmy Carter hatte an der Doppelgleisigkeit bis zuletzt festgehalten, hatte den SALT II-Vertrag nur vorübergehend, nicht etwa endgültig aus dem Ratifikationsprozeß genommen.

Die Reagan-Administration hingegen lehnte die Rüstungskontrolle rundweg ab. Im Widerstand dagegen hatte sich die Reagan-Koalition seit 1976 zusammengefunden; es war also auch nichts anderes zu erwarten. Die für die Rüstungskontrolle zuständige Arms Control and Disarmament Agency wurde mit Eugene Rostow besetzt, einem führenden Mitglied des Committee on the Present Danger. Sein Kollege von dort, Paul Nitze, wurde Abrüstungsberater des Präsidenten. Rostow warf in einem großen Revirement, das selbst die Sekretärinnen nicht verschonte, alle Anhänger der Rüstungskontrolle aus der ACDA und besetzte ihre Plätze mit deren Gegnern. Für Verteidigungsminister Weinberger war die Rüstungskontrolle ein «trauriges Kapitel» der amerikanischen Sicherheitspolitik, das ihr nur Enttäuschungen gebracht und das «Fenster der Verwundbarkeit» weit geöffnet hatte.[112]

Zwar gab es innerhalb dieser durchweg kritischen Einstellung gegenüber der Rüstungskontrolle erhebliche Differenzen in der Reagan-Administration. Die ACDA unter Rostow und die zivile Leitung des Pentagon, darin vor allem der stellvertretende Verteidigungsminister Fred Charles Iklé und der Assistant Secretary for International Security Affairs Richard Perle bildeten den harten, kompromißlosen Kern der Rüstungskontrollgegner. Hingegen waren die Vereinigten Generalstabschefs, die in der Rüstungskontrolle das einzige Mittel zur Bändigung des sowjetischen Rüstungsaufwuchses sahen, und das Außenministerium, das um die Rüstungskontrollinteressen der westeuropäischen Alliierten wußte, zwar skeptisch eingestellt, aber nicht prinzipiell ablehnend. Die Generalstabschefs hatten 1979 den SALT II-Vertrag befürwortet und taten es auch noch nach dem Regierungswechsel. Außenminister Haig mißtraute zwar den Russen, aber nicht der Rüstungskontrolle, deren Bedingungen er verbessert sehen wollte.[113] So ergab sich aus der Zusammenarbeit zwischen dem Außenministerium und den Vereinigten Generalstabschefs einerseits, der Abrüstungsbehörde und der zivilen Leitung des Pentagon andererseits ein merkwürdiges Gespann.[114] Es war für den Zickzackkurs verantwortlich, mit dem sich die Reagan-Administration in diesen ersten Jahren der Rüstungskontrolle zu entziehen suchte. Beim SALT II-Vertrag war das noch einigermaßen einfach, er war von Carter selbst aus dem Ratifikationsprozeß genommen worden. Reagan brauchte diese Politik nur fortzusetzen. Den Vertrag dennoch de facto einzuhalten, fiel nicht weiter schwer, weil die darin festgesetzten Höchstgrenzen in absehbarer Zeit von den USA ohnehin nicht überschritten werden konnten.

Bei dem Vertrag über ein Umfassendes Verbot von Kernwaffenversuchen (Comprehensive Test Ban Treaty, CTB) und bei den Verträgen über die Begrenzung unterirdischer Kernwaffenversuche (Threshold Test Ban Treaty, TTBT) und über die friedliche Nutzung der Atomenergie (Peaceful Nuclear Explosions Treaty, PNET) lagen die Dinge schon anders. Der Vertrag über die Begrenzung der unterirdischen Kernwaffenversuche war am 3. Juli 1974 zwischen den USA und der Sowjetunion abgeschlossen worden und beschränkte Nukleartests auf eine Stärke von maximal 150 Kilotonnen. Der zweite Vertrag schrieb diese Schwelle auch für unterirdische Kernexplosionen zu friedlichen Zwecken vor. Er war am 28. Mai 1976 geschlossen worden. Beide Verträge waren dem Senat am 29. Juli 1976 noch von der Ford-Administration zugeleitet, ihre Beratung dann aber bis zum Sommer 1977, nach dem Amtsantritt der Carter-Administration, vertagt worden. Sie kamen über Anhörungen nicht hinaus, weil ihre Schwellenwerte für die Liberalen zu hoch und für die Konservativen zu niedrig und für beide insofern vorläufig waren, als die USA zusammen mit Großbritannien und der Sowjetunion zu dieser Zeit große Fortschritte bei der Beratung des CTB machten.[115]

In den letzten beiden Carter-Jahren war ein Stillstand eingetreten, den die neue Reagan-Administration zu verewigen gedachte. Reagan gab im Sommer 1982 bekannt, daß er weder die Verträge dem Senat zur Ratifikation zuleiten, noch die Verhandlungen mit der Sowjetunion über den CTB wiederaufnehmen wollte. Seine Administration stimmte am 9. Dezember 1982 auch in den Vereinten Nationen gegen ein Verbot aller Kernwaffentests.[116] Sie begründete die Absage mit sowjetischen Verstößen gegen Rüstungskontroll-Abkommen oder -Vereinbarungen, durch die das Problem der Verifikation neu und verschärft gestellt worden sei.[117]

Damit war das Schlüsselwort gefallen, jedenfalls das wichtigste, mit dem die Reagan-Administration den Prozeß der Rüstungskontrolle auf absehbare Zeit abschließen wollte. Gegenüber der Sowjetunion schien größte Vorsicht geboten. Außenminister Haig warf ihr im März 1982 vor – zu Unrecht, wie sich später zeigte –, das Genfer Protokoll von 1925, das chemische und biologische Waffen verbot, mit der Anwendung des «Gelben Regens» in Indochina und in Afghanistan gebrochen zu haben.[118] Mit der Forderung nach vollständiger, lückenloser und vor allem lokaler («on site») Kontrolle ließ sich, das zeigte die Erfahrung seit Präsident Kennedy, jeder Rüstungskontrollvertrag verhindern. Präsident Reagan gab daher im Juli 1982 bekannt, daß er den TTBT und den PNET neu mit der Sowjetunion verhandeln und dabei die Verifikationsvorschriften erheblich verschärfen wollte.

Damit löste er allerdings den Widerstand der Rüstungskontrollfraktion im Senat aus, die auf der Vorlage der Verträge bestand und sogar die Bestätigung von Kenneth Adelman als dem Nachfolger Rostows in der Rüstungskontroll- und Abrüstungsbehörde von einer positiven Geste Reagans abhängig machte. Reagan sicherte im Februar 1983 zu, daß er die Verträge zur Ratifikation vorlegen würde, sowie er sich mit der Sowjetunion über neue Verifikationsvorschriften geeinigt haben würde.[119] Mit dieser eleganten Lösung war die liberale Fraktion im Senat lahmgelegt worden. Adelman wurde am 14. April 1983 vom Senat bestätigt, allerdings erst nach einer dreimonatigen Debatte und mit dem mageren Ergebnis von 57:42. Es entsprach fast genau dem Verhältnis von 58:40, mit dem 1977 Paul Warnke in dieser Position bestätigt worden war. Drei Jahre der Reagan-Administration hatten offensichtlich ausgereicht, um aus dem Senat, der unter Carter für eine härtere Linie eingetreten war, einen Anwalt der Rüstungskontrolle werden zu lassen. Er fand freilich in der Reagan-Administration einen Meister. Da die Sowjetunion die Verifikationsdiskussion wie erwartet ablehnte, konnte der Präsident weitere Vorstöße des Kongresses 1984 und 1985 erneut abweisen.

Mit dieser Strategie konnte Reagan es auch vermeiden, die Arbeit am Vertrag über ein umfassendes Testverbot (CTB) wiederaufnehmen zu müssen. Die beiden kleineren Verträge waren ihm vorgelagert, zumal sie bereits wichtige Verifikationsprobleme, eingeschlossen die der Inspektion vor Ort, gelöst hatten. Wurden die beiden kleineren Verträge im Senat als Vorstufe angesehen,[120] so konnte der größere mit ihnen leicht blockiert werden. Die Reagan-Administration war, was sie unumwunden zugab,[121] an einem umfassenden Testverbot nicht interessiert, weil es die von ihr beabsichtigte Entwicklung des SDI-Systems und die Modernisierung der nuklearen Sprengköpfe unmöglich gemacht hätte. Konsequent nahm sie später, trotz eines einseitigen sowjetischen Testmoratoriums, die Kernwaffenversuche wieder auf.

Aus der gleichen Interessenlage argumentierte Präsident Reagan auch im Bereich der Anti-Satellitenwaffen (ASAT). Auch in diesem, zunehmend wichtiger werdenden Bereich hatte die Carter-Administration im März 1978 Verhandlungen mit der Sowjetunion aufgenommen, gleichzeitig aber die Forschungs- und Entwicklungsarbeiten zügig weitergeführt. Die Verhandlungen hatten kein Übereinkommen, wohl aber gewisse Verständigungen erzielt. Sie waren 1979 eingestellt und dann von der Afghanistan-Intervention in den Hintergrund der Aufmerksamkeit gerückt worden.[122] Allerdings war die Problemlage hier insofern anders, als die Sowjetunion Ende der siebziger Jahre über ein zwar einfaches, aber einsatzfähiges ASAT-System verfügte, während die Vereinigten Staaten erst mit dem Aufbau beschäftigt waren.[123] Dennoch hätte es angesichts des allgemeinen Interesses an der Nicht-Militarisierung des Weltraumes nahe gelegen, die Verhandlungen nach 1981 wieder aufzunehmen.

Die Sowjetunion legte im Rahmen der Vereinten Nationen 1981 und 1983 Vertragsentwürfe vor, während die Reagan-Administration sich deutlich ablehnend verhielt.[124] Im Kongreß mehrten sich dementsprechend die Entschließungsentwürfe der Rüstungskontrollfraktion, die einen Rüstungswettlauf im Weltraum befürchtete, zumal in Verbindung mit der Strategischen Verteidigungsinitiative Präsident Reagans.[125] Sie scheiterte aber durchweg und hatte erst 1984 insofern Erfolg, als sie die Bewilligung von rund 20 Mio. Dollar für das amerikanische ASAT-Programm von der Vorlage eines entsprechenden Berichtes der Reagan-Administration abhängig machen konnte. Er traf am 31. März 1984 ein.[126] Allerdings enthielt er eine klare Absage. Präsident Reagan schrieb in seinem Begleitbrief, daß er es nicht für sinnvoll hielt, «in formale internationale Verhandlungen» über ein ASAT-Abkommen einzutreten,[127] weil es weder im amerikanischen Interesse noch verifizierbar sei.

Erneut zeigte sich Reagan imstande, legislative Auflagen zu erfüllen, aber sie in seinem Sinne zugunsten der Aufrüstung zu interpretieren. Im Frühjahr 1984 kam ihm dabei entgegen, daß die Sowjetunion die amerikanisch-sowjetischen Verhandlungen über die Mittelstreckenraketen in Europa einseitig abgebrochen und die über die Interkontinentalraketen vertagt hatte.

Diese beiden großen Rüstungskontrollkomplexe bildeten in den Jahren 1982 und 1983 den Hauptgegenstand der amerikanisch-sowjetischen Beziehungen. Ihnen galt die Aufmerksamkeit der Öffentlichkeit und des Kongresses. Hier ging es nicht um Kernwaffentests oder um exotische Techniken, hier ging es um den Rüstungswettlauf bei den unmittelbar bedrohlichen Interkontinental- und Mittelstreckenraketen. Hier sah sich die Reagan-Administration von vornherein dem Verdacht gegenüber, daß sie, die im Zeichen der Ablehnung des SALT II-Vertrages angetreten war, die Rüstungskontrolle durch Aufrüstung ersetzen wollte. Darüber sorgten sich auch zahlreiche westeuropäische Alliierte,[128] von der Öffentlichkeit in Westeuropa ganz zu schweigen. Sie begleitete den Amtsantritt der Reagan-Administration mit großen zunehmenden Demonstrationen in England, Belgien, Holland und der Bundesrepublik. In den Vereinigten Staaten hielt das Freeze-Movement seine erste nationale Konferenz in Washington ab. Die öffentliche Aufmerksamkeit war also groß, sie war aber auch geteilt. In den USA galt sie dem Schicksal des SALT II-Vertrages und der strategischen Rüstungskontrolle. In Europa stand die Frage im Vordergrund, wie die Reagan-Administration sich zu dem Rüstungskontrollteil des NATO-Doppelbeschlusses von 1979 stellen würde.

Dennoch gelang es der Reagan-Aministration in beiden Fällen, einen Rüstungskontrollfortschritt zu verhindern. Die Strategie dabei war stets die gleiche. Sie verzögerte zunächst den Beginn der Verhandlungen und stattete sie sodann mit Vorschlägen aus, die von der anderen Seite nur abgelehnt werden konnten. Die Sowjetunion spielte dabei den ihr zugedachten Part ganz verläßlich. Ihr war unter der Führung der Alten Garde überhaupt nichts an der Rüstungskontrolle, sondern alles an deren propagandistischer Ausnutzung gelegen.

Die Reagan-Administration konnte sich bei ihrer Ablehnung der Rüstungskontrolle zunächst auf die sie tragende Koalition, sodann aber auch auf die entschiedenen Liberalen stützen, die die Rüstungskontrolle gern durch wirkliche Abrüstung ersetzt hätten. Hier stimmten sie mit den Konservativen überein, aber die Harmonie war nur scheinbar. Wie schon Präsident Carter mit seinem Abrüstungsvorschlag vom März 1977 herausgefunden hatte (der ganz maßgeblich auf den Senator Jackson zurückging), verstanden die Konservativen unter Abrüstung vor allem die der Sowjetunion. Die Liberalen hingegen traten für eine paritätische Lösung ein, aber eben nicht nur bei der Kontrolle, sondern auch bei der Reduzierung der Rüstungen. Diese Positionsdifferenzen spiegelten sich auch in der Reagan-Administration wider, wenn auch verständlicherweise mehr auf der konservativen Seite des Spektrums. Damit mußte zunächst einmal innerhalb der Reagan-Administration selbst über die Politik entschieden werden,[129] die man dann der Sowjetunion präsentieren konnte.

Priorität verlangte dabei die Rüstungskontrolle der Mittelstreckenraketen. Der Doppelbeschluß von 1979 hatte die Nachrüstung davon abhängig gemacht, daß eine Verständigung mit der Sowjetunion über die Abrüstung der SS-4, -5 und -20 ergebnislos geblieben war. Also mußte zunächst diese Verständigung gesucht und zu Ende gebracht werden. Carter hatte die Gespräche kurz vor den Wahlen im November 1980 in Genf aufnehmen lassen, ein Anfang war also gemacht worden. Die Reagan-

Administration wurde damit alsbald vor die Frage gestellt, ob und mit welchen Zielen sie die Verhandlungen fortsetzen wollte. Die Gruppe um den Verteidigungsminister Weinberger war daran nicht interessiert. Für die von ihr verfolgte Strategie der Konfrontation und der horizontalen Eskalation besaßen die amerikanischen Mittelstreckenraketen großen Wert, weil sie erstmals wieder die Sowjetunion von westeuropäischem Boden aus direkt bedrohen konnten. Dementsprechend verbesserten sie die strategische Position der USA. Das Außenministerium hingegen stand den westeuropäischen, vor allem den westdeutschen Interessen näher, die die Mittelstreckenraketen reduzieren, die sowjetischen möglichst ganz beseitigen, aber gleichzeitig die amerikanische Nukleargarantie verstärkt sehen wollten.

Das Ergebnis des inneradministrativen Tauziehen zwischen Pentagon und Außenministerium, personalisiert durch die beiden «Richards», Richard Perle und Richard Burt, war der Eröffnungsvorschlag von Präsident Reagan am 10. November 1981, die doppelte Null-Lösung. Ursprünglich eine Idee der deutschen Bundesregierung unter Helmut Schmidt, war sie von der Reagan-Administration in der doppelten Erwartung formuliert worden, daß sie sowohl die Friedensbewegungen beruhigen wie von der Sowjetunion abgelehnt werden würde. Selbst Paul Nitze, der zwar gegen den SALT II-Vertrag gewesen, aber keineswegs ein totaler Gegner der Rüstungskontrolle, sondern ihr zwar konservativer, aber ebenso fairer wie intelligenter Anwalt war, hielt es für unwahrscheinlich, daß die Sowjetunion jemals einen solchen Vorschlag annehmen könnte. Sie hatte stets behauptet, daß es ein eurostrategisches Gleichgewicht gab, weil sie die amerikanischen FBS und die der NATO zugewiesenen Polaris-Unterseeboote mitzählte, schließlich auch die französischen und britischen Nuklearwaffen.

Reagans Vorschlag ließ all diese westlichen Waffen außer Ansatz. Hinzukam, daß er erst vier Monate nach Verhandlungsbeginn, nämlich am 4. Februar 1982, in Genf vorgelegt wurde,[130] nachdem die sowjetische Seite den Vorschlag einer interimistischen Reduktion der Mittelstreckensysteme um zwei Drittel ins Spiel gebracht hatte. Da es noch viele andere ungelöste Probleme gab, beispielsweise die von der Sowjetunion in Asien stationierten Mittelstreckenraketen, ließen sich lange und ergebnislose Verhandlungen in Genf voraussehen.

Auch mit Rücksicht darauf lud Paul Nitze seinen sowjetischen Verhandlungspartner Julij Kwizinskij zu dem berühmten «Waldspaziergang» ein, auf dem sich beide jenseits ihrer Verhandlungsvollmachten auf eine Untergrenze von jeweils 75 Systemen einigten.[131] Zwar wurde dieser Vorschlag von Washington wie von Moskau abgelehnt, er belebte aber die europäischen Hoffnungen auf einen Kompromiß. Unter Hinweis auf die europäische Friedensbewegung, deren Forderungen in der Gesellschaft sehr wohl beachtet wurden, drängte die Bundesregierung unter Helmut Kohl Washington, die Automatik der Stationierung durch einen Kompromißvorschlag im Sinne der «Waldspaziergangs»formel zu unterbrechen.[132]

Angesichts derart veränderter Umweltanforderungen schwenkte die Reagan-Administration, nachdem sie im Winter 1982/83 die «detailliertesten Verhandlungen» mit ihren europäischen Alliierten gepflogen hatte, auf den Vorschlag einer Interimslösung ein. Sollte sie scheitern, stellte Reagan die Stationierung fest in Aussicht.[133] Nachdem dieser Fall, wie erwartet, eingetreten war, mußte die Stationierung vorangetrieben werden. Die verhandlungstaktischen Zwänge der Interaktion zwischen Ost und West ließen zu diesem Zeitpunkt keine andere Wahl zu. Sie verhalfen in Washington denjenigen zum Sieg, die sich nur widerwillig zu den Rüstungskontrollverhandlungen hatten zwingen lassen. Sie fühlten sich in ihrer Einstellung durch den Abschuß des koreanischen Verkehrsflugzeuges am 1. September 1983 zusätzlich bestätigt.

Der neuerliche Austausch von Abbauvorschlägen im Herbst 1983 hatte unter diesen Umständen kaum noch eine Chance, war aber als Ausgangspunkt für eine spätere Phase der Verhandlungen nicht uninteressant. Moskau bot am 26. Oktober 1983 an, die Zahl der sowjetischen Mittelstrekkenraketen von 243 auf etwa 140 zu verringern und die überzähligen Raketen zu verschrotten, anstatt sie in den Fernen Osten zu verlagern. Damit würde die Sowjetunion über die gleiche Anzahl von Sprengköpfen in Europa verfügen wie die Briten und die Franzosen. Die USA griffen in ihrem Vorschlag vom 15. November die 140 SS 20-Raketen auf, bezeichneten sie indes als globale Obergrenze und behielten sich das Recht vor, in Europa auf die von der Sowjetunion dort stationierten Sprengkopfzahlen nachzurüsten.[134]

Hatten sich also die Zahlen geändert, so waren die Positionen gleich geblieben. Zwar drängte Paul Nitze bis zum letzten Tag seine Regierung, lieber die Stationierung zu verschieben, als die zu erwartenden politischen Folgen in Europa zu akzeptieren, aber er stand damit in Washington allein. Nachdem der Deutsche Bundestag am 23. November 1983 der Stationierung zugestimmt hatte, brach die Sowjetunion die Verhandlungen in Genf ab und führte 1984 die von ihr angekündigten «Gegenmaßnahmen» aus, indem sie die Mittelstreckenraketen kürzerer Reichweite vom Typ SS-12/22 nach Mitteleuropa verlegte und die Zahl der SS-20 im westlichen Teil der Sowjetunion erhöhte.[135] Die USA begannen noch im Dezember 1983 mit der Stationierung der ersten Pershing II in der Bundesrepublik.

Was Nitze befürchtet hatte, trat ein. Der politische Schaden, den diese Mittelstreckenraketen im Rahmen des durch Präsident Reagan veränderten Kontextes erzeugten, war zunächst höher als der militärische Nutzen, der in den Vereinigten Staaten immer schon als außerordentlich gering veranschlagt worden war – wenn die Stationierung nicht überhaupt als Belastung gesehen wurde. Andererseits hätte jeder frühe Kompromiß Mittelstreckenraketen auf beiden Seiten akzeptieren müssen – und es ist die Frage, ob daraus nicht ein Gewöhnungseffekt entstanden wäre, der den Abrüstungsbeschluß vom Dezember 1987 verhindert hätte. Jedenfalls fügte die kompromißlose Haltung der Reagan-Administration die Mittelstreckensysteme in Europa dem allgemeinen Schicksal ein, das sie der Rüstungskontrolle insgesamt bereiten wollte. In Reagans Regime hatte sie keinen Platz.

Als vollends widersinnig erschien sie der Reagan-Administration bei den strategischen Waffen, den landgestützten ICBMs und den seegestützten SLBMs. Hier herrschte in den Augen der Reagan-Administration ein amerikanisches Defizit, das durch Aufrüstung, nicht durch Rüstungsverminderung zu beseitigen war. Rüstungskontrollverhandlungen konnten nur dann einen Sinn haben, wenn sie zu einseitiger Reduzierung des sowjetischen Potentials führten. Aus diesem Grunde kam für Präsident Reagan eine Ratifikation des SALT II-Vertrages gar nicht erst in Frage. Andererseits war er bereit, die Bestimmungen des Vertrages faktisch einzuhalten, solange die Sowjetunion sich ihrerseits daran hielt.[136] Diese Politik bedurfte vorläufig keiner besonderen Zurückhaltung. Die von Präsident Reagan als «Peacekeeper» getaufte MX ließ sich, ebenso wie die Modernisierung der Minuteman-Raketen, mit dem Vertrag vereinbaren. Das galt auch für das Trident-System. Erst Ende 1985 war zu erwarten, daß dessen Erweiterung zur Überschreitung der im SALT II-Vertrag vorgesehenen Höchstgrenzen von 1200 Raketen mit Mehrfachsprengköpfen führen würde. Aber dieser Zeitpunkt war noch weit entfernt und fiel übrigens zusammen mit dem Auslaufdatum des Vertrages. Reagans strategisches Modernisierungsprogramm kollidierte also vorläufig nicht mit dem Rüstungskontrollvertrag von 1979, und die Reagan-Administration gedachte offensichtlich, diesen stummen Zwischenzustand zu verlängern, in dem ein Vertrag zwar beachtet, aber nicht ratifiziert und vor allem kein neuer geschlossen würde. Jede laute Stimme wie die des Marineministers John Lehman, der dem Konzept der Rüstungskontrolle wie dem SALT II-Vertrag öffentlich absagte, wurde vom Außenministerium offiziell korrigiert.[137] Auch wurde die im Rahmen von SALT I zwischen den beiden Ländern verabredete Ständige Beratungskommission nicht auf Eis gelegt, sie kam 1981 im März und im Mai zusammen. Im übrigen aber trat die Reagan-Administration auf der Stelle. Sie produzierte den neuen Titel der Strategic Arms Reduction Talks (START), der, ebenso progressiv wie unrealistisch, von links und rechts gern gehört wurde. Sie entwickelte aber keinerlei Verhandlungsinitiative.

Sie wurde ihr vielmehr vom amerikanischen Umfeld aufgezwungen, und zwar durch die amerikanische Freeze-Bewegung, die sich schon bei den INF-Verhandlungen bemerkbar gemacht hatte, aber hauptsächlich daran interessiert war, den strategischen Rüstungswettlauf zwischen den beiden Supermächten einzudämmen. Beunruhigt durch die Nicht-Ratifizierung des SALT II-Vertrages und vor allem durch das Aufrüstungsprogramm der Reagan-Administration, war die Bewegung im Winter 1980 entstanden und 1982 soweit erfolgreich, daß im Februar und im März 1982 in beiden Häusern des Kongresses Entschließungen eingebracht wurden, die den Rüstungswettlauf anhalten und die Kernwaffen «einfrieren» wollten. Der Regierung gelang es schließlich, im Repräsentantenhaus eine ihr genehmere Version, das Broomfield-Substitute, durchzusetzen, das erst eine substantielle Kürzung der strategischen Waffen verlangte, bevor sie eingefroren werden sollten. Aber es war ein knapper Sieg, der erkennen ließ, daß zahlreiche Abgeordnete und Senatoren den Eindruck teilten, die Reagan-Administration sei an der Rüstungskontrolle nicht interessiert und müsse daher auf sie verpflichtet werden.[138]

In dieser Situation hielt es die Reagan-Administration für angebracht, im Mai 1982, eineinhalb Jahre nach ihrem Amtsantritt, einen Schritt nach vorn zu tun. Präsident Reagan gab in seiner Rede vor dem Eureka-College am 9. Mai 1982 bekannt, daß seine Regierung «nunmehr bereit sei, voranzukommen».[139] Die amerikanische Ausgangsposition, die er andeutete, richtete sich auf eine «bedeutende» Verringerung der Raketen, der Anzahl ihrer Sprengköpfe und ihres Zerstörungspotentials. Allerdings würde davon nur die Sowjetunion betroffen, die die Anzahl ihrer ICBM doppelt so stark verringern mußte wie die Vereinigten Staaten, die ihrerseits die Zahl der Sprengköpfe auf ihren strategischen Raketen sogar erhöhen konnten.[140]

Auf dieser Basis begannen am 29. Juni 1982 in Genf die START-Verhandlungen. Zum Leiter der amerikanischen Delegation war der General Edward Rowny ernannt worden, der seinerzeit den amerikanischen Generalstab bei den SALT II-Verhandlungen vertreten, dieses Amt aus Protest gegen den sich abzeichnenden Vertrag niedergelegt und seitdem eine führende Stelle im Committee on the Present Danger eingenommen hatte. Im Gegensatz zu Nitze war Rowny sehr inflexibel und an der Rüstungskontrolle prinzipiell nicht interessiert. Insofern war er ein angemessener Repräsentant dieser ersten Phase der Reaganschen Rüstungskontrollpolitik.

Der Kongreß ließ seinen Unwillen über diese Manöver im Winter 1982/1983 erneut spüren, und zwar an der für Reagan so empfindlichen Stelle der Finanzierung der MX-Raketen. Reagan mußte einlenken. Er nahm eine Anregung der Senatoren Jackson und Nunn vom April bzw. September 1982 auf und schlug der Sowjetunion in seiner Fernsehansprache vom 22. November 1982 mehrere Schritte zur Stärkung des gegenseitigen Vertrauens und der Risikoverminderung vor, z. B. die Ankündigung von Raketentests und größeren nuklearen Manövern sowie vor allem eine Verbesserung des «heißen Drahtes», der direkten Telekommunikation zwischen Washington und Moskau.[141] Das Abkommen wurde am 17. Juli 1984 unterzeichnet.

Reagan setzte die Scowcroft Commission ein, deren Empfehlungen die Stationierungsvoraussetzungen für die MX klärten und den Wert der Midgetman unterstrichen (woran sich Reagan nicht hielt). Er ließ immer wieder versichern, daß das eigentliche Ziel seiner Aufrüstungspolitik die Abrüstung der strategischen Waffen sei,[142] und schloß sich demonstrativ dem von drei Senatoren entwickelten «build-down-Vorschlag» an, für jeweils eine neue strategische Waffe zwei alte abzubauen.[143] Schließlich gab er am 8. Juni 1983 eine neue, weichere Verhandlungsposition der USA bekannt, die der Sowjetunion vor allem mit der Erhöhung des verbleibenden Raketen-Plafonds entgegenkam.[144]

All dies war aber mehr dazu bestimmt, den Kongreß zu besänftigen und dadurch die Gelder für die MX-Rakete frei zu bekommen, als einen Fortschritt in den START-Verhandlungen herbeizuführen. Am 4. Mai 1982 war im Repräsentantenhaus eine Freeze-Entschließung verabschiedet worden, mit großer Mehrheit (278:149) und mit der ursprünglichen Forderung, die Nuklearwaffen erst einzufrieren und dann zu vermindern.[145] In beiden Häusern war die Meinung verbreitet, daß der Präsident die Empfehlungen der Scowcroft Commission selektiv verwende und in Genf nicht aufrichtig verhandele. Am 29. April hatten sich die Senatoren Cohen, Nunn und Percy, am 2. Mai neun Mitglieder des Abgeordnetenhauses, darunter die Repräsentanten Aspin, Dicks und Gore, schriftlich an den Präsidenten gewandt und ihn aufgefordert, seine Abrüstungspolitik im Rahmen der START-Verhandlungen näher an die Empfehlungen der Scowcroft Commission heranzurücken. Reagan sagte das in seinen Antworten zu,[146] bat auch die Kommission, im Amt zu bleiben und ihn weiterhin in der Rüstungskontrollfrage zu beraten.

Dies trug dazu bei, die beiden Häuser zur Bewilligung der Gelder für 21 MX zu bewegen. Es zerstreute aber nicht ihre Sorgen über Reagans Rüstungskontrollpolitik. Im September 1983 verbanden sich die drei Senatoren und die drei Abgeordneten zu der «Sechser-Bande», die nunmehr gemeinsam auf Reagan einwirkten, um ihn zur Berücksichtigung der Scowcroft-Empfehlungen und des «build-down»-Vorschlags in seiner Rüstungskontrollpolitik zu bewegen. Präsident Reagan tat beides in seiner Stellungnahme zum Beginn der fünften START-Runde in Genf am 4. Oktober 1983. Er versprach, den «build-down»-Vorschlag insbesondere auf die Sprengköpfe der ballistischen Raketen und auf die Bomber anzuwenden und dabei auch die sowjetischen Interessen im Wege des Gegengeschäftes zu berücksichtigen.

Das wichtigste Gegengeschäft aber erhielt der Präsident in den USA selbst, wo ihm in dem Bewilligungszyklus vom November 1983 die Gelder für die 21 MX-Raketen zur Verfügung gestellt wurden. Sein Anteil in Genf blieb ihm erspart. Im Oktober 1983 war das Klima in Genf durch die Austrocknung der INF-Verhandlungen und die sich abzeichnende Stationierung der Mittelstreckensysteme stark verschlechtert worden. Aussichtsreiche Kompromisse waren im START-Rahmen nicht mehr zu erwarten. Die Sowjetunion zerbrach ihn endgültig, als sie sich nach dem Abbruch der IFN-Verhandlungen weigerte, ein Datum für die nächste START-Runde zu benennen.

Zweifellos aber hatte der Präsident in dem Geschäft mit dem Kongreß mehr gewonnen als die Legislative. Der «build-down»-Vorschlag konnte von Reagan mühelos akzeptiert werden, weil sein Abrüstungsvorschlag noch weit über ihn hinausging. Die Empfehlungen der Scowcroft Commission ließen sich nicht so leicht integrieren, schon weil die Midgetman-Rakete die Strategische Verteidigungsinitiative völlig überflüssig gemacht hätte. Aber Präsident Reagan hatte ja nur versprochen, seine Vorschläge «in Harmonie» mit denen der Kommission abzufassen. Das war ein weiter Begriff, der die Verfolgung einer einseitig auf die Verringerung des sowjetischen ICBM-Potentials gerichteten Politik durchaus zuließ. Nicht zu Unrecht hat man daher davon gesprochen, daß Reagan in beiden Fällen lediglich eine «Schadensbegrenzungs»-Politik betrieb, die ihm die Gelder für die MX beschaffen sollte, ohne ihn auf eine substantielle und aussichtsreiche Rüstungskontrollpolitik zu verpflichten.[147] Sie hätte nicht in sein Konzept dieser ersten Jahre gepaßt, das auf die Wiederherstellung der amerikanischen Überlegenheit gerichtet war und die Rüstungskontrolle nur zu diesem Ziel einsetzte. Daß sie damit zur Erfolglosigkeit verurteilt war, dürfte in der Reagan-Administration niemanden, den Strategieexperten im Außenministerium Richard Burt vielleicht ausgenommen, sonderlich beunruhigt haben.

6. Machtpolitik in der Dritten Welt

Der Versuch der Reagan-Administration, die amerikanische Prärogative gegenüber der Sowjetunion wiederherzustellen, konnte sich nicht auf die Wiedererlangung der militärischen Superiorität beschränken. Es mußte auch verhindert werden, daß Moskau die politische Parität erlangte, die Gleichberechtigung bei der globalen Ordnungspolitik. Waren die Fronten in Europa und im Rüstungswettlauf klar, so war es in den Augen der Reagan-Administration weder Nixon und Ford, geschweige denn Jimmy Carter gelungen, sie in der Dritten Welt gegen sowjetische Einflußerweiterungen zu stabilisieren.

Reagan suchte also in seiner Weltpolitik nach einem Äquivalent zu seinem Aufrüstungsprogramm. Er fand es in der militärischen Stützung und

Unterstützung aller Gegner des Kommunismus und der Sowjetunion. Mit Hilfe dieses Programms, dessen theoretischen Unterbau seine Botschafterin bei den Vereinten Nationen, Jeane J. Kirkpatrick, mit ihrer Unterscheidung zwischen autoritären und totalitären Regimen gelegt hatte,[148] wollte Ronald Reagan der Sowjetunion die politische Parität streitig machen. Militärischer und militärisch instrumentierter Druck von allen Seiten sollte die Sowjetunion zum Rückzug aus der Dritten Welt zwingen.

Mit dieser Zielsetzung ist nicht die gesamte Politik der Vereinigten Staaten gegenüber der Dritten Welt beschrieben, wohl aber das Programm der Reagan-Administration. Die Regierung zog nur den Ausschnitt dieser Politik an sich, der im engeren Sinne der Konfrontation mit der Sowjetunion diente, und überließ die anderen Bereiche der Eigeninitiative der Entwicklungsländer bzw. der Privatinitiative ihrer und der amerikanischen Wirtschaft.[149] Reagan wandte damit gegenüber der Dritten Welt den Grundgedanken seines Regierungskonzeptes an, nämlich die Rolle der Regierung, vom Verteidigungsbereich abgesehen, zu verkleinern. Die Direktinvestitionen der amerikanischen Wirtschaft in der Dritten Welt überstiegen, wie vielfach in der westlichen Welt, die amerikanische Auslandshilfe bei weitem. Sie hatten zwar zu Beginn der achtziger Jahre etwas nachgelassen, beliefen sich aber im Jahre 1983 noch immer auf 50,9 Mrd. USD.[150] Im Vergleich dazu betrug die gesamte Auslandshilfe dieses Jahres 13,7 Mrd.[151] Dieses Verhältnis entsprach ganz den Vorstellungen Ronald Reagans, der den Entwicklungsprozeß den betroffenen Ländern und die Hilfe dazu der Privatwirtschaft überlassen wollte, in der er den eigentlichen Motor wirtschaftlicher Prosperität und Freiheit erblickte.

Der Kampf gegen die Sowjetunion und den Kommunismus sowie den Terrorismus als deren drittes Erscheinungsbild blieb jedoch dem politischen System überlassen. Auf diese Aufgabe beschränkte und konzentrierte sich die Reagan-Administration. Ihre Politik in der Dritten Welt war auf die Zurückdrängung des sowjetischen Einflusses und darauf gerichtet, die Entwicklungsländer instand zu setzen, an diesem Vertreibungsprozeß aktiv teilzunehmen. Was sich wie ein Rückzug des Staates auf die Minimalfunktion der Gewährleistung von Sicherheit ausnahm – und auch so dargestellt wurde –, geriet in der Praxis sehr schnell zum dominanten Regelungsanspruch des politischen Systems.

Alsbald traten nämlich Widersprüche auf zwischen den Interessen der amerikanischen Privatwirtschaft, die auf die Erzielung von Gewinn in der Dritten Welt gerichtet waren, und denen des politischen Systems, das die Konfrontation mit der Sowjetunion betrieb. Die großen amerikanischen Wirtschaftsunternehmen, allen voran die Transnationalen Korporationen, hatten sich seit Mitte der sechziger Jahre zunehmend von der Patronisierung durch das politische System und damit auch aus dessen Kontrolle entfernt und sich darauf eingestellt, so gut wie mit jedem politischen System zu kooperieren, wenn es denn nur stabil war.[152]

Das lag zwar auf der konservativen Linie Reagans, war aber keinesfalls in seinem Sinn. Kollidierte das Gewinninteresse der Wirtschaft, wie beispielsweise in Angola und in Libyen, mit den Sicherheitsinteressen der Reagan-Administration, dann folgte sie keinesfalls ihrem proklamierten Demokratieverständnis, sondern ihrem Führungsanspruch im Konflikt mit der Sowjetunion. Unter dem «Primat der auswärtigen Politik» begann sich bei der Reagan-Administration weiter auszubilden, was unter Nixon schon begonnen hatte: die Emanzipation des politischen Systems aus der Servicefunktion für die Gesellschaft. Unter dem Hinweis auf die Suprematie des Zieles der Sicherheit entwickelte das politische System einen Suprematieanspruch, der sogar die Gewaltenteilung auszuschalten oder zu umgehen versuchte. Die Watergate-Affäre und, rund zehn Jahre später, der Iran-Contra-Skandal beleuchteten nur blitzartig einen Prozeß, der früher einsetzte, sich auch in der Zukunft entwickeln wird und sehr viel mehr Stufen aufwies als nur diese beiden. Schon beim Pipeline-Boykott hatte Reagan sein Demokratieverständnis hinter seinen außenpolitischen Interessen völlig verschwinden lassen; in Angola und in Libyen tat er es wieder.

Die Interessen des politischen Systems dürfen hier nicht auf die des Präsidenten oder der Exekutive im engeren Sinn beschränkt werden. Das Jackson-Vanik-Amendment 1974 zeigt, daß auch der Kongreß die Freiheit der Privatwirtschaft den Sicherheitsinteressen des politischen Systems unterzuordnen bereit war. Aus dem gleichen Grund forderte er 1987 die Einstellung aller Ölimporte aus dem Iran. Je mehr die außenpolitische Handlungsfreiheit der Vereinigten Staaten ab- und je stärker der Druck der Auseinandersetzung mit der Sowjetunion zunahm, desto größer wurde die Versuchung für das politische System, die klassisch liberale Kompetenzverteilung zwischen der Gesellschaft und dem politischen System zu seinen Gunsten zu verändern. Ronald Reagans Politik gegenüber der Dritten Welt, deren Entwicklungsinteressen er der Privatwirtschaft überantwortete, deren politische Orientierung er aber gleichzeitig gegen die Sowjetunion ausrichten wollte, muß auch in diesem demokratietheoretischen Kontext gesehen werden.

Für die Reagan-Administration war der Kampf gegen den sowjetischen Einfluß das überragende, wenn nicht das ausschließliche Ziel ihrer Politik in der Dritten Welt. Das Stellvertreter-Konzept, auf dem die Nixon-Doktrin beruht und von dem die Cartersche Menschenrechtspolitik immerhin noch profitiert hatte, war im Nahen Osten mit dem Sturz des Schah zusammengebrochen. Jimmy Carter hatte daher konsequent in der nach ihm benannten Doktrin die interventionistische Rückkehr der Vereinigten Staaten in den Nahen Osten angekündigt. Reagan knüpfte an diese Politik an und globalisierte sie. Zum Persischen Golf trat die Karibik, zum Pazifik der Indische Ozean. Es galt, die Marine aufzustocken und die «Schnelle Eingreiftruppe» ausreichend groß werden zu lassen. Überall in der Welt mußten Alliierte dazu bewogen werden, die USA im Kriegsfall zu unterstützen und amerikanisches Kriegsmaterial einzulagern.[153] Die «Jahre der Vernachlässigung»[154] nach dem Vietnam-Krieg mußten durch beschleunigte und vermehrte Aufrüstung wettgemacht werden. Unter dem Regime Ronald Reagans machte sich die Administration bereit, in die Rolle des Weltpolizisten zurückzukehren. An die Stelle von Kissingers Linkage- und Carters Menschenrechts-Politik trat wieder die der Machtpolitik mit demonstrativer militärischer Komponente.

Mit diesem «Strategischen Konzept», wie es alsbald genannt wurde, versuchte die Reagan-Administration das Vietnam-Trauma und die Nixon-Doktrin endlich zu verdrängen und die humanistischen Ambitionen ihres Vorgängers durch klassische, aber realistische Machtpolitik zu ersetzen. Unter Reagans Regime verstärkten die USA ihre militärische Präsenz in der Welt und suchten dazu neue Militärbasen. Sie stellten die Entwicklungshilfe in großem Maße auf Militärhilfe um und verhalfen den Waffenverkäufen, die Präsident Carter einzuschränken versucht hatte, zu einem neuen Aufschwung. Mit militärischer Aufrüstung wollte Ronald Reagan der Sowjetunion nicht nur die militärische Parität nehmen, er wollte ihr auch auf diese Weise die politische Parität versagen.

Der Gegensatz zur Carter-Administration, vor allem in deren ersten beiden Jahren, konnte nicht größer sein. Carter hatte die Probleme der Dritten Welt zu lösen versucht, er hatte mit der Ernennung von Andrew Young einen Schwarzen zum amerikanischen Vertreter in den Vereinten Nationen und die UN damit wieder zu einem wichtigen Platz amerikanischer Politik gemacht. Reagan drückte seine Mißachtung der UN aus, indem er die USA durch Frau Kirkpatrick vertreten ließ, die ihre Berufung einem «realpolitischen», die militärische Macht betonenden Aufsatz verdankte. Reagan pfiff Kirkpatricks Stellvertreter, Botschafter Lichtenstein, nicht zurück, als dieser im September 1983 die UN aufforderte, sich in Richtung der untergehenden Sonne einzuschiffen.[155] Das war ein Ausrutscher gewesen, nicht mehr, aber er beleuchtet die Zurückhaltung der Reagan-Administration gegenüber der internationalen Organisation. Die republikanische Senatorin Kassebaum brachte 1983 ein Amendment durch den Senat, das den Finanzbeitrag der USA um 30% kürzen sollte, was die Stimmrechte der USA in den UN gefährdet hätte. Das ging selbst der Reagan-Administration zu weit. Aber sie hatte nichts gegen eine Verschleppung der Zahlungen einzuwenden, setzte sie zeitweise aus und begann 1988 ernsthaft darüber nachzudenken, wie sie den auf die USA entfallenden Anteil von 25% des UN-Budgets verringern könnte, nachdem ihn der Kongreß auf der Suche nach Einsparungen permanent unterschritt. Die Reagan-Administration maß der multilateralen Organisation keinen besonderen Wert zu. Ihr Stil war der Unilateralismus, gestützt auf die Aufrüstung, die Militär- und die militärische Unterstützungshilfe. Ihr Einstand: der Rückzug aus der von Carter aktiv mitbetriebenen UN-Seerechtskonferenz und die Ablehnung ihrer Resultate, legte ihren Standpunkt deutlich offen.

Allerdings gab es zur Machtpolitik eine Ergänzung: eine weltweite Kampagne für die Demokratie. Reagan formulierte sie in seiner Londoner Rede vom 8. Juni 1982.[156] Die Institutionen der liberalen Demokratie, eine freie Presse, freie Gewerkschaften und Parteien sollten über die ganze Welt ausgebreitet werden.

Die Idee war richtig, aber ihre Ausführung wies in die falsche Richtung. Das National Security Decision Document (NSDD) 77 vom Januar 1983 überstellte dieses ‹Project Democracy› einer Planungsgruppe, die der Sicherheitsberater leiten und der darüber hinaus der Außen- und der Verteidigungsminister angehören sollten. Dieses ‹Project Democracy› betrieb offensichtlich nur ‹Public Diplomacy›. Es hatte aber auch, wie sich später herausstellte, doch eine geheime Seite, auf der der NCS später die Militärhilfe an die Contras und andere «covert actions» betrieb.[157] Reagan beantragte 1984 für dieses ‹Project Democracy› 65 Mio. USD.[158]

Die große Reserve, die vor allem der Kongreß dem Projekt entgegenbrachte, löste eine weitere Initiative aus. Die 1979 ins Leben gerufene, überparteiliche ‹American Political Foundation› griff den von Reagan in seiner Londoner Rede geäußerten Grundgedanken auf und rief am 16. Dezember 1983 das ‹National Endowment for Democracy› ins Leben.[159] Es war den deutschen parteinahen Stiftungen nachgebildet worden. Sein Geld kam zwar ebenfalls von Washington, wurde aber von den privaten Stiftungsmitgliedern selbst verwaltet und ausgegeben. Die erste Bewilligung erhielt das NED 1984.[160] 1988 bekam es 17, 1989 18 Mio. USD.[161]

Mit diesen Summen ließ sich die Demokratisierung der Welt schwerlich betreiben. Sie hatte offensichtlich nur den Rang einer Verzierung der Machtpolitik gegen die Sowjetunion und den Kommunismus in der Dritten Welt. Washington blickte dabei vor allem auf die Karibik, auf El Salvador und Nicaragua. Frau Kirkpatrick und Außenminister Haig sahen in der Sowjetunion den eigentlichen Gegner in Mittelamerika, der nach Kuba nun auch Nicaragua beherrschte und von dort aus die Rebellen in El Salvador unterstützte.[162] Mit dieser These hatte der Kandidat Reagan schon seinen Wahlkampffeldzug gegen Jimmy Carter bestritten, hatte ihm vorgeworfen, mit der Beihilfe zum Sturz Somozas 1979 Nicaragua den Kommunisten überantwortet und mit den Panamakanal-Verträgen den Ausverkauf der amerikanischen Macht in Zentralamerika betrieben zu haben. Diese Vorwürfe waren nicht neu. Sie gehörten zum konservativen Repertoire in der inneramerikanischen Auseinandersetzung über die richtige Politik in der Hemisphäre, besonders seit der kubanischen Revolution von 1958. Immer auch waren in diesem Zusammenhang die Einflüsse des Kommunismus und der Sowjetunion kritisiert und bekämpft worden. Aber es blieb der Reagan-Administration vorbehalten, ihre Mittel- und Lateinamerikapolitik vollständig als Teil dieser Auseinandersetzung mit der Sowjetunion zu interpretieren. Präsident Reagan hielt es für eine «unausweichliche Wahrheit ..., daß wir uns im Kriege befinden, und daß wir diesen Krieg einfach deswegen verlieren, weil wir nicht begreifen können oder wollen, daß wir uns bereits (im Krieg) befinden».[163]

Diese Interpretation hatte erhebliche Konsequenzen. Sie vereinheitlichte die Reagansche Weltpolitik mit der alten Maxime, daß jeder Feind der Sowjetunion automatisch ein Freund der USA war. Sie militarisierte diese Weltpolitik, weil Waffen im Krieg die geeigneten und die wichtigsten Instrumente darstellen. Sie relativierte alle sozialen, politischen oder wirtschaftlichen Konfliktursachen, reduzierte die Komplexität auf die eine Dimension des Gegensatzes zur Sowjetunion. Sie verband den Fernen mit dem Nahen Osten, Afrika mit der Karibik. Reagans Weltpolitik wurde in der Tat von einem «Strategischen Konzept» angeleitet.

a) Zentralamerika

Der erste Testfall war Zentralamerika. Vier Wochen nach dem Amtsantritt der Administration informierte Außenminister Haig die Verbündeten darüber, daß der «Aufstand in El Salvador zunehmend in einen Bilderbuchfall indirekter bewaffneter Aggression durch kommunistische Mächte» verwandelt worden war.[164] Sein Ministerium sprach in einer umfangreichen Dokumentation von dem «überraschend vertrauten Fall sowjetischer, kubanischer und anderer kommunistischer militärischer Einmischung in ein Land ... der Dritten Welt».[165] Die Auslandshilfe an Nicaragua wurde eingestellt, die Ausbildung anti-sandinistischer, paramilitärischer Gruppen in Florida begonnen. Wer diese Politik für falsch hielt, wurde aus dem Außenministerium entfernt.[166] Die Auslandshilfe für El Salvador wurde erhöht, aber praktisch in eine Militärhilfe verwandelt. Hatte El Salvador 1982 Auslandshilfe im Wert von rund 137 Mio. USD erhalten, die Hälfte davon als Wirtschaftshilfe, so verlangte die Reagan-Administration für 1983 226 Mio. USD, von denen aber nur noch etwas mehr als ein Viertel, nämlich 60 Mio. Dollar, als Wirtschaftshilfe, der Rest als Militärhilfe oder sicherheitsbezogene Hilfe (‹economic support fund›) gegeben werden sollten.[167]

Der Kongreß gab Reagan das Geld, verpflichtete ihn aber andererseits darauf, auch für die Einhaltung der Menschenrechte in El Salvador durch die Regierung zu sorgen und darüber regelmäßig zu berichten. Mit ihrer «Caribbean Basin Initiative» vom 24. Februar 1982 kam die Reagan-

Administration einem langgehegten Wunsch der karibischen Staaten nach einem «Marshall-Plan» für ihre Region nach, stattete aber auch hier den Teil der Militärhilfe bzw. der sicherheitsbezogenen Hilfe schon 1982 und 1983 wiederum größer aus als den der Entwicklungshilfe. Die These der Reagan-Administration, daß es in der Karibik nicht um die Unterstützung sozialer Revolutionen, sondern um den aktiven Krieg mit dem Kommunismus und der Sowjetunion ging, hatte also durchaus reale Konsequenzen. Unter Reagans Regime wurden die gesellschaftlichen Konfliktursachen zwar nicht völlig übersehen, aber in ihrer Relevanz doch deutlich hinter denen angeordnet, die dem Kommunismus und der Sowjetunion zugewiesen wurden.[168]

Deswegen richtete die Reagan-Administration alsbald ihr Hauptaugenmerk auf Nicaragua, die regionale Quelle der Unruhen und der Waffenlieferungen nach El Salvador. Während dort unter tatkräftiger Mithilfe des Kongresses der zwar langsame und qualvolle, wohl auch nicht endgültige aber doch eine gewisse Beruhigung heraufführende Weg in die Normalisierung eingeschlagen werden konnte, die mit der Wahl von Duarte Mitte Mai 1984 zum Präsidenten begann, entwickelte sich Nicaragua zum Hauptproblem. Die Sandinisten zerstörten die Grundlagen der bürgerlichen Revolution von 1979, versuchten, ein eindeutig sozialistisches Regime durchzusetzen und orientierten sich ebenso eindeutig an Moskau. Vor die Perspektive eines zweiten Kuba gestellt, steuerte Reagan seit 1982 offen den Sturz der sandinistischen Regierung an. In der National Security Decision Directive 17 vom Oktober 1981 wurden «verdeckte Aktionen» gegen Managua beschlossen.[169] Sie wurden begründet mit dem «vitalen Interesse» der USA, die Ausbreitung des Modells Kuba zu verhindern, das «Stützpunkte für Subversion errichten, lebenswichtige Seeverbindungen gefährden und eine direkte militärische Bedrohung unserer Grenzen darstellen» würde.

Das war nun sicherlich übertrieben. Bei der dominierenden Machtposition der USA in der westlichen Hemisphäre, von den Größenunterschieden zwischen Nicaragua und den Vereinigten Staaten ganz zu schweigen, war eine militärische Gefahr praktisch nicht vorhanden. Sie konnte auch, wie die Kuba-Krise von 1962 gezeigt hatte, von der Sowjetunion nicht heraufgeführt werden, auch nicht nach ihrer Aufrüstung. Die Gefahr war vielmehr politisch, weil das «Modell Kuba» in der Tat Schule machen konnte und in Nicaragua soeben Schule machte. Es charakterisiert die Reagan-Administration, daß sie sich weder damit abfand, noch sich, wie in Kuba, auf das Containment beschränkte, sondern offensiv den Sturz des sandinistischen Regimes betrieb, und zwar mit Hilfe einer bewaffneten Widerstandsbewegung. Der NSDD 17 folgend, baute die CIA aus verschiedenen Gruppen die ‹Contras› auf. Sie schlossen sich 1981 zur ‹Nicaraguan Democratic Force› (FDN) zusammen, die allerdings nicht von den

Demokraten, sondern von ehemaligen Offizieren der National Guard des gestürzten Diktators Somoza geführt wurden. Die Aktion gab den Prototyp ab, der später von der Reagan-Doktrin zur Serie erhoben wurde.

Die Reagan-Administration ließ auch die eigenen militärischen Muskeln spielen. Sie verstärkte die amerikanische Flottenpräsenz in der Karibik und hielt allein 1983 in diesem Gebiet und in Zentralamerika sieben Manöver ab, mit Übergriffen nach Nicaragua. Ein direkter Angriff gegen dieses Land wurde im Sommer 1983 durchaus für möglich gehalten.[170]

Das Repräsentantenhaus beschloß am 26. Juli 1983 einen Zusatz zum Verteidigungshaushalt, der den Einsatz amerikanischer Truppen zum Sturz des Regimes in Nicaragua verbot, allerdings nicht Gesetz wurde. Amerikanische Generäle warnten öffentlich vor dem Einsatz militärischer Gewalt in der Karibik. Als er dann am 25. Oktober 1983 mit der Invasion amerikanischer Marinetruppen in Grenada doch stattfand, diente er nicht nur der Beseitigung einer marxistischen Usurpationsregierung, sondern auch der Warnung Nicaraguas. Als Reagan die Aktion öffentlich begründete, verband er ihren Anlaß direkt mit dem Terrorangriff in Beirut, dem wenige Tage zuvor 241 amerikanische Soldaten zum Opfer gefallen waren. In den Augen Präsident Reagans waren beide Ereignisse «eng miteinander verbunden». Moskau hatte nicht nur «die Gewalt in beiden Ländern angeregt und gefördert, es hat auch direkte Unterstützung geboten durch ein Netzwerk von Stellvertretern und Terroristen».[171]

Daß die Reagan-Administration aus diesem Weltbild in den ersten drei Amtsjahren nicht noch drastischere Konsequenzen in der Karibik abgeleitet hat, ist auf die pragmatische Einstellung der amerikanischen Militärs, in erster Linie aber wohl auf die Aufmerksamkeit der Öffentlichkeit und des Kongresses zurückzuführen. Der Kongreß hat zwar den Präsidenten in seiner Mittelamerikapolitik durchweg unterstützt, hat schließlich auch die Intervention in Grenada gutgeheißen, weil die öffentliche Meinung der begrenzten Aktion zustimmte. Einer militärischen Intervention in Nicaragua hingegen, die sehr viel länger gedauert und ungleich mehr Opfer gekostet hätte, stand die Legislative ablehnend gegenüber. Sie erinnerte unüberhörbar an den War Powers Act. Sie verabschiedete im Winter 1982 das erste Boland-Amendment, das die Finanzierung von militärischen oder quasi-militärischen Aktivitäten verbot, die «den Sturz der Regierung von Nicaragua bezwecken oder Kriegshandlungen zwischen diesem Land und Honduras auslösen konnten».[172]

Damit waren dem Präsidenten nicht alle Hände gebunden. Was ihm offiziell blieb, war der Boykott Nicaraguas über die Militär- und Wirtschaftshilfe an El Salvador. Deren allgemeine Erhöhung hatte im Winter 1983 die von Außenminister Shultz eingesetzte Carlucci-Kommission empfohlen, im Januar 1984 riet die Kissinger-Kommission dazu, vor allem die Militärhilfe für El Salvador zu verstärken. Reagan folgte dem Rat, forderte allein für El Salvador eine Erhöhung der Militärhilfe von 10,5 Mio. 1981 auf 171,3 Mio. USD 1983. Es blieb dem Kongreß vorbehalten, wenigstens einige Auflagen zur Milderung des Duarte-Regimes hinzuzufügen und eine allzu offene Unterstützung der Contras in Nicaragua zu verhindern.

b) Naher Osten

Das Hauptanwendungsgebiet des «Strategischen Konzeptes» war der Nahe Osten. Hier hatte die Sowjetunion durch die Intervention in Afghanistan ihre geopolitische Position verbessert; hier hatte Präsident Carter durch seine Doktrin bereits Grund gelegt für ein erneutes direktes militärisches Engagement der USA. Er hatte auch das militärische Instrument, die RDF, bereits ins Leben gerufen.

An die Cartersche Nahostpolitik anzuknüpfen, hätte allerdings in erster Linie bedeutet, den arabisch-israelischen Friedensprozeß voranzutreiben. Er war nach Camp David ins Stocken gekommen. Zwar vollzog Israel mit seinem Rückzug aus dem Sinai am 25. April 1982 den letzten Teil des Vertrages mit Ägypten, entfernte sich aber immer weiter von der vorgesehenen Verständigung über das Westjordanland und den Gaza-Streifen. In arabischen Augen war der Konflikt mit Israel nach wie vor entscheidend; wo dieser Aspekt sich abschwächte, wurde er durch die PLO und ihre Irredenta rasch wieder aufgefrischt. Er gewann zusätzliche Farbe durch den islamischen Fundamentalismus, der, von der Revolution im Iran verstärkt, die arabischen Staaten an die religiösen Wurzeln ihrer politischen Stabilität erinnerte und auch daran, daß diese Wurzeln die sich aufgrund des Ölreichtums entfaltende Krone der Modernisierung im westlichen Stil nicht ohne weiteres tragen würden. Im September 1980 hatte zudem der Krieg zwischen dem Iran und dem Irak begonnen und der ohnehin schon überreichen Komplexität des Nahen Osten eine weitere Dimension, nämlich die der territorialen Rivalität zwischen zwei Golfanrainern, hinzugefügt.

Damit hatten sich auch die Anforderungen vermehrt, vor die sich die amerikanische Nahostpolitik gestellt sah. War es schon immer darauf angekommen, die Freundschaft zu Israel mit den wirtschaftlichen Interessen zu harmonisieren, die die USA mit den arabischen Ölstaaten verband, so mußte jetzt die Bedeutung Ägyptens abgewogen werden gegen die Verärgerung der Saudis über Kairos Alleingang in Camp David. War die Anerkennung der Rechte der PLO schon immer auf den Widerstand Jerusalems gestoßen und war es, schließlich, schon immer nicht einfach gewesen, die Sowjetunion aus der erfolgreichen Einmischung in dieses Beziehungsgeflecht herauszuhalten, so war durch den Sturz des Schahs nicht nur die amerikanische Vertretung am Golf zusammengebrochen. Vielmehr war gerade dort der Gedanke der islamischen Revolution manifest geworden, die nicht nur anti-modern, sondern auch anti-westlich, vor allem anti-amerikanisch war. Indem er gegen diesen Iran zu Felde zog, rückte der Irak, der schärfste Gegner Israels, im Aufmerksamkeitsspektrum der USA weiter nach oben. Das Land hatte seine Beziehungen zur Sowjetunion gelockert und sich im Laufe seiner wirtschaftlichen Entwicklung immer weiter am Westen orientiert. Seine Beziehungen zu Syrien hatten sich verschlechtert, das einerseits 1980 einen Freundschaftsvertrag mit der Sowjetunion abgeschlossen hatte, andererseits aber die palästinensische Befreiungsorganisation im Libanon an einem relativ kurzen Zügel hielt. Das kam den Israelis entgegen, die wiederum Syrien die Kontrolle im Libanon streitig machten.

Über dieses komplizierte und sich ständig weiter verkomplizierende Lagebild im Nahen Osten hatte die sowjetische Intervention in Afghanistan ihren Schatten geworfen. Er war deutlich zu sehen, war aber eben nur ein Schatten. Mußte es nicht zum Schattenboxen werden, wenn sich die amerikanische Nahostpolitik ausschließlich gegen die Sowjetunion richtete? Genau darauf lief das «Strategische Konzept» hinaus. Die Reagan-Administration wollte nicht nur selbst gegen die Sowjetunion im Nahen Osten antreten, sie wollte die ganze Region zum Kampf gegen den sowjetischen Einfluß aufrufen und sie hinter diesem Feldzeichen auch vereinigen. Was bedeutete der arabisch-israelische Gegensatz, was bedeuteten die Umtriebe des islamischen Fundamentalismus, wenn die USA, Israel und die arabischen Staaten gemeinsam in einer Front gegen den sowjetischen Einfluß kämpften?

Ob dieses «Strategische Konzept», das die Sowjetunion zum Hauptproblem im Nahen Osten machte, auf eine Anregung Israels zurückging, oder welche Rolle das Land dabei spielte, muß offen bleiben. Es besaß zweifellos großen Einfluß auf die Reagan-Administration und auch auf den Kongreß. Israel war seit langem an einer direkten militärischen Präsenz der USA in der Region interessiert. Ein gemeinsamer Kampf gegen die Sowjetunion, zumal wenn er gleichzeitig den arabischen Druck auf Israel abschwächte, konnte Jerusalem nur recht sein, lag er doch genau auf der Linie, die 1974 mit dem Jackson-Vanik-Amendment zum Handelsvertrag eingeschlagen worden war.

Auf der anderen Seite paßte das Vorhaben viel zu gut in das «Strategische Konzept» der ersten Reagan-Administration, als daß man zu seiner Erklärung nach einer Anforderung aus der internationalen Umwelt der USA suchen müßte. Reagans Regime hatte sich mit seiner manichäischen Weltsicht dem Kampf gegen die Sowjetunion gewidmet; es lag nahe, auch die Nahostpolitik in sein Zeichen zu stellen. Der Aufmerksamkeitsakzent rückte auf den Persischen Golf, weg vom Nahen und hin zum Mittleren Osten. Die politischen, wirtschaftlichen und sozialen Komplexitäten der einen Region reduzierten sich auf die Einfachheiten militärischer Stärke in der anderen. War nicht die Lage im Golf darauf zurückzuführen, daß Großbritannien 1968 seine Positionen «east of Suez» geräumt und damit Platz für den sowjetischen Einfluß gemacht hatte? Damals wollten und konnten (wegen des Vietnam-Krieges) die USA nicht, wie sie es 1947 im Falle Griechenlands und der Türkei getan hatten,[173] nachrücken. Sie stützten sich stattdessen auf den Iran, der zum amerikanischen Stellvertreter aufgebaut wurde. Jetzt aber, nach dessen Zusammenbruch, nach dem Abebben des Vietnam-Traumas und nach dem sowjetischen Einmarsch in Afghanistan, konnte es in Washington als vordringlich erscheinen, das militärische Vakuum aufzufüllen. Die USA konnten die Sicherung dieser strategisch wie für die Ölversorgung wichtigen Region selbst übernehmen, und sie konnten die Anrainer motivieren, dazu beizutragen und darüber die regionalen Konflikte mildern.

Dieses Patentrezept wurde im September 1981 durch Verteidigungsminister Weinberger dem Kongreß vorgestellt,[174] war ihm aber schon im März in Umrissen bekanntgemacht worden.[175] Es fügte den Nahen und Mittleren Osten in die gegen Moskau gerichtete Gesamtstrategie der USA ein. Daraus ergaben sich erhebliche Konsequenzen für die Anordnung der Teilziele. An oberster Stelle rangierte das Ziel, den Einfluß der Sowjetunion und «ihrer Klienten» in der Region abzuwehren. Sodann ging es um den gesicherten westlichen Zugang zum arabischen Öl, bei angemessenen Quantitäten und Preisen, erst danach um die Existenz und politische Kraft der mit den USA befreundeten Staaten. Die Weiterarbeit am Frieden zwischen Israel und seinen Nachbarn rückte konsequent an die letzte Stelle.[176] Das Konzept übersah nicht die zahlreichen politischen, religiösen, ethnischen, ideologischen und wirtschaftlichen Konflikte in einer Region, die sich von der Türkei über den Nahen Osten bis nach Pakistan erstreckte. Indem es diese Region zu einem einheitlich «politisch-strategischen Schauplatz» zusammenfaßte, erschuf es aus der komplexen Vielfalt plötzlich eine «strategische Einheit», in der eine einheitliche Politik ein günstiges Machtgleichgewicht zu schaffen imstande war. Damit waren die internen Konflikte der Region zwar nicht gelöst. Washington glaubte aber, daß eine energische Sicherheitspolitik der USA in dieser Region auch zur Konfliktlösung dort beitragen würde. Diese Annahme bildete das Zentrum des «Strategischen Konzeptes». Es wollte die Region im Kampf gegen den sowjetischen Einfluß einigen, wollte «die arabisch-israelische Frage und die anderen regionalen Streitigkeiten innerhalb eines strategischen Gesamtkonzeptes behandeln, das die größere Bedrohung durch den sowjetischen Expansionismus anerkennt und sich dagegen richtet».[177]

Buchstäblich sollte also hier der gordische Knoten des Nahen und Mittleren Ostens mit dem Schwertstreich aufgelöst werden. Das glaubte jedenfalls die Reagan-Administration fest; sie ließ sich darin weder durch die

Erinnerung an den Iran beirren, dessen massive Aufrüstung seine Zerstörung nicht nur nicht aufgehalten, sondern beschleunigt hatte, noch durch die zahlreichen Hinweise darauf, daß eine amerikanische Militärpräsenz alte Ressentiments in der Region wachrufen könnte. In dem Glauben an die pazifizierende Wirkung des «Strategischen Konzeptes» versank das Wissen um die Brisanz des arabisch-israelischen Konflikts,[178] um die Fülle der Rivalitäten und Streitigkeiten zwischen den Staaten der Region. Diese Konflikte würden, so glaubte die Reagan-Administration, zurückstehen und somit auch leichter lösbar werden angesichts des von Washington aus aktivierten gemeinsamen Interesses an der Eindämmung des sowjetischen Einflusses. Die gemeinsame Aufrüstung gegen Moskau würde die gemeinsame Lösung der Regionalkonflikte erleichtern. Washington verstärkte also die militärische Präsenz in der Region, stattete die Staaten dort üppig mit amerikanischen Waffen aus und schloß, erstmals, mit Israel ein strategisches Abkommen. Drei Jahre später lag der Libanon in Scherben, hatten sich die arabisch-israelischen Spannungen erheblich verschärft, waren die Vereinigten Staaten zu einem militärischen Rückzug gezwungen worden.

Bei der Umsetzung dieses «Strategischen Konzeptes» genoß die militärische Rückkehr der USA in die Region absoluten Vorrang. Hatte Präsident Carter für die von ihm entwickelte Schnelle Eingreiftruppe (später Rapid Deployment Joint Task Force, RDJTF, genannt) rund 3,7 Mrd. Dollar für das Jahr 1982 verlangt, so stockte die Reagan-Administration den Betrag auf 6,5 Mrd. Dollar auf, die – über das ganze Rüstungsbudget verstreut – vom Kongreß im wesentlichen bewilligt wurden.[179] Der Schwerpunkt lag auf der Verbesserung der See- und Lufttransportmöglichkeiten, auf der Vorausstationierung von militärischem Material und der Mitbenutzung militärischer Basen. Bis 1987 wollten die USA imstande sein, bei einer Krise innerhalb von einer Woche mit mobilen Bodentruppen die Schlüsselpositionen im Nahen Osten zu besetzen und mit einer taktischen Luftwaffe die Luftverteidigung zu übernehmen. Innerhalb von vier bis sechs Wochen sollte dann die Schnelle Eingreiftruppe herangeführt worden sein.[180]

Zu dem Zweck wurde sie am 1. Oktober 1981 organisatorisch verselbständigt und vergrößert,[181] ihr Befehlshaber Anfang 1983 mit dem Vereinigten Kommando in Südwestasien betraut. Die Verbesserung kam dem See- und Lufttransport zugute, und zwar auch innerhalb der Region. Im Februar 1980 hatte schon die Carter-Administration von Oman, Kenia und Somalia – nicht aber von Saudi-Arabien – die Erlaubnis für die amerikanische Marine eingeholt, ihre Häfen mitzubenutzen. Die Reagan-Administration ersuchte und erhielt die Zustimmung von Oman und Kenia, die Häfen und Flughäfen für amerikanische Zwecke zu erweitern. Dieses Recht hatte auch Ägypten für die Basis Ras Banas am Roten Meer den USA eingeräumt. Präsident Reagan hatte für diese Zwecke im Jahr 1982 545 Mio. Dollar verlangt und 440,7 Mio. vom Kongreß erhalten.[182]

Führte Ronald Reagan hier nur weiter, was Jimmy Carter bereits angefangen hatte, so verkehrte er mit der massiven Aufstockung amerikanischer Waffenverkäufe Carters Politik in ihr Gegenteil. Hatte der Vorgänger erfolgreich versucht, die Waffenlieferungen an die Dritte Welt einzudämmen, ersetzte die Reagan-Administration diese «Theologie mit einem gesunden Sinn für den Selbstschutz».[183] Am 8. Juli 1981 revidierte Präsident Reagan die Direktive 13 seines Vorgängers vom 13. Mai 1977 durch eine eigene. Sie bezeichnete den Waffenhandel als ein «wesentliches Element der (amerikanischen) globalen Verteidigungspolitik und als unentbehrlichen Bestandteil ihrer Außenpolitik».[184] Zwar sollten die Waffenverkäufe nicht grenzenlos, sondern maßgeschneidert für die Bedürfnisse der Empfängerländer und der amerikanischen Rüstungsproduktion erfolgen. Angesichts großer und steigender sowjetischer Waffenlieferungen und des Engagements der amerikanischen Alliierten in diesem Geschäft sah die Reagan-Administration keinen Anlaß, sich fernerhin zurückzuhalten.

Diese Direktive galt allgemein, aber sie galt speziell für den Nahen und Mittleren Osten. In dieser Region, die traditionell knapp 50% der amerikanischen Militärhilfe erhielt, waren Israel und Ägypten die Hauptempfänger. Reagans Direktive änderte weniger das Volumen dieser Hilfe, als daß sie den Akzent auf die Waffenverkäufe schob. Die Auslandshilfe war ohnehin seit 1978 mehr oder minder routinemäßig verlängert, aber nicht im einzelnen politisch im Kongreß entschieden worden, weil sie nicht nur kompliziert, sondern auch bei allen Abgeordneten, besonders bei den Republikanern, außerordentlich unbeliebt war. So nahm, beispielsweise, die Wirtschaftshilfe (unter den verschiedenen Titeln) für Ägypten von 1981 1,053 Mrd. auf 1984 1,017 Mrd. leicht ab, während innerhalb der Militärhilfe der zum Ankauf von Waffen bestimmte Teil von 1981 550 Mio. auf 1984 1,3 Mrd. USD anwuchs, ein Drittel davon rückzahlungsfrei.[185] Im Falle Israels stagnierte die Wirtschaftshilfe ebenfalls in dieser Zeit bei dem Betrag von 785 Mio. USD, während die Hilfe zur Waffenbeschaffung von 1981 1,4 Mrd. auf 1984 1,7 Mrd. anstieg, davon ebenfalls ein Drittel rückzahlungsfrei.[186] Das Kreditvolumen, das Oman zur Waffenbeschaffung angeboten wurde, stieg von 1981 25 Mio. auf 45 Mio. USD 1984.

Über diesem beträchtlichen Anstieg darf nicht übersehen werden, daß in der Periode 1979 – 1986 nicht die Vereinigten Staaten der größte Waffenlieferant für den Nahen und Mittleren Osten waren, sondern die Sowjetunion, gefolgt von den westeuropäischen Staaten.[187] Trotz der von Reagan verursachten Trendumkehr hat das Volumen der amerikanischen Waffenverkäufe in die Dritte Welt in dieser Periode kontinuierlich weiter abgenommen, nämlich von 7,9 auf 6 Mrd. USD. Die Direktive Reagans machte sich lediglich 1982 und 1983 bemerkbar, wo das Volumen noch einmal auf 14,2 bzw. 10,0 Mrd. USD stieg, also auf Beträge, die in den beiden letzten Carter-Jahren gegolten hatten.[188] Reagans Regime hat diesen Trend nicht verändert, hat ihn aber sehr wohl in den beiden entscheidenden Jahren 1982 und 1983 im Nahen Osten aufgehalten. Das «Strategische Konzept» schlug hier voll durch.

Der erste Test des «Strategischen Konzeptes» kam 1981 mit dem geplanten Verkauf von fünf Aufklärungsflugzeugen des Typs AWACS und 1177 Sidewinder-Raketen sowie Zusatztanks für das Kampfflugzeug F-15 an Saudi-Arabien. 60 F-15 Flugzeuge waren 1978 von der Carter-Administration nach hartem Kampf mit dem Kongreß an Saudi-Arabien verkauft worden, allerdings mit dem ausdrücklichen Lieferungsverbot solcher Zusatzausrüstung und der Aufklärungsflugzeuge. Der Konflikt zwischen Saudi-Arabien und Israel, das um seine Sicherheit fürchtete, hatte sich nur mit größter Mühe neutralisieren lassen.

Die weitergehenden Wünsche Saudi-Arabiens wurden von Ronald Reagan im Zeichen des «Strategischen Konzeptes» aufgegriffen und unterstützt.[189] Der saudische Bedarf an eigener Aufklärung und Schutz vor Angriffen aus dem Süd-Jemen sowie Übergriffen aus dem Krieg zwischen Iran und Irak stand in Washington außer Zweifel. Ebenso außer Zweifel stand, daß der in dem «Strategischen Konzept» angemeldete amerikanische Führungsanspruch hier besonders herausgefordert war. Die Waffenlieferung selbst trat dabei zurück vor der Frage, «ob die Vereinigten Staaten zur Führung einer zusammenhängenden Politik in einer Region imstande sind, wo der arabisch-israelische Streit unsere engsten Freunde trennt und wo die Sowjets und ihre Stellvertreter unsere vitalen Interessen berühren».[190] Wenn das «Strategische Konzept» irgendeinen politischen Sinn machen sollte, dann mußte sich Israels Widerstand gegen den Waffenverkauf an Saudi-Arabien zugunsten des gemeinsamen Interesses an der Vertreibung der Sowjetunion ausschalten lassen.

Der Nationale Sicherheitsrat empfahl im April dem Präsidenten Reagan, dieses Waffenpaket zu verkaufen und den Kongreß entsprechend dem Arms Export Control Act zu informieren. Israel gelang es hingegen sofort, den Kongreß mehrheitlich für seine Prioritäten einzunehmen, in denen die Bedrohung durch die Sowjetunion weit hinter der durch die arabischen Staaten rangierte. Erst am 1. Oktober 1981, nach der vorbereitenden Diskussion zahlreicher Kompromisse, übersandte die Reagan-Administration den formellen Vorschlag dem Kongreß. Reagan unterstrich noch einmal die «vitalen nationalen Sicherheitsinteressen» der USA an diesem Verkauf, mußte ihn aber auch als Dokument amerikanischer Verläßlichkeit darstellen, um seine Chancen im Kongreß zu erhöhen.[191] Nur unter diesem Aspekt gelang es ihm überhaupt, das Projekt mit zahlreichen Einschränkungen vor dem Verbot durch den Kongreß zu retten, und auch dies nur mit knapper Mühe. Das Repräsentantenhaus hatte den Waffenverkauf abgelehnt, im Senat fehlten dann vier Stimmen an der Niederlage der Reagan-Administration.

Keines der von der Administration vorgebrachten Argumente und keine Konzession hatten Israel davon abgehalten, im Kongreß gegen diesen Vorschlag zu arbeiten. Dementsprechend verstimmt war Saudi-Arabien, das zahlreiche kritische Diskussionen im Kongreß hatte anhören und zahlreiche demütigende Einschränkungen des Verkaufsobjekts hatte hinnehmen müssen. Das «Strategische Konzept» hatte nicht, wie von der Reagan-Administration gewünscht und erhofft, einen Konsens im Nahen Osten heraufgeführt, sondern den Dissens verstärkt.

Vermutlich kam der Kompromiß im Kongreß nur zustande, weil Israel nicht an der Niederlage einer Administration gelegen sein konnte, die mit der Betonung von Rüstung und militärischer Konfrontation gegenüber der Sowjetunion seinen Interessen am besten entsprach. Unter Reagans Regime waren die USA weit von dem entfernt, was Israel am meisten fürchtete: ein amerikanisch-sowjetisches Kondominium im Nahen Osten. Die Anti-Entspannungsstrategie, die 1974 mit dem Jackson-Vanik-Amendment eingeleitet worden war, hatte in Reagans Regime ihren größten Erfolg vorzuweisen. «Nie hatte Israel im Weißen Haus einen größeren Freund als Ronald Reagan.»[192] Er bevorzugte in seiner Konfrontationspolitik mit der Sowjetunion das gleiche Instrument, dem Israel seine Sicherheit gegenüber den arabischen Nachbarn anvertraute: das Militär.

Der konservative israelische Ministerpräsident Menachem Begin erreichte bei dem erzkonservativen Ronald Reagan sehr viel mehr als bei dessen Vorgänger. Im August 1981 verlangte Präsident Reagan vom Kongreß die Zustimmung zur Entsendung amerikanischer Truppen auf die Sinai-Halbinsel zur Beobachtung des israelischen Rückzugs. Der Kongreß stimmte im Dezember 1981 zu; damit waren erstmals amerikanische Truppen im Nahen Osten stationiert, wenn auch nur im Rahmen einer multilateralen Friedenstruppe. Begin bekam aber noch mehr. Am 30. November 1981 unterzeichnete Verteidigungsminister Weinberger mit seinem israelischen Kollegen Sharon das Memorandum of Understanding (MOU), das erstmals die Verteidigungskooperation zwischen den beiden Staaten vertraglich regelte und damit ebenfalls einen alten israelischen Wunsch erfüllte.[193] Das Memorandum richtete sich gegen die sowjetische Bedrohung in der Region und sah zu diesem Zweck die militärische Zusammenarbeit bei Manövern und in der Rüstungsproduktion vor. Kein Wunder also, daß Jerusalem mit Reagans Regime die Sternstunde gekommen sah, in der Rechnungen mit den arabischen Gegnern beglichen und politische Wünsche erfüllt werden konnten. Im Juni 1981 bombardierten israelische Flugzeuge einen Reaktor im Irak, im Juli darauf das PLO-Hauptquartier in Beirut. In den USA kam Kritik auf, aber sie wurde geschwächt durch die amerikanische Marinedemonstration im August 1981 im Golf von Sidra vor der libyschen Küste, bei der zwei libysche Kampfflugzeuge abgeschossen wurden. Gab Washington mit dieser Provokation Libyens nicht ein Signal an Israel? In diesem Sinne jedenfalls wurde Reagans Politik von Begin verstanden, der wenige Tage nach dem Abschluß des Memorandum of Understanding, nämlich am 14. Dezember 1981, kurzerhand die Golan-Höhen annektierte.

Damit allerdings ging Begin zu weit. Das «Strategische Konzept» war gegen die Sowjetunion, das MOU auf die Stärkung Israels gerichtet. Ein Blankoscheck für eine expansionistische Politik Israels lag darin keinesfalls. Vier Tage später suspendierten die USA das eben erst geschlossene MOU.[194] Die Situation erinnerte in vielem an die im Horn von Afrika, 1977, als Somalia die ihm von den USA im Zeichen des Gegensatzes zur Sowjetunion gewährte Hilfe dazu benutzte, um seine Offensive im Ogaden voranzutreiben. Die hegemoniale Macht der USA reichte zur Feinsteuerung nicht aus, schon gar nicht gegenüber Israel. Washington konnte zwar kritisieren, aber nicht verhindern, daß Israel die Reagansche Konfrontationspolitik gegenüber der Sowjetunion zur Verfolgung seiner eigenen Ziele ausnutzte. Es beantwortete die Suspendierung des MOU mit dessen Kündigung und begann am 6. Juni 1982, gegen ausdrücklichen amerikanischen Wunsch, die Invasion des Libanon. Mit der Belagerung von West-Beirut ging Israel weit über das von ihm anfangs erklärte Ziel, nämlich einen 25 Meilen breiten Streifen nördlich der israelisch-libanesischen Grenze und damit «Frieden für Galiläa» zu schaffen, hinaus, strebte offensichtlich die Beseitigung der Palästinenser im Libanon und möglicherweise die Rolle der Schutzmacht für die christliche Regierung des Landes an.

Die israelische Invasion legte nicht nur große Teile des Libanon, sondern mit ihm auch das «Strategische Konzept» Präsident Reagans in Schutt und Asche. In den kommenden eineinhalb Jahren mußte sich die Reagan-Administration im Nahen Osten ausschließlich darauf beschränken, den Schaden, den die israelische Invasion angerichtet hatte, zu begrenzen. Washington mußte sich an einer multilateralen Streitmacht beteiligen, die den Abzug der PLO aus Beirut zu überwachen hatte. Nach dem Rückzug der multinationalen Streitmacht am 10. September 1982 zeigten die Ermordung des gewählten Präsidenten Bashir Gemayel und vor allem das von den Israelis geduldete und durch ihr Eindringen in West-Beirut überhaupt erst ermöglichte Massaker der Phalange in Sabra und Shatila am 18. und 19. September, in welchem Ausmaß die Reste von Ruhe und Ordnung im Libanon bereits zerstört worden waren.

Die Ereignisse zeigten aber auch, wie wenig die USA imstande waren, sie zu kontrollieren. Das Massaker in den Flüchtlingslagern wurde als indirekte Antwort Israels auf die Friedensinitiative angesehen, die Präsident Reagan am 1. September 1982 im amerikanischen Fernsehen bekannt gegeben hatte.[195] Reagan wollte den Auszug der PLO zu einem Neuansatz benutzen, der die Übergangsperiode palästinensischer Selbstbestimmung in der West-Bank und im Gaza-Streifen endlich beginnen lassen, die israelische Siedlungspolitik einfrieren, einen eigenständigen Palästinenser-Staat verhindern, aber palästinensische Eigenständigkeit in einer Assoziation mit Jordanien ermöglichen sollte. Von der sowjetischen Bedrohung war in Reagans Friedensplan nur noch am Rande die Rede. Vielmehr rückte der Friedensprozeß zwischen Israel und seinen arabischen Nachbarn zum zweiten Hauptziel der amerikanischen Nahostpolitik auf.[196] Die Friedenstruppe kehrte am 20. September nach Beirut zurück, wurde aber ebenfalls zum Opfer der israelischen Libanonpolitik. Im Zusammenhang mit dem israelisch-libanesischen Abkommen vom 17. Mai 1983 erhöhten sich die Attentate auf amerikanische Diplomaten und Soldaten, fanden ihren Höhepunkt in dem Terrorangriff vom 23. Oktober 1983 auf das Marinehauptquartier. Ihm fielen 241 amerikanische Soldaten zum Opfer.

In dieser Lage tat Ronald Reagan das einzig Richtige: Er zog langsam, aber konsequent die amerikanische Streitkraft aus dem Libanon zurück. Am 7. Februar 1984 wurden die Truppen auf die amerikanischen Schiffe verlegt, die am 30. März ihre Standorte vor der Küste Beiruts verließen. In seiner Fernsehansprache vom 27. Oktober 1983, nach dem Terrorangriff auf die Marineunterkünfte in Beirut, bemühte Ronald Reagan noch einmal die sowjetische Bedrohung. Er lokalisierte 7000 sowjetische Berater und zahlreiche sowjetische SS-21-Raketen in Syrien; ihnen schob er den Terrorangriff ebenso wie die Unterminierung der Demokratie in Grenada zu.[197]

Inzwischen wußte man aber in Washington, woran die amerikanische Nahostpolitik gescheitert war und welche Rolle das «Strategische Konzept» dabei gespielt hatte. Es hatte, anstatt den Camp David-Prozeß weiterzuführen, lediglich die Machtpolitik Israels entbunden und damit die arabischen Staaten den USA weiter entfremdet. Mit der Wiedereinberufung der Genfer Nahostkonferenz forderte Jordanien die Einbeziehung der Sowjetunion in den nahöstlichen Friedensprozeß und damit das genaue Gegenteil dessen, was Reagans «Strategisches Konzept» hatte erreichen wollen.[198]

Verärgert über den Verlust an Glaubwürdigkeit zog sich Washington wieder auf Israel zurück. Die Kritik an dessen Verhalten, die vor allem im Kongreß heftig geäußert, aber dabei stets durch steigende Wirtschafts- und Militärhilfe kompensiert worden war, schlug in uneingeschränkte Unterstützung um. Beim Besuch des israelischen Premierministers Shamir im November 1983 wurde die amerikanisch-israelische Kooperation im Sicherheitsbereich erneut verabredet. Eine «Gemeinsame politisch-militärische Gruppe» wurde eingesetzt, die die gemeinsame Planung, gemeinsame Manöver und die Vornestationierung amerikanischen Materials in Israel organisieren sollte. Die Militärhilfe für Israel wurde aufgestockt.[199] Begründet wurde dieser Schritt mit dem «gemeinsamen Interesse» an der «zunehmenden sowjetischen Verwicklung in den Mittleren Osten». Mehr war von dem «Strategischen Konzept» nicht übriggeblieben. Aufrüstung und militärische Macht hatten sich als unfähig erwiesen, die komplexen Probleme des Nahen Ostens zu lösen. Selbst der Kongreß, dessen 98. Legislaturperiode in den Augen von AIPAC, der Israel-Lobby in Washington, der «most pro Israel Congress ever» war,[200] mahnte den Präsidenten, sich um politische und nicht um militärische Lösungen im Libanon zu bemühen.[201]

Diese Mahnung kam im Frühjahr 1984 reichlich spät. Reagans Regime neigte sich dem Ende zu. Mit ihm verabschiedete sich die amerikanische Politik für mehr als fünf Jahre aus dem Nahen Osten.

c) Asien

In Asien, vom Mittleren bis zum Fernen Osten, widerfuhr Reagans Regime das gleiche Schicksal. Sein bevorzugtes Instrument, Aufrüstung und Militärhilfe im Zeichen des Kampfes gegen die Sowjetunion, schuf entweder ebenso viele, wenn nicht noch mehr Probleme, als es zu lösen versuchte, oder verfehlte die Bedürfnisse der Region.

In Pakistan hatte die Reagan-Administration die von Carter bewilligte Militärhilfe an das Land 1981 erheblich aufgestockt. Innerhalb von sechs Jahren sollte sie sich auf 3,2 Mrd. USD belaufen, die Hälfte davon für die Rüstung.[202] Die Reagan-Administration wollte damit die sowjetische Bedrohung des Landes sowie dessen Leistung bei der Aufnahme von Flüchtlingen aus Afghanistan honorieren. Pakistans Waffenwunsch, vor allem der nach dem F-16 Flugzeug und seiner Ausrüstung mit der ALR-69 Elektronik deutete darauf hin, daß Pakistan mehr an seinen Konflikt mit Indien als an den mit der Sowjetunion dachte.[203] Die Reagan-Administration erfüllte dennoch die pakistanischen Wünsche: Bis zum Frühjahr 1983 waren die ersten sechs von insgesamt 40 F-16 Flugzeugen ausgeliefert worden, darüber hinaus Tanks, Haubitzen und Helikopter. Die Vereinigten Staaten lieferten diese Waffen, um Pakistan des amerikanischen Schutzes zu versichern, das Land von der Entwicklung einer eigenen Nuklearwaffe abzuhalten und es gegen den sowjetischen Expansionismus militärisch zu stützen.[204] Weitergehende Hoffnungen, etwa auf pakistanische Stützpunkte für die amerikanische RDF, wurden gelegentlich, aber nicht offiziell geäußert.

Zugunsten dieser Ziele nahm die Reagan-Administration in Kauf, daß sich die pakistanisch-indischen Beziehungen erneut verschlechterten und daß davon auch die Beziehungen zwischen Neu-Delhi und Washington betroffen wurden. Reagan richtete sich, wie schon Carter vor ihm, nach dem kurzfristigen anti-sowjetischen Interesse und gab Pakistan den Vorzug. Das Dilemma hatte sich Ende 1982 ohnehin etwas abgeschwächt, weil Präsident Zia mit seinem Besuch in Neu-Delhi am 1. November 1982 die Spannungen etwas verringert hatte.

Dennoch schürte die amerikanische Waffenlieferung an Pakistan in erster Linie dessen Rüstungswettlauf mit Indien, das sich erneut stärker an die Sowjetunion wandte und weiter Militärhilfe von dort bezog. 1980 schlossen beide Staaten einen Waffenlieferungsvertrag ab, der auch die Zusammenarbeit bei der Produktion betraf. Indien war enttäuscht von der Remilitarisierung des Indischen Ozeans durch die Reagan-Administration und hielt mit seiner Kritik nicht hinter dem Berge. Der Besuch von Frau Gandhi im Juli 1982 in Washington räumte zwar den alten Streit über den indischen Kernreaktor in Tarapur fort,[205] erwärmte aber nicht das kühle Verhältnis. Washington hätte es durch ein erhöhtes Angebot an Wirtschaftshilfe bessern können. Stattdessen erhielt Pakistan mit seinen 90 Millionen Einwohnern jährlich mehr als 260 Mio. USD Wirtschaftshilfe, während Indien mit seinen 730 Millionen Menschen noch nicht einmal 200 Mio. USD an Hilfe bekam. Deutlicher ließ sich nicht dokumentieren, nach welchen Kriterien Washington seine Hilfe verteilte. Indira Gandhi gab Anfang 1984 jede Hoffnung auf, die amerikanische Politik von Afghanistan ab- und auf Indien hinzulenken.[206] Seitdem verschlechterten sich die amerikanisch-indischen Beziehungen kontinuierlich weiter, zumal die Vereinigten Staaten einen anderen, größeren Gegner Indiens ebenfalls aus Gründen ihrer Sowjetunionpolitik hofierten: China.

Aus diesem Grunde hatten Präsident Carter und sein Sicherheitsberater Brzezinski seit 1979 die «China-Karte» gespielt. Reagan konnte und wollte diese Politik nicht einfach fortsetzen. Als Kandidat hatte er die Aufnahme der diplomatischen Beziehungen zu Peking und deren Abbruch gegenüber Taipeh scharf kritisiert und versprochen, beides wieder rückgängig zu machen. Für ihn war die Volksrepublik ebenfalls eine kommunistische Macht; die Dreiecksbeziehung zwischen Washington, Beijing und Moskau hatte die Dekade der Entspannung der siebziger Jahre ermöglicht. Für einen Gegner dieser Politik konnte es als durchaus logisch erscheinen, diese Struktur des internationalen Systems durch den Abbruch der Beziehungen zu Beijing und deren Wiederaufnahme zu Taipeh zu zerstören, die westliche Welt wieder geschlossen der des Kommunismus gegenüberzustellen.

Andererseits war es Brzezinski gelungen, China zumindest perspektivisch als Alliierten im Kampf gegen die Sowjetunion zu gewinnen. Dieser Aspekt wurde von Ronald Reagan, nachdem er vom Kandidaten zum Präsidenten avanciert war, höher bewertet. Die diplomatischen Beziehungen zu China wurden nicht abgebrochen, die zu Taiwan nicht wieder aufgenommen. Diese Beibehaltung des status quo ergab aber noch keine konservative Politik. Taiwan wollte von Reagans Regime wenn schon nicht die Anerkennung, so doch wenigstens moderne Waffen haben. Die Erfüllung dieses Wunsches mußte aber Beijing vor den Kopf stoßen. Dort machte man sich ohnehin Sorgen um den unverhüllten militärischen Unilateralismus, der ständig in Washington propagiert wurde. Es war also gar nicht einfach, die Beziehungen zu Taiwan wie die zu Beijing gleichzeitig zu verbessern; das Problem ähnelte dem in der Beziehung zu Israel und den arabischen Staaten.

Außenminister Haig wandte denn auch das gleiche Rezept an. Konnten nicht Beijing und Taipeh in der gemeinsamen Ablehnung des sowjetischen Imperialismus zusammengebracht werden, in einer, wenn auch stark abgeschwächten Replik des «strategischen Konsenses», der im Nahen Osten seinen Dienst tun sollte? Haig versuchte es, optierte aber politisch stärker für die Volksrepublik, der er einen verbesserten Handelsstatus zukommen ließ, während er gleichzeitig, aber vergeblich, in Washington auf Mäßigung bei der Erfüllung der taiwanesischen Waffenwünsche drängte.[207] Auch sein Vorschlag, der Volksrepublik Waffen zu liefern und sie dadurch für die zu entschädigen, die an Taiwan gingen, verfing nicht.[208] In Washington hielten Präsident Reagan und sein Sicherheitsberater Allen unbeirrt an der Lieferung hochmoderner Jagdflugzeuge vom Typ FX an Taiwan fest; Reagan desavouierte die Bemühungen seines Außenministers noch an dessen letztem Besuchstag in Beijing.[209] Die Volksrepublik selbst machte den Verzicht auf amerikanische Waffenlieferungen an Taiwan zur conditio sine qua non verbesserter Beziehungen, drohte sogar unverhüllt mit deren Abbruch.

Der Versuch, den Gegensatz zwischen den beiden Chinas mit Hilfe des gemeinsamen Anti-Sowjetismus zu überwinden, gelang im Fernen Osten so wenig wie im Nahen. Die Vereinigten Staaten scheiterten mit dem Ansatz «of having your Taiwan cake and maintaining our people's republic of China relationship at the same time».[210] Halbherzige Kompromisse wie Reagans Entscheidung vom Januar 1982, Taiwan zwar nicht den FX-Jäger zu verkaufen, aber die Koproduktion des nicht ganz so modernen Jägers vom Typ F-5E zu ermöglichen, stellten die Chinesen nicht zufrieden.

Die USA waren gezwungen zu wählen. Im amerikanisch-chinesischen Kommuniqué vom 17. August 1982 mußten sich die Vereinigten Staaten verpflichten, die Waffenlieferungen an Taiwan weder qualitativ noch quantitativ über das Niveau der vergangenen Jahre zu erhöhen und «nach einer Zeitperiode einer endgültigen Lösung zuzuführen».[211] Dafür erklärte Beijing zum ersten Mal offiziell seine Bereitschaft zu einer Politik der friedlichen Wiedervereinigung mit Taiwan. Immerhin hatte sich damit auf amerikanischer Seite die von Außenminister Haig seit langem vertretene

Position durchgesetzt, sich für die Volksrepublik und gegen Taiwan zu entscheiden – ein schwacher Trost für den Minister, der wenige Wochen zuvor seinen Hut hatte nehmen müssen.

Daß es zu dieser relativ raschen Wende in der amerikanischen China-Politik kam, war allerdings nicht nur Alexander Haig, sondern auch seinem Nachfolger Shultz und chinesischem Druck zu verdanken. Seit Februar 1982 wurde in Beijing offen davon gesprochen, daß China seine Beziehungen zur Sowjetunion bessern werde – was in Moskau laut begrüßt wurde.[212] Dieser überraschende Trend in der chinesischen Sowjetunionpolitik konnte durch das amerikanisch-chinesische Kommuniqué vom 17. August 1982 nicht mehr gestoppt werden. Dafür hatte die Reagan-Administration China zu lange vernachlässigt, Taiwan zu sehr favorisiert.[213] Bei der Beerdigung des sowjetischen Generalsekretärs Breschnew im November 1982 trafen der chinesische und der sowjetische Außenminister erstmals wieder zusammen; seitdem blieb der Dialog in Gang, wenn auch stockend. Damit begann sich, wenn auch erst unmerklich, die Figur des internationalen Systems wieder zu ändern. Das Selbstlob der Reagan-Administration, zugunsten eines «fundamentalen nationalen Interesses» die strategischen Beziehungen mit China verbessert und gleichzeitig «alte Freunde ... nicht im Stich gelassen zu haben»,[214] war also reichlich überzogen. Die «alten Freunde» hatten Washington das Leitseil übergeworfen.

Erst dem neuen Außenminister Shultz gelang es, das Dilemma wenigstens wieder zu mildern. Er verschob die amerikanisch-chinesischen Beziehungen von der militärischen auf die wirtschaftliche Ebene, der er zu Recht in Asien die entscheidende Bedeutung zumaß. Shultz sorgte nach seinem ersten Besuch in Peking, im Februar 1983, dafür, daß die Exportbeschränkungen für Hochtechnologieprodukte gegenüber China endlich fielen; im Mai 1983 wurde der Volksrepublik der gleiche Handelsstatus zugebilligt, wie ihn die NATO-Alliierten der USA und Japan besaßen.[215] Die Beziehungen blieben jedoch kompliziert. Im Januar 1983 wäre es fast zu einem Handelskrieg im Textilbereich gekommen; er wurde erst am 30. Juli 1983 durch ein neues Fünf-Jahresabkommen beendet.[216] Die amerikanische Asylgewährung an den chinesischen Tennisspieler Hu Na, die Wiedereröffnung der Fluglinie der PanAm nach Taipeh, sowie neue Waffenlieferungen der USA an Taiwan belasteten das Verhältnis.

Dennoch kam auch die militärische Zusammenarbeit langsam, aber kontinuierlich voran. Sie wurde beim China-Besuch des amerikanischen Verteidigungsministers Weinberger vom 24. bis 29. September 1983 verabredet[217] und begann 1984 auf zahlreichen Ebenen. Auf der obersten besuchte der chinesische Ministerpräsident Zhao Ziyang die Vereinigten Staaten, im April 1984 Präsident Reagan China. Bei dieser Gelegenheit wurde neben zahlreichen anderen Abkommen eines über die Lieferung amerikanischer Kernreaktoren abgeschlossen[218] – allerdings vom Kongreß im Laufe des Jahres nicht ratifiziert. Im November 1984 lieferten die USA die ersten 24 Militär-Hubschrauber vom Typ Sikorsky an China.

An einer weiteren Beschleunigung der militärischen Zusammenarbeit mit China wurde Washington schon durch die Rücksicht auf seine pazifischen Alliierten gehindert. Sie waren für das «Strategische Konzept» ungleich wichtiger als China. Die guten politischen Beziehungen der USA zu ihnen galten als wichtiges Bollwerk gegen die Sowjetunion, deren politische Position im Pazifik als schwach eingeschätzt wurde.[219] Diese Analyse muß überraschen, weil sie Indien ausließ und die politische Stabilität auf den Philippinen, in Südkorea und in Taiwan überschätzte. Die anhaltenden Unruhen auf den Philippinen wurden auch von der Reagan-Administration nur kommunistischen Rebellen zugeschrieben, nicht etwa sich verbreitender Unzufriedenheit über das Regime Marcos und die mißratene Landreform.[220] Erst die Ermordung des philippinischen Oppositionspolitikers Aquino bei seiner Rückkehr aus amerikanischem Exil am 21. 8. 1983 alarmierte und aktivierte das offizielle Washington. Es intervenierte auch erfolgreich in Südkorea, holte den Oppositionsführer Kim Dae Jung aus dem Staatsgefängnis und bot ihm bis zu seiner Rückkehr im Februar 1985 Exil.

Korrigierte die Reagan-Administration angesichts von Korruption und diktatorialem Mißbrauch in Korea und auf den Philippinen die positive Einschätzung autoritärer Regime, die Frau Kirkpatrick zur politischen Leitlinie erhoben hatte, so galt ihr als politische Bedrohung doch nur die militärische Präsenz der Sowjetunion im Nordpazifik.

Verteidigungsminister Weinberger reiste Ende März 1982, sowie die Präokkupation der Reagan-Administration mit Zentralamerika und Nahost ihm etwas Zeit gelassen hatte, nach Japan, Südkorea und den Philippinen. Er wollte damit dokumentieren, daß die USA trotz des Rückzugs aus Vietnam eine pazifische Macht waren und blieben. Der Ausbau der Marine sollte gerade dieser Region zugutekommen. Weinberger versuchte, den «Strategischen Konsens» auch im pazifischen Raum zu verbreiten, vor allem in Japan, dessen geringer Verteidigungsaufwand ein Dorn im Auge der Reagan-Administration war.

1978 hatten die USA und Japan neue Richtlinien für die Verteidigungs-Kooperation der beiden Länder erlassen; Japan war der verläßlichste und militärisch stärkste Partner der USA im nördlichen Pazifik. Seine Vergangenheit hatte Japan skeptisch werden lassen gegenüber dem militärischen Gewaltinstrument, von den Nuklearwaffen ganz zu schweigen. Seine wirtschaftlichen und politischen Interessen hatten den Inselstaat zu einer zwar bestimmten, aber doch auch vorsichtigen Politik gegenüber der Sowjetunion veranlaßt. Tokio trug die finanzielle Hauptlast für die 45000 amerikanischen Soldaten in Japan, besaß eine keineswegs unansehnliche

Flotte im Rahmen seiner Selbstverteidigungs-Streitkräfte und leistete beträchtliche Auslandshilfe zur Stabilisierung der asiatischen Region.

Die Reagan-Administration war kaum hundert Tage im Amt, als sie Japan öffentlich zu verstärkter Aufrüstung aufforderte, um die militärische Präsenz der Sowjetunion im Pazifik auszugleichen.[221] Premierminister Suzuki erklärte sich bei seinem Besuch in Washington im Mai 1981 zu der «rationalen Arbeitsteilung» bereit, die Verteidigung seines Landes und die Sicherung der Seewege in einem Radius von 1000 Seemeilen zu übernehmen.[222] Suzukis Konzession führte zum Rücktritt des japanischen Außenministers und sechs Wochen später zu einer zurückhaltenden, die Zusagen praktisch widerrufenden Begegnung des japanischen Verteidigungsministers Joji Omura mit Verteidigungsminister Weinberger.[223]

Dennoch gab die Reagan-Administration nicht auf. Sie fand in dem neuen Ministerpräsidenten Nakasone, der im November 1982 die Nachfolge Suzukis angetreten hatte, einen gleichgesinnten Gesprächspartner.[224] Er versprach, das Aufrüstungstempo zu beschleunigen[225] und nicht nur die Seewege zu überwachen, sondern im Falle einer Krise auch die strategisch wichtigen Meerengen von Tsushima, Tsugaru und Soya zu schließen. Aber auch er konnte diese Politik in Japan nicht durchsetzen. Er erlitt in den Wahlen vom Dezember 1983 eine empfindliche Niederlage, die ihn zu einer Koalitionsregierung zwang. Nach dieser Lektion hielt auch Nakasone das japanische Rüstungsbudget unterhalb der magischen Grenze von einem Prozent des Bruttosozialprodukts, ließ es nicht, wie es die Reagan-Administration wünschte, auf 3,5% ansteigen.

Bei dem Aufrüstungsdruck, den sie auf Japan ausübte, kam der Reagan-Administration der wachsende Unmut des Kongresses über die japanischen Exportüberschüsse zugute. War der Umfang des amerikanisch-japanischen Handels von 5,7 Mrd. USD, 1967, auf 58 Mrd. USD, 1981, also auf das Zehnfache, gestiegen, so war das amerikanische Handelsdefizit darin sehr viel schneller gewachsen: von 0,3 Mrd. USD 1967 auf 15,8 Mrd. 1981. Für 1984 wurde ein Rekorddefizit von 30 Mrd. USD prognostiziert.[226] Die Verteidigungsausgaben und damit die wirtschaftlichen Belastungen zu steigern, konnte im Kongreß als gutes Mittel angesehen werden, die japanischen Rekordüberschüsse zu mindern.[227] Einschlägige Resolutionen waren im Kongreß 1982 schon eingebracht worden.[228]

Das amerikanische Handelsbilanzdefizit und das japanische Geschick, sich allen Forderungen nach Öffnung des japanischen Marktes zu entziehen, schoben sich in der ersten Hälfte der achtziger Jahre immer mehr in den Vordergrund der amerikanisch-japanischen Beziehungen. Die sowjetische Bedrohung wurde zwar nicht vergessen. Auch Japan wußte, daß die sowjetische Benutzung der vietnamesischen Basen Da Nang und Cam Ranh Bay die Reichweiten der sowjetischen Luftwaffe und Marine erhöht hatte. In Japan wußte man aber auch, daß eine sowjetische Invasion des

Inselreiches außerordentlich unwahrscheinlich war und, falls sie wirklich drohte, nur von den Vereinigten Staaten abgeschreckt werden konnte. Tokio konnte sich dem amerikanischen Druck nicht entziehen, gab ihm aber nur langsam nach, und zwar weniger, um Moskau abzuschrecken, als um Washington zu besänftigen. Dies gelang durchaus, wie der überaus erfolgreich verlaufene Besuch von Präsident Reagan im November 1983 in Japan bewies, führte aber noch immer nicht dazu, daß Japan die 1976 selbst gezogene Begrenzung der Verteidigungsausgaben auf höchstens 1% des BSP überschritt.

Das «Strategische Konzept» der Reagan-Administration mußte also in Asien zunächst von ihr selbst ausgeführt werden. Sie stockte 1984 ihre Pazifik-Flotte mit dem Flugzeugträger Carl Vinson auf und begann im nördlichen Japan Flugzeuge vom Typ F-16 zu stationieren.[229] Damit hatte der amerikanische Oberkommandierende im Pazifik (USCINCPAC) sechs Flugzeugträgergruppen zur Verfügung, zuzüglich 40 Angriffsunterseeboote und 32 amphibische Schiffe. Hinzu kamen ein strategisches Bomber-Geschwader und 10 Geschwader taktischer Kampfflugzeuge. Das war nach wie vor nur eine sehr begrenzte Kapazität,[230] die sich auf die aktive Kooperation der Staaten der Region angewiesen sah. Das Pentagon unter Weinberger hörte nicht auf, dafür zu werben.

d) *Afrika*

Konnte militärische Macht in Afrika mehr gegen die Sowjetunion und ihre afrikanischen Parteigänger ausrichten? Für die Afrika-Experten der Reagan-Administration stand dies außer Frage. Chester Crocker hatte die Afrika-Politik Carters scharf bekämpft, weil sie dem «Abenteurertum» der Sowjetunion nicht Einhalt geboten, die globalen und sicherheitsbezogenen Aspekte der Auseinandersetzung mit der Sowjetunion vernachlässigt und die Militärhilfe sträflich gekürzt hatte.[231] Crocker wußte, daß die Probleme Afrikas nicht von der Sowjetunion stammten, sondern meist afrikanische und westliche Ursachen hatten. Ihm war auch klar, daß die Vereinigten Staaten sich nicht mit der weißen Vorherrschaft in der Republik Südafrika identifizieren durften, sondern mit einer Politik des «konstruktiven Engagements» auf dessen Überwindung drängen mußten.[232] Aber die – direkten wie indirekten – Relikte eines weißen Kolonialismus, die endogenen politischen Probleme des schwarzen Kontinentes, die überaus wichtigen Ursachen der Unterentwicklung und die Möglichkeiten wirtschaftlicher Entwicklung – all dies rangierte auch bei Crocker deutlich hinter dem globalen Aspekt der Auseinandersetzung mit der Sowjetunion.

In ihrem Zeichen gestaltete die Reagan-Administration die ersten Jahre ihrer Afrika-Politik. Was Crocker an Differenzierungen einst formuliert hatte, ging bei der Anwendung verloren. Am Ende von Reagans Regime stand fest, daß die Überbetonung des militärischen Globalismus, die Ausrichtung der Afrika-Politik auf die Auseinandersetzung mit der Sowjetunion, im wesentlichen der Hegemonialpolitik Südafrikas zugute gekommen war, so daß die Reagan-Administration selbst die Notleine ziehen mußte.[233] Die Parallele zur Nahost-Politik, von deren «Strategischem Konzept» vornehmlich Israel profitiert hatte, war unverkennbar – bis hin zum Einmarsch südafrikanischer Truppen in Angola am 24. August 1981.

Von den zahlreichen politisch, ethnisch, wirtschaftlich und geographisch bedingten Konflikten suchte sich die Reagan-Administration ausschließlich diejenigen heraus, die einen Bezug zur Auseinandersetzung mit der Sowjetunion aufwiesen oder für die Vereinigten Staaten aus Gründen der Strategie bzw. der Rohstoffversorgung interessant waren. Auch hier sind Schattierungen erkennbar. In Westafrika, vor allem in Angola, hat die Reagan-Administration eine sehr viel schärfere Gangart eingeschlagen als im Osten des Kontinents, wo sie sogar eine positive Beziehung zu dem marxistisch-leninistischen Regime in Mosambik entfaltete. Sie baute die See- und Luftstützpunkte Berbera und Mogadischu in Somalia, Mombasa, Embakasi und Nanyki in Kenia verstärkt aus, änderte aber die amerikanische Politik im Horn von Afrika nicht grundsätzlich und stationierte keine Soldaten an den neuen Stützpunkten.[234]

In Angola aber intensivierte sie die Unterstützung der rechten Widerstandsbewegung UNITA und warb unerläßlich für die Aufhebung des Clark-Amendments, mit dem der Kongreß 1976 Waffenlieferungen an solche Widerstandsbewegungen verboten hatte.[235] Obwohl die amerikanische Ölfirma Gulf, die in Cabinda ausgedehnte Ölbohrungen betrieb und dabei von der Regierung in Luanda beschützt wurde, dringend abriet, verstärkte die Reagan-Administration die Kooperation mit Savimbi und seiner UNITA.[236] Sie erschwerte eine Namibia-Regelung, insofern sie sie an die Voraussetzung eines Rückzugs der Kubaner aus Angola band, identifizierte sich also offen mit den Interessen Pretorias.

Washington unterstützte Mobutu in Zaire, übersah dessen Menschenrechtsverletzungen und Korruption. Es half Nimoiry im Sudan, weil er ein Feind Libyens war. Das gleiche Interesse leitete Washington in Tunesien und Marokko, dessen König Hassan gleich in den ersten Tagen von Außenminister Haig neue Unterstützung in seinem Kampf gegen die Polisario erhielt. Libyen wurde bekämpft, weil Khadafi als Parteigänger Moskaus galt; am 10. Dezember 1981 erließ Reagan einen Handelsboykott gegen Libyen, am 12. März 1982 einen Einfuhrstopp für libysches Rohöl. Im Sommer 1983 half eine amerikanische Luftbrücke der Regierung des Tschad, einen von Libyen aus unterstützten Aufstand niederzuschlagen.

Die amerikanische Afrika-Politik unter das globale Joch der Auseinandersetzung mit der Sowjetunion zu zwingen enthielt keine Erfolgsgarantie. Für die Staaten Schwarzafrikas bildete nach wie vor Entwicklung das

Hauptziel, gefolgt von der Ablehnung weißer Suprematie. Sie wollten sich aus dem Ost-West-Konflikt heraushalten, viele gehörten der Bewegung der Bündnisfreien an. Reagan hätte diese regionalen und nationalen Ziele in seine Globalstrategie integrieren müssen, wenn er ihren Erfolg hätte sichern wollen. Statt dessen wurde Washington durch seine faktische Unterstützung Südafrikas und dessen Hegemonialpolitik, die bis nach Mosambik und Angola reichte,[237] den schwarzafrikanischen Staaten immer weiter entfremdet. Als Reagans Regime sich dem Ende zuneigte, hatten sich die Macht- und die Entwicklungspolitik der USA eindeutig auseinandergelebt.

Zu Beginn der Reagan-Administration hatte Außenminister Haig beides noch zu synchronisieren versucht, indem er die Sicherheit als notwendige Voraussetzung der wirtschaftlichen Entwicklung darstellte. Wenn die Vereinigten Staaten die sowjetische Intervention in Afrika bekämpften, würden sie ein Entwicklungshindernis beiseite räumen, die Vergeudung knapper Güter zugunsten von Rüstung abstellen und ein Klima der Stabilität schaffen, in dem allein die Entwicklung gedeihen konnte.[238] Das war sicherlich richtig, reichte aber doch nicht aus. Die Länder Schwarzafrikas zählten zu den ärmsten der Welt; sie vor dem sowjetischen Einfluß zu bewahren konnte doch nur einen – kleinen – Teil einer Strategie ausmachen, deren Schwerpunkt auf die wirtschaftliche Entwicklung dieser Länder gerichtet sein mußte.

Diese Aufgabe wies Ronald Reagan fast ausschließlich der amerikanischen Privatwirtschaft zu, für die er freien Zugang zu den Rohstoffen des Kontinents forderte.[239] Die öffentliche Auslandshilfe hingegen wurde vornehmlich in Militärhilfe umgewandelt und dort gegeben, wo die Vereinigten Staaten militärische, politische oder strategische Interessen verfolgten.

Die allgemeinen Grundsätze dieses Konzeptes waren im Frühjahr 1982 von Außenminister Haig und dem zuständigen stellvertretenden Außenminister Buckley entworfen und im Mai 1982 zum Gegenstand einer Richtlinie gemacht worden.[240] Sie teilte die Länder der Dritten Welt nach acht Kategorien ein, die das amerikanische Interesse an der Auseinandersetzung mit der Sowjetunion sorgfältig abstuften. Die Länder Afrikas fanden sich in den Kategorien zwei bis acht. Sie stellten entweder militärische Einrichtungen zur Verfügung, wie Marokko, Oman, Somalia und Kenia. Sie besaßen Rohstoffe, die für die USA von Interesse waren, oder kämpften, wie Zaire, gegen den Kommunismus. Sie trugen dazu bei, daß der sowjetische Einfluß zurückgedrängt werden konnte, oder mußten ihre politischen Institutionen gegen kommunistische Subversion verteidigen. Auf deren Unterstützung richtete sich die Auslandshilfe der Reagan-Administration aus, die immer mehr bilateral und immer mehr zugunsten der militärischen Stärkung des Landes vergeben wurde.[241]

Andererseits wurden die Beiträge zu den multilateralen Entwicklungshilfeinstitutionen drastisch gekürzt. Die Reagan-Administration streckte ihren Beitrag zur Kapitalerhöhung der Weltbank in Höhe von 658 Mio. USD auf sechs Jahre, statt ihn 1982 in einer Summe zu entrichten. Die 6. Aufstockung der für die Entwicklungsländer besonders wichtigen International Development Association wurde ebenfalls über drei Jahre verteilt,[242] die 7. Aufstockung insgesamt verweigert. Dem Kongreß war es zu verdanken, daß die Gelder für Afrika von dieser Weigerung ausgenommen wurden.[243] Zum Sonderhilfsfonds für Afrika, den die Weltbank 1984 aufgelegt hatte, trug die Reagan-Administration ebenfalls nicht bei, ebensowenig zur Neufinanzierung des UN-Fonds für landwirtschaftliche Entwicklung von 1985. In dem «neuen Unilateralismus» hatte Wirtschaftshilfe nur Platz, wenn sie der militärischen Stärke der Empfängerländer gegen die Sowjetunion diente. Sie belief sich in den Jahren 1981 und 1982 auf 0,23% des BSP der USA, was ihr noch immer eine beträchtliche absolute Höhe verschaffte, die USA aber, nahm man den Anteil am BSP zum Maßstab, am untersten Ende aller westlichen Geberstaaten ansiedelte.[244]

Für Afrika entscheidend war, daß die den Kontinent am meisten interessierende Wirtschaftshilfe von 1982 bis 1985 abfiel, und zwar von 366,4 auf 362,8 Mio. USD. Der die Verteidigungspolitik unterstützende Economic Support Fund hingegen nahm von 328,6 auf 430,3 Mio. USD zu, überstieg also die reine Wirtschaftshilfe bei weitem. Rechnet man noch hinzu, daß die Militärhilfe fast verdreifacht wurde, von rund 80 Mio. USD 1983 auf 190 Mio. USD 1985,[245] so zeigt sich, in welchem Ausmaß die machtpolitischen Interessen der USA gegenüber der Sowjetunion auf ihre Auslandshilfe in Afrika durchschlugen. Auch konzentrierte sich die Sicherheitshilfe auf wenige afrikanische Staaten: Kenia, Liberia, Somalia, Sudan, Zaire, Sambia, während alle anderen afrikanischen Staaten geringe oder nur marginale Unterstützung aus dem Militärhilfeprogramm erhielten.[246] Unter den Privilegierten ragten Sudan, Kenia und Liberia als die Hauptempfänger der Hilfe hervor.

Der Kongreß, der am ehesten diese Monopolisierung des Sicherheitsaspektes hätte verhindern können, hatte sich selbst dadurch um jenen Einfluß gebracht, daß er in der Zeit von 1981 bis 1985 nur ein einziges Auslandshilfegesetz verabschiedete, nämlich 1981. In allen anderen Jahren wurde die Auslandshilfe aufgrund von «continuing resolutions» ohne inhaltliche Diskussion fortgeschrieben. Da ein Autorisierungsgesetz nicht zustande kam, fiel die Entscheidungskompetenz dem Bewilligungsausschuß bzw. dem Unterschuß für Foreign Operations zu, dessen Vorsitzender damit zur entscheidenden Instanz wurde.[247] Die Umschichtung der Auslandshilfe für Afrika in den ersten Jahren der Reagan-Administration vollzog sich damit ohne politische Kontrolle durch die Legislative, die sich erst 1984 mit einem Auslandshilfegesetz und vor allem mit der Bewilligung beachtlicher Nothilfe für Äthiopien wieder zu Wort meldete. 1984 wurden unter dem P. L. 480 insgesamt 416 Mio. USD, 1985 noch einmal zusätzlich 784 Mio. USD an Nothilfe für Äthiopien bewilligt – ohne Rücksicht auf den politischen Gegensatz und die Anwesenheit kubanischer und sowjetischer Berater.[248] Die Reagan-Administration hatte nur ein Drittel dieser Summe beantragt; die Legislative hatte in richtiger Einschätzung humanitärer Bedürfnisse und langfristiger politischer Interessen der USA das Dreifache bewilligt.

Als Reagans Regime sich dem Ende zuneigte, zeigte sich auch in Afrika, daß Aufrüstung und verstärkte Militärhilfe nicht ausreichten, weil die Probleme Afrikas in erster Linie politisch und wirtschaftlich gelagert waren. Zwar kam die Sowjetunion in diesen ersten drei Jahren nicht weiter voran;[249] mit der Annäherung Mosambiks an den Westen verschob sich sogar die «Korrelation der Kräfte» zu ihren Lasten. Die westliche Kontrolle der Seewege um das südliche Afrika intensivierte sich. Ob die dadurch aufgewertete Hegemonialpolitik Südafrikas[250] mit ihrer zunehmenden Unterdrückung der Schwarzen und der Verweigerung einer Namibia-Lösung den militärischen Effekt nicht politisch mehr als wettmachen würde, stand auf einem anderen Blatt.

Es wurde von der Reagan-Administration nicht aufgeschlagen. Sie sah in der Dritten Welt das wichtigste Gebiet ihrer Auseinandersetzung mit der Sowjetunion, und in der militärischen Machtpolitik die beste Methode, Moskau zu derjenigen Zurückhaltung zu zwingen, auf die Washington wartete und die es zu honorieren bereit war.[251]

Selbst der republikanisch geführte Senat machte sich Gedanken darüber, ob eine solche Politik ausreichte. Er hielt während des Sommers 1983 Anhörungen über die amerikanisch-sowjetischen Beziehungen ab, schickte zu deren Vorbereitung eine Reihe von Mitgliedern des Stabes des Auswärtigen Ausschusses nach Moskau und entsandte im September 1983 eine Delegation von acht Senatoren in die Sowjetunion, um den «gefährlichen Stillstand» in den amerikanisch-sowjetischen Beziehungen zu untersuchen. Sie kam zurück mit dem deutlichen Eindruck, «daß die beiden Supermächte praktisch sehr wenig tun, um die nach unten gerichtete Spirale ihrer Beziehungen anzuhalten».[252] Vor allem konnte sie keinerlei Konzessionsbereitschaft der Sowjetunion in den regionalen Konfliktfeldern feststellen. Das war kaum anders zu erwarten, enthielt aber keine amerikanische Erfolgsbilanz. Der republikanische Vorsitzende des Auswärtigen Senatsausschusses Percy machte auf die sozialen und wirtschaftlichen Probleme dieser Welt aufmerksam, die sich mit Rüstung allein nicht beheben ließen.[253] Wenigstens den gemäßigten Republikanern im Kongreß wurde klar, vor allem am Beispiel Äthiopiens und der Südafrikanischen Republik, aber auch an dem El Salvadors, daß die eigene Aufrüstung und die der befreundeten Staaten in der Dritten Welt allein noch keine Regionalpolitik darstellte. Nichtsdestoweniger bestimmte das «Strategische Konzept» Reagans Weltpolitik in den drei Jahren seines Regimes fast vollständig.

7. Reagans Revolution

a) Sicherheit statt Wohlfahrt?

Die eigentliche Bedeutung der ersten Reagan-Administration lag in ihrer innenpolitischen Revolution, die, da sie von der Spitze ausging, eigentlich ein innenpolitischer Staatsstreich war. Er unterbrach die Entwicklung der Vereinigten Staaten zum Wohlfahrtsstaat, entpflichtete mit dem «Neuen Föderalismus» die Bundesregierung von zahlreichen sozial- und innenpolitischen Aufgaben, die entweder beseitigt oder den Bundesstaaten zugewiesen wurden, und gab der Privatinitiative den Vorrang vor gesamtstaatlicher Vorsorge. ‹Reaganomics› war in erster Linie ein wirtschafts- und sozialpolitisches Programm, das darüber hinaus lediglich die Sicherheitspolitik berücksichtigte, aber auch sie in erster Linie instrumentell einsetzte. Nicht auf ihr und nicht auf der Außenpolitik lag die Aufmerksamkeit des Präsidenten während seines Regimes, sondern auf der Wirtschaft. Sie war «Reagan's erste, zweite und dritte Priorität».[254]

Allerdings ging es dabei nicht um das ökonomische Detail, nicht um das wirtschaftliche Konzept der «angebotsorientierten Wirtschaft». Es ging um die Ordnungs- und die Verteilungspolitik, um die Reduzierung der Funktion des Bundesstaates zugunsten der Einzelstaaten, überhaupt der Staatsfunktionen zugunsten der der Privaten. Reagan wollte wiederherstellen, was seit Roosevelt und besonders seit Johnsons Programm der ‹Großen Gesellschaft› verlorengegangen war: die Dominanz des Individuums und der Privatwirtschaft gegenüber dem umverteilenden Bundesstaat.

Aus diesem Entmachtungsprozeß wurde nur ein Bereich ausgenommen: die Verteidigungs- und Sicherheitspolitik.[255] Hatte Präsident Johnson zu ihren Lasten seinen «Kampf gegen die Armut» geführt, so wollte Reagan diesen Prozeß umkehren und mit der Aufrüstung die Sozialpolitik reduzieren. Er kritisierte offen, daß die «Finanzierung einiger unserer sozialen Experimente ... der der nationalen Verteidigung weggenommen wurde». Deswegen hätten die USA aufgehört, die stärkste Nation der Welt zu sein, während die Sowjetunion kontinuierlich aufrüste.[256] Die Vermehrung innergesellschaftlicher Wohlfahrt hätte die äußere Sicherheit der USA gefährdet; also mußte jetzt die Sozialpolitik zugunsten der verstärkten Aufrüstung eingeschränkt werden.

An diesem programmatischen Zusammenhang hat Ronald Reagan bis zum Ende seiner Amtszeit unbeirrt festgehalten und lieber riesige, in der

Geschichte der USA einmalige und für die Republikanische Partei eigentlich undenkbare Haushaltsdefizite in Kauf genommen, als den Ausweg der Steuererhöhung oder der Rüstungskürzung zu suchen. Statt dessen hat Präsident Reagan mit dem Economic Recovery Tax Act von 1981 ein Steuersenkungsprogramm durch den Kongreß gebracht, das, über fünf Jahre verteilt, 750 Mrd. USD (mehr als den gesamten Bundeshaushalt des Jahres 1982) als Einkommenssteuersenkung oder als erleichterte Abschreibung für Investitionen in private Hände gab. Vier Tage zuvor, am 31. Juli 1981, hatte der Kongreß den von Reagan gewünschten Omnibus Budget Reconciliation Act verabschiedet, der den Haushalt 1982 um 35,2 Mrd. USD entlastete, die vornehmlich aus dem Bereich der Wohlfahrts- und Landwirtschaftspolitik entnommen wurden.[257] Im März 1981 hatte Reagan, wie oben erwähnt, verlangt, daß das Cartersche Verteidigungsbudget um 32,6 Mrd. USD erhöht würde.

Präsident Reagan gab also viel mehr aus, als er durch Kürzungen streichen konnte; da die Steuersenkungen zugleich den Staatshaushalt verkleinerten, war ein Defizit unvermeidlich. Es erreichte 1984 bereits 184 Mrd. USD.

War damit ein Wahlkampfziel Reagans in sein Gegenteil verkehrt worden, so wurde das gleiche Schicksal auch der Absicht zuteil, den Kompetenzumfang der Bundesregierung zu verringern. Gewiß, das Energie- und das Erziehungsministerium, beide kürzlich erst eingerichtet, wurden verkleinert. Aber auf dem Sicherheitssektor gewann die Bundesregierung einen Machtzuwachs, der für die Vereinigten Staaten in Friedenszeiten ungewöhnlich und einer liberalen Demokratie, die Reagan ja gerade wiederherstellen wollte, abträglich war. Ist Präsident Reagan dieser Widerspruch möglicherweise entgangen, so kann er den zwischen Ausgabenerhöhung und Steuersenkung einerseits, dem Budgetausgleich und einer Erhöhung der Regierungsausgaben andererseits[258] kaum übersehen haben. Vielmehr hat er ihn offensichtlich bewußt benutzt, um den Kongreß zu zwingen, ihn dort zu lösen, wo Ronald Reagan ihn gelöst sehen wollte: bei einer substantiellen Kürzung der Sozialausgaben.

Ronald Reagan scheute dabei sogar vor der Sozialversicherung nicht zurück, also vor der Rentenversicherung und Medicare, stieß hier aber auf massiven Widerstand selbst des Senates, der seine Vorschläge rundweg ablehnte.[259] Das System war in finanziellen Nöten und dringend reformbedürftig, sollte verbessert, aber nicht beschädigt werden. Reagan mußte sich im Dezember 1982 zur Einsetzung der überparteilichen National Commission on Social Security entschließen. Ihr Bericht vom 15. Januar 1983 wurde zur Grundlage der Social Security Act Amendments von 1983, die, vom Kongreß geradezu in Windeseile verabschiedet, am 20. April 1983 in Kraft traten. Sie ließen die Programme intakt, erhöhten aber die Pflichtversicherungsgrenze und verschoben die Leistungsanpassung an die Lebenshaltungskosten um sechs Monate. Auch wurde das Pensionsalter hinauf- und das Vorruhestandsentgelt heruntergesetzt.[260]

Die Hauptlast der Kürzungen aber traf die Wohlfahrtsprogramme, die, weil auf Bundesgesetzen beruhend, sehr wohl Rechtsansprüche der Empfänger enthielten, aber nicht auf dem Versicherungs-, sondern auf dem Fürsorgeprinzip beruhten. Von den vier wichtigsten Programmen dieser Kategorie blieb lediglich die «ergänzende Einkommenssicherungshilfe» (Supplemental Security Income) ungeschoren, die vor allem den Alten, den Blinden und den Behinderten zugute kam. Beim Familienhilfsprogramm (Aid to Families with Dependent Children) wurde die Einkommensgrenze gesenkt und die Anrechnung anderer Fürsorgeleistungen sowie eigener Einnahmen bedeutend verschärft. Die Bundeszuweisungen für die Krankheitshilfe für die Armen (Medicaid) wurde um 5% gekürzt, die Ernährungsbeihilfe (Food Stamps) um 13–28%.[261] In Reagans Budget für 1982 war der Kürzungsbetrag dieser Programme mit 40 Mrd. USD veranschlagt worden; die Legislative einigte sich schließlich auf eine Reduzierung von 30 Mrd. USD. Das war immerhin noch ein gewaltiger Betrag mit entsprechend großer sozialpolitischer Wirkung. Sie war explizit auf die «working poor» gerichtet, die – in konservativer Sicht – durch die Wohlfahrtsprogramme an die Armut und die Arbeitslosigkeit gewöhnt wurden.[262] Mit der Senkung der Sozialfürsorge sollte diese Gruppe dazu angehalten werden, sich wieder stärker in den Arbeitsprozeß einzugliedern. Wer hingegen wirklich bedürftig (truly needy) war, sollte nach wie vor auf die Fürsorge des Staates rechnen können.[263]

Mit seinem Programm des «Neuen Föderalismus», den Präsident Reagan in seiner State of the Union-Botschaft vom 26. Januar 1982 entfaltete, ging er einen großen Schritt weiter. Er schlug ein sozialpolitisches Tauschprogramm zwischen dem Bund und den Einzelstaaten vor, die dem Bund das Medicaid-Programm übergeben, dafür von ihm mehr als 40 vom Staat verwaltete Einzelprogramme übernehmen sollten, eingeschlossen die Familienhilfe und die Lebensmittelhilfe.[264] Dieser Umtausch sollte sich über sieben Jahre erstrecken und den Einzelstaaten auch einige Bundessteuern zurückgeben. Allerdings hat selbst Präsident Reagan dieses Programm nicht in einen Gesetzesvorschlag verwandelt, so daß es mit dem Ende der 97. Sitzungsperiode unterging.

Die Kürzung der Sozialfürsorgeprogramme aber blieb bestehen. Sie wurde, wenn auch mit Abstrichen, vom Kongreß in den Jahren 1981 und 1982 mitgetragen. Wenn auch schon Carter die Kostenexplosion im Sozialwesen einzudämmen versucht und die in diesem Bereich besonders aufgeblähte Bürokratie auch bei den Demokraten Anlaß zur Kritik gegeben hatte, so muß der überraschende Erfolg Reagans auf seinen gezielten Einsatz und auf seine geschickte Strategie bei der Behandlung des Kongresses zurückgeführt werden.[265] Zwar gelang es der aus mehr als 100

Verbänden, darunter den Gewerkschaften, gebildeten Lobbygruppe «Save Our Security» (SOS), das Schlimmste, den schon erwähnten Angriff vom Mai 1981 auf die Sozialversicherung, abzuwehren; Reagans Revolution war dadurch nicht aufzuhalten.

1986 waren die Ausgaben des amerikanischen Sozialstaats um 12,5%, praktisch auf den Stand von 1964 zurückgefallen. Zwei Drittel der Kürzungen im Sozialbereich gingen zu Lasten von Familien mit Jahreseinkommen unter 20000 USD. 40% der Kürzungen hatten diejenigen zu tragen, die weniger als 10000 USD im Jahr verdienten. Dafür kamen die Steuererleichterungen fast ausschließlich Familien zugute, die mehr als 20000 USD pro Jahr verdienten.[266] Das ist noch immer ein grober Maßstab, dessen statistische Feinmarkierungen noch einige Jahre auf sich warten lassen werden. Aber er zeigt doch an, in welchem Maße es Ronald Reagan gelungen war, die Alternative zwischen Wohlfahrt und Sicherheit zugunsten der letzteren zu entscheiden, der Auseinandersetzung mit der Sowjetunion größeren Vorrang einzuräumen als der Beseitigung des Hungers und der Armut in den Vereinigten Staaten.[267]

Zwar hatte sich auch 1983 noch nichts daran geändert, daß allein die Ausgaben für die Sozialversicherung und Medicare mit 223 Mrd. USD über denen für die Verteidigung mit 210 Mrd. USD lagen, wozu dann noch die Ausgaben für die Einkommenssicherung, die Gesundheitsfürsorge, das Erziehungswesen und die Kriegsveteranen gerechnet werden müssen. Die Steigerungsrate aber zeigt deutlich, in welchem Ausmaß die Reagan-Administration die Verteidigung gegenüber der Sozialpolitik bevorzugt hatte. 1980 waren 22,68% des Bundeshaushaltes in die Verteidigung geflossen, 1986 waren es 27,13%. Den rund 4,5% Steigerung standen im Bereich der Sozialpolitik knappe 2% gegenüber.[268]

Präsident Reagan hat auch im Jahr 1983, trotz der sich abzeichnenden Präsidentschaftswahlen, an seiner Verteilungsdevise festgehalten und eine zehnprozentige Erhöhung des Verteidigungsbudgets und eine entsprechende Reduzierung im Bereich der Non-Defense-Ausgaben verlangt.[269] Diesmal aber konnte er sein Programm nicht mehr voll durchsetzen. Reagans Regime war geschwächt. In den Midterm-Wahlen von 1982 hatten die Republikaner zwar ihre Senatsmehrheit behalten, die Demokraten aber ihre im Repräsentantenhaus um 26 Sitze aufgestockt. 14 davon hatten Abgeordneten gehört, die erst 1980 im Zuge des Reagan-Sieges gewählt worden waren. Das bedeutete zwar nicht das Ende der konservativen Koalition im Repräsentantenhaus, wohl aber das Ende ihrer automatischen Mehrheit, an der ihr jetzt zehn bis zwanzig Stimmen fehlten.[270] Zwar war sie noch immer stärker als vor 1980, aber sie war eben nicht mehr stark genug. Die Demokraten spürten erstmals wieder Aufwind, und sie nutzten ihn. Reagan erhielt 1983 für das Haushaltsjahr 1984 nur noch eine vierprozentige reale Erhöhung des Verteidigungsetats bewilligt statt der von ihm verlangten 10%. Dafür hob das Haus die sozialpolitischen Ausgaben im weiteren Sinne um 33 Mrd. USD an und verlangte zu ihrer Finanzierung 30 Mrd. USD an zusätzlichen Einnahmen.

Es kehrte damit die von Reagan gesetzten Prioritäten erstmals in ihr Gegenteil um, ließ den Haushalt 1984 zu einem «demokratischen Manifest» werden.[271] Ebenso wurde 1984 dem Präsidenten, der den Verteidigungshaushalt 1985 um 13% erhöhen wollte, nur eine Erhöhung von 5% inflationsbereinigt zugestanden. Das war, vor allem angesichts der schlechten Haushaltslage, noch immer sehr viel. Aber es war weniger als die Hälfte dessen, was der Präsident verlangt hatte. Reagans Regime, das die Jahre 1981/1982 beherrscht und 1983 noch immer geherrscht hatte, war zu Ende. Es muß als extreme Ausnahme gelten, in der die radikale Rechte des Republikanismus vom Weißen Haus aus nicht nur die Wertzuweisungen, sondern deren Muster, die Struktur, grundlegend verändern wollte. Reagans Revolution war schließlich doch unvollendet geblieben.

Für die hatte sich Präsident Reagan auf das «Mandat» der Wähler von 1980 berufen. Es ist immer schwer, solche Einschätzungen zu beweisen oder zu widerlegen. Die verfügbaren Daten zeigen jedoch, daß die amerikanische Gesellschaft ein solches Mandat nicht erteilt und das politische System nicht dazu aufgefordert hat, die Verteidigungsausgaben so extrem zu erhöhen und sie zu Lasten der Sozialausgaben zu finanzieren. Mehr als drei Viertel der Amerikaner vertraten in der ersten Hälfte der achtziger Jahre unverändert die Auffassung, daß die Sozialausgaben nicht gekürzt werden sollten, und zwar auch dann nicht, wenn diese Kürzung der Steigerung der Verteidigungsausgaben zugute kommen sollte.[272] Die Gewerkschaften waren manifest dagegen. Der Exekutivrat der AFL-CIO kritisierte bei seinem Jahrestreffen 1982, daß die Aufrüstung «in dieser Weise den Arbeitern und den Armen» in den USA aufgebürdet werde, während die Reichen von den Steuerkürzungen profitierten.[273] Die Gewerkschaften hatten sich nach dem Wahlsieg Reagans um so entschlossener hinter die Demokratische Partei gestellt und die alte Roosevelt-Koalition wiederzubeleben versucht; sie hatten ihren Unterstützungsfonds verdoppelt und ein neues Institut für Öffentlichkeitsarbeit (Institute of Public Affairs) gegründet.[274] Reagan seinerseits hatte seine Gewerkschaftsfeindlichkeit im August 1981 durch die Entlassung von 12000 streikenden Fluglotsen und ein Jahr später, im Juli 1982, durch den erzwungenen Abbruch des Lokomotivführerstreiks genügend unter Beweis gestellt.[275] Auf ein Mandat der 22 Millionen Gewerkschaftsmitglieder konnte Reagan sich also kaum berufen, auch wenn viele von ihnen ihn 1980 gewählt hatten.

Aber auch die Großwirtschaft stand nicht einhellig hinter Reagan. Er unterhielt zu ihr, vor allem zur Ölindustrie, notorisch gute Beziehungen.[276] Seine angebotsorientierte Wirtschaftspolitik mit den Steuererleichterungen in ihrem Zentrum kam der Industrie natürlich entgegen. Aber die Rüstungsindustrie sah die Auftragssteigerung mit gemischten Gefühlen, weil sie sich nach dem Ende des Vietnam-Krieges größtenteils auf zivile Produktion umgestellt[277] hatte, und zwar sehr erfolgreich. Vor allem die Zuliefererindustrie war mit der Befriedigung ziviler Nachfrage inzwischen völlig ausgelastet[278] und wegen der hohen Elastizität der Regierungsaufträge skeptisch gegenüber einem neuen Engagement eingestellt.

Das galt nicht für die gesamte Industrie: Der Schiffs- und Flugzeugbau, die Stahl- und Elektronikindustrie warteten geradezu auf Rüstungsaufträge.[279] Aber die Wirtschaft insgesamt war doch besorgt über den inflationären Effekt einer ebenso drastisch wie rasch erhöhten Rüstungsnachfrage, vor allem wegen ihrer Finanzierung über das Budgetdefizit. Die amerikanische Handelskammer, die National Association of Manufacturers und auch der Business Roundtable verlangten zumindest den Abbau der Defizite, wozu sie neben den Sozialausgaben auch die Verlangsamung der Aufrüstung und neue Steuern heranziehen wollten.[280]

Ein «Mandat» ließ sich aber auch dann nicht erblicken, wenn man die öffentliche Meinung zu Präsident Reagan befragte. Die Einschätzung seiner Person stieg und fiel, wie gewöhnlich, im Rhythmus der Wahlperioden, hielt sich aber auf einem relativ hohen Niveau. Seine Wirtschaftspolitik aber, vor allem im Bereich der Steuern, der Sozialpolitik und der durch die Aufrüstung bewirkten Defizite, wurden mit dem Ende seines ersten Amtsjahres durchweg negativ bewertet. 1982 verlangten zwei von drei Amerikanern, daß der Kongreß das Budget ändern, auf die Steuerkürzung verzichten und die Sozialpolitik restaurieren sollte.[281] Im Februar 1983 wollten zwei Drittel der Amerikaner die Militärausgaben senken, um das Defizit zu verringern.[282]

Als aber Mitte Januar 1983 die Rezession einem neuen Aufschwung Platz zu machen begann, veränderte sich die öffentliche Kritik zu einer breiten Zustimmung zur Politik des Präsidenten. Im April 1983, als Reagans Regime eindeutig sich seinem Ende zuneigte und gleichzeitig die Spannung mit der Sowjetunion einem Höhepunkt zustrebte, wurde Reagans Politik von mindestens der Hälfte aller Amerikaner bejaht.[283]

Diese Schwingungen verbergen nicht, daß – wie oben erwähnt – Reagans Politik, mit Hilfe der Aufrüstung und der Steuersenkungen die Sozialpolitik auszuhebeln, von drei Vierteln aller Amerikaner abgelehnt wurde. Daß diese konstante Kritik am Zentrum der Reaganschen Wirtschaftspolitik überhaupt Zustimmung zuließ, bedarf der Klärung. Die öffentliche Meinung unterschied zwischen der Person Ronald Reagans und seiner Politik deutlich, schätzte die eine hoch und kritisierte die andere. Differenzierungen dieser Art treten bei allgemeinen Umfragen nicht in Erscheinung; erst die genauere Analyse macht sie sichtbar. Inhaltliche

Zustimmung fand Reagan nur bei denen, die von Wirtschaftsaufschwung, Steuersenkung und Verringerung der Inflation profitierten und gleichzeitig von den Einschnitten in das soziale Netz nicht betroffen wurden.[284] Ein «Mandat» war darin schwerlich zu erblicken.

Allerdings gelang es Präsident Reagan immer wieder, mit dem Hinweis auf die Bedrohung durch die Sowjetunion und die dadurch den USA aufgezwungene massive Aufrüstung einen Konsens zu erzielen, hinter dem er den Abbau des Wohlfahrtsstaates gezielt betreiben konnte. Es ist nicht leicht zu erkennen, welchen Anteil der Präsident als Person an dieser Strategie hatte. Auf der einen Seite galt er wohl nicht zu Unrecht als der «gleichgültigste Präsident seit langer langer Zeit».[285] Auf der anderen Seite verweigerte er die Senkung der Rüstungsausgaben und eine Erhöhung der Steuern mit einer Konsequenz, die selbst gestandene supply-sider wie der Direktor des Office of Management and Budget David Stockman nicht aufbrachten.[286] Viele von ihnen haben in den acht Jahren der Präsidentschaft Reagans das Amt gewechselt; der Präsident selbst hat mit einer erstaunlichen Kontinuität bis zuletzt die Legislative vor die Alternative gestellt, entweder das hohe Defizit zu tragen, oder es durch den Abbau innenpolitischer, vor allem also sozialpolitischer Ausgaben abzutragen. Den einen Ausweg, die enormen Rüstungssteigerungen aufzugeben, versperrte er durch den unermüdlichen Hinweis auf die Größe der sowjetischen Gefahr. Die andere Möglichkeit, die der Steuererhöhung, verweigerte er grundsätzlich. Da beide Auswege blockiert waren, stieg das Defizit ununterbrochen in die Höhe.

Der Politiker Reagan hat es offenbar bewußt in Kauf genommen. Es sollte ihm helfen, den Interventionismus des Bundesstaates abzubauen, auch wenn er diesen Teufel lediglich durch den Beelzebub extremer Staatsverschuldung austreiben konnte. Daß er gleichzeitig dem Kongreß einen Verfassungszusatz abverlangte, in dem der Budgetausgleich festgeschrieben werden sollte, zeigt die starre Festigkeit seiner Grundüberzeugung. Er war kein konservativer Republikaner, der die liberale Gesellschaftsordnung der Vereinigten Staaten und ihr fiskalpolitisches Zentrum, den ausgeglichenen Staatshaushalt, wiederherstellen wollte. Reagan war im Laufe seiner politischen Entwicklung ein Rechtsradikaler geworden, der die Staatsintervention abbauen wollte, sofern sie sich auf die Sozialpolitik richtete; der sie aber vergrößerte, wenn sie dazu diente, die Verfügungskompetenzen des politischen Systems zugunsten der Machtpolitik gegen die Sowjetunion zu stärken.

b) Sicherheit statt Freiheit?

Im Vergleich mit der Stärkung der Zentralgewalt durch Ronald Reagan nimmt sich die «imperiale Präsidentschaft» Präsident Nixons mitsamt dem Watergate-Skandal als vergleichsweise harmlos aus. Zunächst hatte die Reagan-Administration so viele Fehlbesetzungen aufzuweisen, daß sie von der New York Times 1988 als eine der «korruptesten amerikanischen Regierungen» bezeichnet wurde.[287] Dazu trugen vor allem der Meineidsprozeß gegen den engsten Freund des Präsidenten und früheren stellvertretenden Chef des Stabes im Weißen Haus Michael Deaver bei, aber auch die Verdächtigungen gegen Justizminister Meese, der ebenfalls zum engeren Berater- und Freundeskreis Reagans zählte. Wichtiger waren die politischen Fehler, die manchen der von Reagan ernannten Beamten unterliefen und eine zynische Mißachtung entweder der Gesetze oder der Wertpräferenzen der USA erkennen ließen. Im März 1983 mußte die Leiterin der Umweltschutzagentur (Environmental Protection Agency) Anne McGill Burford gehen, weil sie entgegen ihrem Amtsauftrag den Umweltschutz vernachlässigt und alle Umweltschützer in ihrem Amt entlassen hatte.[288] Ein halbes Jahr später mußte der Innenminister Watt seinen Hut nehmen, und zwar nicht nur, weil er sich verächtlich über Frauen und Behinderte geäußert, sondern weil er den Ausverkauf von Umwelt- und Naturschutzinteressen an die amerikanische Privatwirtschaft betrieben hatte. Reagans Versuch, seine Revolution auch dadurch voranzutreiben, daß die von ihm ernannten Beamten ihre vom Kongreß definierten Pflichten im Sinne der präsidentiellen Absichten uminterpretierten, mißlang. Der Versuch zeigte aber, wie wenig Respekt Präsident Reagan auch vor den institutionalisierten Wertpräferenzen der amerikanischen Gesellschaft besaß.

Vor allem aber baute Präsident Reagan den Sicherheitsstaat dadurch aus, daß er die Informationsfreiheit verringerte, die Kompetenz der Nachrichtendienste wieder vergrößerte, den Auswärtigen Dienst und das Informationsamt erheblich politisierte. Am 2. April 1982 schränkte eine «Executive Order on National Security Information» die Informationsfreiheit der Amerikaner ein, die der Freedom of Information Act von 1966 erst eröffnet hatte. Dieses für europäische Standards sicherlich außergewöhnliche, aber die amerikanische Einschätzung des Verhältnisses von Gesellschaft und politischem System geradezu charakterisierende Gesetz gab auf Wunsch jedes Dokument der Öffentlichkeit frei, das nicht eigens als geheimhaltungsbedürftig deklariert worden war. Reagans Erlaß sollte die Arkana der Regierung, vor allem der Außenpolitik, wieder vor dem Zugriff der amerikanischen Gesellschaft schützen. Die Geheimhaltung brauchte jetzt nicht mehr eigens begründet, sondern konnte allgemein festgestellt werden; wenn Zweifel auftraten, sollten sie zugunsten der Geheimhaltung und nicht gegen sie beseitigt werden. Selbst die gerichtliche Erzwingung des Zugangs zu den Dokumenten wurde eingeschränkt.[289]

Im Laufe des Jahres 1982 wurden zahlreiche Dokumentenpublikationen eingestellt; mehr als 2000 Veröffentlichungen des Bundes wurden bei dieser Gelegenheit eliminiert. Wissenschaftler, die mit Papieren der National

Security Agency arbeiteten, durften ihre Ergebnisse nicht mehr ohne Zustimmung der Regierung veröffentlichen.[290] Mit Beginn des Jahres 1983 wurden alle Wünsche unter dem Freedom of Information Act kostenpflichtig. Das entsprach einerseits dem Interesse an der Haushaltssanierung; es diente andererseits mit Gebühren von bis zu 100 USD für eine Stunde Computerarbeit auch der Einschränkung der Information. Ein gerade erst eröffneter Freiheitsraum wurde mit dem Hinweis auf die Gefährdung äußerer Sicherheit wieder verkleinert.

Zu Ihren Gunsten wurde die Freiheit der CIA wieder vergrößert. Reagan beseitigte die Einschränkungen, die im Anschluß an den Vietnam-Krieg vor allem in der Carter-Administration gegen die Central Intelligence Agency (CIA) erlassen worden waren. War die Abwägung zwischen den Freiheitsinteressen des Amerikaners und den Sicherheitsinteressen des politischen Systems damals zugunsten des ersteren ausgefallen, so neigte sich die Waagschale jetzt erneut auf die Seite der Sicherheit. Präsident Reagan erließ am 4. Dezember 1981 neue Richtlinien für die Arbeit der CIA,[291] die die Mitarbeiter dieses Amtes von den Skrupeln befreien sollten, die seit den siebziger Jahren ihre Aktivität behindert hatten. Nach wie vor sollte sich die Tätigkeit der CIA nach außen richten, gegen die sowjetische Bedrohung und die durch den Terrorismus. Nach wie vor sollten amerikanische Bürger nicht von der CIA ausgespäht werden, wie es bei der Gründung des Amtes 1947 festgelegt, von ihm aber keineswegs eingehalten worden war.

Gleich nach der Amtsübernahme Reagans hatte der neue Leiter der CIA William C. Casey sich für die Vereinheitlichung der amerikanischen Gegenspionage und ihre Konzentration in der CIA stark gemacht.[292] Präsident Reagan hatte daraufhin eine umfassende Untersuchung dieses Problems in Auftrag gegeben, als deren Ergebnis diese Vereinheitlichung nicht zustande kam, der CIA aber sehr wohl die Kompetenz übertragen wurde, auch in den Vereinigten Staaten operieren zu dürfen, wenn es darum ging, wichtige Auslandsinformationen zu erwerben.[293] Auch die «verdeckten Aktionen» (covert operations) wurden der CIA in aller Fülle wiedergegeben, nachdem Präsident Carter sie zwar nicht verboten, aber auch nicht ermutigt hatte. Unter Präsident Reagan wurden sie in einem bisher nicht dagewesenen Maße eingesetzt.[294] Vor allem bei der Unterstützung der Contras in Nicaragua, bei der Invasion Grenadas durch die Vereinigten Staaten, aber auch im Nahen Osten, in Ägypten und im Libanon spielten solche Aktionen der CIA 1982/1983 eine große Rolle.[295] Allein im Jahre 1983 unterhielt die CIA zwölf Sicherheits- und Nachrichten-Operationen, an denen auch das «Project Democracy» beteiligt war.[296]

Mit dem Hinweis auf die Sicherheitsinteressen der USA führte Präsident Reagan die CIA also nicht nur in die Machtvollkommenheit zurück, die sie vor den Carterschen Reformen besessen hatte, er steigerte sie noch. Die CIA wurde wieder aus den politischen Kontrollprozessen weitgehend herausgenommen und unter der tatkräftigen Führung Caseys, der einer der engsten Freunde Reagans war, zu einer fast unabhängigen Sicherheitseinrichtung der USA gemacht. Aber auch die National Security Agency, der Nachrichtendienst des Verteidigungsministeriums, profitierte von der neuen Atmosphäre. Ein Berufungsgericht sprach ihm das Recht zu, den Verkehr amerikanischer Bürger mit dem Ausland zu überwachen, und zwar selbst dann, wenn kein Anlaß zur Vermutung bestand, daß die Amerikaner auswärtige Agenten seien.[297]

Präsident Reagan, der angetreten war, um den Bürger vom Staat zu befreien, unterstellte ihn im Interesse der Sicherheit immer stärkerer staatlicher Aufsicht. Er weitete den Regelungsanspruch des politischen Systems ständig aus, statt, wie er es vorgehabt hatte, ihn einzuschränken. Wie Reagan den prinzipiellen Widerspruch zwischen einer allgemeinen Steuersenkung und der drastischen Erhöhung der Staatsausgaben zugunsten der Sicherheit nicht erkannte – ihn aber sehr wohl politisch einsetzte –, entging ihm auch der zwischen der von ihm erstrebten Schwächung der Bundesregierung zugunsten der Einzelstaaten und der gleichzeitigen Kompetenzstärkung Washingtons im Zeichen der Sicherheit.

Es ist natürlich denkbar, daß er auch diese Antinomie zugunsten seines zweiten Hauptziels, der Wiederherstellung der amerikanischen Weltmachtposition und ihrer Überlegenheit über die Sowjetunion, in Kauf genommen hat. Dieses Ziel rückte um so stärker in den Vordergrund der Reaganschen Aufmerksamkeit, je rascher sein Hauptziel, die innenpolitische Revolution, ins Stocken geriet. Wenn er sie auch nie aus den Augen verloren, sondern bis zum Ende seiner Amtszeit wenigstens rhetorisch weiterverfolgt hat, so blieb ihm angesichts des Widerstandes der Legislative nur noch die Außenpolitik als das traditionelle Betätigungsfeld amerikanischer Präsidenten übrig. Die Sicherheit des Landes zu gewährleisten wurde rasch zu Reagans Hauptaufgabe, nachdem sein Versuch, die altliberale Gesellschafts- und Wirtschaftsordnung wiederherzustellen, gescheitert war. Daß er diese Gesellschaftsordnung auch und gerade dadurch gefährdete, daß er die innenpolitische Freiheit zugunsten der außenpolitischen Sicherheit immer weiter einschränkte, ist diesem Präsidenten wohl nicht bewußt geworden – trotz der kritischen Diskussion, die seine Vorhaben begleitete.

Reagan versuchte sogar, die Freiheit der Wissenschaft einzuschränken. In seiner Amtszeit erfuhren wissenschaftliche Konferenzen und der Austausch wissenschaftlich-technologischer Informationen eine Zugangsbeschränkung, die selbst für westliche Alliierte galt.[298] Sie wurde erst wieder fallengelassen, als sich zeigte, daß sie der amerikanischen Wissenschaft – und damit der amerikanischen Technologie – mehr schadete als nützte.

Der amerikanischen Diplomatie und der amerikanischen Auslandspropaganda wurden im Zeichen der Auseinandersetzung mit der Sowjetunion neue, traditionswidrige Aufgaben zugeordnet. Zunächst bewies Präsident Reagan, daß seine Administration in der Tat zu den ideologischsten zählte, die die USA je aufzuweisen hatte. Unmittelbar nach seinem Amtsantritt wurden der gesamte diplomatische Dienst, das Auswärtige Amt und die Abrüstungsbehörden von allen Beamten «gesäubert», die sich zu sehr mit der Carterschen Außenpolitik identifiziert hatten. Das galt insbesondere für das Büro für interamerikanische Angelegenheiten im Außenministerium und für die ACDA, deren Beamte vollständig ausgewechselt wurden. Nicht ganz ohne Grund fühlte sich der Foreign Service an die McCarthy-Ära erinnert, an deren Folgen das Auswärtige Amt noch Jahrzehnte gelitten hatte.[299] Reagan erweiterte die vertraute Praxis der Präsidenten, Botschafterpositionen mit politischen oder persönlichen Freunden zu besetzen, so daß unter seinem Regime fast die Hälfte aller amerikanischen Botschaften keinen Diplomaten zum Chef hatte. Außenminister Shultz schuf hier Remedur; er drängte Reagans Regime in der Diplomatie langsam zurück, unter dem gute Beziehungen zum Präsidenten wichtiger waren als Sach- und Sprachkenntnisse. In einem Regime, das seine Außenpolitik fast ausschließlich auf militärische Stärke setzte, waren diplomatische Fähigkeiten und Fertigkeiten in der Tat eher entbehrlich.[300]

Gebraucht wurde hingegen eine stärkere Rolle der Auslandspropaganda. Die zuständige United States Information Agency wurde Charles Z. Wick unterstellt, einem alten Freund der Reagans, der Filmfachmann war. Wick gab der USIA den Auftrag, den Leuten «die amerikanische Außenpolitik darzustellen».[301] Da es Reagans Außenpolitik war, mußte eben Reagans Außenpolitik dargestellt werden. Gerade in den ersten beiden Jahren wurde die Auslandsinformation stark politisiert. Hatte Präsident Carter, aus genau entgegengesetzten Motiven, aber mit einer wenig glücklichen Begriffprägung 1977 die USIA in «U. S. International Communication Agency» umbenannt, um zu unterstreichen, daß hier nicht Propaganda geboten, sondern wechselseitige Kommunikation erleichtert werden sollte, so gab Reagan der Behörde am 24. August 1982 ihren alten Namen wieder.

Zu diesem Zeitpunkt war die größte Schlacht, nämlich die um die Funktion der «Stimme Amerikas», schon geschlagen und von den Propagandisten der ersten Reagan-Monate verloren worden. Sie wollten die VOA einsetzen, um der sowjetischen Propaganda zu begegnen und die Sowjetunion sowie ihre Satelliten politisch zu destabilisieren.[302] Aus demonstrativer Kritik an diesem Wandel schied der langjährige Leiter der Nachrichtenredaktion Bernhard H. Kamenske im Dezember 1981 aus dem Dienst. Ihrerseits traten die beiden, von Charles Wick in die Leitung der VOA berufenen aber eigentlich aus dem Unterhaltungsgeschäft stammenden ‹Propagandisten› Conkling und Nicolaides im März 1982 zurück.[303] Wick beeilte sich zu versichern, daß die Stimme Amerikas nach wie vor «fair, akkurat und ausgewogen» über die Vereinigten Staaten berichten werde, weil nur dies einer demokratischen Gesellschaft entspreche und sie von totalitären Diktaturen unterscheide. Allerdings müsse auch eine Demokratie den propagandistischen Verzerrungen ihrer Gegner «die Wahrheit» entgegenhalten.[304]

Wurde die allzu offene Propaganda zurückgenommen, so blieb das «Projekt Wahrheit», das die USIA zusammen mit dem Außen- und dem Verteidigungsministerium sowie der CIA betrieb, um der sowjetischen Propaganda weltweit entgegenzutreten. Es blieb auch ein hoher ideologischer Anpassungsdruck, der sich bis in die Veranstaltungspolitik der Amerika-Häuser im Ausland bemerkbar machte. Er ließ erst nach, als sich Reagans Regime langsam zurückzubilden begann. Charles Wick entsann sich der Tatsache, daß eine liberale Demokratie auch dann nicht von der Auslandspropaganda profitiert, wenn diese von den gegnerischen Diktaturen eingesetzt wird. Die offene, möglichst unbeeinflußte Information ist für die Demokratie die einzige und die beste Werbung, die sie einsetzen kann. Daß sie sie im Zeitalter der Massenkommunikation einsetzen muß, stand sowieso nie in Frage.[305] Das von Charles Wick geförderte, im Oktober 1983 erstmals ausprobierte satellitengestützte Übertragungssystem Worldnet, über das das Ausland in direkten Kontakt mit amerikanischen Entscheidungsträgern treten kann, erwies sich als sehr viel wirksamer als die platte Politisierung der Informationstätigkeit der ersten Jahre.[306]

Wie sehr die Reagan-Administration zugunsten außenpolitischer Machtentfaltung und Auseinandersetzung mit der Sowjetunion gegen die politische Kultur der USA, gegen deren Tradition und ihr liberales Selbstverständnis verstieß, zeigte sich erst bei der Aufdeckung der Iran-Contra-Affäre im Herbst 1986. Reagan hatte während seines Regimes nicht nur die CIA, sondern auch den Apparat des Nationalen Sicherheitsrates der USA «losgelassen».[307] In seiner Obsession mit der Sowjetunion und dem internationalen Terrorismus hatte Präsident Reagan dieser Behörde, deren primäre Aufgabe darin besteht, sicherheitsrelevante Beschlüsse der amerikanischen Regierung vorzubereiten, operative Aufgaben übertragen. Das NSDD-159 schloß darin auch «verdeckte Aktionen» ein, jenen Typ geheimdienstlicher Nebenaußenpolitik, der schon die CIA ebenso berühmt wie berüchtigt gemacht hatte.

Nun wurde auch dem Apparat des NSC dieses Geschäft freigegeben. Die Reagan-Administration erinnerte sich offensichtlich nicht an die schmerzliche Diskussion, die in den siebziger Jahren um diese Art Tätigkeit geführt worden war und ergeben hatte, daß sie nur im äußersten Notfall akzeptabel sein konnte. Um der Auseinandersetzung mit der Sowjetunion willen ließ Reagan daraus den Normalfall werden. Unter den Sicherheitsberatern McFarlane und Pointdexter unterhielt der NSC nicht nur Konten im Ausland, sondern auch Einsatzkader, Schiffe und Flugzeuge. Er verstieß mit seinen Handlungen, wie der Kongreß 1987 feststellte, gegen die Verfassung, die dem Kongreß das Budgetrecht überstellt; gegen die Gesetze, die eine Information des Kongresses verlangten und die Unterstützung der Contras verboten; er verstieß auch gegen das Recht, indem er seine Handlungen vertuschte.[308]

Dieses ebenso gefährliche wie rechtswidrige Verhalten einer Regierungsbehörde verlangt mehrere Erklärungen. Reagan war seit langem der erste amerikanische Präsident, der ohne einen kompetenten Nationalen Sicherheitsberater auskommen mußte; in sechs Jahren seiner Tätigkeit dienten ihm fünf Berater, die zum großen Teil eine militärische Karriere hinter sich hatten. William Casey, der Direktor der CIA, war ein außerordentlich erfolgreicher Steueranwalt und Wirtschaftsautor, dem als Reagans Wahlkampfmanager traditionell das Postministerium zugestanden hätte. Ein Mangel an professioneller Kompetenz war also bei den einschlägigen Führungspositionen durchaus zu registrieren; er wurde von ihren Inhabern durch guten Willen ersetzt. Sie waren sich entweder mit Reagan darin einig oder dienten ihm in der Überzeugung, daß der Sieg über den Kommunismus und Terrorismus so gut wie jedes Mittel rechtfertigte, daß dieses gute Ziel nicht an den Kleinlichkeiten von Recht und Verfassung scheitern dürfe. CIA-Direktor Casey entstaubte eine Reihe alter Gesetze, um die amerikanische Presse an die Kette geheimdienstlicher Zensur zu legen.[309] Der Oberst North, der die verdeckten Operationen des NSC leitete, stellte bewußt den außenpolitischen Erfolg vor den Informationsanspruch der Legislative. North betrieb sein eigenes «Project Democracy», das über Flugzeuge, Schiffe, Warenhäuser und militärische Ausrüstungsgegenstände im Wert von mehr als 4,5 Mio. USD verfügte. Er baute beispielsweise Landebahnen in Costa Rica, transportierte Waffen zwischen den einzelnen zentralamerikanischen Staaten, kaufte Ostblockwaffen in Israel ein. Es gibt keinen Beweis dafür, daß es sich hier um den geheimen Teil des Reaganschen «Project Democracy» gehandelt hat;[310] ganz auszuschließen ist es freilich nicht.

Es ist interessant, daß das Außenministerium, seitdem es von George Shultz übernommen wurde, von diesen Aktivitäten und von ihrer Kenntnis ausgeschlossen blieb. Die differenzierende Analyse des Diplomaten nd des altgedienten Fachmannes Shultz ließ sich eben nicht einbinden in ein simplifizierendes Weltbild, das sich ausschließlich an einer dramatisch zugespitzten Sicherheitsgefährdung durch die Sowjetunion orientierte.

Für den engeren Umkreis des Präsidenten aber galt dieses Weltbild unbedingt. Ohne das von ihm erzeugte, durch die Sicherheits- und Machtpolitik bestimmte Klima wären die Abweichungen von der traditionellen politischen Kultur der USA wohl kaum zustande gekommen. Sie waren erstmals unter Nixon aufgetreten, als Konsequenz seiner «imperialen Präsidentschaft». Sie traten unter Reagan erneut und verstärkt auf, als Konsequenz des Primats, den Reagan der Außen- und Sicherheitspolitik einräumte, um seine Innen- und Sozialpolitik durchzusetzen. Ob er nur in Kauf nahm oder bewußt daran arbeitete, daß sich die demokratischen Freiheiten in den USA reduzierten, ist weniger wichtig als der Befund selbst. Je stärker die Reagan-Administration den Konflikt mit der Sowjetunion betonte, je mehr sie die aus der sowjetischen Rüstung stammende Gefahr beschwor, desto stärker nahm Schaden, was Reagan eigentlich bewahren und wiederherstellen wollte: die Devolution von der Bundesregierung hin zu den Einzelstaaten, zu den Städten und Gemeinden. Statt dessen löste Reagan mit seiner Aufrüstungspolitik und ihren Folgen für das Budget sowie für die Einschränkung der individuellen Freiheit in den USA einen neuen Zentralismus aus, der die Macht der Bundesexekutive extrem stärkte.

Ob blind oder bewußt – Reagan betrieb angesichts der Auseinandersetzung mit der Sowjetunion die Zentralisierung und Entdemokratisierung der USA nach dem klassischen Vorbild der europäischen Nationalstaaten des 19. Jahrhunderts. Offenbar gab es in seiner Umgebung niemanden, der ihn auf dieses Beispiel und die dadurch beleuchteten Gefahren aufmerksam machte. Wie bei Nixon kam die Korrektur durch die öffentliche Meinung und durch den Kongreß der USA. Im Unterschied zu Nixon, der seine «imperiale Präsidentschaft» mit dem Weltmachtanspruch der USA begründet hatte, leitete sie Präsident Reagan aus der Bedrohung durch die Sowjetunion ab. Das war allerdings kein zwingender Grund. Auch Präsident Carter hatte diese Bedrohung gesehen, wie schon jeder seiner Vorgängr. Sie alle hatten eine gemäßigte Aufrüstung als ausreichend angesehen, um der sowjetischen Herausforderung zu begegnen. Hatte sich in der sowjetischen Rüstungs- und Weltpolitik anfang der achtziger Jahre wirklich etwas geändert, oder wurde sie lediglich von der Reagan-Administration anders bewertet, weil sie andere innen- und außenpolitische Ziele verfolgte?

III.
Sowjetische Außenpolitik von Andropow bis Gorbatschow

Den sowjetischen Drang nach militärischer und politischer Parität dadurch zu entmutigen, daß die Rüstungs- und Militärhilfebudgets drastisch erhöht wurden, entsprach zwar einem klassischen amerikanischen Verhaltensstil («throw money on it»); ob dieser Aufwand angesichts der Aufrüstung der Sowjetunion und ihrer Politik in der Dritten Welt erforderlich und angemessen war, stand auf einem ganz anderen Blatt. War die Reagansche Aufrüstung, die weit über die Rüstungssteigerung Carters hinausging, durch die sowjetische Rüstung gerechtfertigt und erforderlich?

Diese Frage richtete sich auch an die Rüstungskontrollpolitik der Reagan-Administration. Der SALT II-Vertrag sollte die sowjetische Aufrüstung effektiv begrenzen; war es nicht besser, auf diesem, von den Vorgängern Reagans beschrittenen Weg die sowjetische Aufrüstung zu dämpfen, als sie mit einem eigenen, unermeßlich teuren Aufrüstungsprogramm zu überrunden? Hatte die Menschenrechtspolitik Präsident Carters in der Dritten Welt nicht auch ihre Meriten, insofern sie sich sowohl gegen kommunistische Diktaturen wie gegen rechtsautoritäre, meist auch noch durch restkoloniale Verhaltensweisen unterstützte Regimes wandte, deren Unterdrückungspolitik die Zugangschancen des sowjetischen Einflusses verbesserte?

Wenn Reagans Regime in eine neue, tragfähige Sowjetunionpolitik übergeleitet werden sollte, mußten für diese Fragen Antworten gesucht werden. Sie hingen entscheidend davon ab, wie es wirklich um die sowjetische Aufrüstung und ihre Politik in der Dritten Welt bestellt war, ob Moskau die militärische Superiorität anstrebte und global die politische Gleichberechtigung verlangte oder sich mit Parität auf dem einen und mit pragmatischem Opportunismus auf dem anderen Gebiet abfinden würde. Bei der Beantwortung dieser Fragen spielten natürlich Perzeptionen und Einschätzungen eine große Rolle.[1] Die Reagan-Koalition unterschied sich gerade darin von allen ihren Vorgängern, daß sie aufgrund eines manichäischen Weltbildes die Sowjetunion total diskriminierte. Aber auch Reagan kam an den objektivierbaren Fakten nicht vorbei, die für die Bürokratie und vor allem für den Kongreß, aber auch für die informierte Öffentlichkeit maßgebende Informationen über die sowjetische Politik enthielten. Wie war es um die Aufrüstungs- und Weltpolitik Moskaus in der Mitte und der zweiten Hälfte der achtziger Jahre bestellt?

1. Rüstung: Stagnation auf hohem Niveau

Informationen über die sowjetische Aufrüstung erteilen das Rüstungsbudget und, sehr viel konkreter, die Waffenproduktion, wenn es auch bei der Informationsbeschaffung und der Evaluation erhebliche Probleme gibt. So wurde der CIA erst 1983 deutlich, daß die Steigerungsrate des sowjetischen Rüstungsbudgets seit 1976 kontinuierlich abgenommen, nur noch 2% betragen hatte. 1983 wußte man auch, daß sich die Waffenbeschaffungsprogramme der Sowjetunion in den vergangenen sieben Jahren nicht mehr erhöht hatten. Die sowjetische Rüstung stagnierte auf hohem Niveau. Kamen ihr 1975 17,4 Mrd. Rubel zugute, so sank diese Zahl kontinuierlich bis 1982 auf 17,0 Mrd. Rubel ab.[2] Seit 1982 erhöhte sich die Steigerungsrate wieder auf 2 bis 5%, wobei die für den Rüstungssektor allgemein charakteristische Tendenz zu beschleunigter Inflation eine Rolle gespielt haben dürfte. Interessanterweise wurde diese Steigerung des sowjetischen Rüstungsbudgets von der CIA sofort erkannt,[3] während sie sieben Jahre praktischer Stagnation verstreichen ließ, ehe sie sie offiziell registrierte. Dabei dürfte die Rivalität mit der Defense Intelligence Agency des Pentagon, deren sehr viel höhere Schätzungen Reagans Regime sehr viel besser entsprachen, eine Rolle gespielt haben.

Insgesamt muß man der CIA zugute halten, daß sie unter den konkurrierenden Geheimdiensten wohl die größte Mühe aufwandte und Widerstand gegen politische Erwartungshaltungen leistete.[4] 1986 revidierte sie zum dritten Mal ihre Einschätzung des sowjetischen Rüstungsbudgets, und zwar wiederum nach unten. In dieser Sicht wandte die Sowjetunion zwar einen größeren Anteil ihres BSP, nämlich 15–17%, für die Rüstung auf, aber nicht wegen einer erhöhten Produktion, sondern aufgrund gestiegener Inflation. Die Waffenproduktion der Sowjetunion hatte sich, dem CIA-Bericht von 1986 zufolge, in der vorangegangenen Dekade nicht oder nur unwesentlich erhöht; sie sollte auch in der überschaubaren Zukunft von fünf Jahren nicht steigen, sondern eher fallen.[5] Dieser Aussage stimmte die DIA zu, wenn sie auch daran festhielt, daß in den Jahren 1982 bis 1984 die sowjetischen Waffenbeschaffungsausgaben um 3–4% gestiegen waren, während sie nach den offiziellen Statistiken der CIA um 3–4% jährlich abgenommen hatten.

Während die Vereinigten Staaten 1978, und vor allem seit 1980, einen neuen Aufrüstungszyklus begannen, stagnierte die sowjetische Aufrüstung auf dem 1976 erreichten hohen Niveau. Diese Schwingungsdifferenz der Zyklen kann mehrfach erklärt werden. Bei Rüstungswettläufen erscheint die Nachrüstung der einen Seite der anderen häufig als Vorrüstung, der sie dann ihrerseits nachrüstet. Technische Innovationen ermöglichen neue Waffengenerationen, die produziert und disloziert werden müssen. Im amerikanisch-sowjetischen Verhältnis waren vermutlich beide Ursachenkomplexe wirksam. Es fällt jedoch auf, daß die Sowjetunion ihren Aufrüstungszyklus 1976 auf dem Höhepunkt der Entspannungsperiode beendet hat und daß der Zwischenschub von 1983–1985 in die Hoch- und Endphase der amerikanischen Aufrüstungspolitik fällt.[6] Nach der erneuten Wende in der amerikanischen Sowjetunionpolitik und nach dem Amtsantritt Gorbatschows kehrten die sowjetischen Rüstungsaufwendungen wieder zum Nullwachstum zurück. Daß der neue Generalsekretär, der schon seit dem Winter 1984/85 die Regierungszügel der Sowjetunion in der Hand hielt, wie sein Vorgänger Tschernenko den Akzent von der Rüstungs- auf die Konsumgüterindustrie rücken wollte, ist unbestritten. Danach richtete sich auch der von ihm maßgeblich bestimmte zwölfte Fünfjahresplan, der Mitte 1986 angenommen wurde.[7] Er legte die Sowjetunion auf ein hohes, aber nicht steigendes Rüstungsbudget fest, während sie gleichzeitig ihre Kräfte auf die Produktion nicht-militärischer Güter konzentrierte. Auch das aktive Interesse Gorbatschows an der Abrüstung erklärt sich aus der Absicht der Sowjetunion, der Modernisierung der Wirtschaft, der Verbesserung der Entfaltungschancen des einzelnen mehr Wert beizumessen als weiterer gesteigerter Aufrüstung.

Da das sowjetische Rüstungsbudget stagnierte und das amerikanische seit 1978 kontinuierlich, seit 1981 drastisch angehoben wurde, überstiegen die amerikanischen Waffenbeschaffungsprogramme 1984 erstmals wieder die der Sowjetunion.[8] Im strategischen Bereich diagnostizierte selbst das Pentagon 1986 gleiche Ausgaben auf beiden Seiten.[9] Dahinter mußte sich nicht unbedingt auch eine militärisch-strategische Parität verbergen. Wenn auch die sowjetischen Rüstungsaufwendungen seit 1976 stagnierten, so wurden, aufgrund von Umschichtungen, gerade die strategischen Waffensysteme modernisiert und mit Mehrfachsprengköpfen ausgestattet. Von 1980 bis 1984 blieb die Anzahl der ICBMs gleich, die der SLBMs nahm sogar geringfügig von 989 auf 946 ab. Die Anzahl der Sprengköpfe aber stieg um mehr als 30%. Hatte ihre Zahl 1980 6926 betragen, so belief sie sich 1984 auf 9594.[10] Am 1. Januar 1986 wurden 9928 Sprengköpfe auf sowjetischen land- und seegestützten Raketen sowie auf Bombern gezählt.[11] Aber auch die Trägersysteme wurden modernisiert. Blieb die Zahl der schweren sowjetischen ICBMs von 1978 bis 1985 mit 308 ICBMs konstant, so wurde sie seit 1983 ausschließlich mit der 1979 erstmals dislozierten vierten Version der SS-18 ausgefüllt. Ebenso erging es den leichten ICBMs. Seit 1976 gab es bis 1985 1090 dieser Raketen, wobei der Anteil der alten SS-11 auf die Hälfte absank, der der dritten Version der SS-19, die 1980 erstmals stationiert wurde, auf ein Drittel anstieg und 1985 noch um 72 Raketen vom Typ SS-25 ergänzt wurde.[12]

Von dem Modernisierungsprozeß profitierten auch die seegestützten Nuklearraketen der Sowjetunion, deren Zahl allerdings nach wie vor nur ein Drittel der landgestützten Raketen ausmachte. 1986 besaß die Sowjetunion drei Unterseeboote vom Typ Taifun, der erstmals 1983 in Dienst gestellt wurde und jeweils 20 SLBMs trägt. Seit 1985 befindet sich ein neues Boot vom Typ Delta IV in Erprobung, das 16 hochmoderne SLBMs vom Typ SS-NX-23 besitzt. Mehr als die Hälfte der sowjetischen SLBMs befindet sich allerdings nach wie vor auf Schiffen der Delta-Klasse, die 1973 bzw. 1977 in den Dienst gestellt wurden.[13]

Seit 1980 steigerte die Sowjetunion auch ihre Bomberproduktion, und zwar um die Hälfte, wobei sie die Vereinigten Staaten um 28 Stück sogar überrundete. Der Vorteil wurde allerdings hauptsächlich im Mittelstreckenbereich erzielt, den Washington weitgehend vernachlässigt, die Sowjetunion mit ihrem Backfire-Bomber hingegen verstärkt hatte. Die Zahl ihrer Langstreckenbomber hatten beiden Seiten verringert, wobei den Vereinigten Staaten 1985 noch immer ein Übergewicht von 61% verblieb.[14] Allerdings hatte die Sowjetunion seit 1984 den schweren Bomber vom Typ Bear-H in Dienst gestellt, dessen Zahl sich 1985 auf fünfzig belief. Er war mit Cruise Missiles ausgestattet, mit denen auch der seit langem in Entwicklung befindliche schwere Interkontinentalbomber Black Jack bestückt werden sollte. Eine seegestützte Cruise Missile-Version wurde erstmals 1984 registriert, so daß die Sowjetunion auch auf diesem Gebiet, auf dem bis dahin die Vereinigten Staaten führend gewesen waren, nachzuziehen begann.[15]

Hatte die Sowjetunion die Zahl ihrer Kernsprengköpfe erhöht und die Qualität der Trägersysteme verbessert, so ergab sich daraus eigentlich nur für die strategischen Bomber ein neues Bild, und zwar nicht zuletzt deshalb, weil die Vermehrung der sowjetischen Luftflotte durch den Abbau der amerikanischen relativ gestärkt wurde. Die Zahlendifferenz bei den ICBMs war seit 1970 konstant geblieben. Die Anzahl der sowjetischen seegestützten Raketen überstieg schon seit 1973 die amerikanischen Ziffern. Bei der entscheidenden Größe aber, der Zahl der Nuklearsprengköpfe, hatten die Vereinigten Staaten ihren Vorsprung behalten. Er hatte sich eine Zeitlang verkleinert, war 1981 ungefähr so groß wie 1970. Die von Carter eingeleiteten, von Reagan fortgesetzten Produktionssteigerungen hatten seit 1983 den amerikanischen Vorteil wieder erhöht (Tabelle 5).

Welche Konsequenz hatte diese sowjetische Aufrüstung für das amerikanisch-sowjetische Gleichgewicht im strategischen Bereich? Es war, nach Auskunft der Politiker und Experten, zu keinem Zeitpunkt gefährdet. Trotz aller Beschwörungen (die ihren literarischen Ausdruck in der seit 1980 jährlich erscheinenden Publikation: «Soviet Military Power» fanden) sah die Reagan-Administration das strategische Gleichgewicht nicht gefährdet.[16] 1980 hatten die Vereinigten Stabschefs geäußert, daß trotz der sowjetischen Aufrüstung die strategischen Streitkräfte der USA ihre Aufgaben erfüllen und, mit den notwendigen Modernisierungen, auch die

Tabelle 5 Strategische Angriffswaffen der USA und der Sowjetunion in den Jahren 1970–1985

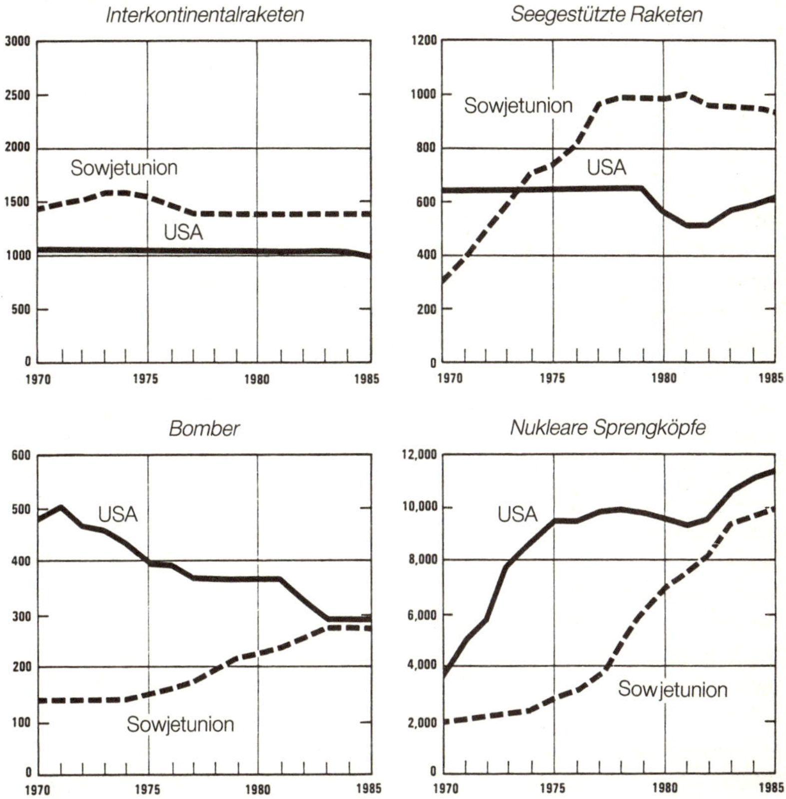

Quelle: M. Collins: U. S./Soviet Military Balance, Statistical Trends, 1976/1986, Report No. 877–128–S, Congressional Research Service, Library of Congress, Washington, D. C. 1987, S. 14.

Herausforderung der kommenden Dekade erfolgreich bestehen könnten.[17] 1983 stellte das Pentagon fest, daß die Vereinigten Staaten in der Waffentechnologie nach wie vor überlegen waren, ein Befund, den die Stabschefs 1985 wiederholten. Sie fanden eine amerikanische Überlegenheit in vierzehn Bereichen der Militärtechnologie, eine sowjetische lediglich in einem, nämlich in dem Bereich der chemischen Kriegführung. In fünf Technologien herrschte Gleichstand, wenn auch die Sowjetunion in acht weiteren Fortschritte zu verzeichnen hatte.[18]

War das im Wahlkampf und in den ersten beiden Jahren von Reagans Regime so häufig beschworene «Fenster der Verwundbarkeit» ohnehin schon 1983 von der Scowcroft Commission geschlossen worden, so räumte selbst der amerikanische Verteidigungsminister Weinberger 1985 ein, daß trotz einiger Schwächen das «strategische Gleichgewicht im wesentlichen stabil» sei.[19] Vorausgesetzt war dabei freilich die kontinuierliche Modernisierung der amerikanischen Potentiale, die aber, bis auf den B-1-Bomber, dessen Produktion Präsident Carter ausgesetzt hatte, zu keiner Zeit vernachlässigt worden war. Die MX befand sich, wie die Trident II, in der Entwicklung. In der Cruise Missile-Technologie waren die Vereinigten Staaten stets führend. Wurden die Bemühungen fortgesetzt, so war eine sowjetische Überlegenheit in dem Bereich der strategischen Waffen nicht in Sicht. Es war auch nicht erkennbar, daß die Sowjetunion eine solche Superiorität anstrebte. Sie erweiterte ihre strategischen Waffensysteme und modernisierte sie, trieb aber den Versuch nicht über die Parität zur Superiorität voran. Auch das Raketenabwehrsystem, das die Sowjetunion im Rahmen von SALT I errichtet hatte, gab, streng betrachtet, keinen Hinweis auf solche Interessen, ebenso wenig wie das Satellitenbekämpfungssystem, das die Sowjetunion 1968 aufzubauen, aber offensichtlich wegen der großen Probleme 1982 zu verlangsamen begonnen hatte.[20]

Die sowjetische Aufrüstung beschränkte sich allerdings nicht auf die strategischen Waffen. Der Aufbau moderner Mittelstreckenraketen in Europa hatte die NATO vor schwierige Probleme gestellt, die mit dem Doppelbeschluß von 1979 und der Dislozierung von Pershing II und Cruise Missiles kompensiert worden waren. Die Intervention in Afghanistan hatte die strategische Situation in Südwestasien verändert, die Benutzung der amerikanischen Basen in Vietnam der Sowjetunion strategische Vorteile in Ostasien verschafft. Die amerikanische Sicherheitspolitik mußte diese Regionen und die regionalen Balancen im Auge behalten, tat es auch. Gerade die Reagan-Administration zeichnete sich dadurch aus, daß sie die militärischen Aspekte der Rivalität zur Sowjetunion in der Dritten Welt besonders berücksichtigte.

Im bilateralen amerikanisch-sowjetischen Verhältnis aber waren die strategischen Waffen ausschlaggebend, zumal jeder reale Vorteil für die Sowjetunion zur Bedrohung des amerikanischen Mutterlandes werden konnte. Darüber hinaus sind es die Nuklearwaffen und ihre Trägersysteme, die den Status der Weltführungsmacht dokumentieren. Hier verfügten, wie die vorstehende Tabelle gezeigt hat, die Sowjets über mehr Trägersysteme, die Vereinigten Staaten aber über mehr Sprengköpfe. Weit über die Hälfte der sowjetischen Sprengköpfe waren auf ICBMs montiert, während vier Fünftel des amerikanischen Potentials sich entweder auf Unterseebooten oder auf Bombern befanden. Auf diese Weise war die Mehrheit der amerikanischen Sprengköpfe nicht nur vor einem sowjetischen Erstschlag geschützt; sie befanden sich auf flexibel dislozierbaren Systemen, die dementsprechend eine größere Verwendungsbreite hatten als die sowjetischen ICBMs.

Eine sowjetische Überlegenheit im Bereich der strategischen Waffen war also bis 1987 nicht zu erkennen, sie war auch für die Zukunft nicht zu erwarten. Andererseits gab es auch keine sowjetische Unterlegenheit mehr. In dem relativ stabilen Gleichgewicht, das nun schon mehr als eine Dekade lang bestand, herrschte Parität.

Bei der Seerüstung, die angesichts der hohen Bedeutung der Dritten Welt für die amerikanisch-sowjetische Machtrivalität entscheidend war, konnte die Sowjetunion die amerikanische Dominanz nicht beeinträchtigen. Die Sowjetunion hatte sich seit 1965 eine beachtliche Kriegsmarine zugelegt und sie beharrlich weiter ausgebaut. Insbesondere seit 1980 hatte sich der Rüstungswettlauf zwischen der sowjetischen und der amerikanischen Marine verschärft.[21] Da die sowjetische Strategie mehr darauf angelegt war, die amerikanische Seeherrschaft zu stören («sea denial»), als eine eigene sowjetische («sea control») aufzubauen, hatte die Sowjetunion den Akzent vor allem auf die Angriffs-U-Boote gelegt. Ihnen galt dementsprechend auch die größte amerikanische Besorgnis.[22] 1984 hatte die Sowjetunion mit der «Mike» und der «Sierra» je ein Exemplar zweier neuer U-Bootklassen in Dienst gestellt, die schneller und leiser waren als ihre Vorgänger. 1985 kam mit der «Akula» das erste Boot einer weiteren Klasse dazu. 1984 hatte die Sowjetunion erstmals Cruise Missiles auf Unterseebooten stationiert; 1986 waren bereits fünf Typen damit ausgerüstet.[23]

Mit 263 Angriffs-U-Booten besaß die Sowjetunion mehr als doppelt so viele wie die Vereinigten Staaten, die über 105 Schiffe dieser Art verfügten. Sowjetische U-Boote waren an den entscheidenden Seepassagen und Meerengen stationiert, und zwar nicht nur in Asien, wo sie die einstmals amerikanischen Basen in Südvietnam benutzten. Diese Schiffe patrouillierten auch in der Straße von Florida, durch die ein großer Teil des Nachschubs für die amerikanische Armee im NATO-Bereich lief. Unterstützt wurde die sowjetische Fähigkeit zum «sea denial» durch (1986) 282 Kreuzer, Zerstörer und Fregatten, mit denen die Sowjetunion den USA zahlenmäßig ebenfalls überlegen war. 1981 hatte die Sowjetunion zwei neue Klassen von Zerstörern aufgelegt, von denen bis 1986 zwölf Schiffe in Dienst gestellt wurden – alle moderner und stärker bewaffnet als früher. 1980 war der nukleargetriebene Lenkwaffenkreuzer Kirow in Dienst genommen worden, 1984 ein zweites Schiff dieses Typs. Ein Jahr zuvor war mit der Slawa ein neuer, konventionell angetriebener Lenkwaffenkreuzer vom Stapel gelaufen.[24]

Diese Schiffe ließen sich auch in konventionellen Kriegen einsetzen, sie galten in amerikanischen Augen als «Baby Battleships». Sie konnten sich allerdings in dieser Hinsicht überhaupt nicht mit den Vereinigten Staaten vergleichen, die Mitte der achtziger Jahre über dreizehn schwere Flugzeugträger-Kampfgruppen verfügten und bis Ende 1989 fünfzehn Gruppen anstrebten. Diesen «schwimmenden Stützpunkten» hatte die Sowjetunion nichts entgegenzusetzen, wollte es offenbar auch nicht. Sie vertraute zur «power projection» mehr auf die Landwege, bei denen ihr ihre geographische Ausdehnung zugute kam, sodann auf den Lufttransport. Dessen Kapazität hatte sich von 1980 auf 1986 verdoppelt und belief sich auf 250 Transportflugzeuge. Im Rahmen ihrer Handelsflotte (Morflot) verfügte die Sowjetunion über fast 1700 Seetransportschiffe, mehr als doppelt so viele wie der amerikanischen Marine zur Verfügung standen.[25]

Den Hauptteil ihrer Flotte, rund 330 Schiffe, hatte die Sowjetunion in der Ostsee und im Nordmeer stationiert; fast die Hälfte aller Angriffs-U-Boote operierte in diesem Gebiet, das dem Ost-West-Konflikt zuzurechnen ist. Der zweite Schwerpunkt, mit 190 Schiffen, lag auf dem Pazifik, der dritte dann im Schwarzen Meer, das allerdings durch die Dardanellen im Kriegsfall relativ leicht verschlossen werden konnte. Die nachstehende Tabelle 6 zeigt den Ausbau und die regionale Verteilung der sowjetischen Flotte 1986.

1987 verringerte sich der sowjetische Schiffsbau in allen Bereichen, vor allem aber dem der Unterseeboote und Kampfschiffe um 15%. Der im Bau befindliche erste wirkliche Flugzeugträger, die 65000 t Leonid Breschnew, die, wie die amerikanischen Schiffe, konventionelle Jagd- und Kampfflugzeuge tragen können sollte, wurde rückgestuft, so daß sie nur Kurzstreckenflugzeuge aufnehmen kann. Ihre Funktion wird damit auf die beschränkt, die auch die kleineren Schiffe vom Typ Kiew besitzen.[26]

Der Rückgang ist, wie stets in solchen Fällen, nicht leicht zu deuten. Er hatte offensichtlich bereits in den letzten Jahren der Breschnew-Ära begonnen und konnte seinen Grund sowohl in der allgemeinen Abflachung der sowjetischen Rüstungsproduktion wie in der Einsicht haben, daß die Sowjetunion den Rüstungswettlauf mit den Vereinigten Staaten zur See unter keinen Umständen gewinnen konnte. Die amerikanische maritime Überlegenheit stand niemals in Frage. Durch die Aufstockung des Rüstungsbudgets unter Reagan, die vornehmlich der Marine zugute kam, verschlechterten sich die sowjetischen Chancen zusehends. Hatte die amerikanische Marine 1980 kritisiert, daß sie drei Ozeane kontrollieren sollte mit einer Marine, die bestenfalls für eineinhalb Ozeane ausreichte, so stellte sie schon 1985 fest, daß der Rüstungswettlauf «zu unseren Gunsten verläuft».[27] Am Ende der achtziger Jahre erwarteten die Vereinigten Staaten wieder die uneingeschränkte Überlegenheit zur See.

Diese Einschätzung galt weniger der strategischen Balance, die ohnehin nie in Frage stand, sondern der Beherrschung der Seewege und der uneingeschränkten Fähigkeit zur ‹power projection›. Sie diente der Auseinandersetzung in der Dritten Welt; wenn die Sowjetunion hier nicht gleichzog, oder sogar, wie die Entwicklung von 1987 andeutete, sich zurückzog, hatten die Vereinigten Staaten einen entscheidenden Vorteil

Tabelle 6 Kriegsmarine der Sowjetunion[1]

	Nord-Flotte[3]	Ostsee-Flotte	Schwarz-meer-Flotte[2]	Pazifik-Flotte	Gesamt-zahl
Flugzeugträger					
Kiew Klasse (VISTOL)	1	0	0	2	3
Moskau Klasse (Helo)	0	0	2	0	2
Gesamt	1	0	2	2	5
Kreuzer	11	4	7	14	36
Zerstörer	20	13	16	20	69
Fregatten/Korvetten	47	27	52	51	177
Gesamt	78	44	75	85	282
U-Boote mit strategischen Offensivwaffen					
nukleargetrieben	39	0	0	25	64
dieselgetrieben[3]	1	6	0	7	14
Gesamt	40	6	0	32	78
Angriffs-Unterseeboote					
nukleargetrieben	75	0	0	41	116
dieselgetrieben	50	37	30	30	147
Gesamt	125	37	30	71	263
Gesamtzahl der Kampfschiffe	244	87	107	190	628

[1] Gibt die Zahl der Überwasserschiffe und der U-Boote an, die in der Flotte am 1. Januar 1986 im Einsatz waren. Die Daten schließen auch die Schiffe ein, die zeitweilig im Indischen Ozean patrouillieren (Indian Ocean Task Force) und hauptsächlich aus der Pazifikflotte stammen. (Die Flottenzusammensetzung verändert sich im Laufe eines Jahres leicht.)

[2] Die meisten Überwasserschiffe im Mittelmeer werden von der Schwarzmeer-Flotte, während die meisten U-Boote von der Nord-Flotte gestellt werden.

[3] Die Angaben schließen 13 Golf II Diesel U-Boote mit ein, die mit SS-N-5 Nuklearflugkörpern ausgerüstet sind. Es wird angenommen, daß diese U-Boote nur regionale Einsatzaufgaben haben.

Quelle: John M. Collins: U. S./Soviet Military Balance, Statistical Trends, 1976/1986, Report No. 87–128–S, in: Congressional Research Service, Library of Congress, Washington, D. C. 1987, S. 156.

gewonnen. In der Dritten Welt konnte, anders als in Europa, wo die Einflußverteilung feststand, die Machtverteilung noch geändert werden. Die Sowjetunion hatte dabei seit dem Beginn der siebziger Jahre keine großen Fortschritte gemacht. Unter dem Strich hatte sie nur Rückschläge einstecken müssen, wenn sie auch in Angola, im Horn von Afrika und in Afghanistan ihre militärischen Muskeln hatte erfolgreich spielen lassen. Wenn sie jetzt einen Schwund auch dieser Muskeln akzeptierte, verschlechterten sich ihre Aussichten weiter.

Mit Michail Gorbatschow war am 11. März 1985 nicht nur ein neuer Generalsekretär an die Schalthebel der sowjetischen Macht getreten, er hatte auch neue Männer und ein ‹neues Denken› in der Innen- und Außenpolitik mitgebracht. Die Veränderungen waren so beachtlich, daß man ihnen sogar eine «neue historische Periode» in der Sowjetunion und in ihrer Beziehung zu den Vereinigten Staaten zutraute.[28] Gorbatschow ersetzte Gromyko mit Schewardnadse im Außenministerium, im Außenamt des Sekretariats des Zentralkomitees Ponomarow mit Dobrynin, der fast ein Viertel Jahrhundert lang sowjetischer Botschafter in Washington gewesen war. Das Sekretariat des ZKs erhielt jetzt auch eine eigene Abrüstungskontrollbehörde mit dem General Staro Dubow an der Spitze. Auch im Außenministerium wurde eine Rüstungskontrollbehörde eingerichtet, die dem Fachmann Karpow unterstand. Die vielleicht wichtigste Neuerung bestand in der Ernennung Alexander Jakowlews zum Sekretär des ZK für Propagandafragen. Jakowlew war zuvor Botschafter in Kanada und Chef des Instituts für Weltwirtschaft und Internationale Beziehungen gewesen. Als enger Vertrauter Gorbatschows und nunmehr Chef der Propagandabehörde war er besonders verantwortlich für die Verbreitung des ‹neuen Denkens›. Es bezog sich zwar in erster Linie auf die Neugestaltung der sowjetischen Innen- und Wirtschaftspolitik, auf die Modernisierung des Sowjetreiches.[29] Aber es ging auch in die außenpolitischen Konzeptionen ein, nahm der militärischen Macht ihre Monopolstellung und betonte die Bedeutung wirtschaftlicher Interdependenz, politischer Einflußnahme und flexibler Diplomatie. Das war offensichtlich ein – wenn auch schwacher – Reflex der außenpolitischen Konzeptionen, die auf amerikanischer Seite die Carter-Administration beherrscht hatten und die von Ronald Reagan zugunsten der Renaissance militärischer Macht wieder beiseite gelegt worden waren. Phasenverschoben und auf sowjetische Möglichkeiten reduziert, tauchten sie jetzt in Moskau auf, als Teil des Versuches, die Sowjetunion aus der ideologisch-militärisch-bürokratischen Erstarrung herauszuführen. Gorbatschow benutzte die Außenpolitik, vor allem die Rüstungskontroll- und Abrüstungspolitik, um die schon von seinen Vorgängern eingeleitete Verlangsamung der sowjetischen Rüstung abzusichern und zu fördern. Er ersetzte die militärische Drohpolitik, die zum NATO-Doppelbeschluß und zum Auszug der Sowjetunion 1983 aus Genf geführt hatte, durch eine höchst flexible Haltung, deren immer neue Konzessionen an die westliche Position einen Erfolg in der Abrüstung geradezu unausweichlich machten.[30] Gorbatschow nahm im INF-Bereich sogar stark asymmetrische Kürzungen auf sowjetischer Seite hin, offensichtlich nicht nur, um die amerikanischen Mittelstreckensysteme aus Westeuropa zu eliminieren, sondern auch, um dem Abrüstungsprozeß einen ersten, massiven Impuls zu geben.

Sicher hat auch die westliche Nachrüstung, hat die amerikanische Aufrüstung seit 1978 eine wichtige Rolle gespielt, weil sie Moskau darüber informierte, daß eine sowjetische Superiorität ausgeschlossen war. Aber es bedurfte doch eines neuen Mannes und ‹neuen Denkens›, um diese Umweltveränderung nicht in traditioneller Weise mit erhöhter Aufrüstung, sondern mit radikalen Abrüstungsvorschlägen zu beantworten.

Bei Gorbatschow spielten offensichtlich Politik, Ideologie und propagandistische Werbung eine große Rolle. Ähnlich wie Chruschtschow nach Stalin besann sich Gorbatschow nach Breschnew auf die politische Basis politischer Macht.[31] Die Konzessionen in dem Abrüstungsprozeß vergrößerten das außenpolitische Prestige des Generalsekretärs wie den Handlungsspielraum der Sowjetunion. Indem sie die abrüstungspolitische Initiative an sich zog, versetzte sie die Vereinigten Staaten in die Defensive.[32] Gorbatschow verwandelte auf diese Weise die aus der wirtschaftlichen Notlage erwachsene Verlangsamung der sowjetischen Rüstung in einen außenpolitischen Vorteil. Er versprach sich von der Ausnutzung westlicher Interessendivergenzen in Europa und vom Zustimmungsgewinn bei den Staaten der Dritten Welt mehr als von der Stationierung neuer Mittelstreckenraketen und der Produktion immer größerer Kampfschiffe und Flugzeugträger. In Europa ermunterte der «Budapester Appell» des Warschauer Paktes sogar die Hoffnungen auf eine konventionelle Abrüstung in Europa vom Atlantik bis zum Ural. In Asien eröffnete Gorbatschow mit seiner Rede vom 28. Juli 1986 in Wladiwostok die Perspektive einer Versöhnung mit China und einer De-Militarisierung der Region, die den Interessen der asiatischen Staaten entgegenkam. Mit dem Interview in der indonesischen Zeitung Merdeka, ein Jahr später, versuchte er erneut, die Sowjetunion als eine friedens- und abrüstungsliebende asiatische Macht darzustellen. Die Regierungsumbildung im Herbst 1988 verstärkte noch diesen Eindruck.

Zweifellos war unter der Führung Gorbatschows eine drastische Änderung der sowjetischen Rüstungs-, Abrüstungs- und Weltpolitik eingetreten. Der militärische Druck der Sowjetunion hatte sich seit 1976 nicht weiter erhöht; die strategischen Arsenale der Sowjetunion waren modernisiert, aber nicht mehr erweitert worden.[33] Es schien, als würde sich die Sowjetunion mit dem erreichten Grad an militärischer Parität zufriedengeben, und zwar nicht nur faktisch, sondern auch rhetorisch. Zum dem Zeitpunkt, an dem Reagans Aufrüstungszyklus sich voll entfaltet hatte, hörte die Sowjetunion auf, von Superiorität zu sprechen.

In dieser Politik konnte sich Einsicht ausdrücken, sowohl in die Vergeblichkeit der Ambition wie in die Notwendigkeit, die knappen Ressourcen in die Investitionswirtschaft zu stecken. Wenn Gorbatschow mit der Perestroika wirklich Ernst machen wollte, brauchte er an der außenpolitischen Front Ruhe. Andererseits konnte hinter Gorbatschows Wende auch das Interesse an einer ‹Re-Politisierung› der Weltpolitik stecken. Die im Westen verbreitete Annahme, die Sowjetunion habe nur militärische Macht vorzuweisen, ist nicht ganz richtig. Ihre Leistungen auf dem Sachgebiet der wirtschaftlichen Wohlfahrt sind zweifellos absolut negativ; auf dem der Herrschaft und der dazugehörigen Ideologie aber war sie keineswegs erfolglos. Zumindest als Anwalt der Unzufriedenen und der wirtschaftlichen Opfer des Kapitalismus, als Kritiker des Restkolonialismus und der Apartheid hatte sie in der Dritten Welt Eingang, zumindest Gehör und Aufmerksamkeit gefunden. Diese ideologische Komponente wieder aufzunehmen und zu verstärken konnte aus der Not wirtschaftlicher Schwäche die Tugend einer ideologischen Offensive werden lassen, zumal Reagan mit seiner Konzentration auf die Militärpolitik die besten Ansatzpunkte dafür bot. Hatte nicht Chruschtschow nach dem Tod Stalins die gleiche Kombination angewandt: Demokratisierung und wirtschaftliche Reform im Innern, Beruhigung der militärischen Spannung mit den USA, Intensivierung der Weltpolitik?

2. Weltpolitik: Stillstand der Expansion?

Aufgrund der Geheimhaltung und der Undurchsichtigkeit der sowjetischen Politik ist es sehr schwer, sie verläßlich einzuschätzen. Sie bietet jedoch den Anschein, daß der weltpolitische Aktivismus der Sowjetunion unter Breschnew und mit der Afghanistan-Intervention seinen Höhepunkt erreicht hatte und mit Andropow in eine Konsolidierungsphase eingetreten ist, die zwar die bestehenden Engagements nicht auflöste, aber keine neuen einging. Unter Gorbatschow scheint die sowjetische Weltpolitik dann vollends zu wiederholen, was – wenn auch in einer ganz anderen Größenordnung – die Nixon-Doktrin für die USA versucht hatte: geringerer Einsatz, aber gleicher Profit. Die Sowjetunion hat nicht aufgehört, sich als gleichberechtigte Supermacht in der Dritten Welt aufzuführen, also die politische Parität mit den Vereinigten Staaten einzufordern. In der Praxis aber hat sie stärkere Zurückhaltung geübt und dabei vor allem Rücksicht auf die Gestaltung der Beziehungen zu den Vereinigten Staaten genommen.[34]

Militärisch dürfte die Beschränkung nicht schwergefallen sein, weil sie von der wirtschaftlichen Lage diktiert wurde. Eine den USA vergleichbare Fähigkeit zur maritimen ‹power projection› besaß die Sowjetunion ohnehin nicht. Sie hatte zwar ihre Lufttransportmöglichkeiten im Horn von Afrika unter Beweis gestellt; über Flugzeugträger, die als schwimmende Stützpunkte für die ‹power projection› unentbehrlich sind, verfügte sie nicht. Während sie, wie Afghanistan zeigte, Militäroperationen auf der euro-asiatischen Landmasse leicht und gut durchführen konnte, bildeten die Ozeane für sie nach wie vor unüberwindliche Hindernisse.[35]

Machterweiterung mit Hilfe militärischer Expansion stellt in der zweiten Hälfte des 20. Jahrhunderts ohnehin nur einen seltenen Extremfall dar. Die Sowjetunion hatte ihre Klienten in der Weltpolitik gewonnen, ohne einen einzigen Schuß abzugeben. Militärberater, Waffenlieferungen, Auslandshilfe und Außenhandel waren die bevorzugten Instrumente. Die Zahl sowjetischer Militärs und Berater in der Dritten Welt hatte sich in der ersten Hälfte der achtziger Jahre wahrscheinlich erhöht, in Asien von 2500 auf 3500, im Mittleren Osten von 8000 auf 9000, in Lateinamerika von 4700 auf 7900. Im Afrika südlich der Sahara war sie konstant bei 3600 bis 4000 geblieben.[36] Diese Zahlen beruhen auf Schätzungen. Das IISS nahm 1984 eine sehr viel geringere Zahl, nämlich rd. 17000, an.[37] 1983 hatte das Institut keine Erhöhung festgestellt. In das Gesamtbild gehören natürlich auch die Militärberater aus anderen Staaten des Warschauer Paktes, allen voran die aus der DDR, die seit den siebziger Jahren besonders in Afrika tätig geworden sind.[38]

Der Einfluß, den die sowjetischen Militärberater in der Dritten Welt auszuüben suchten, gründete sich auf Waffen.[39] War die Sowjetunion schon immer der zweitgrößte Waffenlieferant der Welt gewesen, so hatte sie in den siebziger Jahren die Vereinigten Staaten bei bestimmten Exportartikeln, zum Beispiel Boden-Luft-Raketen und Panzern, überholt. Sie schickte sich Ende der siebziger Jahre an, zum Hauptlieferanten der Welt aufzusteigen. In der ersten Hälfte der achtziger Jahre brachte sie Waffen im Wert von 64,6 Mrd. USD in die Dritte Welt, die Warschauer Pakt-Staaten legten noch einmal 10,9 Mrd. drauf.

Die sowjetischen Lieferungen waren stark konzentriert. Den Löwenanteil erhielten Syrien und der Irak im Nahen Osten, gefolgt von Libyen, das bis 1981 noch der Hauptfavorit gewesen war. In Asien kam noch Indien, in Afrika kamen Äthiopien und Angola hinzu, in der Karibik Kuba.[40] Drei Viertel der sowjetischen Waffenlieferungen konzentrierten sich auf diese fünf Länder, nämlich auf Syrien, Irak, Libyen, Indien und Algerien, also Länder im Krisenbogen. Nimmt man Angola, Äthiopien, die beiden Jemen und Afghanistan hinzu, so hat man die zehn Staaten vor sich, die mehr als 90% der sowjetischen Waffenlieferungen erhielten.[41] Der Lieferungsumfang war in der ersten Hälfte der achtziger Jahre um 50% größer als in den fünf Jahren davor. Die Konsolidierung war also deutlich zu erkennen. Im Jahre 1985 nahmen die sowjetischen Lieferungen nicht mehr zu, sondern um 20% ab. Die Aufnahmekapazität der Empfänger war offensichtlich erschöpft, die Lieferungsfähigkeit des Absenders auch.[42]

Auch die Auslandshilfe der Sowjetunion deutet darauf hin, daß sie den Besitzstand wahren und nicht erweitern wollte. Allerdings war dieses

Instrument der Einflußgewinnung bei der Sowjetunion sehr viel schwächer ausgebildet: Mit einem Volumen von rd. 1,5 Mrd. USD 1983 gegenüber nichtkommunistischen Ländern umfaßte sie gerade ein Achtel der amerikanischen Auslandshilfe. Das Bild ändert sich, wenn man diejenigen Entwicklungsländer mitberücksichtigt, die in sowjetischen Augen zum kommunistischen Block gehören: Kuba, Vietnam, die Mongolei und Nordkorea. Sie erhielten 1983 rd. 6 Mrd. USD Wirtschaftshilfe, von der mehr als die Hälfte auf Kuba entfiel.

Ein Versuch der Einflußerweiterung aber mußte bei den nichtkommunistischen Entwicklungsländern stattfinden; er ist in gewisser Weise auch erkennbar, wenn auch nur als Umschichtung. Hatten in der zweiten Hälfte der siebziger Jahre noch immer Nordafrika und der Mittlere Osten die Hauptabnehmer gestellt, darin vor allem die Türkei, der Iran und Ägypten, so verlagerte die Sowjetunion seit 1980 ihre Hilfe mehr nach Schwarzafrika und nach Südasien. Auf beide entfiel jetzt mehr als die Hälfte der sowjetischen Auslandshilfe, während der Mittlere Osten nur noch ein Drittel erhielt.[43] Vermutlich haben von der Verschiebung nach Schwarzafrika Angola und Mosambik am meisten profitiert, was ein sowjetisches Interesse an verstärktem Einfluß dort indizieren würde. Allerdings konnte die Hinwendung Mosambiks zum Westen dadurch kaum aufgehalten werden, was angesichts des absolut geringen Hilfeumfangs auch nicht verwundert.

Auch Lateinamerikas Anteil an der sowjetischen Entwicklungshilfe wurde erhöht. Er stieg 1980–1984 wieder auf 9% an, einen Umfang, den er von 1965 bis 1974 schon einmal hatte. Hauptempfänger der Hilfe, die nicht größer war als die für Schwarzafrika, waren und blieben Argentinien, Chile und Kolumbien.

Nimmt man die Waffenlieferungen und die Auslandshilfe als Indikator für die Absichten der sowjetischen Weltpolitik, so war in der ersten Hälfte der achtziger Jahre nur eine Aufstockung der Waffenlieferungen, keine Erweiterung des Empfängerkreises, wohl aber eine gewisse neue Akzentsetzung zu registrieren, die Schwarzafrika und Lateinamerika stärker mit Wirtschaftshilfe versorgte, während die Militärhilfe nach wie vor die Länder des Krisenbogens begünstigte. Daraus läßt sich schließen, daß die Sowjetunion ihren Einfluß bei den vorangeschrittenen Entwicklungsländern des Nahen und Mittleren Ostens aufgrund von Waffenlieferungen halten und darüber hinaus versuchen wollte, ihn mit der Auslandshilfe in die stark unterentwickelten Länder Schwarzafrikas voranzuschieben.

In den USA wurde dieser Versuch deutlich vermerkt, aber nicht überbewertet.[44] Die relative Erhöhung der – absolut gesehen nach wie vor marginalen – Wirtschaftshilfe an das südliche Afrika wurde kaum als Einflußerweiterung der Sowjetunion gedeutet. Dagegen sprachen die zahlreichen Rückschläge der sowjetischen Afrikapolitik, die durch das Nkomati-Abkommen zwischen Mosambik und der Republik Südafrika 1984 beleuchtet und gleichzeitig symbolisiert wurden; dagegen sprach die sich in Afrika kontinuierlich ausbreitende Erkenntnis, daß weder die marxistisch-leninistische Ideologie und das mit ihr einherkommende Einparteiensystem, noch die wirtschaftlichen Möglichkeiten der Sowjetunion den Interessen der afrikanischen Staaten langfristig dienten.

Einsichten dieser Art haben die Sowjetunion zur Zurückhaltung in Afrika bewogen. Sie fand sich mit dem für sie gar nicht mal unbefriedigenden Ergebnis ab, daß ihre Präsenz in Afrika von allen Staaten als normal angesehen wird. Hätte sie mehr gewollt, so hätte sie den Wunsch Mosambiks und Äthiopiens, in den RGW aufgenommen zu werden, erfüllen müssen; die Wirtschaftshilfe etwas zu erhöhen war dafür kein Äquivalent. Die Sowjetunion verzichtete auf diese Integration, weil sie sie sich wirtschaftlich nicht leisten konnte und sie politisch für inopportun hielt. Sie hat unter Gorbatschow auch darauf verzichtet, ihre ideologische Position in Afrika auszuweiten,[45] zog sich aus Angola zurück. Ihre militärische Präsenz in Äthiopien und im Süd-Jemen gab ebensowenig Anlaß zu westlichen Befürchtungen wie ihre Waffenlieferungen an afrikanische Staaten. Die sowjetischen Aktivitäten in Afrika stellen keine größere Bedrohung für den Westen dar.[46] Sie dürfte noch weiter abnehmen, wenn das weiße Minderheitsregime in Südafrika und seine Apartheidpolitik beseitigt worden sind.

Auch im Krisenbogen des Nahen und Mittleren Ostens ging es der Sowjetunion nicht um Erweiterung ihres Einflusses, sondern um dessen Konsolidierung. Sie gelang durchaus. Ihre Akzeptanz bei den arabischen Staaten verstärkte sich, wenn auch nicht in allen Fällen bis zur Aufnahme diplomatischer Beziehungen, so doch bis zum Schutz kuwaitischer Schiffe durch die sowjetische Marine im Golf. Dafür konnte Moskau in Kauf nehmen, daß sich die Beziehungen zum Iran partout nicht verbessern ließen und frühere Hoffnungen, das Land nach dem Sturz des Schahs in den sowjetischen Einflußbereich ziehen zu können, sich zerschlugen.[47] Moskau näherte sich daraufhin dem Irak an, ohne die Beziehungen zu Syrien, dem ältesten Verbündeten in der Region, zu beeinträchtigen. Im irakisch-iranischen Konflikt und den Spannungen im Golf betrieb die Sowjetunion eine eher opportunistische Politik, die sich unter Gorbatschow in die Strategie einer bewußt eingesetzten Flexibilität verwandelte.

Aber auch ihm gelang zunächst nicht, die amerikanische Identifikation mit Israel und die arabische Verurteilung der Libanon-Invasion in einen politischen Vorteil für die Sowjetunion umzumünzen. Nach wie vor konnte sich die Sowjetunion zu einer offenen Unterstützung der PLO nicht durchringen. Moskau weiß, daß der Schlüssel zu dem Tor, durch das sich sowjetischer Einfluß endgültig in der Region etablieren könnte, in Jerusalem und in Washington zu finden ist. Wohl aus diesem Grunde hatte die Sowjetunion die Beschießung Beiruts durch die Vereinigten Staaten und die Bombardierung Libyens im April 1986 ohne Reaktion hingenommen. Sie verstärkte nach der israelischen Intervention im Libanon lediglich die Lieferung von Boden-Luft-Raketen an Syrien. Aber damit wurde eine alte Linie verstärkt, keine neue Einflußposition aufgebaut.

Von einer expansiven oder gar offensiven Politik der Sowjetunion in der Region kann also während der achtziger Jahre nicht die Rede sein. Im Gegenteil: Die Politik Moskaus war durch Zurückhaltung, ja Vorsicht gekennzeichnet. Die Befürchtungen, die Sowjetunion könnte ihre Intervention in Afghanistan dazu benutzen, ihre militärstrategische Position im Mittleren Osten mit Gewalt zu verbessern, trafen nicht zu. Das mußte keinesfalls bedeuten, daß die Sowjetunion darauf verzichtet hatte, ihren Einfluß in der Region zu Lasten des amerikanischen zu verstärken. Aber die Strategie hatte sich offensichtlich verändert, setzte auf Mäßigung und Anpassung, auf politische Offerten statt auf militärische Macht. Seit 1985 ergänzte die Sowjetunion ihre traditionelle Unterstützung der arabischen Staaten durch den Versuch der Annäherung an Israel, der, wenn er gelänge, die internationale Politik im Nahen Osten grundlegend verändern würde.[48] 1985 war ein sowjetischer Botschafter nach Kairo zurückgekehrt, wofür Moskau den Preis eines Umschuldungsabkommens mit Ägypten zahlte. Sollte eines Tages ein sowjetischer Botschafter auch in Tel Aviv, oder besser noch: in Jerusalem, sitzen, dann könnte Moskau aus besserer Position vielleicht erreichen, was die Vereinigten Staaten seit 1948 nicht geschafft hatten, die Vermittlung zwischen Israel und seinen arabischen Nachbarn. Zumindest aber wäre Moskau dann in der Lage, das Monopol des Vermittlers, das Washington besaß und behalten wollte, aufzubrechen.

Lassen sich weder die langfristigen noch die kurzfristig-taktischen Ziele der Sowjetunion im Nahen und Mittleren Osten am Ausgang der achtziger Jahre verläßlich abschätzen, so war offenkundig, daß die Sowjetunion ihre Erscheinungsform in dieser Region drastisch gewandelt hatte. Hatte sie 1980 mit ihrer Intervention in Afghanistan als der brutale Aggressor gegolten, so hatte sie mit dem Rückzug aus Kabul am Ende der Dekade dieses Bild ausgewechselt gegen das einer sich rational, flexibel und entgegenkommend verhaltenden Supermacht, die zwar ihre Verbündeten und Klienten nach wie vor unterstützte, aber ansonsten eine pragmatische Interessenpolitik betrieb, mit der sie auf die Verständigung mit Israel und auf den Ausgleich mit dem Rivalen USA abzielte. Diese Politik war selbstverständlich auch auf die Einflußerweiterung gerichtet, setzte aber dazu nicht militärische Gewalt, sondern politische Pragmatik und diplomatische Flexibilität ein. Darin lag zweifellos eine Herausforderung, aber sie war ganz spezifischer Art. Die Sowjetunion war im Begriff, sich als Teil der Lösung der Probleme im Nahen und Mittleren Osten zu präsentieren, obwohl sie in den Augen der Reagan-Administration das größte Problem dieser Region darstellte.

In Asien hingegen machte sich immer mehr bemerkbar, daß die Sowjetunion in den vergangenen Jahren ihre konventionelle Aufrüstung vor allem dort konzentriert hatte. Ein Drittel ihrer Flotte war im Pazifik stationiert, die Bodentruppen in den Militärbezirken Fernost und Transbaikal waren von 200000 auf 450000 Mann verstärkt worden. Für die Reagan-Administration war das Anlaß zu großer Sorge;[49] auch im Kongreß war man der Meinung, daß die Aufrüstung die Grundlage der sowjetischen Asienpolitik abgab.[50] Hatte sie in Afghanistan direkt interveniert, so unterstützte sie die vietnamesische Intervention in Kamputschea. Über Hanoi versuchte sie, ihren Einfluß auf der gesamten indochinesischen Halbinsel auszubreiten, wo sie entgegen ihren offiziellen Beteuerungen die ehemals amerikanischen Basen in Cam Ranh Bay kräftig ausbaute. Vietnam wurde dafür mit 9 Mrd. USD Militärhilfe entschädigt.

Die Sowjetunion nutzte auch die Häfen Kamputscheas in Kompong Som und Ream. Damit war sie nicht nur näher an den Indischen Ozean herangerückt, sie hatte auch einen Marinestützpunkt gewonnen, der nicht so leicht abgeriegelt werden konnte wie Wladiwostok.[51] Freilich waren ihr aus all dem nicht nur Vorteile entstanden. Angesichts der Militarisierung der sowjetischen Asienpolitik hatte Japan den amerikanischen Wünschen nach seiner Re-Militarisierung größeres Entgegenkommen gezeigt. Die ASEAN-Staaten waren durch die Indochinapolitik der Sowjetunion hoch sensibilisiert worden und hatten sich um so mehr nach China orientiert, das die Politik Vietnams und die der Sowjetunion in Kamputschea scharf kritisierte. Damit war der sowjetisch-chinesische Konflikt, der das asiatische Subsystem seit den sechziger Jahren beherrschte, erneut zugespitzt worden. Alle asiatischen Entwicklungsländer kritisierten die militärische Intervention der Sowjetunion in Afghanistan; selbst Indien, mit der Sowjetunion durch zahlreiche Interessenidentitäten verbunden, hielt mit seiner Kritik nicht zurück. Die Sowjetunion erfuhr in ihrer Asienpolitik ganz deutlich «die Grenzen imperialer Macht».[52]

Ungeachtet dieser kritischen Resonanz in Asien, die sich mehr noch auf die sowjetische Präsenz in Vietnam als auf den Krieg in Afghanistan richtete, hat die Sowjetunion ihre militärische Machtposition in Südostasien weiter ausgebaut. Offensichtlich schätzte sie die politischen Nachteile ihrer Präsenz dort niedriger ein als die geostrategischen Vorteile. Von Indochina aus ließ sich sowjetische Macht in den Pazifischen und den Indischen Ozean besser ausbreiten, konnte China im Zaum gehalten und konnten die ASEAN-Staaten neutralisiert werden. Gelang dies, war der amerikanische Einfluß in dieser Region schon weitgehend reduziert worden.[53]

Ein solcher Erfolg war andererseits sehr unwahrscheinlich. Die militärische Machtposition der Sowjetunion hatte, im Gegenteil, China, die

ASEAN-Staaten, Japan durch den gemeinsamen Ärger einander näher gebracht; sie hatte auch die Rückkehr des amerikanischen Einflusses und amerikanischen Militärs in die Region beschleunigt. Anfang der achtziger Jahre begann man offensichtlich in Moskau darüber nachzudenken, ob der militärischen Faust nicht ein diplomatischer Handschuh übergestreift werden sollte. Auf dem 26. Kongreß der KPdSU, 1981, bot Generalsekretär Breschnew Gespräche über vertrauensbildende Maßnahmen mit allen beteiligten Staaten, die USA eingeschlossen, an. Es gelang Moskau, im Oktober 1982 das sowjetisch-chinesische Gespräch wieder aufzunehmen. Nach dem Amtsantritt Gorbatschows intensivierte sich diese Politik. Seine Rede in Wladiwostok, 1986, und das Merdeka-Interview, ein Jahr später, wärmten nicht nur den alten Vorschlag einer asiatischen Sicherheitskonferenz wieder auf,[54] sondern versuchten auch, wenngleich vergeblich, ihn mit zusätzlichen Angeboten attraktiver zu machen.

Die Sowjetunion unterstützte die Errichtung einer kernwaffenfreien Zone im Südpazifik, bot Indonesien einen Kommunikationssatelliten an und den Philippinen ein Kraftwerk – alles Dinge, die die Vereinigten Staaten entweder nicht akzeptierten oder nicht lieferten.[55] Gorbatschow versuchte immer mehr, die Sowjetunion als geborenes Mitglied des asiatischen Staatensystems zu präsentieren, das sich im Dialog mit den anderen Mitgliedern an der Regelung der asiatischen Probleme beteiligt. Wie schon im Nahen Osten flexibilisierte Gorbatschow die sowjetische Asienpolitik ganz erheblich, indem er den wirtschaftlichen und den politischen Interessen der Staaten dort zumindest verbal entgegenzukommen suchte.

War auch ein unmittelbarer Erfolg nicht zu verzeichnen, so hatte Gorbatschow in dieser Region erneute Aufmerksamkeit für die Sowjetunion geschaffen. Sie war jetzt nicht mehr nur militärisch, sondern auch politisch-diplomatisch wieder anwesend. Dabei gelangen ihr auch Einflußerweiterungen. Im Juni 1986 nahm sie diplomatische Beziehungen zu Vanuatu auf, ein Jahr zuvor hatte sie ein Fischereiabkommen mit Kiribati geschlossen, zu deutlich günstigeren Bedingungen, als sie die Vereinigten Staaten angeboten hatten. 1988 beschloß die Regierung von Papua Neu-Guinea, die Errichtung einer sowjetischen Botschaft in Port Moresby zu genehmigen. Die diplomatisch-politisch-wirtschaftliche Initiative verfolgte die gleichen Ziele wie zuvor der Aufbau der militärischen Präsenz, nämlich der Sowjetunion einen zusätzlichen Einfluß zu sichern und den vorherrschenden der Vereinigten Staaten zu schwächen.

Der Umkehrschluß liegt nahe, daß die Sowjetunion im Nahen Osten ihre militärische Präsenz ausbauen wird, nachdem sie ihre politische fest etabliert hat. Beide Regionen befinden sich geographisch an der Peripherie der Sowjetunion, wo sie als Landmacht ihre Potentiale am besten entfalten kann. Die Konsolidierung, die Gorbatschow der sowjetischen Politik in der Dritten Welt verordnet und durch den Rückzug aus Afghanistan begonnen hat, bedeutete für diese geopolitische Peripherie offensichtlich eine Intensivierung.

Dafür wurden andere, dem «geographic fatalism» ausgesetzte Positionen zurückgenommen. In der westlichen Hemisphäre war und blieb Kuba der entscheidende sowjetische Brückenkopf, der als sozialistisches Land akzeptiert und zum Mitglied des Rates für Gegenseitige Wirtschaftshilfe gemacht worden war. Moskau kaufte und subventionierte den kubanischen Zuckerexport. Kuba erhielt auch den Löwenanteil sowjetischer Auslandshilfe: Sie belief sich Mitte der achtziger Jahre auf 5 Mrd. USD jährlich, praktisch ein Viertel des kubanischen Bruttosozialproduktes. In Kuba gab es 3000 sowjetische Soldaten (die ‹Kubanische Brigade›), 8000 zivile und rund 3000 militärische Berater. Die Militärhilfe betrug rd. 1 Mrd. USD jährlich.

Davon wurde sicherlich einiges nach Nicaragua weitergeleitet. Das Land selbst wurde zurückhaltend mit sowjetischer Militärhilfe ausgestattet, die allerdings durch Leistungen aus dem Warschauer Pakt, vor allem der DDR, aufgestockt wurde.[56] Auf die Revolution in Nicaragua war die Sowjetunion nicht vorbereitet gewesen; sie wurde auch nur vorübergehend als Signal für einen revolutionären Aufbruch der Region gedeutet.[57] Zu dieser gemäßigten Einschätzung dürfte auch die amerikanische Intervention in Grenada beigetragen haben, mit der die Verbindungen des Bishop-Regimes zur Sowjetunion und zum Ostblock gekappt und darüber hinaus eine unmißverständliche Warnung an Nicaragua gegeben wurde.

Die sowjetische Wirtschaftshilfe blieb ebenfalls bescheiden, wurde größtenteils auf Kreditbasis gegeben und bewegte sich in der ersten Hälfte der achtziger Jahre zwischen 75 und 150 Mio. USD, 250 Mio. USD, wenn man die Hilfe anderer Ostblockländer dazurechnet. Nicaragua wurde 1983 zwar als Beobachter zum RGW zugelassen, aber nicht als Vollmitglied. Die Sowjetunion sprang nicht als neuer Abnehmer ein, nachdem die Vereinigten Staaten 1983 die Quote ihrer Zuckerkäufe in Nicaragua gesenkt hatten. Im Mai 1987 kürzte Moskau auch die Öllieferungen, obwohl Managua um eine Erhöhung gebeten hatte.[58]

Zu dieser Rückwärtswende der sowjetischen Nicaraguapolitik dürfte sowohl die Enttäuschung über die steckengebliebene Revolution wie der von Gorbatschow bevorzugte neue Stil der sowjetischen Weltpolitik beigetragen haben. Er verringerte die direkte Herausforderung der Vereinigten Staaten, zumal in deren «Hinterhof», versuchte stattdessen die Zustimmung der Staaten der Region zu gewinnen. Wohl nicht umsonst fiel die Kürzung der Öllieferungen an Nicaragua zusammen mit dem Friedensplan der zentralamerikanischen Staaten vom 6. August 1987. Daß darin Methode lag, zeigte sich auf dem Washingtoner Gipfel vom Dezember 1987, auf dem Gorbatschow Präsident Reagan einlud, gemeinsam mit ihm «die Möglichkeiten zu prüfen, den Prozeß einer friedlichen Regelung in Zentralamerika zu fördern».[59] Deutlicher konnte der sowjetische Anspruch auf Mitsprache, auf politische Parität in der unmittelbaren Einflußzone der Vereinigten Staaten gar nicht angemeldet werden.

Das Pentagon räumte ein, daß «in gewissem Maß . . . die Sowjets erfolgreich dabei (waren), sich selbst als friedliebend und die Vereinigten Staaten im Gegensatz dazu als kriegslüstern zu porträtieren».[60] Solange sich dieser Eindruck durch verbale Solidarisierung mit den Zielen der lateinamerikanischen Staaten erreichen ließ, konnte die konkrete Unterstützung zentralamerikanischer Revolutionen wie der in Nicaragua vermindert werden. In der Mitte der achtziger Jahre war klar, daß die Sowjetunion ihren antiamerikanischen Druck in Zentralamerika verringert hatte. Zwar konnte sie es sich nicht leisten, ein revolutionäres Land fallenzulassen, sie wurde aber bei seiner Unterstützung immer vorsichtiger.[61]

In der ersten Hälfte der achtziger Jahre hatte sich also die sowjetische Weltpolitik jenseits der peripheren Gebiete und des Krisenbogens deutlich gemindert. Sie hatte zwar keinen Rückzug angetreten, und Washington tat sicher gut daran, auch nach der Korrektur der sowjetischen Politik den «Hauptkampfplatz für viele kommende Jahre»[62] in der Dritten Welt zu sehen. Die Sowjetunion hat nicht dadurch aufgehört, sich als ebenbürtiger Konkurrent der USA in der Dritten Welt aufzuführen, daß sie ihre Militär- und Wirtschaftshilfe verringerte. Aber da die Entwicklungsländer mehr an wirtschaftlicher Förderung als an politischem Zuspruch interessiert sind, war ein Rückgang des sowjetischen Einflusses unvermeidlich. Eine Beruhigung der Konkurrenz in der zweiten Hälfte der achtziger Jahre war die Folge.

Da sich ungefähr um die gleiche Zeit auch die amerikanische Sowjetunionpolitik änderte, insofern Reagans Regime überging in eine etwas klarere und auch nicht ganz so antagonistische Position, stellt sich die Frage nach einem möglichen Zusammenhang der beiden Veränderungen. In der öffentlichen Diskussion machte das Wort von der Hegemoniemüdigkeit der beiden Supermächte die Runde. Beide hatten sich übernommen, beide mußten die «imperial burden» verringern.

Für diese These spricht zumindest, daß generell Veränderungen in der internationalen Umwelt eines politischen Systems auf dessen Verhalten einwirken. Dies gilt für kleinere Staaten sehr stark, es gilt aber auch für Supermächte. In der Tat hat Gorbatschows Politik große Wirkungen auf die Reagan-Administration gehabt, auf ihre Rüstungskontrollpolitik und auf ihre Weltpolitik. Gorbatschows offenbar unerschöpfliche Kompromißbereitschaft hat der Reagan-Administration keine Alternative gelassen, als die Rüstungskontrolle und die Regionalgespräche, zu denen sie bereit war, weiterzutreiben zu Abrüstung und weltpolitischer Kooperation.

Dieser Beitrag Gorbatschows zur Entwicklung der Politik der Reagan-Administration hat aber nichts zu tun mit den Ursachen der Wende in den USA. Sie wurde eingeleitet, bevor Gorbatschow in Moskau die Alte Garde ablöste, ist davon also unabhängig und hat andere, nämlich innergesellschaftliche Ursachen. Während die Aufrüstungszyklen der beiden Supermächte von der Mitte der sechziger Jahre bis zu der der achtziger Jahre zeitverschoben abliefen und daher so viel Spannung produzierten, haben innergesellschaftliche Anforderungen in den USA und Einsichten der neuen politischen Spitze in der UdSSR fast gleichzeitig – aber doch unabhängig voneinander – das Interesse an einer weiteren Aufrüstung vermindert. Dadurch veränderte sich die Außenpolitik, wobei die sowjetische ganz offensichtlich noch durch verhandlungstaktische, offenbar dem westlichen Gradualismus entlehnte Überlegungen innovativ gestaltet wurde. Die daraus entstehende Interaktion bildete die Grundlage für die Renaissance der Entspannungspolitik Mitte der achtziger Jahre.

IV.
Aufrüstung und Pragmatismus

1. Antworten der amerikanischen Gesellschaft

Reagans Regime, das der Sowjetunion mit Konfrontation und Isolierung gegenübertrat, ging im Januar 1984 zu Ende. In seiner Grundsatzrede vom 16. Januar und wenige Tage später auch in der State of the Union-Botschaft vom 24. Januar 1984 setzte sich Präsident Reagan werbend für die Verbesserung der amerikanisch-sowjetischen Beziehungen ein. Mehr als ein Jahr, bevor die Sowjetunion in Michail Gorbatschow einen neuen politischen Führer bekam und lange, bevor Reagans Aufrüstungsprogramm die militärische Stärke der USA wirksam erhöht und damit die vom Präsidenten gesetzte Voraussetzung für die Wiederaufnahme der Rüstungskontrollgespräche geschaffen hatte, legte der Präsident den Hebel der Sowjetunionpolitik um. Zunächst auf der deklaratorischen Ebene, im Laufe des Jahres 1984 rasch aber auch auf der operativen Ebene, wurde das Gespräch mit Moskau aufgenommen und intensiviert, der Rückweg nach Genf eingeschlagen.

Mit dieser Wende versuchte die Reagan-Administration die Kluft zu verringern, die sich zwischen der Sowjetunionpolitik und den Anforderungen der amerikanischen Gesellschaft aufgetan und stark verbreitert hatte. Reagans Aufrüstungsprogramm und die flankierenden Kürzungen im Sozialbereich «widersprachen direkt den Prioritäten der meisten Mitglieder der Öffentlichkeit».[1] Wenn dieser Gegensatz im demokratischen Herrschaftssystem der Vereinigten Staaten nicht durch die Abwahl der Reagan-Administration 1984 gelöst werden sollte, mußte er durch eine Anpassungspolitik entschärft werden.[2]

Dieser politische Gesichtspunkt dürfte nicht der einzige gewesen sein. Hinzukam der Wechsel auf dem Posten des Außenministers, kam die Routine der außenpolitischen Bürokratie, die den Dialog mit der Sowjetunion schon 1983 hatte wieder aufnehmen wollen, darin aber durch den Abschuß des koreanischen Verkehrsflugzeuges gestört worden war. Bei Präsident Reagan aber und bei seinen politischen Beratern dürfte die Wende durch die Einsicht ausgelöst worden sein, daß sich in den Vereinigten Staaten auf Dauer gegen die Mehrheitsmeinung der Öffentlichkeit keine Politik durchsetzen ließ.

Hatte die Wahl Reagans 1980 ein hohes Maß seiner öffentlichen Akzeptanz ausgewiesen, so fiel sie seitdem kontinuierlich. Die Zustimmung sank in den anderthalb Jahren vom Mai 1981 bis zum Januar 1983 von 68% auf 35%.[3] Verursacht wurde dieser Abfall wesentlich durch die sich verschlechternde Wirtschaftslage; als sie sich im Frühjahr 1983 zu bessern begann, stieg auch das Ansehen des Präsidenten in der Öffentlichkeit wieder.[4] Im September 1984 beantworteten 53% aller Amerikaner die Testfrage Reagans vom Wahlkampf 1980, ob sie sich wirtschaftlich besser fühlten, positiv.[5] Da die Wohlstandsdimension erfahrungsgemäß die wichtigste ist, hatte Präsident Reagan damit die Grundlage für seine Wiederwahl im Herbst 1984 gelegt.

Allerdings reichte sie nicht aus. Gleich nach dem Wohlstand rangierte in der amerikanischen Öffentlichkeit die Forderung nach außenpolitischer Sicherheit; hier wurden die Entscheidungen der Reagan-Administration nur sehr vorübergehend als positiv, bald als zwiespältig und später teilweise auch als gefährlich angesehen. Aufgrund der Unterlegenheitspsychose, die seit 1976 ständig ausgebreitet und in den Wahlen von 1980 auch akzeptiert worden war, hatten sich 1981 71% aller Amerikaner auf die von Reagan verordnete Aufrüstung eingelassen. Im November 1981 aber war diese Zustimmung schon halbiert worden; 1983 waren nur noch 14% der Amerikaner für weitere Aufrüstung.[6] Hinzu kam die Angst vor einer nuklearen Auseinandersetzung mit der Sowjetunion. Nicht nur hatte die in Reagans Regime übliche Rhetorik den schon im Wahlkampf gehegten Verdacht bestärkt, der Präsident sei «trigger-happy» – obwohl sein faktisches Verhalten diesen Verdacht nicht bestätigte. Vor allem hatte die kontinuierliche und gerade von der rechtsextremen Seite angefachte Auseinandersetzung über die Nuklearstrategie und die Defizite der Rüstungskontrolle die Öffentlichkeit sensibilisiert und ihr Problembewußtsein im Bereich der nuklearen Konfrontation erheblich verschärft.[7] Die Friedensdemonstrationen in Europa, die die Zurückhaltung anmahnenden Äußerungen wichtiger Meinungsführer wie McNamara, Kennan, Smith und Bundy[8] hatten in den Vereinigten Staaten eine intensive öffentliche Diskussion über die strategischen Nuklearwaffen ausgelöst, die für die Ausbreitung der Friedensbewegung in den Vereinigten Staaten maßgebend wurde. In den Legislativen zahlreicher Einzelstaaten und in hunderten von Städten und Gemeinden wurden Resolutionen verabschiedet, die das Einfrieren der Nuklearwaffen verlangten.[9] In neun Staaten tauchte diese Entschließung auch auf den Wahlformularen von 1982 auf. Die Katholische Bischofskonferenz legte am 25. Oktober 1982 einen Hirtenbrief vor, der selbst einen amerikanischen Zweitschlag gegen die sowjetische Bevölkerung und jeden Gebrauch atomarer Waffen gegen militärische Ziele ablehnte, wenn sich Städte in der Nähe befinden.[10] Im Mai 1983 schließlich nahm das Repräsentantenhaus eine entsprechende Entschließung an, die es ein Jahr zuvor, im August 1982 noch abgelehnt hatte. Im Senat brachten der demokratische Senator Kennedy und sein republikanischer Kollege

Hatfield eine Freeze-Resolution ein, die zwar scheiterte, in der Öffentlichkeit aber weit verbreitet wurde.[11] Die Forderung, die Atomwaffen auf dem gegenwärtigen Stand einzufrieren, notfalls in einer zeitlich begrenzten einseitigen amerikanischen Aktion, wurde zum beherrschenden innergesellschaftlichen Thema der USA in den Jahren 1982/1983.[12]

Davon profitierte natürlich politisch die Demokratische Partei. Mehr als die Hälfte derer, die eine Freeze-Resolution im September 1982 unterstützten, wollten in den Herbstwahlen auch demokratisch wählen.[13] Zwar muß das Verhältnis der Demokratischen Partei zu Reagans Aufrüstungspolitik und zu den Nuklearwaffen sehr viel differenzierter gesehen werden. Die politische Führung war gegen die Nuklearwaffen, vor allem die seegestützten, weil ihre politisch-wirtschaftliche Klientel mehr an Europa als an Asien, mehr an modernen konventionellen, für den Landkrieg geeigneten Waffen als an seegestützten Nuklearwaffen interessiert war.[14] Um so eher konnte sie dafür eintreten, diese Waffen einzufrieren und Front gegen die Regierung zu machen. Das taten auch die Gewerkschaften, die von den sozialpolitischen Kürzungen stark betroffen wurden, andererseits aber von der ideologischen Komponente der Reaganschen Außenpolitik in der Dritten Welt auch deutlich profitierten.[15]

In gewisser Weise war die sich ausbreitende Angst und war die Freeze-Bewegung ein Resultat der Reaganschen Aufrüstungspolitik. Sie hatte auf der einen Seite den Amerikanern ein Gefühl größerer Sicherheit verliehen, das sie ausgangs der siebziger Jahre, aus welchen Gründen immer, verloren hatten.[16] Andererseits ließ gerade diese Vergewisserung das Interesse an einer neuen Entspannung, an Rüstungskontrolle, ja, an Kooperation mit der Sowjetunion wiedererstehen. Die außenpolitische Elite der USA war schon 1982 der Meinung, daß die Vereinigten Staaten mit der Sowjetunion gleichgezogen hätten[17] – ein erneuter Beweis dafür, daß es mit der Unterlegenheit nicht so weit her gewesen sein kann. Diese Elite drängte auf die Wiederaufnahme der Rüstungskontrolle, von der auch die Strategische Verteidigungsinitiative nicht ausgenommen werden sollte.

Der politische Druck ging aber über die Rüstungskontrolle weit hinaus. «Starke Mehrheiten ... forderten die Wiederaufnahme des Kultur- und Bildungsaustausches, auch gemeinsame Anstrengungen zur Lösung der Energieprobleme.»[18] Die Wiederaufnahme der Rüstungskontrolle wurde 1982 von 77% der Allgemeinheit und 96% der außenpolitischen Führungselite gefordert, und zwar nicht nur von denen, die den Verteidigungshaushalt kürzen, sondern auch von jenen, die ihn erhöhen oder zumindest beibehalten wollten, wie die nachstehende Tabelle 7 zeigt:

Die Zahl derer, die schon 1982 den Rüstungshaushalt wieder beschränken oder auf der damals erreichten Höhe einfrieren wollten, belief sich 1982 auf 34% der Bevölkerung, nahm mit denen, die den Verteidigungshaushalt nicht mehr erhöhen wollten, mehr als zwei Drittel des Meinungs-

Tabelle 7 Umfrage unter Angehörigen der politischen Elite (E) und der breiten Öffentlichkeit (Ö) über die wünschenswerte Politik gegenüber der Sowjetunion. Bei den Befragten wurde unterschieden, ob sie die Rüstungsausgaben erhöhen, beibehalten oder kürzen wollten.

Politik gegenüber der Sowjetunion	Rüstungsausgaben					
	Erhöhen		Beibehalten		Kürzen	
	Ö	E	Ö	E	Ö	E
1. Pro Rüstungskontrollverhandlungen	78%	91%	87%	98%	88%	97%
2. Pro gemeinsame Lösung des Energieproblems	70%	64%	72%	80%	82%	88%
3. Pro Handelsrestriktionen	56%	36%	59%	29%	41%	24%
4. Pro wissenschaftlichen Austausch	40%	26%	45%	25%	32%	8%
5. Kontra Getreideembargo	58%	79%	67%	88%	76%	82%

Ö = Öffentliche Meinung
E = Politische Elite

Quelle: The Chicago Council on Foreign Relations, American Public Opinion and U. S. Foreign Policy 1983, März 1983, S. 29.

spektrums ein. Nur noch knapp ein Viertel, 24%, waren im Herbst 1982 bereit, den Verteidigungshaushalt weiter anzuheben.[19]

Daß diese veränderten Anforderungen der amerikanischen Gesellschaft auch unmittelbare politische Folgen hatten, zeigte sich in den Midterm-Wahlen von 1982. Ihr Ergebnis schien auf den ersten Blick der Reagan-Administration verhältnismäßig geringen Schaden zuzufügen. Die Republikaner büßten im Repräsentantenhaus 26 Sitze ein, anstelle der 11, die eine Regierungspartei normalerweise bei den Zwischenwahlen zu verlieren pflegt. Die Zusammensetzung des Senats blieb unverändert.

Im Detail aber zeigte sich ein gravierender Wandel. 14 der 26 republikanischen Abgeordneten, die ihren Sitz verloren, waren erst 1980 als ‹Reaganites› gewählt worden; ihre Niederlage war zugleich die des Präsidenten. In die demokratische Fraktion zogen insgesamt 57 neue liberale Abgeordnete ein, die die sozialpolitischen Kürzungen wie das Haushaltsdefizit kritisierten und es zu Lasten der weiteren Aufrüstung korrigieren wollten.[20] Viel wichtiger aber war, daß dieses Ergebnis den gemäßigten Republikanern und den demokratischen Boll Weevils signalisierte, wie politisch schädlich die Option für die Programme Reagans sein konnte. 26 Republikaner kehrten nicht zurück; die anderen und die konservativen Demokraten waren nicht mehr, wie in den beiden Jahren zuvor, bereit, Reagans Programme um jeden Preis zu unterstützen. Damit war die konservative Koalition, die im 97. Kongreß dem Präsidenten fast automatisch eine Mehrheit beschert hatte, beendet worden.

Auch im Senat hatte sich, unter der Decke gleichbleibender Fraktionsstärken, ein liberaler Schub ergeben. Mit der Rückkehr von Chafee (Rhode Island), Danforth (Missouri), Durenberger (Minnesota), und Stafford (Vermont), verstärkte sich das gemäßigte Element. Es unterstützte zwar nach wie vor den Präsidenten, aber nicht seine extremen Vorhaben.

Die Gouverneurswahlen bescherten den Demokraten ihren größten Sieg seit 1970. Sie nahmen den Republikanern 9 Gouverneursposten ab, vor allem im mittleren Westen und im Süden der Vereinigten Staaten. Gerade darin schien eine gute Ausgangsposition für die Präsidentschaftswahlen von 1984 zu liegen.[21] Das Menetekel der Reagan-Koalition war also schon deutlich an die Wand der amerikanischen Politik geschrieben. Es hatte sich auch durch die Ströme von Wahlkampfgeldern nicht vermeiden lassen, die die Political Action Committees der Konservativen fließen ließen. Vor allem das National Conservative Political Action Committee und der Congressional Club mußten diese Erfahrung machen. Sie hatten den 26 Republikanern, die ihren Haus-Sitz verloren, doppelt so viel Geld zur Verfügung gestellt, wie ihre erfolgreichen demokratischen Konkurrenten besaßen.

Gegen die öffentliche Meinung, gegen das politische Urteil der Wähler war in den Vereinigten Staaten langfristig keine Politik zu machen. Das Wahlergebnis von 1982 signalisierte deutlich die gesellschaftliche Anforderung, das Defizit zu reduzieren, das Tempo der militärischen Aufrüstung zu verlangsamen, die Steuersenkung zu strecken und die Kürzungen im sozialpolitischen Bereich abzuschwächen.[22] Dies war eine Wahlinterpretation, kein politisches Mandat. Die Reagan-Administration, die ihre Politik selbstverständlich weiterführen wollte, mußte sich darum kümmern, deren politische Durchsetzbarkeit zu verbessern. War dafür entscheidend, das Land aus der wirtschaftlichen Rezession herauszuführen, so war es nicht weniger wichtig, den Aufrüstungsprozeß durch die Wiederaufnahme des Gespräches mit der Sowjetunion und die Fortsetzung der Rüstungskontrolle abzusichern.

Denn genau darauf liefen die gesellschaftlichen Anforderungen hinaus. Sie verlangten nicht, die Aufrüstung rückgängig zu machen, sie wollten sie lediglich nicht fortsetzen. Aber auch dazu ließen sie sich wahrscheinlich überreden, wenn ihre Hauptforderung, die Wiederaufnahme des Dialogs mit der Sowjetunion, erfüllt werden würde. Dieser Preis war für die Reagan-Administration keineswegs sehr hoch. Sie wollte, aus außen- wie innenpolitischen Gründen, die kontinuierliche Aufrüstung; sie wollte keine militärische Auseinandersetzung mit Moskau. Nicht umsonst hatte sich Präsident Reagan operativ sehr zurückhaltend gezeigt, seinen starken Worten keine starken Taten folgen lassen. Er hatte ja auch schon dem

Druck des Kongresses nachgegeben und sowohl im INF-Bereich wie in dem der strategischen Raketen Rüstungskontrollvorschläge gemacht. Sie waren wenig erfolgversprechend gewesen und im Abbruch der Genfer Gespräche durch die Sowjetunion untergegangen. Hier ließ sich jedoch anknüpfen, um mit der Wiederaufnahme des Dialogs mit Moskau den sich abschwächenden innergesellschaftlichen Konsens wieder zu festigen.

Diese Strategie wurde durch das Wahlergebnis von 1982 wie dann vor allem durch die Freeze-Bewegung des Jahres 1983 dringend nahegelegt. Zwar hatte sich die wirtschaftliche Lage verbessert, war die Akzeptanz des Präsidenten in der Öffentlichkeit wieder im Steigen begriffen. Aber der Druck der Öffentlichkeit zugunsten von Entspannung und Rüstungskontrolle hatte zugenommen; er mußte aufgefangen werden, wenn die Präsidentschaftswahlen des Jahres 1984 nicht von dieser Seite aus gefährdet werden sollten.

Im großen und ganzen war die Außenpolitik Reagans positiv in der Gesellschaft aufgenommen worden. Eine große Intervention hatte nicht stattgefunden; die kleine in Grenada war sogar positiv bewertet worden, weil sie mit geringem Aufwand erfolgreich gestartet worden war.[23] Kritik löste lediglich die massive Aufrüstung aus, weil sie eben nicht eingebettet war in den Versuch, mit Moskau zu einer Verständigung zu gelangen. Davon profitierte Reagans Gegenspieler Mondale, der im Winter 1983/84 genau aus diesem Grunde einen kleinen Vorsprung vor dem Präsidenten in der öffentlichen Gunst aufwies.[24] Sie traute ihm mehr als dem Präsidenten zu, die Vereinigten Staaten aus dem Kriege herauszuhalten, an den sie durch Präsident Reagan immer näher herangerückt wurden.

Dieser Eindruck mußte unter allen Umständen verändert werden, weil er aufgrund der mobilisierten Öffentlichkeit 1984 ganz anders wirken konnte als 1980. Das Gesprächsangebot, das Präsident Reagan im Januar 1984 nach Moskau richtete, und die Wiederbelebung der Kontakte in diesem Jahr erfüllten diesen Zweck durchaus. Kurz vor den Wahlen von 1984 war die amerikanische Öffentlichkeit davon überzeugt, daß Präsident Reagan aufrichtig dem Frieden und der Rüstungskontrolle verpflichtet war.[25] Dieses veränderte Bild trug das seine zum großen Sieg Präsident Reagans in den Wahlen von 1984 bei. Es bestätigte eindrucksvoll den Erfolg dieser Strategie.

Mit 54,5 Millionen Stimmen gewann Präsident Reagan 58,8% aller Wähler und 525 Wahlmännerstimmen für sich – ein Erdrutschsieg, der nur knapp unter dem von Roosevelt 1936 lag. Der demokratische Gegenkandidat Mondale erhielt mit 37,5 Millionen Stimmen nur 13 Wahlmännerstimmen, die aus seinem Heimatstaat Minnesota und der Hauptstadt Washington stammten. Alle anderen Staaten hatten sich für Reagan entschieden. Wer weiß, männlich, gebildet und wohlhabend war, hatte mehrheitlich Reagan gewählt. Die Demokratische Partei, die ihren Wahlkampf stark auf die alte New Deal-Koalition abgestellt hatte, blieb um mehr als 3 Millionen Stimmen hinter ihrem Wahlergebnis von 1976 zurück, wenn sie auch gegenüber dem von 1980 2 Millionen wettmachen konnte. Es hatte sich gezeigt, daß das Programm und der Kandidat der Republikaner attraktiver waren als die, die die Demokraten zu bieten hatten.

Blickt man auf die Ergebnisse der Wahlen zum Kongreß und in den Einzelstaaten, sieht das Ergebnis ganz anders aus. Die Republikaner gewannen nur einen Gouverneursposten hinzu, verloren zwei Sitze im Senat und gewannen lediglich 16 neue Mandate im Repräsentantenhaus. Damit behielten sie die Mehrheit im Senat, wenn auch nunmehr reduziert auf ein Verhältnis von 53:47. Der Zugewinn im Repräsentantenhaus reichte nicht aus, um den Verlust der Midterm-Wahlen auszugleichen und die alte Reagan-Koalition wieder herzustellen. Die Republikanische Partei konnte also nicht den gleichen Sieg konstatieren wie ihr Präsident.

Er, freilich, sprach von einem Mandat, sicherlich nicht zu unrecht. Seine Führungsqualitäten hatten die meisten seiner Wähler überzeugt, ebenso seine Wirtschaftspolitik und sein festes Auftreten gegenüber der Sowjetunion.[26] Das republikanische Wahlprogramm von 1984 hatte zwar nicht mehr so deutlich wie das von 1980, aber noch immer unmißverständlich den Rückgewinn der Superiorität gegenüber der Sowjetunion betont.[27] Der Mehrheit der Amerikaner war die Cartersche Außenpolitik als «zu weich» erschienen; sie bevorzugten die selbstbewußtere, risikohafte Politik Ronald Reagans, «aber mit gemildertem Selbstbewußtsein und gemindertem Risiko».[28] Eben diese Mischung hatte Ronald Reagan Anfang 1984 hergestellt und in den Wahlen angeboten. Zusammen mit der Wirtschaftspolitik, die es der Mehrheit der Amerikaner, insbesondere dem Mittelstand, in der Tat besser ergehen ließ als vier Jahre zuvor, wurde Reagans Politikangebot von der Mehrheit der amerikanischen Wähler akzeptiert. Sie fühlten sich wohl dabei, und sie bestätigten es in den Präsidentschaftswahlen von 1984.

Der Konsens war, wie die Wahlanalysen ergaben, oberflächlich, eher zufällig und nicht von Dauer.[29] Dafür waren die Widersprüche im Programm und in der Koalition Reagans zu groß. Zwar lag darin kein Trost für die Demokratische Partei, deren Verlust an Mittelstandswählern sich seit 1968 ständig vergrößert hatte. Aber das Wahlergebnis von 1984 enthielt kein «realignment», keine grundsätzliche Umgestaltung der Parteienlandschaft in den USA.[30] Die Demokraten hatten ihre traditionelle Position als Mehrheitspartei verloren, die Unabhängigen waren weiter auf dem Vormarsch, die Republikaner hatten das Tief der sechziger Jahre überwunden. Diese Entwicklung entsprach dem allgemeinen Zyklus der amerikanischen Politik; sie war unter diesem Aspekt zu erwarten und mußte nicht von Dauer sein.[31]

Die Zukunft hing davon ab, ob die Demokratische Partei, deren Wahlprogramm von 1984 ebenso differenziert wie blaß[32] und deren Wahlkampf durch den Streit zwischen Mondale und Hart geschwächt worden war, sich den Wählern attraktiver und zeitgemäßer darstellen können würde. Was das konkret bedeutete, war auf dem Gebiet der Wirtschafts- und Sozialpolitik in der Demokratischen Partei heftig umstritten, weniger in der Außen- und Sicherheitspolitik. Die Kongreßfraktionen hatten Reagans Aufrüstungsprogramm zu einem beachtlichen Teil mitgetragen, weil es ausführte, was schon Präsident Carter begonnen hatte. Andererseits wollte die Demokratische Partei die militärische Stärke ergänzen mit einem entschiedenen Rüstungskontrollprogramm und mit einer ebenso entschiedenen Zurückhaltung gegenüber Interventionen in der Dritten Welt. Auf die Attraktivität dieser Mischung hatte Reagan mit seiner Wende vom Frühjahr 1984 reagiert, erfolgreich, wie das Wahlergebnis vom November zeigte. Den Dialog mit der Sowjetunion wieder aufzunehmen, in der ganzen Breite der Beziehungen und besonders auf dem Gebiet der Rüstungskontrolle, war die Ergänzung gewesen, die das Aufrüstungsprogramm einer breiten Öffentlichkeit politisch akzeptabel machte. Der wiedergewählte Präsident gab denn auch die Parole aus, er wolle in seiner zweiten Amtszeit «ein Rüstungskontrollabkommen zu seinen Bedingungen» anstreben.[33]

Es waren also die im November 1984 anstehenden Präsidentschaftswahlen, die es Ronald Reagan nahelegten, die Veränderungen in der öffentlichen Meinung stärker zu berücksichtigen als bisher. Sie hatten, wie erwähnt, schon am Ende des ersten Amtsjahres der Reagan-Administration eingesetzt, weil sich das vor allem vom ‹attentive public› perzipierte Defizit der amerikanischen Rüstung aufzufüllen begann und weil der Werbefeldzug des Committee on the Present Danger mit der Installierung der Reagan-Administration eingestellt worden war. Beides hing eng miteinander zusammen: Als die Einwirkung nachließ, näherten sich auch die Einstellungen wieder ihrer gewohnten Verteilung.

1984 war die einmalige Konstellation von 1980 nicht mehr gegeben. Präsident Reagan mußte seine Politik von einer Öffentlichkeit beurteilen lassen, die zwar nach wie vor an militärischer Stärke, aber auch an erfolgreicher Rüstungskontrolle mit der Sowjetunion interessiert war. Da das Committee on the Present Danger praktisch inaktiv geworden war bzw. sich auf einige wenige mahnende Analysen und Briefe beschränkte,[34] entfiel sein Einfluß. Der Versuch, ihn angesichts der sich rückbildenden Unterstützung der Öffentlichkeit seit 1982 wiederzubeleben, kam nicht recht vom Fleck.[35] Er hätte sich auch gegen eine Regierung wenden müssen, deren Sicherheitspolitik zu einem guten Teil noch immer von den Mitgliedern des Committee betrieben wurde. Eine andere, den Interessen des CPD mehr entsprechende Regierung als die Ronald Reagans war beim besten Willen nicht zu haben; der Sieg des Präsidenten 1984 kam auch dem Committee zugute.

Der Preis: die Wiederbelebung des Dialogs und der Rüstungskontrollverhandlungen mit der Sowjetunion, mußte nicht unbezahlbar sein. Wenn mit diesen Verhandlungen, deren Ausgang offen und daher beeinflußbar war, die weitere Aufrüstung der Vereinigten Staaten erleichtert werden würde, stellten sie nicht unbedingt eine Fehlinvestition dar. Zwar wurden sie von den Mitgliedern des Committee, vor allem von den Neo-Konservativen, mit wachsendem Mißtrauen angesehen. Es richtete sich weniger gegen den Präsidenten als vielmehr gegen die politischen und gesellschaftlichen Kräfte, die so rasch zu ihrer alten Formation und zur vertrauten politischen Orientierung zurückgefunden hatten.[36] Für die Konservativen war der Reagan der Mitte der achtziger Jahre kaum noch von Richard Nixon zu unterscheiden. Das war eine Fehleinschätzung; aber sie gab doch richtig wieder, daß die Jahre 1980/1981 eine einmalige Konstellation dargestellt hatten, die im Prozeß der Rückbildung begriffen war und der traditionellen Verteilung der außenpolitischen Interessen in der amerikanischen Gesellschaft wieder mehr Raum gab. Präsident Reagan mußte darauf Rücksicht nehmen, nicht nur auf die Normalisierung der öffentlichen Meinung, sondern auch auf die zunehmende Anmeldung wirtschaftlicher Interessen.

2. Anforderungen der Wirtschaft

An sich hatte die Reagan-Administration wenige Wünsche der Wirtschaft offengelassen. Supply-side economics, die drei großen Steuersenkungen und beträchtliche Mehrausgaben für die Rüstung waren den Interessen der amerikanischen Wirtschaft weit entgegengekommen, wenn ihr auch das Haushaltsdefizit zu schaffen machte. Vor allem die Investitionsbanken und die großen Versicherungen waren dagegen, weil dieses Defizit das Vertrauen der Investoren langfristig erschütterte. Das Ende der Rezession, 1983, steigerte aber das Vertrauen der Wirtschaft in die Reagan-Administration.[37]

Allerdings bereitete nicht nur das Steigen des Haushaltsdefizits Sorgen, sondern auch die sich verschlechternde Leistungsbilanz mit dem Ausland. Eine negative Außenhandelsbilanz war anfangs der siebziger Jahre aufgetreten, allerdings in einer insgesamt positiven Leistungsbilanz. Sie stagnierte 1982 und verschlechterte sich seitdem rapide, wozu der sich rasch ausweitende Importüberschuß erheblich beitrug. Er betrug 1984 fast schon 100 Mrd. USD und stieg noch weiter an.[38] Dazu trugen viele Faktoren bei, darunter die nachlassende Wettbewerbsfähigkeit einiger Branchen und der stark überhöhte Wechselkurs des Dollar. Aber auch die Beschränkungen des Osthandels spielten eine Rolle. Das Geschäft mit der Sowjetunion war zwar nie sehr umfangreich, aber stets für die amerikanische Seite vorteilhaft gewesen. Die hier zu verzeichnende Handelsbilanz bildete eine Ausnahme in dem sich vertiefenden Negativsaldo. Hatte das Gesamthandelsvolumen z.B. 1979 4,4 Mrd. USD betragen, so belief sich der amerikanische Exportüberschuß gegenüber der UdSSR auf 2,7 Mrd.[39]

Daß sich die Exportchancen der amerikanischen Wirtschaft nicht nur nicht vergrößerten, sondern verkleinerten, lag an der politischen Instrumentalisierung des Osthandels. Was Präsident Carter 1980 in großem Stil versucht hatte, war von der Reagan-Administration zugunsten ihres Wirtschaftskrieges mit der Sowjetunion noch weiter ausgebaut worden. Zwar hatte Präsident Reagan die amerikanische Landwirtschaft aus dieser Boykottpolitik herausgenommen. Die Industrie aber blieb weiterhin davon betroffen, und zwar vor allem in den Branchen Öl und Erdgas, Werkzeugmaschinen und Halbleiter. Ihr Osthandel wurde durch das Pentagon der Konfrontationsstrategie unter Reagans Regime untergeordnet und dementsprechend beschädigt. Die amerikanische Werkzeugmaschinenindustrie sah sich aufgrund dieser Politik vom sowjetischen Markt verdrängt, auf dem sich stattdessen die westeuropäischen Konkurrenten, allen voran die Bundesrepublik, tummelten.[40] Wie auf keinem anderen Gebiet zeigten sich hier die Widersprüche zwischen den auf Geschäft und Profit gerichteten Interessen der amerikanischen Wirtschaft und denen des politischen Systems unter Reagan, das zugunsten des Konflikts mit der Sowjetunion auf die Unterordnung widerstrebender wirtschaftlicher Anforderungen unter die Machtpolitik drängte.

Die betroffene Industrie drängte in die andere Richtung. Sie veranstaltete im Januar 1983 in Chicago eine amerikanisch-sowjetische Handelskonferenz, in der die beiderseitigen Vorteile eines sich verstärkenden Handels öffentlich beleuchtet wurden.[41] Sie drängte den Kongreß, die im Zeichen der nationalen Sicherheit ausufernden unilateralen wie multilateralen Exportbeschränkungen zurückzuschneiden, was er mit der Verbesserung des Exportverwaltungsgesetzes von 1985 auch tat. Kaufabschlüsse sollten nur dann noch aufgehoben werden können, wenn der Handelspartner direkt gegen vitale Sicherheitsinteressen der USA verstieß. Im Herbst 1985 ließ sich der Gemeinsame Wirtschaftsausschuß des Kongresses erneut vortragen, daß die amerikanische Exportwirtschaft die beschränkenden Kontrollen als ebenso unnütz wie schädlich ansah. Sie würden die Sowjetunion weder politisch noch wirtschaftlich in die Knie zwingen, wohl aber die einstigen amerikanischen Marktanteile den Westeuropäern überlassen. Die Reagan-Administration sollte darauf verzichten, die Außenwirtschaft als politisches Instrument einzusetzen, weil sie damit die USA zum unzuverlässigen Handelspartner machte. Sie sollte stattdessen das politische Klima zwischen den USA und der Sowjetunion verbessern, um damit die Voraussetzungen für eine Handelsintensivierung zu schaffen.[42]

Die Ölgeräte-Industrie hielt der Administration in einem 40seitigen Katalog im Herbst 1985 vor, daß ihre Exportkontrollen ausschließlich die amerikanische Wirtschaft schädigten und niemand sonst, schon gar nicht die sowjetische Energiewirtschaft. Die Reagan-Administration mußte sich sagen lassen, daß sie zwar besonders wirtschaftsfreundlich, gleichzeitig aber diejenige amerikanische Regierung war, die die Außenwirtschaft am meisten zu politisieren versuchte.[43] Die Elektronik-Industrie warf dem Pentagon vor, daß es die 1985 veränderten Bestimmungen schlechterdings nicht beachtete; die Halbleiter-Industrie beklagte sich über den unbestimmten und unbestimmbaren Begriff des militärischen Interesses, mit dessen Hilfe das Pentagon die Ostexporte praktisch zum Erliegen brachte.[44]

Diese Branchen wollten nicht gegen die legitimen und notwendigen amerikanischen Sicherheitsinteressen verstoßen. Sie wollten sie aber eingegrenzt wissen auf den wirklich wichtigen Bezirk. Sie wandten sich gegen die Erweiterung eines Sicherheitsbegriffs, die den bürokratischen Verfügungsinteressen mehr entsprach als denen der amerikanischen Sicherheit. Damit fanden sie ein offenes Ohr beim Auswärtigen Ausschuß des Hauses, der sich im April 1986 ausführlich mit dem Aspekt der nationalen Sicherheit innerhalb des Ostexportes beschäftigte.

Sie fanden auch sonst Unterstützung. Die von Präsident Reagan selbst eingesetzte «Commission on Industrial Competitiveness» stellte 1985 fest, daß diese Exportkontrollen der amerikanischen Industrie Einnahmeeinbußen von mehr als 11 Mrd. USD bescherten.[45] Das «Business-Higher Education Forum» der Wirtschaft nannte diese überzogenen Kontrollen unproduktiv, schädlich und eine Überreaktion gegenüber der wirklich bestehenden sowjetischen Bedrohung.[46] Und schließlich stellte die National Academy of Sciences nach einer zweijährigen Untersuchung fest, daß der Versuch der Reagan-Administration, den Hochtechnologietransfer in die Sowjetunion zu stoppen, die amerikanische Sicherheit nicht verbessert, die amerikanische Wirtschaft aber 190000 Arbeitsplätze gekostet habe.[47]

Die Forderung der betroffenen Branchen, den Wirtschaftskrieg gegen die Sowjetunion einzustellen, die Exportkontrollen auf das unvermeidliche Maß zu reduzieren und das amerikanisch-sowjetische Verhältnis insgesamt so zu verbessern, daß sich die Exportchancen der Wirtschaft wieder erhöhten, waren also kaum zu überhören. Sie fanden Unterstützung im Kongreß nicht nur von demokratischer, sondern gerade auch von republikanischer Seite.[48] Die Akademie der Wissenschaften und die vom Präsidenten selbst eingesetzte Kommission unterstützten sie.

Verstärkung wurde ihnen schließlich auch von ganz anderer Seite zuteil, von jüdischen Verbänden. Die Emigration sowjetischer Juden war ganz entgegen den Absichten des Jackson-Vanik-Amendments von 1974, das erstmals den Sowjetunionhandel im großen Stil politisieren wollte, nicht gestiegen, sondern drastisch gesunken. Die Emigrationsfrequenz schwankte mit dem Klima im amerikanisch-sowjetischen Verhältnis. Hatten 1979 54000 sowjetische Juden ausreisen dürfen, so waren es 1985, dank der Konfrontationspolitik unter Reagans Regime, weniger als 1000 gewesen. Im American Jewish Committee, einem der jüdischen Interessenverbände, begann man einzusehen, daß der Erzwingungsversuch von 1974 ein Fehler gewesen und daß es aussichtsreicher war, die jüdische Emigration auf verbesserte Handelsbeziehungen zu gründen.[49] Die entscheidende National Conference on Soviet Jewry sprach sich im Frühjahr 1986 etwas zurückhaltender aus, wollte aber auch den Zusammenhang zwischen Außenhandelspolitik und Emigration sowjetischer Juden nicht mehr nur als Sanktion, sondern auch als positiven Anreiz gestaltet sehen.[50] Das American Committee on East-West Accord, eine der wenigen großen Interessengruppen, die sich für die Entspannung im amerikanisch-sowjetischen Verhältnis einsetzten, benutzte den offenbar einsetzenden Stimmungsumschwung im jüdischen Lager zum Angebot einer Kooperation. Seit dem Juli 1985 lobbyierten diese Gruppen konzertiert für eine Veränderung der amerikanischen Sowjetunionpolitik.[51]

Diese Unterstützung der wirtschaftlichen Anforderungen durch jüdische Verbände deutete an, daß die Konstellation politischer Kräfte, die 1974 zur Bildung der Anti-Entspannungskoalition geführt und den politischen Grundstein für die Reagan-Administration gelegt hatte, sich aufzulösen begann. Jedenfalls hatte sie an einer wichtigen Nahtstelle einen Riß bekommen. Zwar muß man zwischen diesen jüdischen Verbänden und der politischen Interessenvertretung Israels in den USA sorgsam unterscheiden; sie war es in erster Linie gewesen, die die Politik Jacksons von 1974 mitgetragen hatte. Die jüdischen Verbände in den USA haben eher als Opfer denn als Verursacher dieser Politik zu gelten. Aber ihre Zustimmung war 1974 wichtig gewesen; wenn sie sich Mitte der achtziger Jahre aufzulösen oder doch abzuschwächen begann, minderte sich die Tragfähigkeit der politischen Konstellation.

Jedenfalls gewannen die wirtschaftlichen Interessen, die sich gegen die Politisierung der Ostwirtschaft und für die radikale Einschränkung der Exportkontrollen aussprachen, damit zusätzliches politisches Gewicht. Aber auch das wirtschaftliche Eigengewicht reichte schon aus, um diesen Anforderungen zumindest Gehör zu verschaffen. Darin lag noch keine Erfolgsgarantie. Es war nicht zu erwarten, daß der sicherheitspolitisch harte Kern der Reagan-Administration im Pentagon ohne weiteres diesen wirtschaftlichen Interessen nachgeben würde. Er konnte sich darauf berufen, daß die Brauchbarkeit der Außenwirtschaft als Instrument politischer Beeinflussung sowohl in der öffentlichen Diskussion wie in der der Wissenschaft unumstritten war.[52] Sie paßte in die Ideologie zumindest der ersten Reagan-Administration.

Die Anforderungen der amerikanischen Wirtschaftsbranchen mußten daher zur Kenntnis genommen, sie mußten aber nicht unbedingt befolgt werden, ebenso wenig wie die breiten gesellschaftlichen Interessen an der Wiederaufnahme erfolgreicher Rüstungskontrollgespräche mit der Sowjetunion. Meinungsumfragen und Interessen von Wirtschaftsgruppen stellen in der liberalen Demokratie keine politischen Mandate dar, wohl aber sehr wichtige politische Daten. Sie signalisieren das Ausmaß des Konsenses, das die Verteilungsentscheidungen des politischen Systems in der Gesellschaft erzielen. Es blieb also der Reagan-Administration überlassen, welchen Wert sie diesen gesellschaftlichen Anforderungen beimaß, ob sie sie vernachlässigen, berücksichtigen oder gar umsetzen würde.

Die von Präsident Reagan vollzogene Wende der Sowjetunionpolitik Anfang 1984 zeigt, daß er es für angemessen hielt, den harten Konfrontationskurs zu verlassen und eine geschmeidigere Linie zu verfolgen. Sie stellte den innergesellschaftlichen Konsens wieder her, ohne den Präsidenten zwangsläufig und sofort darauf festzulegen, greifbare Erfolge dieser neuen Linie zu erzielen.

3. Wende in Washington

a) Neues Denken

Diese gesellschaftlichen Anforderungen, verstärkt durch die bevorstehenden Präsidentschaftswahlen von November 1984, trugen das Ihre dazu bei, daß um die Jahreswende 1983/1984 Reagans Regime zurückwich zugunsten von Regeln, die sich langsam zu einer neuen außenpolitischen Strategie der USA formierten. Der Aplomb der ersten Jahre war ohnehin vorbei; klar war auch, daß eine Sowjetunionpolitik, die sich ausschließlich auf die Aufrüstung, die Konfrontation und eine diskriminierende Rhetorik stützte, weder der sowjetischen Herausforderung noch den Anforderungen der amerikanischen Gesellschaft entsprach. Mit George P. Shultz hatte im Juli 1982 ein erfahrener Politiker das Außenministerium übernommen, der sich in den Washingtoner «rules of the game» auskannte, die schwachen und häufig wechselnden nationalen Sicherheitsberater des Präsidenten zu überspielen verstand und darüber hinaus dem Präsidenten freundschaftlich verbunden war. Mit ihm erwuchs der zivilen Leitung des Pentagon um Weinberger und Perle ein Gegenspieler, der die politischen Anforderungen der amerikanischen Gesellschaft wie die der westeuropäischen Verbündeten stärker reflektierte, aber auch das im Außenministerium vorhandene differenzierte Wissen um die historische Tiefe und die geographische Komplexität des Konfliktes mit der Sowjetunion in die Diskussion einbrachte. Von diesem Außenminister informiert, von den Meinungsumfragen sensibilisiert, von seinen Mitarbeitern Stuart Spencer, James Baker und Michael Deaver beraten und von seiner Frau Nancy sanft gedrängt[53] legte Präsident Reagan im Januar 1984 das Steuer der Sowjetunionpolitik um.

In einer Grundsatzrede vom 16. Januar 1984 stellte er die amerikanische Sowjetunionpolitik unter die drei Kriterien der «glaubwürdigen Abschreckung, des friedlichen Wettbewerbs und der konstruktiven Kooperation».[54] Er gab die Normalisierung, ja die Intensivierung des politischen Dialogs mit der Sowjetunion auf hoher und höchster Ebene bekannt, also die Rückkehr zur Routine. «Realismus, Stärke und Dialog»[55] sollten die sich entwickelnde neue Strategie der amerikanischen Sowjetunionpolitik anleiten. Wenige Tage später, in seiner Botschaft zur Lage der Nation vom 24. Januar 1984, erinnerte Präsident Reagan an die Kooperation der beiden Staaten im Zweiten Weltkrieg und daran, daß Amerikaner und Russen noch niemals in der Geschichte gegeneinander in den Kampf gezogen waren.[56] Reagan schirmte seine Grundsatzrede vor dem Verdacht ab, daß sie nur auf das Wahljahr 1984 gemünzt sei. Vielmehr gab er die Verbindung von «Realismus, Stärke und Dialog» als eine Konzeption aus, die, gerade weil sie Anfang 1984 als Herausforderung aufgefaßt werden mußte, langfristig gelten sollte.

Der Hinweis war nicht überflüssig. Sechs Wochen zuvor hatte die Sowjetunion die Genfer Verhandlungen über die Mittelstreckenraketen, vier Wochen zuvor die über die Langstreckenraketen abgebrochen. Reagans Bemerkung über die Sowjetunion als das «Reich des Bösen» hatte im März 1983 die Konfrontation zugespitzt, seine wenig später erfolgende Bekanntgabe des SDI-Programms sie erheblich verschärft. Der Abschuß des koreanischen Verkehrsflugzeuges durch einen sowjetischen Jäger hatte zum Jahresende beide Staaten in politische Sprachlosigkeit versetzt. In dieser Situation öffentlich den Wunsch nach «echter Kooperation» zu äußern, verbesserter Kommunikation das Wort zu reden stellte in der Tat eine Herausforderung dar.

Sieht man genauer hin, so war die Provokation denn doch nicht so groß. Im Sommer 1983 hatten beide Seiten die Gespräche wieder aufgenommen, die sie 1976 und 1979 über die Einrichtung von Generalkonsulaten in New York und Kiew begonnen hatten. Die Sowjetunion hätte auch gern den Luftverkehr wieder eingerichtet, woran die amerikanische Seite 1983 nicht interessiert war.[57] Im Dezember 1983 war verabredet worden, das amerikanisch-sowjetische Abkommen über die Zusammenarbeit im Bauwesen ein drittes Mal zu verlängern. Konsularische Probleme, die seit 1976 auf der Tagesordnung standen, waren ebenfalls 1983 zwischen beiden Seiten besprochen worden, desgleichen die Zusammenarbeit im Seerettungswesen. Schließlich hatten sich, amerikanischen Vorschlägen vom Mai 1983 folgend, bilaterale Kommissionen mit der Verbesserung der direkten

Kommunikation zwischen Moskau und Washington beschäftigt, der sogenannten «hotline».

Damit waren natürlich nicht alle bilateralen Kommissionen wiederbelebt worden, die die USA nach Afghanistan stillgelegt hatten. Dies geschah erst 1984. Andererseits war das Jahr 1983 nicht derart mit feindseligem Schweigen aufgefüllt, wie es aus der Perspektive des Jahresendes scheinen mochte. Unter der Oberfläche des Regimes Ronald Reagans hatte die diplomatische Routine sich schon nach vorn geschoben und die wichtigsten Kontakte wieder eröffnet. Die Normalisierung war also bereits in Gang; sie hätte sich ausgedehnt, wäre sie nicht durch den Konflikt um den Abschuß des koreanischen Verkehrsflugzeuges verzögert worden. Aber sie wurde dadurch nicht gestoppt. Die amerikanische Delegation kehrte eine Woche danach, worauf Außenminister Shultz später hinwies,[58] nach Genf zurück, um die INF-Verhandlungen fortzusetzen. Der Abschluß eines neuen Weizenkaufabkommens mit fünfjähriger Laufzeit am 28. Juli 1983 setzte die Kooperation fort, die Reagan schon im April 1981 eingeleitet und beibehalten hatte.

Der Januar 1984 war also keineswegs die Stunde Null; die Beimischung kooperativer Elemente zur Konfrontationspolitik hatte früher, schon im Frühjahr 1983 eingesetzt und seitdem zugenommen. Reagans Grundsatzrede vom 16. Januar 1984 erhob diese Praxis in den Rang einer Strategie und machte sie öffentlich. Insofern muß die Rede als Wendepunkt angesehen werden, jenseits dessen die amerikanische Sowjetunionpolitik eine neue Richtung verfolgte. Die Kursänderung war, mißt man sie an der National Security Decision Directive 75 und noch an der Grundsatzrede Außenministers Shultz vom Juni 1983, beträchtlich. Mit der Betonung der Kooperation nahm die neue Strategie Reagans ein Element auf, das die Entspannungspolitik Nixons gekennzeichnet hatte. Mit dem Stichwort einer «nüchternen Entspannung» war sie von Richard Nixon schon im Spätsommer 1982 erneut empfohlen wurden.[59]

Dennoch führte das ‹neue Denken› der Reagan-Administration nicht zu der alten Entspannungspolitik Nixons und Kissingers zurück. Dagegen sprach schon der unverändert harte Akzent auf der Rüstungssteigerung. Sie hielt, zumal mit SDI, die Option der Rückkehr zur Superiorität offen – eine Vermutung, die jedenfalls durch die Rüstungskontrollpolitik der ersten beiden Jahre dieser neuen Strategie nicht entkräftet wird.

Der «Realismus» Reagans muß doppelt gedeutet werden. Einerseits verzichtete Washington auf jedes «Linkage». Außenminister Shultz befreite mit seiner, die neue Politik behandelnden Rede in Los Angeles vom Oktober 1984[60] die Vereinigten Staaten von der Verpflichtung, die Sowjetunion für jedes politische Fehlverhalten durch eine Sanktion zu bestrafen. Diese Politik hatte sich nicht bewährt. Carters Sanktionen gegen die sowjetische Afghanistanpolitik hatten dem amerikanischen Farmer geschadet, nicht dem Politbüro in Moskau. Es gab keinen Grund, amerikanische Interessen zu opfern, nur um die Sowjetunion zu bestrafen. Shultz legte die Linkage-Politik konsequent zu den Akten: Wenn eine amerikanisch-sowjetische Verständigung im Interesse der USA lag, sollte sie auch dann fortgesetzt werden, wenn die Sowjetunion in einem anderen Zusammenhang gegen amerikanische Interessen verstieß.

In diesem «Realismus» steckten aber auch Resignation, Zweifel an der Möglichkeit, die sowjetische Außenpolitik in ihrer gesamten Breite in eine kooperative Beziehung einzubinden. Auch dies hatte die Linkage-Politik Nixons versucht, die Absicht war ein fester Bestandteil der Interdependenz-Politik Präsident Carters gewesen. Reagans Realismus band sich nicht an solche Erwartungen. Er kalkulierte jedes Beziehungssegment nach Vor- und Nachteilen, bilanzierte und bewertete es separat. Eine Synthese wurde gar nicht erst versucht. Die amerikanische Sowjetunionpolitik gestaltete sich vielmehr wie die eines großen Konzerns, der den Wert seiner Einzelunternehmen jeweils einzeln kalkuliert. Eine solche Politik tolerierte auch die Widersprüchlichkeit ihrer Einzelteile, also die Konfrontation über den Abschuß des koreanischen Flugzeuges mit der Intensivierung der Kooperation und der Fortsetzung der Rüstungskontrollverhandlungen.

Dabei war von Verhandlungen noch gar nicht die Rede. Reagan hatte im Januar 1984 nur vom «Dialog» gesprochen, der zwar die Kommunikation wiederherstellte, ihr aber kein Ziel mitgab. Erst Außenminister Shultz setzte im Oktober 1984 den Begriff der Verhandlungen an die Stelle des Dialogs, gab ihm also eine Richtung und eine Erwartung mit.

Immerhin ließ die Formel «Realismus, Stärke, Dialog/Verhandlungen» ein strategisches Konzept erkennen, das die Verständigung mit der Sowjetunion zumindest nicht ausschloß. Es unterschied sich damit in doppelter Weise von Reagans Regime, das auf jegliche Verständigung verzichtet hatte, darüber hinaus aber keine geordneten Vorstellungen über die Sowjetunionpolitik entwickelt hatte. Was Präsident Reagan im Januar 1984 formulierte und Außenminister Shultz im Oktober ausführlich referierte, ließ hingegen auf einen strategischen Entwurf schließen. Er räumte der Sowjetunion keine Parität ein, weder die militärische noch die politische, schloß aber die Verständigung mit Moskau, wenn sie einem realistischen Interesse der USA entsprach, nicht aus. Mit dem Begriff des Dialoges wurde die Sowjetunion wenigstens als Gesprächspartner wieder zugelassen, später als Verhandlungspartner akzeptiert. Auch damit gewährten die USA keine Gleichberechtigung, aber sie verzichteten auf das unilaterale Diktat. Die Stärke zu betonen, war für Präsident Reagan selbstverständlich, und zwar um so mehr, als die Sowjetunion ihrerseits darauf nicht verzichtet hatte.

Die neue Formel gab keine Bestandteile der Reaganschen Sowjetunionpolitik preis, hob sie aber auf ein gewisses Niveau der Klärung und Zuordnung. Realismus und Verhandlungen schlossen einen Kompromiß nicht aus, der an der militärischen Stärke, dem dritten Bestandteil, nicht zu scheitern brauchte. Die Selbsteinschränkung der ersten Reagan-Administration, die durch die Fixierung auf Überlegenheit und Macht heraufbeschworen worden war, gab damit einer Handlungsfreiheit Raum, die hinsichtlich ihrer Möglichkeiten und Ziele fast unbeschränkt war. In dieser Ambivalenz lag ihr Vorteil, lag aber auch die Absage an die Interessen, die Reagans Regime beherrscht hatten. Blieb offen, wohin die Wende führen würde, so war evident, daß sie stattgefunden hatte.

In ihrer Folge belebte sich der amerikanisch-sowjetische Dialog während des Jahres 1984 auf der ganzen Breite. Am 17. Juli wurde das Abkommen über die Modernisierung des «heißen Drahts» paraphiert, eine Woche später hoben die USA das Fischfangverbot von 1980 für die sowjetische Fischereiflotte in amerikanischen Gewässern auf. Im Juni 1984 fand in Washington eine Konferenz über den amerikanisch-sowjetischen Wissenschaftsaustausch statt, bei der der Präsident selbst für eine Intensivierung der Kontakte warb. Er zählte auf, was er bereits eingeleitet hatte: die Erneuerung des Abkommens über wirtschaftliche, industrielle und technische Zusammenarbeit für zehn Jahre, die Verlängerung des Abkommens über die Vermeidung von Zwischenfällen auf hoher See für drei Jahre, die Lösung der Grenzstreitigkeiten vor Alaska, die Fortführung der Konsulargespräche. Reagan hatte auch regelmäßige Kontakte zwischen den führenden Militärs der beiden Länder vorgeschlagen.[61]

Bei zahlreichen Reden Präsident Reagans im In- und Ausland forderte er die Sowjetunion auf, diese Vorschläge zur Zusammenarbeit anzunehmen. 1985 schlossen die beiden Staaten das erste Abkommen über einen allgemeinen Wissenschaftsaustausch, erneuerten sie die Vereinbarungen über die Ozeane und die Atomenergie, über die Zusammenarbeit in der Krebsforschung. Ob beim Umweltschutz, beim Tierschutz, in der Medizin oder in der Landwirtschaft – die amerikanisch-sowjetische Zusammenarbeit kam in raschen Fluß.[62]

Moskau akzeptierte die Reaganschen Offerten; Generalsekretär Andropow, der im September 1983 die USA wegen der Stationierung der Mittelstreckenraketen schärfstens kritisiert hatte, antwortete Ende Januar 1984 positiv auf die Einladung Präsident Reagans zur Kooperation. Auch Tschernenko, der im Februar 1984 Andropow nachfolgte, folgte dieser Linie. Zwar sagte Moskau die Teilnahme an den Olympischen Spielen im Sommer 1984 ab, wohl als Retourkutsche zu Carters Boykott von 1980. Darüber hinaus richtete sich die Sowjetunion offensichtlich auf eine zweite Amtszeit Präsident Reagans ein, legte dementsprechend ein konzilianteres Verhalten an den Tag und erleichterte es auf diese Weise Präsident Reagan, das ‹neue Denken› als erfolgreich darzustellen.[63] Am 28. September 1984 empfing der Präsident den sowjetischen Außenminister Gromyko – zum ersten Mal in vier Jahren.

Vorsichtig zwar, und 1984 auf bereits bewährte Zusammenarbeit oder auf die im Wissenschaftsbereich beschränkt, ersetzten die Vereinigten Staaten die Politik der Konfrontation mit der der Einladung zur Kooperation. Dabei übersahen sie nicht die politischen Gegensätze, wichen sie keinen Fingerbreit von ihrer Opposition gegen die sowjetische Politik in der Welt, vornehmlich in Afghanistan aber auch im Bereich der Menschenrechte ab. Die Bereitschaft zum Dialog verstellte nicht den außenpolitischen Realismus. Gerade er schien jetzt den Anreiz zu liefern, die Beziehungen zur Sowjetunion zu stabilisieren. Außenminister Shultz trug dem Außenpolitischen Ausschuß des Senats am 31. Januar 1985 vor, daß die Nuklearwaffen neue Realitäten geschaffen hatten, die das ‹neue Denken› erforderten. Das thermonukleare Zeitalter habe ein gemeinsames Interesse am Überleben erzeugt, das es beiden Seiten nahe lege, die Rivalität zu mäßigen, die Nuklearwaffen zu kontrollieren und die Kriegsrisiken zu vermindern. Zwar ließ der Außenminister offen, ob die Sowjetunion zu einem solchen Verhalten bewogen werden könnte. Er sah darin aber keine Entpflichtung des Westens: Er müsse «sowjetischen Übergriffen» entschlossen entgegentreten, gleichzeitig aber die Tür zu konstruktiveren Möglichkeiten offenhalten.[64]

Ohne daß der Außenminister es erwähnt hätte, entsprach das von ihm angemahnte ‹neue Denken› den Einsichten, die 1972 zur Grundsatzerklärung über die amerikanisch-sowjetischen Beziehungen geführt hatten.[65] Die Schlußfolgerungen waren stark gemindert, in der Tendenz aber ähnlich. Die Nuklearwaffen legten den Supermächten gewisse Verhaltenszwänge auf, für deren Vernachlässigung gegebenenfalls der Preis gemeinsamen Untergangs zu entrichten war. Die Machtkonkurrenz war damit nicht aufgehoben, sondern nur um den Krieg verkürzt und um die zu seiner Vermeidung erforderlichen Kooperationselemente ergänzt worden.

b) Alte Schranken

Wie die Politik der Reagan-Administration bis zum Genfer Gipfel von 1985 zeigt, wollte sie es bei der Wiederaufnahme des Dialogs bewenden lassen. Sie behielt die politischen Zielsetzungen unverändert bei, und zwar sowohl auf dem Gebiet der Außenwirtschaft wie auf dem der Rüstungskontrolle.

Die Reagan-Administration war trotz ihrer Wende nicht bereit, den Handel mit der Sowjetunion von seiner Instrumentalisierung zugunsten der außenpolitischen Zwecke zu befreien. Im Juni 1984 wurde das amerikanisch-sowjetische Long-Term Agreement on Economic, Industrial, and Technical Cooperation verlängert; im Januar 1985 traf sich innerhalb dieses Abkommens die bilaterale Arbeitsgruppe für den Außenhandel. Im Mai 1985 trat erstmals wieder seit 1978 die gemeinsame amerikanisch-sowjetische Handelskommission auf Kabinettsebene zusammen, die Sitzung wurde gemeinsam vom amerikanischen Handelsminister Baldrige und seinem sowjetischen Partner Patolitschew geleitet. Anschließend verschickte Baldrige das Kommuniqué dieses Treffens an die amerikanische Wirtschaft.[66]

An den Abbau der politischen Beschränkungen des Sowjetunionhandels dachte die Reagan-Administration aber nicht. Sie hielt unverändert an den seit 1979 verschärften Exportkontrollen fest, legte sie 1983 ihrem Entwurf für die Verlängerung des Exportverwaltungsgesetzes zugrunde und bestand auch noch im Sommer 1985 auf ihnen,[67] als der Kongreß sich endlich zur Verabschiedung anschickte. Er hatte sich lange Zeit an der Differenz zwischen den Interessen der Exportwirtschaft und denen der Administration, zwischen Gewinn und Macht, festgebissen.[68]

Als die Verlängerung im Juni 1985 schließlich zustande kam,[69] hatten sich die wirtschaftlichen Interessen durchgesetzt. Die Kompetenz des Präsidenten, die Exportkontrollen zugunsten der amerikanischen Außenpolitik einzusetzen, wurde durch zahlreiche Kriterien eingeschränkt und an Konsultationen mit der Industrie gebunden. Aber auch das Kriterium der nationalen Sicherheit wurde erheblich zugespitzt. Der Präsident sollte Lieferverträge amerikanischer Exportfirmen nur noch dann brechen können, wenn die nationale Sicherheit der USA direkt bedroht war.[70] Seine Vollmachten, Embargos zu verhängen, wurden nicht mehr nur im landwirtschaftlichen, sondern auch im Industriegüterbereich beschnitten. Der Präsident mußte sich mit dem Kongreß beraten, bevor er ein solches Embargo verhängte. Auch sollte die Liste der lizenzpflichtigen Güter erheblich reduziert werden.[71]

Der Präsident leistete weiter Widerstand. Die Kontrollen im Bereich von Erdöl- und Erdgasgeräten wurden nicht, wie es die Industrie dringend gefordert hatte, aufgehoben, sondern Mitte Januar 1986 erneut verlängert.[72] Vor allem aber zögerte die Administration die Erleichterungen, die der Kongreß mit dem Exportverwaltungsgesetz 1985 durchgesetzt hatte, hinaus. Das Repräsentantenhaus setzte daher im Mai 1986 mit einem Gesetzentwurf nach, der die Zahl der lizenzpflichtigen Technologieprodukte um fast die Hälfte reduzierte, kam aber gegen den Verteidigungsminister nicht an.

Auch der Versuch des Hauses, 1986 mit der öffentlichen Durchleuchtung der Exportkontrollen und deren extensiver Auslegung durch die Verteidigungsbürokratie, mit der Kritik an der extraterritorialen Anwendung amerikanischer Gesetze im Ausland Druck auf das Verteidigungsministerium auszuüben,[73] mißlang. Das Pentagon war fest entschlossen, die Beschränkung des amerikanischen Technologieexports als Mittel in der

Auseinandersetzung mit der Sowjetunion zu behalten. Es ließ sich vom Kongreß nicht dazu überreden, diese Instrumentalisierung auf das wirklich notwendige Maß einzuschränken und dem Interesse der amerikanischen Exportwirtschaft an der Absatzsteigerung nachzugeben. Die Wende war zwar erfolgt, der harte Kurs in der Sache aber nicht korrigiert worden.

Beim Taktieren in der Rüstungskontrollfrage verhielt sich Washington ebenso. Während die sowjetische Außenpolitik Ende 1983 in einer negativen Haltung erstarrt war und durch die Agonien um den Führungswechsel von Andropow zu Tschernenko darin festgehalten wurde, ergriff Washington mit Reagans Rede vom 16. Januar 1984 die Initiative. Daraufhin bewegte sich die sowjetische Seite im Frühjahr 1984 zunächst noch sehr vage, am 29. Juli 1984 dann sehr konkret mit der Einladung an Washington, im September 1984 in Wien Gespräche über die «Verhinderung der Militarisierung des Weltraums» aufzunehmen.[74] Aber Washington reagierte geschickt, zwang die Sowjetunion mit dem Hinweis, daß Moskau den Weltraum bereits militarisiert habe, zum Rückzug.

Immerhin war der Gedanke an die Wiederaufnahme der Rüstungskontrollgespräche von beiden Seiten ins Gespräch gebracht und mehrfach ventiliert worden. Präsident Reagan führte in seiner Ansprache vor den Vereinten Nationen am 24. September 1984 die Metapher eines Schirmes ein, der den amerikanischen Interessen an der Abrüstung der Offensivwaffen und den sowjetischen Interessen an der Rüstungskontrolle des Weltraumes ein gemeinsames Dach geben könnte.[75] Er deutete, wenn auch zurückhaltend, die Möglichkeit eines Gipfeltreffens an, auf die er schon im Sommer 1984 hingewiesen hatte. Die Sowjetunion ihrerseits schlug Anfang Oktober vor, die Offensivwaffen zu halbieren, wenn die Vereinigten Staaten auf SDI verzichteten. Die Absicht Moskaus war unverkennbar: Reagan sollte vor den Augen Europas und der amerikanischen Wähler bekennen müssen, daß ihm die Strategische Verteidigungsinitiative wichtiger war als die Abrüstung.

Der Vorstoß der Sowjetunion ging ins Leere. Reagan konnte nicht nur auf die aktive Mitarbeit der Vereinigten Staaten bei der Stockholmer Konferenz über Vertrauens- und Sicherheitsbildende Maßnahmen und Abrüstung in Europa sowie auf die amerikanischen Vorschläge zur Abrüstung der chemischen Waffen in Genf verweisen; er konnte auch damit rechnen, daß jeder Versuch Moskaus, sich dem Wiederbeginn der Rüstungskontrollverhandlungen zu entziehen, vom Kongreß mit der Bewilligung höherer Rüstungsbudgets belohnt werden würde. Insofern saß er am besseren Hebel. Unmittelbar nach seiner glänzenden Wiederwahl stellte er den Frieden, die Abrüstung und vor allem die Verringerung der Kernwaffen als das wichtigste Ziel der Zukunft hin, lud er die Sowjetunion zur Zusammenarbeit ein.[76] Tschernenko seinerseits gab sich in einem NBC-Interview, wenige Tage nach den amerikanischen Präsidentschaftswahlen, positiv.

c) Die Rückkehr nach Genf

Der öffentliche Meinungsaustausch hatte weitgehend verdeckt, daß im Anschluß an die UN-Rede Reagans und den Besuch Gromykos im Weißen Haus am 28. 9. 1984 eine intensive Diskussion zwischen Washington und Moskau eingesetzt hatte, die auf mehreren Ebenen verlief, häufig aber die der Außenminister berührte.[77] Als Ergebnis gaben beide Seiten am 22. November 1984 ihre Absicht bekannt, Verhandlungen über die Kontrolle der Kern- und Weltraumwaffen wiederaufzunehmen, deren Einzelheiten am 7. und 8. Januar 1985 durch die beiden Außenminister festgelegt werden sollten. Ein Jahr nach ihrem Abbruch waren damit die Rüstungskontrollverhandlungen wieder in Gang gesetzt worden. Zugunsten dieses Ziels hatten beide Seiten Kompromisse gemacht: Die Sowjetunion hatte auf die Forderung nach dem Abzug der amerikanischen Mittelstreckenraketen aus Europa und der Beendigung von SDI verzichtet, die Vereinigten Staaten hatten die Weltraumverteidigung als Verhandlungsgegenstand zugelassen.

Ob der Kompromiß tragfähig sein würde, blieb völlig offen, auch in dem Kommuniqué des Außenministertreffens vom 8. Januar 1985 in Genf. Es verabredete lediglich, daß das «wechselseitige Verhältnis» zwischen Weltraum- und Kernwaffen «in Erwägung gezogen und gelöst werden» sollte[78] – eine Formulierung, deren Nebulosität dem amerikanischen wie dem sowjetischen Standpunkt Rechnung trug. Der Formelkompromiß schien beiden Seiten weniger wichtig zu sein als der Neubeginn der Rüstungskontrollgespräche und die Erwärmung des politischen Klimas zwischen den Supermächten. Die Sowjetunion versprach sich davon verbesserte Beziehungen zu den westeuropäischen Alliierten der USA und Zugang zu deren Technologie; die Reagan-Administration hatte ihre neue Politik des Realismus, der Stärke und der Verhandlungen sowohl gegenüber der amerikanischen Gesellschaft wie gegenüber den westeuropäischen Verbündeten dokumentiert.[79] Wie die Verhandlungen geführt werden und wie sie ausgehen würden, konnte zunächst völlig offenbleiben.

Gorbatschows Amtsantritt am 11. März fiel nicht nur fast auf den Tag zusammen mit dem Beginn der Rüstungskontrollverhandlungen in Genf, er war auch beinah zeitgleich mit dem Beginn der zweiten Amtsperiode Ronald Reagans. Er sah sich jetzt anstelle der betagten, häufig wechselnden Mitglieder der Alten Garde einem jungen und dynamischen Sowjetführer gegenüber, der auch vor unkonventionellen Entscheidungen nicht zurückschreckte. Dennoch behielt Reagan zunächst die Initiative. Er gab schon in seinem Glückwunschschreiben zum Amtsantritt das Interesse an einer Begegnung mit Gorbatschow zu erkennen.[80] Sie wurde Anfang Juli

1985 fest vereinbart und fand vom 19. bis zum 21. November 1985 in Genf statt.

Mit dem Genfer Gipfel verwirklichte die Reagan-Administration den dritten Teil ihres neuen Konzeptes. Genf symbolisierte den Dialog und unterschied sich damit grundsätzlich von dem letzten amerikanisch-sowjetischen Gipfeltreffen vor sechs Jahren, das die Bereitschaft zur Rüstungskontrolle dokumentiert hatte. Dergleichen stand nicht auf der amerikanischen Agenda für den Gipfel. Präsident Reagan hatte die Strategische Verteidigungsinitiative schon vier Wochen nach dem Genfer Kompromiß zwischen Shultz und Gromyko aus den Rüstungskontrollverhandlungen praktisch herausgenommen; das Verteidigungsministerium hatte im April die ersten SDI-Tests angekündigt, das Weiße Haus im August erste Tests von Anti-Satellitenwaffen. Sie fanden im September erfolgreich statt. Reagans Erklärung vom 10. Juni 1985, daß er bei der für den Herbst vorgesehenen Indienststellung des siebenten U-Boots der Ohio-Klasse ein Poseidon-U-Boot verschrotten lassen werde, um innerhalb des SALT II-Rahmens zu bleiben, war gekoppelt mit der Warnung, daß er sich «alle programmatischen Optionen» in der Zukunft offenhalten und sie an der sowjetischen Beachtung bzw. Nichtbeachtung des SALT II-Vertrages ausrichten werde.[81] Anfang Oktober ließ das Weiße Haus seine neue Interpretation des ABM-Vertrages von 1972 bekannt werden, in der SDI-Tests erlaubt sein sollten.[82] Wenn auch der Außenminister wenige Tage später den Beschluß der Regierung bekräftigte, bei der «restriktiven Interpretation» des Vertrages zu bleiben,[83] so war doch die Flasche entkorkt worden, in der bisher der Geist der Weltraumrüstung gefangen gehalten war.

Die Reagan-Administration wollte den Dialog mit der Sowjetunion, weil er von der amerikanischen Gesellschaft und vom Kongreß gefordert wurde. Sie wollte aber nicht an der militärischen Stärke der USA rütteln lassen, vor allem nicht an der Strategischen Verteidigungsinitiative, gegen die sich die Sowjetunion vehement wehrte. Auch Gorbatschow wollte, im Gegensatz zu seinen Vorgängern, die Gipfelkonferenz, weil er sie für seinen innenpolitischen Kurswechsel brauchte. Indem er die Stationierung der SS-20 im April 1985 unterbrach, Ende Juli ein einseitiges Moratorium der Kernwaffenversuche verkündete und am 30. September bei den Genfer Rüstungskontrollverhandlungen formal die Halbierung der strategischen Offensivwaffen gegen den amerikanischen SDI-Verzicht anbot, demonstrierte er deutlich seine Absicht, die Stimmung in der amerikanischen Öffentlichkeit und im Kongreß sowohl wie die in Westeuropa gegen die Reagan-Administration auszunutzen. Präsident Reagan seinerseits verschob in seiner Ansprache vor den Vereinten Nationen am 24. Oktober 1985[84] den Diskussionsakzent des kommenden Gipfeltreffens auf die Dritte Welt und auf die sowjetische Verletzung der Menschenrechte.

Der Genfer Gipfel wurde also von beiden Seiten als Fortsetzung der Auseinandersetzung mit den Mitteln des öffentlichen und des geheimen Dialoges angesehen. Mehr war nach sechs gipfellosen Jahren, von denen drei geradezu kommunikationslos verliefen, auch nicht zu erwarten. Seit ihrer Wende vom Frühjahr 1984 hatte die Reagan-Administration den Dialog mit der Sowjetunion wieder aufgenommen und ihn ständig weiter intensiviert. Damit hatte sie eingelöst, was Präsident Reagan bei seinem Amtsantritt 1981 versprochen hatte – die Wiederaufnahme des Dialogs und der Rüstungskontrolle nach der Wiedererlangung der amerikanischen militärischen Stärke. Die sich seit 1984 auf vielen Ebenen mehrenden Kontakte und der Genfer Gipfel hatten vor aller Augen das Versprechen eingelöst und den Erfolg der Reaganschen Politik demonstriert.[85] Die Verbindung von Realismus, Stärke und Dialog war gelungen, selbst wenn – und gerade weil – aus dem Dialog inzwischen Verhandlungen geworden waren.

Sie erwiesen sich, wie die Gipfelbegegnung zeigte, als ebenso nützlich wie unschädlich. Die Vereinbarungen über den Kulturaustausch, über die Eröffnung von Konsulaten in Kiew und New York, über die Verbesserung der Kontakte zwischen den beiden Gesellschaften kamen dem Klima zugute, ohne der Aufrüstung zu schaden. Gewiß, das Kommuniqué erwähnte «das Prinzip einer 50%igen Kürzung der Nuklearwaffen» und «die Idee eines Interim-INF-Abkommens».[86] Es bestätigte das wechselseitige Interesse an der Nichtweiterverbreitung der Kernwaffen, an der Vermeidung jeder Art von bewaffneter Auseinandersetzung zwischen den Supermächten. All dies klang gut, blieb aber vage. Reagan warnte denn auch in seiner Rede vor beiden Häusern des Kongresses vor jedem Versuch, zu einem «falschen Frieden» oder zu einer «illusorischen Entspannung» zu kommen.[87]

Dennoch hatte sich die Lage geändert. Die Anfang 1984 eingeleitete Wende der amerikanischen Sowjetunionpolitik war von Gorbatschow sehr viel positiver aufgenommen worden als von seinen Vorgängern. Er hatte den Ball aufgehoben, den die Reagan-Administration nach Moskau geworfen hatte, und begann, ihn zurückzuspielen. Als Ergebnis dieser neuen Interaktion entstand, wie Präsident Reagan sagte, «Raum für Bewegung, Aktion und Fortschritt». Diese Perspektive war reichhaltiger, als das in dem Konzept von Realismus, Stärke und Dialog ursprünglich enthalten gewesen war. Gorbatschow hatte die sowjetische Umwelt der USA in einem Ausmaß verändert, dessen Bedeutung sich erst allmählich zu erkennen gab.

4. Nachhilfe der Legislative

a) Reagans Absichten

Die Wende von 1984 verbesserte nur das Klima, veränderte aber nicht die amerikanische Strategie. Sie bezog jetzt den Dialog mit der Sowjetunion, die Fortsetzung der Rüstungskontrollgespräche mit ein, richtete sich aber nach wie vor an dem Ziel aus, die militärische Parität der Sowjetunion soweit wie möglich einzuschränken und ihr die politische zu nehmen. Jedenfalls ließ die deklaratorische Politik, soweit sie vom Verteidigungsminister und vom Präsidenten formuliert wurde, keinerlei Wandel erkennen. Gewiß, es gab Nuancen und konzeptionelle Unterschiede. Die Strategische Verteidigungsinitiative, die nach fast zweijähriger Inkubationszeit im Frühjahr 1985 den westlichen Alliierten zur Forschungsmitarbeit angeboten wurde, wurde ihnen als langfristiger Abrüstungsschritt in eine kernwaffenfreie Zukunft präsentiert.[88] Die im Januar 1985 verabredete Wiederaufnahme der Rüstungskontrollgespräche sollte dazu dienen, «gerechte Abkommen zu erzielen, die die Kernwaffenarsenale und das Kriegsrisiko vermindern sollten».[89] In der Administration gab es Differenzen zwischen den den amerikanischen Unilateralismus stärker betonenden Anhängern einer maritimen Strategie und denen, die nach wie vor auf die Bedeutung Westeuropas und der NATO setzten.[90]

Das Gesamtkonzept der Sowjetunionpolitik der Reagan-Administration aber wurde davon nicht berührt. Es vertraute nach wie vor auf die Aufrüstung der Vereinigten Staaten. Sie hatte in den Augen Reagans die Sowjetunion an die Verhandlungstische in Genf zurückgebracht; sie war in den Augen Weinbergers dazu bestimmt, die dritte Phase des Containments der Sowjetunion erfolgreich zu bestehen: die Eindämmung der sowjetischen Militärmacht.[91] Dazu war nicht mehr erforderlich, als bisher von der Reagan-Administration getan worden war, aber eben auch nicht weniger. Das strategische Gleichgewicht galt als erreicht. Es mußte durch kontinuierliche Modernisierung bewahrt werden.[92] Mitte der neunziger Jahre sollte sie vollendet sein, nachdem die MX-, die Midgetman- und die Trident II-Rakete, der Stealth-Bomber und moderne Cruise Missiles zur Verfügung stehen würden. Sie sollten die Abschreckung der Sowjetunion gewährleisten, bis das Strategische Verteidigungssystem errichtet sein würde. Weinberger wies die Vermutung von sich, daß dieses Programm auf die Wiedererlangung der Superiorität gerichtet war. Allerdings sollte es, wenn möglich, die sowjetische Präsenz in der Welt vermindern und gleichzeitig einen internen Wandel des Sowjetblocks in Richtung auf den Frieden heraufführen.[93] Die Reagan-Administration, zumindest der Weinberger-Flügel, blieb also auch nach der Wende bei einem Konzept, das die gesteigerte und weiter zu steigernde Fülle der amerikanischen Militärmacht dazu einsetzen wollte, die Sowjetunion zum Rückzug aus der Welt und zur Reformierung ihres Herrschaftssystems zu zwingen.

Gewiß, hier handelte es sich um Absichtserklärungen, um die deklaratorische Ebene. Auf ihr war die Reagan-Administration stets aktiver gewesen als auf der operativen; schließlich mußte sie sich gegenüber dem rechten Flügel der sie tragenden Koalition absichern. Andererseits aber hatte die Reagan-Administration das Aufrüstungsprogramm der ersten vier Jahre genauso zu verwirklichen versucht, wie sie es gesagt hatte. Sie nahm für sich in Anspruch, daß sie sich von der Carter-Administration weniger in den Zielsetzungen als vielmehr in der Entschlossenheit unterschied, die Strategie auch finanziell durchzusetzen.[94] Rhetorik wurde also durchaus in Realität umgesetzt. Die Offensivkomponente war nicht nur eine verbale Arabeske, bestimmt für den internen Hausgebrauch; sie prägte die Reagansche Sowjetunionpolitik in sehr viel stärkerem Maße als die seiner Vorgänger. Muß die Abschreckungspolitik strukturell als ambivalent angesehen werden, insofern sie die eigene Sicherheit durch ein erzwungenes Verhalten der anderen Seite sicherstellen will,[95] so schob die Reagan-Administration das offensive Element stark nach vorn. Es darf nicht mit Aggressivität verwechselt werden. Die Reagan-Administration hatte zu keiner Zeit beabsichtigt, der Sowjetunion militärisch entgegenzutreten. Im Gegenteil: Sie hat, wie alle ihre Vorgängerinnen, jede Gelegenheit dazu peinlich umgangen. Was sie kennzeichnete, war der fast ausschließliche Verlaß auf die militärische Macht zur Beeinflussung der sowjetischen Position.

Von der partiellen Zusammenarbeit, die seit Nixon die amerikanische Sowjetunionpolitik charakterisiert hatte, war unter Reagan so gut wie nichts übriggeblieben. Die kommunikationslose Konfrontation, die die erste Reagan-Administration bestimmt hatte, charakterisierte auch das Strategieverständnis der zweiten. Es ging davon aus, daß die Auseinandersetzung mit der Sowjetunion exklusiv mit dem Mittel des Zwanges und des Druckes zu bestehen und daher in erster Linie dem Instrumentarium militärischer Macht anzuvertrauen war.[96] Dieser offensive Charakter der Reaganschen Sowjetunionpolitik war nach wie vor so offenkundig, daß er alle Einzelteile beeinflußte. Niemand glaubte unter diesen Umständen, daß SDI nicht einer Erstschlagsabsicht diente, auch wenn der Stellvertretende Verteidigungsminister Iklé sie immer wieder bestritt.[97] Selbst Paul Nitze, immerhin auf Seiten der Regierung, bezeichnete zumindest die Übergangsperiode als «tricky».[98]

Die Sorgen waren deswegen so groß, weil der Präsident sogar noch in seinem ersten großen Bericht über die amerikanische Strategie[99] ihr eine ausgesprochen offensive Note gab. Sie leitete sich ab von einem Verständnis «wesentlich feindseliger Beziehungen» zwischen den Vereinigten Staaten und der Sowjetunion, das ihr eine expansionistische Politik, die Ausbeutung regionaler Instabilitäten und die Unterstützung des Terrorismus unterstellte. Die amerikanische Strategie war 1986/87 dazu bestimmt, «die Bemühungen der Sowjetunion um Einflußerweiterung in der Welt zu neutralisieren und die Verbindungen zwischen ihr und ihren Klientel-Staaten in der Dritten Welt zu schwächen».[100]

Mit der Rüstungskontrolle war dabei wenig anzufangen. Sie wurde akzeptiert, soweit sie die Sicherheit der USA verstärken konnte – falls sie überhaupt erfolgreich war, was zu unterstellen als «außerordentlich gefährlich» angesehen wurde. Die Sicherheit der USA und ihrer Alliierten wurde demgegenüber einer Militärmacht anvertraut, die die Aggression über das gesamte Spektrum des potentiellen Konfliktes abschrecken und, falls notwendig, auch besiegen können sollte. Dazu waren weltweit einsatzfähige Truppen erforderlich, auch Spezialtruppen, die einen Krieg verhindern und eventuell gewinnen konnten. Der Einsatz nuklearer Waffen wurde nicht ausgeschlossen, aber er sollte nicht als Ersatz fehlender konventioneller Potentiale benötigt werden. Vielmehr wollten die Vereinigten Staaten ihre Sicherheit auf die technologische Überlegenheit des Westens und seiner Allianzen gründen, auf vornestationierte Truppen in den entscheidenden Regionen der Welt, die dort die regionalen Machtgleichgewichte aufrechterhalten, die sowjetische Aggression abschrecken und die politische Unabhängigkeit der Staaten an der Peripherie der Sowjetunion gewährleisten sollten.[101]

Entscheidend für diese Strategie war die maritime Überlegenheit, die die USA nach wie vor für sich beanspruchten. Sie sollte sie instandsetzen, «sowjetische geographische Verwundbarkeiten auszunutzen und die sowjetischen Interessen global zu bedrohen».[102] Diesem Ziel diente die von Reagan aufgebaute Marine von 600 Schiffen und 15 Flugzeugträgergruppen. Sie bildeten das Rückgrat der maritimen Superiorität, mit der die Reagan-Administration nicht nur einen eventuellen Krieg zu gewinnen, sondern vor allem auch ihre Friedenspolitik auszustatten gedachte. Als Repräsentant amerikanischer Macht war die Marine dazu bestimmt, regionale Stabilität im Indischen Ozean, in Zentralamerika, im Mittleren Osten oder in anderen strategisch wichtigen Gegenden zu besorgen.

In diesem strategischen Konzept spielten Aufrüstung und militärische Macht die entscheidende Rolle. Die Rüstungskontrolle war nach wie vor nur am untersten Ende des Mittelkataloges angesiedelt.[103] Die Reagan-Administration lehnte sie nach wie vor ab; Verteidigungsminister Weinberger schob ihr einen großen Riegel vor, insofern er sie an die drei Bedingungen der weiteren amerikanischen Aufrüstung, der totalen Verifikation und absoluten Einhaltung durch Moskau band.[104] Jedes einzelne der drei Erfordernisse reichte völlig aus, um einen weiteren Rüstungskontrollvertrag a limine zu verhindern.

Reagans Bericht vom Januar 1987 enthält noch einmal in Reinkultur die

Strategie seiner Administration, wie sie von der zivilen Leitung des Pentagon, des harten Kerns, geplant worden war. Die Wende von 1984 war innenpolitisch unvermeidbar gewesen; sie sollte aber außenpolitisch folgenlos bleiben, selbst im Atmosphärischen. Hatte Außenminister Shultz sich mit Verhandlungen mit Moskau einverstanden erklärt, so sprach der Strategiebericht nur mehr vom Dialog. Die Strategie stand Anfang 1987 nicht zur Disposition.

Dabei hatte sie der amerikanische Präsident drei Monate zuvor, auf dem «Vor-Gipfel» von Reykjavik, selbst zur Disposition gestellt. Wieder hatte die amerikanische Innenpolitik eine Korrektur erzwungen, diesmal sogar in der Substanz der strategischen Planung. Reagans öffentliche Ankündigung vom 27. Mai 1986, daß er zum Jahresende die bisher eingehaltenen Obergrenzen des SALT II-Vertrages überschreiten werde, hatte einen solchen Sturm der Kritik in der Öffentlichkeit und im Kongreß erzeugt,[105] daß sich der Präsident im Hinblick auf die Midterm-Wahlen kurzfristig zur Flucht nach vorn, nach Reykjavik, entscheiden mußte. Wenn sein Strategiebericht vom Januar 1987 mit keiner Silbe darauf einging, so war er durch die Gipfelpolitik schon überholt worden.

Diese Widersprüchlichkeit ließ sich beim zweiten Strategiebericht, der im Januar 1988 erschien, beim besten Willen nicht mehr durchhalten. Inzwischen war Reykjavik vollendet, der INF-Vertrag im Dezember 1987 in Washington geschlossen worden. Die amerikanisch-sowjetischen Beziehungen hatten sich erheblich verbessert, das Bild der Sowjetunion unter Gorbatschow war in den USA deutlich heller geworden. Daran konnte der harte Kern der Reagan-Mannschaft nicht mehr vorbeigehen. Er war indes keinesfalls bekehrt. Der zweite Strategiebericht zeichnete ein differenzierteres Bild der sowjetischen Bedrohung, in dem regionale, soziale und ökonomische Faktoren wieder eine Rolle spielten und der Konflikt mit der Sowjetunion nicht mehr in jener unerbittlichen, sondern in einer etwas gemilderten Sprache beschrieben wurde. Sie galt jetzt als «vorwiegend feindlich», nicht mehr als «wesentlich feindlich». Der Vorwurf, eine Welthegemonie anzustreben, tauchte nicht mehr auf, auch nicht der, den Terrorismus unmittelbar zu unterstützen. Es blieb Raum für eine ausführliche Beschreibung des INF-Vertrages und der «ernsthaften» Verhandlungen für eine Halbierung der strategischen Offensivkräfte.

Der Funktionsauftrag der Strategie aber wurde davon nicht berührt. Sie trat der Sowjetunion nach wie vor mit dem Mittel der Abschreckung gegenüber, das den strategischen Nuklearstreitkräften, insbesondere der maritimen Überlegenheit, anvertraut wurde. Sie sollten den sowjetischen Einfluß in der Welt begrenzen, ebenso wie die Strategische Verteidigungsinitiative dazu bestimmt blieb, die USA gegen mögliche Täuschungen durch die Sowjetunion abzusichern. Nur am Rande wurde jetzt die Absicht erwähnt, auch nach Gelegenheiten zur Verbesserung der Beziehungen zur Sowjetunion zu suchen. Im Zentrum stand die militärisch instrumentierte Machtpolitik, mit der die Sowjetunion gezwungen werden sollte, von dem Ziel der Veränderung des globalen Machtgleichgewichtes abzulassen.[106]

Diesem Gesamtansatz wurden die Rüstungskontrolle und die Abrüstung nahtlos eingefügt, aber immer nur mit dem Ziel, die nationale Sicherheit der USA und ihrer Verbündeten zu stärken. Auf diese Weise ließ sie sich bruchlos mit dem Hauptziel der Reagan-Administration harmonisieren: der Aufrüstung. Präsident Reagan konnte nicht mehr umhin, den von der Öffentlichkeit und vom Kongreß geforderten Preis erfolgreicher Rüstungskontrollvereinbarungen zu entrichten; um so entschlossener pochte er, pochte das Pentagon auf die Gegenleistung eines ständig steigenden Verteidigungsbudgets. War die Politik des Präsidenten durch den Kongreß und die Öffentlichkeit der USA gezwungen worden, die harte Linie der Strategie schrittweise zu verlassen, so wurde sie von der zivilen Leitung des Verteidigungsministeriums und von der ACDA unbeirrt fortgeschrieben. Unterstützt von den konservativen Gegnern der Rüstungskontrolle im Kongreß konnte dieser «harte Kern» der Reagan-Administration noch lange Zeit erfolgreich versuchen, mit Bedrohungsanalysen und Aufrüstungsforderungen, darunter an erster Stelle SDI, die von der Politik erzwungenen Korrekturen zu konterkarieren. Erst die näherrückenden Präsidentschaftswahlen, das sich vergrößernde Budgetdefizit, Gorbatschows erneut zunehmende Konzessionsbereitschaft und ihre Folgen in der öffentlichen Meinung Westeuropas forderten auch der Strategie Kompromisse ab. Wie weit sie wirklich gehen, wird sich daran zeigen, ob der START-Vertrag, wenn er zustandekommt, eine Maßnahme der Ab- oder der Umrüstung darstellt.

b) Grenzen der Aufrüstung

Kern der Strategie Reagans war und blieb der Rüstungshaushalt. Die Wende von 1984, die Abrüstungsvereinbarungen von 1987 im Mittelstreckenbereich hinterließen in den Verteidigungsbudgets keine Spuren. Anders ausgedrückt: Die Reagan-Administration war zu Veränderungen ihrer Sowjetunionpolitik nur bereit, solange deren Logik nicht dazu führte, das Verteidigungsbudget zu kürzen. Hier lagen ihr vor allem die investiven Ausgaben am Herzen, die auf die Erforschung, Entwicklung und Beschaffung neuer Waffensysteme gerichtet waren. Das Verhältnis dieser Ausgaben zu denen für die Unterhaltung der Streitkräfte war unter Reagan um 50% höher als in den siebziger Jahren und gefährdete durch ihre Akkumulierung die militärische Funktionstüchtigkeit der Streitkräfte.[107] Vor allem der Schiffsbau, das Lieblingskind der Reagan-Administration, trug mit der Langfristigkeit seiner Ausgabenverpflichtungen dazu bei, daß das Verteidigungsbudget in der zweiten Hälfte der achtziger Jahre zu fast 40% schon jeweils festgelegt worden war, bevor der Entscheidungsprozeß beginnen konnte.

Die Reagan-Administration versuchte damit auch nach 1985 fortzusetzen, was sie 1981 begonnen hatte: das jeweils größtmögliche Verteidigungsbudget zu verlangen und es den Streitkräften zu überlassen, die vom Kongreß bewilligten Gelder auszugeben. Eine wirklich stichhaltige, auf eine ausgearbeitete Strategie zurückzuführende Begründung wurde zu keiner Zeit geliefert, auch in den seit 1987 vom Kongreß verlangten Strategieberichten des Präsidenten nicht. Während in ihnen, wie auch in den Analysen des Verteidigungsministers, die Bedrohung der Vereinigten Staaten durch die Sowjetunion und deren Aufrüstung stets die zentrale Rolle spielte, kam der Löwenanteil des Verteidigungsbudgets den amerikanischen Interventionsstreitkräften in der Dritten Welt zugute.[108] Aber auch dahinter ließ sich kaum eine strategische Rationalität entdecken: Was sollten die Vereinigten Staaten mit 15 modernen Flugzeugträgerkampfgruppen, von denen allein vier in den neunziger Jahren ersetzt werden sollten, wenn sie schon aus finanziellen Gründen nicht imstande waren, diese Armada ordentlich zu bemannen und auszurüsten? Für die einer Modellrechnung entspringende These, daß die amerikanischen Rüstungsausgaben sich stets nach denen der Sowjetunion gerichtet und die Distanz zwischen beiden zu verringern versucht hätten,[109] gibt es daher in der politischen Realität keine Evidenz. Sie deutet vielmehr daraufhin, daß dem Verteidigungsbudget der zweiten Reagan-Administration ebenfalls eine überzogene Bedrohungsanalyse, undurchführbare und eskalationstreibende Strategien zugrundelagen, vor allem im maritimen Bereich, und schließlich ein Aufrüstungstempo, das notwendigerweise zu Fehlentscheidungen und Ressourcenvergeudungen führen mußte.[110]

Während der ersten Amtszeit Ronald Reagans hatte der Kongreß die Aufrüstungswünsche weitgehend erfüllt. Infolge dessen war das Verteidigungsbudget 1985 mehr als doppelt so hoch wie das von 1980; unter Berücksichtigung der Inflation lag es real um 50% höher. Dieser Erfolg hatte Verteidigungsminister Weinberger nicht davon abgehalten, im Januar 1985, wenn auch vertraulich, für die kommenden fünf Jahre eine weitere massive Aufstockung des Rüstungsbudgets vorzusehen, nämlich um beinahe 70%. Von 287 Mrd. USD im Haushaltsjahr 1985 sollte das Verteidigungsbudget auf 478 Mrd. im Haushaltsjahr 1990 steigen.[111] Diese Pläne konnten allerdings nicht mehr verwirklicht werden. 1986 setzte Weinberger die Planziffer für 1990 auf 375 Mrd. herunter, 1987 reduzierte er sie nochmals auf 343,9 Mrd. USD.[112] Selbst diese reduzierte Anforderung hätte bedeutet, daß die Vereinigten Staaten in der zweiten Amtsperiode Präsident Reagans für ihre Verteidigung nochmals 1,5 Billionen

USD ausgeben sollen, genauso viel wie Präsident Reagan 1981 für seine erste Amtsperiode projektiert hatte.

Dazu waren aber 1985 weder die Öffentlichkeit noch der amerikanische Kongreß bereit. Beide waren der Auffassung, daß das Verteidigungsbudget der USA hoch genug war und fortan nicht mehr gesteigert werden sollte. Insofern wurde die Reagan-Administration das Opfer ihres Erfolges. Sie hatte den Rüstungshaushalt in den ersten fünf Jahren derart erweitert, daß Gesellschaft und Legislative ihn für ausreichend hoch ansahen.

Hinzu kam das aufschießende Haushaltsdefizit, dessen Zusammenhang mit der Steigerung des Verteidigungsbudgets unübersehbar war. Auch dies hatte in der Absicht Reagans gelegen; er hielt bis in sein letztes Amtsjahr hinein unerschütterlich an dem Versuch fest, mit dem Hinweis auf das Defizit den Kongreß zur Kürzung der Sozialausgaben zu zwingen. Da der Kongreß dazu nicht bereit war, sich andererseits 1985 mit dem Haushaltsausgleichgesetz, dem «Balanced Budget and Emergency Deficit Control Act», auf eine notfalls automatisch erfolgende Reduzierung des Budgetdefizits festgelegt hatte, kam auch der Verteidigungshaushalt unter das Messer. Beigetragen hatte dazu schließlich auch, drittens, die öffentliche Kritik an den exorbitanten Preissteigerungen im Verteidigungsbereich, die der riesige Kapitalzufluß ausgelöst hatte. Konnte beispielsweise die Marine im Haushaltsjahr 1987 ein Flugzeug vom Typ Prowler für 36 Mio. USD erwerben, so war ein Jahr später genau das Doppelte zu entrichten: 70 Mio.[113] Daß ein einfacher Hammer 436 USD gekostet hatte,[114] veranschaulichte durch seine Lächerlichkeit das Ausmaß der Vergeudung, das mit den riesigen Verteidigungshaushalten heraufgezogen war. Einen nicht unbeträchtlichen Teil der Schuld daran schob der Kongreß auch der überfälligen und bisher stets verweigerten Reform des Pentagon zu,[115] das seinerseits die Legislative drängte, an die Stelle der einjährigen Bewilligungen Doppelhaushalte treten zu lassen, die eine größere Ausgabeneffizienz ermöglichen würden.[116] 1986 wurde die Reorganisation des Verteidigungsministeriums verabschiedet, 1987, aufgrund des Verteidigungshaushaltsgenehmigungsgesetzes für 1986,[117] der erste Zweijahreshaushalt vorgelegt.

Der Kongreß ließ sich dadurch nicht mehr umstimmen. Er erhöhte den Verteidigungshaushalt von 1984 auf 1985 noch einmal und letztmals um 30 Mrd. USD, so daß statt 258,1 Mrd. 286,8 Mrd. zur Verfügung gestellt wurden. Dies waren aber nicht nur rund 40 Mrd. weniger, als der Präsident verlangt hatte, es war offensichtlich auch die Obergrenze des Verteidigungshaushalts, die der Kongreß nicht mehr überschreiten wollte. Nicht einmal die Inflationsanpassung war fortan gesichert: Der Verteidigungshaushalt 1987 lag um nichts höher als der des Vorjahres. Das im Dezember 1987 verabschiedete Haushaltsbewilligungsgesetz für 1988 gab dem Verteidigungsministerium 281,5 Mrd. USD, 20,5 Mrd. USD weniger, als der Verteidigungsminister verlangt, und nur eineinhalb Milliarden mehr, als der Kongreß im Vorjahr bewilligt hatte. Real wurde dem Verteidigungsbudget wiederum ein Minuswachstum verordnet.

Die von 1981 an steil aufsteigende Kurve des amerikanischen Verteidigungsbudgets mündete seit 1985 in eine Gerade ein, wie die nachstehende Tabelle zeigt:

Tabelle 8 Verteidigungsausgaben der USA 1981–1988
Budget Authority, lfd. Dollar/Milliarden

Haushaltsjahr	1981	1982	1983	1984	1985	1986	1987	1988
Mrd. USD	178,365	213,751	239,474	258,150	286,802	281,390	281,695	303,295

Quelle: C. W. Weinberger, Annual Report to Congress, FY 1987, 1986, S. 313 und FY 1988, S. 325. Budget Authority, vor 1979 auch Total Obligational Authority (TOA) genannt, stellt den Finanzrahmen fest, innerhalb dessen die Streitkräfte und das Verteidigungsministerium Ausgaben tätigen können.

Damit hielt der Kongreß das Wachstum des Verteidigungsbudgets an einer Stelle an, die nur um knapp 30 Mrd. USD oberhalb derjenigen lag, die Verteidigungsminister Brown in der letzten Budgetprojektion der Carter-Administration für 1985 vorgesehen hatte: 248,9 Mrd. USD.[118] Mit dieser Stabilisierung wurde die durchschnittliche Steigerungsrate des Reaganschen Verteidigungsbudgets über die acht Jahre seiner Administration auf 5% gesenkt – auf genau jenen Satz, für den sich schon Carter in seinem letzten Amtsjahr ausgesprochen und den der Vereinigte Generalstab 1979 als Preis für seine Zustimmung zum SALT II-Vertrag gefordert hatte.[119] Das Verteidigungsbudget in der vom Kongreß festgestellten und für die zweite Hälfte der achtziger Jahre festgeschriebenen Höhe erfüllte also jedenfalls im Durchschnitt alle Wünsche des Militärs.

Es erfüllte auch die meisten des Präsidenten, von denen viele schon seine Vorgänger geäußert bzw. erfüllt hatten. Davon hatte jeder Arm der strategischen Triade profitiert: 1982 wurde das erste Trident-Unterseeboot der Ohio-Klasse in Dienst genommen, jedes Jahr kam ein weiteres hinzu. 1995 sollten die Vereinigten Staaten 15 solcher Schiffe besitzen, deren jeweils 24 Startgeräte die 1987 erstmals erprobte Rakete vom Typ D-5 tragen werden. Sie zeichnet sich durch eine hohe Zielgenauigkeit und Eindringfähigkeit aus. Die MX-Rakete hatte Carter 1979 zu produzieren begonnen. Ende 1986 wurden die ersten davon in modernisierten Minuteman-Silos disloziert; Ende 1988 waren alle 50, auf deren Produktion sich der Präsident mit dem Kongreß verständigt hatte, stationiert.[120] Die letzte ICBM vom Typ Titan II wurde Ende 1987 außer Dienst gestellt, während die Minuteman II und III, letztere vor allem mit dem verbesserten Sprengkopf vom Typ Mark 12-A, bis 1990 weiterhin die Majorität der amerikanischen ICBMs ausmachten. Das Verteidigungsministerium suchte darüber hinaus nach einer neuen Stationierungsmethode für die MX, um den Kongreß zur Bewilligung der zweiten Rate von 50 Stück zu bewegen. 1987 wurde die Entwicklung der beweglichen Midgetman in Angriff genommen.

Auch den luftgestützten Marschflugkörper hatte Präsident Carter schon zu produzieren begonnen und mit ihm dem dritten Arm der Triade, der Bomberflotte, neue Einsatzmöglichkeiten gegeben. Die ALCMs stellten in der zweiten Hälfte der achtziger Jahre die Waffe mit der größten Zielgenauigkeit und Zerstörungsfähigkeit, also mit der besten ‹Hard Target Capability› (HTC), dar. Auch nachdem die Trident II-Rakete mit dem D-5-Sprengkopf zur Verfügung stehen würde, also noch in den neunziger Jahren, sollten diese ALCMs 60% des strategischen Offensivpotentials darstellen.[121] Ausgangs der achtziger Jahre sollten rund 1750 solcher ALCMs zur Verfügung stehen, zuzüglich einer geheimen Zahl modernisierter Marschflugkörper (ACM), deren Reichweite noch größer und deren Entdeckungsmöglichkeit noch geringer war.

Die Reagan-Administration beschränkte sich keinesfalls darauf, die Programme ihres Vorgängers auszuführen. Hatte Carter mit den ALCMs den Anschluß zwischen dem B-52- und dem in Entwicklung befindlichen Bomber moderner Technologie (ATB), dem sogenannten Stealth-Bomber, herstellen wollen, so schob Reagan 100 Bomber vom Typ B-1 dazwischen. Das erste Geschwader war im Oktober 1986 in Dienst gestellt worden, Ende 1987 waren die Zeit- und Kostenpläne, die der Kongreß 1981 zur Grundlage seiner Bewilligung gemacht hatte, genau eingehalten worden. Allerdings zeigte sich alsbald, daß nur ein Flugzeug voll einsatzfähig war, die anderen ihre Aufträge höchstens zur Hälfte verrichten und die Schäden, die vor allem die Elektronik betrafen, nur durch erheblichen Mehraufwand behoben werden konnten.[122]

Das strategische Dispositiv, das die Reagan-Administration in ihrer zweiten Amtszeit verfolgte, ließ kein Einschwenken auf die Linie der von Reagan selbst eingesetzten Scowcroft Commission erkennen, die die Stationierung der MX nur als Übergangslösung akzeptiert hatte. Sie sollte alsbald durch die kleine, bewegliche, nur mit einem Sprengkopf ausgerüstete Midgetman ersetzt werden.[123] Statt dessen forderte die Reagan-Administration 1988 Mittel für eine schienengeführte Stationierungsversion der MX an. Sie verlangte die Finanzierung von 42 weiteren MX und, sozusagen im Nebenhinein, auch die der Entwicklung der Midgetman.[124] Von der Ersetzung der MX war nicht mehr die Rede.

Gingen diese Programme noch einigermaßen unbeschadet durch den Kongreß, so benutzten Reagans Kritiker die notwendigen Haushaltskürzungen dazu, diejenigen Vorhaben des Präsidenten zu stoppen oder doch zu verlangsamen, mit denen er gegen alle bisherigen Prinzipien der amerikanischen Verteidigungspolitik verstieß: die Strategische Verteidigungsinitiative, die Weltraumrüstung und die Wiederaufnahme der Produktion chemischer Waffen. Reagan hatte die Finanzierung dieser Programme in den Vordergrund seiner zweiten Amtsperiode gestellt und gerade damit den legislativen Widerstand ausgelöst. Er war, wie sich zeigte, beträchtlich, aber doch nicht stark genug, um die präsidentiellen Vorhaben zu verhindern.

In deren Zentrum stand die Strategische Verteidigungsinitiative. Für sie hatte Reagan 1985 1,4 Mrd. USD erhalten, 1986 3,7 Mrd. verlangt. Im Kongreß wurde gegen dieses Programm nicht nur seine physikalische Unmöglichkeit ins Feld geführt,[125] sondern auch seine kaum verdeckte offensive Komponente, die die Rüstungskontrolle erschweren, wenn nicht sogar beenden konnte, sowie der in der Benutzung des Röntgenlasers liegende Verstoß gegen den ABM-Vertrag von 1972 und den Weltraum-Vertrag von 1967.[126] Die Administration erntete Sturm, als Sicherheitsberater McFarlane am 6. Oktober 1985 die Auffassung der Administration bekanntgab, daß der ABM-Vertrag von 1972 ein raumgestütztes Verteidigungssystem durchaus zulasse. Der Rechtsberater des Außenministeriums Sofaer lieferte am 22. Oktober eine rechtliche Begründung nach, die sich auf sowjetische Vertragsverletzungen sowie eine veränderte Interpretation des Textes berief.[127] Damit war der Kongreß vor zwei Probleme gestellt, die ihn bis zum Ende der Amtszeit Reagans beschäftigten: Sollte die bisherige oder die neue Interpretation des Vertrages gelten und sollte – was bedeutend folgenschwerer war – die Administration das Recht besitzen, einen Vertrag zu einem späteren Zeitpunkt anders auszulegen als zu dem, an dem sie ihn dem Senat präsentiert und dessen Zustimmung erhalten hatte? Belastete der zweite Aspekt vor allem die Zustimmung des Senats zum INF-Vertrag von 1988,[128] so versuchte die Administration den ersten durch einen Kompromiß aus dem Weg zu räumen. Außenminister Shultz gab am 14. Oktober 1985 bekannt, daß die Administration die neue Interpretation als rechtens ansah, in ihrer praktischen Politik aber der bisherigen, engen Auslegung folgen wollte. Dies gelang nur unvollkommen. Das legislative Mißtrauen konnte nicht mehr beseitigt werden, zumal die Administration nicht mehr nur von einem Forschungsprogramm, sondern auch schon von Erprobungen sprach und sich durch Kooperationsabkommen mit den westlichen Alliierten dort eine gewisse Rückendeckung zu besorgen versuchte.

Der Kongreß reagierte mit einer Doppelstrategie. Er verordnete der Regierung 1985 erstmals ein eingeschränktes, 1986 dann ein vollständiges Verbot der Tests von Anti-Satellitenwaffen im Weltraum, das bis 1987 galt.[129] Damit wurde die Reagan-Administration nicht nur gezwungen, das Verbot von Anti-Satellitenwaffen, das Carter verfolgt hatte, auch in ihre Rüstungskontrollkonzepte mit aufzunehmen. Vor allem wurde sie daran gehindert, mit solchen Tests Teile des SDI-Programms zu erproben. Im Zusammenhang mit der Verabschiedung des Verteidigungsausgabengesetzes 1988 einigten sich Präsident und Kongreß auf einen Kompromiß, der die Administration auf die Fortsetzung des Testmoratoriums für Anti-Satellitenwaffen, sowie auf die faktische Beachtung der engen Auslegung des ABM-Vertrages bei der Veranstaltung von Raketenabwehrtests festlegte. Da ihr auch verboten wurde, Komponenten zu kaufen, mit denen sich später unerlaubte Tests durchführen ließen, wurde nicht nur die Reagan-Administration bis zum Ende ihrer Amtszeit, sondern auch ihre Nachfolgerin zumindest bis 1990 gezwungen, auf die weltraumgestützten SDI-Komponenten zu verzichten (wodurch deren Kontrolle oder Verbot erleichtert werden sollte) und die Strategische Verteidigungsinitiative im Rahmen der bisherigen Interpretation des ABM-Vertrages zu halten.

Die zweite Strategie verlief weit weniger erfolgreich. Sie wollte den Präsidenten durch Mittelkürzungen zur Einschränkung von SDI zwingen. Reagan entging dem Druck durch antizipierend höher geschraubte Forderungen. Er verlangte für das Haushaltsjahr 1986 3,7 Mrd. USD, erhielt nur 2,75 Mrd., aber doch doppelt so viel wie die 1,4 Mrd., die er 1985 erhalten hatte. Für das Haushaltsjahr 1987 verlangte er 5,32 Mrd. USD und erhielt 3,53 Mrd., also wiederum mehr als im Vorjahr. Im Haushaltsjahr 1988 wurden ihm 3,9 Mrd. USD zur Verfügung gestellt[130] – zwei Milliarden weniger, als er verlangt hatte, aber doch genug, um das Programm fortführen zu können.

Aufs Ganze gesehen, hatte sich das SDI-Budget mehr als verdreifacht, war es zum größten militärischen Forschungsprogramm der Vereinigten Staaten geworden, das dementsprechend auch größte strategische Bedeutung besaß.[131] Die Ausstattung dieses Schwerpunktes hat der Kongreß zwar eingeschränkt, seine Bildung aber nicht verhindert. Dennoch blieb er wachsam gegenüber einem Projekt, dessen technologische Machbarkeit ebenso umstritten war wie die finanziellen und rüstungskontrollpolitischen Folgekosten, die aus ihm entstehen konnten.

Die Westeuropäer machten ihre Sorgen geltend, daß eine Raketenverteidigung die USA aus der Schutzgemeinschaft der NATO abkoppeln könnte – eine Sorge, die durch die nachgeschobene und in der Bundesrepublik nur vom Verteidigungsministerium befürwortete Idee einer ‹Europäischen Verteidigungsinitiative› keinesfalls behoben wurde.[132] Die in der Rüstungskontrolle engagierten Interessengruppen der USA, allen voran die Union of Concerned Scientists und die sehr viel größere Common Cause erhöhten die Sensibilität des Kongresses für den Schaden, den SDI am Regime der Rüstungskontrolle anrichten konnte.[133]

Derart bedrängt, änderte das Verteidigungsministerium im Herbst 1986 die Forschungsprioritäten. Waren sie bis dahin auf die Entwicklung hochkomplexer Technologien wie die raumgestützter Laserwaffen gerichtet, die zwar der Vision des Präsidenten entsprachen, aber vor dem Beginn des nächsten Jahrtausends kaum – wenn überhaupt – hergestellt werden konnten, so rückten jetzt einfachere, entweder weltraumgestützte kinetische oder bodengestützte Abwehrwaffen an die Spitze der Priorität. Dieser Wandel wurde öffentlich nicht bekanntgegeben, wie überhaupt der Kongreß zu keiner Zeit im einzelnen darüber unterrichtet wurde, welche Forschungsprogramme mit den bewilligten Summen durchgeführt wurden. Dennoch war ihm geläufig, daß sich im Winter 1986/87 ein solcher Programmwandel zugunsten einfacherer Technologien, die aber in einem kürzeren Zeitraum stationiert werden konnten, vollzogen hatte.[134] Im Herbst 1986 hatten sich die konservativen Interessengruppen wie die Heritage Foundation, die Gruppe High Frontier und das George C. Marshall Institute öffentlich zugunsten einer solchen ‹Frühstationierung› ausgesprochen; sie wurde am 1. Oktober 1986 von der legislativen Interessentengruppe um den Senator Boschwitz und den Abgeordneten Kemp in einem Brief an den Präsidenten offen gefordert. Die Gründe dafür waren eher rüstungspolitischer als sicherheitspolitischer Natur: Die SDI-Befürworter befürchteten einen Konsensverlust des Programms, wenn es sich über Jahrzehnte ohne sichtbaren Erfolg hinzog.

Wenn auch das Pentagon niemals öffentlich einen solchen Programmwandel zugab,[135] so schlug er sich in den Mittelanforderungen nieder, die, jedenfalls in den Haushaltsjahren 1987 und 1988, mehr die kinetischen Waffen betrafen als die, die mit gerichteter Energie (Laser) arbeiten sollten. Kein Zweifel aber kann daran bestehen, daß das Null-Wachstum, das der Kongreß dem Verteidigungshaushalt der USA in der zweiten Hälfte der achtziger Jahre verordnet hatte, das SDI-Programm zwar eingeschränkt, aber nicht beeinträchtigt hat. Es stellte das teuerste und folgenreichste Aufrüstungsprogramm der Reagan-Administration dar. Die Demokraten im Repräsentantenhaus schätzten, daß es schließlich eine Billion USD kosten, die NATO beschädigen, das Wettrüsten anheizen und mit der unausbleiblichen Übertretung des ABM-Vertrages die Perspektiven der Rüstungskontrolle zunichte machen würde.[136]

SDI blieb nicht die einzige neue Aufrüstungsinitiative Reagans. Hatte Präsident Nixon 1969 die Produktion von chemischen Waffen eingestellt, so hatte Reagan ihre Wiederaufnahme 1982 durch die Stoessel-Kommission prüfen und positiv beantworten lassen. Neue binäre Waffen sollten die in Europa lagernden veralteten Systeme ablösen, das sowjetische Potential abschrecken und Moskau an den Verhandlungstisch zwingen. Der Kongreß hatte in der ersten Reagan-Amtszeit das Projekt abgelehnt, wobei das Repräsentantenhaus überhaupt nicht, der Senat nur mit knappster

Mehrheit zustimmte. 1985 gelang dem beharrlichen Verteidigungsministerium der Durchbruch: Der Kongreß genehmigte die Wiederaufnahme der Produktion binärer Chemiewaffen, mit der nur schwachen Einschränkung, daß die NATO-Alliierten zustimmen mußten. Dies geschah im Frühjahr 1986, wobei sich Reagan nur an die Verteidigungsminister, nicht an die Parlamente der Allianz wandte.[137] Schweren Herzens, nach schweren Kämpfen und mit den denkbar kleinsten Mehrheiten rang sich der Kongreß 1986 die Zustimmung zur Produktion binärer chemischer Waffen ab. Er deckte aber seinen Rückzug, indem er den Produktionsbeginn auf den Herbst 1987 und nur für den Fall vorsah, daß bis dahin kein Abrüstungsvertrag zustande gekommen sein sollte. Die am meisten umstrittene chemische Waffe, die sogenannte BIGEYE-Bombe, hatte er aus technischen Gründen ohnehin zurückgestellt. Da sich die Aussichten für ein Rüstungskontrollabkommen wieder verschlechterten – nicht zuletzt wegen des von den Konservativen stark betonten Verifikationsproblems –, verlor der Kongreß diese letzte Schlacht. Auch die Hürde vor der BIGEYE-Bombe fiel; Ende 1987 wurde die Produktion binärer Waffen über das ganze Spektrum des vorgesehenen Arsenals aufgenommen.[138]

Während das Aufrüstungsprogramm Reagans in seiner zweiten Amtsperiode im Bereich der strategischen Offensivwaffen, der chemischen Waffen und der Strategischen Verteidigungsinitiative höchst kontrovers verlief, vollzog es sich auf dem nicht weniger schwerwiegenden Gebiet der Seerüstung vergleichsweise lautlos. Die Marine hatte Ende 1985 die Zahl ihrer Kampfschiffe auf 545 erhöht und war zuversichtlich, daß sie 1990 die von Reagan geplante Ausbaugröße von 600 Schiffen, darunter 15 Flugzeugträgerkampfgruppen, auch erreichen würde.[139] 103 Schiffe befanden sich im Bau. Der Fünfjahresplan der Marine sah bis 1990 insgesamt 109 neue Kampfschiffe der verschiedensten Funktionen und Größen vor, dazu die Modernisierung von 24 älteren Typen.

Es wurde also nicht nur die Zahl der Schiffe erhöht, sondern durch Modernisierung die Qualität der Flotte erheblich gesteigert. Die Marine verlangte für dieses Programm 1985 rund 75 Mrd. USD, die der Kongreß zwar nicht immer zum gewünschten Zeitpunkt und im gewünschten Umfang, aber doch durchweg bewilligte. Das Budget für 1986, beispielsweise, erfüllte alle Anforderungen der Navy.[140]

Auch die Marineluftwaffe wurde erweitert und modernisiert. 1985 erhielt sie 275, 1986 322 neue Flugzeuge und Helikopter;[141] 1987 wurden lediglich 96 F/A-18-Jagdbomber bewilligt, anstatt der geforderten 120. Alle anderen Flugzeuge wurden genehmigt. Auch ging die Produktion des seegestützten Marschflugkörpers vom Typ Tomahawk weiter.[142] Zwar mußte sich auch die Marine nach der Decke der Budgetkürzungen strekken; sie verzichtete notfalls eher auf Soldaten als auf Waffensysteme.

Reagans Ziel einer Marine von 600 Schiffen am Ausgang der achtziger Jahre wurde durch die Budgetkürzungen nicht in Frage gestellt.

Anlage und Ausbau der Seestreitkräfte zeigen, daß sie zwei Funktionen zu erfüllen hatten. Im Rahmen der im Januar 1986 erstmals veröffentlichten ‹Maritimen Strategie›[143] sollte sie die sowjetischen Seestreitkräfte bewachen und im Konfliktfall vernichten. In Friedenszeiten und bei regionalen Konflikten in der Dritten Welt diente sie der Demonstration und der «Projektion» amerikanischer Macht.

Die maritime Strategie beschäftigte sich weniger mit der seegestützten Abschreckungsfunktion, also mit den SLBM, als vielmehr mit dem Einsatz der Marine im Konfliktfall.[144] Trat ein Konflikt ein, so sollten konventionell bestückte amerikanische Unterseeboote sofort die in sowjetischen Gewässern operierenden strategischen U-Boote der Sowjetunion angreifen und zu versenken suchen. Wollte sie das verhindern, mußte die Sowjetunion ihre Angriffs-U-Boote zum Schutz der SSBNs zurückbeordern, die dann nicht mehr die westlichen Verbindungslinien im Atlantik und Pazifik stören konnten. In der zweiten Phase sollten die sowjetischen Seestreitkräfte im Indischen Ozean und im Mittelmeer zerstört werden; in der dritten Phase würde die amerikanische Marine von der norwegischen See und vom nordwestlichen Pazifik aus das sowjetische Mutterland direkt unter Beschuß nehmen.

Diese offensive Strategie unterschied sich deutlich von der defensiven, die unter Reagans Vorgängern, vor allem unter Carter, geherrscht hatte und darauf gerichtet war, die Seewege offenzuhalten und sowjetische Angriffe auf See abzuwehren. Dementsprechend mußte auch die Marine ganz anders ausgestattet werden, brauchte viel mehr Flugzeugträger, Angriffs-U-Boote und Raketenkreuzer. Verteilt über alle sieben Weltmeere, sollten sie im Konfliktfall die Sowjetunion an den verschiedenen Seefronten unter Druck setzen; die horizontale Eskalation der ersten Reagan-Jahre tauchte hier, wenn auch nicht dem Begriff, sondern der Sache nach wieder auf. Ihr diente die Erweiterung der Navy auf 600 Schiffe und deren kontinuierliche Modernisierung. Die Reagan-Administration schuf sich auf diese Weise eine äußerst schlagkräftige Seestreitmacht, die mit der Betonung konventioneller Waffen die Selbstabschreckung der Nuklearwaffen umging, dementsprechend sofort und ohne Bedenken eingesetzt werden konnte. Mit der Seerüstung entstand – vom Kongreß beinahe anstandslos gebilligt – ein Instrument amerikanischer Militärmacht, das deklaratorisch wie operativ der Superiorität der USA diente und dabei offenbarte, in welchem Ausmaß die Reagan-Administration nach wie vor eine konfrontative Politik gegenüber der Sowjetunion betrieb.

Auch die zweite Funktion der amerikanischen Marine, die der ‹power projection›, wurde seit 1985 weiter gestärkt. Sie sollte im Krieg «die Schlacht an den Gegner heranbringen» und im Frieden «eine sichtbare

Demonstration dieser Fähigkeit, damit einen kräftigen Abschreckungsfaktor» darstellen.[145] Das Rückgrat dieser Flotte bildeten die Flugzeugträger. Von ihnen besaßen die USA 1985 13; der vierzehnte wurde im Herbst 1986 in Dienst gestellt, die Ablieferung des fünfzehnten zum Ende der Dekade erwartet. 1992 soll der zweite neue Flugzeugträger, die George Washington, fertig sein. Die Bewilligung für dieses Programm war schon 1983 erfolgt; es mußten nur noch die Finanzmittel zur Verfügung gestellt werden. Zu den Flugzeugträgern traten vier Schlachtschiffe, die nicht neu gebaut, sondern lediglich überholt wurden. Mit Marschflugkörpern vom Typ Tomahawk und Harpoon ausgestattet, unterstützen sie die Flugzeugträger beim Kampf gegen Schiffe und Landziele.

Mitte der achtziger Jahre entwickelten die Marine und das Marinekorps ein neues Konzept für die schnellere Landung größerer Truppenzahlen. Dazu gehörte der Bau größerer Amphibien-Landungsschiffe. Das größte davon, ein 40000 t-Schiff vom Typ LHD-1 war bereits im Bau, drei weitere hatte der Kongreß schon genehmigt, nur der Bau des fünften mußte wegen der Haushaltsverknappung um ein Jahr, bis 1991, verschoben werden. Auch die beiden letzten der amphibischen Landungsschiffe vom Typ LSD-41 hatte der Kongreß 1985 schon genehmigt. Sie transportierten die Luftkissenlandeschiffe, deren Fassungsvermögen und Geschwindigkeit es erlaubten, die Transportschiffe außerhalb der Sichtweite des Landes halten und die Truppen entladen zu lassen. Damit war das Ausbauprogramm der Power Projection-Streitkräfte praktisch in voller Höhe bereits genehmigt und großen Teils schon angegangen worden. Es brauchte in der zweiten Hälfte der achtziger Jahre nur noch vollendet zu werden.

Die ‹power projection› wurde aber auch durch die Erweiterung der Luft- und Seetransportkapazität verbessert. Die USA besaßen für diesen Zweck 314 Transportflugzeuge und 108 Frachtschiffe, die bereits die Hälfte bzw. sogar 75% der verlangten Transportkapazität darstellten.[146] Seit 1986 wurde das C 17-Frachtflugzeug gebaut, von dem 1988 zwei und 1989 vier Exemplare zur Verfügung stehen sollten. Auch die Vorausstationierung militärischen Materials ging weiter, und zwar sowohl zu Lande, wie seit 1986 in Oman, als auch auf den Meeren, wo die USA 1987 über 27 vorausstationierte Schiffe verfügten, darunter vier Tanker. Schließlich wurde auch das 1979 entwickelte Joint Deployment System des Verteidigungsministeriums verbessert, ein computergestütztes Leitungssystem für die koordinierten Bewegungen der Streitkräfte in allen Weltteilen. Es sollte bis 1990 in den gesamten Operationsplan der Streitkräfte integriert werden,[147] profitierte auf diese Weise auch von der ständigen Verbesserung der Command-, Control- und Communication-Systeme (C^3I).

Die Fähigkeit zur ‹power projection› war also nicht auf den U.S. Central Command beschränkt, der 1983 aus der Rapid Deployment Force hervorgegangen und speziell auf Südostasien ausgerichtet war. Die ihm zugeordneten fünf Armee- und 1⅓ Marinekorps-Divisionen sowie die drei Flugzeugträgerkampfgruppen dieses Kommandos konnten jederzeit durch weitere Streitkräfte verstärkt werden. Auf diese Flexibilität, die rasche Einsätze weltweit ermöglichte, hatte die Reagan-Administration den größten Wert gelegt.

Wen also trafen die Budgetkürzungen in der zweiten Reagan-Administration, wo wurde im Verteidigungshaushalt gespart? Reagan hätte, wenn er den Sparauftrag des Kongresses mit erfolgreicher Rüstungskontrolle verbunden haben würde, allein am Haushalt der strategischen Waffen 1988 8,3 und 1989 10,2 Mrd. USD einsparen können.[148] Aber davon war die Reagan-Administration, wie 1988 das letzte von ihr vorgelegte Verteidigungsbudget zeigt,[149] weit entfernt. Es verzichtete von selbst auf 33 Mrd. USD, um der zu erwartenden Kürzung entgegenzukommen, entnahm sie aber nicht den Waffenbeschaffungsprogrammen, sondern der Personalstärke, die um 10000 Mann gesenkt wurde. Wie der Stellvertretende Armeeminister Ambrose, bevor er sein Amt im Februar 1988 aufgab, sagte, würde er lieber auf noch mehr Soldaten verzichten, als die Armee ohne die notwendigen modernen Waffen gegen die Sowjetunion ins Feld zu schicken.[150]

Reagans Aufrüstungsprogramm beschaffte vor allem Waffen. Die Soldaten erhielten höheren Sold, aber das Freiwilligensystem wurde nicht aufgegeben, der Wehrdienst nicht eingeführt. Diese Entscheidungen ließen weniger darauf schließen, daß die Sicherheit bedroht war, als darauf, daß mehr Geld für die Rüstung ausgegeben werden sollte.

Ein solches Aufrüstungsprogramm konnte zwei Ursachen haben. Es konnte auf die Interessen der Rüstungsindustrie zurückzuführen sein, auf den militärisch-industriellen Komplex.[151] Dagegen spricht, daß die amerikanische Industrie 1979/80 ausgelastet und an großen Rüstungsaufträgen wegen deren Elastizität nicht interessiert war. Die Entscheidung zur Aufrüstung fiel – wie schon immer – in der politischen Zentrale, nicht in der Wirtschaft. Daß die existierende Rüstungswirtschaft den Segen gern entgegengenommen und später ihn zu erhalten versucht hat, steht auf einem anderen Blatt.

Die riesigen Rüstungshaushalte der Reagan-Administration mit ihrem Schwerpunkt auf kostspieligen Waffenprogrammen lassen sich am ehesten mit der politischen Absicht erklären, die Werteverteilung des politischen Systems auf die Rüstung zu rücken, den Bundesstaat weniger mit der Wohlfahrt der amerikanischen Bürger als mit der Machtentfaltung der USA nach außen zu befassen. Der Präsident selbst hat die Machtentfaltung wohl eher instrumentell angesehen, ihm ging es um die Re-Distribution in der Werteverteilung. Die zivile Leitung des Pentagon um Weinberger und Perle dürfte, gestützt auf eine kleinbürgerlich-konservative Koalition, sehr wohl den Aufbau des Machtstaates im Auge gehabt und die Rüstung seinetwegen vorangetrieben haben. Von den klassisch-republikanischen Anschauungen über die Bändigung außenpolitischer Macht war bei ihnen jedenfalls nichts mehr festzustellen.

Einig war sich die Reagan-Administration darin, mit der Aufrüstung fiskalische Fakten zu schaffen, Ausgabenmuster, die auch noch den Nachfolger an diese Verteilungspolitik banden.[152] Deswegen führte die Reagan-Administration opulente Rüstungsprogramme durch, die sich verteidigungsstrategisch nicht begründen ließen, aber die Grundlage einer riesigen außenpolitischen Machtentfaltung bilden sollten.

c) Druck auf die Rüstungskontrolle

Ein solches Vorhaben konnte durch erfolgreiche Rüstungskontrollverhandlungen nur gestört werden. Nach wie vor war die Administration tief gespalten. Für die Abrüstungsbehörde unter Adelman und die zivile Leitung des Pentagon mit Richard Perle zielte schon der Versuch, sich mit der Sowjetunion über einen Vertrag zu einigen, in die falsche Richtung. Sowjetisches Verhalten konnte sehr viel besser durch amerikanische Rüstungsentscheidungen beeinflußt werden. Wenn Beschränkungen im beiderseitigen Interesse lagen, würden sie ohnehin eingehalten werden – mit und ohne Vertrag.[153] Die Patentlösung bestand darin, die Rüstungskontrolle durch eigene, unilateral definierte Aufrüstung zu verwirklichen. Verträge wollte dieser Teil der Administration ohnehin nur schließen, um damit dem Druck des Kongresses und der Öffentlichkeit zu entsprechen. Sie sollten aber auf solche Bereiche beschränkt werden, die für die amerikanische Sicherheit weniger wichtig waren und deswegen unterstellte Täuschungsinteressen der Sowjetunion tolerierten.[154] Das Außenministerium unter Shultz und die Vereinigten Stabschefs hielten nach wie vor ein Rüstungskontrollabkommen mit der Sowjetunion nicht für ausgeschlossen, wenn damit die Sicherheit der Vereinigten Staaten erhöht werden konnte. Zwischen diesen beiden Polen pendelte die Rüstungskontrollpolitik Reagans in den Jahren 1985 und 1986 hin und her, bis sie schließlich mit dem Aufbruch zum «Vorgipfel» von Reykjavik eine überraschend definitive Hinwendung zur partiellen Abrüstung nahm.

Vorab ging es in der Rüstungskontrolle um drei Komplexe. In Genf wurden die strategischen und die Mittelstreckenraketen verhandelt sowie die Weltraumrüstung. Im Kongreß drängten vor allem die Demokraten darauf, die unterirdischen Nukleartests einzuschränken, wenn möglich ganz einzustellen und die beiden anstehenden Rüstungskontrollverträge TTBT und PNET in diesem Bereich dem Senat zur Ratifikation zu überstellen. Schließlich forderte die Legislative die Einhaltung des ABM-Vertrages und verbot den Test von Antisatellitenwaffen; sie drängte schließlich auch auf das weltweite Verbot der Chemiewaffen.

An der personellen Zusammensetzung der amerikanischen Delegation in Genf ließen sich die Interessenschwerpunkte der Administration schon ablesen. Die Oberleitung erhielt Max Kampelman, ehemals Mitglied des Committee on the Present Danger, dem gleichzeitig auch die Verhandlungen über die Weltraumrüstung und die Anti-Satellitenwaffen anvertraut wurden. Die START-Delegation leitete der frühere Senator John Tower, der während seiner Mitgliedschaft im Streitkräfteausschuß des Hauses ein eloquenter Anwalt der amerikanischen Aufrüstung war. Tower legte sein Amt 1986 nieder und wurde durch Ronald Lehman, der im Stab des National Security Council tätig gewesen war, ersetzt. Die Gespräche über die Abrüstung der Mittelstreckenraketen wurden einem Karriere-Diplomaten, Maynard Glitman, anvertraut. Gleichzeitig wurde eine Kongreßdelegation nach Genf eingeladen.

Die drei Verhandlungsrunden des Jahres 1985 brachten erwartungsgemäß keine Fortschritte. Die Vereinigten Staaten legten am 1. November einen START-Vorschlag vor, der die Ende September erfolgte sowjetische Zustimmung zu einer 50%igen Kürzung der strategischen Nuklearwaffen aufgriff, eine Obergrenze von 4500 Sprengköpfen vorsah, sie aber unterschiedlich auf die einzelnen Trägersysteme verteilte. Eine Verbindung zum Verzicht auf SDI wurde nach wie vor abgelehnt, für die Mittelstreckenraketen wiederum die Null-Lösung vorgeschlagen, aber auch eine Interimlösung akzeptiert.[155] Das Prinzip einer Halbierung der strategischen Offensivwaffen und die Möglichkeit eines INF-Abkommens wurden drei Wochen später auf dem ersten Genfer Gipfeltreffen zwischen Reagan und Gorbatschow bekräftigt; ansonsten entsprach der Gipfel exakt der Linie Reagans, den Dialog mit der Sowjetunion aufzunehmen, aber ihn ohne Substanz zu lassen.

Darüber wollte die Reagan-Administration allein entscheiden, tat es auch. Am 6. Oktober 1985 hatte McFarlane die neue, erweiterte Interpretation des ABM-Vertrages verlauten lassen und einen Kritiksturm ausgelöst, den Außenminister Shultz eine Woche später mühsam wieder beruhigen mußte. Am 10. Juni hatte der Präsident dem Kongreß bestätigt, daß er sich – wie es der Senat ein paar Tage zuvor nochmals angemahnt hatte – an die Höchstgrenzen des SALT II-Vertrages halten werde. Er band diese Zusage aber nicht nur an ein entsprechendes Verhalten der Sowjetunion, sondern auch an ihr Entgegenkommen in Genf. Für die Zukunft hielt er sich «alle programmatischen Optionen» offen.[156] Die unterirdischen Kernwaffenversuche führte er ohnehin weiter, unberührt durch das von der Sowjetunion verkündete einseitige Moratorium vom 6. August 1985.

Die Mischung von neuen Angeboten in Genf und einseitigen Aufrüstungsschritten in Washington setzte sich auch 1986 fort. Präsident Reagan begrüßte Gorbatschows neues Abrüstungsangebot vom 15. Januar 1986, das auf die schrittweise Abschaffung aller Nuklearwaffen abzielte,[157] zumal er selbst 1983 in Japan diesen Vorschlag gemacht hatte. Im Februar band er seine Zustimmung an die vorherige Lösung aller politischen Probleme der Welt und die Beseitigung aller militärischen Ungleichgewichte.[158] Dafür legte er einen Plan für die weltweite Beseitigung aller Mittelstreckenraketen vor, der bis zum Ende der Dekade verwirklicht sein sollte. An der Aufrüstung der USA hielt Reagan unerschütterlich fest. In seinen Augen hatte sie die Sowjetunion an den Verhandlungstisch zurück und mit SDI die USA dorthin gebracht, wo die Sowjetunion sich schon längst befand.[159]

Reagans Versuch, es in der Rüstungskontrolle mit Lippenbekenntnissen bewenden zu lassen, stieß auf erhebliche legislative Kritik. Der Kongreß war, wie schon in der ersten Amtsperiode des Präsidenten, zur militärischen Aufrüstung der Vereinigten Staaten bereit, er war gleichzeitig aber auch an der Rüstungskontrolle interessiert. Er wollte Parität, keine Superiorität.[160] Vor allem das mit einer demokratischen Mehrheit ausgestattete Repräsentantenhaus, aber auch der Senat, drängten den Präsidenten 1985 und 1986 zur Rüstungskontrolle, und zwar mit einer solchen Intensität, daß der Präsident sich dem Druck nicht entziehen konnte. Im System der Gewaltenteilung nahm die Legislative gern die Gelegenheit wahr, dem Präsidenten ihre Prioritäten in der Außenpolitik aufzuzwingen.

Reagan konnte seine beiden Lieblingsprogramme MX und SDI überhaupt nur noch durch den Kongreß bringen mit dem Argument, daß sie die Sowjetunion zu Rüstungskontrollkonzessionen zwingen würden. 1986 wurde der langjährige Streit über die MX insofern beigelegt, als der Kongreß schließlich 50 Stück davon bewilligte, solange nicht eine bessere Aufstellungsmethode als die in den alten Minuteman-Silos gefunden sein würde. Selbst um dieses Ziel zu erreichen, mußte Reagan mit mehr als 100 Kongreßmitgliedern persönlich reden und sie davon überzeugen, daß «die Abstimmung über den Peacekeeper auch eine Abstimmung über Genf» ist.[161] Die Bewilligung von 3,2 Mrd. USD für SDI kam 1986 nur zustande, weil ihr nicht nur die SDI-Gläubigen zustimmten, sondern auch die sehr viel größere Gruppe derer, die dem Präsidenten einen Bargaining Chip für Genf in die Hand drücken wollten.[162] Reagan suchte sich auch dadurch bessere Karten zu verschaffen, daß er im März 1986 Kooperationsabkommen mit der Bundesrepublik, im September mit Italien abschloß, nachdem er im Dezember 1985 schon mit Großbritannien handelseinig geworden war. Im Kongreß aber konnte er nur obsiegen, indem er mit den Aussichten auf rüstungskontrollpolitische Erfolge in Genf warb.

In den anderen Bereichen der Rüstungskontrolle ließ sich der Kongreß, ließ sich vor allem das Repräsentantenhaus, mit solchen Hoffnungen nicht abspeisen. Es verabschiedete mit dem Genehmigungs- und dem Bewilligungsgesetz für den Verteidigungshaushalt 1987 im Sommer 1986 einen Block von vier Amendments, die dem Präsidenten die Rüstungskontrolle vorschreiben sollten.[163] Das erste betraf ein Moratorium für den Test von Anti-Satellitenwaffen. Das Haus hatte schon 1984 für ein solches Moratorium gestimmt, das dann Ende 1985 auch verhängt wurde und so lange gelten sollte, wie die Sowjetunion sich ihrerseits daran hielt. Am 12. 8. 1986 setzte das Haus mit dem Brown-Amendment das Moratorium erneut durch.

Das zweite Amendment betraf die Produktion chemischer Waffen. Der Senat war tief gespalten, und nur die Stimme des Vizepräsidenten gab den Ausschlag für die Bewilligung der Gelder für chemische Artillerie und die BIGEYE-Bombe. Das Haus war ebenfalls geteilt, brachte aber eine Stimme Mehrheit für die Streichung der Gelder auf.

Im Bereich der Kernwaffentests hatte das Repräsentantenhaus schon am 2. Oktober 1985 den Präsidenten auffordern wollen, endlich den Schwellenvertrag und den über friedliche Kernexplosionen dem Senat zur Ratifikation zuzuleiten. Präsident Reagan gelang es mit dem Hinweis auf den kommenden Gipfel in Genf 1985, die Abstimmung zu vertagen. Sie wurde aber, nach dem enttäuschenden Verlauf der Begegnung, am 26. Februar 1986 angenommen. Der Senat verabschiedete eine ähnliche Erklärung am 6. August 1986.

Das Repräsentantenhaus ging aber noch einen Schritt weiter, nahm am 8. August 1986 eine vom Vorsitzenden des Streitkräfteausschusses Les Aspin eingebrachte Entschließung an, die künftige Kernwaffentests an eine Obergrenze von 1 Kt band, falls die Sowjetunion diese Grenze nicht überschritt und beide Seiten Inspektionen an Ort und Stelle zuließen. Das war das dritte Amendment.

Das vierte betraf die Beibehaltung der SALT II-Obergrenzen. Ein Jahr zuvor hatte der Präsident sie noch bestätigt. Als sie jetzt mit dem Stapellauf des achten Trident-Unterseebootes im Mai 1986 erneut in Gefahr gerieten, schrieben 52 Senatoren und 157 Abgeordnete im April 1986 an den Präsidenten, um ihn an diese Obergrenzen zu erinnern.[164] Unberührt davon gab der Präsident am 27. Mai 1986 bekannt, daß er diese Grenzen nicht mehr beachten und mit den ALCMs des 131. B-52-Bombers überschreiten werde, falls die Sowjetunion nicht zu massiven Konzessionen bereit sei.[165] Damit lief das Faß der Gegensätze zwischen Präsident und Kongreß über. Beide Häuser antworteten mit Entschließungen, die den Präsidenten zur weiteren Beachtung der SALT II-Obergrenzen ermahnten; das Repräsentantenhaus verbot mit dem letzten seiner Zusätze zum Verteidigungshaushalt 1987 die Stationierung von Raketen und Bombern, die diese Obergrenzen verletzen würden. Wenn die zweite Kammer gefolgt wäre, hätte der Kongreß mit seinem Budgetbewilligungsrecht den Beschluß des Präsidenten zunichte gemacht und ihn gezwungen, auch gegen seinen Willen Rüstungskontrollmaßnahmen zu beachten.

Die vier Amendments waren der «erste Rundumschlag zugunsten der

Rüstungskontrolle in der Geschichte des Repräsentantenhauses»,[166] ein unüberhörbarer Schuß vor den Bug der präsidentiellen Politik. Reagan reagierte. Er rückte im Sommer 1986 von der Überschreitung des SALT II-Vertrages wieder ab, deutete auf Kompromißbereitschaft selbst im SDI-Bereich,[167] lobte ein neuerliches Entgegenkommen der Sowjetunion und unterstrich seine Bereitschaft zu einem weiteren Gipfelgespräch mit Gorbatschow. Nachdem am 30. September die Daniloff-Sacharow-Affäre, die sechs Wochen lang die amerikanisch-sowjetischen Beziehungen belastet hatte, durch einen Kompromiß aus der Welt geschafft worden war, gab der Präsident bekannt, daß er sich zehn Tage später mit Gorbatschow zu einem «Vorgipfel» in Reykjavik treffen werde.

Die Nachricht überraschte: Hatte nicht Reagan immer wieder erklärt, daß das nächste Gipfeltreffen in den Vereinigten Staaten stattfinden würde? Von einem «Vorgipfel», der auch begrifflich Schwierigkeiten bereitete, war ohnehin nie die Rede. Die Hast dieser Veranstaltung – zwischen Ankündigung und Ereignis lagen nur elf Tage – ließ den Verdacht aufkommen, der Präsident habe «einen politischen Coup» gelandet, mit dem er die Rüstungskontrollauflagen des Kongresses unterlaufen wollte.[168]

Jedenfalls gelang der «Coup»: Im Vermittlungsausschuß beider Häuser wurden am 10. Oktober 1986, einen Tag vor dem Beginn des Gipfels in Reykjavik, drei der vier Amendments des Repräsentantenhauses zu Empfehlungen abgemildert und in dieser Form verabschiedet; lediglich das ASAT-Moratorium wurde Gesetz.[169] Ansonsten sollte der Präsident in Reykjavik freie Hand behalten.

Der Trost für Reagan war nur schwach. Auch in dem – noch immer republikanisch geführten – Senat war er nur ganz knapp davongekommen. Ohne die Ankündigung des Gipfels wären alle vier Haus-Amendments wahrscheinlich Gesetz geworden. Kam er mit leeren Händen von Reykjavik zurück, konnten sie noch immer verabschiedet werden. Ein rüstungskontrollpolitischer Fortschritt war unvermeidlich, wenn die Aufrüstung weiterhin den Kongreß passieren sollte.

Das war aber noch nicht alles. Der Kongreß hütete das Tor zwischen dem politischen System und den gesellschaftlichen Anforderungen, deren Veränderungen er sehr empfindlich registrierte. Im November 1986 standen die Midterm-Wahlen an; gab der Präsident nicht nach, war ein hoher Wahlsieg der Demokraten zu befürchten. Auch die europäischen Alliierten warteten auf ein positives Signal. Sie hatten die Absicht, die SALT II-Grenzen zu überschreiten, nicht minder deutlich kritisiert als der amerikanische Kongreß; sie warteten auf einen INF-Vertrag, der die im Sommer 1986 zirkulierenden Höchstgrenzen von 140 Sprengköpfen auf beiden Seiten festschreiben sollte.

Es kamen also mehrere Ursachen zusammen, die es dem Präsidenten nahelegten, in der Rüstungskontrolle eine Flucht nach vorne anzutreten.

Sie konnte sogar in einen Sturmangriff umschlagen, wenn es Reagan gelang, Gorbatschow zu weiteren Konzessionen zu veranlassen. Immerhin hatte der am 11. Juni 1986 in Genf schon auf die Anrechnung amerikanischer Forward Based Systems verzichtet, luft- und seegestützte Marschflugkörper zugestanden und auch seine Forderung nach dem Verzicht auf SDI gemildert.

Mit dem Gang nach Reykjavik war aus Präsident Reagan nicht etwa ein Paulus der Rüstungskontrolle geworden. Ronald Reagan ließ sich auf die Rüstungskontrolle ein, weil er zumindest Teilerfolge in diesem Gebiet brauchte, wenn er die Aufrüstung der Vereinigten Staaten weiter vorantreiben wollte. Er reagierte auf die veränderten Anforderungen der amerikanischen Gesellschaft, die ihm durch den Kongreß übermittelt worden waren, in zweiter Linie auf die Stimmen aus der europäischen Umwelt. Wenn es auch richtig ist, daß in der Außenpolitik dem Präsidenten die wichtigste Rolle zufällt, so kann er sie ohne die Zustimmung der Legislative nicht ausüben. Sie war im Sommer 1986 nicht mehr oder nur unter der Voraussetzung gegeben, daß Präsident Reagan sein Verhalten in der Rüstungskontrollfrage änderte. Diesem Wegweiser ist er ganz offensichtlich gefolgt.

5. Die Revolution von Reykjavik

a) Das Vorspiel

Die Gipfelkonferenz in Reykjavik am 11. und 12. Oktober 1986 war und blieb eine sowjetische Initiative. Gorbatschow hatte dazu eingeladen, er sorgte mit seinen Konzessionen dafür, daß die Gespräche in Verhandlungen einmündeten, deren Erfolg er wiederum durch ein umfassendes Junktim verhinderte. Die Reagan-Administration war auf konkrete Verhandlungen nicht eingestellt. Sie besaß lediglich ungefähre Vorstellungen von dem, was auf Island diskutiert werden konnte; sie war «auf alle Eventualitäten vorbereitet».[170] Präsident Reagan hatte in seinem privaten Anwortschreiben an Gorbatschow vom 25. Juli 1986 einige Positionen angedeutet, beispielsweise die Beibehaltung des ABM-Vertrages für weitere fünf Jahre und die Abschaffung aller offensiven ballistischen Raketen.[171] Im übrigen aber gab es weder geklärte Verhandlungs- noch Rückfallpositionen; die Vereinigten Generalstabschefs waren nicht befragt, die Alliierten nicht konsultiert worden.

Die Reagan-Administration war weder darauf gefaßt – noch daran interessiert –, daß Reykjavik anders verlaufen würde als Genf, zumal sich in dem einen Jahr kaum eine Veränderung in den beiderseitigen Positionen ergeben hatte. Sie war daher überrascht darüber, daß Generalsekretär Gorbatschow in einer allgemeinen Tour d'Horizon zum Beginn der Gespräche plötzlich die Halbierung der strategischen Offensivwaffen beider Seiten anbot. Reagan nahm aber diese Verhandlungsofferte an. Dann folgte eine sowjetische Konzession der anderen. Moskau ließ sich auf gleiche Obergrenzen, auf die amerikanischen Zahlen – 1600 Trägersysteme, 6000 Sprengköpfe – sowie auf die amerikanische Zählweise ein, akzeptierte auch den amerikanischen Wunsch nach definierten Untergrenzen, sogar den nach Ausklammerung der seegestützten Marschflugkörper. Damit war die Tür zu einem START-Vertrag weit aufgestoßen worden.

Am zweiten Tag der Konferenz öffnete Gorbatschow auch die zu einem Mittelstreckenabkommen, indem er vorschlug, alle Mittelstreckenraketen aus Europa zu verbannen und lediglich je 100 Sprengköpfe im asiatischen Teil der Sowjetunion bzw. in den USA zu behalten. In der ursprünglich nicht vorgesehenen Sitzung am Sonntagnachmittag verband Außenminister Shultz den sowjetischen Vorschlag auf Einhaltung des ABM-Vertrages für zehn Jahre mit dem amerikanischen Plan, die Halbierung der strategischen Offensivwaffen in der sich daran anschließenden Fünfjahresfrist mit der Abschaffung aller ballistischen Raketen zu ergänzen.[172] Jetzt trat die sowjetische Seite auf die Bremse. Sie wollte die enge Auslegung des ABM-Vertrages durch die Beschränkung aller Tests auf Laborversuche festschreiben, worauf sich die amerikanische Seite nicht einließ. Verbitterung und Enttäuschung aller Verhandlungsteilnehmer machte sich breit, verstärkt noch durch die Übernächtigung; aber sie bestimmte nur die ersten Stunden und den ersten Tag nach der Gipfelkonferenz. Danach stellte sich die Einsicht ein, daß in Reykjavik sehr viel erreicht, der Abbau nuklearer Waffen in greifbare Nähe gerückt worden war. Der Abbau der Mittelstreckenraketen in Europa sowie die Halbierung der strategischen Offensivwaffen waren faktisch vereinbart worden. In Reykjavik hatte in der Tat eine «Revolution» stattgefunden, wie Kissinger sagte, oder – in den Worten von James Weston – «der größte Fortschritt seit der Erfindung der Atombombe».[173]

Andererseits waren keine politischen Fakten geschaffen, lediglich Horizonte eröffnet worden. Vor ihnen lagen große Hindernisse, vor allem das der Verifikation. Über die Mittelstreckenraketen kürzerer Reichweite war nur diskutiert, nicht befunden worden. An SDI hatte der Präsident eisern festgehalten, und zwar in der erweiterten Auslegung. Allein schon mit dieser Position ließ sich, solange Gorbatschow bei seiner Paketlösung blieb, der Verhandlungsfortgang steuern. Gegen eine Abschaffung der Mittelstreckenraketen hatten die Vereinigten Staaten ohnehin nichts einzuwenden. Sie waren ihnen von den Europäern abverlangt worden; der Kongreß hatte sich nie um sie gekümmert. Militärisch waren sie ohnehin entbehrlich, waren sie sogar, weil sie eine sehr hohe Stufe der nuklearen Eskalation darstellten, für die amerikanische Sicherheit eher gefährlich.

Ihre Abschaffung stand also durchaus im langfristigen Strukturinteresse der USA, was in Westeuropa, vor allem in der Bundesrepublik, angesichts der donnernden Rhetorik der frühen Reagan-Jahre stets gern übersehen worden war.[174] Sehr viel schwieriger und komplizierter würde sich die Halbierung der strategischen Offensivwaffen gestalten, weil sie die beiden Supermächte unmittelbar betraf. Wenn sie aber die Nuklearpotentiale auf gleiche Untergrenzen reduzierte, verlor die Sowjetunion ihre numerischen Vorteile, während die USA von ihrer qualitativen Überlegenheit profitierten.

Die Reagan-Administration hatte, besah sie die Konferenz von Reykjavik bei Licht, ein gutes Ergebnis erzielt. Die Sowjetunion war auf ihre Forderungen eingeschwenkt; der von Reagan immer wieder beschworene Weg zur substantiellen Verringerung der Nuklearwaffen war eingeschlagen, damit auch dem Drängen des Kongresses nachgegeben worden. Gleichzeitig war die verbleibende Manövriermasse ausreichend groß. Einen politischen Kontrapunkt hatte die Reagan-Administration vierzehn Tage vor dem Treffen in Island gesetzt, als sie am 21. Oktober 1986 55 sowjetische Diplomaten auswies, die größte Anzahl in der Geschichte der amerikanisch-sowjetischen Beziehungen.

Erfolg und Mißerfolg gleichermaßen kamen der Reagan-Administration zugute. Sie gewann gegenüber dem Kongreß ihre Handlungsfreiheit wieder, weil sie ihn sozusagen «links» überholt hatte. Hatten die Demokraten zuvor die Reagan-Administration per Gesetz auf die Rüstungskontrolle verpflichten wollen, so machten sie sich jetzt, nachdem die Rüstungskontrolle fast in Abrüstung umgeschlagen wäre, Sorgen über das Gleichgewicht der Abschreckung und die Interessen der europäischen Alliierten.[175] Sie zitierten die verwirrende Vielfalt administrativer Erklärungen über Reykjavik, mußten sich aber von den Republikanern sagen lassen, daß Präsident Reagan dort lediglich vorangebracht habe, was er in den sechs Jahren seiner Amtszeit unermüdlich zum Ziel erhoben hatte.

b) Wahlen in den USA

War damit der Kongreß erfolgreich ausgeschaltet worden, so blieb eine positive Wirkung auf die öffentliche Meinung und vor allem den Ausgang der Midterm-Wahlen 1986 aus. Die vierte Umfrage des Chicago Council on Foreign Relations, die nach dem Gipfeltreffen in Reykjavik, aber vor dem Bekanntwerden der Iran-Contra-Affäre Mitte November vorgenommen worden war, ergab, daß die Angst vor einem Krieg und die Sorge über die ausbleibenden Rüstungskontrollabkommen in der amerikanischen Gesellschaft anstiegen. Ein Drittel aller Befragten und 36% der politischen Elite hielten beides für die wichtigsten Probleme, während sie 1978 nur höchstens einem Fünftel der Befragten als so dringlich erschienen waren.[176] Gewiß, Reagans Aufrüstungsprogramm hatte die Vorstellung der Unterlegenheit, die noch 1982 vorhanden war, in eine der amerikanischen Überlegenheit verwandelt. Dafür war das Interesse an weiterer Aufrüstung deutlich zurückgegangen[177] und das an erfolgreichen Rüstungskontrollabkommen erheblich gestiegen, auch bei denen, die eine weitere Aufrüstung wünschten. Präsident Reagan war, wenn man so will, das Opfer seines Erfolges geworden. Er hatte die Aufrüstung der Vereinigten Staaten durchgesetzt und die substantielle Verminderung der Nuklearwaffen stets verlangt. Hatte er das eine erhalten, so sollte er die andere nunmehr liefern.

Entscheidender als diese Meinungsprofile war das Wahlergebnis von 1986. Es bescherte den Demokraten mit dem Nettogewinn von acht Sitzen nunmehr auch die Mehrheit im Senat und machte damit das Ergebnis von 1980 auch in personeller Hinsicht rückgängig. Im Repräsentantenhaus gewannen die Demokraten fünf Sitze dazu, was ihre ohnehin vorhandene Mehrheit noch komfortabler machte, nämlich auf 258:177 erhöhte.[178]

Wenn die republikanische Partei auch acht Gouverneurssitze hinzugewann, so war der Ausgang der Kongreßwahlen für sie und für den Präsidenten eine politische Katastrophe, weil der Präsident die Unterstützung des Senates verlor. Auch wenn numerische Fraktionsstärken im amerikanischen Kongreß wenig aussagekräftig sind, weil die politische Scheidelinie quer durch die beiden Fraktionen verläuft, so ist ihre politische Bedeutung groß. Die ‹konservative Koalition› zwischen Südstaatendemokraten und Republikanern war im Haus schon 1984 dezimiert worden. Jetzt fiel auch die Senatsmehrheit an die Demokraten zurück, die damit traditionsgemäß die Vorsitzenden in allen Ausschüssen stellten. Das legislative Klima hatte sich für Präsident Reagan erheblich verschlechtert.

Die praktischen Folgen für die Außenpolitik wurden etwas gemildert, weil der neue Sprecher des Repräsentantenhauses, Jim Wright, und der Fraktionschef der Demokraten im Senat, Robert C. Byrd, als gemäßigt und für die Belange der nationalen Sicherheit aufgeschlossen galten.[179] Aber der neue Vorsitzende des Senatsausschusses für auswärtige Angelegenheiten, Claiborne Pell, ließ keinen Zweifel daran, daß der Ausschuß unter seiner Leitung sich der Rüstungskontrolle annehmen werde.[180]

Ein Mandat dafür enthielt der Wahlausgang freilich nicht. Die Außenpolitik hatte eine untergeordnete Rolle gespielt, im Vordergrund standen das Budgetdefizit und die Arbeitslosigkeit.[181] Das Wahlergebnis ergab insofern keinen Aufschluß über die reale Verteilung politischer Einstellungen und schon gar nicht einen Ausblick auf die Präsidentschaftswahlen 1988.[182] Aber das war kein Trost für den Präsidenten. Er verlor für seine Sowjetunionpolitik die Bastion im Senat, die den starken Druck aus dem Repräsentantenhaus noch immer gemildert, wenn nicht aufgefangen hatte. Jetzt herrschte in der ersten Sitzungsperiode des 100. Kongresses mehrheitlich die Meinung vor, daß Präsident Reagan nicht konzessionsbereit genug war, um Rüstungskontrollabkommen, die in Reichweite lagen, auch wirklich abzuschließen. Das konnte dazu führen, daß dieser Kongreß das SDI-Budget sozusagen zur Geisel für einen Erfolg in der Rüstungskontrolle nahm, auf einem nuklearen Teststopp und auf dem Ersatz der MX durch die Midgetman bestand.[183] Die Democratic Study Group des Repräsentantenhauses hatte schon am Tage nach Reykjavik die im Hinblick auf den Gipfel konzedierten Rüstungskontrollamendments des Hauses quasi wieder eingeklagt.[184]

Hatte das Wahlergebnis also zunichte gemacht, was Reykjavik dem Präsidenten an Spielraum verschafft hatte, so legte es die sich entfaltende Iran-Contra-Affäre dringend nahe, zur Ablenkung einen Rüstungskontrollerfolg zu suchen. Am 5. Oktober 1986 war ein von der CIA gechartertes Flugzeug über Nicaragua abgeschossen worden, wobei ein Besatzungsmitglied, Eugene Hasenfus, überlebte und gefangengenommen wurde. Vier Wochen später, am 3. 11. 1986, berichtete eine libanesische Zeitschrift, daß die Reagan-Administration seit dem Sommer 1985 Waffen an den Iran geliefert und daß der Sicherheitsberater McFarlane Teheran besucht hatte. Damit wurde offenkundig, daß die Reagan-Administration gegen das vom Kongreß verhängte Verbot der Hilfslieferungen an die Contras und gleichzeitig gegen ihre eigene Regel verstoßen hatte, niemals mit einem Terrorregime wie dem des Iran zu verhandeln. Als sich dann im Laufe der Anhörungen, Presseerklärungen und Untersuchungen ergab, daß der NSC Gelder aus dem Waffenverkauf an den Iran an die Contras weitergeleitet hatte, stürzte die Administration in eine tiefe Vertrauenskrise, die auch den Präsidenten nicht ausließ. In dieser prekären Lage konnte der Versuch, einen Teil der in Reykjavik erzielten Verständigung in einen Abrüstungserfolg umzuwandeln, eine gesamtpolitische Entlastung zu Hause bewirken.

c) Konzessionen aus Moskau

Man muß diese Entwicklung des amerikanischen Umfeldes berücksichtigen, wenn man die Bedeutung der Konzessionen richtig einschätzen will, mit denen der sowjetische Generalsekretär Schritt für Schritt auf die amerikanische Position zuging. Mit dieser Strategie hatte er nicht erst in Reykjavik begonnen. 1985 hatte er zum ersten Mal die internationale Inspektion sowjetischer Kernkraftwerke zugelassen, 1986 westlichen Astronomen die Benutzung sowjetischer Weltraumbeobachtungsstationen erlaubt, um den Halleyschen Kometen zu verfolgen. Im September 1986 hatte die Sowjetunion in dem Schlußdokument der Konferenz für Vertrauens- und Sicherheitsbildende Maßnahmen und Abrüstung in Europa (KVAE) die wechselseitige Manöverbeobachtung zugestanden.

Das neue außenpolitische Denken in der Sowjetunion hatte also konkrete politische Folgen. Sie zeigten sich 1987, als Generalsekretär Gorbatschow am 28. Februar das Abrüstungspaket von Reykjavik aufschnürte, bei seiner Begegnung mit Außenminister Shultz im April 1987 die weltweite Beseitigung der Mittelstreckenraketen kürzerer Reichweite zugestand und am 22. Juli mit der Aufgabe der noch verbliebenen 100 INF-Sprengköpfe das letzte große Hindernis vor einem INF-Vertrag aus dem Weg räumte. Damit war der amerikanische Vorschlag vom 4. März 1987, der in der Perspektive von Reykjavik bis 1991 die Mittelstreckensysteme beider Seiten auf je 100 Sprengköpfe herunterrüsten wollte,[185] hinfällig geworden. Aber das Weiße Haus konnte, als es die Konzession Gorbatschows begrüßte, auf die ursprüngliche Null-Lösung Reagans vom November 1981 hinweisen[186] und damit der Konzession Gorbatschows wenigstens ihre Propagandawirkung nehmen. Was blieb, war die Schwierigkeit für die USA und für den Westen, wie sie sich gegenüber einer Sowjetunion verhalten sollten, die zu jeder westlichen Forderung, wenn nicht sofort, so doch in absehbarer Zeit, einfach «ja» sagte.[187]

Diese ‹entwaffnende› Strategie wandte die Sowjetunion auch in der Verifikationsfrage an. Bis 1981 hatte sie jegliche Überprüfung an Ort und Stelle (on-site) verweigert, sich auch gegen eine zu intensive Überwachung durch Satelliten und andere technische Einrichtungen (National Technical Means, NTM) gewendet.[188] Nach dem Amtsantritt Gorbatschows lockerte sich diese Position, akzeptierte die Sowjetunion in Wien im Januar 1986 permanente Beobachtungsstationen für die Truppenbewegungen in Osteuropa, im Mai 1986 (private) amerikanische Beobachtungseinrichtungen bei sowjetischen Atomtests, im September 1986 die schon erwähnten Überraschungsinspektionen bei Manövern. Im März 1987, also noch vor ihren Konzessionen vom April und vom Juli, bot die Sowjetunion die Inspektion ihrer Mittelstreckenproduktionsstätten an unter der Voraussetzung, daß die USA die ihren öffnen würden.[189] Das entsprach, wenigstens im Prinzip, dem amerikanischen Vorschlag vom 12. März 1987,[190] der solche Inspektionen gefordert hatte. Die USA verlangten noch mehr, nämlich den Verzicht auf die Verschlüsselung telemetrischer Daten bei Raketentests, mit der die Sowjetunion vom SALT II-Vertrag abgewichen war; der gesamte Bereich der Verifikation umfaßte eine Fülle schwieriger Einzelheiten. Das Hauptproblem aber hatte stets die Inspektion vor Ort gebildet; indem die Sowjetunion darauf einging, stellte sie nun die Vereinigten Staaten vor die Frage, wie viele sowjetische Inspektionen in den USA sie dulden wollten.

Damit hatte sich die gewohnte Problemfigur in ihr Gegenteil verkehrt, und die USA begannen sich von ihrer Position, daß Inspektionen «anytime, anywhere» möglich sein müßten, langsam zurückzuziehen. Eine beiderseits akzeptable Lösung wurde erst wenige Stunden vor der Unterzeichnung des Vertrages in Washington gefunden, durch Festlegung der für solche Inspektion offenstehenden Fabrikanlagen (Art. XI, Abschn. 6 des Vertrages). Alle Details der Inspektion wurden einem eigenen Protokoll zum INF-Vertrag anvertraut, die Behandlung auftretender Streitigkeiten einer eigenen Special Verification Commission (Art. XIII).

Die Verifikationskommission sollte eng mit den «Zentren für die Verminderung nuklearer Risiken» (Nuclear Risk Reduction Centers) zusammenarbeiten, auf die sich beide Seiten außerhalb des Rüstungskontrollprozesses in Genf geeinigt hatten, um einen kontinuierlichen Austausch von Daten und Informationen zu gewährleisten. Damit sollte die Auslösung eines Nuklearkrieges durch Zufall, Mißverständnis oder Aktionen von dritter Seite vermieden werden. Zwar gab es den ‹heißen Draht›. Der von den Senatoren Nunn und Warner entwickelte Vorschlag sah aber darüber hinaus die Einrichtung von Zentren in Washington und Moskau vor, in denen jeweils Angehörige der anderen Seite arbeiten und so die direkte Information gewährleisten sollten. Eine entsprechende Entschließung war am 1. Februar 1984 im Kongreß eingebracht worden, ging aber auf legislative Anregungen zu Beginn der achtziger Jahre zurück.[191]

Die Reagan-Administration hatte sich zunächst sehr zurückgehalten, schließlich dem Druck der beiden angesehenen Senatoren, die das Projekt am 3. September 1985 auch gegenüber Gorbatschow erörtert hatten, nachgegeben. Die beiden Regierungschefs erwähnten es im Kommuniqué ihres Genfer Gipfeltreffens. Im Mai 1986 waren dann in Genf, außerhalb der offiziellen Verhandlungsrunden, amerikanisch-sowjetische Gespräche in Gang gekommen, die zur Unterzeichnung eines Abkommens am 15. September 1987 führten.[192] Es richtete diese beiden Risikoverminderungszentren ein, die allerdings nur mit nationalem Personal ausgestattet werden und mittels krisensicherer Verbindungen miteinander kommunizieren sollten.[193] Ihnen wurde nun auch die Oberaufsicht über die Verifikation und die wechselseitige Inspektion anvertraut.

d) Gipfel in Washington und Moskau

Damit und mit den letzten Konzessionen auf diesem Gebiet war der Weg zum Abschluß des INF-Vertrages frei; er wurde beim Besuch Gorbatschows in Washington zusammen mit mehreren Protokollen und einem Memorandum of Understanding am 8. Dezember 1987 unterzeichnet. Es sah die Beseitigung aller Mittelstreckenraketen größerer Reichweite innerhalb von drei Jahren und die kürzerer Reichweite innerhalb von eineinhalb Jahren nach Inkrafttreten des Vertrages vor.

Unter den Gründen, die die Reagan-Administration dazu bewogen haben, den ersten wirklichen Abrüstungsvertrag der Weltpolitik seit 1945 abzuschließen, wird man zuerst den Druck des Kongresses zu nennen haben, in dem sich die Anforderungen der amerikanischen Gesellschaft widerspiegelten. Der Vertrag wäre wohl dennoch nicht zustande gekommen, wenn nicht die sowjetische Seite eine unermüdliche Konzessionsbereitschaft an den Tag gelegt und so gut wie jede amerikanische Forderung erfüllt hätte. Daß dahinter politisches Kalkül stand, kann als sicher gelten; das sowjetische Verhalten weist große Ähnlichkeiten zu der im Westen entwickelten – aber vom Westen leider nicht praktizierten – Strategie des Gradualismus auf.[194] Die USA konnten gar nicht umhin, diesen Vertrag zu unterschreiben, und Präsident Reagan war klug genug, sich an die Spitze eines Prozesses zu stellen, der nicht mehr aufzuhalten war. Er brauchte auch gar nicht aufgehalten zu werden, weil er sich in die Richtung der amerikanischen Strukturinteressen bewegte, die bis 1979 Bestand gehabt hatten. Es kann als sicher gelten, daß Präsident Reagan im Herbst 1981 die Null-Lösung nur in der Gewißheit vorgeschlagen hatte, daß sie von der Sowjetunion abgelehnt werden würde. Jedenfalls erlaubte es ihm der damalige Vorschlag, das 1987 erzielte Abkommen als Erfolg seiner Politik darzustellen.

Die internen Entscheidungsprozesse der USA sind schwer erkennbar; vermutlich wäre der Vorschlag von 1981 nicht gemacht worden, hätten nicht zumindest Teile der Administration seine mögliche Verwirklichung für nützlich gehalten. Daß er im europäischen Interesse lag, kann nicht behauptet werden.[195] Der Vertrag beseitigte die Mittelstreckensysteme größerer und mittlerer Reichweite, die der Abschreckung eines sowjetischen Angriffs dienten; er behielt die taktischen Raketen und die Gefechtsfeldwaffen bei, die erst nach dem Versagen der Abschreckung gebraucht werden. Betrachtet man den Vertrag im Lichte der langjährigen NATO-Debatte um die amerikanische Nukleargarantie, so schwächte er sie ab, machte viel von der «Ankopplung» und Verläßlichkeit zunichte, die die Westeuropäer mit dem Doppelbeschluß der NATO von 1979 und seiner Verwirklichung 1983 hatten herstellen wollen. Im Gewand einer friedensfördernden Abrüstungsmaßnahme hob die Reagan-Administration die nukleare Schwelle in Europa derart an, daß sie praktisch außer Sichtweite geriet.

Für diese Politik gab es stets einen großen Konsens in der sicherheitspolitischen Elite der Vereinigten Staaten. Er reichte von der liberalen «Vierer-Bande» um Kennan und McNamara[196] bis zu der höchst konservativen Sicherheitselite um den (1987 ausgeschiedenen) stellvertretenden Verteidigungsminister Iklé, den früheren Außenminister Kissinger und den ehemaligen Sicherheitsberater Brzezinski.[197] So unterschiedlich die Positionen beider Gruppen, so einig waren sie sich hinsichtlich der stark reduzierten Rolle, die die Nuklearwaffen, vor allem weitreichende amerikanische Nuklearwaffen, bei der Verteidigung Europas spielen sollten. Das Ziel der Schadensbegrenzung gewann nunmehr endgültig die Oberhand, während das der Kriegsverhinderung, an dem vor allem der Bundesrepublik gelegen sein mußte, zumindest perspektivisch nachrangig wurde. Es war verständlich, daß die Bundesregierung 1987 sich doppelt dagegen zur Wehr setzte, indem sie mit den Pershing Ia zumindestens einen Hauch strategischer Abschreckung zu bewahren und danach mit dem Drängen auf Abschaffung auch der taktischen Nuklearraketen und der atomaren Gefechtsfeldwaffen die mögliche nukleare Zerstörung der Bundesrepublik im Kriegsfall zu verhindern suchte. Der NATO-Gipfel vom März 1988 verdeckte mit seinen Kommuniqués nur notdürftig, daß der Riß, der seit 1960 die Allianz gespalten hatte und durch den Doppelbeschluß notdürftig wieder gekittet worden war, neu aufgesprungen war und vor allem die Bundesrepublik von ihren westeuropäischen NATO-Nachbarn zu trennen drohte.

Präsident Reagans Schritt in die Abrüstung der atomaren Mittelstrekkenraketen muß also unter mehreren Aspekten gewertet werden. Er denuklearisierte die amerikanische Europastrategie so stark, wie es immer schon im amerikanischen Interesse gelegen hatte, machte also Carters Konzession rückgängig und verschärfte den Druck auf weitere Konventionalisierung der Verteidigung in Europa. In den USA besänftigte er den auf die Rüstungskontrolle drängenden Kongreß und stellte damit die Verabschiedung weiterer hoher Rüstungsbudgets sicher. Für den Präsidenten persönlich bot der Vertrag die Möglichkeit, nicht nur die sich zuspitzende Affäre um die Iran-Contra-Gelder auszutarieren, sondern auch – worauf offensichtlich besonders seine Frau Nancy mit großem politischem Weitblick drängte - eine politische Großtat zu setzen, die vor ihm kein amerikanischer Präsident zustande gebracht hatte. Wenn die Kunst des Politikers darin besteht, aus einer Notlage einen politischen Vorteil werden zu lassen, widerstrebende, aber jedenfalls divergierende Interessen zu einem erfolgreichen Gesamtpaket zusammenzuschnüren, dann verstand Reagan diese Kunst in hohem Maße.

Die differenzierte Betrachtung soll nicht die Verdienste Ronald Reagans um den ersten Abrüstungsvertrag in der Geschichte schmälern. Ein solcher Vertrag hatte nicht nur den Überzeugungen Ronald Reagans widersprochen, sondern vor allem auch denen der ihn tragenden politischen Koalition. Sie hatte ihn ins Amt gebracht, damit er die amerikanische Überlegenheit wiederherstellte und die Periode der Entspannung und der Kooperation beendete. Nun ging Reagan mit dem Abrüstungsvertrag weit über das hinaus, was unter Nixon und Carter nicht nur nicht verwirklicht, sondern nicht einmal gedacht worden war. Wer seinerzeit von Abrüstung, von «deep cuts» sprach, wollte, wie Carters Vorschlag vom März 1977, vor allem die überschweren sowjetischen ICBMs verringern. Das gleiche Ziel hatte auch noch Reagans Eureka-Vorschlag verfolgt; das Stichwort der ‹substantiellen Verringerung› der Nuklearwaffen war immer ein Kennwort für die Verweigerung der Rüstungskontrolle. Dies hatte sich nun alles geändert. Präsident Reagan hatte die Begriffe bei ihrem Wortsinn genommen und aus dem, was einst nur Propaganda war, reale Politik werden lassen. Das mußte seine Anhänger verunsichern, nicht nur die aus dem Committee on the Present Danger, sondern auch den gesamten neo-konservativen, den populistischen und den fundamentalistischen Flügel.[198]

In der Tat hat Ronald Reagan mit dem INF-Vertrag und der sich darin ausdrückenden Bereitschaft zur Zusammenarbeit mit der Sowjetunion seine politische Basis verlassen und sich politisch sogar links von Carter aufgestellt. Nach langen Jahren der Verweigerung hat Reagan die USA nicht nur auf die von ihren Strukturinteressen diktierte Mittelposition zurückgeführt; er hat ihr auch Perspektiven einer Entspannungspolitik vermittelt, die keiner seiner Vorgänger auch nur ahnen ließ.

Der INF-Vertrag war also eine bedeutende Leistung, wenn sie auch begrenzt blieb. An der Gesamtstrategie der Reagan-Administration hatte sich nichts geändert, auf den anderen Gebieten der Rüstungskontrolle war ihre Position gleich geblieben. Präsident Reagan ließ an SDI nicht rütteln. Er blieb auch nach der Washingtoner Gipfelkonferenz bei seiner Auffassung, daß die Vereinigten Staaten aus «moralischen» und «strategischen» Gründen an SDI weiterarbeiten, das System testen und «wenn es fertig ist, ... stationieren» sollten.[199] Das Washingtoner Abschluß-Kommuniqué beauftragte denn auch lediglich die Genfer Verhandlungsdelegationen, ein Abkommen auszuarbeiten, das die weitere Beachtung des ABM-Vertrages «wie 1972 unterzeichnet» für eine «bestimmte Zeitperiode» sicherstellt, in der Zwischenzeit aber erlaubt, Tests «wie erforderlich» durchzuführen.[200]

Die Differenz hatte sich seit Reykjavik nicht verkleinert, sie war jetzt formuliert und beiderseits anerkannt worden, wenn auch die Undeutlichkeiten des Wortlauts im Abschluß-Kommuniqué Vermutungen auslösten, daß sich die Positionen etwas aufgeweicht hätten.[201] Allerdings schien sich die sowjetische Furcht vor der Strategischen Verteidigungsinitiative Anfang 1988 gelegt zu haben, weil ein technologischer Durchbruch der USA vor dem Jahr 2000 nicht mehr zu erwarten war und die Vereinigten Generalstabschefs das Programm schon 1987 und dann endgültig 1988 auf ein bodengestütztes System zur Verteidigung militärischer Anlagen zurückgestuft hatten.[202] So war es denkbar geworden, daß Moskau amerikanische SDI-Tests hinnahm, gegebenenfalls sogar innerhalb der erweiterten Interpretation des ABM-Vertrages, und damit die letzte Bedingung abschwächte, die die Sowjetunion an die Halbierung der strategischen Offensivwaffen geknüpft hatte. Wenn sich die Sowjetunion mit jenem in Washington ins Auge gefaßten Abkommen zufriedengab, konnte ein START-Abkommen unterzeichnet werden, ohne daß Präsident Reagan

Abstriche an seiner Verteidigungsinitiative zu machen hatte. Die technologischen Schwierigkeiten retteten den Präsidenten vor der Alternative, entweder SDI oder START aufgeben zu müssen – der Gott seines politischen Glücks kam aus (den Schwächen) der Maschine. Wenn es in absehbarer Zeit technologisch unmöglich war, Tests durchzuführen, die von der engen Auslegung des ABM-Vertrages nicht gedeckt waren, brauchte man sich an der Meinungsdifferenz um die Vertragsauslegung nicht zu stören. Moskau mußte nicht auf die enge Auslegung pochen, Washington nicht die weite Interpretation durchzusetzen versuchen, wie es die Konservativen von ihm wollten.

Außenminister Shultz konnte, wie es der Senat von ihm verlangt hatte, dem Kongreß versichern, daß die Stellungnahmen von Regierungsvertretern bei den Anhörungen zum INF-Vertrag autoritativ und damit Bestandteil der amtlichen Vertragsinterpretation waren, was rückwirkend auch für den ABM-Vertrag und damit für seine enge Auslegung galt.[203] Mit Hilfe der technologischen Probleme und einer außerordentlich undeutlichen Formulierung im Washingtoner Abschluß-Kommuniqué ließen sich also SDI und START entkoppeln, jedenfalls vorübergehend, so daß die Vereinigten Staaten beide Ziele weiterverfolgen konnten.

Auch bei den Atomtests hatte der Präsident nicht nachgegeben, sondern einen Sieg errungen. Nach Reykjavik hatte er den Senat dadurch überspielt, daß er ihm den Schwellenvertrag und den über die friedliche Nutzung der Atomenergie zur Zustimmung übersandte, die Ratifikation aber von der Zustimmung der Sowjetunion zu verbesserter Verifikation abhängig machte. Das Repräsentantenhaus, das dem Genehmigungsgesetz für den Verteidigungshaushalt 1988/89 im Mai 1987 wie im Vorjahr einen Zusatz mitgab, der Nukleartests auf eine Kilotonne begrenzen sollte, wurde durch die Aufnahme der amerikanisch-sowjetischen Verhandlungen über die Verbesserung der Verifikation bei Nukleartests zum Rückzug gezwungen. Diese Gespräche waren am 17. September 1987 zwischen den beiden Außenministern verabredet worden. Das Washingtoner Kommuniqué nahm aber auch den Vorschlag von Außenminister Schewardnadze vom April 1987 auf, daß beide Seiten Kernexplosionen auf dem Testgebiet des jeweils anderen Staates vornehmen sollten, um die Verifikationsmöglichkeiten zu verbessern und zu überprüfen. Die Vereinbarung über das gemeinsame Verifikationsexperiment wurde auf der Moskauer Gipfelkonferenz (29. Mai bis 2. Juni 1988) fertiggestellt, ebenso das Protokoll zum Vertrag über die friedliche Nutzung der Atomenergie.[204]

Bei den chemischen Waffen hatte sich das Washingtoner Kommuniqué auf eine Absichtserklärung beschränkt, weil die Verhandlungen im Genfer Abrüstungsausschuß 1987 gut vorangekommen waren. Die Sowjetunion hatte endlich den Besitz von Chemiewaffen eingeräumt, brauchbare Verifikationsmöglichkeiten in Aussicht gestellt und sie am 3. Oktober 1987 mit der Einladung von mehr als hundert ausländischen Diplomaten und Militärs zur Besichtigung ihres Chemiewaffentestzentrums auch demonstriert. In Genf wurde die Unterzeichnung eines Abkommens zur Beseitigung der Chemiewaffen im Herbst 1987 für durchaus möglich gehalten. Die Reagan-Administration, die Ende 1987 die Wiederaufnahme der Produktion chemischer Waffen im Kongreß endlich durchgesetzt hatte, schlug jedoch eine Verzögerungstaktik ein, so daß auf dem Moskauer Gipfel wieder nur noch von guten Möglichkeiten gesprochen wurde.[205]

Konnte der Abschluß des INF-Vertrages also nicht als Durchbruch zu einer umfassenden Abrüstungspolitik gelten, so stellte der Austausch der Ratifikationsurkunden auf dem Moskauer Gipfel vom Juni 1988 und der Beginn der Demontage ein in der Nachkriegsgeschichte einmaliges Ereignis dar. Erstmals hatten sich beide Seiten bereitgefunden, ein existierendes wichtiges hochmodernes Waffensystem abzubauen.

Der START-Vertrag konnte zwar nicht abgeschlossen, jedoch konnte in Moskau ein gemeinsamer Vertragsentwurf vorgelegt werden, der die ungeklärten und die geklärten Bereiche auflistete, unter den letzteren Regeln für die Zählung, die Verifikation und den Datenaustausch. Fortschritte wurden auch erzielt in der Frage der mobilen ICBMs und der luftgestützten Marschflugkörper, während die seegestützten sich nach wie vor als schwierig erwiesen. Das gleiche galt für die Untergrenzen der SLBMs. Aus dem START-Vertrag war auf amerikanischen Wunsch die Vereinbarung über die wechselseitige Information über den Test offensiver Raketen herausgenommen und in Moskau als eigenes kleines Abkommen verabschiedet worden. Weitere acht Verträge galten der Zusammenarbeit im wissenschaftlichen, maritimen und kulturellen Bereich.

Atmosphärisch war der Gipfel von großer Bedeutung. Er dokumentierte und unterstrich den Grad der Zusammenarbeit, der wieder erreicht worden war. Er tolerierte und integrierte die Interessengegensätze in der Dritten Welt, ebenso die weitergehende Aufrüstung. Der Antagonismus wurde nicht gemildert, aber eingebettet in «einen sich erweiternden Dialog», der sich auf «Realismus stützte» und auf die «Verwirklichung konkreter Resultate» richtete.[206] Der Tenor dieser Abrede blieb deutlich unter dem der ‹Kooperation›, der unter Nixon und Carter geherrscht hatte; der Antagonismus wurde diszipliniert, mehr nicht. Bei den gemeinsamen Interessen an der Vermeidung des Nuklearkrieges und an der Regulierung der nuklearen Aufrüstung hatte sich die Kooperation wieder eingestellt, ohne Rhetorik, aber mit Erfolg.

e) Halbierung der strategischen Offensivwaffen?

Die größte Aufmerksamkeit in Moskau galt der Weiterarbeit am START-Vertrag. Die Halbierung der strategischen Offensivwaffen war in Reykjavik im Prinzip beschlossen und seitdem in Genf intensiv verhandelt worden. Das Moskauer Kommuniqué nannte noch einmal die Zahlen, über die inzwischen Einvernehmen hergestellt worden war: 6000 Sprengköpfe, darunter nicht mehr als 4900 auf ICBMs und SLBMs und nicht mehr als 1540 auf 154 schweren ICBMs. Die Zahl der Trägersysteme sollte 1600 nicht übersteigen.[207] Die Trägersysteme sollten also keinesfalls halbiert, sondern ihre Zahl sollte auf amerikanischer Seite um ein Viertel, auf sowjetischer Seite um etwas mehr als ein Drittel verringert werden. Lediglich das durchschnittliche Wurfgewicht der sowjetischen ICBM und SLBM sollte um die Hälfte verringert werden und diesen Wert nicht mehr übersteigen[208] – angesichts der Modernisierung keine besondere Konzession. Von der in Reykjavik vereinbarten Eliminierung aller ballistischen Raketen in einer zweiten Fünfjahresperiode, die Präsident Reagan 1987 ohnehin schon auf sieben Jahre ausgedehnt hatte,[209] war in Moskau überhaupt nicht mehr die Rede.

Unter diesem Aspekt gesehen, wurde der Fortschritt, den beide Seiten 1987 und 1988 in Richtung auf ein START-Abkommen machten, immer mehr kompensiert durch das Interesse, das Verhältnis von Startgeräten zu Sprengköpfen zu verkleinern, die Zahl der Raketen mit Mehrfachsprengköpfen zu verringern zugunsten der Zahl von Marschflugkörpern mit nur einem, gegebenenfalls sogar nur einem konventionellen Sprengkopf.

Das strategische Aufrüstungsprogramm der USA für 1988/89 ließ keine Halbierungstendenz erkennen. Seine Größenordnung wies unmißverständlich aus, daß an Abrüstung, oder auch nur substantielle Verringerung der Rüstung nicht gedacht war. Der Anteil der strategischen Offensivwaffen am Verteidigungshaushalt, der sogar in den ersten Reagan-Jahren zwischen 11 und 13% und damit im langjährigen Durchschnittsbereich gelegen hatte, stieg 1987 auf 13,4% an.[210] Das letzte Verteidigungsbudget der Reagan-Administration war zwar in dem großen «Budget-Kompromiß» zwischen der Legislative und der Exekutive vom Dezember 1987 um 32,5 Mrd. USD gekürzt worden. Das dadurch verordnete Minuswachstum schlug sich jedoch bei den strategischen Waffen nicht nieder. Der neue Verteidigungsminister Carlucci verlangte nach wie vor die Stationierung der vollen 100 MX, von denen allerdings nunmehr die Hälfte beweglich, auf Eisenbahnwaggons, disloziert werden sollte. Das Budget für 1989 sah den Bau des 16. Trident-U-Bootes vor, nachdem im September 1987 das 9., die ‹Tennessee›, ihre Probefahrt begonnen hatte, das erste U-Boot, das mit der neuen Rakete D-5 ausgestattet wurde. Sie besaß eine größere Zielgenauigkeit und höhere Wurfgewichte als ihre Vorgänger.[211] Die seegestützten Marschflugkörper wurden weiter produziert; Mitte der neunziger Jahre sollen 500 Stück davon, mit Kernwaffen ausgerüstet, einsatzfähig sein.

Die Bomber vom Typ B-52G und B-52H wurden weiterhin mit

Marschflugkörpern ausgerüstet, deren fortgeschrittenere Version, das Advanced Cruise Missile (ACM), sich schon in Arbeit befand. 100 Stück des B-1B-Bombers waren fertiggestellt, wenn auch keineswegs, wie erwähnt, einsatzfähig. Der Stealth-Bomber sollte Ende 1988 testflugfähig sein. 132 Stück davon sollten gebaut werden, wenn sich auch ihr Preis seit 1981 fast verdoppelt, von 37 auf 70 Mrd. USD gesteigert hatte.

Die strategischen Offensivwaffen sollten also 1989 und danach kräftig vermehrt und verbessert werden, ein Reflex der fortschreitenden Abrüstungsgespräche ließ sich nicht erkennen. Nun war das nicht zu erwarten. Ein Verteidigungsbudget reagiert vernünftigerweise erst auf exekutierte Verträge, nicht schon auf formulierte Hoffnungen und Absichten. Für die möglichen - weil dann notwendigen – Korrekturen würde ohnehin der Kongreß sorgen. Aber es fällt doch auf, daß auch dieses letzte Verteidigungsbudget der Reagan-Administration die Rüstungskontrolle und die Abrüstung als Teil der amerikanischen Sicherheitspolitik nicht erwähnte. Verteidigungsminister Carlucci gab lediglich seiner Hoffnung Ausdruck, «daß das vom Präsidenten vorgeschlagene START-Abkommen auch in unserem besten Interesse sein wird».[212] Er fügte aber sogleich hinzu, daß die «kontinuierliche Modernisierung der strategischen Waffen für ein solches Abkommen nützlich und darüber hinaus notwendig sein werde, um eine glaubwürdige Abschreckung auf jedem militärischen Niveau zu erhalten». Eine große Abrüstungsbereitschaft ließ diese Formulierung nicht vermuten.

Daß hinter der Bereitschaft zur Verringerung der nuklearen Offensivwaffen ein Umrüstungsinteresse stand, war seit langem erkennbar. Der 1987 ausgeschiedene langjährige Architekt der Reaganschen Rüstungskontrollpolitik Richard Perle hatte schon im Zusammenhang mit den Vereinbarungen von Reykjavik darauf hingewiesen, daß die Zukunft der Abschreckung sehr viel besser bei den luft- und seegestützten Marschflugkörpern aufgehoben sei als bei den gefährdeten und deswegen gefährlichen ballistischen Raketen. Im INF-Bereich zeichnete sich der Umrüstungsaspekt deutlich ab. Die Vereinigten Generalstabschefs unterstützten in den Anhörungen der Senatsausschüsse den INF-Vertrag ohne jede Einschränkung.[213] Wie ihr Vorsitzender General William J. Crowe Jr. sagte, beseitigte der Vertrag nicht das militärische Ungleichgewicht in Europa, löste aber die ihm übertragenen Probleme zur vollen Zufriedenheit. Das bezog sich nicht nur auf die asymmetrische Verringerung, die die Sowjetunion akzeptiert hatte. Es bezog sich auf die Möglichkeit, die vom Vertrag nicht erfaßten taktischen Raketen mit einer Reichweite bis zu 500 km und die nuklearen Gefechtsfeldwaffen zu modernisieren; es bezog sich vor allem auf die Möglichkeit, hochmoderne ‹smart›-Waffen in Europa einzuführen, die zwei entscheidende Vorteile besaßen: Sie konnten konventionell munitioniert werden und waren technologisch den sowjetischen Systemen weit überlegen. Verteidigungsminister Carlucci schlug am 27. Januar 1988 dem Kongreß einen «win early»-Plan für Europa vor, der sich auf «Advanced Conventional Munitions» stützte. Mit ihrer Hilfe, aber auch mit Hilfe unbemannter Waffensysteme, unter denen der Marschflugkörper «Tacit Rainbow» hervorragte, sollen zukünftig eventuelle sowjetische Angriffe zum Stehen gebracht, ihre nachfolgenden Wellen im Hinterland zerstört werden.[214] Die Flugzeugabwehr soll nicht Jagdflugzeugen, sondern Luftabwehrraketen anvertraut, amerikanische Kampfflugzeuge sollen demzufolge aus Westdeutschland zurückgezogen werden. Die Reichweitenvergrößerung und Verbesserung der Zielgenauigkeit von Marschflugkörpern macht es in Zukunft möglich, den Abstand zwischen dem Ziel und dem Trägersystem erheblich zu vergrößern. Das «Joint Surveillance and Target Attack Radar System» (Joint Stars) erleichtert die Erfassung und Zerstörung fahrender Panzer.[215]

Wenn diese modernen Waffensysteme in europäischen Augen die Abschreckungswirkung landstationierter amerikanischer Mittelstreckenraketen keineswegs ersetzen können, so erhöhten sie in amerikanischen Augen die Verteidigungsfähigkeit Westeuropas erheblich. Jedenfalls war das Pentagon daran interessiert, in den vom INF-Vertrag nicht erfaßten Rüstungsraum vorzudringen und ihn mit solchen, vornehmlich konventionell bestückten Waffen zu füllen, in denen der Westen der Sowjetunion nach wie vor überlegen war. In diesen Überlegungen nahm – und nimmt – der luft- bzw. seegestützte Marschflugkörper, dessen Zielgenauigkeit in absehbarer Zeit in Zentimetern gemessen werden dürfte,[216] eine besondere Rolle ein.

f) Abschwächung der Flexible Response

Für die Westeuropäer lag darin nur ein schwacher Trost. Sie sind, allen voran die Bundesrepublik, nach wie vor an der nuklearen Abschreckung eines jeden Krieges interessiert und erst in zweiter Linie an der durch die Konventionalisierung bewirkten Schadensbegrenzung nach dem Ausbruch des Krieges. Es war abschreckungslogisch richtig, daß die Westeuropäer über den Ausgang von Reykjavik schockiert und bemüht waren, ihn wenigstens abzumildern.[217] Es war allianzpolitisch unvermeidlich, daß sie die Null-Lösung auf der NATO-Ministerratstagung im Juni 1987 in Reykjavik und den INF-Vertrag auf der Tagung des Nordatlantikrates am 11. Dezember 1987 in Brüssel guthießen.[218] Auf der großen Gipfelkonferenz der Allianz, Anfang März 1988, der atlantischen Abschiedsvorstellung Präsident Reagans, wurde der NATO-Konsens noch einmal bestärkt und beschworen.

Der Appell richtete sich in erster Linie an die Bundesrepublik, die sich durch die Beibehaltung der nuklearen Kurzstreckenraketen und der Gefechtsfeldwaffen «singularisiert» fühlte, sich gegen deren Modernisierung wandte und auf möglichst rasche konventionelle Abrüstung in Europa drang.[219] In der Hauptsache aber richtete sich das Abschlußkommuniqué mit seinem bezeichnenden Titel: «Eine Zeit der erneuten Bekräftigung» (reaffirmation) an die Adresse der USA. Die NATO-Partner erinnerten an die nukleare Abschreckung als Grundlage der Strategie der «flexiblen Antwort», die Präsident Reagan mit dem INF-Vertrag praktisch zu den Akten gelegt hatte. Die Kann-Bruchstelle der NATO, die 1960 erstmals sichtbar geworden war, als die Vereinigten Staaten die Strategie der massiven Vergeltung durch die der flexiblen Antwort ersetzten, trat jetzt, wo sie auch diese Strategie – und wiederum in einer einsamen Entscheidung – aufgaben, erneut und schmerzlich in das europäische Bewußtsein.

Der Doppelbeschluß hatte die langfristigen, strukturbedingten Interessen der Vereinigten Staaten nicht beseitigen, ihre Verwirklichung nur hinauszögern können. Am Ausgang der achtziger Jahre machten die Abrüstungsverträge den Europäern klar, daß sich die Vereinigten Staaten zwar nicht aus ihrer Schutzgarantie für Europa verabschieden, diese Garantie aber kaum mehr den amerikanischen Nuklearwaffen, sondern – wie schon in den siebziger Jahren – der Verständigung mit der Sowjetunion und darüber hinaus einer verstärkten konventionellen Eigenleistung der Europäer anvertrauen wollten.

Anzeichen dafür hatte es schon vor den Abrüstungsverträgen und jenseits von ihnen gegeben. Auf der politischen Ebene hatte kein geringerer als der amerikanische Botschafter in Bonn, Richard Burt, die Europäer dazu aufgerufen, stärker untereinander zu kooperieren und sich dadurch aus der amerikanischen Abhängigkeit zu lösen.[220] Auf der militärisch-strategischen Ebene hatte die FOFA-Strategie, die von dem amerikanischen NATO-Oberbefehlshaber Rogers maßgeblich gefördert worden war, die Europäer darüber informiert, in welchem Ausmaß das amerikanische Abschreckungskonzept bereits konventionalisiert worden war.[221]

Diese Tendenz enthält kein gutes Omen für die Zukunft der konventionellen Rüstungskontrolle in Europa. Zwar ist an die Stelle der auf Erfolglosigkeit programmierten MBFR-Konferenz eine neue ‹Konferenz über konventionelle Stabilität› im KSZE-Rahmen getreten, die von allen Staaten der NATO und des Warschauer Paktes beschickt wird.[222] Zwar stimmte der Warschauer Pakt in seiner Erklärung vom Juli 1988 den im März von der NATO proklamierten Zielen eines konventionellen Gleichgewichts auf niedrigerem Niveau ohne Fähigkeit zu Überraschungsangriffen zu, stellte sogar asymmetrische Vorleistungen in Aussicht. Aber vor der konventionellen Abrüstung «in ganz Europa vom Atlantik bis zum Ural» türmen sich nicht nur militärische, sondern auch allianz- und ordnungspolitische Probleme auf, die auch die zukünftige Rolle der beiden Supermächte betreffen.

Die MBFR-Konferenz war 1968 von den Westeuropäern konzipiert worden, um ein sich abzeichnendes Interesse der USA, ihre konventionelle Präsenz in Europa zu vermindern, aufzufangen und zum Preis für einen entsprechenden sowjetischen Rückzug werden zu lassen. In der zweiten Hälfte der achtziger Jahre machten sich amerikanische Absichten zur Truppenreduzierung erneut bemerkbar, als Druckmittel auf die NATO-Alliierten, aber auch autonom. Ende 1987 legten die Vereinigten Stabschefs einen (streng geheimen) Streitkräftevergleich zwischen NATO und Warschauer Pakt vor, der die NATO keineswegs als unterlegen ansah.[223] Ende Januar 1988 veröffentlichte Senator Levin (D-Mich.), der Vorsitzende des Unterausschusses für konventionelle Truppen und Verteidigung des Streitkräfte-Ausschusses des Senates, eine umfangreiche Studie, die mit harscher Kritik an der traditionellen «Erbsenzählerei» die politischen, wirtschaftlichen, technologischen Vorteile des Westens pries und dementsprechend die Bedrohung durch den Osten reduzierte.[224]

Damit intensivierte sich erneut die traditionelle NATO-Diskussion über die Verminderung der amerikanischen Truppen und die stärkere Beteiligung der Westeuropäer an ihrer eigenen Verteidigung. Allerdings hatten sich jetzt die Vorzeichen deutlich geändert, weil die Exekutive solche Interessen nicht, wie früher, zurückgedrängt, sondern ihnen mit dem INF-Vertrag noch Vorschub geleistet hatte.

Insofern hat der INF-Vertrag wirklich eine neue Komponente in die amerikanische Westeuropapolitik eingebracht. Sie war nicht etwa einem einheitlichen geopolitischen Konzept Washingtons entsprungen. Sie hatte sich, wie es im amerikanischen außenpolitischen Entscheidungsprozeß üblich ist, in der Auseinandersetzung zwischen den globalen Unilateralisten und den NATO-Rekonstruktionisten in den Vordergrund geschoben, weil sie von den Abrüstungsverträgen profitierte. Die traditionelle NATO-Politik ließ sich im Zeichen des INF-Vertrages und der Abrüstung der strategischen Offensivwaffen nicht aufrechterhalten. Dadurch wurde die Linie der NATO-Anhänger, die auf die Kooperation mit Westeuropa und die Eindämmung der Sowjetunion im euro-asiatischen Bereich drängten, geschwächt.

Natürlich bedeutet der INF-Vertrag für die amerikanische Militärpolitik in Europa keine Abrüstung, sondern ebenfalls eine Umrüstung. Die Konventionalisierung «führt zu mehr und besseren nicht-nuklearen Streitkräften, nicht zu ihrer Verminderung».[225] Das amerikanische Drängen auf die Modernisierung der Gefechtsfeldwaffen und der Kurzstreckenraketen deutete in die gleiche Richtung. Aber die strategische Gesamtkonstruktion hatte sich geändert. Indem sie die amerikanischen weiterreichenden Nuklearwaffen aus Europa zurückzog und die konventionelle Komponente verstärkte, stärkte sie auch die Mitbestimmungsansprüche der Europäer und damit implizit diejenigen amerikanischen Stimmen, die im Sinne eines geopolitischen Unilateralismus schon immer dafür geworben hatten, den Schutz Europas den Europäern selbst zu überlassen und den politischen Akzent der USA sehr viel stärker auf die Dritte Welt zu setzen.

Dieses Interesse wurde mit einem Protokollauszug von der Tagung des Nordatlantikrates vom 11. Dezember 1987 schon öffentlich dokumentiert. Die Minister räumten ein, «daß Ereignisse außerhalb des Vertragsgebietes ihre wesentlichen gemeinsamen Interessen als Mitglieder des Bündnisses beeinträchtigen können».[226] Sie bemühten sich, die Folgen für das traditionelle NATO-Gebiet möglichst klein zu halten, mußten aber den Mitgliedsstaaten die (ohnehin nicht bestreitbare) Kompetenz einräumen, aufgrund nationaler Entscheidungen ihre Truppen auch außerhalb des Vertragsgebietes zu stationieren. In einer sehr verklausulierten Formulierung gaben die NATO-Mitglieder darin selbst zu, daß der Ost-West-Konflikt, zumindest der zwischen den USA und der Sowjetunion, sich weder auf Zentraleuropa beschränkte noch konzentrierte, sondern dieses Gebiet längst überschritten hatte. Setzt sich diese Tendenz fort, so werden die Folgen für Europa denen ähneln, die schon in der Entspannungsperiode der siebziger Jahre auftraten: verstärktes ‹burden sharing› zu Lasten der Europäer bei fortgesetztem Führungsanspruch der USA.

g) Globaler Unilateralismus

Für die global orientierte Konzeption der amerikanischen Sicherheitspolitik kann die von prominenten Anhängern dieser Schule Anfang 1988 vorgelegte Studie «Discriminate Deterrence» mit den dazugehörigen Einzelstudien als Blaupause gelten. Diese Strategie hat mit dem neuen Begriff sich bereits von der flexible response und von der Vorstellung verabschiedet, als sei der Westen vornehmlich durch einen Zentralangriff der Sowjetunion in Mitteleuropa oder durch ihren großen Nuklearschlag gegen die Vereinigten Staaten bedroht. Die europäische Reaktion auf diese Studie hat vor allem die üblichen europäischen Einwände gegen die sich verringernde amerikanische Garantie nuklearer Abschreckung in Europa ventiliert,[227] dabei aber die eigentliche Stoßrichtung des Argumentes verfehlt. Es wurde zwar nicht innerhalb der Reagan-Administration konzipiert, aber in großer personeller Nähe zu ihr und in engem Zusammenhang mit dem offiziellen Bericht des Präsidenten über die «nationale Sicherheitsstrategie» vom Januar 1988. Was der Präsident als Vermächtnis formulierte, wurde von der Kommission als Programm der Zukunft präsentiert: ein Verständnis des Konfliktes mit der Sowjetunion, das ihn globalisierte und gleichzeitig auf einen relativ geringen Grad an militärischer Gewaltanwendung reduzierte. Die Studie wurde vom Begriff des «low-intensity conflict» beherrscht,[228] der zwar vorwiegend militärisch, aber auch wirtschaftlich, entwicklungspolitisch, wirtschaftspolitisch und ideologisch verstanden wurde. Die Konsequenzen daraus allerdings wurden militärisch definiert und zwar als vermehrte und verbesserte Aufrüstung vor allem im Bereich der ‹smart weapons›.

Es ist aufschlußreich, daß in dem auf das Jahr 1987 bezogenen Vergleich sowjetischer und amerikanischer Luftstützpunkte in der Welt die Sowjetunion Zugangs- und Überfliegungsrechte in Syrien und dem Irak, in Libyen und Äthiopien, in Mozambik und Angola sowie in Guinea besitzt, während die Vereinigten Staaten auf ihr Mutterland reduziert sind. Selbst Kanada und Grönland, Großbritannien und der westeuropäische Kontinent, ferner auch Arabien und Ägypten gelten lediglich als freundliche Staaten, die den Zugang zu ihrem Luftraum zwar ermöglichen, aber nicht gewährleisten.[229]

Die Bilanz ist zweifellos übertrieben, läßt aber deutlich erkennen, wie sehr diese konservativen Sicherheitseliten vom Bewußtsein eines weltpolitischen Wandels bestimmt sind. Sie wollen sich von dem Ballast eines Ost-West-Konfliktverständnisses befreien, das sich auf die Unterstützung Westeuropas konzentrierte und mit der Betonung der nuklearen Abschreckung die Waffenhände der Vereinigten Staaten festband. Die Studie hingegen propagierte die kleineren und konventionellen, aber technologisch hochstehenden Waffen, mit denen diese konservative Sicherheitselite den Konflikt mit der Sowjetunion in der Dritten Welt vornehmlich zu bestehen hofft. Das setzt anhaltend große Verteidigungsbudgets voraus, auch hierauf machte der Kommissionsbericht häufig aufmerksam.

Der Bericht war – das muß angesichts seiner aufgeregten Beachtung in der Bundesrepublik betont werden – kein Dokument der Administration, sondern einer ihr nahestehenden Interessengruppe. Sie fungierte gewissermaßen als Nachfolger des Committee on the Present Danger, wollte den Wahlkampf 1988 mit Argumenten versorgen und die kommende Administration auf diese konservative Linie erneut einschwören. Da sie aber unter dem Vorsitz des Stellvertretenden Verteidigungsministers Iklé stand, kann man getrost davon ausgehen, daß sie die bisherige Politik dieser zivilen Leitung des Pentagon widerspiegeln, fortzuschreiben und bis in die neue Administration zu verlängern suchte.

In diese Politik paßte die Abrüstung der nuklearen Mittelstreckenwaffen gut hinein, weil sie den Ost-West-Konflikt entnuklearisierte und ihn damit zu einem großen Teil auch enteuropäisierte. In Europa war im Konflikt mit der Sowjetunion für die USA nichts mehr zu gewinnen; die Bewahrung konnte den westeuropäischen Alliierten mehr und mehr überlassen bleiben. In der Dritten Welt hingegen war die Auseinandersetzung mit der Sowjetunion voll in Gang. Hierauf mußten sich die USA konzentrieren, und zwar um so mehr, je weniger sie dabei von ihren westeuropäischen Alliierten unterstützt wurden. Frankreich und Großbritannien bildeten zwar eine Ausnahme, doch war auf Frankreich, wie sich beim amerikanischen Luftangriff gegen Libyen zeigte, nur bedingt zu zählen. Den Kampf um die Macht in der Dritten Welt mußten die Vereinigten Staaten im wesentlichen allein bestehen.

Ob dieser Rückgriff der amerikanischen Globalpolitik auf den Unilateralismus als Verfall hegemonialer Kraft gedeutet werden kann – wie es gelegentlich in Mode zu sein scheint[230] –, ist mehr als zweifelhaft. Eher muß man der Reagan-Administration bescheinigen, daß sie mit ihrem massiven konventionellen Aufrüstungsprogramm und mit der begrenzten nuklearen Abrüstung den Unilateralismus der USA vom Ballast eines nuklearlastigen Strategiekonzeptes zu befreien suchte, das die USA daran hinderte, den Konflikt mit der Sowjetunion auf der ganzen Breite voll aufzunehmen. Ronald Reagan hatte diesem Ziel die amerikanische Innenpolitik bis hin zu den unerhörten Defiziten des US-Haushaltes schon unterzuordnen versucht; er vernachlässigte zu seinen Gunsten auch die Abschreckungsbedürfnisse der westeuropäischen Alliierten.

Das war sicherlich kein hegemoniales Konzept mehr, weil es zur Definition des Hegemon gehört, die Interessen der Mitglieder seines Bereiches zu berücksichtigen. Aber es war keinesfalls ein Zeichen der Schwäche. Im Gegenteil. Sieht man die Strategie Reagans in der Perspektive der inneramerikanischen Diskussion um Unilateralismus und Internationalismus, so ist sie ganz eindeutig dem ersten zuzurechnen, einem Konzept, das mehr auf die eigene militärische Stärke der USA vertraute als auf die Kooperation mit den Alliierten. Der Unilateralismus verstand den Konflikt mit der Sowjetunion immer schon totaler und militärischer als der Internationalismus; gegen dessen Zielvorstellung einer internationalen ‹equality› hielt er stets das Gegenbild der nationalen ‹security›. Ihr war er innen- und budgetpolitische Opfer zu bringen gewillt, die der Internationalismus im Prinzip ablehnte und im konkreten Fall für verfehlt hielt. Reagan richtete die amerikanische Außen- und Innenpolitik auf den Konflikt mit der Sowjetunion aus, er trieb die Aufrüstung der Vereinigten Staaten kontinuierlich weiter, ungeachtet der Abrüstungsverträge, die er mit der Sowjetunion schloß.

Diese Abkommen bedeuteten ja nicht etwa, daß die Reagan-Administration sich mit dem Unvermeidlichen abgefunden, die militärische Parität der Sowjetunion akzeptiert hätte. Das tat sie und tat es wiederum nicht. Sie war außerstande, der Sowjetunion die nukleare Parität zu bestreiten, die sich Moskau durch erhöhte Wurfgewichte immer wieder beschaffen konnte. Die Reagan-Administration mußte sich der Einsicht beugen, die den gesamten SALT-Prozeß angeleitet hatte, daß sich ein weiterer Aufwuchs des sowjetischen Nuklearpotentials nur durch Rüstungskontroll- bzw. Abrüstungsverträge verhindern ließ.

Aber Reagan verstand es, aus dem Unvermeidlichen einen Vorteil werden zu lassen. Verschwanden die Mittelstreckenraketen aus der Welt und reduzierten sich die strategischen Offensivwaffen um die Hälfte, so verschwand – oder halbierte sich – die einschlägige sowjetische Parität. Im gleichen Maße gewannen die konventionellen Waffen an Gewicht und mit ihnen die bei den ‹smart weapons› bestehende technologische Überlegenheit der Vereinigten Staaten. Es war sehr fraglich, ob die Sowjetunion diesen Vorsprung je einholen würde. Je stärker die Bedeutung der nuklearen Parität durch die Abrüstung der Kernwaffen reduziert wurde, um so deutlicher trat die Superiorität der Vereinigten Staaten auf dem Gebiet der konventionellen Rüstung wieder in Erscheinung. Nicht umsonst betonten Angehörige der Reagan-Administration immer wieder, daß die USA den Konflikt mit der Sowjetunion auf solchen Gebieten suchen und vorantreiben sollten, auf denen sie eine Marge der Überlegenheit besaßen. Nicht umsonst sprach selbst der Präsident in seinem letzten Bericht über die nationale Sicherheit davon, daß die konventionellen Streitkräfte ihre «technologische Überlegenheit» behalten sollten – von der maritimen ganz zu schweigen.[231]

Die Abrüstung der offensiven Kernwaffen vergrößerte also nicht nur die Handlungsfreiheit der Vereinigten Staaten und ihre Sicherheit; sie vergrößerte auch die technologische Distanz zwischen ihnen und der Sowjetunion und gab ihnen damit – zumindest tendenziell – die militärische Überlegenheit zurück, die auf dem Gebiet der Kernwaffen nicht wiederzuerlangen war. Bei den konventionellen Waffen aber ließ sie sich bewahren, wenn nur genügend großer Aufwand getrieben wurde; auch dieser Aspekt paßte vorzüglich in die politischen Leitlinien der Reagan-Administration. SDI gab hier ein Paradebeispiel ab.

Mit der Abrüstung der Nuklearwaffen ein lang gehegtes, von Präsident Reagan stets offen proklamiertes Ziel der amerikanischen Rüstungspolitik zu erfüllen, den Kongreß dabei «links» zu überholen, der öffentlichen Meinung entgegenzukommen, erstmals in der Geschichte überhaupt ein Abrüstungsabkommen mit einem Gegner zu schließen und gerade auf diese Weise sowohl die amerikanische militärische Überlegenheit über den Gegner wiederherzustellen wie für kontinuierlich hohe Rüstungsbudgets zu sorgen – diese Leistungsbilanz der Reagan-Administration konnte sich in der Tat sehen lassen. Nach den Sturm- und Drangjahren von Reagans Regime begann sich eine Strategie herauszukristallisieren, die, gerade weil sie im Abrüstungsbereich fortschrittlicher als die ihrer Vorgänger war, zugleich sehr viel konservativer, auf die Wiederherstellung der amerikanischen Superiorität gerichtet sein konnte.

Das war zwar nicht gerade die Quadratur des Zirkels, aber doch eine bedeutende politische Leistung. Sie beruhigte die nukleare Komponente des Konfliktes und verschärfte ihn gleichzeitig auf dem Gebiet der konventionellen Rüstung und der Weltraumverteidigung. Präsident Reagan hatte damit, wenn auch auf Pfaden, die vielfach von Gorbatschow erschlossen worden waren, das von ihm zu Beginn seiner Amtszeit verkündete Programm abgearbeitet. Seinem politischen Verdienst und seiner politischen Fortune hatte Reagan es zu verdanken, daß unter seiner Ägide die USA den Sieg im Rüstungswettlauf mit der Sowjetunion für sich verbuchen konnten.

V.
Kampf und Widerstand

Ähnliches Glück schien der Präsident auch mit seiner Politik in der Dritten Welt zu haben. Die ungeordneten, mit dem Begriff des ‹Strategischen Konzeptes› etwas gewaltsam gegen die Sowjetunion gerichteten Maßnahmen, die Reagans Regime gekennzeichnet hatten, wichen langsam einer erkennbaren Strategie. Ihre Grundzüge entwickelte der Präsident in seiner Rede vor den Vereinten Nationen am 24. Oktober 1985, kurz vor seiner ersten Begegnung mit Generalsekretär Gorbatschow; im März 1986 entfaltete er das Konzept sehr ausführlich. Zwar nicht offiziell, aber doch durchaus berechtigt, wird es als Reagan-Doktrin bezeichnet. Sie sprach der Sowjetunion, indem sie ihr den Rückzug aus der Dritten Welt abverlangte, die politische Parität ab, um sie ihr dann teilweise, nämlich als gemeinsame Garantie für diejenigen Gebiete wieder anzubieten, aus denen sie sich vorher hatte zurückziehen müssen.

Die Reagan-Doktrin enthielt damit einen nur leicht kaschierten Großmachtanspruch, reklamierte für sich das Gesetz, nach dem in der Welt gehandelt werden durfte, und verwies die Sowjetunion eindeutig auf den zweiten Platz. Im Unterschied zur Rüstungspolitik aber, in der die Vereinigten Staaten auch über die Mittel verfügten, ihre Überlegenheit durchzusetzen, konnte die Reagan-Doktrin in der Dritten Welt zunächst nur ihren Anspruch formulieren. Ob sie sich durchsetzen ließ, hing von ihrer konzeptionellen Eignung, vom Mittelaufwand, von den betroffenen Ländern und nicht zuletzt von der Sowjetunion ab. Deren Reaktion war ein Glücksfall für Reagan. Unter Gorbatschows Leitung tat sie schließlich von selbst, was die Reagan-Doktrin ihr abtrotzen wollte: Sie zog sich aus Afghanistan zurück und stellte in geographisch ungünstigen Positionen ihre militärische Unterstützung ein.

1. Die Reagan-Doktrin

Die Reagan-Doktrin verdankt ihren Namen dem neo-konservativen Journalisten Charles Krauthammer, der damit seinen Artikel in der Zeitschrift ‹Time› vom 1. April 1985 überschrieb. Krauthammer bezog sich auf Reagans Rede über die Lage der Nation im Februar 1985, wo er, in einem Nebensatz, das Kernprogramm seiner Doktrin bekanntgegeben hatte: weltweite Unterstützung anti-kommunistischer Widerstandskämpfer.

Der Programmteil entstammte dem neo-konservativen Flügel der Reagan-Koalition, der damit den alten, stark auf linksliberalen Einflüssen beruhenden globalen Interventionismus der Demokratischen Partei wieder aufnahm. Er war eigentlich durch den Vietnam-Krieg gründlich desavouiert und deswegen weder von den wirklichen Konservativen noch von den wirklichen Liberalen wieder aufgegriffen worden. Die Neo-Konservativen in der Reagan-Koalition aber machten ihn zum Ferment einer Weltpolitik, die sie seit 1981 ausschließlich an der Auseinandersetzung mit der Sowjetunion ausgerichtet hatten. Nicht umsonst hatte Präsident Reagan in seiner Londoner Rede vom 9. Juni 1982 mit dem «Project Democracy» die Demokratisierung der ganzen Welt auf seine Fahnen geschrieben. Das Wilsonsche Ideal wurde zum außenpolitischen Wappenspruch einer erzkonservativen Regierung.[1]

Ein strategisches Konzept wurde daraus erst vier Jahre später. Es konnte daher nur noch die Rationalisierung einer Praxis darbieten, die die Reagan-Administration in Zentralamerika schon seit 1981 begonnen und seitdem auch auf Afrika und Südwestasien übertragen hatte. Freilich hatte sich diese Praxis dabei auch verändert, hatte sich auch auf die konservativen, autoritären Regierungen erstreckt und dabei immer mehr dem Gedanken der Menschenrechte Rechnung getragen. Ronald Reagan kam, sozusagen, von rechts auf die gleiche mittlere Position, die Jimmy Carter aus liberaler Sicht einnehmen wollte. Gleichzeitig aber profilierte sich der anti-sowjetische Impuls erheblich.

Im Vorfeld der ersten Gipfelbegegnung mit Generalsekretär Gorbatschow hatte Präsident Reagan in seiner Rede vor den Vereinten Nationen am 24. Oktober 1985 der Sowjetunion einen «regionalen Friedensprozeß» vorgeschlagen, der ihr die schon erwähnte gemeinsame Aufsicht über die Länder anbot, aus denen sie sich vorher zurückgezogen hatte.[2] Als Reagan ein halbes Jahr später, am 14. März 1986, dem Kongreß die Ziele und Strategien darstellte,[3] klang der Tenor ganz anders, war das Angebot gemeinsamer Garantien zurückgestuft worden auf bilaterale Gespräche, ruhte der Akzent auf der «einzigartigen Drohung», die die Diktaturen sowjetischen Stils in der Welt darstellten. Reagan rief dazu auf, alle Widerstandskräfte, die gegen die «kommunistische Tyrannei» kämpften, zu unterstützen, und zwar sowohl direkt wie indirekt, militärisch wie wirtschaftlich. Er betrieb die militärische, jedenfalls gewaltsame Bekämpfung der sowjetischen Präsenz in der Dritten Welt durch Stellvertreter, indem er alle Widerstandsgruppen zu Freiheitskämpfern erklärte und sie mit Waffen ausstatten wollte. Reagan glaubte, hinter ihrem Widerstand die große Welle der Demokratisierungsinteressen zu erblicken, die schon Carter, Vance und Brzezinski diagnostiziert hatten. Aber während sie diesem Demokratisierungsinteresse mit der Förderung der Menschenrechte hatten aufhelfen wollen, reduzierte die Reagan-Administration ihr Engagement auf die Vertreibung des Kommunismus. Ob und wie daraus Demokratie entstehen konnte, diese Frage hat sie nicht beantwortet, sich wohl nicht einmal gestellt. Sie vertraute anscheinend noch immer auf die von der UN-Botschafterin Kirkpatrick wiederbelebte Unterscheidung zwischen – akzeptablen, weil reformfähigen – autoritären und – nicht akzeptablen, weil reformunfähigen – kommunistischen Herrschaftssystemen. Dabei hatte sich die Praxis der Reagan-Administration inzwischen von diesem Konzept weit entfernt, hatte eben erst, im Februar 1986, an der Entfernung von Marcos aus den Philippinen, der Duvaliers aus Haiti mitgewirkt. Das Konzept der Reagan-Doktrin aber war ausschließlich gegen den Kommunismus und den «arroganten» sowjetischen Anspruch auf politische Parität gerichtet, wie er sich in der Breschnew-Doktrin niedergeschlagen hatte.

Sich auf die Unterstützung anti-kommunistischer Widerstandskämpfer zu beschränken, konnte also nur bedingt als Patentlösung gelten. Sie schaffte auch nicht jene Problemfälle aus der Welt, die zwar nicht pro-kommunistisch, wohl aber anti-westlich eingestellt waren. Libyen bot hier das große Beispiel, das in der kritischen Position zahlreicher Staaten der Dritten Welt seinen schwachen Abglanz fand. Für diese Fälle hielt die Doktrin des Präsidenten eine weitere Patentlösung, den Begriff des Terrorismus parat.

Beide Patentlösungen boten der Reagan-Administration die Möglichkeit, zur Abwehr die von ihr bevorzugten Strategien anzubieten: «Unsere eigene militärische Stärke und die Vitalität unserer Wirtschaft.»[4] Die eine war nach Ansicht Reagans erforderlich, um dem Anti-Kommunismus und der Demokratisierung ein gesichertes internationales Umfeld zu bieten; die andere sollte nicht etwa den Ländern der Dritten Welt direkte Hilfe leisten, sondern ihnen nur dabei helfen, sich selbst zu helfen. Militärische Stärke und privatwirtschaftliche Initiative – diese beiden Säulen der Politik Reagans trugen seine Doktrin. Sie war ausschließlich auf die Auseinandersetzung mit der Sowjetunion gerichtet, der die politische Parität ausdrücklich versagt und der mit militärischer Macht der Vereinigten Staaten und dem gewaltsamen Druck der Widerstandsbewegungen auferlegt wurde, sich aus dieser Welt zurückzuziehen.

Mit diesem Rekurs auf die Macht als Gewalt ging Reagan selbst hinter seinen republikanischen Vorgänger Nixon zurück, wich er ganz eindeutig von der republikanisch-konservativen Tradition ab. Der Konservativismus in den USA lehnte innenpolitisch den Sozialstaat, außenpolitisch die Intervention ab.[5] Die Demokraten hatten diese Zuordnung umgekehrt, traten für die Intervention, aber eben auch für den Sozialstaat ein. Die Reagan-Administration integrierte beide Bestandteile in neuer Mischung, verband den neo-konservativen Interventionismus außen mit der alt-konservativen Ablehnung des Sozialstaats innen. Die Reagan-Doktrin wandte diese Mischung konsequent auf die Außenpolitik an: staatliche Intervention zur Vertreibung des Kommunismus, Überweisung der Entwicklungsprobleme an die Privatwirtschaft.

Die Reagan-Doktrin muß zunächst auf der deklaratorischen Ebene interpretiert werden. Sie enthielt ein Konzept, das Aufschluß erteilte über Kategorien, Perzeptionen und Interessen. Es reihte die Probleme der Dritten Welt mit dem Begriff der «Konflikte niedriger Intensität» stufenlos in die Auseinandersetzung mit der Sowjetunion ein.[6] Es waren, sozusagen, kleine Bataillen im Rahmen der großen globalen Auseinandersetzung. Aber sie dienten auch geopolitischen und geostrategischen Interessen, der Aufrechterhaltung des Zugangs zu den Rohstoffen und Stützpunkten, der Offenhaltung der Seeverbindungen. Auf diese Interessen hatten besonders der amerikanische Verteidigungsminister, aber auch der Generalstab aufmerksam gemacht.[7] Die Aufrüstung der Marine, die Vorwärtsstationierung von Kriegsmaterial mit den POMCUS- und Host Nation Support-Programmen ließ – ebenso wie der Ausbau der Schnellen Eingreiftruppe – erkennen, daß das Konzept durchaus handfeste Konsequenzen nach sich zog, indem es Instrumente bereitstellte. Das galt auch für die Central Intelligence Agency, die unter ihrem Leiter William C. Casey die operative Ausführung der Reagan-Doktrin übernehmen sollte.[8] Die Reagan-Doktrin und die nachfolgenden Strategieerklärungen dürfen also nicht nur als reine Deklaratorik abgetan werden; sie hatten erkennbare operative Folgen.

Andererseits stellte die Politik keine präsidentielle Richtlinie dar. Sie enthielt die Präferenzen des Verteidigungsministeriums; was das Außenministerium und das Weiße Haus schließlich verwirklichten, stand auf einem ganz anderen Blatt. Beide haben sich und (damit die USA) sehr wohl mit kommunistischen Systemen arrangiert, mit China an erster Stelle, aber auch mit Mozambik. Äthiopien erhielt amerikanische Hungerhilfe, ohne Rücksicht auf sein Regime. Marcos und Duvalier wurden entfernt, der koreanische Diktator Chun Doo Hwan wurde unter großen politischen Druck gesetzt. Der Kongreß sperrte den Contras die Militärhilfe.

Muß amerikanische Außenpolitik immer als Konglomerat verstanden werden, dessen Einzelteile sich oft widersprechen, so galt das für die Reagan-Administration in besonderem Maße. Die Differenzen zwischen Brzezinski und Vance in der Carter-Administration verblassen, vergleicht man sie mit der Rivalität zwischen dem Außen- und dem Verteidigungsministerium unter Reagan.

Man darf die Reagan-Doktrin also auch konzeptuell nicht überfordern. Sie sagte nichts aus über die Aufgaben und Möglichkeiten amerikanischer Führungspolitik in der komplizierten Welt der achtziger Jahre. Sie deutete ein Problembewußtsein an, konzentrierte sich dann aber wieder auf die

Bekämpfung sowjetischen Einflusses und des Kommunismus in der Dritten Welt mit den Mitteln der Machtpolitik. Sie setzte fort, was das ‹Strategische Konzept› Haigs begonnen hatte; sie blieb aber insofern hinter ihm zurück, als sie der Militarisierung der Beziehungen nicht einmal mehr politische Hoffnungen mitgab. Um die politischen Probleme der Welt hat sich die Reagan-Administration in ihrer zweiten Amtszeit nicht mehr gekümmert – abgesehen von den Torschlußbemühungen von Shultz im Nahen Osten und Crocker in Angola. Vielmehr konzentrierte sich die Reagan-Doktrin auf die Vertreibung der Sowjetunion. Dafür setzte sie drei Instrumente ein: ‹power projection›, die ‹Kriegführung niedriger Intensität› und die Militärhilfe.

2. Power Projection und politischer Konsens

Die Bombardierung Libyens in der Nacht des 15. April 1986 und die vorausgehenden Flottenmanöver vor der Küste und im Golf von Sidra gaben ein exemplarisches Beispiel von ‹power projection› ab. Die Reagan-Administration demonstrierte die militärische Macht der Vereinigten Staaten gegen ein kleines, aber sehr unbotmäßiges Land; sie führte vor, was überall auf der Welt geschehen konnte, wenn die Administration amerikanische Interessen verletzt sah. Libyen unter Khadafi, der stark anti-amerikanisch war, im Tschad eine expansionistische Politik betrieb und ganz offensichtlich dem arabischen wie dem europäischen Terrorismus große Unterstützung angedeihen ließ, war der Reagan-Administration vom ersten Tage ihrer Amtszeit an ein großer Dorn im Auge. Die Spannungen stiegen, als am 14. Juni 1985 ein TWA-Flugzeug von zwei Libanesen entführt wurde und die 104 amerikanischen Fluggäste 17 Tage lang in Beirut als Geiseln gehalten wurden. Am 7. Oktober 1985 wurde das Passagierschiff Achille Lauro im Mittelmeer überfallen, ein Amerikaner getötet. Weihnachten 1985 wurden die El Al-Schalter auf den Flughäfen Rom und Wien überfallen und 20 Menschen ermordet, darunter fünf Amerikaner.

Obwohl in keinem der Fälle erwiesen war, daß sie von Libyen aus geplant oder durchgeführt worden waren, richtete sich der Verdacht Wash ingtons auf Khadafi. Die CIA unter Casey und der National Security Council unter McFarlane drängten Mitte 1985 auf entschlossenes Handeln, das den Ayatollah Khomeini, der sich bei der Befreiung der Geiseln von Beirut als hilfreich erwiesen hatte, durch Waffenlieferungen zu weiterer Unterstützung bewegen, den Oberst Khadafi aber militärisch unter Druck setzen, gegebenenfalls sogar liquidieren sollte. Dem Außenministerium und dem Vereinigten Generalstab gelang es, den ursprünglichen Plan einer gemeinsamen ägyptisch-amerikanischen Invasion Libyens zu Fall zu bringen.[9] Ebenso wurde die Absicht aufgegeben, auf die Terrorattacken in Rom und Wien am 27. 12. 1985 mit einem amerikanischen Luftangriff auf Libyen zu antworten; das Land hatte offenkundig nichts damit zu tun. Präsident Reagan verhängte am 27. Januar 1986 einen Handels- und Verkehrsboykott gegen Libyen und forderte alle Amerikaner zum Verlassen des Landes auf.[10] Die Sechste amerikanische Flotte nahm ihre Manöver vor der Küste Libyens wieder auf, die in der letzten Märzwoche zu militärischen Zusammenstößen mit der libyschen Luftwaffe führten. Nachdem am 5. April 1986 eine Bombe in einer West-Berliner Diskothek einen amerikanischen Soldaten und eine türkische Frau getötet hatte, ordnete Präsident Reagan die Bombardierung Libyens durch amerikanische F-111s und Flugzeuge der Sechsten Flotte an. Es gab schätzungsweise 50 bis 100 Tote; Khadafi selbst, zweifellos ein Hauptziel des Angriffs, überlebte.[11]

Daß die Reagan-Administration das Bombardement mit den Terrorangriffen, vor allem mit dem in Berlin, legitimierte, entsprach mehr der zu dieser Zeit infolge des Terrorismus sehr beunruhigten öffentlichen Meinung in den USA als einer nachweisbaren Realität. Die Reagan-Administration wollte Handlungsfähigkeit dokumentieren und den Oberst Khadafi schädigen; zugunsten dieser Ziele nahm sie die Brüskierung ihrer westeuropäischen Alliierten, die sich am Tage vor der Bombardierung zu wirtschaftlichen Sanktionen entschlossen und von jeder militärischen Attacke abgeraten hatten, in Kauf, ebenso die nachfolgende Verstimmung.[12] Auch die arabische Welt reagierte negativ, wenngleich sie dem Querulanten Khadafi die Demütigung gönnte. Die Sowjetunion verhielt sich relativ gemäßigt, zumal sie ganz offensichtlich von den USA entsprechende Hinweise bekommen und ihre Schiffe aus der Angriffszone zurückgezogen hatte. Die Rücksicht auf die Sowjetunion erklärt wohl auch, warum die Vereinigten Staaten drei Jahre zuvor den Angriff auf ihren Stützpunkt in Beirut, der 241 amerikanischen GIs das Leben gekostet hatte, mit dem Rückzug ihrer Schiffe beantwortet, in Libyen aber, bei einer sehr viel unklareren Ausgangslage, mit einem Luftangriff geantwortet hatten. Syrien war ein sowjetischer Klient, Libyen nur ein unsicherer Kantonist, der sich erst nach dem amerikanischen Bombenangriff selbst zum – in Moskau höchst unerwünschten – Parteigänger der Sowjetunion erklärte.

Dennoch enthielt der Angriff auf Libyen auch einen Hinweis an die Sowjetunion. Sollte es erforderlich werden, waren die Vereinigten Staaten bereit und in der Lage, militärische Gewalt erfolgreich einzusetzen. Damit hatte die Reagan-Administration keineswegs eine neue Erfindung gemacht. Der traditionelle Name für ‹power projection› hieß ‹Kanonenbootdiplomatie›, und die Vereinigten Staaten hatten, wie die Europäer auch, reichlich Gebrauch davon gemacht.[13] Allerdings unterschieden sich die einzelnen Administrationen dabei sehr erheblich, so eben auch die Reagans von der Carters. Hatte diese das Instrument weitgehend vernachlässigt, so stand ihm jene außerordentlich aufgeschlossen gegenüber.

Das änderte sich, nachdem der Leiter der CIA, William C. Casey, am 29. Januar 1987 gestorben, der Sicherheitsberater McFarlane am 4. Dezember 1985 und sein gleichfalls aus der Marine stammender Nachfolger Pointdexter aufgrund der Iran-Contra-Affäre am 25. November 1986 aus dem Amt geschieden waren. Im außenpolitischen Entscheidungsprozeß gewannen jetzt die «Zivilisten» die Oberhand. Die von ihnen bevorzugten wirtschaftlichen und politischen Instrumente, denen sich inzwischen auch die Westeuropäer angeschlossen hatten, waren gewaltfrei, aber wirksam. Sie hatten zwar Khadafi keineswegs in die Knie gezwungen; der Rückgang der libyschen Öleinnahmen von 10 Mrd. USD 1985 auf 6 Mrd. 1987 und die daraus folgenden Handlungsbeschränkungen für Khadafi hatten andere, wirtschaftliche Gründe. Daß Westeuropäer und Amerikaner libysche Konten einfroren, die Luftverbindungen zu dem Land drastisch reduzierten, wurde aber in Tripolis als deutliche Warnung verstanden. Unter der neuen Leitung fiel es der Reagan-Administration leichter, wieder mehr auf die politische Isolierung Khadafis als auf seine militärische Überwindung zu setzen.[14]

An der allgemeinen Bevorzugung des militärischen Machtinstrumentes durch die Reagan-Administration änderte sich freilich nichts. ‹Power projection› mußte ja nicht bedeuten, diese Macht auch einzusetzen; vielleicht konnte der Einsatz gerade dadurch verhindert werden, daß man dic Macht vorzeigte. Das war jedenfalls die Position des Verteidigungsministeriums und auch des Verteidigungsministers Weinberger. Beide wollten über die Instrumente militärischer Macht im höchsten Maße verfügen, beide waren sehr vorsichtig und zurückhaltend, wenn es darum ging, diese Macht auch zu benutzen. Weinberger hatte kurz nach der Wiederwahl Präsident Reagans im November 1984 sechs Kriterien für einen solchen Einsatz aufgestellt – die «sechs Gebote». Sie reduzierten den Einsatz der amerikanischen Militärmacht auf die Bedrohung der nationalen Sicherheit.[15]

Deswegen hatten sich die USA im Nahen Osten auch in der zweiten Amtsperiode Reagans auf Militär- und Sicherheitshilfe beschränkt, beide wiederum auf Israel und Ägypten konzentriert, die 1987 und 1988 jeweils 3 bzw. 2,115 Mrd. USD an ‹security supporting assistance› und an Militärhilfe erhielten.[16] Dabei hatte der Kongreß die Militärhilfe für 1988 um die Hälfte gekürzt, den Gesamtbetrag von 1,3 Mrd. auf 625 Mio. reduziert.[17] Der Kongreß hatte auch weiterhin dafür gesorgt, daß Saudi-Arabien, Kuwait und Bahrain nicht die modernen Waffen erhielten, die sie zum Schutz ihrer Interessen im Golf erwerben wollten. Israel fürchtete die Stärkung seiner arabischen Nachbarn, und der amerikanische Kongreß pflichtete ihm weitgehend bei. Die Administration aber hatte mit der Einleitung dieser Waffenverkäufe ihre Politik bestätigt, in der Golf-Region nicht selbst präsent zu werden, sondern die Regionalstaaten in Stand zu setzen, selbst für ihre Sicherheit und die ihrer Interessen zu sorgen.

Das Interventionsinstrument war durchaus vorhanden. Das aus der von Carter gegründeten Rapid Deployment Force entwickelte United States Central Command (USCENTCOM) war im Aufrüstungsprogramm Reagans reichlich bedacht worden, verfügte, wie erwähnt, über genügend Einsatz-, Transport- und Kommunikationsmöglichkeiten.[18] Die USA waren also zur ‹power projection› in Südwestasien in der Lage, hatten sich aber aus den von Weinberger genannten Gründen davor gehütet, sie auch einzusetzen.

Warum es im Sommer 1987 zu einem radikalen Wandel dieser Politik und zur Entsendung einer amerikanischen Armada von beinahe 50 Schiffen und 25000 Soldaten kam, ist daher nicht leicht zu erkennen. Zwar hatte es immer amerikanische Soldaten in der Region gegeben, Mitte 1987 belief sich ihre Zahl allein in den Golf-Staaten auf mehr als 2000,[19] aber sie waren Berater und Ausbilder, keine Kampftruppen. Die ‹Middle East Force› war ab 1980 auf acht Schiffe erweitert worden, die auch im Persischen Golf patrouillierten und seit dem Beginn des Krieges zwischen Iran und Irak auch amerikanische Schiffe begleiteten – was britische und französische Einheiten für Schiffe unter ihrer Flagge ebenfalls taten.

Im November 1986 bat Kuwait die Mitglieder des UN-Sicherheitsrates um Geleitschutz für seine Tankschiffe gegen Angriffe des Iran. Die Sowjetunion sagte Unterstützung zu, und es war wohl dieser Aspekt, die Perspektive vergrößerten sowjetischen Einflusses im Persischen Golf, der den amerikanischen Verteidigungsminister alarmierte.[20] Die Vereinigten Staaten erklärten sich im März 1987 bereit, den Geleitschutz für kuwaitische Tanker zu übernehmen. Amerikanische Rechtsvorschriften machten es erforderlich, daß diese Schiffe pro forma die amerikanische Flagge erhielten. Plötzlich waren die Vereinigten Staaten mit amerikanischen Tankern und amerikanischen Kriegsschiffen zu ihrem Schutz im Golf präsent – gewiß, ohne dabei alle Konsequenzen durchgedacht zu haben.[21]

Faktisch gestaltete sich der Flottenaufmarsch zur Parteinahme zugunsten des Iraks. Er erhielt freie Hand, weil die amerikanische Flotte den Iran niederhielt. Der Kongreß verhängte im Herbst 1987 einen Boykott gegen iranisches Öl, das bis dahin den zweiten Platz in der Versorgung der USA eingenommen und dem Iran beträchtliche Einnahmen verschafft hatte.[22]

Die wirtschaftliche und die militärische Lage des Iran verschlechterten sich rapide, so daß der versehentliche Abschuß eines iranischen Verkehrsflugzeuges am 3. Juli 1988 zum inneriranischen Katalysator wurde. Zwei Wochen später teilte der Iran den Vereinten Nationen mit, daß er nunmehr die Resolution 598 «bedingungslos anerkenne», die einen sofortigen Waffenstillstand gefordert hatte. Er trat am 20. August 1988 in Kraft und wurde von einer militärischen Beobachtergruppe der UN überwacht.

Haben die USA ihr Ziel am Golf erreicht oder nicht doch falsch, nämlich militärisch reagiert?[23] Das bleibt abzuwarten. Kuwait wurde nicht von sowjetischen, sondern von amerikanischen Schiffen beschützt. Aber der Erste Stellvertretende Außenminister der Sowjetunion Woronzow besuchte zwei Tage, nachdem der Iran die UN-Resolution 598 anerkannt hatte, Teheran, das den USA auf absehbare Zeit verschlossen bleiben wird.[24] Nur wirtschaftliche Hilfe Washingtons könnte die Verbindung zum Iran wiederherstellen.

Der Waffenstillstand am Golf entlastet den Irak, den schärfsten Gegner Israels. Dadurch wird sich der arabisch-israelische Konflikt wiederbeleben, von dessen Beeinflussung sich die Reagan-Administration 1982 praktisch verabschiedet hatte. Von der Erfüllung der Camp David-Abreden war nicht mehr die Rede. Statt dessen erhielt Israel in Gestalt eines neuen Memorandums of Agreement über die seit 1984 bestehende strategische Zusammenarbeit eine weitere Belohnung. Das Waffenlieferungsabkommen vom 14. Dezember 1987 stellte Israel den NATO-Alliierten gleich.

Außenminister Shultz mußte trotzdem 1988 feststellen, daß er so gut wie keinen Einfluß auf Jerusalem besaß. Aufgeschreckt durch die im Herbst 1987 einsetzenden Aufstände im Gazastreifen und im Westjordanland, legte Shultz 1988 bei mehreren Reisen einen neuen Friedensplan vor. Israel und eine jordanisch-palästinensische Delegation sollten die Eingliederung des von Israel besetzten Westjordanlands und des Gazastreifens in Jordanien verhandeln, im Gegenzug dazu die Anerkennung Israels durch die arabischen Staaten. Für diese ‹Land-gegen-Frieden›-Formel fand Shultz weder bei den Arabern Gehör, die auf die PLO vertrauten, noch bei Ministerpräsident Shamir, der die Formel insgesamt und darüber hinaus die internationale Konferenz ablehnte, die das Vertragswerk gutheißen sollte. Mit der überraschenden Aufnahme offizieller Beziehungen zur PLO am 15. 12. 1988 schlug Reagan eine Bresche in die alten Konfliktfronten – und überließ es seinem Nachfolger Bush, sie zu nutzen.

Konnte die Projektion amerikanischer Macht im Indischen Ozean und Pazifik mehr ausrichten? Die Frage ist nicht einfach zu beantworten. Angesichts des sowjetischen Flottenaufmarsches im Pazifik, der durch die Benutzung der vietnamesischen Basen noch erleichtert wurde, war eine amerikanische Reaktion gewiß unvermeidlich. Aber auch sie mußte politisch abgestützt werden. Die Rückkehr amerikanischer Schiffe in den Indischen Ozean hatte dazu beigetragen, daß sich die amerikanisch-indischen Beziehungen weiter verschlechterten. Das ANZUS-Mitglied Neuseeland verweigerte im Februar 1985 dem amerikanischen Zerstörer Buchanan einen Hafenbesuch, weil er offensichtlich Kernwaffen an Bord hatte. Statt mit der – durch die französischen Atomtests auf dem Muroroa-Atoll verschärften – Sensibilität Neuseelands gegenüber Kernwaffen vorsichtig umzugehen, kündigten die USA praktisch die militärische Zusammenarbeit auf, im Juni 1986 auch die Verteidigungsverpflichtung gegenüber Neuseeland. Dazu gab es eigentlich keinen realen Grund. Neuseeland wollte weder aus dem ANZUS-Vertrag ausscheiden, noch wollten die USA partout Kernwaffenträger in neuseeländische Häfen schicken. Aber ihr Beharren auf diesem Recht zur ‹power projection› kollidierte mit dem in Neuseeland verbreiteten und von der seit 1984 regierenden Labour-Partei geförderten Anti-Kernwaffensentiment.[25]

Die Vereinigten Staaten verweigerten im Interesse ihrer ‹power projection› auch die Unterstützung für die dreizehn im South Pacific Forum zusammengeschlossenen Staaten, die in ihrem Gebiet eine atomwaffenfreie Zone bilden wollten. Daran war nun auch schon Australien beteiligt, und dennoch lehnten die USA einen Beitritt ab, weil sie das «nicht-nukleare Fieber» fürchteten.[26] Es breitete sich dennoch weiter aus, ergriff im Herbst 1987 auch Palau, das in seiner Verfassung die Atomwaffenfreiheit verankert hatte. Dabei soll die Inselgruppe, die erst im Sommer 1987 aus der UN-Treuhandschaft entlassen worden, aber in einer Verteidigungsgemeinschaft mit den USA geblieben war, zum amerikanischen Flottenstützpunkt werden, wenn die Basen auf den Philippinen nicht mehr zu halten sein werden.

Die ‹power projection› traf also allenthalben auf politische Widerstände, gerade dort, wo es um ihre Existenzgrundlage, die Stützpunkte für See- und Luftstreitkräfte, ging. Das Interesse an ihrer Erhaltung hatte die USA dazu geführt, 1986 bei der Flucht des philippinischen Staatspräsidenten Marcos und seiner Ersetzung durch Frau Corazon Aquino tatkräftige Hilfe zu leisten.[27] Hier lag eine glückliche Koinzidenz von strategischen und politischen Interessen vor, und die Reagan-Administration zögerte nicht, sie auszunutzen.

Wie lange sie vorhält, ist offen. 1983 hatte die Reagan-Administration den Vertrag mit den Philippinen über die beiden überaus wichtigen Basen Subic Bay für die Marine und Clark Base für die Luftwaffe um fünf Jahre verlängert und dafür 600 Mio. USD an Militärhilfe und 300 Mio. USD zum Waffenankauf zur Verfügung gestellt.[28] Das Abkommen läuft 1991 aus, die Verhandlungen zu seiner Verlängerung begannen 1988 mit einer Überprüfung, als deren Ergebnis die USA ihre Kompensationszahlungen verdreifachen mußten: 480 Mio. USD für 1989 und 1990. Marcos' Nachfolgerin Präsidentin Aquino steht unter starkem innenpolitischen Druck von rechts und links, der schon mehrfach zu Umsturzversuchen geführt hat. Die linksstehende New People's Army (NPA) wird zwar nicht von der Sowjetunion unterstützt, wohl aber von der Tatsache, daß die Hälfte der philippinischen Bevölkerung in großer Armut lebt und die Wirtschaft des Landes weit hinter dem Standard zurückbleibt, den die anderen Mitglieder der ASEAN-Gruppe zeigen. Die koloniale Abhängigkeit und die sich daranschließende enge Verbindung mit den Vereinigten Staaten haben diesen Zustand nicht verändert. Dementsprechend prägnant ist die anti-amerikanische Kritik im gemäßigten und rechten Lager des politischen Spektrums. Es ist nicht der Kommunismus, sondern der gemäßigte und konservative Nationalismus, der die Zukunft der amerikanischen Basen in Frage stellt,[29] weil sie die Souveränität des Landes beeinträchtigen. Im Sommer 1988 gab es im Senat der Legislative schon eine Mehrheit gegen die Anwesenheit amerikanischer Atomwaffen auf den Basen. In den USA machte man sich dementsprechend große Sorgen um die mittelfristige Zukunft der Basen, die wegen ihrer Größe, ihrer Zugangs- und Versorgungsmöglichkeiten und nicht zuletzt wegen ihrer geostrategischen Lage für die ‹power projection› der amerikanischen Marine unentbehrlich sind. Wenn von Rückfallpositionen in Washington überhaupt gesprochen wurde, wurde an Guam, das amerikanisch ist, notfalls an Palau und sehr intensiv an die Verbündeten, besonders an Japan, gedacht.

Vor allem wurde an die Flugzeugträgergruppen gedacht, an Mobilität von Soldaten und Vornestationierung von Material. Die entsprechenden Fähigkeiten der Streitkräfte wurden von 1980 bis 1987 verdoppelt und werden sich bis 1992 verdreifachen. Die 1988 vom Stellvertretenden Verteidigungsminister Iklé mitherausgegebene, als Vermächtnis und als künftiges Programm gedachte Studie «Discriminate Deterrence» hat darauf hingewiesen, daß in den neunziger Jahren die Stützpunkte der USA in Panama, vielleicht sogar auch auf den Azoren, nicht mehr gehalten werden könnten, daß es «zunehmend schwierig und politisch teuer» werde, Basen in der Dritten Welt zu haben.[30] Die Studie empfahl, die amerikanische ‹power projection› weitgehend unabhängig von regionalen Standorten zu machen, sie ausschließlich den See- und Luftstreitkräften der USA anzuvertrauen.

Ob sich damit das Hauptproblem der power projection, ihre Akzeptanz bei den Adressaten, lösen läßt, ist mehr als fraglich. Wenn es keine Zustimmung zur Anwendung der Gewalt gibt, kann sie heute kaum mehr erfolgreich eingesetzt werden.[31] Das hatten die USA in Vietnam und die Sowjetunion in Afghanistan erfahren. Militärische Macht und die Möglichkeit, sie weltweit zu nutzen, sind als Reserve für den äußersten Notfall eines globalen Konfliktes auch heute noch unersetzbar. Man kann damit auch Machtpotentiale demonstrieren, Alliierte und Gegner informieren. Konkrete politische Entscheidungen in konkreten Fällen lassen sich durch die militärische Macht heute nicht mehr herbeiführen.

Das wußte auch die Reagan-Administration. Mit der ‹power projection› wollte sie vor allem den geostrategischen Vorteil ausgleichen, den die Sowjetunion an der Peripherie Eurasiens nun einmal besitzt. Wenn es darum ging, den sowjetischen Einfluß aus einem Land der Dritten Welt zu vertreiben, setzte Washington ein ganz anderes, zwar auch militärisches, aber sehr viel flexibleres Mittel ein, die «low-intensity warfare».

3. Kriegführung niedriger Intensität und Demokratie

Der Begriff des «low-intensity conflict» (LIC) schlug die Auseinandersetzungen in der Dritten Welt über den begrifflichen Leisten des Krieges. Er stellte sie als kleine Kriege dar, Kriege, die nur mit geringerer Intensität geführt wurden. Sie waren in der Sicht der Vereinigten Generalstabschefs «begrenzte politisch-militärische Auseinandersetzungen um politische, soziale, wirtschaftliche oder psychologische Ziele. (Ihre Mittel reichen vom) diplomatischen, wirtschaftlichen und psycho-sozialen Druck bis hin zum Terrorismus und zum Aufstand. Konflikte geringer Intensität ... sind oftmals charakterisiert durch die Zurückhaltung bei den Waffensystemen, der Taktik und des Grades der Gewalt.»[32] Für den Generalstab waren die Konflikte in der Dritten Welt lediglich Kriege en miniature.

Die politische Leitung sah es nicht anders, sie vergröberte das Bild sogar noch. Verteidigungsminister Weinberger stellte im Januar 1986 fest, daß sich jedes vierte Land auf der Welt in einem Krieg befände, hinter dessen Maske «die Sowjetunion und diejenigen stehen, die ihre Befehle ausführen». Sein Stellvertreter Fred C. Iklé zählte wenig später 42 Kriege auf, deren «treibende, organisierende Kraft» die Sowjetunion war.[33] Daß dies nur die Ausnahme darstellte und die meisten Auseinandersetzungen religiöse (wie in Irland und Indien), rassistische (wie die im südlichen Afrika), territoriale (wie im Golfkrieg) oder schlichtweg Auseinandersetzungen um den Grenzverlauf darstellten, kümmerte die zivile Leitung des Pentagon nur wenig. Auch die Auseinandersetzungen zwischen China und Vietnam, zweier kommunistischer Staaten, wurden in die Liste der von der Sowjetunion angestifteten Auseinandersetzungen miteingerechnet.

Präsident Reagan sah es in seinem Bericht über die «Nationale Sicherheitsstrategie» nicht anders. Für ihn reduzierten sich die Auseinandersetzungen auf den Philippinen auf einen kommunistischen Aufstand, verschlimmerten im südlichen Afrika die Sowjets die «endemischen» Konflikte der Region. Dementsprechend richtete sich sein strategisches Konzept auf die Unterstützung von Widerstandsbewegungen gegen feindliche (kommunistische) Regierungen, auf die Abwehr interner oder externer Bedrohungen freundlich gesonnener Regierungen, auf die Entmutigung des «sowjetischen Abenteurertums». Auf dem ersten Platz seiner Strategie notierte der Präsident die Mitarbeit an der Beseitigung der «tiefer liegenden Ursachen des Konfliktes in der Dritten Welt durch die Förderung der wirtschaftlichen Entwicklung und die der demokratischen politischen Institutionen». Den operativen Schwerpunkt der Kriegführung niedriger Intensität aber legte Reagan auf die indirekte Anwendung amerikanischer militärischer Macht.

Mit Waffenlieferungen und großer militärischer Unterstützungshilfe sollten westlich orientierte, in Reichweite sowjetischen Einflusses gelegene Regierungen stabilisiert werden. Mit der aktiven Unterstützung des Widerstands gegen kommunistische oder marxistische, jedenfalls antiamerikanische Regierungen, dem Kernstück von LIC, sollte deren Sturz herbeigeführt werden.[34]

Die Reagan-Administration hob das Budget der Sicherheitshilfe wieder auf das Niveau von 1978, nämlich rund 6 Mrd. USD, das vom Kongreß allerdings wieder abgesenkt wurde. Der Hauptteil dieser Hilfe (Waffenlieferungen, Militärhilfe, militärisches Ausbildungsprogramm und wirtschaftliche Unterstützung) ging auch 1988 wieder an Israel und Ägypten, der Kongreß stufte ihn sogar auf 65% herauf. Von dem Rest profitierten zunächst Griechenland und die Türkei, sowie Pakistan, Marokko und Tunesien. Von den beiden letzteren abgesehen, richtete sich die Liste der Empfänger nach wie vor an ihrer Nähe zum Ost-West-Konflikt aus. Für den Rest der Welt blieben dann 342 Mio. USD übrig, etwas mehr als 7%.[35] Lediglich die Waffenverkäufe trieb die Reagan-Administration intensiv voran, versuchte 1988, sie um ein Drittel, auf einen Wert von mehr als 15 Mrd. USD jährlich, zu steigern. Aber auch sie gingen vornehmlich in den Nahen und Mittleren Osten sowie nach Europa.[36]

Militär- und Militärische Unterstützungshilfe bildeten den Kern des Hilfsprogramms für befreundete, aber gefährdete Regierungen. Um deren interne politische Stabilität – beispielsweise um die unzureichende Landreform auf den Philippinen vom 19. Juni 1988 mit ihren erwartbaren negativen politischen Folgen – kümmerte sich die Reagan-Administration kaum. Sie hatte das Thema der Menschenrechte schließlich aufgegriffen, es aber mit der Ernennung von Elliott Abrams 1981 zum Leiter der Menschenrechtsabteilung im State Department einem hartgesottenen Konservativen anvertraut, der es ausschließlich gegen die Sowjetunion richtete.[37] Das National Endowment for Democracy erhielt für 1988 17,5 Mio. und für 1989 18,1 Mio. USD[38] – Beträge, mit denen sich die Demokratie in der Dritten Welt schwerlich fördern ließ.

Gewiß, die extreme Einseitigkeit der ersten Reagan-Administration war beseitigt worden. Bei der Verkündung der (nicht so genannten) Reagan-Doktrin in seiner Botschaft an den Kongreß vom 14. März 1986 verpflichtete sich der Präsident erstmals öffentlich, die Tyrannei in jeder Form, ob von links oder von rechts, zu bekämpfen. Er konnte auf die Hilfestellung hinweisen, die die USA bei der Entfernung der Diktatoren Marcos von den Philippinen und Duvalier aus Haiti geleistet hatten[39] (obwohl Duvaliers Nachfolger General Namphy ein nicht minder brutales Regime in Haiti bis Anfang 1988 führte und ab Juni wieder errichtete). Über die Verletzung der Menschenrechte in El Salvador aber verlor die Administration nur milde Worte; gegenüber Südafrika verschärfte sie zwar ihre Sprache, weil selbst rechte Republikaner darauf drängten, sie willigte schließlich auch in die vom Kongreß verhängten Sanktionen ein. Bis zuletzt aber versuchte die Reagan-Administration, ihre Politik des «konstruktiven Engagements» gegenüber Südafrika weiterzuführen. Auch gegenüber Chile und der Türkei beließ es Reagan bei einer weichen Haltung. Menschenrechtsverletzungen wurden in erster Linie in der Sowjetunion und im Einzugsbereich des Kommunismus diagnostiziert und kritisiert.

Das war fast logisch bei einer Regierung, die wie keine vor ihr sich dem Kampf gegen die Sowjetunion und gegen den sowjetischen Einfluß in der Welt verschrieben hatte. Alle amerikanischen Administrationen hatten befreundete Regierungen unterstützt. Die Reagan-Administration hatte es sich aber zum erklärten Ziel gesetzt, kommunistische oder sowjetfreundliche Regierungen zu stürzen. Ihm widmete sie die wichtigste Waffe in den ‹Konflikten niedriger Intensität›: die aktive Unterstützung antikommunistischer Widerstandsgruppen.

Dieses Mittel war besser als die eigene Intervention, die sich nur in Ausnahmefällen, z. B. in Grenada, vornehmen ließ. Es war ungefährlicher, weil bei ihm die USA nicht direkt in Erscheinung traten; sie konnten sogar ihre Unterstützung verbergen. Schließlich besorgte die Unterstützung von Widerstandsgruppen gleichzeitig die Schaffung einer politischen Gegenelite, die, wenn sie erfolgreich war, die Regierung übernehmen konnte. In Vietnam hatte sich gezeigt, daß ohne diese Voraussetzung sowieso kein Sieg zu erzielen war. Aber waren die Gegeneliten auch demokratisch, waren sie wirklich amerikafreundlich? Diese neue Frage stellte sich den USA in Afghanistan, in Zentralamerika und Afrika.

In Afghanistan hat sich die Reagan-Administration sehr viel vorsichtiger verhalten als der Kongreß. Vor allem dessen rechter Flügel sah die Gelegenheit gekommen, die Sowjetunion in Afghanistan «bluten», sie die amerikanischen Opfer in Vietnam entgelten zu lassen. Der Kongreß nahm 1984/85 ohnehin eine sehr offensive Haltung ein. Es schien, als wolle er die Exekutive dabei überholen, die Reagan-Doktrin in die Tat umzusetzen.[40] Von 1979 bis 1984 waren 200 bis 300 Mio. USD nach Afghanistan geflossen, meist über Pakistan und so im amerikanischen Budget versteckt, daß sie nicht leicht zu erkennen waren. Anfang Oktober 1984 verabschiedeten beide Häuser des Kongresses eine Resolution, die die Regierung zur «wirksamen Unterstützung» der Aufständischen aufforderte; gleichzeitig wurden erstmals offen sichtbar 50 Mio. USD dafür in einem Nachtragshaushalt zur Verfügung gestellt.[41] Im April 1985 unterzeichnete Reagan die National Security Decision Directive 166, die es zum Ziel machte, die sowjetischen Streitkräfte aus Afghanistan «mit allen vorhandenen Mitteln» zu vertreiben. Aber erst ein Jahr später entschloß sich Washington, den afghanischen Widerstandskämpfern die Stinger-Flugabwehrraketen zukommen zu lassen, die die USA bisher wegen ihrer Gefährlichkeit – wenn sie in falsche Hände gerieten – unter Verschluß gehalten hatten.

Die Regierung wußte, daß die Sowjetunion mit Gewalt aus Afghanistan nicht zu vertreiben war. Präsident Reagan hatte in seiner «regionalen Friedensinitiative» vom Oktober 1985 eine amerikanisch-sowjetische Zusammenarbeit für die Fälle vorgesehen, in denen sich die Sowjetunion aus einem von ihr beherrschten Land zurückzog. Die USA hatten im Winter 1985 dem UN-Generalsekretär schriftlich ihre Bereitschaft bescheinigt, «die angemessene Rolle eines Garanten im Kontext einer umfassenden und ausgeglichenen Regelung» zu spielen.[42] Diese Regelung war zu drei Vierteln durch den UN-Vermittlungsprozeß schon fertiggestellt worden, es fehlte nur noch das letzte, entscheidende Stück: der sowjetische Rückzugsbefehl.

Damit rechnete in Washington niemand – zu Recht, solange in Moskau die Alte Garde regierte. Aber vier Wochen nach dem Amtsantritt Gorbatschows wurde in Moskau das Steuer umgelegt;[43] auf dem XXVII. Parteikongreß, am 25. Februar 1986, gab Gorbatschow bekannt, daß die Sowjetunion ihre Truppen «in naher Zukunft» zurückziehen wolle. Präsident Reagans Beschluß vom April 1986, die Stinger-Flugabwehrraketen nach Afghanistan zu liefern, traf also einen schon abzugsbereiten Gegner. Allerdings fiel die endgültige Entscheidung in Moskau offenbar erst im Sommer 1987. Gorbatschow gab im Februar 1988 bekannt, daß der sowjetische Truppenrückzug am 15. Mai 1988 beginnen und am 15. Februar 1989 abgeschlossen sein sollte. Er stellte keine Bedingungen und akzeptierte auch die vom Senat durchgesetzte Forderung, daß beide Seiten gleichzeitig die Waffenlieferungen an ihre Klienten einstellen und sie nur dann wiederaufnehmen können sollten, wenn die andere Seite dies schon getan hatte. Auf dieser Basis wurden am 14. April 1988 drei bilaterale Verträge zwischen Afghanistan und Pakistan in Genf unterzeichnet sowie eine amerikanisch-sowjetische Garantieerklärung. In ihr verpflichteten sich die beiden Supermächte, «von jeder Form der Einmischung und Intervention in die inneren Angelegenheiten Afghanistans und Pakistans Abstand zu nehmen und die Verpflichtungen, die in den bilateralen Verträgen zwischen Afghanistan und Pakistan enthalten sind, zu respektieren».[44]

Damit war ein großes Ziel der Reagan-Doktrin erreicht worden: Die Sowjetunion zog sich aus Afghanistan zurück. Hatte sie dem Kandidaten Ronald Reagan 1980 durch ihre Intervention in Afghanistan mit zum Wahlsieg in den USA verholfen, so verhalf sie dem scheidenden Präsidenten durch ihren Abzug aus Afghanistan erneut zu einem ansehnlichen Erfolg, den er zwar nicht mehr für seine Person, wohl aber für seine Politik und für seine Partei verbuchen konnte. Das ist das gute Recht des Politikers. Aus der Analyse aber ergibt sich eindeutig, daß dieser Sieg der

Reagan-Doktrin nicht in Washington, sondern in Moskau erstritten wurde. Er war die Folge einer Veränderung in der internationalen Umwelt der USA, nicht die einer Aktion der amerikanischen Regierung.

In Washington wurde mit Recht darauf aufmerksam gemacht, daß die Regelung die Mudjahedin faktisch im Stich ließ und eine weitere Einflußnahme der USA in Afghanistan und Pakistan erschwerte. War bislang die Sowjetunion schuld an allem Aufruhr und Leid in Afghanistan, so sind fortan die USA mitverantwortlich für alles, was in Afghanistan zukünftig vor sich geht. Ein Land, das fast eine Dekade lang Bürgerkrieg und nationalen Befreiungskampf erlebt hat, kommt nicht leicht zur Ruhe. Der islamische Fundamentalismus der Mudjahedin ist nicht unbedingt, wenn er denn zur Regierung gelangt, eine Garantie für ein pro-westliches Regime. Die traditionellen Spannungen zwischen Afghanistan und Pakistan dürften wieder aufleben; der chronische Geldmangel jedweden Regimes wird den schwunghaften Drogenhandel weiter beleben.

Diese zu erwartenden Komplikationen stellen nicht das Ziel der Reagan-Doktrin in Frage, den sowjetischen Einfluß aus der Dritten Welt zu verdrängen. Sie lassen aber bezweifeln, ob die in dieser Doktrin enthaltene Diagnose aller Auseinandersetzungen als eines west-östlichen Konflikts niedriger Intensität zutreffend und die amerikanische Entscheidung, die jeweils richtige Seite mit Waffenlieferungen zu unterstützen, ausreichend ist. Beide sind, wenn sie isoliert bleiben und nicht politisch ergänzt werden, offenbar außerstande, das Problem der Bildung einer demokratischen und effektiven Gegenelite zu lösen.

Das Problem zeigte sich sehr viel drastischer in Angola, zumal die Lage dort sehr viel uneindeutiger war als in Afghanistan. Allerdings hat sich die Reagan-Adminstration in Afrika nicht so eindimensional verhalten wie in Afghanistan. Sie hat auch in ihrer zweiten Amtsperiode am Horn von Afrika eine sehr vorsichtige Politik betrieben, Somalia nur sehr zurückhaltend unterstützt und Äthiopien trotz aller politischen Vorbehalte weiter Hungerhilfe gewährt. Sie hat die Kooperation mit dem Regime in Mosambik fortgesetzt, Wirtschaftshilfe geleistet und die Annäherung des Landes an die Südafrikanische Republik gefördert.[45] Umgekehrt hat sie die von der Reagan-Doktrin eigentlich nahegelegte – und vom rechtsrepublikanischen Senator Helms immer wieder geforderte – Unterstützung der Widerstandsbewegung Renamo in Mosambik verweigert. In Afrika schlug sich die Reagan-Doktrin lediglich in Angola nieder – und sie setzte hier fort, was, Carter ausgenommen, alle Regierungen seit Kissinger versucht hatten.

Einerseits war die Beteiligung der Sowjetunion an diesem Konflikt evident durch ihre Waffenlieferungen an die MPLA sowie vor allem durch die Anwesenheit der mit Moskau verbündeten Kubaner. Auf diese Weise wurde Angola in die Auseinandersetzung zwischen den USA und der

Sowjetunion miteinbezogen, auch wenn man berücksichtigt, daß eine ungeschickte amerikanische Politik Moskau wie Havanna den Eintritt in Luanda erleichtert hatte.[46] War ihre Präsenz ein Faktum, so wurde es kompensiert durch die militärischen und politischen Aktionen Südafrikas, das das Schicksal Namibias vom Rückzug der Kubaner aus Angola abhängig machte und durch seine militärischen Aktionen dafür sorgte, daß die Kubaner nicht abzogen. Der Friede in Angola hing damit mehr von Pretoria ab als von Moskau.[47]

Die Lage in Angola war also viel uneindeutiger als die in Mosambik oder Äthiopien, und dennoch hat sie die Reagan-Doktrin zum besonderen Anwendungsgebiet ihrer Kriegführung geringer Intensität ausgewählt. Auch hier gab der Kongreß den Weg frei, als er im Juli 1985 das Clark-Amendment aufhob, das eine amerikanische Einmischung in den angolanischen Bürgerkrieg verboten hatte. Die nunmehr offene Unterstützung der UNITA belastete die amerikanische Angola-Politik, weil die Verbindungen zwischen der UNITA und der Republik Südafrika zu deutlich und zu offenkundig waren.

Um diese Identifikation abzumildern, beschloß der Kongreß am 12. September 1986 den Comprehensive Anti-Apartheid Act of 1986 und schaltete auch ein Veto des Präsidenten durch die notwendigen Mehrheiten aus.[48] Dieses Gesetz belegte die Republik Südafrika mit zahlreichen Sanktionen, die unter anderem die Flugverbindungen unterbrachen, Kredite einschränkten sowie bestimmte Importe und Exporte verboten. Das Gesetz richtete sich auf die Beendigung des Apartheid-Regimes in Südafrika, sollte aber auch die seiner Einmischung in Angola befördern.

Daraus wurde zwei Jahre lang nichts, weil Südafrika die Gegensätze zwischen Präsident und Kongreß auszunutzen verstand. Dann aber startete der Leiter der Afrika-Abteilung im Außenministerium Chester A. Crocker, der während der ganzen Reagan-Zeit die Afrika-Politik rührig, aber ergebnislos betrieben hatte, 1988 einen letzten Versuch, die Unabhängigkeit Namibias mit dem Abzug der Kubaner aus Angola zu verbinden. Er begann Anfang Mai 1988 Vermittlungsgespräche der streitenden Parteien, an denen die Republik Südafrika und auch die Sowjetunion teilnahmen und allseitige Kompromißbereitschaft freigesetzt wurde. Südafrika erklärte sich zur Ausführung der Sicherheitsrat-Resolution 435 und dazu bereit, Namibia die Unabhängigkeit zu geben; die angolanische Regierung versprach, die Kubaner nach Hause zu schicken. In London wurde «echter Fortschritt erzielt»,[49] so daß die Supermächte auf der Moskauer Gipfelkonferenz den 29. September 1988, den zehnten Jahrestag der Resolution 435, als Stichtag für eine Angola- und Namibia-Regelung in Aussicht nehmen konnten. Südafrika, das erst im Frühjahr 1988 die Lage durch erneute Einfälle in Angola fast hoffnungslos gemacht hatte,[50] war am Ende der Reagan-Ära kooperationsbereit. Aber auch Kuba und Angola lenkten ein, so daß am 23. 12. 1988, also nur mit wenig Verspätung, der Friedensvertrag unterzeichnet werden konnte. Der Bürgerkrieg allerdings ging weiter.

In Nicaragua wurde die Strategie der «Kriegführung geringer Intensität» nicht nur durch den Verbündeten, sondern auch durch eigene Widersprüche geschwächt. In gewisser Weise war Nicaragua der Paradefall des «low-intensity conflict». Er spielte sich im ‹Hinterhof› der USA ab, berührte also ihre geostrategischen Interessen unmittelbar. Der Einfluß der Sowjetunion auf die sandinistische Regierung war nachweisbar, ebenso ihre militärische und wirtschaftliche Unterstützung. Seit Beginn ihrer Amtszeit hatte die Reagan-Administration Nicaragua in das Zentrum ihrer Amerika-Politik gerückt. Das Land stand im Zentrum der Reagan-Doktrin, die den sowjetischen Einfluß verdrängen und in Managua eine demokratisch-liberale Regierung an das Ruder bringen sollte.

Es war von vornherein fraglich, ob diese Aufgabe durch eine Strategie der «Kriegführung geringer Intensität» gelöst werden konnte. Im Grunde handelte es sich um einen Bürgerkrieg zwischen der immer mehr nach links abdriftenden Regierung Ortega und der bürgerlichen Widerstandsbewegung, die durch die Mitarbeit zahlreicher alter Somoza-Anhänger diskreditiert war. Dennoch konzentrierte sich die Reagan-Administration ausschließlich darauf, die Contras militärisch zu unterstützen. Sie waren für die Reagan-Administration die «Freiheitskämpfer» schlechthin, die nicht nur gegen einen kommunistischen Diktator in Nicaragua kämpften, sondern gegen «Kommunisten, die den Interessen der Sowjetunion und denen ihres Klienten Kuba dienten und die den Frieden in unserer Hemisphäre bedrohen».[51] Front und Feind waren damit in den Augen der Reagan-Administration eindeutig beschrieben; wenn die Doktrin und die Strategie des Krieges geringer Intensität irgendwo Erfolg haben mußten, dann in Nicaragua. Es war das Schaufenster der amerikanischen Sowjetunion-Politik in der Dritten Welt.

Das Dekorationsmuster – um im Bild zu bleiben – gab El Salvador ab, wo es 1981 gelungen war, einen linken Umsturz zu vermeiden, eine Junta unter Duarte zu installieren, der dann 1984 zum Präsidenten gewählt worden war. Hier war keine Kriegführung mehr vonnöten, und die Reagan-Administration beschränkte sich auf Militär- und Militärische Unterstützungshilfe im großen Stil. Sie nahm 75% der amerikanischen Auslandshilfe an El Salvador ein, die 1986 mit 435 Mio. USD höher als das einheimische Budget war. Sie kam allerdings auch den Todesschwadronen der Rechten zugute und hat die Lage, die sich aufgrund der schweren Erkrankung von Präsident Duarte im Sommer 1988 weiter verschlechterte, nicht stabilisieren können.

In Nicaragua war es bislang nicht gelungen, die Regierung Ortega zu destabilisieren. Reagan begann seine zweite Amtszeit mit der Verhängung eines Wirtschaftsboykotts gegen das Land – der 1988 noch einmal verlängert wurde – und bedrängte weiterhin den Kongreß, den nicaraguanischen Widerstand finanziell zu unterstützen. Als dies nicht gelang, weil die Legislative ausschließlich humanitäre Hilfe bewilligte und jegliche amerikanische Mitwirkung an einem Umsturz in Nicaragua ausdrücklich verbot,[52] schritten die Aktivisten im Nationalen Sicherheitsrat zur Tat. Sie unterstützten die Contras auf eigene Faust mit Geldern, die sie teilweise privat, teilweise aus dem Verkauf von Waffen an den Iran beschafften.[53] Das verstieß eindeutig gegen Recht und Gesetz; beide wogen, wie der Oberst North später vor dem Untersuchungsausschuß des Kongresses aussagte, weniger schwer als das von ihm perzipierte amerikanische nationale Interesse.

Wenn diese Abwägung auch nicht vom Präsidenten stammte, der zwar von den Waffenverkäufen an den Iran, nichts aber von der Weiterleitung der Gelder an die Contras gewußt hat, so war sie doch nicht unvereinbar mit seiner Nicaragua-Politik, die auch vor der – völkerrechtlich unzulässigen – Verminung nicaraguanischer Häfen mit Hilfe der CIA nicht zurückschreckte und die von Nicaragua angerufene Instanz des Internationalen Gerichtshofes nicht anerkannte. So war es nicht unlogisch, daß Oberst North alle Untersuchungen der seit August 1985 in der Presse auftauchenden Berichte über die gesetzwidrige Beteiligung amerikanischer Beamter am Krieg der Contras mit dem Hinweis auf die nationale Sicherheit zu blockieren versuchte.[54] Der Nationale Sicherheitsberater Pointdexter wandte die gleiche Taktik vergeblich an, nachdem mit dem Abschuß eines CIA-Flugzeugs am 5. Oktober 1986 über Nicaragua der Schleier des Geheimnisses zerrissen worden war. Pointdexter und North mußten zurücktreten; die vom Präsidenten eingesetzte Tower-Kommission und die beiden Untersuchungsausschüsse des Kongresses enthüllten das ganze Ausmaß eigenmächtiger Handlungsfreiheit, das sich der Stab des Nationalen Sicherheitsrates im Zeichen und mit Hilfe der Reagan-Doktrin verschafft hatte. Präsident Reagan feierte die beiden Männer, die er feuern mußte, als Helden der Nation. Er akzeptierte ihr Verhalten nicht nur, er lobte es politisch, wenn er es auch aus Gründen der Verfassung und des Rechtes verurteilen mußte.

Die Iran-Contra-Affäre wurde auf diese Weise zu der schwersten Belastung der zweiten Reagan-Administration, durchaus vergleichbar dem Watergate Präsident Nixons. Im Kongreß und in der Öffentlichkeit war die Glaubwürdigkeit Präsident Reagans erschüttert worden, eine Belastung, von der sich der Präsident und seine Administration nicht wieder erholen sollten.

Wichtiger als die Krise des Vertrauens war die der Struktur, die sich hier offenbarte. Die zugunsten der nationalen Sicherheit akzeptierten Verstöße gegen Recht und Gesetz und deren Legitimierungsversuch mit dem Hinweis auf außenpolitische Notwendigkeiten zeigten, wie weit die Unterordnung der Innen- unter die Außenpolitik schon vorangekommen war. Der ‹Sicherheitsstaat› hatte sich erheblich vergrößert. Präsident Reagan hatte die altliberale Gesellschaftsordnung der USA wiederherstellen wollen. Ihm ist offenbar nie bewußt geworden, daß er wie kein anderer vor ihm ihren Abbau vorangetrieben hat. Der von ihm innenpolitisch eingesetzte Hebel der Aufrüstung verlangte ein hypertrophiertes Feindbild, das prompt in den USA die gleiche Wirkung erzielte wie einst in den europäischen Monarchien der Neuzeit. Es kehrte die die bürgerliche Demokratie charakterisierende Wertanordnung um, hob die Außen- über die Innenpolitik und stärkte dabei diejenigen Kräfte, die zugunsten der außenpolitischen Machtzugewinne einer innenpolitischen Freiheitsminderung das Wort geredet hatten.

Die Iran-Contra-Affäre war unter diesem Aspekt noch sehr viel typischer als Watergate gewesen. Nixon hatte einen kriminellen Akt begangen, um seine persönliche Machtvollkommenheit zu vergrößern. Die Beamten der Reagan-Administration brachen das Staatsrecht, weil sie sich dazu verpflichtet fühlten. Die neue Identität des ‹Sicherheitsstaates› hatte sich schon so weit entwickelt, daß der NSC eine eigene Abteilung einrichtete, die diese Identität auch in der amerikanischen Öffentlichkeit verbreiten sollte.[55]

Insofern wirft der Iran-Contra-Skandal ein grelles Licht auf die Art und Weise, in der die Reagan-Administration mit den innenpolitischen und innergesellschaftlichen Folgen der Rivalität zur Sowjetunion umgegangen ist: Sie hat sie verschärft. Daß es sich bei diesen Folgen um ein Strukturproblem handelt, dessen Bearbeitung über die Zukunft der USA als liberale Demokratie entscheidet, war seit langem klar, war im Vietnam-Krieg und in der ‹imperialen Präsidentschaft› Nixons, im War Powers Act und in den – freilich auf das Symptom beschränkten – Korrekturen Carters deutlich zutage getreten. Die Kritik an der ‹Schwäche› Carters machte es Reagan leicht, seine rechtskonservative Bejahung außenpolitischer Macht innenpolitisch umzusetzen.

Da die Angelegenheit 1986/87 nur als Vertrauenskrise interpretiert wurde und dem Präsidenten selbst keine Rechtswidrigkeit vorzuwerfen war, konnte Reagan seine Nicaragua-Politik fortsetzen. Er forderte immer wieder vom Kongreß Gelder für die Bewaffnung der Contras, die ihm aber nach 1984 nur noch einmal, nämlich 1987, bewilligt wurden. Die Legislative beschränkte sich ansonsten auf humanitäre Hilfe. Reagan stand auch den Friedensplänen der Contadora-Gruppe reserviert bis ablehnend gegenüber, auch dem vom Präsidenten Costa Ricas, Oscar Arias Sánchez, vorgelegten und schließlich erfolgreichen Friedensplan für Zentralamerika. Ein Kompromiß zwischen Sandinisten und Contras, eine Koalitionsregierung in Managua, war das genaue Gegenteil dessen, was die Reagan-

Administration in Nicaragua zu erreichen suchte. Dem am 23. März 1988 zwischen den Sandinisten und dem Widerstand in Sapoa abgeschlossenen Waffenstillstand trat Reagan denn auch mit einer gehörigen Portion Skepsis und der Forderung nach Bewilligung weiterer Waffenlieferungen durch den Kongreß entgegen. Die Legislative hingegen honorierte den Waffenstillstand und die darin liegende Perspektive einer Beendigung des Bürgerkriegs Ende März 1988 mit einer Bewilligung von fast 48 Mio. USD humanitärer Hilfe für die Contras.

Dabei war die Reagan-Administration ihrem Hauptziel, der Vertreibung der Sowjetunion aus der Dritten Welt, auch in Zentralamerika ein gutes Stück nähergekommen. Moskau hatte im Mai 1987 Managua wissen lassen, daß es die Öllieferungen kürzen und damit die Handlungsfähigkeit Nicaraguas beschränken würde. Dies wurde allgemein als Signal dafür angesehen, daß die Sowjetunion ihr Engagement in Nicaragua zurückfahren wollte.[56] Die Ursache dafür lag weniger in den Taten der Contras als in der Enttäuschung über die Entwicklung der sandinistischen Revolution und in der bereits erwähnten wirtschaftlich wie politisch begründeten Notwendigkeit, das globale Engagement Moskaus einzuschränken. Von Moskau allein gelassen und damit wirtschaftlich am Ende, mußte Managua einlenken.

Washington konnte das Signal aufnehmen und den sowjetischen Rückzug erleichtern.[57] Die Einigung über Afghanistan legte ein solches Verhalten besonders nahe, und die amerikanische Regierung brachte in jedem Gespräch mit der Sowjetunion deren Waffenlieferungen an Nicaragua – sie beliefen sich immerhin auf 500–600 Mio. USD jährlich – zur Sprache. Im Frühjahr 1988 erklärte sich die Reagan-Administration sogar bereit, nach erfolgreichen Waffenstillstandsverhandlungen in Gespräche mit allen fünf zentralamerikanischen Regierungen, also auch der der Sandinisten, einzutreten, um eine regionale Regelung vorzubereiten.[58] Der von Moskau eingeleitete Rückzug schanzte, wie schon in Afghanistan, der Reagan-Administration einen Sieg zu.

Allerdings war es nur ein Teilsieg. Denn der Konflikt in Nicaragua war nicht befriedet, er ging weiter. Die Konflikte in der Dritten Welt waren nicht sowjetischen, sondern lokalen, meist sozialen Ursprungs. Mit der ‹Kriegführung geringer Intensität› ließ sich das sowjetische Engagement erfolgreich bekämpfen, ließen sich aber doch die gesellschaftlich-politischen Spannungen nicht beseitigen. Die kardinale Aufgabe der amerikanischen Weltpolitik, nämlich politisch-soziale Konflikte, die sie nicht geschaffen hat, von denen aber ihre globalen Interessen betroffen werden, ebenso interventionsfrei wie erfolgreich zu beeinflussen, eventuell sogar zu lösen, diese Aufgabe hat die Reagan-Administration nicht einmal in Angriff genommen. Carter und Vance hatten es wenigstens versucht. Reagan hingegen hat diese Herausforderung amerikanischer Führungsfähigkeit versteckt, indem er das riesige Feindbild der Sowjetunion davorschob. Gegen sie hat er gesiegt, weil Gorbatschow den sowjetischen Expansionismus aufgab. In der Führungsaufgabe aber hat er versagt, haben die USA acht lange Jahre verloren, weil sie sich um die gesellschaftlichen, wirtschaftlichen und politischen Probleme der Dritten Welt nicht gekümmert haben.

Am ehesten griffen Konzept und Strategie der «Kriegführung niedriger Intensität» noch bei der Bekämpfung des internationalen Terrorismus. Er kann seinerseits als eine solche Kriegführung begriffen werden, als der Versuch illegaler Minderheiten, mit dem begrenzten Einsatz direkter Gewalt ihre Ziele zu erreichen.

Allerdings nahm die Reagan-Administration in ihrer zweiten Amtsperiode davon Abstand, die Sowjetunion für den internationalen Terrorismus verantwortlich zu machen; seine Bekämpfung und die des sowjetischen Einflusses rückten zunehmend auseinander. Als staatliche Förderer des Terrorismus galten nunmehr der Iran, Syrien, Libyen, Südjemen und Kuba; ihnen galt – zusammen mit anderen Urhebern des Terrorismus – der vom Kongreß verabschiedete Omnibus Diplomatic Security and Anti-Terrorism Act of 1986.[59] Sie durften keine Auslandshilfe und schon gar keine Waffenlieferungen erhalten, wobei der Kongreß mit besonderen Vorschriften für den Transport spaltbaren Materials auch schon einen möglichen Nuklear-Terrorismus zu verhindern suchte.

Im Vordergrund der durch die Entführung des TWA-Flugzeugs 847 und durch die Ermordung eines amerikanischen Passagiers auf der Achille Lauro erregten Aufmerksamkeit stand Libyen. Präsident Reagan erklärte am 7. Januar 1986 den nationalen Notfall (national energency) gegenüber diesem Land und beschränkte den Handel mit ihm. Am 14. April 1986 ließ Präsident Reagan gegen den Rat seiner westeuropäischen Verbündeten Libyen bombardieren, um es für die Unterstützung des gegen die USA gerichteten Terrorismus in Westeuropa zu bestrafen. Daß Libyen Beziehung zum politischen Terrorismus unterhielt, war unbestritten; unbewiesen blieb, daß es ihn aktiv unterstützte. In Europa und in den arabischen Ländern scharf kritisiert, fand der Luftangriff in den USA Zustimmung in der Öffentlichkeit und im Kongreß, weil er den anonymen Terrorismus dingfest gemacht und bestraft zu haben schien. Ein halbes Jahr später offenbarte die Iran-Contra-Affäre, daß Administration und Präsident mit dem Iran Geschäfte zu machen versucht und damit die von ihnen propagierte Anti-Terrorismuspolitik unterlaufen hatten. Das «Anti-Terrorismus-Gesetz von 1987»[60] erwähnte denn auch nur noch die PLO als terroristische Organisation. Der Aufmerksamkeitsakzent rückte auf die verstärkte Sicherung amerikanischer Botschaften und Einrichtungen im Ausland sowie auf die der Flughäfen und der Flugsicherheit.

Die Beruhigung ersetzt nicht die Differenzierung.[61] Terrorismus kann verschiedene Ursachen haben; wenn er als «low-intensity warfare» zu klassifizieren ist, sind diese Ursachen allemal politisch. Die Lösung der Palästina-Frage und eine Befriedung des arabisch-israelischen Konfliktes würden den größten Teil des politisch ernstzunehmenden Terrorismus beseitigen. Die Bombardierung Libyens durch die USA hat – ebenso wie die von Tunis durch Israel – die terroristische Gefahr eher vergrößert. Selbst gegen einen «Krieg geringer Intensität», wie ihn der Terrorismus sicherlich darstellt, vermag eine «Kriegführung geringer Intensität» weniger auszurichten als eine gezielt eingesetzte politische Strategie.

4. Auslandshilfe und Hegemonie

In dem großen Teil der Welt, in dem sowjetischer Einfluß nicht direkt präsent war, übertrug die Reagan-Doktrin den amerikanischen Einfluß der Auslandshilfe. Das hatten alle Administrationen so gehalten, es war auch instrumentell richtig. Beinahe alle Länder der Dritten Welt brauchten Hilfe; sie zu geben war ein adäquater Ausdruck von Weltführung und ein ganz geeignetes, wenn auch keineswegs einfaches Mittel dazu. Wer die – nicht leicht zu erkennenden – Interessen der – nicht leicht zu bestimmenden – Empfänger befriedigte, konnte an der richtigen Stelle Einfluß nehmen. Hatten sich in der amerikanischen Auslandshilfe Wirtschafts- und Militärhilfe die Waage gehalten, so rückte die Reagan-Doktrin den Akzent auf den Sicherheitsaspekt. Unterstützung wurde zum überwiegenden Teil als Militärhilfe oder als Militärische Unterstützungshilfe (Economic Support Fund) gegeben. Das Mischungsverhältnis der beiden war von Land zu Land unterschiedlich; ihr Gesamtvolumen war am Ende der Amtszeit Reagans doppelt so hoch wie das der wirtschaftlichen Auslandshilfe.

Der Economic Support Fund (ESF) verlor allerdings in der Mitte der achtziger Jahre seine frühere ausschließliche Bindung an Waffenlieferungen, geriet gelegentlich sogar zum Entwicklungsinstrument, behielt aber seinen Charakter als politisches Steuerungsinstrument bei. Seine Flexibilität und sein hoher Anteil an Barzuwendungen gab den Empfängerregierungen weitgehend freie Hand, vor allem für die Benutzung im militärischen Bereich. Der ESF wurde unter Reagan verdoppelt, stieg von 4,4 Mrd. USD 1980 auf 8,5 Mrd. USD 1987 an.[62] Von der reinen Wirtschaftshilfe hielt die Reagan-Administration wenig. Sie erklärte rundweg, daß «der effektivste Beitrag Amerikas zu selbstgestütztem Wachstum nicht in direkter Hilfe» bestand, sondern «in dem Beitrag, den eine starke amerikanische Wirtschaft für die Ökonomien der Entwicklungsländer leistete».[63] Die konservative Reagan-Administration stand der Auslandshilfe ebenso kritisch gegenüber wie der Sozialpolitik im Inland. Ihr «Blueprint for Development» von 1985[64] ortete den Entwicklungsimpuls weniger bei den Regierungen als bei der Privatwirtschaft.

Natürlich wurde der ESF auch in denjenigen Ländern verwandt, die die USA für ihre ‹power projection› brauchten oder in denen sie «Kriege niedriger Intensität» führten. Während er aber hier die stärkeren Maßnahmen ergänzte, wurde er in den anderen Ländern für sich allein eingesetzt. Nach wie vor war er geographisch auf den Nahen und Mittleren Osten, auf Israel, Ägypten, Griechenland, die Türkei und Pakistan konzentriert. Die relative Bedeutung dieser Konzentration nahm in den achtziger Jahren ab, weil der Fonds weiter gestreut wurde, vor allem nach Lateinamerika und in die Karibik. Der ESF wurde zum globalen Politikinstrument der Reagan-Doktrin, die, wie die Tabelle 9 auf Seite 328 zeigt, die Wirtschaftshilfe verringerte und die Militärhilfe verdoppelte.

Diese Entwicklung konnte weitgehend unbemerkt stattfinden, weil der Kongreß von 1981 bis 1985 sich um die Auslandshilfe nicht gekümmert, sondern sie immer nur verlängert hatte. Als er 1985 erstmals wieder ein Auslandshilfegesetz, den «International Security and Development Cooperation Act of 1985» verabschiedete, versuchte wenigstens das Repräsentantenhaus, den Trend umzukehren, die Militärhilfe zu senken und die Entwicklungshilfe zu erhöhen. Der Versuch lief sich am Kürzungsauftrag des Haushaltsausgleichsgesetzes von 1985[65] fest, mit dem der Kongreß der vom Präsidenten gestellten Alternative der Defiziterhöhung oder der Beschneidung der sozialpolitischen Ausgaben zu entgehen hoffte.

Im Endeffekt führte der Kürzungszwang zu weiterer Konzentration und damit zu einer noch stärkeren Profilierung der Militärhilfe. In erster Linie wurden jetzt die Länder bedacht, die der Kongreß eigens benannt hatte, während die Beträge für die anderen um 32%, gelegentlich sogar um 51% gekürzt wurden. Davon waren auch diejenigen Länder betroffen, die den USA Militärbasen zur Verfügung stellten und deswegen einen besonderen Hilfeanspruch geltend machten.[66] Noch schlimmer erging es den multilateralen Hilfsprogrammen der USA. Präsident Reagan stellte 1988 fest, daß die Kürzungen der Auslandshilfe seit 1986 das für die nationale Sicherheit der USA erforderliche Niveau «beträchtlich» unterschritten.[67]

Diese Einschätzung wurde von der liberalen Kritik geteilt, wenn auch aus einem ganz anderen Grund. Für sie stellte die unter Reagan sich verschärfende Konzentration der Auslandshilfe auf die Militärhilfe einen Anachronismus dar in einer Welt, die weniger durch die sowjetische Expansion als vielmehr durch wirtschaftliche Interdependenz gekennzeichnet war. Das Haushalts- und Leistungsbilanzdefizit der USA wurden als Zeichen selbst heraufgeführter Schwächung angesehen, weil Reagan die Länder der Welt nur als Alliierte oder Feinde eingestuft habe, statt sie als Kundschaft anzusehen.[68]

Die Auslandshilfebehörde A.I.D. argumentierte mit anderen Gründen, aber in die gleiche Richtung. Die Bevorzugung der Militärhilfe und die Konzentration der gesamten Auslandshilfe auf einige wenige Länder führe

Tabelle 9 Das Auslandshilfebudget der USA 1980–1987[1] (in Milliarden Dollar)

	1980	1982	1984	1985	1986	1987
Im Bereich Entwicklung						
Multilaterale Entwicklungsbanken	2,308	1,262	1,324	1,548	1,143	0,949
Internationale Organisationen	0,260	0,215	0,315	0,359	0,261	0,237
AID (Agency for International Development)	1,596	1,847	2,013	2,492	2,026	2,066
PL-480	0,886	1,000	1,377	1,964	1,243	1,083
Sonstiges	0,483	0,589	0,533	0,612	0,544	0,689
Einnahmen	– 0,296	– 0,361	– 0,493	– 0,479	– 0,457	– 0,583
Zwischensumme	5,237	4,552	5,069	6,496	4,760	4,441
Im Bereich Sicherheit						
Militärhilfeprogramm	0,110	0,179	0,712	0,805	0,798	0,900
Waffenverkäufe[2]	2,095	3,883	4,818	6,623	4,947	4,040
ESF (Economic Support Fund)[3]	1,942	2,919	3,389	6,160	3,762	3,600
Sonstiges	0,291	0,221	0,110	0,214	0,095	0,056
Einnahmen	– 0,033	– 0,199	– 0,086	– 0,071	– 0,058	– 0,076
Zwischensumme	4,405	7,003	8,943	13,731	9,544	8,520
Gesamtsumme	9,642	11,555	14,012	20,227	14,304	12,961
Militärhilfe (in % der Gesamtausgaben)	46%	61%	64%	68%	67%	66%

[1] Die Zahlen für die Haushaltsjahre 1980–1986 geben die tatsächlichen Ausgaben an; die für das Haushaltsjahr 1987 sind geschätzt.
[2] Schließt auch Waffenverkäufe außerhalb des Budgets ein.
[3] Teile des ESF werden sowohl im Bereich Sicherheit als auch im Bereich Entwicklung verwendet.
Quelle: John W. Sewell/Christine E. Contee: Foreign Aid and Gramm-Rudman, in: Foreign Affairs 65, 5, 1987, S. 1022.

im Rest der Welt zu erheblichen Zahlungsbilanzschwierigkeiten, die den wirtschaftlichen Aufschwung hinderten und die politische Instabilität förderten. Darunter litt auch die Fähigkeit der USA, politisch wichtige Länder von der Annäherung an den Sowjetblock abzuhalten,[69] also genau diejenigen Ziele zu erreichen, die Präsident Reagan und Außenminister Shultz immer nannten. Eine langfristige politische Stabilität in Afrika und darüber hinaus würde sich nicht einstellen, «solange Hunger und Krankheit grassierten und die Hoffnungen auf eine bessere Zukunft immer wieder durch eine Kombination von schlechter Politik und Naturkatastrophen zunichte gemacht werden würden».[70]

Diese richtige Einsicht hielt die A.I.D. nicht davon ab, den Löwenanteil der von ihr beantragten Auslandshilfe in Höhe von 5,7 Mrd. USD, nämlich 3,6 Mrd., für den Economic Support Fund zu fordern. Er kam hauptsächlich Israel und Ägypten zugute, dann Jordanien und seiner Zusammenarbeit mit Israel und anderen arabischen Nachbarn. Die Türkei erhielt einen Zuschuß zu ihrer Zahlungsbilanz; die Philippinen, die Türkei und Portugal erhielten Entschädigungen für die Basen, die sie den USA gewährten. Schließlich wurden daraus die wirtschaftlichen und politischen Reformbewegungen in den Philippinen, auf Jamaika und Haiti unterstützt. Der 1987 neu errichtete «Entwicklungsfonds für Afrika» hingegen erhielt nur 500 Mio. USD, also rund ein Siebentel des Betrages für den wirtschaftlichen Unterstützungsfonds. Die von der sogenannten Kissinger-Kommission angeregte «Central American Initiative» (CAI), die für die fünf Jahre von 1985–1989 6 Mrd. USD in die vier zentralamerikanischen Staaten Costa Rica, El Salvador, Guatemala und Honduras leiten sollte, litt derart unter Geldmangel, daß A.I.D. für 1987 schon einen Zuschuß von 300 Mio. aus dem Economic Support Fund beantragen mußte.

Die offensive Eindämmung der Sowjetunion hätte vor allem eine Verständigung mit Indien nahegelegt; dabei blieben die Verbindungen Washingtons zu diesem Land auch in der zweiten Amtsperiode Reagans frostig. Indien fuhr fort, gute Beziehungen zur Sowjetunion zu unterhalten und von dort aus auch Waffen zu beziehen; die anhaltende und im Zeichen des Afghanistan-Krieges zunehmende Unterstützung Amerikas für Pakistan ließ Neu-Delhi noch empfindlicher werden. Die Beziehungen verbesserten sich 1985 mit der Unterzeichnung eines Memorandum of Understanding im Mai, vor Rajiv Gandhis Besuch in Washington, und auch 1986 im Zusammenhang mit dem Besuch des amerikanischen Verteidigungsministers in Indien im Oktober. Sie verschlechterten sich aber wieder, weil die Vereinigten Staaten trotz der Entwicklung einer Atombombe in Pakistan die Zusammenarbeit mit diesem Land intensivierten und ihm moderne militärische Waffen, eingeschlossen ein Luftüberwachungssystem, lieferten,[71] während sie derartige Waffentechnologie Indien auch 1988 faktisch verweigerten. Reagan versuchte Gandhi bei dessen Besuch im Oktober 1987 davon zu überzeugen, daß die Waffenlieferungen an Pakistan nicht gegen Indien gerichtet waren. In Neu-Delhi aber glaubte man nach wie vor, daß die Vereinigten Staaten Pakistan nicht nur wegen seiner großen Bedeutung für den Widerstand in Afghanistan unterstützten, sondern das Land offenbar als Nachfolger des Schah zur regionalen Vormacht im Mittleren Osten aufbauen wollten.

Die geringen Hilfsbeträge, die Washington für Indien lockermachte, trugen nicht dazu bei, das Bild der Vernachlässigung abzumildern. Das Land erhielt 1986 155 Mio. USD, etwa so viel wie Marokko, während Pakistan einen vierfach höheren Betrag, 628 Mio. USD, bekam. In Indien befürchtete man, daß die Reagan-Doktrin trotz ihrer exklusiven Ausrichtung gegen die Sowjetunion den seit Kissinger herrschenden «tilt» der amerikanischen Politik in Richtung Pakistan nicht korrigierte und damit zu erkennen gab, daß diese Politik auch gegen Indien gerichtet war.[72]

Zumindest der Kongreß hatte bei der massiven Unterstützung Pakistans nur deswegen über dessen nukleare Ambitionen hinweggesehen, weil das Land sowohl die afghanischen Flüchtlinge wie den afghanischen Widerstand beherbergte. Es war als Schleuse für die amerikanischen Waffenlieferungen an die Mudjahedin unentbehrlich. Den Zielkonflikt zwischen der Non-Proliferation nuklearer Waffen einerseits und der Vertreibung der Sowjetunion aus Afghanistan andererseits hatte der Kongreß 1987 dadurch erneut auf Eis gelegt, daß er die Aussetzung des Glenn-Symington-Amendments um weitere zwei Jahre verlängerte. Es verbietet die amerikanische Auslandshilfe an Länder, die sich bei der Verwendung angereicherten Urans nicht internationalen Kontrollen unterwerfen. Reagan hatte die Aussetzung für weitere sechs Jahre verlangt, der Kongreß sie schließlich nur für zweieinhalb Jahre bewilligt, dafür aber die Militärhilfe an Pakistan mit 260 Mio. USD großzügig ausgestattet.[73] 1990, also nach dem Ende des Afghanistan-Krieges, müssen Kongreß und Präsident erneut entscheiden, ob sie die Nichtweiterverbreitung der Kernwaffen höher bewerten als die militärische Unterstützung eines Verbündeten, dessen Bedeutung nachgelassen hat.

Allerdings ist fraglich, ob die USA dann noch etwas ändern können. Wie das Carnegie Endowment herausgefunden hat, wird Pakistan bis 1991 über 15 und Indien über 100 atomare Sprengsätze verfügen, die rasch waffenfähig gemacht werden können. Damit wäre die amerikanische Politik, Pakistan durch üppige Militärhilfe und Indien durch den Non-Proliferation Act von 1978 bei der Stange der Nichtweiterverbreitung zu halten, gescheitert. Indien bekam kaum Wirtschaftshilfe, Pakistan erhielt bis 1982 3,5 Mrd. USD allein an reiner Militärhilfe. Aber auch sie reichten nicht aus, um das Land – entgegen den Erwartungen Reagans[74] – zu einer von Washington gewünschten Politik zu bewegen. Sie stärkten lediglich das Militärregime und verschärften damit die sozialen Spannungen in Pakistan, die nach dem Tod Präsident Zias bei einem Flugzeugunglück im September 1988 eine neue Qualität angenommen haben.

Auslandshilfe als Militärhilfe machte nur dort Sinn, wo militärische Gewalt angewendet wurde. Das war, neben Afghanistan, in Kamputschea der Fall. Im Juli 1985 hatte der Kongreß erstmals offen Hilfeleistungen an die nicht-kommunistischen Widerstandsgruppen bewilligt, also ein Mittel eingesetzt, das exakt auf der Linie der Reagan-Doktrin lag.[75] Die Regierung schloß mit Thailand, dem ‹Frontstaat›, ein Beistandsabkommen für fünf Jahre und 1987 ein Abkommen zur Vorausstationierung amerikanischer Waffen auf thailändischem Boden.[76] Eine Kamputschea-Regelung[77] konnte daraus nicht hervorgehen, wohl aber ein Beitrag dazu.

1988 zeichnete sich aber auch hier eine Lösung ab, insofern China seine Unterstützung Pol Pots aufgab und die der Roten Khmer reduzierte, so daß der Weg für eine ‹Regierung der Nationalen Versöhnung› unter dem Prinzen Norodom Sihanouk frei zu werden schien. Die Sowjetunion versprach in Moskau, Vietnam, das im Juni 1988 ein erstes Truppenkontingent abgezogen hatte, zum gänzlichen Rückzug zu bewegen, was Hanoi angesichts der immensen wirtschaftlichen Bedrängnis nicht schwerfallen sollte.

Auslandshilfe als Militärhilfe erwies sich aber dort als dysfunktional, wo die Empfänger sich weniger durch direkte oder indirekte Kampfhandlungen der Sowjetunion bedroht als durch Moskaus Avancen politisch umworben sahen und sich sehr viel stärker an ihrer wirtschaftlichen Entwicklung denn an ihrer Aufrüstung interessiert zeigten. Das galt, von Indochina abgesehen, fast für den gesamten asiatischen Raum.

Bei der Großmacht China ließ sich mit der Militärhilfe, dem Hauptinstrument der Reagan-Doktrin, sowieso nichts ausrichten. China war zwar am Import von militärischer Hochtechnologie interessiert und dementsprechend erfreut darüber, daß die Vereinigten Staaten diese Exporte wieder aufnahmen, nachdem der Verdacht, China liefere Seidenwurm-Raketen an den Iran, ausgeräumt worden war. Aber das bedeutete nicht, daß China sich vor den anti-sowjetischen Karren der Reagan-Doktrin spannen ließ. Im Gegenteil. Die ‹China-Karte› Washingtons war längst in die Hand Beijings übergegangen, das daraus ein Vierer-Blatt gemacht hatte. Amerika hatte dabei noch immer sehr gute Trumpfkarten; aber China blickte in wirtschaftlicher Hinsicht verstärkt nach Japan, das zur ökonomischen Vormacht Asiens geworden war. Beijing verbesserte auch seine Beziehungen zur Sowjetunion, die durch den Abzug aus Afghanistan und den Druck auf Vietnam zwei der drei Bedingungen Chinas erfüllt hatte. Im Spätherbst 1988 reiste der chinesische Außenminister erstmals wieder nach Moskau. Für 1989 wurde ein Besuch Gorbatschows bei Deng Xiaoping vorgesehen.

Normalisierung heißt nicht Kooperation. Sie reicht aber schon aus, damit Beijing Washington unter Druck setzen kann.[78] Die von Kissinger zeitweise verwirklichte vorteilhafte Situation, in der Washington zu Moskau und Beijing bessere Beziehungen hatte als beide untereinander, ist definitiv vorüber, damit auch jene Konstellation des internationalen Systems, die die Entspannungspolitik der siebziger Jahre hervorgebracht hat.

In einer solchen Übergangsperiode läßt sich mit dem Angebot oder der Verweigerung des Exports von Waffentechnologie allein nicht viel ausrichten. China denkt an seine eigene Vormachtstellung und an seine wirtschaftliche Entwicklung im Zeichen der «planmäßigen Marktwirtschaft». Hongkongs Rückgliederung an die Volksrepublik 1997 und die damit verbundene faktische Wirtschaftsintegration mit Taiwan werden nicht nur viele alte Probleme lösen, sondern auch Ansatzpunkte amerikanischer Asienpolitik auflösen.

Präsident Reagan begrüßte diese Entwicklungen ausdrücklich, als der chinesische Außenminister Wu Xuequian im März 1988 Washington besuchte.[79] Aber er zog daraus keine Konsequenzen für seine Asienpolitik, die nach wie vor einseitig auf die Bekämpfung des sowjetischen Einflusses und auf die militärische Aufrüstung der Alliierten Amerikas gerichtet blieb. Südkorea erklärte sich im Juni 1988 bereit, mehr Geld für mehr amerikanische Truppen auszugeben.[80] Japan hob endlich seine Aufrüstung über die magische Schwelle von 1% des BSP an. Aber dieser «Erfolg» der amerikanischen Bemühungen löste in China und in den ASEAN-Staaten erhebliche Befürchtungen vor einer neuen militärischen Führungsposition Japans in der Region aus.[81]

Der sowjetische ‹Hegemonismus›, wie er in China heißt, wird in der Region nicht unterschätzt, seine Interpretation aber eingebettet in eine Gesamtsicht, die von den Interessen an wirtschaftlicher Entwicklung beherrscht wird. Die ASEAN-Staaten befürchten, daß die USA die sowjetische Bedrohung taktisch hochspielen, um Einfluß zugunsten eigener wirtschaftlicher Interessen nehmen zu können. Gegenüber Japan und der «Viererbande» Südkorea, Taiwan, Singapur und Hongkong fuhren die USA seit langem Handelsbilanzdefizite ein, so daß sie Gold exportieren mußten.[82] Den Vieren wurden im Frühjahr 1988 Zollpräferenzen gestrichen, obwohl sie die Voraussetzungen für ihre Verlängerung erfüllt hatten.[83]

Obwohl alle Mitglieder der ASEAN-Gruppe auch Empfänger amerikanischer Militärhilfe sind, haben sie sich dem Drängen Washingtons nach verstärkter militärischer Kooperation erfolgreich widersetzt. Auf der dritten Gipfelkonferenz der Regierungschefs der Gruppe am 14./15. Dezember 1987 lehnten sie erneut ab, eine militärische Allianz zu bilden, und erneuerten statt dessen den Wunsch, eine Zone des Friedens, der Freiheit und der Neutralität abzugeben. Eine ähnliche Erklärung hatten sie schon im November 1971 veröffentlicht.[84] Als Präsident Reagan Anfang Mai 1986 auf dem Wege zur Gipfelkonferenz in Tokio einen Zwischenaufenthalt in Bali einlegte, zeigten ihm die ASEAN-Staaten ihren Prioritätenkatalog, auf dem die wirtschaftlichen Bedürfnisse ihrer Gruppe ganz oben, die Sorge vor der Sowjetunion ziemlich weit unten rangierten. Diese Reihenfolge wurde vor allem für Indonesien und Malaysia betont, die auf dem Gipfel 1987 sich auch ganz offen gegen eine Beibehaltung der amerikanischen Basen auf den Philippinen aussprachen.[85] Aber selbst der den USA freundschaftlich verbundene Premierminister von Singapur Lee Kuan Yew hielt den Vereinigten Staaten vor, daß sie dem Konflikt mit der Sowjetunion die wirtschaftlichen Interessen ihrer Verbündeten viel zu stark unterordneten. Sie dächten nur an die eigenen ökonomischen Interessen, nicht aber an die der ASEAN-Staaten.[86] Er empfahl ihnen ein breiteres Verständnis der Probleme von Krieg und Frieden, das das wirtschaftliche Interesse an der Entwicklung entsprechend hoch veranschlagt. Japan und die Sowjetunion nähmen darauf verstärkt Rücksicht,[87] während die Reagan-Doktrin den militärischen Konflikt mit der Sowjetunion betonte und in ihrem Zeichen die verbündeten oder befreundeten Staaten zur Aufrüstung und zu wirtschaftlichen Konzessionen bewegen wollte. Von vielen Staaten des pazifischen Beckens wurde diese Diskrepanz zwischen ihren Interessen und den Pressionen Washingtons als Zeichen der Schwäche der USA gedeutet und mit wachsender Kritik und steigendem Anti-Amerikanismus beantwortet.[88]

Diesen Wandel der Interessenlage in Fernost nicht erkannt oder ihm nicht Rechnung getragen zu haben, war das große Manko der Reagan-Doktrin in dieser Region. Mit ihrer ausschließlichen Ausrichtung auf die Sowjetunion und ihrer Bevorzugung der militärischen Macht, zu deren Gunsten sie in der Auslandshilfe die Militär- und die Militärische Unterstützungshilfe bevorzugte, ging sie an der Weltsicht und der Bedürfnisstruktur der Staaten in Südostasien vorbei.

Der Anspruch des Hegemons wird dadurch eingelöst, daß er die Aspirationen seines Führungsbereiches erfüllt. Das kann bedeuten, die gewachsene Selbständigkeit der Staaten anzuerkennen und zu honorieren; der Hegemonie-Verlust der Vereinigten Staaten läßt sich nicht in dem Absinken ihres Anteils am Weltbruttosozialprodukt von 33% 1960, auf 22% 1980 ausdrücken. Amerika wird nicht schwächer dadurch, daß seine Alliierten stärker werden. Der Vorgang bestätigt, im Gegenteil, die Richtigkeit der amerikanischen Politik, die es bewirkt oder zugelassen hat, daß neue Machtzentren entstanden sind, die Welt polyarchisch geworden ist. Hegemoniale Führungskraft geht erst dann verloren, wenn die Vormacht sich nicht mehr auf die gewandelten Interessen und die veränderte Machtverteilung adäquat einstellen kann. Genau dies aber ist im Zeichen der Reagan-Doktrin eingetreten. Sie verabsolutierte den Gegensatz zur Sowjetunion nicht zuletzt, um in diesem Zeichen das westliche Lager fester zusammenzufügen und die amerikanische Führungsposition wiederherzustellen.

Man muß daher mit der verbreiteten Ansicht von einem allgemeinen Hegemonieverlust der USA sehr vorsichtig umgehen. Sie fand durch Paul Kennedys Buch über den «Aufstieg und Fall der Großmächte» eine bis nach Asien reichende Verbreitung. Empirisch zu registrieren ist aber nur eine temporäre Führungsschwäche der USA durch die Reagan-Doktrin. Sie ging mit ihrer auf die Sowjetunion ausgerichteten Überbetonung des

Militärischen an den vornehmlich auf wirtschaftliche Entwicklung orientierten Interessen der Dritten Welt vorbei und war in der Tat nicht mehr stark genug, deren Umorientierung zu erzwingen. Den Beweis dafür hatte schon der Umsturz im Iran erbracht; durch dessen Nichtbeachtung erwies sich die Reagan-Doktrin als anachronistisch.

Die wirtschaftliche Potenz der USA war aber (trotz aller Einbußen) noch immer sehr groß, als Markt für die asiatischen Staaten ausschlaggebend mit weiter zunehmender Tendenz. Die Anpassungsgeschwindigkeit der amerikanischen Wirtschaft war beträchtlich, sie reagierte sehr viel schneller auf relative Machtveränderungen als das Militär. Vor allem bot sie Leistungen auf einem Gebiet, das für alle Länder der Dritten Welt, und nicht nur für die Entwicklungsländer, von entscheidender Bedeutung war in einer Zeit raschen technologischen Wandels und gleichzeitig steigender Entfaltungsansprüche der Gesellschaften.[89] Es hätte also nahegelegen, die amerikanische Hegemonie mehr der Wirtschaft als dem Militär anzuvertrauen, die Wirtschaftshilfe zu betonen und die Militärhilfe auf die realen Verteidigungsfälle zu reduzieren. Die Hegemonieschwäche der USA ausgangs der achtziger Jahre entstand im wesentlichen aufgrund der Wahl des falschen Führungsinstruments.

Man kann die Triftigkeit dieser These wie in einem Laborversuch am Falle Ozeaniens überprüfen, das erst zu Beginn der achtziger Jahre vom Ost-West-Konflikt gestreift wurde. Die USA änderten darauf rasch und richtig ihre Wirtschaftspolitik in der Region. Sie betrieben aber gleichzeitig eine starre Militärpolitik, deren Inflexibilität die selbst dem Hegemon gesetzten Grenzen überstieg. Hegemonie- und Einflußeinbußen waren die Folge.

Ozeanien und der südliche Pazifik wurden bis 1980 vom Ost-West-Konflikt so gut wie gar nicht betroffen. Die USA waren im ANZUS-Pakt mit Australien und Neuseeland verbunden, den beiden regionalen Vormächten in der Region. Militärstrategisch war das Gebiet über die Linie Manila-Guam-Honolulu fest abgesichert. Die politische Einstellung der Bewohner war traditionell pro-westlich und anti-kommunistisch. Die Sowjetunion war im Südpazifik in keiner Weise präsent.

Die Folge dieser stabilen Situation war eine Vernachlässigung seitens der Administration. Sie zollte, sieht man von der Marineleitung ab, die den Südpazifik aufmerksam bewachte, diesem Gebiet bis 1978 keine politische Aufmerksamkeit. Dementsprechend gab es auch keine Auslandshilfe. Mikronesien war seit dem Zweiten Weltkrieg amerikanisches Treuhandgebiet und wurde dementsprechend versorgt. Das galt auch für Amerikanisch-Samoa. Zu den neuen unabhängigen Inselstaaten: Fidschi, Kiribati (die früheren Gilbert-Inseln), Nauru, Papua-Neuguinea, den Solomon-Inseln, Tonga, Tuvalu (früher Ellis-Inseln) und Vanuatu (den Neuen Hebriden), zu West Samoa und den zwei von Neuseeland betreuten halbselbständigen Staaten der Cook Islands und Niue unterhielten die USA so gut wie keine Hilfsbeziehungen. Die Fidschi-Inseln bekamen seit 1974 jährlich eine Million USD von Washington, seit 1982 zwei Millionen USD an öffentlicher amerikanischer Entwicklungshilfe. Die Cook-Inseln, Kiribati, Niue, Tuvalu und Vanuatu erhielten gar nichts; West Samoa bekam eine Million, aber nicht regelmäßig; Tonga erhielt diesen Betrag seit 1981, die Solomon-Inseln seit 1984 und Papua-Neuguinea seit 1983.[90] Tonga, die Solomon-Inseln, Papua-Neuguinea und Fidschi erhielten in den achtziger Jahren eine bescheidene militärische Ausbildungsbeihilfe von jeweils rund 50000 USD; allein Fidschi bekam darüber hinaus Militärhilfe, die sich 1986 auf 300 Mio. USDA belief.[91] Da die Auslandshilfe den politischen Interessen der USA folgte und die Militärhilfe den militärischen, wurden sie dort nicht gegeben, wo diese Interessen so gut wie nicht beeinträchtigt waren.

Daß die Region einstmals im Kampf gegen Japan eine entscheidende Rolle gespielt hatte, die sie gegebenenfalls wieder einnehmen konnte, war in Washington zwar nicht vergessen worden, war aber nicht mehr handlungsbestimmend. Selbst die Marineleitung hielt es 1988 für gänzlich unwahrscheinlich, daß die sowjetische Marine jemals in diese Region vordringen und dort eine strategisch entscheidende Rolle spielen könnte. Nicht umsonst hatten sich die Vereinigten Staaten die Treuhandschaft über die Föderation von Mikronesien, die Marianen und die Marshall-Inseln gesichert. Sie behielten Recht und Pflicht zur Verteidigung dieser Inselgruppen auch nach deren Entlassung in die Unabhängigkeit. Verhandlungen mit den nördlichen Marianen seit 1975 führten zur Eingliederung dieser Inseln als selbstregierendes Commonwealth in eine politische Union mit den Vereinigten Staaten, die am 3. November 1986 abgeschlossen wurde. Zum selben Datum trat der Compact of Free Association mit den Federated States of Micronesia und der Regierung der Marshall-Inseln in Kraft. Der gleiche Compact wurde am 10. Januar 1986 mit der Republik von Palau abgeschlossen, fand die notwendige Zweidrittelmehrheit bei der Volksabstimmung in Palau erst im Herbst 1987.[92]

In diesen Verträgen behielten sich die Vereinigten Staaten zahlreiche Rechte vor, insbesondere das der militärischen Sicherheit und des militärischen Monopols bei der Benutzung von Häfen und Flughäfen. Andererseits boten sie großzügige Wirtschaftshilfe auf 15 Jahre an. Die Marshall-Inseln erhielten beispielsweise während der ersten fünf Jahre 26,1 Mio., sollen während der zweiten 22,1 Mio. und dann 19,1 Mio. USD erhalten. Im Falle Mikronesiens beliefen sich die Summen auf 60, 51 bzw. 40 Mio. USD. Damit waren diese Inselstaaten zufrieden, vorausgesetzt, sie werden auch gezahlt.[93]

Im südlichen Pazifik trat die Hilfsbereitschaft der Vereinigten Staaten so gut wie nicht in Erscheinung. Obwohl der amerikanische Botschafter auf den Fidschi-Inseln, William Bodde, immer wieder darauf hinwies, wurde in Washington nicht registriert, daß eine Supermacht diese große und wichtige Region schon deswegen nicht vernachlässigen konnte, weil diese ihr bestimmte Erwartungen entgegenbrachte. Die am Entwicklungsproblem arbeitenden Inselstaaten blickten selbstverständlich auf den Reichtum der USA und reagierten zunehmend enttäuscht, wenn Washington auf die multilateralen Entwicklungsinstitute der Vereinten Nationen verwies. Die Enttäuschung schlug in Verärgerung um, weil die wichtigste Einnahmequelle dieser Länder, die Fischerei, von der aggressiven amerikanischen Thunfisch-Fischerei okkupiert und ruiniert wurde. Sie hielt sich nicht an die exklusive Wirtschaftszone von 200 Seemeilen, die von der Internationalen Seerechtskonvention im Dezember 1982 festgeschrieben (aber von den USA nicht anerkannt) wurde. Im Gegenteil: Mit Hilfe der kräftigen Lobby der American Tunaboat Association hatte der amerikanische Kongreß 1976 den «Magnuson Fishery Conservation and Management Act» verabschiedet.[94] Er belegte jedes Land, das ein amerikanisches Fischfangboot in der umstrittenen Zone gefangen nahm, mit einer Importsperre für seine Fischereiprodukte. Ein weiteres Gesetz sah die Entschädigung gefangengenommener amerikanischer Fischer aus der für das betreffende Land geplanten amerikanischen Auslandshilfe vor.

Die USA schwangen also eine mächtige politisch-wirtschaftliche Peitsche, um den Zugang ihrer Thunfischflotte in die Fanggründe des südlichen Pazifik zu ermöglichen. Daß dabei die Entwicklungsinteressen vieler Inselstaaten massiv betroffen wurden, weil sie von der amerikanischen Regierung nicht nur keine Hilfe bekamen, sondern auch gezwungen wurden, die ausbeuterische Praxis der amerikanischen Thunfischfänger hinzunehmen, blieb nicht ohne Wirkung.

Gefördert durch den Generationswechsel, entwickelte sich ein anderes Weltbild der Inselstaaten. Es war nicht mehr ausschließlich auf den Westen hin orientiert, wendete sich zunächst nach Japan, das nicht nur in der Wirtschaftshilfe großzügig auftrat, sondern sich auch immer mehr als Kapitalgeber im Pazifik präsentierte. Auch die Sowjetunion wurde anders eingeschätzt. Bei anhaltender Ablehnung des Kommunismus und unerschütterlicher Nachahmung des Modells der westlichen Demokratie sahen die Inselstaaten zunehmend auch freundlichere Farben im Bild der Sowjetunion, weil sich die im Bild der USA so verdüsterten.

1980 startete die Sowjetunion ihren ersten Vorstoß in die Region, als sie den Inselstaaten geophysikalische Untersuchungen zur Verbesserung ihrer Wirtschaftssituation anbot. 1984 unternahm Moskau einen erfolgreicheren Versuch, schloß mit Kiribati und Vanuatu Fischereiabkommen ab, in denen Moskau jeweils 1,5 Mio. USD für sowjetische Fischfangrechte bezahlte. Die enorme Größe der Summe deutete auf die politischen Interessen der Sowjetunion hin, sich positiv von der amerikanischen Fischereipolitik abzuheben. Die Verträge mit den beiden Staaten dauerten jeweils nur kurze Zeit; es war vor allem Australien, das sowohl auf die beiden Inselstaaten wie auf die USA einwirkte, endlich im Rahmen des South Pacific Forum einen ausgewogenen Fischereivertrag abzuschließen. Er wurde am 2. April 1987 unterzeichnet und vom Senat am 6. November 1987 ratifiziert. In den fünf Jahren seiner Laufzeit werden die USA jährlich 12 Mio. USD an Fischfanggebühren bezahlen, wobei die amerikanische Thunfischindustrie 2 Mio. USD übernimmt. Aufgrund des Vertrages können die amerikanischen Schiffe ihre Fänge innerhalb der reklamierten 200 Seemeilenzone fortsetzen, aber die Inselstaaten erhalten eine Entschädigung, die sie als angemessen ansehen.

Bei dieser Gelegenheit haben die Südpazifikstaaten entdeckt, daß ein vielsagender Blick nach Moskau die Augen Washingtons weit öffnet. Die leichte Erpressung hat keine politische, wohl aber eine große taktische Bedeutung, die sich die Inseln zunutze machen, um die bilaterale Aufmerksamkeit Washingtons auszulösen. Bisher haben die USA mit den Inseln vornehmlich multilateral im South Pacific Forum verhandelt. Wenn auch das in diesem Rahmen abgeschlossene Fischereiabkommen allgemein als ausreichend angesehen wurde, interessieren sich viele Inselstaaten für eine bilaterale Hilfsbeziehung zu Washington. Eine solche Verbindung bestand bisher nur zwischen den USA und den Fidschi-Inseln. Um sie auf andere Staaten auszuweiten, könnten diese durchaus versucht sein, einen Köder in Richtung der Sowjetunion auszuwerfen. Mehr als das dürfte sich freilich nicht ergeben; auch im Südpazifik weiß man sehr genau, daß wirtschaftliche Hilfe nur vom Westen kommen kann, nicht aber von der Sowjetunion, deren wirtschaftliche Potenz sehr realistisch als gering eingestuft wird. Bei der Wirtschaftshilfe für den Südpazifik hat die Reagan-Administration den Vortritt an Japan abgegeben, das zur beherrschenden Wirtschaftsmacht der Region geworden ist. Japans Außenminister Kuranari konnte es sich leisten, im Januar 1987 eine ‹Pazifik-Doktrin› zu verkünden.

Bei der Wahrnehmung ihrer militärischen Sicherheitsinteressen im Südpazifik aber kannte die Reagan-Administration kein Pardon. Sie stellte eher den ANZUS-Vertrag in Frage, als daß sie dem Wunsche Neuseelands nachgab, Antrieb und Bewaffnung ihrer Neuseeland anlaufenden Kriegsschiffe zu deklarieren, weil das Land Schiffe mit Nuklearwaffen oder Nuklearantrieben nicht mehr einlassen wollte. Neuseeland hatte diese Politik begonnen, nachdem 1984 die Labor-Partei ans Ruder gekommen war. Sie wußte natürlich, daß fast die Hälfte aller amerikanischen Kriegsschiffe nuklear getrieben war, aber sie reflektierte mit dem Wunsch nach deren Fernbleiben die im ganzen Land, ja in der gesamten Region verbreitete Kritik an der Nuklearpolitik der Supermächte und – vor allem – Frankreichs. Die Unvereinbarkeit der Standpunkte Neuseelands und der USA führten zur Kürzung der amerikanischen Zusammenarbeit mit Neuseeland und am 11. August 1986 zur einseitigen Beendigung der amerikanischen Vertragsverpflichtungen gegenüber Neuseeland.

Der Verlaß der Reagan-Doktrin auf militärische Macht zog eine weitere hegemonieschädigende Folge nach sich. 1985 hatten zehn der dreizehn Mitglieder des South Pacific Forum beschlossen, im Südpazifik eine atomwaffenfreie Zone zu bilden und die Kernwaffenmächte aufzufordern, die drei Protokolle des Vertrages zu unterzeichnen. Deren Bestimmungen sind relativ weich, hätten die Anwesenheit amerikanischer Kernwaffenschiffe nicht beeinträchtigt und überließen es jedem Land, sein Verhältnis zur Kernenergie selbst zu regeln. Der Vertrag trat im Dezember 1986 in Kraft. Die Sowjetunion unterschrieb am 15. Dezember 1986, wenn auch mit Einschränkungen, China am 10. Februar 1987. Frankreich, gegen das sich der Vertrag hauptsächlich richtete, trat nicht bei, England ebenfalls nicht. Die USA zögerten, ließen sich aber später weder durch das Drängen Australiens noch durch weitere Konzessionen des Forums überzeugen. Am 5. Februar 1987 sagte das Außenministerium ab. Lediglich das Repräsentantenhaus forderte am 20. Oktober 1987 die Administration auf, ihre Ablehnung nochmals zu überdenken.

Der Grund lag weniger in den Bestimmungen des Vertrages selbst als in der Rücksicht auf Frankreich, das seine Atomtests auf dem Mururoa-Atoll unbeirrt fortsetzte, und in der Sorge vor der Ausbreitung des «nichtnuklearen Fiebers».[95] Die Kritik an den französischen Versuchen durchzog ganz Ozeanien, weil seine Bewohner eine Verseuchung der Luft und des Wassers, damit eine Gefährdung ihrer Gesundheit und eine Beeinträchtigung ihrer Fischerei-Interessen befürchteten. Das «Fieber» griff aber auch schon auf die Philippinen über und löste 1988 dort eine anti-nukleare Entschließung aus.

Natürlich befanden sich die USA in einer gewissen Zwangslage. Sie konnten nicht gut gegen Nuklearwaffen votieren, wenn sie gleichzeitig ihre Sicherheitspolitik darauf stützten. Aber niemand verlangte von ihnen eine eindeutige, alternative Entscheidung. Erwartet wurde von den USA nur, Rücksicht auf die Interessen und Sorgen der Länder und Bewohner der Region zu nehmen.

Washington hat statt dessen eine harte, kompromißlose Haltung gegenüber den durchweg befreundeten Staaten des Südpazifiks an den Tag gelegt. Kam es ihren wirtschaftlichen Wünschen durch den Fischereivertrag erst spät entgegen, so hat es die nuklearen Erwartungen als Supermacht enttäuscht. Der politische Schaden war beträchtlich, weil das Ansehen der USA als Führungsmacht beeinträchtigt und das der Sowjetunion aufgewertet wurde.

Geradezu paradigmatisch wurde damit in Ozeanien deutlich, in welchem Ausmaß die Fixierung der Reagan-Doktrin auf die militärisch verstandene Auseinandersetzung mit der Sowjetunion sie daran hinderte, die wichtigste Voraussetzung hegemonialer Führung, die Rücksicht auf die Interessen im Hegemonialbereich, zu bewahren. Gewiß, Neuseeland legte ein für einen militärischen Verbündeten merkwürdiges Verhalten an den Tag, wenn es nicht nur die Präsenz amerikanischer Nuklearwaffen, sondern auch amerikanische Atommotoren bei Kriegsschiffen verbot. Solange es Nuklearwaffen bei den Supermächten gibt, gehören sie zur Bewaffnung.

Aber die Sensibilität gegenüber Kernwaffen war nicht nur auf Neuseeland beschränkt, sie war auch in Australien und in der gesamten Region bis hinaus nach Palau spürbar, das die Präsenz von Atomwaffen sogar in seiner Verfassung verbot. Die Ablehnung der Atomwaffen war – durch die französischen Nukleartests – ein politischer Faktor in Ozeanien geworden, dem eine Hegemonialmacht Rechnung tragen mußte. Dazu gab es noch immer Möglichkeiten. Die Reagan-Administration hätte die Ablehnung der Präsenz von Nuklearwaffen mildern können, wenn sie sich energisch gegen die französischen Kernwaffenversuche ausgesprochen hätte, die den eigentlichen Stein des Anstoßes in der Region bildeten. Sie hätte ihrem Alliierten Neuseeland einen Kompromiß erleichtern können, wenn sie die Bewaffnung und Motorisierung ihrer einlaufenden Schiffe deklarierte. Schließlich hätte sie die Protokolle des Vertrages über den Süd-Pazifik als kernwaffenfreie Zone unterzeichnen können, ohne ihre militärstrategischen Interessen zu beschädigen. Die Reagan-Administration hätte 1986 Widerstand leisten müssen, als der Kongreß mit dem Export Enhancement Program den Verkauf landwirtschaftlicher Produkte an die Sowjetunion und China subventionierte und damit Australiens Exportinteressen beeinträchtigte.

Die Reagan-Administration glaubte, solche Wünsche der Region im Zeichen und zugunsten der militärischen Konkurrenz mit der Sowjetunion vernachlässigen zu können. Sie unterstützte den Wunsch nach Anerkennung und politischer Respektierung, der alle Inselstaaten kennzeichnet. Dort ist mit der neuen Generation der politischen Elite ein Denkprozeß in Gang gekommen, den man die «dritte Entkolonialisierung» nennen könnte, die edukative und ideologische Abkopplung vom Westen, die Re-Identifikation über die lokale Tradition. Ein autochthoner Nationalismus ist entstanden, verbreitet über die einheimischen Universitäten, an denen die neue Generation ausgebildet worden ist. Sie bewertet ihre Souveränität und deren Anerkennung durch die westlichen Industriestaaten höher als die aus ergebener Gefolgschaft fließenden Subsidien. Der Besuch eines amerikanischen Außenministers würde Wunder wirken, ebenso die Vermehrung amerikanischer Botschaften in der Region. Ihre Staaten wollen überzeugt und gewonnen, nicht mehr aufgefordert oder gar beordert werden. Sie schätzen die Sowjetunion viel weniger expansionistisch ein, glauben ihr die wirtschaftlichen Interessen an Fischfang und Meeresbodennutzung. Gorbatschows Rede in Wladiwostok im Juli 1986 ist in Ozeanien ernstgenommen, ihre Neuauflage vom September 1988 mit der Aufforderung zu Rüstungsstopp und Abrüstung begrüßt worden. Vom Königreich Tonga bis zum sozialistischen Neuseeland reicht die Bereitschaft, mit der Sowjetunion bessere Wirtschaftsbeziehungen zu unterhalten. Die Regierung von Papua-Neuguinea hat im Sommer 1988 die Errichtung einer sowjetischen Botschaft in Port Moresby genehmigt. Natürlich sind die Staaten Ozeaniens nicht politisch naiv, aber sie wollen das manichäisch-militärische Weltbild der Reagan-Administration nicht übernehmen. Ihr Interesse richtet sich auf die wirtschaftliche Entwicklung und politische Anerkennung; wer ihnen zu beidem verhilft, ist willkommen. Das gilt auch für die Sowjetunion, gegen deren politische Expansion sich die Staaten Ozeaniens durch ihre Tradition und Religion hinreichend gewappnet fühlen.

Das Selbstbild ist vermutlich seinerseits zu optimistisch. Fidschi hat seit 1987 mehrere Staatsstreiche erlebt, die 1988 mit einer rechts-feudalen Militärdiktatur vorläufig beendet wurden. Beendet wurde damit auch der Demokratisierungsprozeß, der in der Folge von Industrialisierung und sozialer Differenzierung in Gang gekommen war. Er wurde gestoppt, als er die Vorherrschaft der traditionalen Eliten zu gefährden schien. Er wird sich allerdings ebensowenig aufhalten lassen, wie er auf Fidschi beschränkt bleiben wird. Der Inselstaat ist seinen Nachbarn nur um einige Jahre voraus. Dann werden sich in Ozeanien Prozesse abspielen vergleichbar denen, die den USA in Zentralamerika und in Afrika zu schaffen machen und sowjetischem Einfluß die politische Tür öffnen.

In Ozeanien hätten die USA noch Zeit genug, sich auf solche Entwicklungen vorzubereiten und sie zugunsten einer liberal-demokratischen Zukunft zu beeinflussen. Führung in einer polyarchischen Welt zu bieten stellt ganz andere Anforderungen als die, die in der alten bipolaren Welt des Ost-West-Konfliktes gelten.

Es gibt in Washington sowohl im politischen wie im militärischen Bereich Politiker und Analytiker, die sich dieser Veränderungen und der sich daraus ergebenden Konsequenzen für eine zeitgemäße amerikanische Pazifikpolitik bewußt sind. Sie konnten sich in der Reagan-Administration nicht durchsetzen; sie mußten sich darauf beschränken, die Aufgabe zu formulieren. Sie besteht, wie es der Vertreter Guams im amerikanischen Kongreß Ben Blaz formulierte, darin, «die Realität anzuerkennen, daß unsere Beziehungen mit den Inseln zu einem reiferen Stadium fortgeschritten sind. Die strategischen Interessen der Vereinigten Staaten müssen in das Netz wirtschaftlicher und politischer Beziehungen hineingewoben werden, aus denen die zeitgenössische internationale Politik vornehmlich besteht».[96]

5. Siege und Sorgen

Zur Beherzigung dieses Rates sah sich die Reagan-Administration konzeptionell außerstande. Ihre Doktrin für die Dritte Welt setzte auf militärische Macht, auf ‹power projection›, Kriegführung niedriger Intensität und Militärhilfe und verfehlte damit zunehmend die Interessen dieser Länder.

Eine Gesamtbilanz muß zunächst die Erfolge dieser Politik nennen: den Rückzug der Sowjets aus Afghanistan, die Abschwächung des sowjetischen Engagements in Nicaragua und in Angola, Moskaus mitarbeitender Druck auf Vietnam in Kamputschea. Sogar Khadafi hat seinen fünfzehnjährigen Krieg gegen den Tschad beendet. Präsident Reagan kann darauf verweisen, daß er seine zu Beginn der Amtszeit verkündeten Ziele erreicht hat, eingeschlossen den Abbau der SS-20 in Europa und in der Welt. Die Halbierung der nuklearen Offensivwaffen hat er nur knapp verfehlt.

Es ist das gute Recht des Politikers, Erfolge, die während seiner Amtszeit eingetreten sind, auch für seine Politik zu reklamieren. Wenn auch die Rückzugsentscheidungen in Moskau aus Gründen sowjetischer Kapazität und Kalküls getroffen worden sind, so hat die Reagan-Doktrin, insofern sie die Umwelt dieser Entscheidungen darstellte, zu ihnen beigetragen. Sie hat Moskau gezeigt, daß der Versuch der Breschnew-Ära, den sowjetischen Einfluß in der Dritten Welt militärisch auszubreiten, nicht nur die Sowjetunion überforderte, sondern gegen den militärisch instrumentierten Widerstand der Reagan-Doktrin nicht durchzusetzen war.

Indem Gorbatschow die Breschnew-Politik korrigierte, erwies er sich als Nixon der Sowjetunion. Dessen Doktrin hatte 1969 ebenfalls den Rückzug einer vorwiegend militärisch ausgestatteten Weltpolitik eingeleitet, die in Vietnam so gescheitert war wie die der Sowjetunion in Afghanistan. Beide erlitten den «imperial overstretch», wie Paul Kennedy es genannt hat. Aber so, wie die USA sich von Vietnam erholt haben, wird die Sowjetunion unter Gorbatschow Afghanistan verarbeiten. Die «imperiale Überanstrengung» muß nicht endgültig, sie kann auch temporär sein. Die Sowjetunion kürzt ihr internationales Engagement, weil sie nicht anders kann und weil sie sich modernisieren und wirtschaftlich stärken muß, will sie erfolgreich die neue Runde der Rivalität mit den USA beginnen. 1955 hatte es schon einmal eine ähnliche Phase in der sowjetischen Außenpolitik gegeben, unter Chruschtschow und Bulganin. Beide eröffneten die erste Runde der globalen Auseinandersetzung mit den USA.

Kein Zweifel, die Breschnew-Runde wurde von Reagan gewonnen. Aber hat er wirklich gesiegt, hat nicht vielmehr Gorbatschow die Runde als verfehlt aufgegeben? Der Unterschied ist politisch unwichtig, aber analytisch nicht trivial. Gorbatschow hat, wie es auf der Gipfelkonferenz 1988 in Moskau hieß, durch seinen globalen Rückzug der Reagan-Doktrin den Feind genommen und mit ihm auch ihre raison d'être. Auch sie erschien jetzt als «imperial überanstrengt», aber nicht, weil es ihr an Fähigkeiten mangelte, sondern am Gegner. Um so greller trat zutage, wie sehr die militarisierte Politik der Reagan-Doktrin schon immer an den Bedürfnissen der Dritten Welt vorbeigegangen war.

Es kann dahingestellt bleiben, ob Gorbatschow diese Folge gezielt angestrebt oder, was wahrscheinlicher ist, aus der Not eine Tugend gemacht hat. Auch ohne die mögliche – und wahrscheinliche – politische Ausnutzung durch Gorbatschow befindet sich die amerikanische Weltpolitik nach acht Jahren des ‹strategischen Konsenses› und der Reagan-Doktrin an dem Punkt, an dem ihr der globale Konsens wegzubrechen droht. Die Konzentration auf die militärische Auseinandersetzung mit der Sowjetunion hat die Bedürfnisse und Interessen der Entwicklungsländer so vernachlässigt, daß sie darauf mit Nationalismus und Anti-Amerikanismus reagieren.

Gewiß, für eine globale Hegemonie jenseits des sowjetischen Orbits reichten – und reichen – auch die Kräfte der USA nicht aus. Sie müßten in gleichem Tempo, wenn nicht noch schneller steigen als die anderer Länder, was weder relativ (wegen des Wachstumstempos) noch absolut (wegen der Grenzen des Reichtums) möglich ist. Vermutlich muß der Begriff der Hegemonie neu definiert werden in einer Welt, in der immer mehr Länder die wirtschaftliche Entwicklung erreicht haben oder anstreben, die ihnen ein bisher unbekanntes Maß an Selbständigkeit und Entscheidungsfreiheit gewährt. Sie sind an hegemonialer Führung kaum mehr interessiert und werden sich auch durch die Betonung sicherheitspolitischer Notwendigkeiten im Supermächtekonflikt nur noch schwerlich bewegen lassen, diese Führung zu akzeptieren. Die Beziehungen Westeuropas zu den USA sind das Vorbild, dem die entwickelten Länder der Welt folgen dürften. Der «Primat der Sicherheitspolitik» läßt sich auch im Hegemoniebereich nicht mehr leicht zugunsten von Führungszwecken instrumentalisieren.

Eine Weltführungspolitik wird sich daher immer weniger in der Gewährung von Schutz erschöpfen können, sondern sich in der Hilfe bei der Lösung wirtschaftlicher und gesellschaftlicher Probleme bewähren müssen. Die USA sind auf wirtschaftlichem, technologischem und naturwissenschaftlichem Gebiet stets führend gewesen, und es gibt nicht den geringsten Anlaß anzunehmen, daß ihre Innovationskraft auf diesen Gebieten gebrochen sein sollte. Es sind zudem die, auf denen Freiheit und Initiative des einzelnen am leistungsfähigsten sind.

Die Reagan-Administration hatte in dieser Hinsicht eine Wende rückwärts bedeutet, weil sie ihre Weltpolitik auf militärische Macht anstatt auf Hilfe zur wirtschaftlichen Problemlösung gründete. Sie ignorierte die Erfahrungen von Vietnam, löschte die Konsequenzen, die Nixon und Carter daraus gezogen hatten, und versuchte, an die Traditionen Kennedys und

Eisenhowers anzuknüpfen und beide zu einem sozial-konservativen internationalen Interventionismus zu verbinden. Daß dies überhaupt gelingen konnte, zeigt, daß gewisse Voraussetzungen dafür im Aufbau des amerikanischen Entscheidungsprozesses seit 1947 geschaffen worden waren.[97] Sie hatten die USA in den Vietnamkrieg geführt, waren weder von Nixon noch von Carter beseitigt worden und konnten so die Basis der Reaganschen Machtpolitik abgeben.

In der Iran-Contra-Affäre hatte sich gezeigt, wie sehr sie durch acht Jahre der Herrschaft Reagans noch gestärkt worden waren. Um so aktueller ist die Notwendigkeit der Korrektur. Sie wurde im Zusammenhang mit der Iran-Contra-Affäre weithin anerkannt. Der gemeinsame Ausschuß des Kongresses unterbreitete, obwohl auch er den Hauptfehler in menschlichem Versagen fand, eine Fülle struktureller Änderungsvorschläge für den Nationalen Sicherheitsrat und die CIA.[98] Denn auch die USA haben für die Politik der Reagan-Doktrin viel bezahlt: den Verlust an Reichtum und die Einbuße an demokratischer Kontrolle.

VI.
Der Preis der Macht

1. Politische Rechnungen

Die zweite Reagan-Administration kam die amerikanische Gesellschaft ebenfalls teuer zu stehen. Wenn Präsident Reagan in seiner letzten Budget-Botschaft mit Recht und Stolz darauf hinwies, daß seine Regierung den USA die längste Wachstumsphase ihrer Geschichte beschert habe, ohne Inflation und mit abnehmender Arbeitslosigkeit,[1] dann hätte er hinzufügen müssen, daß der Wohlstand weitgehend geborgt war. Die Hoffnung der ‹Reaganomics›, daß sinkende Steuern zu steigenden Investitionen und damit zu erhöhten Staatseinnahmen führen würden, blieb auch am Ende der Amtszeit unerfüllt. Die jährlichen Haushaltsdefizite nahmen zwar aufgrund der Einsparmaßnahmen des Gramm-Rudman-Hollings-Gesetzes langsam ab. Die akkumulierte Staatsschuld aber, die 1985 1,8 Billionen USD betragen hatte (eine Verdoppelung gegenüber dem letzten Carter-Jahr), stieg 1989 nochmals um eine Billion, auf 2,8 Billionen USD an. Das Wachstum fand statt, aber auf Pump.

Das Kapital dazu wurde größtenteils vom Ausland gegeben; infolgedessen verloren die USA ihre traditionelle Gläubigerposition im internationalen System und wurden seit 1985 zum Schuldner. Ihr Soll belief sich Ende 1986 auf rd. 264 Mrd. USD, was gegenüber dem Jahr 1981, als sie noch ein Haben von 141 Mrd. USD aufwiesen, einen Verlust von mehr als 400 Mrd. USD innerhalb von fünf Jahren darstellte.[2] Die daraus folgende Dollarnachfrage trieb den Kurs der amerikanischen Währung in ungeahnte Höhen: Anfang 1985 mußten 3,70 DM für einen USD gezahlt werden.

Daraus entstand eine zusätzliche Belastung des amerikanischen Außenhandels. Dessen Bilanz war seit dem Beginn der siebziger Jahre negativ geworden. Hielten sich die Fehlbeträge zunächst in erträglichen Grenzen, so stiegen sie seit 1982 sprunghaft an und verfünffachten sich im Jahr 1985 von 27,6 auf 126,5 Mrd. USD.[3]

Sah man nicht auf die militärische Macht, die die Reagan-Administration entfaltet hatte, sondern auf die wirtschaftliche Bonität, so waren die Vereinigten Staaten Mitte der achtziger Jahre zu einem «verkleinerten Riesen» geworden. Der von Präsident Reagan heraufgeführte und gepriesene Wohlstand war zum größten Teil auf Krediten des Auslands aufgebaut, das, wie der Börsenkrach vom Oktober 1987 zeigte, den ‹Reaganomics› nicht über den Weg traute. Mit dem weltpolitischen

Führungsanspruch vertrug sich eine solche Schuldnerposition nur schwer. Wie konnten sich die USA gegenüber ihren Allianzpartnern durchsetzen, wenn sie sie gleichzeitig um wirtschaftliche Hilfestellung bitten mußten?

Auf dieses Problem hatte schon 1985 die vom Präsidenten eingesetzte Kommission zur Überprüfung der amerikanischen Wettbewerbsfähigkeit aufmerksam gemacht. Es wurde auch in der Öffentlichkeit diskutiert.[4] Auf der Weltwirtschaftskonferenz im Juni 1988 in Toronto wurde den USA unmißverständlich vermittelt, daß sie ihre wirtschaftliche Führungsrolle künftig mit Japan und Westeuropa teilen müßten. Die japanische Auslandshilfe 1988 lag mit einem Volumen von 10 Mrd. USD schon über der amerikanischen. Der japanische Premierminister Takeshita kündigte auf dem westlichen Gipfeltreffen in Toronto im Juni 1988 an, daß sein Land sich künftig noch mehr um die Dritte Welt und um den Frieden dort kümmern werde. Westeuropa hörte sich zwar den Wunsch Amerikas nach einer langfristigen Beseitigung der landwirtschaftlichen Subventionen an, nahm ihn aber nicht mehr ernst.

Wenige Wochen, nachdem Präsident Reagan auf dem Gipfel in Moskau einen außenpolitischen Triumph und einen Sieg über die Sowjetunion gefeiert hatte, vermittelten ihm seine westlichen Verbündeten in Toronto den Eindruck, daß die USA ihre einst führende Position in der Weltwirtschaft verloren hatten. War der Sieg in Politik und Rüstung mit einer ökonomischen Niederlage bezahlt worden?

Für diese gesamtwirtschaftliche Entwicklung der USA waren die auf die Auseinandersetzung mit der Sowjetunion gerichteten Ausgaben im Bereich der Verteidigung und der Militär- und Auslandshilfe von großer, aber nicht von entscheidender Bedeutung. Sie muß vielmehr dem Economic Recovery Tax Act von 1981 eingeräumt werden, dessen akkumulierte Einnahmeausfälle in der zweiten Hälfte der achtziger Jahre allein so hoch waren wie das Haushaltsdefizit.[5] Das zweite große Steuergesetz, der Tax Reform Act von 1986, war demgegenüber mehr oder minder einkommensneutral. Da aber die Verteidigungsausgaben auf der astronomischen Höhe gehalten wurden, die sie durch ihre Verdoppelung in der ersten Amtsperiode Reagans gewonnen hatten, und der Kongreß die Kürzung anderer, vor allem sozialpolitischer Ausgaben nicht vornahm, trugen sie auch zum Defizit bei. Präsident Reagan benutzte die Deckungslücke immer wieder, um den Kongreß zu Kürzungen außerhalb des Verteidigungsbereiches zu zwingen. Er war seiner Philosophie treu geblieben, die dem Bundesstaat nur die Aufgabe der Verteidigung und die eines Sicherheitsnetzes für die Bedürftigen, alle anderen Staatsfunktionen aber entweder den Einzelstaaten oder der Privatwirtschaft zuwies.[6] Da der Kongreß dem Druck standhielt, die sozialpolitischen Programme in der zweiten Amtszeit Reagans unberührt ließ und bestimmte Kürzungen, etwa im

Erziehungsbereich, wieder rückgängig machte, stieg das Defizit. Es war der Ausdruck der ordnungspolitischen Distanz zwischen dem rechtskonservativen Präsidenten und dem Kongreß, der mehrheitlich längst wieder zu seiner gemäßigt liberalen Position zurückgefunden hatte.

Dennoch lassen einige Verschiebungen erkennen, daß den Verteidigungsausgaben eine Reihe gesellschaftspolitischer Aufgaben direkt zum Opfer gebracht wurde. Präsident Reagans «unversöhnliche Feindschaft gegenüber dem Sozialstaat» führte doch zu Einschnitten in das soziale Netz oder verhinderte den notwendigen sozialpolitischen Fortschritt. Der soziale Wohnungsbau beispielsweise wurde fast völlig eingestellt, weil seine steuerliche Begünstigung entfiel. Das gleiche Schicksal traf die Arbeitsbeschaffungsprogramme. Bestehende staatliche Wohlfahrtsprogramme wurden dadurch eingeschränkt, daß der Zugang zu ihnen erschwert wurde. Auf diese Weise entstanden neue soziale Probleme, die es 1980 nicht gegeben hatte.[7] 1986 waren die Armen ärmer, als sie 1970 gewesen waren, vor allem junge Familien, Familien mit Kindern und geringem Einkommen.[8] 37 Mio. Amerikaner besaßen 1988 noch keine Krankenversicherung. Diese Probleme wurden von Reagan nicht geschaffen, sie hatten tieferliegende und umfassendere Ursachen. Aber von der Reagan-Administration wurden Versuche zu ihrer Lösung gar nicht erst unternommen, diese Probleme vielmehr verschärft. Wie das Congressional Budget Office im Oktober 1987 festgestellt hat, hat das Einkommen der Mehrheit aller Amerikaner in den Jahren 1977 bis 1988 entweder stagniert oder abgenommen. Dagegen haben die oberen 5% und ganz besonders das oberste Prozent der Bevölkerung bedeutende Einkommenszuwächse zu verzeichnen gehabt.[9]

Auch die Gewerkschaften bekamen den Gegenwind Reagans deutlich zu spüren. Mit seiner Entlassung der Fluglotsen gleich zu Beginn seiner Präsidentschaft hatte er ein Signal gegeben, das von der Wirtschaft aufgenommen und zum erfolgreichen Kampf gegen die Gewerkschaftsbewegung benutzt wurde. Der Index der Durchschnittsstundenlöhne stieg von 1982 bis 1987 jährlich nur um 3,2%, glich also nicht einmal die Preissteigerungen aus. Reagan legte im Frühjahr 1988 sein Veto gegen das vom Kongreß nach drei Jahren verabschiedete Handelsgesetz deswegen ein, weil es in einem Zusatz die Unternehmer verpflichten wollte, ihre Angestellten und Arbeiter 60 Tage vor einer beabsichtigten Entlassung zu informieren. Allerdings konnte sich der Präsident nicht durchsetzen, mußte beide Vorlagen, die der Kongreß schließlich aufgetrennt hatte, unterschreiben.

Wenn auch die Einschnitte die Reformen der Großen Gesellschaft nicht rückgängig gemacht haben und im präsidentiellen Budget für 1989 die Ausgaben für die Sozialversicherung an die für die Verteidigung heranreichten und sie zusammen mit den für den Einkommenstransfer, die Kranken- und Gesundheitsversicherungen überstiegen, so war doch unverkennbar, daß die drastisch erhöhten, seit 1985 auf hohem Niveau verbleibenden Rüstungsbudgets und Reagans Weigerung, sie über Steuererhöhungen zu finanzieren, zum Anstieg der Staatsverschuldung beigetragen haben. Nach Berechnungen des Congressional Budget Office haben die Amerikaner 1988 allein für den Zinsendienst soviel Gelder aufgewendet wie für die Einkommensübertragungen im Sozialbereich.[10]

Jede Verringerung des Defizits hätte also entweder diese Einkommensübertragungen oder den privaten Wohlstand erhöhen können. In diesem Sinne bezahlte die amerikanische Gesellschaft für die von Präsident Reagan betriebene Entfaltung militärischer Macht mit Einbußen an Möglichkeiten privater Existenzentfaltung.

Dabei war noch nicht einmal sichergestellt, daß sie zu diesem stark erhöhten Preis wirklich ein Mehr an Macht erhielt. Abgesehen von dem B-1-Bomber, dessen 100 Stück ausschließlich aufgrund einer Entscheidung der Reagan-Administration gebaut wurden, und abgesehen von SDI, das bis 1988 ca. 15 Mrd. USD erhalten hat, ist gar nicht bewiesen, daß Präsident Reagan das amerikanische Verteidigungspotential über das von Carter vorgesehene Ausmaß wirklich erhöht hat. Die amerikanischen Streitkräfte hatten sich nicht vermehrt. Die Luftwaffe hat 1990 weniger Flugzeuge als 1980. Nur die Marine wurde vergrößert. Besonders wichtig: der Ausbildungsstand der Soldaten hatte sich verbessert.[11] Der größte Teil des finanziellen Mehraufwandes im Verteidigungsbereich aber ist in die enormen Preissteigerungen der Industrie gegangen.

Obwohl sie überfällig gewesen wäre, hat Reagan keine Industriepolitik entwickelt. Es war ja nicht nur der hohe Dollarkurs, der zur Verringerung der amerikanischen Wettbewerbsposition geführt hatte. Die zurückgehende amerikanische Wettbewerbsfähigkeit war nach dem überhöhten (und seit 1987 korrigierten) Dollarkurs auch auf einen Mangel an Innovation und Anpassungsbereitschaft zurückzuführen. Die USA mußten nicht dadurch ärmer werden, daß im Laufe der Zeit andere Staaten wie Japan und Westeuropa reicher wurden. Es fehlte an einer entschlossenen Wirtschafts- und Industriepolitik, die die Wettbewerbsfähigkeit wieder herstellte; es fehlte an einer Bildungs- und Weiterbildungspolitik, die das technologische Know-how zur Verfügung stellte. Die Industrieproduktion war zum großen Teil ins Ausland abgewandert, die Wirtschaft hatte es sich angewöhnt, Produktionsteile billig im Ausland zu kaufen, statt sie selbst herzustellen. Wirtschaftszweige, die einst die Stärke der USA ausgemacht hatten, wie die Auto-, Stahl-, Textil- und Werkzeugmaschinenindustrie, verschanzten sich vor der notwendigen Anpassung, indem sie von Präsident Reagan Protektionismus erbaten und erhielten.

In der Praxis hat auch Präsident Reagan, der unermüdlich für den Freihandel eintrat, der bedrängten amerikanischen Industrie Schutz gewährt, und zwar mehr als jeder seiner Vorgänger in diesem Jahrhundert.[12] Die Anpassung sollte dem Ausland aufgebürdet werden.[13]

Dieser Meinung waren vor allem der Kongreß und besonders die Demokratische Partei. Mit ihrer Nähe zu den Gewerkschaften hat sie sich deren Sorge um die Arbeitsplätze nie verschlossen, damit aber auch die protektionistische Tendenz allgemein gefördert. Seit 1985 wurde im Kongreß eine neue Handelsgesetzgebung diskutiert und nach mehreren Anläufen 1988 in die Form des Trade Act gegossen. Er enthielt zwar nicht mehr das von den Gewerkschaften geförderte, stark protektionistische Gephardt-Amendment, verlangte aber die Anpassung vornehmlich vom Ausland. Wurde der Dollar durch die konzertierte Aktion der fünf wichtigsten westlichen Staaten seit 1985 zu einer «sanften Landung» gebracht, so wollte der Kongreß durch Investitionsbeschränkungen verhindern, daß Westeuropa sich in den USA verstärkt einkaufte.[14] Auch die Legislative sah sich also versucht, durch den Einsatz politischer Macht die Konsequenzen veränderter wirtschaftlicher Bedingungen zu umgehen.

Daß die amerikanische Wettbewerbsfähigkeit verbessert werden mußte, räumte Präsident Reagan erstmals im Januar 1987 ein. In Zusammenhang mit seiner Rede zur Lage der Nation legte er ein sechsteiliges Programm vor, das die Investitionen im Ausbildungs- und Forschungsbereich, aber auch im Erziehungswesen intensivieren und Hindernisse, wie die übertriebene Produkthaftung, beseitigen sollte.[15] Im Präsidentschaftswahlkampf 1988 spielte der Begriff der Verbesserung der amerikanischen Wettbewerbsfähigkeit eine wichtige Rolle. Im Januar 1987 bildete sich der Congressional Caucus on Competitiveness; mehr als 5000 einschlägige Gesetzentwürfe wurden seitdem im Kongreß eingebracht. Das Thema dürfte den Ausgang der achtziger Jahre beherrschen.[16]

1988 machten sich erste Anzeichen einer Wende in der Handelsbilanz der USA bemerkbar. Die Exporte von Handelswaren nahmen zu, vor allem seitens kleinerer Firmen, die Importe stiegen nur wenig.[17] Das Außenhandelsdefizit sank im April 1988 auf den kleinsten Wert seit 40 Monaten.[18] Die Dollarabwertung begann sich auszuwirken, auch die radikale Kostensenkung um 15 bis 20%, die viele amerikanische Firmen vorgenommen hatten, vor allem im Lohnbereich. Die Arbeitskosten pro Einheit in der amerikanischen Industrie sanken unter die von Japan, Westdeutschland, Kanada und Italien.[19] Der amerikanische Arbeiter verdiente 1988 durchschnittlich 5% weniger als 1972.[20]

Die amerikanische Wirtschaft zeigte damit erneut, daß sie sich rasch und erfolgreich anzupassen versteht. Sie wird auch den Rückgang der Rüstungsnachfrage des Staates überstehen. Er ist unvermeidlich, auch wenn Verteidigungsminister Weinberger vor seinem Ausscheiden aus dem Amt noch sehr viele Rüstungsaufträge vergeben hat. Die amerikanische Wirtschaft ist an die hohe Elastizität der Rüstungsnachfrage gewöhnt, sie hat sie stets erfolgreich verarbeitet, das letzte Mal unter Nixon.[21] Deswegen hatte sie auch ihr Interesse an Rüstungsaufträgen reduziert. Sie mußte erst durch das überreich ausgestattete Füllhorn, das Reagan über sie ausschüttete, erneut für das Geschäft gewonnen werden.

Wie im Falle Ozeaniens gezeigt wurde, hat nicht die amerikanische Wirtschaft, sondern die Politik Probleme mit der Anpassung an wechselnde Szenarien. Wenn sich eine bestimmte Supermachtattitüde im Bewußtsein verankert und durch die entsprechende Verteilung von Macht und Einfluß in der Gesellschaft auch institutionell verfestigt hat, fällt es äußerst schwer, sie zu verändern.

Der Kongreß hat die Wende im Ost-West-Konflikt nicht als Chance begriffen, die Rüstung drastisch zu verringern, die amerikanische Weltpolitik stärker der Wirtschaft anzuvertrauen und auf diese Weise die Finanzen zu sanieren und die Führungsposition der USA wiederherzustellen. Er wandte sich statt dessen 1988 unter ständiger Anleitung der Abgeordneten Patricia Schroeder (D-Colo.) wieder dem alten Thema des burden sharing zu. Durch die Übernahme stärkerer konventioneller Rüstungslasten sollten die Alliierten stärker belastet, die USA entlastet, aber vor einer grundsätzlichen Anpassung ihrer Machtpolitik bewahrt werden. Das Thema wird an Brisanz gewinnen und die ausgehenden achtziger Jahre dominieren.

Es ist fraglich, ob der Kongreß aus der Iran-Contra-Affäre Konsequenzen für die Struktur des Entscheidungsprozesses im Nationalen Sicherheitsrat ziehen und die CIA stärker unter Aufsicht stellen wird. Carters Versuche in dieser Hinsicht – immerhin eine Antwort auf den Vietnamkrieg – sind offenbar längst vergessen, und der neue CIA-Direktor Webster versuchte mit dem Hinweis auf die Direktive 286 Reagans vom August 1987, weitergehende Reformverlangen abzublocken.[22]

Dabei liegt in diesen Strukturen das größte Anpassungshindernis. Die wichtigste Rechnung, die Ronald Reagan den USA präsentierte, ist der achtjährige Ausbau des Sicherheitsstaates. Ihn hat Reagan von Anfang an gewollt. Sicherheit und Machtpolitik nach außen waren die beiden einzigen Staatsfunktionen, die er für zulässig hielt. Fixiert auf die Auseinandersetzung mit der Sowjetunion, auf die Wiedererlangung der militärischen Superiorität, hat er diese Funktionen gestärkt und durch unermüdliche Finanzzuwendungen hypertrophiert.

Mit dieser Rechnung werden die USA auf absehbare Zeit leben müssen. Reagan hat zwar seit 1985 seine Sowjetunionpolitik geändert, hat sie 1986 in Reykjavik um 180 Grad gedreht. Konsequenzen für den strukturellen Aufbau des Regierungsapparates hat er daraus nicht gezogen. Er hat zwar Personen entlassen, aber die Entscheidungskompetenzen unverändert belassen. Durch seine unbeirrbaren Forderungen nach immer höheren Rüstungsetats hat er den Gedanken, den Aufbau des Entscheidungsapparates der veränderten Weltlage anzupassen, gar nicht erst aufkommen lassen. Ob sein Nachfolger die erforderlichen Konsequenzen zieht, ist angesichts des geringen Problembewußtseins, das bei ihm, aber auch im Kongreß herrscht, wenig wahrscheinlich. Solange aber der Aufbau des Entscheidungsprozesses unverändert bleibt, sind nur Modifikationen der Sowjetunionpolitik zu erwarten, nicht aber grundlegende Änderungen.

2. Gesellschaftliche Quittungen

Dabei würden solche Korrekturversuche von der amerikanischen Bevölkerung wahrscheinlich sehr positiv aufgenommen werden. Ronald Reagans Wandel vom Saulus der Aufrüstung zum Paulus der Abrüstung hatte in der amerikanischen Gesellschaft weite Zustimmung gefunden. Die Wahlen von 1986 hatten, wie erwähnt, dem Senat wieder eine demokratische Mehrheit beschert. Der Zuwachs stammte vor allem aus dem Süden, wo die Demokraten fünf Sitze hinzugewannen, durchweg von liberalen Politikern besetzt, die den politischen Akzent auf die Wirtschaft rückten.[23] Der Wandel war symptomatisch, insofern er deutlich zeigte, wie wenig Anklang Reagans Programm in der amerikanischen Bevölkerung noch fand.

Die extrem konservative Wirtschafts- und Sozialpolitik der Administration sprengte die Reagan-Koalition, insofern sie deren innere Widersprüche noch verstärkte. Reagan hatte es verstanden, die «Unternehmer» und die «Moralisten» zum Kern seiner Koalition zu machen und sie mit den jungen Aufsteigern und den älteren Unzufriedenen anzureichern. Eine positive Bilanz konnten jedoch lediglich die «Unternehmer» für sich verbuchen, während die «Moralisten» weder das Schulgebet eingeführt noch die Abtreibung verboten sahen. Die «Unzufriedenen» wurden durch die Iran-Contra-Krise enttäuscht, nur die «jungen Aufsteiger» blieben Reagan einigermaßen treu.[24] Im Laufe des Jahres 1987 setzte sich damit verstärkt fort, was sich schon in den Wahlen des Vorjahres abgezeichnet hatte: Die Reagan-Koalition schwächte sich ab, weil ihre unterschiedlichen Gruppen von der Administration sehr unterschiedlich bedacht worden waren. Der konservative Wahlforscher Kevin Phillips brachte die Leistungen der Administration auf die anschauliche Formel, daß sie die Mitglieder des New Yorker Yachtclubs erfreuten, während die braven Kirchgänger in der Provinz vergeblich auf die ihnen versprochene moralische Erneuerung warteten.[25]

Auch waren die meinungsbildenden Interessengruppen verstummt, die die Reagan-Koalition zustandegebracht und ihr zum Sieg verholfen hatten. Die Political Action Committees, die in den siebziger Jahren die Welle des Konservativismus kanalisiert und auch beschleunigt hatten, waren erlahmt und teilweise an Geldmangel schon zugrundegegangen.[26] Das für die Außenpolitik so wichtige Committee on the Present Danger hatte sich in den sieben Jahren der Reagan-Administration personell verbraucht und war nur noch ein Schatten seiner selbst. Um so klarer konnte sich abzeichnen, wie die amerikanische Gesellschaft auf die von der Reagan-Administration vorgenommenen Wertzuweisungen reagierte.

Soweit Meinungsumfragen es erkennen lassen, lehnte die amerikanische Gesellschaft die Prioritätensetzung der Reagan-Administration immer stärker ab. Im Januar 1987 war nicht mal mehr ein Drittel für eine weitere Erhöhung des Militärhaushalts zu haben, während drei Viertel die Krankenversicherung für die Alten und zwei Drittel die Sozialleistungen insgesamt vermehren wollten.[27] Diese Meinungstrends waren nicht neu, sie hatten sich aber nach 1985 erneut profiliert. Wenn die Reagan-Administration noch immer regelmäßig für eine Erhöhung der Verteidigungsetats eintrat, so konnte sie sich immer weniger auf die Zustimmung der Eliten und der breiten Bevölkerung berufen. Beide setzten sich vielmehr energisch für die Zusammenarbeit mit der Sowjetunion ein. Reagan erhielt die höchste Zustimmung zu seiner Abrüstungs- und Entspannungspolitik mit Moskau auf dem Gipfel von 1988. Hier war der Unterschied zu seiner Einschätzung von 1983 dramatisch. [28] In allen anderen Hinsichten war er minimal. Die amerikanische Gesellschaft sah die erreichte militärische Stärke als ausreichend an, als Sicherheitsbasis, von der aus die Zusammenarbeit mit der Sowjetunion aktiv angestrebt werden sollte. Die Anforderung nach politischer Entspannung mit Moskau war unüberhörbar.[29]

Ebenso unüberhörbar war die zunehmende Kritik an der von Präsident Reagan betriebenen Militarisierung der amerikanischen Sowjetunionpolitik. Die Öffentlichkeit bevorzugte einen Sicherheitsbegriff, der sehr viel weiter und umfassender war als der der Reagan-Administration. In ihm spielte die wirtschaftliche Macht eine sehr viel größere Rolle als die militärische; dementsprechend kritisch wurde die Reagan-Administration beurteilt, die gegenüber der militärischen Macht die wirtschaftliche Stärke des Landes vernachlässigt hatte. Die Gesellschaft erkannte also sehr viel früher als die Administration, daß der Verlust an Wettbewerbsfähigkeit, an wirtschaftlicher Innovationskraft und an Produktivität die amerikanische Macht in sehr viel stärkerem Maße bedrohte, als es die Sowjetunion tat. Die Vernachlässigung der Erziehung und der Ausbildung wurde von vielen Amerikanern zunehmend als Belastung empfunden, die nicht nur ihre wirtschaftlichen, sondern auch ihre Sicherheitsinteressen betraf. Was nützte ihnen ein großartiges militärisches Aufgebot, wenn ihre Existenzentfaltungschancen von der Administration vernachlässigt und spürbar beschädigt wurden?

Diese Einstellungen fanden sich keineswegs nur bei Demokraten oder

Liberalen; sie zogen sich, im Gegenteil, durch das gesamte politische Spektrum und waren bei Konservativen und Republikanern ebenfalls stark verbreitet.[30] Sie reflektierten die Sensibilität der Bevölkerung gegenüber ihrer erneut unsicher gewordenen Wirtschaftslage, die sie zu Beginn der zweiten Amtszeit Reagans als sehr viel positiver eingeschätzt hatten. 47% glaubten damals, daß die Zukunft besser sein würde als die Gegenwart. Als diese Zukunft dann ihrerseits zur Gegenwart wurde, im Januar 1988, waren nur noch 34,5% dieser Meinung. Es war also nicht nur der Börsenkrach vom Oktober 1987, der den ökonomischen Horizont der Amerikaner verdunkelte; es war vielmehr die – wenn auch diffuse – Einschätzung, daß die Reagan-Administration die wirtschaftlichen Interessen der Bevölkerung einer militarisierten Sicht des Konfliktes mit der Sowjetunion und den Interessen des Militärs unterzuordnen bereit war. Reagan erhielt im Juli 1988 hohes Lob für seinen Abrüstungsvertrag mit Moskau, aber deutliche Kritik für seine Haushalts-, Sozial- und Steuerpolitik.[31]

Ronald Reagan hat die Ablehnung honoriert, mit der die amerikanische Bevölkerung seine Aufrüstungs- und Konfrontationspolitik gegenüber der Sowjetunion quittiert hatte. Er setzte sich an die Spitze dieser Kritik und leitete die Phase der Abrüstung der Mittelstreckenraketen und der intensiven Kooperation mit Moskau im Weltmaßstab ein. Die Forderung nach Strukturveränderung aber hat er überhört. Die Wende von 1985 hat damit keinen grundsätzlichen Wandel der amerikanischen Weltpolitik eingeleitet.

Es ist interessant, daß ein solcher Wandel auch vom Kongreß nicht verlangt wurde, sieht man von den Nachwehen der Iran-Contra-Affäre ab. Obwohl die Demokratische Partei seit 1986 beide Häuser regierte, war der Kongreß weit von seiner Reformstimmung in der ersten Hälfte der siebziger Jahre entfernt. Auch die Legislative verstand den Wechsel der Sowjetunionpolitik mehr politisch-taktisch als grundsätzlich strukturell.

Dafür gab es 1988 aufschlußreiche Indizien. Die Legislative hatte mit den Amendments von 1986 den Präsidenten förmlich in die Abrüstung getrieben. Als aber Reagan aus dieser Not eine Tugend und sich selbst zum «Friedenspräsidenten» machte, trat der Kongreß auf die Bremsen. Es hätte nicht viel gefehlt, und der INF-Vertrag wäre nicht rechtzeitig zum Moskauer Gipfel durch den Senat gekommen, weil die Demokraten ihn als Instrument der Disziplinierung des Präsidenten einsetzten. Die START-Gespräche kamen im Sommer 1988 nicht nur wegen Reagans ABM-Interpretation, sondern auch deswegen nicht so rasch voran, weil selbst gemäßigte Kongreßmitglieder das amerikanische Interesse an mobilen ICBMs und an den Cruise Missiles nicht für geklärt hielten.[32] Im Senat fand sich anläßlich der Beratung des Verteidigungshaushalts-Genehmigungsgesetzes im Mai 1988 keine Mehrheit für eine Bestimmung, die den Präsidenten zur Rückkehr zu den SALT II-Obergrenzen verpflichtet hätte.

Der Senat ging sogar noch sehr viel weiter. Er gab dem Gesetzentwurf eine Zusatzbestimmung mit, die jede Handelserleichterung für die Sowjetunion an deren ausdrückliche Respektierung «der Menschenrechte und der fundamentalen Freiheiten», wie sie in der Helsinki-Schlußakte formuliert worden waren, band. Im Haus gab es eine solche Bestimmung nicht, wohl aber sehr viel Sympathie dafür.

Damit erinnerte der Senat im Sommer 1988 unüberhörbar an das Jackson-Vanik-Amendment von 1974. Mit ihm hatte die Anti-Entspannungskampagne in den USA begonnen; seine Aufhebung wäre logisch gewesen für eine Administration, die ihre Politik seit 1986 und ihren Wahlkampf 1988 unter das Motto «Peace and Prosperity» gestellt hatte.

Es ist denkbar, daß Wahlkampftaktik diese Politik des Senats bestimmt hat. Seit Nixons Zeiten hatten republikanische Präsidentschaftsbewerber versucht, die Entspannungsbereitschaft liberaler Demokraten als Ausverkauf amerikanischer Werte und Stärke zu diskreditieren. Es konnte also wahltaktisch angesagt sein, im Wahljahr Härte zu zeigen, zumal George Bush die Diskriminierung bis zur Verunglimpfung betrieb.

Andererseits hatten die Kongreß-Demokraten sich seit der Mitte der achtziger Jahre unter Führung von Sam Nunn und Les Aspin auf eine Mitte-Rechts-Position zubewegt. Sie hatten sich – gegen den frühen Reagan – für die Rüstungskontrolle eingesetzt, folgten aber nicht unbedingt dem späten Reagan in die Abrüstung. Ihre Zweifel wurden durch die Niederlage von Dukakis noch bestärkt.

Die Anforderungen der Gesellschaft hingegen waren seit langem klar, wenn auch nicht eindeutig. Sie lauteten außenpolitisch auf Entspannung und Abrüstung mit der Sowjetunion bei bewahrter amerikanischer Stärke. Sie lauteten aber auch auf Wiederherstellung der wirtschaftlichen Leistungsfähigkeit der USA. Die meisten Wähler machten sich «mehr Sorgen um die amerikanische Wettbewerbsfähigkeit in der Weltwirtschaft als um die Sowjets».[33] Michael Dukakis erhielt seine Quittung dafür, daß er militärisch und patriotisch nicht überzeugend genug aufgetreten war und in seinem Wahlkampf viel zu spät entdeckt hatte, daß Offensive die beste Werbung darstellt. Die Republikanische Partei bekam ihren Denkzettel für die außen- und binnenwirtschaftliche Schwächeposition, die acht Jahre der Übermilitarisierung und des mit ihrer Hilfe unternommenen Versuchs der Umverteilung hinterlassen hatten.

Die Wahlen von 1988 beendeten damit endgültig die Ära Reagans und des extremen Konservativismus und brachten die USA in die traditionelle Mittellage zurück. Dukakis erhielt 1988 46% aller abgegebenen Stimmen, Bush 54%; der eine fast sechs Prozentpunkte mehr, der andere fast fünf Punkte weniger als der jeweilige Vorgänger 1984. Die Distanz zwischen Gewinner und Verlierer war 1988 mit acht Prozentpunkten noch immer groß, aber nur halb so groß wie 1984. Sie wäre erheblich kleiner, das

Ergebnis vielleicht ganz anders ausgefallen, hätte Senator Gary Hart für die Demokraten kandidiert. Denn sie konnten im Kongreß ihre Mehrheit weiter ausbauen, im Senat einen, im Repräsentantenhaus sieben Sitze hinzugewinnen. Sie erhielten auch einen weiteren Gouverneursposten, so daß von den 50 Bundesstaaten 28 demokratisch und nur 22 republikanisch regiert werden. Auch die geographischen Schwerpunkte waren hier ganz anders verteilt. Die Südstaaten wählten zwar geschlossen Bush zum Präsidenten. Sie werden aber ebenso ausschließlich von Demokraten regiert und entsandten vorwiegend demokratische Bewerber in den Senat.

Die Wähler quittierten die außenpolitische Wende, die Reagan seit 1984 eingeleitet und mit dem INF-Vertrag sowie den erheblich intensivierten Beziehungen zur Sowjetunion ausgeführt hatte, mit dem Wahlsieg für seinen Nachfolger und Erben. Sie votierten für die Kontinuität dieser Politik der beiden letzten Reagan-Jahre. Präsident Bush honorierte diesen Wunsch mit der Ernennung von James A. Baker 3rd zum Außen- und von Nikolas F. Brady zum Finanzminister. Für alle Fälle aber verstärkten die Wähler die oppositionelle Mehrheit in beiden Häusern – ein im 20. Jahrhundert bei Präsidentschaftswahlen einmaliger Vorgang.

Präsident Bush kann sich nicht darauf beschränken, die beiden letzten Reagan-Jahre einfach fortzuschreiben. Sie stellten nur einen Wechsel auf die Zukunft dar, den Bush bis 1990/92 einlösen muß. Er muß den «Frieden», der bisher nur den INF-Vertrag vorzuweisen hat, festigen und den «Wohlstand», der bisher nur geborgt ist, auf eine solide Haushaltsbasis stellen. Er ist der Erbe Reagans, darf ihm aber nicht nachfolgen.

VII.
George Bush: Erbschaft und Chancen

Ronald Reagans Erbe in der amerikanischen Außenpolitik ist allein schon deswegen groß, weil es über acht Jahre zusammengetragen wurde. Außer Eisenhower hat kein Nachkriegspräsident so lange regiert wie er. Der extreme Konservativismus der Reagan-Koalition konnte sich also über eine lange Zeitspanne hin auswirken, nicht nur in den konkreten politischen Entscheidungen, sondern auch in den Strukturen, aus denen diese Entscheidungen hervorgingen. Sein Erbe wird dementsprechend lange nachwirken, und zwar weniger in der Innen- als in der Außenpolitik.

In der Innen- und Wirtschaftspolitik hinterläßt Reagan viele Schulden, manche Schäden, aber kaum dauerhafte Spuren. Präsidenten vermögen in diesem Bereich generell wenig auszurichten, weil er von den gesellschaftlichen Kräften und vom Kongreß beherrscht wird. Beide haben dafür gesorgt, daß die Reaganomics praktisch keine Strukturveränderungen bewirkt haben. Die amerikanische Gesellschaft ist nicht nach rechts abgedriftet, ist nicht konservativer geworden. In der Parteienlandschaft hat kein Realignment stattgefunden, das die politischen Konstellationen neu geordnet hätte. Die Welle des Konservativismus hat die USA durchlaufen, ist ausgelaufen, hat die politische Mitte der USA vielleicht etwas nach rechts versetzt, aber ihre maßgebenden Positionen nicht beeinträchtigt. Man kann es an den Symbolwerten der konservativen Koalition ablesen: Weder das Abtreibungsverbot noch das obligatorische Schulgebet sind in den USA eingeführt worden.

Innenpolitische Reparaturen hingegen sind dringend geboten. Die Reform des Sozialfürsorgesystems hat der Kongreß noch kurz vor Toresschluß, Ende September 1988, beschlossen. Das Haushaltsdefizit aber hat sich nicht verringert, lag 1988 bei 155 Mrd. USD und 1989 um mindestens 30 Mrd. über der Zielgröße des Budgetausgleichgesetzes. Was sich jenseits der Verteidigungs- und der Sozialausgaben kürzen ließ, hat Reagan schon gekürzt. Bush kann nur noch die Verteidigungsausgaben senken und die Steuern erhöhen – beides hat er als Kandidat ausgeschlossen. Aus dieser Sackgasse herauszukommen, stellt sein größtes Problem dar. Darüber hinaus verlangt nach wie vor das Armutsproblem nach einer Lösung. Der Drogenkonsum hat gesellschaftsbedrohende Dimensionen angenommen, die Beschaffungskriminalität sich dramatisch verschärft.

Die Probleme sind nicht neu, sind, sieht man vom Haushaltsdefizit ab, von Reagan nicht geschaffen worden. Aber Reagan hat sie während seiner achtjährigen Amtszeit nicht nur nicht gelöst, sondern als Folge seiner Umverteilungspolitik noch zugespitzt.

In der Außenpolitik hingegen hinterläßt Reagan ein Erbe, das er selbst geschaffen hat, weil er, wie alle Präsidenten, auf diesem Gebiet einen beträchtlichen Handlungsspielraum besaß. Die Bilanz ist gespalten. Zum Schluß seiner Amtszeit hat Reagan die Abrüstungspolitik eingeleitet und sich damit ein Verdienst erworben, das größer als das aller seiner Vorgänger ist und ihm den Titel eines ‹Friedenspräsidenten› eingetragen hat. Andererseits hat Ronald Reagan eine bis dahin unerhörte Aufrüstungspolitik betrieben und dabei gleichzeitig eine Einfluß- und Machtverteilung im amerikanischen Entscheidungssystem hinterlassen, die der Fortsetzung der Abrüstungspolitik strukturelle Hindernisse in den Weg legt. Er hat den Ausbau des ‹Sicherheitsstaates› maßgeblich gefördert, der stärker als je zuvor auf die Wahrnehmung und die Bewältigung militärischer Gewaltkonflikte gerichtet ist. Dazu haben nicht nur die immensen Rüstungsbudgets, sondern vor allem die Stärkung des NSC-Systems beigetragen, das von Reagans Neigung zur Leistungsdelegation am meisten profitiert hat. Wenn die Macht dieses Systems nicht gebrochen werden kann – und das hängt stark von der weiteren Bearbeitung der Iran-Contra-Affäre ab –, wenn mit der Kürzung des Verteidigungshaushaltes nicht auch der Einfluß des Pentagon auf die amerikanische Außenpolitik reduziert wird, wird der neue Präsident Bush es schwer haben, den von Reagan erzielten Durchbruch im INF-Bereich zu einem wirklichen Abrüstungsregime zu erweitern.

Gewiß, den Superioritätskonflikt mit Moskau hat Reagan gewonnen. Er hinterläßt seinem Nachfolger eine Sowjetunion, die den Rüstungswettlauf aufgegeben und die militärische Unterstützung kommunistischer Regime in der Welt eingeschränkt hat. Der neue Präsident Bush kann von seinem Vorgänger einen großen Sieg entgegennehmen, und er wird diese Leistung Reagans nicht unterschätzen. Aber der Kampf um die Macht zwischen den beiden Supermächten spielt sich doch seit der kubanischen Raketenkrise, spätestens seit dem Rückzug der USA aus Vietnam, nicht mehr auf dem traditionellen Boden und mit den traditionellen Mitteln des Ost-West-Konfliktes ab, sondern in der Dritten Welt. Viel eher als die Europäer haben hier die Amerikaner die weltweite Herausforderung durch die Sowjetunion gespürt, 1974 in Angola, 1978 im Horn von Afrika und in Zentralamerika. In der Dritten Welt wird der Kampf um die Macht, wird die Machtprobe in dieser Welt entschieden. Der Pazifik und der Indische Ozean dürften für diese Auseinandersetzung die wichtigsten Räume abgeben – mit China und Indien als den beiden politischen Supermächten der Zukunft, mit der Sowjetunion als Anrainer und mit Japan als der ökonomischen Vormacht.

Der Kampf um diese Macht ist durch den Rückzug Gorbatschows aus den Schützengräben der Breschnew-Weltpolitik nicht beendet, sondern nur in eine neue Phase übergeführt worden. Das neue Moskau hat in Afghanistan gelernt, daß eine Supermacht mit militärischer Gewaltanwendung nichts, mit politischem Geschick sehr viel ausrichten kann. Das hatten die Amerikaner in Vietnam auch erfahren, unter Carter zu beherzigen versucht, aber unter Reagans Führung wieder verdrängt und vergessen. Die vom Pentagon-Flügel der Reagan-Mannschaft verfaßte Studie «Discriminate Deterrence» zeigte 1988 in ihren Schaubildern sehr richtig, wieviel Einfluß die USA in der Dritten Welt schon verloren haben. Aber sie zog noch immer die alte, die veraltete Schlußfolgerung, daß noch mehr Rüstung erforderlich ist. Gewiß, die Repräsentanten dieses Flügels haben seit 1987 die Reagan-Administration verlassen. Ob damit auch ihre Sichtweise das Pentagon verlassen hat, so daß der neue Präsident neue Konzeptionen – wenn er sie denn entwickelt – verwirklichen kann, wird sich zeigen müssen.

Dabei blickt die Dritte Welt immer dann zu den Vereinigten Staaten (und zum Westen), wenn es um ihre wirtschaftliche Entwicklung und um die Beseitigung kolonialer Restprobleme geht. Auf beiden Gebieten tritt George Bush eine hochbelastete Hinterlassenschaft an. Die USA sind von Präsident Reagan so heruntergewirtschaftet worden, daß sie sich keine Großzügigkeit mehr leisten können. Darunter hat das wichtigste weltpolitische Instrument, die Auslandshilfe, stark gelitten, und zwar ihr wirtschaftlicher Teil um so stärker, als Reagan die Militärhilfe so exklusiv bevorzugte. Das Außenhandelsdefizit revitalisierte den amerikanischen Protektionismus, der sich auch gegen die Dritte Welt richtete, vor allem gegen die Schwellenländer. Sie haben die Grenze zum Industriestaat bereits überschritten; doch wäre ihnen weitere Hilfestellung von den Superreichen nach wie vor willkommen. Auf die Vereinigten Staaten können sie dabei nicht mehr zählen. Unter Reagans Händen hat sich das Außenhandelsdefizit der USA versechsfacht, ist das Land von einem Gläubiger der Welt zu deren Schuldner geworden. 1985 standen die Vereinigten Staaten mit 118 Mrd., 1986 mit 265 Mrd. USD in der Kreide der Welt. 1988 wurde die Auslandsverschuldung auf fast 400 Mrd. USD geschätzt.

Aus diesem Grund kann Washington das noch wichtigere und flexiblere weltpolitische Steuerungsinstrument, seine wirtschaftliche Potenz, nicht mehr großzügig einsetzen. Reagan hatte das auch gar nicht vor; er wollte den Reichtum nicht weltpolitisch instrumentalisieren, er vertraute allein auf die militärische Macht. Aber sein Nachfolger, wenn er denn eines besseren belehrt wäre, könnte diesen Reichtum nicht mehr weltpolitisch nutzen, weil es ihn gegenwärtig nicht gibt. Er muß erst wiederhergestellt werden.

Schließlich hinterließ Reagan seinem Erben ein besonders schwerwiegendes Defizit: den Verzicht auf eine Weltpolitik. So merkwürdig es angesichts der Reagan-Doktrin und des Aufbaus großer militärischer Macht klingt: die USA unter Reagan haben sich an der Lösung der großen weltpolitischen Probleme nicht beteiligt. Reagan und seine Koalition besaßen nicht einmal ein weltpolitisches Konzept. Reagan hatte unter den fünf Nationalen Sicherheitsberatern, die ihm dienten, keinen, der ein solches Konzept auch nur entwickeln konnte. Außenminister Shultz und das Außenministerium, die beide dazu imstande gewesen wären, waren mit tagtäglicher Schadensfallbegrenzung viel zu beschäftigt, als daß sie sich planender Arbeit hätten widmen können.

Deswegen blieb die Reagan-Administration weltpolitisch nicht etwa folgenlos. Ihr extremer Konservativismus stärkte alle konservativen Eliten in der Dritten Welt, zögerte die Lösung mancher weltpolitischer Probleme, beispielsweise in Namibia und in Angola, ungebührlich hinaus. Ihre Indifferenz gegenüber dem Nahen Osten verschärfte die Lage dort. Carters so erfolgreicher Versuch, durch politischen und persönlichen Einsatz die Konfliktregelung im Nahen Osten voranzubringen, hat Reagan nicht einmal ansatzweise wiederholt. Er hat dem Konflikt statt dessen freie Hand gelassen, der sich dann durch die Zerstörung des Libanon und die Aufstände in den besetzten Gebieten erheblich zugespitzt hat. Iran und Irak haben 1988 ihren Krieg (vorläufig) beendet, aber Reagans unverhohlene Parteinahme für den Irak hat kaum etwas zur Konfliktlösung beigetragen. Das Verhältnis Pakistan-China hat sich nicht verbessert, an den Beziehungen der USA zu Indien hat Reagan nicht gearbeitet. Die Kooperation mit China hat dessen Wiederannäherung an die Sowjetunion nicht verhindert. Das weltpolitisch wichtige Dreieck Washington – Moskau – Beijing ist unter Reagan nicht weiterentwickelt worden. Acht Jahre der Politik Reagans haben Mittelamerika nicht befriedet; ein Konzept zur politischen Struktur eines nicht-kommunistischen Nicaragua und eines nicht-autoritären El Salvador ist in Washington in dieser Zeit nicht entstanden. Die Initiative für das Karibische Becken dümpelte im seichten Wasser geringer Finanzmittel.

Wer nicht handelt, handelt auch, insbesondere wenn er über große Macht verfügt. Zwar barst die Reagan-Doktrin vor Aktivismus. Aber die Unterstützung anti-kommunistischer Widerstandskämpfer war doch noch keine Weltpolitik, zumal sie in Angola und in Nicaragua nur Zustände restauriert haben würde, die den Eingriff kommunistischer und/oder Sowjetunion-orientierter Kräfte hervorgerufen und ermöglicht hatten. Auf diese Weise erschien vielen Teilen der Dritten Welt die Sowjetunion nicht mehr als das Hauptproblem, erschien sie manchmal schon als Förderer der Lösung. Reagan hatte, wie alle Präsidenten seit Nixon, richtig erkannt, daß die Vereinigten Staaten durch die Sowjetunion global herausgefordert werden. Aber Reagan hatte diese Herausforderung nur militärisch aufgefaßt, das europäische Modell des Ost-West-Konfliktes aus den fünfziger Jahren als Interpretationsmuster benutzt und dabei die aktuelle globale Wirklichkeit eher verfehlt. Statt weltpolitische Führung anzubieten bei den beiden Hauptproblemen der Dritten Welt, ihrer wirtschaftlichen Entwicklung und ihrer politischen Ordnung, hat Reagan nur den Antikommunismus unterstützt und auch ihn nur mit Waffenlieferungen.

Dieser Verzicht auf weltpolitische Führung war es, der den Eindruck der Hegemoniekrise der Vereinigten Staaten heraufgeführt hat. Jedenfalls hat er bewirkt, daß in das von Reagan hinterlassene Vakuum Regionalmächte eingerückt sind. Japan, China, Pakistan, Israel, Südafrika auf der einen Seite; die Sowjetunion, Indien, Kuba auf der anderen Seite. Die stärkere Verselbständigung Westeuropas und insbesondere die der Bundesrepublik darin muß auch unter diesem Aspekt gesehen werden. Reagan hat den nationalen Unilateralismus hoffähig gemacht und mit diesem konzeptuellen Beitrag des Konservativismus die westliche Allianz nicht gestärkt.

Dieses Defizit an weltpolitischer Führung aufzufüllen ist die wichtigste und dringendste Aufgabe des Erben. In der polyarchischen und multipolarisierten Welt der Gegenwart muß Bush ein neues Konzept finden. Es kann kaum das alte Hegemoniekonzept sein, weil eine Welthegemonie angesichts gewachsener Machtpotentiale der Staaten nicht vorstellbar ist. Unter Nixon hatten sich beide Supermächte an einem partiellen Duopol versucht; Reagan hatte mit seinem Regionalen Friedensprozeß wohl daran anknüpfen wollen. Gewiß, die beiden Supermächte tragen gemeinsame Verantwortung für die Vermeidung des Nuklearkrieges. Können sie aber darüberhinaus kooperieren, wo sie doch eindeutig in einem nullsummenartigen Wettbewerb stehen?

Diese Widersprüche ließen sich nur in einem neuen Konzept von Weltführung auflösen, das die Kooperation bei Abrüstung, Rüstungskontrolle und Non-Proliferation verbindet mit der Prärogative bei der Problem- und Konfliktlösung im internationalen System. Carter war viel moderner als Reagan: Die militärische Parität kann der Sowjetunion nicht genommen, aber sie kann auf ein niedrigeres Niveau abgesenkt werden.

Dazu reicht der Unilateralismus, dem Ronald Reagan zu einer späten, schon etwas welken Blüte verhalf, nicht aus. Einmal widerspricht ihm die wirtschaftliche Schwäche der Vereinigten Staaten. Zum anderen ist er konzeptuell verfehlt in einer Welt, die nicht mehr bipolar, sondern multipolar ist, eine Vielzahl von Machtzentren und regionalen Konflikten aufweist. Gerade das amerikanisch-westeuropäische Verhältnis zeigt, wie anachronistisch der Unilateralismus geworden ist.

Er wird indes nicht leicht zu ersetzen sein. Gegenüber Westeuropa bietet sich das Modell ebenbürtiger Partnerschaft an, nachdem sich die EG auch in eine Sicherheitsgemeinschaft verwandelt haben wird. Das Modell ist auch auf Japan anwendbar.

Gegenüber der Dritten Welt, wo die Differenz der Machtpotentiale den amerikanischen Unilateralismus nach wie vor rechtfertigen könnte, sollte er ebenfalls nicht mehr angewendet werden. Selbst die kleinsten Inselstaaten reagieren empfindlich, wenn ihre Mitarbeit nicht erbeten, sondern verlangt oder vorausgesetzt wird. Hier bietet die internationale Organisation Verfahrensweisen an, die die Machtungleichgewichte nicht verbergen, aber doch in einen Gesamtzusammenhang der Kooperation einbetten. Unglücklicherweise hat Ronald Reagan die Vereinten Nationen lange boykottiert, so daß sich Gorbatschow zum Anwalt des Multilateralismus aufwerfen konnte. Er hat offenbar entdeckt, was man in den USA vor der Ära Reagan gewußt und in den Jahren 1945 bis 1947 auch praktiziert hat, nämlich, daß die multilaterale Organisation das geeignete Medium darstellt, um die gewaltlose Konfliktbearbeitung zu erleichtern und die Supermächte daran zu beteiligen, ohne sie dabei direkt zu engagieren. Nicht umsonst haben die Friedenstruppen der UN 1988 den Friedensnobelpreis bekommen. Die multilaterale Organisation erlaubt es den Supermächten, Einfluß zu nehmen, weil sie ihn mediatisiert.

Präsident Bush muß die amerikanische Weltpolitik aber nicht nur multilateralisieren, er muß sie auch re-politisieren und dabei entmilitarisieren. Denn der Kampf um die Macht in der Welt ist keineswegs beendet. Gorbatschow hat lediglich Positionen Breschnews liquidiert, die in dieser Form und in diesen Weltgegenden ohnehin unhaltbar geworden waren. Die Auseinandersetzung wird also weitergehen: auf dem Gebiet der Aufrüstung, die Gorbatschow ja nur vermindert, nicht vergessen hat; auf dem Gebiet der Abrüstung, die Gorbatschow zur Konsensgewinnung und Allianzschwächung in Europa (auch) benutzen wird, und schließlich auf dem Gebiet des ideologischen Konsenses, wo Gorbatschow die Interessengemeinschaft der Armen gegen die Besitzenden mobilisieren wird. Sie bildet offenbar die Basis der sowjetisch-chinesischen Wiederannäherung. Sie gibt jedenfalls den Tenor ab, mit dem Gorbatschow die Dritte Welt umwirbt.

Bis 1985 konnte axiomatisch gelten, daß die Sowjetunion auf dem Gebiet der Wirtschaft und der Gesellschaftsordnung ihrer Umwelt nichts zu bieten hatte, daß sich ihr Anspruch auf politische Parität lediglich auf ihre militärische Potenz gründete. Dieser Befund gilt auch 1989, und er wird sich erst ändern, wenn Gorbatschows Politik der Perestroika erfolgreich verwirklicht sein wird – was zumindest lange Zeit in Anspruch nehmen wird. Aber Gorbatschow hat mit der Rücknahme des sowjetischen Expansionismus und mit seiner veränderten Rhetorik schon viel Erfolg in der Dritten Welt aufzuweisen. Wieviel erfolgreicher könnten die USA sein, wenn sie unter der Führung George Bush' weniger auf die militärische Macht als vielmehr auf die Leistungsfähigkeit ihrer Wirtschaft und die Überzeugungskraft ihres demokratischen Systems vertrauen würden. Beide könnten die Grundlage einer neuen, angemessenen Weltpolitik abgeben. Freilich müßte Präsident Bush nach den acht Jahren ihrer Vernachlässigung diese Grundlage erst wieder herstellen.

VIII. Methodisch-theoretische Nachbemerkung

Das Buch wurde geschrieben, um gelesen zu werden. Es hat deswegen größtenteils auf die Fachterminologie verzichtet, folgt aber nichtsdestoweniger einem strikt politologischen Forschungsprogramm. Die Darstellung ist nicht auf die Beschreibung von Ereignissen, sondern auf die Analyse ihrer Struktur gerichtet. Ein abschließender Blick darauf soll diesen Aspekt, die zweite Lesart des Buches sozusagen, verdeutlichen.

Das Buch wendet das Gittermodell der internationalen Politik an, das ich 1981 vorgelegt habe.[1] Es isoliert daraus den Strang der amerikanisch-sowjetischen Interaktionen von 1976 bis 1988, wobei die Darstellung der Jahre 1976 bis 1980 aus Gründen des Umfangs verkürzt wurde. Aus arbeitsökonomischen Gründen wurde die Analyse der sowjetischen Aktionen auf drei Querschnitte reduziert, nämlich in der Einleitung zum Zeitpunkt 1980 (gerafft seit 1976), im Kapitel III zum Zeitpunkt 1984 (gerafft seit 1980) und im Kapitel IV, 5, c) zum Zeitpunkt 1988 (gerafft seit 1985). Das reicht aus, um die Verarbeitung der sowjetischen Herausforderung durch das gesellschaftliche Umfeld und das politische System der USA, unterteilt in den Kongreß mit seiner Doppelfunktion der Artikulation und Konversion gesellschaftlicher Anforderungen einerseits, der Exekutive mit der maßgeblichen Allokationskompetenz andererseits, darstellen zu können. Anders ausgedrückt: Das Thema des Buches sind die auf die Sowjetunion gerichteten Aktionen kollektiver Akteure der Vereinigten Staaten, während sowjetische Aktionen, auf die sich die amerikanischen Aktionen richten und mit denen sie interagieren, nur als statische Gegenbilder erfaßt werden.

Diese Einschränkung war aus zwei Gründen geboten. Die Politikwissenschaft verfügt nicht über das theoretische Instrumentarium, mit dem sich Interaktionen erfassen lassen. Die Addition von Aktionen und Reaktionen ergibt noch keine Darstellung von Interaktion. Für die Analyse von Aktionen aber (herkömmlich: der Außenpolitik) reicht das methodische Instrumentarium aus. Der zweite Grund für den Verzicht lag in der Ausrichtung meines wissenschaftlichen Interesses auf die Vereinigten Staaten und in meiner mangelnden Kompetenz auf dem Gebiet der Sowjetunion. Der Versuch Garthoffs, beide Supermächte gleichzeitig und gleichmäßig zu behandeln,[2] wurde hier nicht wiederholt. Das Buch bietet vielmehr zeitgeraffte, «issue»-orientierte Querschnitte in Zweijahres-Frequenzen an, die den auf die Sowjetunion bezogenen Anforderungs-Umwandlungsprozeß in den USA auf den Sachbereichen der Sicherheit, Herrschaft und wirtschaftlicher Wohlfahrt so detailliert wie möglich darstellen.

Dem politikwissenschaftlichen Buch geht es weniger um den historischen Verlauf der Ereignisse, als vielmehr um die in ihnen sichtbar werdenden Teilstrukturen, die in verallgemeinernder Form sichtbar gemacht werden können. Dazu stehen prinzipiell zwei Möglichkeiten zur Verfügung: Man kann den chronologischen Verlauf beschreiben und darin die systematischen Aspekte erwähnen; oder man kann diese Aspekte dem Gliederungsentwurf unterlegen und dabei den Zeitverlauf kennzeichnen. Diese Darstellung folgt der zweiten Methode, vorsichtig und behutsam, um nicht dem sich komplex entfaltenden Verlauf eine künstliche Form zu verleihen, aber doch auch deutlich genug, um sich nicht mit einer Beschreibung zeitlich aufeinanderfolgender Abläufe zufriedenzugeben. Die Analyse stützt sich auf Endentscheidungen kollektiver Akteure wie der Ausschüsse und Häuser des Kongresses, der zivilen oder militärischen Leitung des Pentagon, des Außenministeriums und anderer Ministerien, des Präsidenten, der ebenfalls als kollektiver Akteur gelten muß, und der zahlreichen gesellschaftlichen und wirtschaftlichen Interessen- und Einflußgruppen. Von den den jeweiligen Endentscheidungen vorausgehenden Teilentscheidungen wurde abgesehen, weil sie in die Endentscheidung eingegangen sind. Die Darstellung arbeitet damit auf einem mittleren Abstraktionsgrad, der das oberste Niveau, das der «USA», beträchtlich unterschreitet, das unterste, das des einzelnen Politikers und seiner Aktion (bis auf Ausnahmen) vernachlässigt.

Die sequentiellen Querschnitte erlauben es, innerhalb der acht bzw. der zwölf Jahre die kollektiven Akteure mit sich selbst zu vergleichen und ihre Aktionen zu einer – zeitlich kleinen – Struktur zu aggregieren. Es lassen sich auf diese Weise Aussagen darüber treffen, wie sich die öffentliche Meinung, die Elite, einzelne Ministerien, der Kongreß und der Präsident verhalten haben und welche Muster des Anforderungs-Umwandlungsprozesses durch diese Interaktionen entstanden sind. Die vier Zeitschnitte seit 1980 (sechs seit 1976) zeigen, wie sich die Anforderungsprofile der Gesellschaft, ihre Bearbeitung durch den Kongreß und die darauf reagierende Wertzuweisung durch das politische System im Zeitverlauf entwickelt haben; sie zeigen auch die Ursachen der Veränderung dieser Profile. Was im herkömmlichen Ansatz – auch in der zeitgenössischen Geschichts- und Politikwissenschaft – «die USA» genannt wird, wird hier aufgelöst in die einzelnen kollektiven Akteure und die einzelnen Stadien des von ihnen unterhaltenen Anforderung-Umwandlungsprozesses, aus dem in modernen westlichen Staaten der politische Allokationsprozeß besteht. Der einfache eindimensionale Staatsbegriff, der den Reduktionismus in höchster

Potenz enthält, kann damit ersetzt werden durch einen vieldimensionalen dynamischen, das Verhalten der kollektiven Akteure und die daraus resultierende Interaktion aggregierenden Begriff, der vollständig ausdrückt, was unter «USA» zu verstehen ist. Diese Operationalisierung läßt sich allerdings in herkömmlicher Schreibweise nicht mehr bewerkstelligen, weil sie nacheinander und in Verbform darzustellen zwingt, was nebeneinander, miteinander und gleichzeitig passiert. Das Buch mußte sich damit zufriedengeben, diese Strukturen innerhalb des Zeitfortschrittes zu identifizieren.

Ein solcher analytischer Ansatz vermeidet, erstens, den ontologisierten Staatsbegriff, der in der ‹Realistischen Schule› der internationalen Politik noch immer verwendet wird[3] und in der Geschichtswissenschaft noch immer dominiert.[4] Das diesem Begriff zugrundeliegende Modell der Welt als einer Staatenwelt ist jedenfalls im OECD-Bereich völlig überaltert. Seine Benutzung führt zu unzureichenden, häufig politisch apologetischen Analysen, weil als autonome und alternativlose Staatsräson vorgestellt wird, was das Ergebnis von Interessenabwägungen der Entscheidungsträger auf der Basis ihrer Informationen und ihrer Kompetenz im Rahmen der durch das Herrschaftssystem geregelten Entscheidungsmöglichkeiten ist. Dabei bleibt es völlig unerheblich, ob dieser Staatsbegriff in konservativer, liberaler oder marxistischer Sicht verwendet wird. Mangelndes Auflösungsvermögen führt notwendig zu starker Verzerrung der Analyse – und meist zur Politisierung der Ergebnisse.

Dem differenzierenden Modell der Welt als eines asymmetrischen, gebrochenen Gitters von Handlungszusammenhängen liegt der strukturfunktionale Ansatz David Eastons zugrunde, der für die Analyse auswärtiger und internationaler Politik verändert und erweitert worden ist.[5] Eastons Theorem, daß es den politischen Systemen bei ihrer Wertallokation nur um ihre Existenzerhaltung geht, ist zu Recht kritisiert worden. Ebenso unbestritten aber sollte der hohe Wert sein, der dem Ansatz Eastons als differenzierendem Modell des Entscheidungsprozesses in demokratisch-parlamentarisch-präsidentiellen Systemen zukommt. Das Modell enthält alle Akteure und bildet den zentralen Vorgang der Politik ab: die Umwandlung gesellschaftlicher Anforderungen in Wertzuweisungen des politischen Systems. Es schließt jede Einseitigkeit, vor allem jede Vernachlässigung von Entscheidungsfaktoren und -prozessen von vornherein aus. Das Modell löst die herkömmliche black box ‹Staat› auf und wandelt auf diese Weise das Modell der Welt als Staatenwelt automatisch um in die des Gittermodells asymmetrischer Interaktionen. Weil die Fachterminologie des Struktur-Funktionalismus nicht besonders lektürefreundlich ist – die Nachbemerkung zeigt es – wurde in dem Buch der Versuch unternommen, sie «literarisch» zu verfremden.

Erst unter der Voraussetzung erheblich differenzierter Analysen kann der Test komplexer inhaltlicher Hypothesen überhaupt vorgenommen werden. Das ist der zweite Vorteil des erweiterten struktur-funktionalen Ansatzes. In der internationalen Politik wurzelt die Gewaltanwendung in fünf Ursachengruppen: der Struktur des internationalen Systems, der Struktur der Herrschaftssysteme der Systemmitglieder, den Interessen von Akteuren, ihrer strategisch-taktischen Kompetenz und schließlich in der Interaktion.[6] Das Buch isoliert und prüft – ein strenger Test hätte einen größeren Aufwand und einen längeren Zeitraum erfordert – die Interessen der einzelnen Akteursgruppen, von den Lobbies über die Kongreßfraktionen bis hin zum Präsidenten, und ihre strategisch-taktische Kompetenz. Es untersucht schließlich den Einfluß des amerikanischen Herrschaftssystems und die von der Administration ausgehenden Versuche zu seiner Veränderung.

Darüber hinaus unternimmt die Analyse den Nachweis, daß der zunächst nur theoretisch gewonnene Begriff der «internationalisierenden Politik»[7] empirisch fruchtbar ist. Er überwindet die traditionelle Unterscheidung zwischen Innen- und Außenpolitik, weil er beweist, daß es sich nur um verschiedene Allokationskontexte handelt. Das politische System vermag im gesellschaftlichen Umfeld legal Autorität zur Wertverteilung einzusetzen, muß aber in der internationalen Umwelt auf Macht zurückgreifen, wobei es auch über deren Extremform, die Gewalt, verfügt. Gesellschaftliche Akteure hingegen setzen in beiden Kontexten zur Wertallokation Macht ein, schalten dabei in unterschiedlicher – und bei den großen wirtschaftlichen Akteuren in abnehmender – Weise die Wertverteilungskompetenz der politischen Systeme ein. Haben im modernen Nationalstaat die Regierungen schon immer die Außenpolitik zur internen Konsensgewinnung (und wirtschaftliche Akteure die Gewaltkompetenz der Regierungen zum Wertgewinn in der internationalen Umwelt) eingesetzt[8], so haben zunehmende Interdependenz und Demokratisierung die Kontextbereiche ineinandergeschoben.[9] Reagans wechselseitige Verrechnung von Rüstungs- und Machtpolitik gegen die Sowjetunion einerseits, der amerikanischen Sozialpolitik andererseits fällt exakt in den Einzugsbereich des Begriffs der «internationalisierenden Politik». Darunter fällt von seiten gesellschaftlicher Akteure die erfolgreiche Intervention der amerikanischen Chamber of Commerce, die auch im Auftrag der europäischen Wirtschaft handelte, zugunsten der Aufhebung des Embargos Präsident Reagans gegen das Erdgas-Röhren-Geschäft.

Unter den inhaltlichen Hypothesen hat das Buch besondere Aufmerksamkeit derjenigen zugewendet, daß die Neigung einer Gesellschaft zur Gewaltanwendung nach außen um so geringer ist, je demokratisch-partizipatorischer ihr Herrschaftssystem geordnet ist.[10] Die Analyse der amerikanischen Sowjetunionpolitik seit 1976, und besonders seit 1980, bestätigte diesen Zusammenhang mehrfach. Reagans Machtpolitik führte ihn dazu, die innergesellschaftlichen Freiräume zu verkleinern, den Freedom of Information Act abzubauen und der CIA die große Kompetenzfülle zurückzugeben, die sie unter der ‹imperialen Präsidentschaft› Nixons schon besessen, unter Carter aber eingebüßt hatte. Mit dem ständigen Hinweis auf die sowjetische Drohung versuchte die Reagan-Administration nicht nur die Wertverteilung, sondern vor allem deren System zu verändern. Damit war sie – wie der Iran-Contra-Skandal zeigte – ein gutes Stück vorangekommen. Ein substantieller Erfolg wurde allerdings durch den Kongreß blockiert, der den gesellschaftlichen Anforderungen nach gleichbleibend hoher Partizipation und stärkerer Zuweisung wirtschaftlicher Wohlfahrtswerte Zutritt zum politischen System verschaffte und ihre allokative Umwandlung erzwang.

Die Legislative bewies damit, daß auch eine große machtpolitische Rivalität die innergesellschaftliche Freiheit nicht verkleinern, den Sachbereich Wohlfahrt gegenüber dem der Sicherheit nicht benachteiligen muß. Voraussetzung dafür ist allerdings ein hoch partizipatorisches Entscheidungssystem, wie es in den USA existiert. Es stellt Bedrohungsanalysen zur Verfügung, die von denen des politischen Systems unabhängig sind und daher dessen Instrumentalisierungsabsichten nicht enthalten. Der Kongreß bewies damit, daß «Seeleys Gesetz», demnach der Grad der Freiheit in einer Einheit umgekehrt proportional dem Druck ist, der auf ihren Grenzen lastet, nicht, oder nur unter bestimmten Bedingungen zutrifft. Vielmehr muß dieses «Gesetz» variiert werden: Der Umweltdruck auf eine Gesellschaft wird von ihr um so objektiver eingeschätzt, je höher der Grad der Freiheit im gesellschaftlichen Umfeld ist. Gerade deswegen mußte die Reagan-Administration bemüht sein, diese Freiheit zu beschneiden und den «Sicherheitsstaat» einzurichten. Nur mit dieser Voraussetzung hätte sie ihre hypertrophierten Bedrohungsperzeptionen erfolgreich durchsetzen und die Wertallokation sowie deren System verändern können. Das ist nicht gelungen.

Aber der Prozeß ist nicht beendet. Die Auseinandersetzung mit der Sowjetunion geht weiter. Der Druck Moskaus auf die amerikanische Innenpolitik hält an und mit ihm die Versuchung, zugunsten der Machtentfaltung nach außen die Demokratie im Innern einzuschränken. Diesen Prozeß haben die europäischen Staaten seit der Französischen Revolution durchlaufen, wobei sich dieser «Primat der Außenpolitik» in Deutschland am stärksten, in Großbritannien am wenigsten bemerkbar gemacht hat. Die Machtprobe der Vereinigten Staaten mit der Sowjetunion bietet jetzt die historisch einmalige Gelegenheit, diesen Prozeß erneut, wie in einem Labor, zu studieren. Mit der Entwicklung der sowjetischen Interkontinentalraketen, Ende der fünfziger Jahre, wurden die Vereinigten Staaten erstmals in ihrer Geschichte physisch direkt bedroht; nachdem die Sowjetunion Anfang der siebziger Jahre die strategische Parität mit den USA erreicht hat, ist diese Bedrohung permanent geworden. Seitdem sind die Vereinigten Staaten immer wieder, und besonders kraß unter der Administration Carter und Reagan, vor die Alternative der Macht oder der Demokratie gestellt worden. Mit dieser, seiner dritten Lesart sozusagen, reiht sich das Buch ein in die Arbeiten, die ich zu diesem Thema schon veröffentlicht habe. Es enthält die Diagnose dieses Prozesses zum Zeitpunkt 1989.

Anhang

Anmerkungen

I. Von der Kooperation zur Konfrontation

1 Für eine umfassende Analyse vgl. John M. Collins: U. S.-Soviet Military Balance. Concepts and Capabilities 1960–1980, New York 1980.
2 Gert Krell: Das militärische Kräfteverhältnis bei den nuklearstrategischen Waffen, in: ders. und Dieter S. Lutz: Nuklearrüstung im Ost-West-Konflikt. Potentiale, Doktrinen, Rüstungssteuerung, Baden-Baden 1980, S. 111.
3 Ebenda, S. 114.
4 Collins (Anm. 1), S. 133.
5 Ebenda, S. 143.
6 Richard F. Kaufman: Causes of the Slowdown in Soviet Defense, in: Soviet Economy, 1,1, 1985, S. 27.
7 U. S. Congress, Joint Economic Committee: Allocation of Resources in the Soviet Union and China – 1975, Part 1, Washington, D. C. 1975, Statement William E. Colby, Director of Central Intelligence Agency, CIA, S. 32.
8 Ebenda, S. 30.
9 Ebenda, Statement Edward W. Proctor, Deputy Director for Intelligence, S. 20.
10 Ebenda, Hearings 1977, Part III, Washington, D. C. 1977, Statement Sayre Stevens, Deputy Director for Intelligence, CIA, S. 17.
11 Ebenda, Statement Samuel V. Wilson, Director, Defense Intelligence Agency, Department of Defense, S. 78.
12 Ebenda, S. 76.
13 Ebenda, Hearings 1981, Part VII, S. 125.
14 Die Zusammenstellung bei Kaufman (Anm. 6), S. 11–12.
15 U. S. Congress 98/2 und 99/1, Joint Economic Committee: Allocation of Resources in the Soviet Union and China – 1984, Part X, Washington, D. C. 1985, Statement Robert Gates, Deputy Director for Intelligence, CIA, S. 7.
16 Ebenda, S. 16.
17 Kaufman (Anm. 6), S. 19–22 mit detaillierten Zahlen.
18 U. S. Congress 94/2, Committee on Armed Services, Senate: United States/Soviet Military Balance. A Frame of Reference for Congress. A Study by the Library of Congress. Washington, D. C., Januar 1976, S. 43
19 Les Aspin: How to Look at the Soviet-American Balance, in: Foreign Policy 22, Frühjahr 1976, S. 96ff.
20 Raymond L. Garthoff: Détente and Confrontation. American-Soviet Relations from Nixon to Reagan. Washington, D. C., Brookings, 1985, S. 793.
21 Collins (Anm. 1), S. 443.
22 Garthoff (Anm. 20), S. 813, note 24.
23 Auszüge der englischen Übersetzung in: Survival, Januar/Februar 1977, S. 24–29.
24 Dazu G.E. Hudson: Soviet Naval Doctrine and Soviet Politics 1953–75, in: World Politics XXIX, 1, Oktober 1976, S. 90ff.
25 Senator John Stennis, zitiert bei Michael T. Klare: Superpower Rivalry at Sea, in: Foreign Policy 21, Winter 1975/1976, S. 165.
26 Klare (Anm. 25), S. 163. Der amerikanische Admiral Stansfield Turner, 1977 Oberkommandierender der Alliierten Streitkräfte Südliches Europa (und späterer CIA-

Chef) schätzte die sowjetische Flotte sehr viel höher ein, schrieb ihr bereits die Funktionen strategischer Abschreckung, maritimer Präsenz und Störung der Seeverbindungen zu. In dem Bau des ersten Flugzeugträgers Kiew sah Turner die Fähigkeit der Sowjetunion zur ‹power projection› angelegt. Stansfield Turner: The Naval Balance: Not Just a Numbers Game, in: Foreign Affairs 55, 2, Januar 1977, S. 342.

27 Abraham S. Becker: The Soviet Union and the Third World: The Economic Dimension, Rand, Occasional Paper OPS-005, März 1986, S. 10.

28 William S. Turley und Jeffrey Race: The Third Indochina War, in: Foreign Policy 38, Frühjahr 1980, S. 92ff.

29 Donald S. Zagoria: The Soviet Quandary in Asia, in: Foreign Affairs 56, Januar 1978, S. 306ff.

30 Colin Legum: The U.S.S.R. and Africa: The African Environment, in: Problems of Communism, Januar/Februar 1978, S. 3ff.

31 Robert O. Freedman: Soviet Policy Towards the Middle East since 1970, New York 1978, S. 334f.

32 William H. Luers: The Soviets and Latin America: A Three Decade U.S. Policy Tangle, in: The Washington Quarterly, Winter 1984, S. 13ff.

33 W. Raymond Ducan: Soviet Interests in Latin America: New Opportunities and Old Constraints, in: Journal of Inter-American Studies and World Affairs, 26, Mai 1984, S. 177.

34 Becker (Anm. 27), S. 16.

35 Ebenda, S. 13.

36 Ebenda, S. 8.

37 Thomas Wolf: Soviet Trade with the Third World: A Quantitative Assessment, in: Osteuropa-Wirtschaft, 30, 4, Dezember 1985, S. 287.

38 Dazu ausführlich Paula Stern: Water's Edge. Domestic Politics and the Making of American Foreign Policy, Westport 1979.

39 Ebenda, S. 197.

40 Charles McC. Mathias, Jr.: Ethnic Groups and Foreign Policy, in: Foreign Affairs 59, 5, Sommer 1981, S. 996.

41 Stern (Anm. 38), S. 210.

42 Mathias (Anm. 40), ebenda.

43 Michael Staack: Entspannungskritik und rüstungskontrollpolitischer Entscheidungsprozeß in den USA. Amerikanische Politik zwischen äußeren Krisen und innerem gesellschaftlichem Meinungsstreit 1981–1987, Diss. phil., Berlin 1988.

44 Public Opinion, März/Mai 1979, S. 21, 25.

45 Bruce M. Russett: The Americans' Retreat from World Power, in: Political Science Quarterly 90, 1, Frühjahr 1975, S. 8ff.

46 William Watts und Lloyd A. Free: Nationalism, not Isolationism, in: Foreign Policy 24, Herbst 1976, S. 24.

47 Die Ablehnung bewegte sich stets um 70%, vgl. Public Opinion (Anm. 44), S. 28.

48 Zahlen nach Congressional Quarterly, 6. 11. 1976, S. 3115ff.

49 Dazu Heribert Gerlach: Wahlkampf in USA. Wahlkampfthemen und politische Kommunikation im amerikanischen Präsidentschaftswahlkampf 1976, Frankfurt 1981, S. 81ff., 101f.

50 John E. Rielly (Hg.): American Public Opinion and U.S. Foreign Policy 1975, Chicago, Council on Foreign Relations, 1975, S. 13.

51 Ders. (Hg.): American Public Opinion and U.S. Foreign Policy 1979, Chicago, Council on Foreign Relations, 1979, S. 4.

52 Ebenda, S. 14.

53 Ebenda, S. 10.

54 Ebenda, S. 25.
55 Ebenda, S. 30.
56 Ebenda, S. 26.
57 The Heritage Foundation: Where the New Ideas are Coming From ... Washington, D.C. o.J., S. 4.
58 WB 38, 24. 2. 1977, S. 3.
59 U.S. Congress 95/1, Committee on Armed Services, Senate: Fiscal Year 1978 Authorization for Military Procurement, Research and Development, and Active Duty, Selected Reserve and Civilian Personnel Strengths, Hearings, Part I, Washington, D.C. 1977, Statement Verteidigungsminister Brown, S. 603.
60 Ebenda, S. 692.
61 Ebenda, S. 44.
62 Ebenda, S. 606, 647, 496.
63 Congressional Quarterly, 17. 12. 1977, S. 2595.
64 Jimmy Carter: Keeping Faith. Memoirs of a President. New York etc. 1982, S. 223.
65 Europa-Archiv 12, 1977, S. D 339ff.
66 U.S. Congress 95/2, Committee on Appropriations, Senate: Department of Defense Appropriations, Fiscal Year 1979, Hearings, Part I, Washington, D.C. 1978, Statement Verteidigungsminister Brown, S. 14.
67 Raymond L. Garthoff: Détente and Confrontation. American-Soviet Relations from Nixon to Reagan. Washington, D.C., Brookings, 1985, S. 789.
68 Ebenda, S. 788.
69 WB 123, 1. 7. 1977, S. 13.
70 Carter (Anm. 64), S. 83.
71 Garthoff (Anm. 67), S. 850ff.
72 Statement Verteidigungsminister Brown (Anm. 66), S. 336.
73 Pressekonferenz Präsident Carters, WB 64, 1. 4. 1977, S. 1–2.
74 Carter (Anm. 64), S. 218ff.
75 Pressekonferenz Präsident Carters (Anm. 73), S. 2–3.
76 Dazu William Stivers: Doves, Hawks, and Détente, in: Foreign Policy 45, Winter 1981/82, S. 126ff.
77 Carter (Anm. 64), S. 224.
78 Pressekonferenz Präsident Carters, WB 111, 14. 6. 1977, S. 3.
79 Carter (Anm. 64), S. 220.
80 Die Vertragstexte in Europa-Archiv 15, 10. 8. 1979, D 367ff. Die Detailanalyse bei Garthoff (Anm. 67), S. 815ff.
81 Cyrus Vance: Hard Choices. Critical Years in America's Foreign Policy, New York 1983, S. 100.
82 Zbigniew Brzezinski: Power and Principle. Memoirs of the National Security Adviser 1977–1981, New York 1983, S. 220.
83 Vance (Anm. 81), S. 101–102.
84 Text in Ernst-Otto Czempiel und Carl-Christoph Schweitzer: Weltpolitik der USA nach 1945. Einführung und Dokumente. Bonn 1987 (2), S. 372ff.
85 Ebenda, S. 320.
86 Vance (Anm. 81), S. 113.
87 Brzezinski (Anm. 82), S. 330.
88 Garthoff (Anm. 67), S. 731/732.
89 U.S. Congress 96/1, Committee on Appropriations, Senate: Department of Defense Appropriations, Fiscal Year 1980, Washington, D.C. 1979, Statement Verteidigungsminister Brown, S. 4.
90 Ebenda, S. 367.
91 WB 107, 11. 6. 1979, S. 1–2.

92 WB 108, 12. 6. 1979, S. 9.
93 U. S. Congress 96/1, Committee on Foreign Relations, Senate: The SALT II Treaty. Report. Washington, D. C., Executive Report Nr. 96–14, 1979, S. 72–78.
94 U. S. Congress 96/1, Committee on Armed Services, Senate: Military Implications of the Treaty on the Limitation of Strategic Offensive Arms and Protocol thereto (SALT II Treaty), Hearings, Part IV, Washington, D. C. 1979, S. 16.
95 Vance (Anm. 81), S. 357.
96 Brzezinski (Anm. 82), S. 344/345.
97 U. S. Congress 96/2, Committee on Appropriations, House: Department of Defense Appropriations for 1981, Hearings, Part I, Washington, D. C. 1980, S. 12f.
98 Garthoff (Anm. 67), S. 836. Detaillierte Einzelheiten über die Vermischung von Intelligence und Politik bietet David D. Newsom: The Soviet Brigade in Cuba, Bloomington, Indiana, University Press 1987.
99 Vance (Anm. 81), S. 361.
100 Ebenda, S. 363.
101 Zitiert nach WB 185, 2. 10. 1979, S. 17.
102 Gloria Duffy: Crises Mangling and the Cuban Brigade, in: International Security 8, 1, Sommer 1983, S. 67.
103 Czempiel/Schweitzer (Anm. 84), S. 313.
104 Duffy (Anm. 102), S. 67.
105 Garthoff (Anm. 67), S. 847.
106 Brzezinski (Anm. 82), S. 189.
107 U. S. Congress 96/2, Committee on Foreign Relations, Senate: U. S. Foreign Policy Objectives, Hearings, Washington, D. C. 1980, Statement Außenminister Vance, S. 12.
108 WB 3, 4. 1. 1980, S. 1.
109 Zbigniew Brzezinski: America in a Hostile World, in: Foreign Policy 23, Sommer 1976, S. 95.
110 Christoph Müller: Die Menschenrechte als außenpolitisches Ziel. Das Beispiel der amerikanischen Politik der Jahre 1973–1980, Baden-Baden 1986, S. 36.
111 Friedbert Pflüger: Die Menschenrechtspolitik der USA. Amerikanische Außenpolitik zwischen Idealismus und Realismus 1972–1982, Wien 1983, S. 101ff.
112 Zbigniew Brzezinski: Power and Principle. Memoirs of the National Security Adviser 1977–1981, New York 1983, S. 127.
113 WB 97-A, 23. 5. 1977, S. 4f.
114 Cyrus Vance: Hard Choices. Critical Years in America's Foreign Policy, New York 1983, S. 28.
115 Brzezinski (Anm. 112), S. 124.
116 Ernst-Otto Czempiel: Die Südafrika-Politik der Vereinigten Staaten 1970–1975, in: ders. und Franz Ansprenger: Südafrika in der Politik Großbritanniens und der USA, München 1977, S. 87ff., S. 91.
117 Müller (Anm. 110), S. 38.
118 Ebenda, S. 46.
119 Siehe beispielsweise U. S. Congress 98/2, Committee on Foreign Affairs, House, und Committee on Foreign Relations, Senate: Country Reports on Human Rights Practices for 1983. Report by the Department of State in Accordance with Sections 116 (d) and 502B (b) of the Foreign Assistance Act of 1961, as amended. Joint Committee Print, Washington, D. C. 1984.
120 Müller (Anm. 110), S. 44, S. 52.
121 Brzezinski (Anm. 112), S. 126.
122 Die einschlägigen Bestimmungen des Foreign Assistance Act of 1973 sind zusammengefaßt in: U. S. Congress 95/1, Committee on International Relations, House:

New Directions in Development Aid. Excerpts from the Legislation (as of January 1977), Committee Print, Washington, D. C. 1977. Dazu Franz Nuscheler: Strategiewandel der amerikanischen Entwicklungspolitik? Programm und Effekte der «Neuen Richtlinien» von 1973. München 1979.

123 U. S. Congress 97/1, Committee on Foreign Affairs, House: Congress and Foreign Policy – 1980. Committee Print. Washington, D. C. 1981, S. 47.

124 Übersichtszahlen in Statistical Abstract of the United States 1987, Washington, D. C. 1986, S. 787.

125 Berechnungen des Congressional Quarterly, 2. 1. 1982, S. 15.

126 U. S. Congress 96/1, Committee on Foreign Affairs, House: Congress and Foreign Policy – 1978. Committee Print. Washington 1979, S. 38ff.

127 Congressional Quarterly, 6. 3. 1976, S. 540.

128 Committee on Foreign Affairs (Anm. 126), S. 77.

129 Zum Problemkreis Lothar Brock: Intervention und Konfliktverschärfung: Die Lateinamerika-Politik, in: E.-O. Czempiel (Hg.): Amerikanische Außenpolitik im Wandel, Stuttgart 1982, S. 145f.

130 Richard M. Moore und Daniel L. Spiegel: Congress and Arms Transfers, in: A. J. Pierre: Arms Transfers and American Foreign Policy, New York 1979, S. 235ff.

131 Einzelheiten bei Lutz Meyer: Rüstungskontrolle und internationaler Waffenhandel: Folgerungen aus der Politik Jimmy Carters 1977–1979 unter besonderer Berücksichtigung des Mittleren Ostens, Frankfurt 1986, S. 48.

132 Abgedruckt in WB 97-A, 23. 5. 1977, S. 15–17.

133 Ebenda, S. 98. Dort auch die Zahlen im einzelnen S. 99ff.

134 Ebenda, S. 106.

135 Bernd W. Kubbig: Nuklearenergie und nukleare Proliferation. Die inneramerikanischen Auseinandersetzungen um die Grundsätze der US-Nonproliferationspolitik, 1974–1980, Frankfurt 1981, S. 373ff.

136 Eine Übersicht über die damalige Diskussion bietet U. S. Congress 95/2, Committee on Governmental Affairs, Senate, etc.: Bibliography: Nuclear Proliferation. Prepared by the Congressional Research Service. Joint Committee Print. Washington, D. C. 1978, passim.

137 WB 69, 12. 4. 1977, S. 9ff. WB 81, 28. 4. 1977, S. 11ff.

138 Public Law 95–242. 92 Stat 120.

139 Vgl. dazu Leo E. Rose: The Superpowers in South Asia: A Geostrategic Analysis, in: ORBIS 2, 22, Sommer 1978, S. 395ff., S. 399ff.

140 U. S. Congress 96/1, Committee on Foreign Relations, Senate: International Development Assistance Act of 1979, Hearings, Washington, D. C. 1979, Statement Frank Church, S. 46. Zu den Problemen im allgemeinen vgl. Charles F. Doran: U. S. Foreign Aid and the Unstable Polity: A Regional Case Study, in: ORBIS 2, 22, Sommer 1978, S. 435ff.

141 Dazu allgemein Seyom Brown: A Cooling-off Period for U. S.-Soviet Relations, in: Foreign Policy 28, Herbst 1977, S. 3ff., S. 21.

142 Vance (Anm. 114), S. 69.

143 Abgedruckt in WB 124, 5. 7. 1977, S. 4–15.

144 Generell zu den Implementierungsproblemen der Carter-Administration Stanley Hoffmann: The Hell of Good Intentions, in: Foreign Policy 29, Winter 1977/78, S. 3ff.

145 WB 25, 4. 2. 1977, S. 2f.

146 WB 30, 11. 2. 1977, S. 1ff.

147 Dazu Judith Miller: When Sanctions Worked, in: Foreign Policy 39, Sommer 1980, S. 118ff.

148 John de St. Jorre: South Africa: Up Against the World, in: Foreign Policy 28, Herbst 1977, S. 54.

149 U. S. Congress 95/1, Committee on International Relations, House: Resolutions to Investigate Steve Biko's Death and to Condemn the Government of South Africa for Massive Violations of the Civil Liberties of the People of South Africa, Hearings, Washington, D. C. 1978, passim.

150 U. S. Congress 95/2, Committee on International Relations, House: United States Policy towards South Africa, Hearings, Washington, D. C. 1978, S. 21f.

151 Committee on International Relations (Anm. 149), Mitteilung des State Department, S. 42.

152 Vance (Anm. 114), S. 275ff.

153 Ebenda, S. 91.

154 Brzezinski (Anm. 112), S. 187.

155 Vgl. W. S. Smith: A Trap in Angola, in: Foreign Policy 62, Frühjahr 1986, S. 61ff.

156 Eine detaillierte Darstellung der Entwicklung am Horn von Afrika findet sich bei Gerard Chaliand: The Horn of Africa's Dilemma, in: Foreign Policy 30, Frühjahr 1978, S. 116ff. Udo Steinbach: Spannungsherd Horn von Afrika. Ansätze zu einem neuen Pragmatismus in der Region, in: Europa-Archiv 36,8, 25. 4. 1981, S. 247ff.

157 Vance (Anm. 114), S. 72ff.

158 Ebenda, S. 74, S. 84.

159 Brzezinski (Anm. 112), S. 178, S. 182.

160 Ebenda, S. 180. Noch immer lesbar zu der Politik Brzezinskis: Elizabeth Drews: A Reporter at large, Brzezinski, in: The New Yorker, 1. 5. 1978, S. 90ff.

161 WB 43, 2. 3. 1978, S. 1–2.

162 WB 44, 3. 3. 1978, S. 6.

163 Ebenda, S. 7.

164 U. S. Congress 96/1, Committee on Foreign Affairs, House: Congress and Foreign Policy – 1978. Committee Print, Washington, D. C. 1979 S. 172.

165 WB 115, 21. 6. 1978, S. 2.

166 Michael T. Kaufman: Soviet Influence in Africa Seems to be Fading, in: IHT, 24. 11. 1983, S. 10. Umfassend Marina Ottaway: Soviet and American Influence in the Horn of Africa, New York 1982.

167 William J. Foltz: Elite Opinion on United States Policy Toward Africa. A Survey of Members of the Council on Foreign Relations and its Affiliated Regional Committees, 1979, New York, Council on Foreign Relations, 1979, passim, S. 22.

168 Chester A. Crocker und William H. Lewis: Missing Opportunities in Africa..., in: Foreign Policy 35, Sommer 1979, S. 142ff. Chester A. Crocker wurde von Ronald Reagan zum führenden Beamten im Außenministerium für die Afrika-Politik ernannt.

169 Ebenda.

170 Brzezinski (Anm. 112), S. 190.

171 Carter (Anm. 64), S. 188.

172 Vance (Anm. 114), S. 121.

173 U. S. Congress 98/1, Committee on Foreign Affairs, House: The Soviet Role in Asia, Hearings, Washington, D. C. 1983, Statement Bernard K. Gordon, S. 173–4 mit detaillierten Zahlen.

174 U. S. Congress 97/2, Committee on Foreign Affairs, House: Reconciling Human Rights and U. S. Security Interests in Asia, Hearings, Washington, D. C. 1982, Statement Richard Holbrooke, S. 10.

175 Vance (Anm. 114), S. 121.

176 WB 135, 23. 7. 1979, S. 29f. Vgl. dazu den Bericht an den Auswärtigen Ausschuß

des Senates von Senator John Glenn: U. S. Troop Withdrawal from the Republic of Korea: An Update, 1979, Committee Print, Washington, D. C. 1979.

177 Einzelheiten bei Ernst-Otto Czempiel, in: Bundeszentrale für politische Bildung (Hg.), Politik und Wirtschaft in den USA, Bonn 1984, S. 173.

178 Vance (Anm. 114), S. 122.

179 U. S. Congress 95/2, H. Conc. Res. 573 und S. Res. 469, Washington, D. C. 1978.

180 Vance (Anm. 114), S. 124.

181 Brzezinski (Anm. 112), S. 228.

182 Das Interview ist abgedruckt in WB 99, 30. 5. 1978, S. 16ff., S. 19.

183 WB 35, 21. 2. 1979, S. 9.

184 Das Statement der USA über die amerikanische Anerkennung der Volksrepublik China vom 15. Dezember 1978 ist abgedruckt in WB 238, 18. 12. 1978, S. 4. Präsident Carters Fernsehansprache aus diesem Anlaß ebenda, S. 1ff.

185 Gaddis Smith: Morality, Reason, and Power. American Diplomacy in the Carter Years, New York, 1985, S. 77.

186 Carter (Anm. 64), S. 201. So auch Alexander M. Sullivan, in: WB 23, 2. 2. 1979, S. 1–3.

187 Brzezinski (Anm. 112), S. 231.

188 Garthoff (Anm. 67), S. 714. Dazu ferner Donald S. Zagoria: The Soviet Quandary in Asia, in: Foreign Affairs 56,2, Januar 1978, S. 306ff.

189 Die Zahlen in U. S. Congress 96/1, Committee on Foreign Affairs, House: Foreign Assistance Legislation for Fiscal Years 1980–81, Part 4: Economic and Security Assistance in Asia and the Pacific, Hearings and Markup, Washington, D. C. 1979, S. XVII-XVIII, S. XXXI.

190 WB 2, 3. 1. 1978, S. 1ff. WB 3, 4. 1. 1978, S. 6–7.

191 WB 3, 4. 1. 1978, Statement Brzezinski, S. 9.

192 Francine R. Frankel: India's Promise, in: Foreign Policy 38, Frühjahr 1980, S. 51ff.

193 Selig S. Harrison: Nightmare in Baluchistan, in: Foreign Policy 32, Herbst 1978, S. 137ff.

194 Dazu umfassend Shirin Tahir-Kheli: The United States and Pakistan. The Evolution of an Influence Relationship, New York, 1982, S. 72ff.

195 WB 97-A, 23. 5. 1977, S. 1ff.

196 Zur Nahost-Politik Carters umfassend William B. Quandt: Camp David. Peacemaking and Politics, Washington, D. C., Brookings, 1986. Von deutscher Seite, allerdings mit widersprüchlichen Bewertungen, Christian Hacke: Amerikanische Nahost-Politik, München, 1985.

197 Carter (Anm. 64), S. 274–5.

198 Brzezinski (Anm. 112), S. 87.

199 Vance (Anm. 114), S. 164.

200 Das gemeinsame sowjetisch-amerikanische Statement über den Mittleren Osten ist abgedruckt in WB 188, 4. 10. 1977, S. 7–8.

201 Einen Überblick über die Reaktion jüdischer Organisationen in den USA findet sich in NYT, 4. Oktober 1977, A1/A5. Vgl. ferner Near East Report 21, Nr. 40, 5. 10. 1977, S. 167ff.; Nr. 41, 12. 10. 1977, S. 172ff.

202 So, wenn auch nur als Vermutung, Brzezinski (Anm. 112), S. 187.

203 Mit Recht hat Carter (Anm. 64) einen großen Teil seiner Erinnerungen dieser bedeutenden Friedensleistung gewidmet.

204 Hacke (Anm. 196), S. 98–99.

205 Seyom Brown: An End to Grand Strategy, in: Foreign Policy 32, Herbst 1978, S. 29.

206 U. S. Congress 94/2, Committee on Foreign Relations, Senate: U. S. Military Sales to Iran. A Staff Report, Washington, D. C. 1976, S. 38ff.

207 U.S. Congress 96/1, Joint Economic Committee: Economic Consequences of the Revolution in Iran. A Compendium of Papers, Joint Committee Print, Washington, D.C. 1980, S. 8.
208 Joint Economic Committee (Anm. 207), S. 61. Dort die Zahlen.
209 Committee on Foreign Relations (Anm. 206), S. XIII.
210 Ebenda, S. 33.
211 Vance (Anm. 114), S. 345. Brzezinski (Anm. 112), S. 360.
212 Vgl. dazu die Kritik des damaligen Botschafters William H. Sullivan: The Road not Taken, in: Foreign Policy 40, Herbst 1980, S. 175ff.; ders.: Living without Marcos, ebenda 53, Winter 1983/84, S. 150ff., mit scharfer Kritik an den Darstellungen Brzezinskis und Carters.
213 WB 1, 2. 1. 1978, S. 6.
214 George W. Ball: The Past Has Another Pattern. Memoirs, New York 1982, S. 453ff.
215 Vance (Anm. 114), S. 410.
216 Garthoff (Anm. 67), S. 928.
217 Hans-Georg Wieck: Die Sowjetunion in den achtziger Jahren. Betrachtungen nach dreieinhalbjähriger Botschaftertätigkeit in Moskau 1977–1980, Bonn, Deutsche Gesellschaft für auswärtige Politik, 1980, S. 6–7.
218 Dies die Annahme von Vance (Anm. 114), S. 388.
219 Ebenda, S. 384. Brzezinski (Anm. 112), S. 429.
220 WB 4, 7. 1. 1980, S. 1ff.
221 Carter (Anm. 64), S. 473.
222 Ernst-Otto Czempiel: Grundzüge der Weltpolitik, in: J. Mück (Hg.): Internationale Politik, Grundlagen, Auswirkungen, Verläufe, Wiesbaden, 1971, S. 61ff.
223 U.S. Congress 96/2, Committee on Foreign Affairs, House: U.S. Interests in, and Policies Toward, the Persian Gulf, 1980, Hearings, Washington, D.C. 1980, Statement Assistant Secretary of State Harold H. Saunders, S. 52, Statement Professor Marvin Zones, S. 121, 122.
224 S. die ausführliche Dokumentation: U.S. Congress 97/1, Committee on Foreign Affairs, House: The Iran Hostage Crisis. A Chronology of Daily Developments, Report by the Congressional Research Service, Library of Congress, 2 Bände, Washington, D.C. 1981.
225 Brzezinski (Anm. 112), S. 447–8.
226 Ebenda, S. 456.
227 Ebenda, S. 446.
228 WB o.N., 24. 1. 1980, S. 3ff.
229 Carter (Anm. 64), S. 482.
230 Vgl. das letzte Statement von Vance vor dem Auswärtigen Ausschuß des Senats, abgedruckt in Vance (Anm. 114), S. 502ff.
231 Committee on Foreign Affairs (Anm. 223), Statement Saunders, S. 53.
232 Ebenda, Statement Zonis, S. 133, Statement Quandt, S. 143.
233 Ebenda, Statement Saunders, S. 345, Statement Quandt, S. 137.
234 Committee on Foreign Affairs (Anm. 123), S. 41.
235 Ebenda, S. 62.
236 Committee on Foreign Affairs (Anm. 223), schriftliches Statement des Verteidigungsministeriums, S. 406.
237 Committee on Foreign Affairs (Anm. 123), S. 17.
238 Ebenda.
239 Reinhard Rode: Sicherheit versus Geschäft. Die Osthandelspolitik der USA von Nixon bis Carter, Frankfurt 1986, S. 181ff.
240 Dazu Bruce M. Russett und Elizabeth C. Hanson: Interest and Ideology. The

Foreign Policy Beliefs of American Businessmen, San Francisco 1975. Ole R. Holstin und James N. Rosenau: American Leadership in World Affairs. Vietnam and the Breakdown of Consensus, London 1984.

241 Ergebnis meiner Umfrage unter 100 führenden amerikanischen Firmen im Jahre 1983. Für eine Mithilfe bei der Ausarbeitung des Fragebogens bin ich ZUMA, Mannheim, zu Dank verpflichtet. Die Auswertung der Fragebögen hat Herr Dr. Jürgen Wilzewski vorgenommen.

242 Es handelt sich um das (bekannte) Jackson-Vanik-Amendment, um das (wichtigere) Stevenson- und um das ergänzende Byrd-Amendment. Siehe dazu: Paula Stern: Water's Edge. Domestic Politics and the Making of American Foreign Policy, Westport, Conn. 1979.

243 U.S. Congress 94/1+2, Committee on Foreign Relations, Senate: Foreign Policy Choices for the Seventies and Eighties, Hearings, Vol. 1, Washington, D.C. 1976, Statement Lesher, S. 144.

244 Artikel I des Abkommens, abgedruckt in: WB 187, 21. 10. 1975, S. 7.

245 Das war in dem Maritime Agreement vorgesehen, das nach Artikel VII Bestandteil des Vertrages war, ebenda, S. 11.

246 Brief des stellvertretenden Wirtschaftsministers Robinson an den sowjetischen Handelsminister Patolitschew vom 20. 10. 1975, abgedruckt ebenda, S. 14.

247 Economic Report of the President, Washington, D.C., Januar 1980, S. 319.

248 Emergency Committee for American Trade: Major Policy and Legislative Issues, Washington , D.C. o.J.(1980), S. 4.

249 U.S. Congress 95/2, Committee on Banking, Housing, and Urban Affairs, Senate: Export Policy, Hearing, pt. 5, Washington, D.C. 1978, S. 51 ff., Statement Robert Kohlmeyer, Cargill, Inc. Vgl. zur Bedeutung der Landwirtschaft für die amerikanische Wirtschaft allgemein die Aussagen in: U.S. Congress 97/1, Joint Economic Committee: The Importance of Agriculture to the U.S. Economy, Hearings, pt. 1, Washington, D.C. 1982, vor allem die Tab. S. 99.

250 Ebenda, S. 35, Statement Karl L. Marriot, Vizepräsident der American Soybean Association.

251 U.S. Congress 96/1, Committee on Foreign Affairs, House: Congress and Foreign Policy – 1978, Washington, D.C. 1979, S. 94–95.

252 U.S. Congress 94/1–2, Committee on Commerce, Senate: American Role in East-West Trade, Hearings, Washington, D.C. 1977, S. 2, Statement Senator Inouye.

253 Ebenda, S. 3–4, Statement des Secretary of the Treasury William E. Simon.

254 Abgedruckt bei Hanns-Dieter Jacobsen: Die Ostwirtschaftspolitik der USA. Möglichkeiten und Grenzen einer «linkage»-Politik, Ebenhausen 1980, S. 132.

255 Ebenda, S. 52.

256 WB 137, 20. 7. 1978, S. 1.

257 William A. Rout: Trade Controls that Work, in: Foreign Policy 56, Herbst 1984, S. 65.

258 Harald Müller: Sonderfall Energiepolitik, in: Reinhard Rode und Hanns-Dieter Jacobsen (Hg.): Wirtschaftskrieg oder Entspannung? Eine politische Bilanz der Ost-West-Wirtschaftsbeziehungen, Bonn 1984, S. 227.

259 Economic Report of the President, Washington, D.C. 1979, S. 146.

260 Ebenda, S. 154.

261 WB 204, 25. 10. 1978, S. 1 ff.

262 WB 209, 2. 11. 1978, S. 1 ff. Vgl. dazu auch U.S. Congress 95/2, Joint Economic Committee: The Dollar Rescue Operations and Their Domestic Implications, Hearings, Washington, D.C. 1979, S. 15 ff., Statement des Secretary of the Treasury W. Michael Blumenthal.

263 WB 185, 27. 9. 1978, S. 1 ff.

264 Ebenda, S. 4.
265 U.S. Congress 95/2, Joint Economic Committee: Export: Time for a National Policy, Hearings, Washington, D. C. 1979, S. 69, Statement des Assistant Secretary of Commerce for Industry and Trade, Frank A. Weil.
266 Reinhard Rode: Die Vereinigten Staaten, in: ders./Jacobsen (Anm. 258), S. 181 ff.
267 Vgl. dazu den Überblick von Andreas Karweger: American Export Controls – from 1940 to the Present, Ebenhausen 1986, S. 11 ff.
268 Joint Economic Committee (Anm. 265), S. 98, Statement John L. Moore, Präsident der Export-Import-Bank der Vereinigten Staaten.
269 Public Law 95–52, 22. 6. 1977.
270 Public Law 96–72, 29. 9. 1979, abgedruckt in U. S. Congress, Committee on Foreign Relations und Committee on Foreign Affairs: Legislation on Foreign Relations Through 1980, Vol. II, Washington, D. C. 1981, S. 209 ff. Wichtig sind vor allem die Sektionen 2, 5, 6.
271 U. S. Congress 96/1, Committee on Banking, Housing, and Urban Affairs, Senate: U. S. Export Control Policy and Extension of the Export Administration Act, Hearings, pt. 1, Washington, D. C. 1979, S. 114, Statement des Undersecretary of Defense for Research and Engineering William J. Perry.
272 Phil Williams: Détente and U. S. Domestic Politics, in: International Affairs 61, 3, 1985, S. 431 ff.
273 Committee on Banking, Housing, and Urban Affairs (Anm. 271), S. 39.
274 WB 200, 24. 10. 1979, S. 17.
275 Zbigniew Brzezinski: Power and Principle, Memoirs of the National Security Adviser 1977–1981, New York 1983, S. 424.
276 Jimmy Carter: Keeping Faith. Memoirs of a President, New York 1982, S. 476.
277 WB 34, 19. 2. 1980, S. 2.
278 U. S. Congress, Committee on Foreign Affairs: Congress and Foreign Policy – 1980, Washington, D. C. 1981, S. 23.
279 Lyndon Baines Johnson: Meine Jahre im Weißen Haus, München 1979, S. 78.
280 The Budget of the United States Government, Fiscal Year 1977, Washington, D. C. o. J. (1976), S. 360–363.
281 Roger A. Freeman: The Growth of American Government, Stanford, Hoover Institution Press, 1975, S. 109.
282 Ebenda, S. 111.
283 U. S. Congress 91/2, Joint Economic Committee: Changing National Priorities, Hearings, pt. 1, Washington, D. C. 1970, Statement Proxmire, S. 1–2.
284 Dazu Gert Krell: Die Kritik der amerikanischen Rüstung und die Debatte um die «National Priorities», in: Politische Vierteljahresschrift 14, 4, Dezember 1973, S. 527 ff.
285 The National Urban Coalition: Counterbudget. A Blueprint for Changing National Priorities 1971–1976, Washington, D. C. 1971, S. 15.
286 Ebenda, S. 9.
287 WB 37, 23. 2. 1977, S. 5–15.
288 Zu den gewerkschaftlichen Forderungen vgl. Gus Tyler: Minimum Wage – Still Fighting the War on Poverty, in: The AFL-CIO American Federationist, Mai 1977, S. 1 ff.
289 Zu OPIC und DISC vgl. Ernst-Otto Czempiel: Amerikanische Außenpolitik, gesellschaftliche Anforderungen und politische Entscheidungen, Stuttgart 1979, S. 134, 151, 156 f.
290 WB 134, 19. 7. 1977, S. 6 ff.
291 The AFL-CIO American Federationist, November 1977, S. 8.
292 National Journal, 3. 7. 1978, S. 884 f.

293 WB, 7. 3. 1978, S. 4–5.
294 Übersicht in WB 85, 4. 5. 1977, S. 3 ff. Zu Carters «welfare»-Politik grundlegend: Laurence E. Lynn, Jr., und D. de F. Whitman: The President as Policymaker: Jimmy Carter and Welfare Reform, Philadelphia 1982.
295 WB 149, 9. 8. 1977, S. 8 ff.
296 The AFL-CIO American Federationist, Oktober 1977, S. 22.
297 Congressional Quarterly Almanac, Vol. XXXV, 1979, S. 509.
298 Ebenda, Vol. XXXVI, 1980, S. 411.
299 Joseph A. Califano, Jr.: Governing America. An Insider's Report from the White House and the Cabinet, New York 1981, S. 370.
300 Ebenda, S. 382.
301 National Journal, 1. 4. 1978, S. 504 ff.
302 Califano (Anm. 299), S. 389.
303 WB, 29. 1. 1979, S. 6.
304 Economic Report of the President, in: WB, 25. 1. 1979, S. 9.
305 Einzelheiten bei Joseph A. Pechman: Setting National Priorities. The 1980 Budget, Washington, D. C., Brookings, 1979, S. 99, 125.
306 Ebenda, S. 14.
307 Die Zahlen ebenda, S. 131.
308 U. S. Congress 95/2, Committee on Appropriations, Senate: Department of Defense Appropriations for Fiscal Year 1979, pt. 1, Washington, D. C. 1978, Statement Senator Stennis, S. 458.
309 Economic Report of the President, Washington, D. C. 1980, S. 75f.
310 Ebenda, S. 174.
311 Zu diesem Zusammenhang vgl. David P. Calleo: The Imperious Economy, Cambridge, Mass. 1982, S. 154.
312 Economic Report of the President, Washington, D. C. 1979, S. 9.
313 Economic Report of the President, Washington, D. C. 1980, S. 5.
314 W. Scott Thompson (Hg.): National Security in the 1980s: From Weakness to Strength, San Francisco 1980, S. 414–415.
315 Vgl. z. B. Richard A. Viguerie: The New Right: We're Ready to Lead, Falls Church, Va. 1980, S. 150 ff., 193.
316 Public Opinion, März/Mai 1979, S. 29.
317 William Schneider: Conservatism, Not Interventionism: Trends in Foreign Policy Opinion, 1974–1982, in: K. A. Oye et al. (Hg.): Eagle Defiant. United States Foreign Policy in the 1980s, Boston 1983, S. 37.
318 Flora Lewis: Get Together And Stop Playing With Rafsanjani, in: IHT, 4. 8. 1987.
319 Alvin Richman: Public Attitudes on Military Power, 1981, in: Public Opinion, Dezember/Januar 1982, S. 45.
320 Congressional Quarterly Almanac 1978, S. 3-B, 4-B.
321 Zu dem Einfluß der Political Action Committees auf die amerikanische Politik, besonders in Wahlkämpfen, vgl. Peter Lösche: Unternehmen im Wahlkampf. Eine Untersuchung von Corporate Political Action Committees und amerikanischen Kongreßwahlen, in: Politische Vierteljahresschrift 23, 4, Dezember 1982, S. 367 ff.
322 L. Radway: The Curse of Free Elections, in: Foreign Policy 40, Herbst 1980, S. 61, 70.
323 Vgl. Norman Podhoretz: The New Nationalism and the 1980 Elections, in: Public Opinion, Februar/März 1980, S. 2 ff.
324 Joshua Muravchik: The Senate and National Security: A New Mood, in: D. M. Abshire und R. D. Nurnberger (Hg.): The Growing Power of Congress, Beverly Hills 1981, S. 276.
325 Raymond L. Garthoff: Détente and Confrontation. American-Soviet Relations from Nixon to Reagan, Washington, D. C., Brookings, 1985, S. 732.

326 Dimitri K. Simes: The Anti-Soviet Brigade, in: Foreign Policy 37, Winter 1979/1980, S. 28ff.
327 Siehe die Einzelheiten bei Jerry W. Sanders: Peddlers of Crisis. The Committee on the Present Danger and the Politics of Containment, Boston 1983, S. 210ff.
328 Rudolf Witzel: Rüstungskontrollpolitik und Machtverständnis in den USA. Die inneramerikanische Kontroverse um die äußere Sicherheit 1968–1976, Frankfurt 1988, S. 99.
329 Siehe die jährlichen Zusammenstellungen von Pressemeldungen über das Committee on the Present Danger 1978–1980 «... as reflected in the media», Washington, D.C. 1978ff.
330 Vgl. z.B. Committee on the Present Danger: Is America becoming Number 2? Current Trends in the U.S.-Soviet Military Balance, Washington, D.C. 1978.
331 Z.B. Committee on the Present Danger: Is SALT II a Fair Deal for the United States?, Washington, D.C. 1979.
332 Z.B. Committee on the Present Danger: Countering the Soviet Threat. U.S. Defense Strategy in the 1980s, Washington, D.C. 1980.
333 Thomas Ferguson und Joel Rogers: Right Turn. The Decline of the Democrats and the Future of American Politics, New York 1986, S. 110.
335 Committee on the Present Danger (Anm. 332), S. 7–8.
336 Siehe die Aufstellung in: Charles Tyroler, II (Hg.): Alerting America. The Papers of the Committee on the Present Danger, McLean 1984, S. X-XI.
337 Statement des Executive Council der AFL-CIO on «The Soviet Challenge», 19.2.1980, mimeo.
338 Rex Hardesty: Election '80: A Pivotal Decision for America, in: The AFL-CIO American Federationist, October 1980, S. 1ff.
339 William Schneider: The November 4 Vote for President: What Did It Mean?, in: A. Ranney (Hg.): The American Election of 1980, Washington, D.C. 1981, S. 227, 229, 231.
340 Vor allem republikanische Präsidentschaftsbewerber profitierten von diesem ‹Primat der Außenpolitik›. Vgl. Stephen Hess: Foreign Policy and Presidential Campaigns, in: Foreign Policy 8, Herbst 1972, S. 3ff.
341 Norman H. Nie, Sidney Verba, John R. Petrocik: The Changing American Voter, Cambridge, Mass. 1976.
342 Schneider (Anm. 339), S. 249.
343 John A. Ferejohn und Morris P. Fiorina: Incumbency and Realignment in Congressional Elections, in: J. E. Chubb und P. E. Peterson (Hg.): The New Direction in American Politics, Washington, D.C., Brookings, 1985, S. 101.
344 Kevin P. Phillips: The Emerging Republican Majority, New Rochelle, N.Y. 1969.
345 Ferejohn und Fiorina (Anm. 343), S. 107.
346 So auch Kurt L. Shell: Der amerikanische Konservatismus, Stuttgart 1986, S. 142.

II. Reagans Regime

1 Richard Reeves: The Reagan Detour, New York 1985, S. 23.
2 William Schneider: The New Shape of American Politics, in: The Atlantic Monthly, Januar 1987, S. 48.
3 Ebenda, S. 40.
4 Dazu Barry M. Goldwater: With No Apologies. The Personal and Political Memoirs, New York 1979.
5 Elisabeth Dröser: Die Sehnsucht nach der Welt von gestern: Probleme des amerika-

nischen Wertesystems, in: Jakob Schissler (Hg.): Neokonservatismus in den USA, Opladen 1983, S. 89.

6 David S. Broder: Changing of the Guard. Power and Leadership in America, New York 1980, S. 160ff.

7 William Schneider: Conservatism, Not Interventionism: Trends in Foreign Policy Opinion, 1974–1982, in: K. A. Oye et al. (Hg.): Eagle Defiant. United States Foreign Policy in the 1980s, Boston 1983, S. 55.

8 Ebenda, S. 36.

9 Alexander M. Haig: Geisterschiff USA. Wer macht Reagans Außenpolitik?, Stuttgart 1984, S. 100. Zur Zusammensetzung der Regierung Reagans vgl. National Journal, 25. 4. 1981, S. 675ff.

10 Pressekonferenz vom 29. 1. 1981, in: WB 21, 30. 1. 1981, S. 4.

11 Ebenda.

12 Haig (Anm. 9), S. 122.

13 WB 151, 12. 8. 1981, S. 3–5.

14 Ebenda 108, 15. 6. 1983, S. 1–6. Eine gekürzte deutsche Übersetzung findet sich in E.-O. Czempiel und C.-C. Schweitzer (Hg.): Weltpolitik der USA nach 1945. Einführung und Dokumente, Bonn 1987/2, S. 409–412.

15 So Samuel P. Huntington: The Defense Policy of the Reagan Administration, 1981–1982, in: Fred I. Greenstein (Hg.): The Reagan Presidency. An Early Assessment, Baltimore 1983, S. 108.

16 Zum raschen Wechsel der Philosophien vgl. das Statement von Admiral Holloway, der während der Carter-Administration Mitglied der Joint Chiefs of Staff gewesen war, in: U. S. Congress 97/2, Committee on Armed Services, Senate: Structure and Operating Procedures of the Joint Chiefs of Staff, Hearing, 16. 12. 1982, Washington, D. C. 1983, S. 53.

17 Barry R. Posen und Stephen W. Van Evera: Reagan Administration Defense Policy: Departure from Containment. In: K.A. Oye et al. (Hg.): Eagle Resurgent? The Reagan Era in American Foreign Policy, Boston 1987, S. 92ff.

18 U. S. Congress 97/1, Committee on Foreign Affairs, House: Congress and Foreign Policy – 1981. Committee Print, Washington, D. C. 1982, S. 85.

19 WB 50, 13. 3. 1981, S. 4; 54, 19. 3. 1981, S. 14.

20 Ebenda 63, 1. 4. 1982, S. 10.

21 Dies die These von Coral Bell: From Carter to Reagan, in: Foreign Affairs 63, 3, 1985, S. 400ff.

22 WB 100, 29. 5. 1981.

23 Siehe dazu die Kritik des früheren Senators und Außenministers Edmund S. Muskie in: U. S. Congress 97/2, Joint Economic Committee: Soviet Pipeline Sanctions: The European Perspective, Hearing, 22. 9. 1982, Washington, D. C. 1982, S. 46ff.

24 Siehe dazu die Kritik von George W. Ball, in: U. S. Congress 97/2, Committee on Foreign Affairs, House: NATO's Future Role, Hearings, Washington, D. C. 1982, S. 99ff.

25 WB 44, 5. 3. 1981, S. 19ff.

26 Ebenda.

27 Caspar W. Weinberger: Annual Report to the Congress on the FY 1983 Budget, FY 1984 Authorization Request and FY 1983–1987 Defense Programs, Washington, D. C., 8. Februar 1982, S. II-3.

28 Weinberger (Anm. 25), S. 27.

29 Muskie (Anm. 23), S. 61.

30 Huntington (Anm. 15), S. 90.

31 Statement des Vorsitzenden des Vereinigten Generalstabs Jones, WB 26, 6. 2. 1981, S. 7.

32 Ebenda, S. 1.
33 Weinberger (Anm. 27), S. I-10.
34 Ebenda, S. I-16. Hervorhebung im Original.
35 Jeffrey Record, in: WP, 28. 3. 1982.
36 Caspar W. Weinberger: Annual Report to the Congress on the FY 1984 Budget, FY 1985 Authorization Request and FY 1984–88 Defense Programs, 1. 2. 1983, zit. nach dem Abdruck in: U. S. Congress 98/1, Committee on Armed Services, Senate: Department of Defense Authorization for Appropriations for Fiscal Year 1984, Part 1, Washington, D. C. 1983, S. 151.
37 IHT, 24. 5. 1982.
38 WB 97, 24. 5. 1982, S. 8.
39 Ebenda, S. 6.
40 IHT, 22./23. 5. 1982.
41 Ebenda, 5./6. 6. 1982.
42 Posen/Van Evera (Anm. 17), S. 89.
43 Statement Außenminister Shultz vor dem Auswärtigen Ausschuß des Senats, zitiert nach dem Abdruck bei Czempiel/Schweitzer (Anm. 8), S. 411.
44 Präsident Reagan in seiner Rede vom 8. 3. 1983 in Orlando, Public Papers of the Presidents, Ronald Reagan, 1983, I, S. 364.
45 Außenminister Haig in WB 21, 30. 1. 1981, S. 21.
46 WB 43, 4. 3. 1981, S. 14.
47 So Präsident Reagan in WB 50, 13. 3. 1981, S. 1.
48 Alexander M. Haig: Geisterschiff USA. Wer macht Reagans Außenpolitik?, Stuttgart 1984, S. 144.
49 Siehe seine Stellungnahme in WB 79, 27. 4. 1981, S. 12.
50 WB 225, 4. 12. 1984, S. 13 ff.
51 Zum Problemkreis vgl. Michael Mastanduno: Strategies of Economic Containment: U. S. Trade Relations with the Soviet Union, in: World Politics 37, 4, 1985, S. 503 ff. Zum Problem des Hochtechnologieexports vgl. Reinhard Rode: Hochtechnologie: ein Januskopf, in: Aus Politik und Zeitgeschichte B 2/86, 11. 1. 1986, S. 15 ff.
52 WB 244, 28. 12. 1981, S. 4.
53 Ebenda 193, 12. 10. 1982, S. 1.
54 Ebenda 246, 30. 12. 1981, S. 1–2.
55 Caspar W. Weinberger: Annual Report to the Congress on the FY 1983 Budget, FY 1984 Authorization Request and FY 1984–1987 Defense Programs, Washington, D. C., 8. 2. 1982, S. II-30.
56 Harald Müller und Reinhard Rode: Osthandel oder Wirtschaftskrieg? Die USA und das Gas-Röhren-Geschäft. Analyse und Dokumentation, Frankfurt 1982.
57 Samuel P. Huntington: The Defense Policy of the Reagan Administration, 1981–1982, in: Fred I. Greenstein (Hg.): The Reagan Presidency. An Early Assessment, Baltimore 1983, S. 94f.
58 Claudia Wörmann: Osthandel als Problem der Atlantischen Allianz. Erfahrungen aus dem Erdgas-Röhren-Geschäft mit der UdSSR, Bonn 1986, S. 165.
59 U. S. Congress 97/2, Joint Economic Committee: Soviet Pipeline Sanctions: The European Perspective, Washington, D. C. 1983, passim.
60 Haig (Anm. 48), S. 366.
61 Zit. bei I.M. Destler: The Evolution of Reagan's Foreign Policy, in: Greenstein (Anm. 57), S. 149.
62 IHT, 23./24. 1. 1982.
63 Ebenda, 4. 2. 1982.
64 WB 88, 10. 5. 1982, S. 3f.

65 IHT, 18. 6. 1982.

66 Rede von Thomas C. Reed, ebenda. Reed war Mitarbeiter des Nationalen Sicherheitsberaters Clark und sprach mit Zustimmung des Präsidenten.

67 IHT, 17. 3. 1983.

68 Ebenda, 6. 4. 1983.

69 Ebenda, 7. 6. 1982.

70 Siehe die Zusammenstellung in WB 140/B, 7. 8. 1987, S. 15.

71 Marshall Shulman in: IHT, 25. 2. 1983.

72 U. S. Congress 98/1, Senate: Dangerous Stalemate: Superpower Relations in Autumn 1983. A Report of a Delegation of Eight Senators to the Soviet Union, Washington, D. C. 1983. Daß das sowjetische Militär die koreanische Verkehrsmaschine für den amerikanischen Aufklärer RC-135 gehalten hatte, wußte man in Washington schon am nächsten Tag. Die Information wurde aber erst 1987 freigegeben. IHT, 19. 1. 1988. Vgl. die Gesamtdarstellung der Affäre bei Seymour Hersh: The Target is Destroyed, New York 1986.

73 IHT, 29. 12. 1983.

74 Ebenda, 19. 11. 1982.

75 Ebenda, 9. 9. 1983; 20. 9. 1983.

76 Statement Außenminister Shultz vor dem Auswärtigen Ausschuß des Senats am 15. 6. 1983, zit. nach dem Abdruck in: WB 108, 15. 6. 1983, S. 1ff.

77 Ebenda, S. 12.

78 Ebenda, S. 6. Vgl. dazu William D. Anderson und Sterling J. Kernek: How «Realistic» is Reagan's Diplomacy?, in: Political Science Quarterly, 100, 3, Herbst 1985, S. 389ff.

79 Samuel P. Huntington: The Defense Policy of the Reagan Administration, 1981–1982, in: Fred I. Greenstein (Hg.), The Reagan Presidency. An Early Assessment, Baltimore 1983, S. 82–83.

80 U. S. Congress 97/2, Committee on Armed Services, Senate: Structure and Operating Procedures of the Joint Chiefs of Staff. Hearing, Washington, D. C. 1983, Statement Admiral Holloway, S. 5.

81 Joseph A. Pechman (Hg.): Setting National Priorities, the 1983 Budget, Washington, D. C., Brookings, 1982, S. 52.

82 Caspar W. Weinberger: Annual Report to the Congress on the FY 1983 Budget, FY 1984 Authorization Request and FY 1983–1987 Defense Programs, Washington, D. C. 1982, S. I-IV.

83 WB 189, 5. 10. 1981, S. 1ff.

84 Congressional Quarterly Almanac 1981, S. 193.

85 David A. Stockman: The Triumph of Politics. Why the Reagan Revolution Failed, New York 1986, S. 122.

86 Richard Stubbing: The Defense Program: Buildup or Binge? 63,4, Frühjahr 1985, S. 858.

87 Barry R. Posen und Stephen W. Van Evera: Reagan Administration Defense Policy: Departure from Containment, in: K. A. Oye et al. (Hg.): Eagle Resurgent? The Reagan Era in American Foreign Policy, Boston 1987, S. 80, 83ff.

88 Report of the President's Commission on Strategic Forces, Washington, D. C., April 1983.

89 Congressional Quarterly Almanac 1982, S. 113.

90 H.J. Resolution 13.

91 John M. Collins: U. S.-Soviet Military Balance 1980–1985, Washington, D. C. 1985, S. 148.

92 Die Literatur dazu ist umfangreich, wenn auch nicht sehr ergiebig. Für die Genese maßgeblich: U. S. Congress 96/2, Committee on Foreign Affairs, House: The Mo-

dernization of NATO's Long-Range Theater Nuclear Forces. Report by the Congressional Research Service, 31. 12. 1980, Washington, D.C. 1981. Der europäische Standpunkt findet sich in: U.S. Congress 97/1, Committee on Foreign Relations, Senate: Interim Report on Nuclear Weapons in Europe. Prepared by the North Atlantic Assembly's Special Committee on Nuclear Weapons in Europe, Dezember 1981, Washington, D.C. 1981.

93 Collins (Anm. 91), S. 108.

94 Huba Wass de Czega und L. D. Holder: The New FM 100–5, in: Military Review, Juli 1982, S. 53–70.

95 Stubbing (Anm. 86), S. 861.

96 Die Einzelheiten in: U.S. Congress 97/2, Committee on Foreign Affairs, House: Congress and Foreign Policy 1982, Washington, D.C. 1983, S. 527.

97 Collins (Anm. 91), S. 122–123.

98 Ebenda, S. 115.

99 WB 223, 29. 11. 1982, S. 9.

100 Congressional Quarterly Almanac 1983, S. 187.

101 Zitiert nach dem Abdruck in Europa-Archiv 1983, S. D 267-280.

102 Die beste und genaueste Darstellung bot 1985 Frank Greve: Star Wars, in: San José Mercury News, 17. 11. 1985, S. 1, 20A-21A. Der Artikel weist auch detailliert auf die Mitglieder des «Küchenkabinetts» hin, die Reagan in dieser Sache stark beeinflußt haben.

103 Congressional Research Service: Project Defender. Washington, D.C., Juli 1987.

104 Charles L. Heatherly (Hg.): Mandate for Leadership. Policy Management in a Conservative Administration. Washington, D.C., Heritage Foundation, 1981, S. 98.

105 Harold Brown: Annual Report to the Congress on the FY 1980 Budget, FY 1981 Authorization Request and FY 1980–1984 Defense Programs, 25. 1. 1979, S. 126, 129. Caspar Weinberger: Annual Report to the Congress on the FY 1984 Budget, FY 1985 Authorization Request and FY 1984–1988 Defense Programs, 1. 2. 1983, zit. nach dem Abdruck in: U.S. Congress 98/1, Committee on Armed Services, Senate: Department of Defense Authorization for Appropriations for FY 1984, Part 1, Washington, D.C. 1983, S. 336. Zum ASAT-Beschluß der Reagan-Administration vgl. die Directive vom 8. Juli 1982, in: WB 127, 8. 7. 1982, S. 1ff.

106 Lawrence I. Barrett: How Reagan became a Believer, in: Time, 11. 3. 1985, S. 16. Wie 1987 freigegebene Dokumente zeigen, waren sowohl das Verteidigungs- wie das Außenministerium sehr skeptisch gegenüber den «High Frontier»-Plänen, die im Winter 1982 von Generalleutnant Daniel O. Graham, einem früheren Direktor der Defense Intelligence Agency, zusammen mit einer Arbeitsgruppe im Rahmen der Heritage Foundation entwickelt und in den Ministerien verteilt worden waren. Die Dokumentation zeigt, daß Reagans SDI-Rede die Skepsis in aktive Unterstützung verwandelt hat, was Senator J. Bennett Johnston (D-Louisiana), der die Dokumente vom Pentagon verlangt hatte, als «Politisierung der Forschung» scharf kritisiert hat. Vgl. IHT, 5. 5. 1987.

107 James Schlesinger: The Eagle and the Bear, in: Foreign Affairs 63, 5, Sommer 1985, S. 959.

108 Eine Zusammenfassung der Ergebnisse beider Studien findet sich in U.S. Congress 98/2, Committee on Foreign Relations, Senate: Strategic Defense and Anti-Satellite Weapons, Hearing, Washington, D.C. 1984, S. 94ff, S. 125ff.

109 Aviation Week & Space Technology, 17. 10. 1983, zit. nach dem Abdruck in: Hearing (Anm. 108), S. 32.

110 McGeorge Bundy et al.: The President's Choice: Star Wars or Arms Control, in: Foreign Affairs 63, 2, Winter 1984/1985, S. 264ff.

111 Kenneth L. Adelman: Arms Control with and without Agreements, ebenda, S. 204.
112 Europa-Archiv 1982, S. D 364.
113 Alexander Haig: Geisterschiff USA. Wer macht Reagans Außenpolitik?, Stuttgart 1984, S. 265ff.
114 Zu diesen Koalitionen im einzelnen vgl. Strobe Talbott: Raketenschach, München 1984, passim.
115 Eine gute Übersicht bietet U.S. Congress 99/2, Committee on Foreign Affairs, House: Fundamentals of Nuclear Arms Control, Report by the Congressional Research Service, Dez. 1986, Committee Print, Washington, D.C. 1987, S. 30.
116 IHT, 13. 12. 1982.
117 Siehe dazu seinen, auf Verlangen des Kongresses angefertigten «Report on Soviet Noncompliance with Arms Control Agreements» vom 23. 1. 1984, zit. in: U.S. Congress 98/1, Committee on Foreign Affairs, House: Congress and Foreign Policy 1983, Committee Print, Washington, D.C. 1984, S. 72.
118 Siehe: Report to the Congress from Secretary of State Alexander M. Haig, Jr., 22. März 1982, abgedruckt in: U.S. Congress 98/1, Committee on Foreign Relations, Senate: Yellow Rain: The Arms Control Implications, Hearing, 24. 2. 1983, Washington, D.C. 1983, S. 5–48. Auch Präsident Reagan hat diesen Vorwurf in seiner Rede in Eureka vom 9. 5. 1982 erhoben, vgl. WB 88, 10. 8. 1982, S. 6. Daß dies eine Täuschung und der »Gelbe Regen« nicht existent war, sondern auf einer Ausscheidung von Bienen beruhte, wurde erst später offiziell bekannt, war aber auch damals nicht unbekannt. Vgl. Julian Robinson et al.: Yellow Rain: The Story Collapses, in: Foreign Policy 68, Herbst 1987, S. 100ff. Eine Kurzfassung der Ergebnisse findet sich in IHT, 1. 9. 1987.
119 Committee on Foreign Affairs (Anm. 117), S. 72.
120 U.S. Congress 99/1, Committee on Foreign Affairs, House: Proposals to Ban Nuclear Testing, Hearings and Markup, Washington, D.C. 1985, Statement Senator Kennedy, S. 3.
121 IHT, 9. 9. 1983.
122 Eine gedrängte, aber sehr gute Übersicht bei: U.S. Congress, Office of Technology Assessment: Anti-Satellite Weapons, Countermeasures, and Arms Control, OTA-ISC-281, Washington, D.C. 1985, S. 96ff.
123 Zum Problem der Anti-Satellitenwaffen vgl. Jürgen Wilzewski: Anti-Satellitenwaffen: Möglichkeiten und Grenzen ihrer Kontrolle, HSFK-Report 5, Frankfurt 1987.
124 Daniel Deudney: Unlocking Space, in: Foreign Policy 53, Winter 1983–1984, S. 105.
125 U.S. Congress 98/1, Committee on Foreign Relations, Senate: Controlling Space Weapons, Hearings, Washington, D.C. 1983, Statement Senator Pressler, S. 1ff. Die beiden Resolutionen S. 7ff.
126 Der nicht geheime Teil ist abgedruckt in: WB 65, 3. 4. 1984, S. 3–19.
127 Ebenda, S. 2.
128 U.S. Congress 97/2, Committee on Foreign Affairs, House: Overview of Nuclear Arms Control and Defense Strategy in NATO, Hearings, Washington, D.C. 1982, Statement Representative Zablocki, S. 1.
129 Die Einzelheiten detailliert bei Talbott (Anm. 114), S. 101ff.
130 WB 25, 5. 2. 1982, S. 1ff.
131 Beide habe ihre Interpretation des «Waldspaziergangs» unterschiedlich geschildert, in: NYT, 12. und 19. 1. 1984.
132 Talbott (Anm. 114), S. 311f.
133 Pressekonferenz des Weißen Hauses, WB 62, 31. 3. 1983, S. 1–13. Reagans Statement S. 4.
134 Ebenda, S. 331.

135 Lothar Ruehl: Fragen der Sicherheit zwischen Ost und West, in: Die Internationale Politik 1983–1984, München 1987, S. 108.
136 Z. B. U. S. Congress 98/1, Joint Committee Print: Fiscal Year 1984 Arms Control Impact Statements, Washington, D. C. 1983, S. 53, 55.
137 WB 44, 5. 3. 1981, S. 35.
138 So der gemäßigt liberale Abgeordnete Aspin (D-Wis.), zit. nach Congressional Quarterly Almanac 1982, S. 117. Dort auch der Text der beiden Entschließungen, S. 114–115.
139 WB 88, 10. 5. 1982, S. 7.
140 Siehe die Kritik von Gerard Smith, dem früheren amerikanischen SALT-Unterhändler, in: IHT, 1. 7. 1982.
141 Ebenda, 24. 11. 1982.
142 Siehe z.B. die Pressekonferenz eines Senior Administration Officials, in: WB 221, 24. 11. 1982, S. 1–3.
143 Committee on Foreign Affairs (Anm. 117), S. 93 ff.
144 Talbott (Anm. 114), S. 517.
145 Text der H. J. Res. 13, in: Congressional Quarterly Almanac 1983, S. 210–11. Vgl. dazu auch die Diskussion in: U. S. Congress 98/1, Committee on Foreign Affairs: Calling for a Mutual and Verifiable Freeze on and Reductions in Nuclear Weapons, Hearings and Markup, Washington, D. C. 1983, passim.
146 Committee on Foreign Affairs (Anm. 117), S. 95 ff.
147 WB 182, 5. 10. 1982, S. 4 f. Dort auch ein Fact Sheet, das die Position der Vereinigten Staaten beschreibt, S. 7 ff.
148 Jeane J. Kirkpatrick: Dictatorships and Double Standards, in: Commentary 68,5, November 1979, S. 34 ff.
149 Vgl. dazu Myer Rashish: Die amerikanische Politik gegenüber Entwicklungsländern, in: Europa-Archiv 36, 17, 10. 9. 1981, S. 507 ff.
150 Ned G. Howenstine: U. S. Direct Investment Abroad in 1983, in: Survey of Current Business, 64, 8, August 1984, S. 18.
151 Bernhard May: Reagan und die Entwicklungsländer. Die Auslandshilfepolitik im amerikanischen Regierungssystem, München 1987, S. 31.
152 Richard E. Feinberg: Reaganomics and the Third World, in: K. A. Oye und andere (Hg.), Eagle Defiant. United States Foreign Policy in the 1980s, Boston 1983, S. 147.
153 Zu POMCUS and Wartime Host Nation Support vgl. Helga Haftendorn: Lastenteilung im Atlantischen Bündnis. Die Zukunft der amerikanischen Präsenz in Europa, in: Europa-Archiv 40, 16, 1985, S. 497–506.
154 U. S. Congress 97/2, Committee on Foreign Affairs, House: The Role of International Security Assistance in U. S. Defense Policy, Hearing, Washington, D. C. 1982, Statement Verteidigungsminister Weinberger, S. 8.
155 U. S. Congress 98/1, Committee on Foreign Affairs, House: The U. S. Role in the United Nations, Hearings, Washington, D. C. 1983, Statement Yatron, S. 1 und Appendix 3, S. 87.
156 WB 108, 9. 6. 1982, S. 8.
157 Heather B. Longton: Iran-Contra-Affair: Organization Profiles, Congressional Research Service 87–625 F, Washington, D. C. 1987, S. 66–67.
158 Die Einzelheiten bei Joel M. Woldman: The National Endowment for Democracy/Project Democracy. Congressional Research Service Issue Brief IB 83107, Washington, D. C. 1984, S. 2 ff.
159 Ebenda, S. 10 ff.
160 Public Law 98/164, 22. 11. 1983. 97 STAT. 1017.
161 United States Congress 100/1, Committee on Conference, House: Foreign Rela-

tions Authorization Act, FYs 1988 and 1989, H. Rept. No. 100–475, Washington, D.C. 1987, S. 47.

162 Alexander M. Haig: Geisterschiff USA, Stuttgart 1984, S. 115. Vgl. auch S. 119, 124, 136ff.

163 Zit. nach Robert A. Pastor: The Reagan Administration and Latin America: Eagle Insurgent, in: K. A. Oye et al. (Hg.): Eagle Resurgent? The Reagan Era in American Foreign Policy, Boston 1987, S. 360.

164 WB 36, 23. 2. 1981, S. 11.

165 Ebenda 37, 24. 2. 1981, S. 25.

166 Abraham F. Lowenthal: Ronald Reagan and Latin America. Coping with Hegemony in Decline, in: Oye (Anm. 152), S. 317.

167 U.S. Congress 97/2, Committee on Foreign Affairs, House: Congress and Foreign Policy 1982, Washington, D.C. 1983, S. 81. Eine Übersicht über die Militärhilfe an El Salvador in den Jahren 1981–1985 bietet U.S. Congress 99/1, Committee on Foreign Relations, Senate: Security and Development Assistance, Hearing, Washington, D.C. 1985, S. 915.

168 Vgl. die Diskussion zwischen dem Abgeordneten Edward F. Feighan und dem Abteilungsdirektor für inter-amerikanische Angelegenheiten im Außenministerium Thomas O. Enders, in: U.S. Congress 98/1, Committee on Foreign Affairs, House: U.S. Policy in El Salvador, Hearings, Washington, D.C. 1983, S. 43. Lowenthal ist der Meinung, daß Reagan die Bestandteile der Carterschen Politik in El Salvador beibehalten, lediglich ihre Mischung verändert hat (Anm. 166), S. 318.

169 IHT, 8. 4. 1983. Zum Zusammenhang vgl. Walter F. Hahn (Hg.): Central America and the Reagan Doctrine, Washington, D.C. 1987, passim.

170 Die umfangreiche Diskussion ist dokumentiert in: U.S. Congress 97/2, House: Should the United States Be Prohibited from Military Intervention in the Western Hemisphere? Compiled by the Congressional Research Service, House Doc. 97–226, Washington, D.C. o.J.

171 Fernsehansprache Reagans vom 27. 10. 1983, WB 198, 28. 10. 1983, S. 8.

172 Public Law 97–377, 1982, 96 STAT. 1865, Sec. 793. Dies war das erste einer Reihe von Boland-Amendments, deren Verletzung durch die Exekutive schließlich zur Iran-Contra-Affäre führten.

173 Vgl. dazu Ernst-Otto Czempiel: Das amerikanische Sicherheitssystem 1945–1949, Berlin 1966, S. 191ff.

174 U.S. Congress 97/1, Committee on Appropriations, House: Department of Defense Appropriations for 1982, Hearings, Part 9, Washington, D.C. 1981, Statement Weinberger, S. 8ff.

175 U.S. Congress 97/1, Committee on Foreign Affairs, House: Foreign Assistance Legislation for Fiscal Year 1982, Hearings, Part 2, Washington, D.C. 1982, Statement Richart Burt, Director, Bureau of Politico-Military Affairs, Department of State, S. 168ff.

176 Ebenda, S. 169.

177 Ebenda, S. 170. Vgl. dazu Thomas L. McNaugher: Arms and Oil. U.S. Military Strategy and the Persian Gulf, Washington, D.C., Brookings, 1985.

178 Barry Rubin: The Reagan-Administration and the Middle East, in: Oye (Hg.) (Anm. 152), S. 384.

179 U.S. Congress 97/1, Committee on Foreign Affairs: Congress and Foreign Policy – 1981, Washington, D.C. 1982, S. 87.

180 Caspar W. Weinberger: Annual Report to the Congress on the FY 1983 Budget, FY 1984 Authorization Request and FY 1983–1987 Defense Programs, Washington, D.C. 1982, S. III-91, 92.

181 Die Aufstellung ebenda, S. III-103.

182 Committee on Foreign Affairs (Anm. 179), S. 87.
183 James L. Buckley, Stellvertretender Außenminister für Sicherheitshilfe, zit. bei Andrew J. Pierre: The Global Politics of Arms Sales, Princeton, N. J., Council on Foreign Relations, 1982, S. 62.
184 WB 128, 10. 7. 1981, S. 7.
185 U. S. Congress 98/1, Committee on Foreign Affairs, House: Foreign Assistance Legislation for Fiscal Years 1984–85, Hearings and Markup, Part 3, Washington, D. C. 1983, S. XII. Zum Problemkreis der Sicherheitshilfe vgl. Harry J. Shaw: U. S. Security Assistance: Debts & Dependency, in: Foreign Policy 50, Frühjahr 1983, S. 105 ff.
186 Committee on Foreign Affairs (Anm. 185), S. X.
187 Richard F. Grimmett: Trends in Conventional Arms Transfers to the Third World by Major Supplier, 1979–1986, Congressional Research Service Report 87–418 F, Washington, D. C. 1987, S. 30–49.
188 Ebenda, S. 34.
189 Eine sehr detaillierte Darstellung findet sich in: Committee on Foreign Affairs (Anm. 179), S. 24–48.
190 U. S. Congress 97/1, Committee on Foreign Relations, Senate: Arms Sales Package to Saudi Arabia, Hearings, Part 1, Washington, D. C. 1981, Statement Außenminister Haig, S. 11.
191 Pressekonferenz Präsident Reagans, WB 188, 2. 10. 1981, S. 2.
192 Haig (Anm. 162), S. 193.
193 Das Memorandum of Understanding ist abgedruckt in: U. S. Congress 97/2, Committee on Foreign Affairs, House: Documents and Statements on Middle East Peace, 1979–1982, Report by the Congressional Research Service, Washington, D. C. 1982, S. 256.
194 Erklärung des Department of State, ebenda, S. 257.
195 Abgedruckt in WB 167, 2. 9. 1982, S. 1–7.
196 Ebenda, S. 2.
197 WB 198, 28. 10. 1983, S. 2, 8.
198 Hassan Bin Talal: Return to Geneva, in: Foreign Policy 57, Winter 1984–1985, S. 8 ff. Der Autor ist der Kronprinz des Königreichs Jordanien.
199 Statement Präsident Reagans vom 29. 11. 1983, abgedruckt in WB 217, 30. 11. 1983, S. 4. Siehe auch den Bericht auf den Seiten 1–3.
200 Zit. in U. S. Congress, Committee on Foreign Affairs, House: Congress and Foreign Policy – 1984, Washington, D. C. 1985, S. 134.
201 Siehe den Brief der Abgeordneten Les Aspin und Lee H. Hamilton, abgedr. in: U. S. Congress 98/2, Committee on Foreign Affairs, House: Developments in Lebanon and the Middle East, January 1984, Hearing, Washington, D. C. 1984, S. 54.
202 Zahlen in: Committee on Foreign Affairs (Anm. 185), Part 5, S. 276, 229.
203 Ebenda, Statement Harrison, S. 242 ff. Vgl. ders.: A Breakthrough in Afghanistan?, in: Foreign Policy 51, Sommer 1983, S. 3 ff.
204 Committee on Foreign Affairs (Anm. 185), Statement Schaffer, Deputy Assistant Secretary of State, S. 271 ff.
205 IHT, 30. 7. 1982.
206 Francine R. Frankel: Play the India Card, in: Foreign Policy 62, Frühjahr 1986, S. 148 ff.
207 Banning N. Garrett/Bonnie S. Glaser: From Nixon to Reagan: China's Changing Role in American Strategy, in: K. A. Oye et al. (Hg.): Eagle Resurgent? The Reagan Era in American Foreign Policy, Boston 1987, S. 275.
208 U. S. Congress 97/1, Committee on Foreign Affairs, House: The New Era in East Asia, Hearings, Washington, D. C. 1981, S. 303 ff.

209 Haig (Anm. 162), S. 241.
210 Committee on Foreign Affairs (Anm. 208), Statement Richard Holbrooke, früher Assistant Secretary of State of East Asian and Pacific Affairs, S. 303.
211 WB 156, 18, 8, 1982, S. 10. Das Kommuniqué enthält auch eine kurze Beschreibung der Entwicklung des Problems.
212 IHT, 19. 10. 1982.
213 Richard H. Solomon: The Chinese-American Romance is off Course, in: IHT, 15. 9. 1982. Solomon war von 1971–1976 Asienspezialist im National Security Council.
214 U.S. Congress 97/2, Committee on Foreign Relations, Senate: U.S. Policy Toward China and Taiwan, Hearing, Washington, D. C. 1982, Statement John H. Holdridge, Assistant Secretary, Bureau of East Asian and Pacific Affairs, Department of State, S. 8.
215 Robert A. Manning: Reagan's Chance Hit, in: Foreign Policy 54, Frühjahr 1984, S. 83ff.
216 IHT, 1. 8. 1983.
217 WB 179, 30. 9. 1983, S. 18f.
218 WB 82, 30. 4. 1984, S. 1ff., WB 81, 27. 4. 1984, S. 19ff.
219 U.S. Congress 98/1, Committee on Foreign Affairs, House: The Soviet Role in Asia, Hearings, Washington, D.C. 1983, Statement William A. Brown, Deputy Assistant Secretary of State for East Asian and Pacific Affairs, S. 515, 525, 532.
220 U.S. Congress 98/2, Committee on Foreign Relations, Senate: Situation in the Philippines and Implications for U.S. Policy, Hearing, Washington, D.C. 1984, Statement James A. Kelly, Dep.Ass. Secretary of Defense for International Security Affairs, S. 29.
221 Rede Verteidigungsminister Weinbergers in San Francisco am 28. 4. 1981, in: WB 81, 29. 4. 1981, S. 10ff., S. 16.
222 U.S. Congress 97/2, Committee on Foreign Affairs, House: United States-Japan Relations, Hearing, Washington, D.C. 1982, Statement des Assistant Secretary of Defense for International Security Affairs Francis J. West, S. 27. Das Kommuniqué des Staatsbesuches war sehr allgemein gehalten, vgl. WB 88, 11. 5. 1981, S. 6–7.
223 WB 122, 1. 7. 1981, S. 23.
224 IHT, 8. 6. 1982
225 WB 13, 19. 1. 1983, S. 5.
226 David MacEachron: Japan und die Vereinigten Staaten: ihre wirtschafts- und sicherheitspolitischen Beziehungen, in: Europa-Archiv 39, 17, 10. 9. 1984, S. 510.
227 Ebenda, S. 517.
228 Eine Zusammenstellung in Committee on Foreign Affairs (Anm. 222), S. 46.
229 Masashi Nishihara: Die Rolle Japans im Pazifischen Raum, in: Europa-Archiv 39, 7, 10. 4. 1984, S. 216.
230 Caspar W. Weinberger: Annual Report to the Congress on the FY 1986 Budget, FY 1987 Authorization Washington, D.C., 4. 2. 1985, hier zit. nach dem Abdruck in U.S. Congress 99/1, Committee on Appropriations, House: Department of Defense Appropriations for 1986, Part 1, Washington, D.C. 1985, S. 610.
231 Chester A. Crocker und William H. Lewis: Missing Opportunities in Africa, in: Foreign Policy 35, Sommer 1979, S. 145, 151, 153ff.
232 Chester A. Crocker: South Africa: Strategy for a Change, in: Foreign Affairs 59, 2, Winter 1980/1981, S. 323ff. S. 346.
233 Howard E. Wolpe: The Dangers of Globalism, in: G.J. Bender et al. (Hg.): African Crises Areas and U.S. Foreign Policy, Berkeley 1985, S. 290.
234 WB 50, 13. 3. 1981, S. 12–13.
235 Pressekonferenz Außenminister Haigs, WB 52, 17. 3. 1981, S. 7.

236 Wayne S. Smith: A Trap in Angola, in: Foreign Policy 62, Frühjahr 1986, S. 61 ff.
237 Vgl. dazu Winrich Kühne: Südafrika und seine Nachbarn: Stabilität durch Hegemonie?, in: Aus Politik und Zeitgeschichte B 12/85, 23. März 1985, S. 3 ff.
238 Rede Außenminister Haigs an der Fairfield University, WB 98/B, 26. 5. 1981, S. 14 ff.
239 Crocker, WB 104, 4. 6. 1981, S. 26–27.
240 IHT, 7. 5. 1982.
241 Donald Rothchild und John Ravenhill: Subordinating African Issues to Global Logic: Reagan Confronts Political Complexity, in: Oye (Anm. 163), S. 417.
242 WB 49, 12. 3. 1981, S. 31.
243 Rothchild/Ravenhill (Anm. 241), S. 417.
244 IHT, 26. 12. 1983, auch 1. 3. 1982.
245 Zahlen nach Carol Lancaster: The 99th Congress and the African Economic Crisis, Congressional Research Service Report 87–914 F., Washington, D. C., 26. Juni 1987, S. 13; ferner U. S. Congress 98/2, Committee on Foreign Relations, Senate: Security and Development Assistance, Hearings, Washington, D. C. 1984, S. 2743.
246 Committee on Foreign Relations (Anm. 245), S. 345–6. Zu diesem Hilfstyp, seinem Programm und seiner Vergabeweise vgl. Ernest Graves und Steven A. Hildreth: U. S. Security Assistance. The Political Process, Lexington, Mass. 1985.
247 U. S. Congress 98/2, Committee on Foreign Affairs, House: Congress and Foreign Policy – 1984, Washington, D. C. 1985, S. 75 ff.
248 Rothchild/Ravenhill (Anm. 241), S. 422.
249 Eine positive Bilanz zieht IHT, 24. 11. 1983.
250 Diesen Aspekt betont Kühne (Anm. 237).
251 U. S. Congress 98/1, Committee on Foreign Relations, Senate: United States-Soviet Relations, Hearings, Part 1, Washington, D. C. 1983, Statement Außenminister Shultz, S. 15.
252 U. S. Congress 98/1, Senate. Dangerous Stalemate: Superpower Relations in Autumn 1983. A Report of a Delegation of eight Senators to the Soviet Union, S. Doc. 98–16, Washington, D. C., September 1983, S. 22.
253 Committee on Foreign Relations (Anm. 251), Part 3, S. 82.
254 Hugh Heclo und Rudolph G. Penner: Fiscal and Political Strategy in the Reagan Administration, in: F. I. Greenstein (Hg.): The Reagan Presidency. An Early Assessment, Baltimore 1983, S. 39.
255 Auf die wirtschaftlichen Aspekte der «Reaganomics» im allgemeinen kann hier nicht eingegangen werden.
256 Reagans Fernsehansprache vom 24. 9. 1981, WB 183, 25. 9. 1981, S. 3.
257 Einzelheiten in Congressional Quarterly Almanac 1981, S. 256 ff.
258 Reagans Budget-Botschaft vom 10. 3. 1981, ebenda, S. 19-E.
259 Richard P. Nathan: The Reagan Presidency in Domestic Affairs, in: Greenstein (Anm. 254), S. 56.
260 Einzelheiten in Congressional Quarterly Almanac 1983, S. 219–221.
261 Eine Darstellung der einzelnen Programme gibt Axel Murswieck: Sozialpolitik in den USA. Eine Einführung, Opladen 1988. Dort auch einige Hinweise auf die Politik Reagans.
262 Belege bei Nathan (Anm. 259), S. 59–61.
263 Reagans erste Rede vor dem Kongreß zu Wirtschaftsfragen, WB 34-A, 19. 2. 1981, S. 1 ff.
264 Abgedruckt in Congressional Quarterly Almanac 1982, S. 3-E ff.
265 Darauf machen Heclo und Penner (Anm. 254) aufmerksam, S. 29 ff.
266 IHT, 24. 2. 1984. Siehe auch Ernst-Otto Czempiel: Reagans Revolution, in: MERKUR, 39, 3, März 1985, S. 196.

267 IHT, 28./29. 1. 1982
268 Zahlen nach Statistical Abstract of the United States 1987, S. 293. Vgl. dazu auch Klaus Frankenberger: Reaganomics: Wirtschaftspolitik zwischen Konsens und Konflikt im politischen Prozeß, in: Amerikastudien 29, 4, 1984, S. 373ff., 384.
269 Budget-Botschaft Reagans vom 31. 1. 1983, Congressional Quarterly Almanac 1983, S. 7-Eff.
270 IHT, 8. 11. 1982; Einzelergebnisse der Wahlen, bei denen die Republikaner auch sieben Gouverneursposten verloren, in Congressional Quarterly Almanac 1982, S. 3-Bff.
271 Congressional Quarterly Almanac 1983, S. 7-C.
272 Zahlen bei Murswieck (Anm. 261), S. 58.
273 IHT, 17. 2. 1982.
274 IHT, 27. 12. 1981.
275 IHT, 10./11. 7. 1982. Der Streik wurde am 22. 9. 1982 durch ein Gesetz endgültig verboten, IHT, 23. 9. 1982.
276 Ronnie Dugger: On Reagan. The Man & His Presidency, New York 1983, S. 116ff.
277 Dazu Wolfgang Kappus: Abrüstung und Wirtschaftswachstum. Die Erfahrungen der USA mit der Rekonversion 1968–1976, Frankfurt 1985.
278 Das wurde schon bei den vermehrten Rüstungsanforderungen Präsident Carters gesehen, vgl. «Why the U.S. Can't Rearm Fast», in: WP, 10. 2. 1980, S. D-16.
279 Business Week, 8. 2. 1982, S. 94–95.
280 IHT, 5. 3. 1982, vgl. auch ebenda, 29. 1. 1982.
281 IHT, 12. 3. 1982, vgl. auch ebenda, 15. 1. 1982, 20. 1. 1982, 7. 2. 1982, 22. 9. 1982.
282 IHT, 2. 2. 1983.
283 IHT, 25. 5. 1983.
284 James L. Sundquist: Has America Lost Its Social Conscience – and How Will it Get it Back?, in: Political Science Quarterly 101, 4, 1986, S. 513ff.
285 So David S. Broder in: IHT, 12. 1. 1983.
286 David A. Stockman: The Triumph of Politics. Why the Reagan Revolution Failed, New York 1986, S. 352.
287 IHT, 4. 1. 1988.
288 IHT, 3. 3. 1983.
289 IHT, 4. 1. 1982.
290 IHT, 17. 11. 1982; 13. 1. 1983.
291 WB 230, 7. 12. 1981, S. 19.
292 IHT, 17. 11. 1982.
293 IHT, 26. 1. 1983.
294 Allan E. Goodman: Reforming U.S. Intelligence, in: Foreign Policy 67, Sommer 1987, S. 130.
295 Bob Woodward: Geheimcode VEIL. Reagan und die geheimen Kriege der CIA, München 1987, passim.
296 Report of the President's Special Review Board vom 26. 2. 1987 (der Tower-Report über den National Security Council), Washington, D.C., 26. 2. 1987, S. C-11ff.
297 IHT, 8. 11. 1982.
298 FAZ, 17. 8. 1987.
299 IHT, 28. 4. 1987.
300 IHT, 9. 4. 1982. Zum Problemkreis vgl. William I. Bacchus: Staffing for Foreign Affairs. Personal Systems for the 1980's and 1990's, Princeton 1983.
301 IHT, 2. 4. 1986.
302 So das Memorandum von Philip Nicolaides an den Leiter der Voice of America James B. Conkling, National Journal, 23. 1. 1982, S. 159.
303 IHT, 23. 12. 1981 und 24. 3. 1982.

304 Statement Wick, WB 67, 7. 4. 1982, S. 29.
305 Zum Problemkreis vgl. Allen C. Hansen: USIA: Public Diplomacy in the Computer Age, New York 1984.
306 Zur Kritik an den Programmen dieser Phase vgl. John Spicer Nichols: Wasting the Propaganda Dollar, in: Foreign Policy 56, Herbst 1984, S. 129ff.
307 Auf beides kann hier nicht ausführlich eingegangen werden. Zur Iran-Contra-Affäre vgl. den Abschlußbericht der Untersuchungsausschüsse des Kongresses: U. S. Congress 100/1, Report of the Congressional Committees Investigating the Iran-Contra-Affair, H. Rept. No. 100–433, S. Rept. No. 100–216, Washington, D. C., November 1987. Zum National Security Council allgemein vgl. Ernst-Otto Czempiel: Amerikanische Außenpolitik, Stuttgart 1979, S. 70ff.
308 Report of the President's Special Review Board (Anm. 296), S. D-1ff.
309 IHT, 9. 6. 1986; 15. 7. 1986.
310 Report of the President's Special Review Board (Anm. 296), S. C-11ff. sowie ebenda Anm. 261.

III. Sowjetische Außenpolitik von Andropow bis Gorbatschow

1 Vgl. dazu die Aussagen in: U. S. Congress, Committee on Foreign Relations, Senate: Perceptions: Relations between the United States and the Soviet Union, Washington, D. C. o. J. (ca. 1980).
2 The International Institute for Strategic Studies: The Military Balance 1984/1985, London 1984, S. 138.
3 U. S. Congress 98/2, Joint Economic Committee: Allocation of Resources in the Soviet Union and China – 1984, Hearings, Part 10, Washington, D. C. 1985, S. 12.
4 Donald F. Burton: Estimating Soviet Defense Spending, in: Problems of Communism 32, 2, März/April 1983, S. 85. Eine kritische, die Objektivität bezweifelnde Position vertritt Franklyn D. Holzman: Soviet Military Spending: Assessing the Numbers Game, in: International Security 6, 4, Frühjahr 1982, S. 78ff.
5 IHT, 1. 4. 1986.
6 So Senator Proxmire in: Allocations (Anm. 3), S. 14–15.
7 Abraham S. Becker: Gorbachev's Defense-Economic Dilemma, in: U. S. Congress 100/1, Joint Economic Committee: Gorbachev's Economic Plans, Volume 1, Washington, D. C. 1987, S. 374.
8 The International Institute for Strategic Studies: The Military Balance 1987–1988, London 1987, S. 31.
9 Caspar W. Weinberger: Annual Report to the Congress on the FY 1988/FY 1989 Budget, FY 1990 Authorization Request and FY 1988–1992 Defense Programs, Washington, D. C. 1987, S. 26.
10 John M. Collins: U. S.-Soviet Military Balance 1980–1985, Washington, D. C. 1985, S. 54.
11 Ders.: U. S./Soviet Military Balance. Statistical Trends, 1976–1985, Congressional Research Service Report 87–128-S, Washington, D. C., 3. 4. 1987, S. 17, 23, 30.
12 Ebenda, S. 15.
13 Ebenda, S. 23.
14 Ebenda.
15 Collins (Anm. 10), S. 55.
16 Belege bei Lincoln P. Bloomfield: What's Wrong With Transitions, in: Foreign Policy 55, Sommer 1984, S. 27.
17 General David C. Jones: United States Military Posture for FY 1981, Washington, D. C. 1980, S. 13.

18 Organization of the Joint Chiefs of Staff: United States Military Posture for FY 1986, abgedruckt in: U.S. Congress 99/1, Committee on Appropriations, House: Department of Defense Appropriations for 1986, Part 1, Washington, D.C. 1985, S. 698.
19 Caspar W. Weinberger: Annual Report to the Congress on the FY 1987 Budget, FY 1988 Authorization Request and FY 1987–1991 Defense Programs, Washington, D.C. 1986, S. 71.
20 Jürgen Wilzewski: Anti-Satellitenwaffen: Möglichkeiten und Grenzen ihrer Kontrolle, HSFK-Report 5/1987, Frankfurt 1987, S. 21–22.
21 Collins (Anm. 10), S. 112.
22 U.S. Congress 99/1, Committee on Armed Services, Senate: Department of Defense Authorization for Appropriations for Fiscal Year 1986, Hearings, Part 2, Washington, D.C. 1985, Statement Marineminister John F. Lehman, Jr., S. 810.
23 Collins (Anm. 11), S. 152.
24 Ebenda, S. 124.
25 Collins (Anm. 10), S. 115.
26 IHT, 23. 10. 1987.
27 Committee on Armed Services (Anm. 22), Statement Admiral James D. Watkins, Chief of Naval Operations, S. 968.
28 Wolfgang Berner, Helmut Dahm: «Neues Denken» in der Außenpolitik der UdSSR, Berichte des Bundesinstituts für ostwissenschaftliche und internationale Studien 46–1987, Köln, Oktober 1987. William G. Hyland: Reagan-Gorbachev III, in: Foreign Affairs 66, 1, Herbst 1987, S. 10.
29 Dazu Seweryn Bialer: Gorbachev's Move, in: Foreign Policy 68, Herbst 1987, S. 59ff. F. Stephen Larrabee und Allen Lynch: Gorbachev: The Road to Reykjavik, in: Foreign Policy 65, Winter 1986/87, S. 3ff.
30 Eine sehr gute Darstellung der Genese des INF-Vertrages bei Michael R. Gordon: INF: A Hollow Victory?, in: ebenda, S. 159ff.
31 Vgl. den Rechenschaftsbericht Gorbatschows auf dem XXVII. Parteitag der KPdSU, März 1986, in: G. Meyer (Hg.): Sowjetunion zu neuen Ufern?, Düsseldorf o.J. (1987), S. 125ff.
32 IHT, 3. 8. 1987.
33 U.S. Congress 99/1, Committee on Foreign Relations, Senate: Soviet Imperatives for the 1990's, Hearing, Washington, D.C. 1986, Statement Richard F. Kaufman, S. 21ff.
34 Francis Fukuyama: Gorbachev and the Third World, in: Foreign Affairs 64, 4, Frühjahr 1986, S. 719ff.
35 Weinberger (Anm. 9), S. 35.
36 Caspar Weinberger: Soviet Military Power 1983, Washington, D.C. 1983, S. 84; 1985, Washington, D.C. 1985, S. 116. Die Zahlen beruhen auf Schätzungen. Grundsätzlich müssen die Angaben dieser Publikation mit Vorsicht behandelt werden, da sie überzeugen, nicht informieren will.
37 The International Institute for Strategic Studies (Anm. 2), S. 22.
38 Hans-Joachim Spanger und Lothar Brock: Die beiden deutschen Staaten in der Dritten Welt, Opladen 1987, S. 198.
39 Andrew J. Pierre: Arms Sales: The New Diplomacy, in: Foreign Affairs 60, 2, Winter 1981/82, S. 271. Dort auch Zahlen über die Militärhilfe der Sowjetunion.
40 Allocations (Anm. 3), Part 11, 1986, S. 112–113.
41 Abraham S. Becker: The Soviet Union and the Third World: The Economic Dimension, Rand Occasional Paper, Santa Monica 1986, S. 7.
42 Allocations (Anm. 3), S. 113.
43 Becker (Anm. 41), S. 17.

44 Vgl. die Analysen in U. S. Congress 99/1, Committee on Foreign Affairs, House: The Soviet Union in the Third World, 1980–85: An Imperial Burden or Political Asset? Report by the Congressional Research Service, Washington, D. C. 1985, S. 201 ff., 227.
45 Dazu Winrich Kühne: Sowjetische Afrikapolitik in der «Ära Gorbatschow», Stiftung Wissenschaft und Politik, Ebenhausen 1986, S. 16, 117ff.
46 Richard Remnek: Strategische Interessen der Sowjetunion in Afrika in den achtziger Jahren, Stiftung Wissenschaft und Politik, Ebenhausen 1986. Remnek ist einer der wichtigen Afrikaspezialisten der Vereinigten Staaten.
47 Stuart D. Goldman: Soviet Policy Toward Iran and the Strategic Balance in Southwest Asia, Congressional Research Service Report 87–592 F, Washington, D. C. 1987, passim.
48 Galia Golan: Gorbachev's Middle East Strategy, in: Foreign Affairs 66, 1, Herbst 1987, S. 42ff.
49 U. S. Congress 98/1, Committee on Foreign Affairs, House: The Soviet Role in Asia, Hearings, Washington, D. C. 1983, Statement Deputy Assistant Secretary of Defense James A. Kelly, S. 541, 544.
50 Committee on Foreign Affairs (Anm. 44), S. 61. Dort auch Zahlen zur sowjetischen Militärpräsenz.
51 IHT, 4. 12. 1987.
52 Committee on Foreign Affairs (Anm. 44), S. XVI.
53 Ebenda, S. 121.
54 Vgl. dazu Hiroshi Kimura: Soviet Focus on the Pacific, in: Problems of Communism, Mai/Juni 1987, S. 1 ff. Speziell zum Vorschlag einer internationalen Organisation für Asien vgl. Gerhard Baumann: Kollektive Sicherheit für Asien. Moskaus Vorschlag für eine asiatische Sicherheitskonferenz, in: Beiträge zur Konfliktforschung 17, 1, 1987, S. 51 ff.
55 IHT, 1. 7. 1987.
56 Committee on Foreign Affairs (Anm. 44), S. 330.
57 Ebenda, S. 324, 336.
58 IHT, 8. 9. 1987.
59 Sowjetische Pressemitteilung, zit. nach: IHT, 18. 12. 1987.
60 Department of Defense: Die sowjetische Militärmacht 1987. 6. Dokumentation des US-Verteidigungsministeriums (Auszug), Bonn 1987, S. 56.
61 Committee on Foreign Affairs (Anm. 44), S. 338.
62 Ebenda, S. XXXII.

IV. Aufrüstung und Pragmatismus

1 John E. Rielly (Hg.): American Public Opinion and U. S. Foreign Policy 1983, The Chicago Council on Foreign Relations, Chicago 1983, S. 36.
2 Zu diesen Alternativen ebenda, S. 38.
3 Thomas Ferguson und Joel Rogers: The Myth of America's Turn to the Right, in: The Atlantic, Mai 1986, S. 48.
4 IHT, 20. 5. 1983. Der Anstieg begann im Januar 1983.
5 Ferguson (Anm. 3), S. 48.
6 Ebenda, S. 47.
7 IHT, 10.-11. 4. 1982.
8 McGeorge Bundy, George F. Kennan, Robert S. McNamara, Gerard Smith: Nuclear Weapons and the Atlantic Alliance, in: Foreign Affairs 60, 4, Frühjahr 1982, S. 753 ff.

9 Congressional Quarterly Almanac 1982, S. 113.
10 IHT, 27. 10. 1982.
11 Edward M. Kennedy und Mark O. Hatfield: FREEZE! How You Can Help Prevent Nuclear War, New York 1982. Deutsch unter dem Titel: Stoppt die Atomrüstung, Hamburg 1982.
12 Ausführlich dazu Bernd W. Kubbig: Amerikanische Rüstungskontrollpolitik. Die innergesellschaftlichen Kräfteverhältnisse in der ersten Amtszeit Reagans (1981–1985), Frankfurt 1988.
13 IHT, 20. 10. 1982.
14 Zu diesen Zusammenhängen im einzelnen Ferguson (Anm. 3), S. 153.
15 Ebenda, S. 143.
16 William Schneider: «Rambo» and Reality: Having It Both Ways, in: K. A. Oye et al. (Hg.): Eagle Resurgent? The Reagan Era in American Foreign Policy, Boston 1987, S. 66.
17 Rielly (Anm. 1), S. 29.
18 Ebenda, S. 14.
19 Ebenda, S. 28.
20 Congressional Quarterly Almanac 1982, S. 3B. Dort auch die Wahlergebnisse im einzelnen.
21 IHT, 4. 11. 1982.
22 David S. Broder in IHT, 8. 11. 1982. Zu den Aufwendungen der Political Action Committees vgl. National Journal, 18. 12. 1982, S. 2144, bes. 2151.
23 Schneider (Anm. 16), S. 41, 59.
24 Ebenda, S. 44.
25 Ebenda, S. 45.
26 Vgl. die Wahlanalyse in: National Journal, 10. 11. 1984, S. 2122ff. Ferner U.S. News & World Report, 19. 11. 1984, S. 24ff.
27 Siehe die Auszüge in Congressional Quarterly, 18. 8. 1984, S. 2023ff.
28 Michael Barone: The America of the '80s: A Nation at Peace With Itself, IHT, 6. 8. 1985.
29 Einzelheiten bei Kevin Phillips: Hubris on the Right, in: New York Times Magazine, 12. 5. 1985, S. 48ff.
30 Everett Carll Ladd: On Mandates, Realignments, and the 1984 Presidential Election, in: Political Science Quarterly 100, 1985, S. 1ff. Thomas E. Cavanagh und James L. Sundquist: The New Two-Party System, in: J. E. Chubb und P. E. Peterson (Hg.): The New Direction in American Politics, Washington, D.C., Brookings, 1985, S. 33ff.
31 Phillips (Anm. 29), S. 57. Zu den Zyklen der amerikanischen Politik vgl. Arthur M. Schlesinger, Jr.: The Cycles of American History, Boston 1986.
32 Abgedruckt in Congressional Quarterly, 21. 7. 1984, S. 1747ff.
33 National Journal, 10. 11. 1984, S. 2123.
34 Charles Tyroler, II. (Hg.): Alerting America. The Papers of the Committee on the Present Danger, Washington, D.C. 1984. Das Committee mußte selbst in einer von ihm in Auftrag gegebenen Meinungsumfrage eine Mehrheit für das Einfrieren der Nuklearrüstung feststellen, ebenda, S. 246ff.
35 Jerry W. Sanders: Peddlers of Crisis. The Committee on the Present Danger and the Politics of Containment, Boston 1983, S. 338ff.
36 Norman Podhoretz: The Reagan Road to Détente, in: Foreign Affairs 63, 3, 1984, S. 447ff.
37 Ferguson (Anm. 3), S. 154.
38 Statistical Abstract of the United States, 1987, S. 776.
39 Hertha W. Heiss: U.S.-Soviet Trade Trends, in: U.S. Congress 100/1, Joint Eco-

nomic Committee: Gorbachev's Economic Plans, Study Papers, Vol. II, Washington, D. C. 1987, S. 454–55. Dort auch Einzelheiten über die Zusammensetzung des amerikanisch-sowjetischen Handels, S. 456.

40 U. S. Congress 99/2, Committee on Foreign Affairs, House: Omnibus Trade Legislation, Hearings, Vol. II: National Security Export Controls, Washington, D. C. 1986, S. 94, Statement James A. Gray. Gray war Vorsitzender der National Machine Tool Builder's Association.

41 Die Ergebnisse der amerikanisch-sowjetischen Handelskonferenz sind abgedruckt in: U. S. Congress 98/1, Committee on Foreign Relations, Senate: U. S.-Soviet Relations, Hearings, Part 1, Washington, D. C., Juni 1983, S. 83 ff.

42 U. S. Congress 99/1, Joint Economic Committee: Prospects for Improved American-Soviet Trade, Hearing, Washington, D. C. 1985, S. 35f., Statement des Aufsichtsratsvorsitzenden von PepsiCo Donald M. Kendall; S. 66 ff., Statement des Vorstandsmitglieds der Arche Daniels Midland Company Dwayne O. Andreas.

43 U. S. Congress 99/2, Committee on Energy and Commerce, House: U. S. Trade Relations with the Soviet Union, Hearing, Washington, D. C. 1986, S. 65 ff., 80 ff., Statement Stephen T. DeLaMater, Vertreter der Petroleum Equipment Suppliers Association.

44 Committee on Foreign Affairs (Anm. 40), S. 51 ff., Statement Thomas A. Christiansen, Vertreter der American Electronics Association; S. 108 ff., Statement David Millery, Vertreter der Scientific Apparatus Makers Association.

45 The President's Commission on Industrial Competitiveness: A Global Competition: The New Reality, Report, Vol. II, Washington, D. C. 1985, S. 194 ff.

46 The Business-Higher Education Forum: Export Controls: The Need to Balance National Objectives, Washington, D. C. 1986, S. 4 ff., 13 ff.

47 WP, 12. 1. 1987, S. A1, A16.

48 Vgl. die Äußerungen der republikanischen Abgeordneten Toby Roth (Wis.) und Ed Zschau (Calif.) in: Committee on Foreign Affairs (Anm. 40), passim.

49 NYT, 24. 3. 1986.

50 NYT, 25. 5. 1986.

51 NYT, 24. 3. 1986.

52 Dazu grundsätzlich David A. Baldwin: Economic Statecraft, Princeton, N. J. 1985.

53 Michael Mandelbaum und Strobe Talbott: Reagan and Gorbachev, New York, Council on Foreign Relations, 1987, S. 33, 40.

54 WB 10, 16. 1. 1984, S. 8.

55 Ebenda, S. 6.

56 WB 18, 26. 1. 1984, S. 11.

57 WB 120, 28. 6. 1984, S. 5.

58 U. S. Congress 99/1, Committee on Foreign Relations, Senate: Commitments, Consensus, and U. S. Foreign Policy, Hearings, Washington, D. C. 1985, Statement Außenminister Shultz, S. 7.

59 Richard M. Nixon: The Case for a ‹Hardheaded Detente›, IHT, 23. 8. 1982.

60 Vortrag Außenminister Shultz in Los Angeles am 18. 10. 1984, WB 196, 19. 10. 1984, S. 4 ff. Europa-Archiv 1985, S. D 7-D 12.

61 WB 120, 28. 6. 1984, S. 1–4.

62 Siehe die Beschreibung von John D. Negroponte: U. S.-Soviet Scientific Exchanges, in: Department of State: Current Policy 997, September 1987, S. 1–3. Einzelheiten über den wissenschaftlichen Austausch seit 1980 sowie eine Wiedergabe der Congressional Research Service-Studie von John P. Hardt: «U. S.-Soviet Exchanges: Perspectives and Prospects» finden sich in U. S. Congress 99/2, Committee on Foreign Affairs, House: United States-Soviet Scientific Exchanges, Hearing, Washington, D. C. 1986, passim, S. 63 ff. Zur politischen Bedeutung des Wissenschafts-

und Kulturaustausches vgl. Yale Richmond: U.S.-Soviet Cultural Exchanges 1958–1986: Who Wins?, Boulder 1988.

63 Leslie H. Gelb und Anthony Lake: Diplomacy Restored?, in: Foreign Affairs 63, 3, 1985, S. 484ff.

64 Shultz (Anm. 58), S. 6. Das Statement von Außenminister Shultz wurde unter dem Titel: «Shaping American Foreign Policy. New Realities and New Ways of Thinking» veröffentlicht in: Foreign Affairs 63, 4, Frühjahr 1985, S. 705–721.

65 Grundsatzerklärung über die amerikanisch-sowjetischen Beziehungen vom 29. 5. 1972, abgedruckt in: Europa-Archiv 1972, S. D 289–291.

66 U.S. Congress 99/1, Joint Economic Committee: Prospects for Improved American-Soviet Trade, Hearing, Oktober 1985, Washington, D.C. 1986, S. 8, S. 22–25.

67 IHT, 6. 4. 1983.

68 Vgl. dazu U.S. Congress 98/1, Committee on Foreign Affairs, House: Extension and Revision of the Export Administration Act of 1979, Hearings and Markup, Washington, D.C. 1983, passim.

69 Public Law 99–64, unterzeichnet am 15. 7. 1985.

70 NYT, 24. 3. 1986. Der Text des Gesetzes in U.S. Congress 100/1: The Legislation on Foreign Relations Through 1986, Vol. II, Joint Committee Print, Washington, D.C., Juni 1987, S. 443ff.

71 Reinhard Rode: Sanktion und Geschäft. Die Ostwirtschaftspolitik der USA unter Reagan, Frankfurt 1986, S. 56.

72 U.S. Congress 99/2, Committee on Energy and Commerce, House: U.S. Trade Relations With the Soviet Union, Hearing, Washington, D.C. 1986, S. 67.

73 U.S. Congress 99/2, Committee on Foreign Affairs, House: Omnibus Trade Legislation, Hearings, Vol. II: National Security Export Controls 1986, Washington, D.C. 1987, S. 77, 83.

74 Arnold Horelick: The Return of Arms Control, in: Foreign Affairs, 63, 3, 1985, S. 520ff.

75 WB 178A, 24. 9. 1984, S. 10.

76 WB 211, 9. 11. 1984, S. 3.

77 Vgl. die Pressekonferenz McFarlanes am 22. 11. 1984, WB 219, 26. 11. 1984, S. 5ff.

78 Europa-Archiv 40, 2, 1985, S. D 60.

79 Jeremy Azrael, Stephen Sestanovich: Superpower Balancing Acts, in: Foreign Affairs 64, 3, 1986, S. 493.

80 Pressekonferenz McFarlane, WB 47, 13. 3. 1985, S. 3ff.; auch Außenminister Shultz, WB 50, 18. 3. 1985, S. 1ff.

81 WB 105, 11. 6. 1985, S. 3, dort auch S. 5–11 eine Erläuterung des (geheimen) Berichtes Präsident Reagans an den Kongreß über eine Zwischenlösung im Bereich der strategischen Waffen.

82 WP, 9. 10. 1985.

83 WB 190A, 16. 10. 1985, S. 8.

84 WB 197, 25. 10. 1985, S. 1ff. Vgl. dazu auch Ernst-Otto Czempiel: Der Stand der amerikanisch-sowjetischen Beziehungen, in: Aus Politik und Zeitgeschichte B 5/86, 1. 2. 1986, S. 3ff.

85 Azrael/Sestanovich (Anm. 79).

86 WB 214, 12. 11. 1985, S. 11.

87 Ebenda, S. 6.

88 Paul Nitze, in: WB 34, 21. 2. 1985, S. 3ff.

89 Der Stellvertretende Außenminister Kenneth Dam, in: WB 10, 15. 1. 1985, S. 13ff., S. 16.

90 Henry Grunwald: Foreign Policy Under Reagan II, in: Foreign Affairs 63, 2, Winter 1984/1985, S. 229.

91 Caspar W. Weinberger: Annual Report to the Congress on the FY 1984 Budget etc., Washington, D.C. 1986, S. 29. Eine Paraphrase dieses Berichtes stellt der Aufsatz von Weinberger: U.S. Defense Strategy, in: Foreign Affairs 64, 4, Frühjahr 1986, S. 675ff. dar.
92 Ebenda, S. 58.
93 Weinberger, Annual Report etc. FY 1988, Washington, D.C. 1987, S. 42.
94 Ders. (Anm. 91), S. 37.
95 Vgl. dazu Jürgen Wilzewski: Das gefährdete Gleichgewicht. Strategische Rüstungskontrolle und die Ambivalenz der Abschreckung, Frankfurt 1988.
96 Zum Kriterium der offensiven Macht in der außenpolitischen Diskussion der Vereinigten Staaten vgl. Rudolf Witzel: Rüstungskontrollpolitik und Machtverständnis in den USA. Die inneramerikanische Kontroverse um die äußere Sicherheit 1968–1976, Frankfurt 1988.
97 Fred Charles Iklé: Nuclear Strategy: Can There Be a Happy Ending?, in: Foreign Affairs 63, 4, Frühjahr 1985, S. 810ff.
98 Nitze (Anm. 88), S. 7.
99 Die jährliche Berichterstattung war im Defense Reorganization Act von 1986 eingeführt worden. Der Bericht des Präsidenten ist abgedruckt in USPIT 18, 19, 20, 1987. Hier zitiert in der vom Weißen Haus herausgegebenen Fassung vom Januar 1987: National Security Strategy of the United States, Washington, D.C. 1987.
100 Ebenda, S. 5.
101 Ebenda, S. 27.
102 Ebenda, S. 29.
103 Ebenda, S 23–24.
104 Weinberger (Anm. 93), S. 65.
105 USPIT 82, 28. 5. 1986, S. 5. Michael Mandelbaum und Strobe Talbott: Reagan and Gorbachev, Washington, D.C., Council on Foreign Relations, 1987, S. 157.
106 Ronald Reagan: National Security Strategy of the United States, Washington, D.C., Januar 1988, S. 29, 15, 5.
107 Joshua M. Epstein: The 1988 Defense Budget, Washington, D.C., Brookings, 1987, S. 8, 10.
108 Center for Defense Information, zit. nach WP, 12. 11. 1987.
109 Charles W. Ostrom, Jr., und Robin F. Marra: U.S. Defense Spending and the Soviet Estimate, in: American Political Science Review, 80, 3, September 1986, S. 819ff., S. 838. Siehe auch mit ähnlicher These aber größerer Datenbasis Gary Zuk und Nancy R. Woodbury: U.S. Defense Spending, Electoral Cycles, and Soviet-American Relations, in: Journal of Conflict Resolution 30, 3, September 1986, S. 445ff.
110 Epstein (Anm. 107), S. 5.
111 Lawrence J. Korb: Spending Without Strategy, The FY 1988 Annual Defense Department Report, in: International Security 12, 1, Sommer 1987, S. 166–167.
112 Weinberger (Anm. 91), S. 101; ders. (Anm. 93), S. 98.
113 Korb (Anm. 111), S. 172.
114 Ebenda.
115 Vgl. dazu U.S. Congress 99/1, Committee on Armed Services, Senate: Defense Organization: The Need for Change, Staff Report, Washington, D.C. 1985.
116 Vgl. dazu Michael D. Hobkirk: The Politics of Defence Budgeting: A Study of Organization and Resource Allocation in the United Kingdom and the United States, Washington, D.C. 1983.
117 Public Law 99–145.
118 Zit. nach dem Abdruck in U.S. Congress 96/2, Committee on Appropriations,

House: Department of Defense Appropriations for 1981, Hearings, Part 1, Washington, D.C. 1980, S. 344.

119 Korb (Anm. 111), S. 167.

120 Weinberger (Anm. 93), S. 205.

121 Congressional Budget Office: Modernizing U.S. Strategic Offensive Forces: Costs, Effects, and Alternatives, Washington, D.C., November 1987, S. 23–24.

122 IHT, 11. 8. 1987, 27. 10. 1987.

123 Report of the President's Commission on Strategic Forces (Scowcroft Commission), April 1983, S. 14, auszugsweise abgedruckt in Europa-Archiv 38, 17, 10. 9. 1983, S. D 466–483.

124 Weinberger (Anm. 93), S. 206.

125 U.S. Congress, Office of Technology Assessment: Ballistic Missile Defense Technologies, Washington, D.C., September 1985.

126 Congressional Quarterly Almanac 1985, S. 130.

127 United States Congress 99/1, Committee on Foreign Affairs, House: ABM Treaty Interpretation Dispute, Hearing, Washington, D.C. 1985, S. 4ff., 6ff.

128 U.S. Congress 100/1, Committee on Foreign Relations, Senate: The ABM Treaty Interpretation Resolution, Report, Washington, D.C. 1987, S. 66.

129 Jürgen Wilzewski: Anti-Satellitenwaffen: Möglichkeiten und Grenzen ihrer Kontrolle, HSFK-Report 5/1987, Frankfurt 1987, S. 10.

130 Congress-Report, verschiedene Ausgaben.

131 Die Literatur zur Strategischen Verteidigungsinitiative ist beträchtlich. Eine Auswahlbibliographie bietet Valentin Leskovsek: The ABM Treaty and the SDI: Bibliography in Brief, 1982–1987, Washington, D.C., Congressional Research Service, 1987. Hervorzuheben sind Paul B. Stares: The Militarization of Space: U.S. Policy, 1945–1984, Ithaca, N.Y. 1985 und Larry Pressler: Star Wars: The Strategic Defense Initiative Debates in Congress, New York 1986. Von deutscher Seite Hans Günter Brauch: Angriff aus dem All. Der Rüstungswettlauf im Weltraum, Bonn 1984. Eine Zusammenstellung weiterer Aspekte des Weltraums bieten Karl Kaiser und Stephan Freiherr von Welck (Hg.): Weltraum und Internationale Politik, München 1987.

132 Dazu Ernst-Otto Czempiel: SDI and NATO: The Case of the Federal Republic of Germany, in: S. Lakoff und R. Willoughby (Hg.): Strategic Defense and the Western Alliance, Lexington, Mass. 1986, S. 147ff.

133 David C. Morrison: ‹Star Wars›: A Thriving Cottage Industry, in: National Journal, 23. 5. 1987, S. 1368ff.

134 Douglas C. Waller und James T. Bruce: SDI Progress and Challenges, Staff Report, Pt. 2, Washington, D.C., mimeo, 19. 3. 1987, S. 3ff.

135 Ebenda, S. 18. Vgl. dazu auch Bernd W. Kubbig: Die SDI-Debatte in der Reagan-Administration und im Kongreß ab 1983, HSFK-Report 2/1988, Frankfurt 1988.

136 Democratic Study Group: Star Wars: A Strategically Deficient Initiative, Special Report No. 99–44, Washington, D.C., 29. 7. 1986, mimeo, S. 11ff. Zu den Folgen von SDI für die NATO-Allianz vgl. Paul E. Gallis et al.: The Strategic Defense Initiative and United States Alliance Strategy, Congressional Research Service Report 85–48 F, Washington, D.C., 1. 2. 1985, mimeo.

137 IHT, 27. und 28. 1. 1987.

138 Zu den Chemiewaffen vgl. Joseph D. Douglass, Jr., und Neil C. Livingstone: America the Vulnerable: the Threat of Chemical and Biological Warfare, Lexington Books, Lexington, Mass., 1987

139 U.S. Congress 99/1, Committee on Appropriations, House: Department of Defense Appropriations for 1986, Hearings, Pt. 4, Washington, D.C. 1985, S. 423, State-

ment des Assistant Secretary of the Navy Everett Pyatt. Tabellarische Zusammenstellung der Ausbaupläne auf S. 440.

140 U. S. Congress 99/1, Committee of Conference, Department of Defense Authorization Act, 1986, Conference Report, Washington, D. C. 1985, S. 11 ff.

141 Congressional Quarterly Almanac 1986, S. 468.

142 Weinberger (Anm. 91), S. 228.

143 Peter Rudolf: Die Maritime Strategie der USA, Analyse und Kritik, HSFK-Report 8/1986, Frankfurt 1986. Eine geopolitische Begründung der Maritimen Strategie bietet Colin S. Gray: Keeping the Soviets Landlocked: Geostrategy for a Maritime America, in: The National Interest, Sommer 1986, S. 24 ff. Eine Detailanalyse bietet Linton F. Brooks: Naval Power and National Security: The Case for the Maritime Strategy, in: International Security 11, 2, Herbst 1986, S. 58 ff.

144 Die Funktionsbeschreibung der Marine nach John J. Mearsheimer: A Strategic Misstep: The Maritime Strategy and Deterrence in Europe, in: International Security 11, 2, Herbst 1986, S. 8–9.

145 Weinberger (Anm. 91), S. 181.

146 Ders. (Anm. 93), S. 229.

147 Ebenda, S. 234.

148 Epstein (Anm. 107), S. 31.

149 Frank Carlucci: Annual Report to the Congress on the FY 1989 Budget, Washington, D. C. 1988, S. 121 ff.

150 IHT, 12. 2. 1988.

151 IHT, 10. 12. 1987.

152 Zu diesem Komplex Wolfgang Kappus: Die Legende vom Rüstungsboom, Starnberg, Forschungsinstitut für Friedenspolitik, März 1987, S. 26 ff.

153 Kenneth L. Adelman: Arms Control With and Without Agreements, in: Foreign Affairs 63, 2, Winter 1984/85, S. 240 ff.

154 U. S. Congress 98/2, Committee on Foreign Affairs, House: The Role of Arms Control in U. S. Defense Policy, Hearings, Washington, D. C. 1984, Statement Assistant Secretary for International Security Policy Richard N. Perle, S. 60–61.

155 WB 209, 14. 11. 1985, S. 37 ff.

156 WB 105, 11. 6. 1985, S. 3.

157 USPIT 6, 16. 1. 1986, S. 3.

158 USPIT 26, 25. 2. 1986, S. 14.

159 Reagans Ansprache an die Nation vom 26. 2. 1986, USPIT 28, 27. 2. 1986, S. 6, 7.

160 Dante B. Fascell: Congress and Arms Control, in: Foreign Affairs 65, 4, Frühjahr 1987, S. 730 ff., 735.

161 WB 43, 7. 3. 1985, S. 3.

162 WP, 14. 10. 1986.

163 Fascell (Anm. 160), S. 737.

164 Siehe dazu Democratic Study Group, U. S. House of Representatives: Special Report No. 99–38: The Scrapping of SALT II, Washington, D. C., 11. 6. 1986, mimeo.

165 USPIT 280, 28. 5. 1986, S. 1 ff.

166 Les Aspin, zit. in: Congressional Quarterly, 2. 8. 1986, S. 1766. Überblick über die Rolle des Kongresses bei der Kontrolle der Kernwaffen bietet U. S. Congress 99/2, Committee on Foreign Affairs, House: Fundamentals of Nuclear Arms Control, Report by the Congressional Research Service, Part IX: The Congressional Role in Nuclear Arms Control, Washington, D. C. 1986, S. 379 ff.

167 Mandelbaum (Anm. 105), S. 158.

168 Fascell (Anm. 160), S. 739.

169 U. S. Congress 99/2, Conference Committee: National Defense Authorization Act for Fiscal Year 1987, Conference Report, Washington, D. C. 1986.
170 U. S. Congress 99/2, Committee on Armed Services, House: Process and Implications of the Iceland Summit, Hearings, Washington, D. C. 1987, Statement Assistant Secretary of Defense for International Security Policy Richard Perle, S. 47.
171 Ebenda. Der Brief ist bis 1988 nicht veröffentlicht worden, USPIT 105, 28. 7. 1986, S. 1.
172 Perle (Anm. 170), S. 15.
173 Weitere Einzelheiten bei Ernst-Otto Czempiel: Amerikanisch-sowjetische Beziehungen nach Reykjavik, in: Aus Politik und Zeitgeschichte B 1–2/87, 10. 1. 1987, S. 3ff.
174 Ders.: Konventionell oder Nuklear: Langfristige Aspekte der aktuellen Debatte, in: Die Neue Gesellschaft 30, 2, Februar 1983, S. 150ff.
175 Vgl. die Stellungnahmen im Senat, Congressional Record, 10. 10. 1986, S. S16004ff.; 15. 10. 1986, S. S16363ff.; 16. 10. 88 S. S16819ff. und die Diskussion zwischen den Senatoren Nunn und Dole am 18. 10. 1986, S. S17337ff.
176 John E. Rielly (Hg.): American Public Opinion and U. S. Foreign Policy 1987, Chicago Council on Foreign Relations, 1987, S. 12.
177 Ebenda, S. 31. Dazu ders.: Die öffentliche Meinung in den Vereinigten Staaten im Herbst 1986, in: Europa-Archiv 5, 1987, S. 139ff.
178 Congressional Quarterly Almanac 1986, S. 5Bff.
179 David S. Broder, in: WP, 10. 12. 1986, S. A19.
180 WP, 11. 11. 1986, S. A19.
181 William Schneider: Return to Normalcy, in: National Journal, 8. 11. 1986, S. 2708ff., S. 2710.
182 Ronald Brownstein: End of the Road, ebenda, S. 2670ff.
183 Stanley J. Heginbotham: Congress and Arms Control in 1987, in: CRS-Review, Juni 1987, S. 23ff.
184 Democratic Study Group, House: The Arms Control Fiasco, Special Report No. 99–50, 13. 10. 1986, S. 1ff.
185 Siehe die Übersicht in USPIT 128, 22. 7. 1987, S. 9ff.
186 Ebenda 129, 23. 7. 1987, S. 1.
187 Michael R. Gordon: INF: A Hollow Victory?, in: Foreign Policy 68, Herbst 1987, S. 159ff., S. 178.
188 Siehe die Darstellung bei U. S. Congress 100/1, Committee on Foreign Affairs, House: Verifying Arms Control Agreements: The Soviet View, Report by the Congressional Research Service, Washington, D. C. 1987, S. 16. Zur Verifikationsproblematik allgemein vgl. William F. Rowell: Arms Control Verification: A Guide to Policy Issues for the 1980s, Cambridge 1986. Allan S. Krass: Verification: How Much Is Enough? SIPRI, London 1986. Die Möglichkeiten und Schwierigkeiten der Überwachung durch nationale technische Möglichkeiten werden im Detail diskutiert in U. S. Congress 100/1, Permanent Select Committee on Intelligence, House: Intelligence Support to Arms Control, Report, 19. 11. 1987, Washington, D. C. 1987, passim.
189 Stuart D. Goldman: Verifying Agreements: The Soviet View, in: CRS-Review, Juni 1987, S. 19ff.
190 Siehe die Beschreibung der Vorschläge in USPIT 47, 13. 3. 1987, S. 1ff.
191 U. S. Congress 98/2, Committee on Foreign Relations, Senate: Nuclear Risk Reduction, Hearing, Report by the Congressional Research Service, Washington, D. C. 1984, S. 60ff.; Statement Senator Nunn, S. 6ff., 31ff.
192 NYT, 6. 5. 1986.
193 Text des Abkommens in USPIT 167A, 17. 9. 1987, S. 9ff.

194 Vgl. zu dieser Problematik Daniel Frei: Friedenssicherung durch Gewaltverzicht?, in: Aus Politik und Zeitgeschichte B15–16 1983, S. 3ff.

195 Zur offiziellen und inoffiziellen Reaktion der Westeuropäer vgl. Thomas Risse-Kappen: Null-Lösung. Die weltweite Abrüstung der landgestützten Mittelstreckenflugkörper. Eine politische Bewertung. HSFK-Report 7/1987, Frankfurt 1987.

196 Vgl. die Aufsätze von McGeorge Bundy et al.: Kernwaffen und das Atlantische Bündnis, in: Europa-Archiv 7, 1982, S. 183ff., Foreign Affairs, 60, 4, Frühjahr 1982, S. 753ff. und Karl Kaiser et al.: Kernwaffen und die Erhaltung des Friedens, in: Europa-Archiv 37, 12, 1982, S. 357ff.

197 Vgl. den Bericht der Commission on Integrated Long-Term Strategy: Discriminate Deterrence, Washington, D.C. 1988, S. 2ff., S. 33ff.

198 Vgl. die Stellungnahmen in: U.S. Congress 100/2, Committee on Foreign Relations, Senate: The INF-Treaty, Hearings, 5 vols., Washington, D.C. 1988, bes. W. W. Rostow, Committee on the Present Danger, III, S. 193ff., S. F. Kraemer, National Security Council; Burt Pines, Heritage Foundation, IV, 38f.

199 USPIT 226, 14. 12. 1987, S. 13.

200 Gemeinsames U.S.-UdSSR-Kommuniqué vom 11. 12. 1987, ebenda, S. 40.

201 Pressekonferenz des Sicherheitsberaters Powell, USPIT 227/B, 15. 12. 1987, S. 14.

202 IHT, 27./28. 2. 1988. Zur Entscheidung der JCS von 1987, vgl. IHT, 28. 3. 1988.

203 WP, 7. 2. 1988, S. A1, A22; 9. 2. 1988, S. A20.

204 USPIT B, 31. 5. 1988, S. 22.

205 Ebenda.

206 Abschlußkommuniqué der Konferenz in Moskau, in: USPIT A 3. 6. 1988, S. 6.

207 Ebenda, S. 8.

208 Ebenda.

209 Steven A. Hildreth: The START Talks: Where Do We Stand?, in: CRS-Review, Juni 1987, S. 7ff. Eine nützliche Übersicht über die Entwicklung der Positionen im START-Bereich seit 1982 bietet Arms Control Association: Strategic Offensive Arms Negotiations, Washington, D.C., November 1987, mimeo.

210 Congressional Budget Office: Modernizing U.S. Strategic Offensive Forces: Costs, Effects, and Alternatives, Washington, D.C., November 1987, S. 3.

211 Frank C. Carlucci: Annual Report to the Congress on the Amended FY 1988/FY 1989 Biennial Budget, Washington, D.C., Februar 1988, S. 235.

212 Ebenda, S. 243.

213 IHT, 30./31. 1. 1988.

214 U.S. Congress, Office of Technology Assessment: New Technology for Nato. Implementing Follow-on-Forces Attack, Washington, Juni 1987. Vgl. auch Andrew J. Pierre (Hg.): The Conventional Defense of Europe: New Technologies and New Strategies, New York, Council on Foreign Relations, 1986.

215 Statement General John R. Galvin vor dem Auswärtigen Senatsausschuß, WP, 23. 1. 1988, S. A21.

216 IHT, 15. 9. 1987.

217 Einzelheiten bei Ernst-Otto Czempiel (Anm. 173).

218 Europa-Archiv 43, 4, 25. 2. 1988, S. D 108ff.

219 IHT, 4. 3. 1988.

220 Richard Burt: Why America and Europe Clashed, in: NYT, 7. 5. 1986, S. 27.

221 Office of Technology Assessment (Anm. 214), S. 15ff.

222 Siehe dazu Stanley R. Sloan et al.: Conventional Arms Control and Military Stability in Europe, Congressional Research Service Report 87–831 F, Washington, D.C., 16. 10. 1987, S. 28ff. Zur KSZE-Nachfolge Wilhelm Bruns: Bilanz und Perspektiven des KSZE-Prozesses, in: Aus Politik und Zeitgeschichte, B 10/88, 4. 3. 1988, S. 27ff. Ingo Peters: Transatlantischer Konsens und Vertrauensbildung in Europa.

Die KVAE-Politik der Vereinigten Staaten und der Bundesrepublik Deutschland 1978–1986, Baden-Baden 1987.

223 FAZ, 2. 11. 1987. Auch die Westeuropäische Union hatte ähnliche Einschätzungen vorgenommen. Vgl. auch dazu die – wenngleich anders motivierte – Beurteilung durch den SPD-Abgeordneten Andreas von Bülow: Alpträume West gegen Alpträume Ost. Ein Beitrag zur Bedrohungsanalyse. Bonn, Vorstand der SPD, o.J. (1984).

224 Carl Levin: Beyond the Bean Count. Realistically Assessing the Conventional Military Balance in Europe, a Report, Washington, D.C., 20. 1. 1988, passim.

225 Sloan (Anm. 222), S. 80.

226 Europa-Archiv 43, 4 (Anm. 218), S. D 111.

227 Vgl. Michael Howard, Karl Kaiser, Francois de Rose, IHT, 2. 2. 1988, und die Antwort von Brzezinski, Kissinger, Iklé, Wohlstetter, ebenda, 24. 2. 1988. Eine Kritik des Papiers und der Diskussion bietet Helga Haftendorn: Transatlantische Dissonanzen, in: Europa-Archiv 43, 8, 25, 4, 1988, S. 213ff.

228 Discriminate Deterrence (Anm. 197), S. 14.

229 Ebenda, S. 25.

230 Robert O. Keohane: After Hegemony. Cooperation and Discord in the World Political Economy, Princeton, N.J. 1984; David P. Calleo: Beyond American Hegemony: The Future of the Western Alliance, New York 1987.

231 Ronald Reagan: National Security Strategy of the United States, Washington, D.C., Januar 1988, S. 18, 21.

V. Kampf und Widerstand

1 Zu diesen Zusammenhängen vgl. Sidney Blumenthal: The Conservative Crackup, in: Foreign Policy 69, Winter 1987/1988, S. 166ff. So auch der amerikanische Senator Daniel P. Moynihan: America Needs to Change its World View, in: IHT, 22. 12. 1986.

2 Dazu Ernst-Otto Czempiel: Der Stand der amerikanisch-sowjetischen Beziehungen, in: Aus Politik und Zeitgeschichte, B 5/86, 1. 2. 1986, S. 14ff.

3 USPIT 39, 17. 3. 1986, S. 9–21. Eine gekürzte deutsche Version bei Ernst-Otto Czempiel und Carl-Christoph Schweitzer (Hg.): Weltpolitik der USA nach 1945. Einführung und Dokumente. Bonn 1987/2, S. 433–441.

4 Ebenda, S. 437.

5 Dazu Christopher Layne: The Real Conservative Agenda, in: Foreign Policy 61, Winter 1985/86, S. 73ff.

6 Die einschlägigen Berichtteile sind abgedruckt bei Czempiel/Schweitzer (Anm. 3), S. 433. Der Bericht für 1988 erschien im Januar 1988 unter dem Titel: National Security Strategy of the United States, Washington, D.C., Januar 1988.

7 Caspar W. Weinberger: Report to Congress on the FY 1985 Budget, FY 1986 Authorization Request and FY 1985–1999 Defense Programs, Washington, D.C. 1983, zit. nach dem Abdruck in U.S. Congress 98/1, Committee on Armed Services, Senate: Department of Defense Authorization for Appropriations for Fiscal Year 1984, Hearings, Part 1, Washington, D.C. 1983, S. 161.

8 IHT, 10. 3. 1986, WP, 31. 3. 1986, S. A 1 und A 14.

9 IHT, 21./22. 2. 1987. Bob Woodward: Geheimcode Veil: Reagan und die geheimen Kriege der CIA, München 1987, S. 530ff.

10 USPIT 1, 8. 1. 1986, S. 1. Siehe auch das Fact Sheet S. 10.

11 Edward Schumacher: The U.S. and Libya, in: Foreign Affairs 65, 2, Winter 1986/87, S. 335.

12 IHT, 24. 4. 1986. Siehe auch schon FAZ, 29. 3. 1986, S. 5.
13 Zu dieser Problematik allgemein Barry M. Blechman und Stephen S. Kaplan: Force Without War. U.S. Armed Forces as a Political Instrument, Washington, D.C. 1978.
14 IHT, 11. 1. 1988.
15 WB 222, 29. 11. 1984, S. 17.
16 Congressional Quarterly, 5. 12. 1987, S. 2980.
17 Ebenda.
18 Dazu Alan Ned Sabrosky und William J. Olson: USCENTCOM Reconsidered: A Case for Reform, in: The Journal of Strategic Studies 10, 3, September 1987, S. 310ff.
19 Der Vorsitzende des Vereinigten Generalstabs Crowe zit. nach: USPIT 103A, 9. 6. 1987, S. 38.
20 IHT, 10./11. 10. 1987.
21 Hanns W. Maull: Die Internationalisierung des Golf-Krieges, in: Europa-Archiv 42, 19, 10. 10. 1987, S. 538.
22 IHT, 29. 9. 1987.
23 Brief des Vorsitzenden des Streitkräfteausschusses des Senates, Senator Sam Nunn, an den Fraktionschef Robert C. Byrd vom 29. 6. 1987, Washington, D.C., mimeo.
24 IHT, 25. 10. 1988, S. 1, S. 7.
25 IHT, 17. 7. 1985.
26 IHT, 6. 2. 1987.
27 Sandra Burton: Aquino's Philippines: The Center Holds, in: Foreign Affairs 65, 3, 1986, S. 524ff.
28 Brief Präsident Reagans an den philippinischen Präsidenten Marcos, zit. nach U.S. Congress 99/1, Committee on Foreign Relations, Senate: Administration Review of U.S. Policy Toward the Philippines, Hearing, 30. 10. 1985, Washington, D.C. 1986, S. 76.
29 IHT, 28. 10. 1987.
30 The Commission on Integrated Long-Term Strategy: Discriminate Deterrence, Report, Washington, D.C., Januar 1988, S. 10.
31 Zum Problemkreis vgl. Ernst-Otto Czempiel: Macht in der interdependenten Welt, in: MERKUR 35, 7, Juli 1981, S. 653ff.
32 Zit. nach Michael T. Klare: The Interventionist Impulse: U.S. Military Doctrine for Low-Intensity Warfare, in: ders. und Peter Kornbluh (Hg.): Low-Intensity Warfare. Counterinsurgency, Proinsurgency and Antiterrorism in the Eighties, New York 1988, S. 53.
33 IHT, 6. 5. 1986.
34 Ronald Reagan: National Security Strategy of the United States, Washington, D.C. 1988, S. 34.
35 The Joint Staff (Organization of the Joint Chiefs of Staff): United States Military Posture for Fiscal Year 1989, Washington, D.C. 1988, S. 33–38.
36 IHT, 3. 5. 1988, dort auch die Liste der Empfänger.
37 Tamar Jacoby: Reagan's Turnaround on Human Rights, in: Foreign Affairs 64,5, Sommer 1986, S. 1066ff., 1071f.
38 U.S. Congress 100/1, House: Foreign Relations Authorization Act, Fiscal Years 1988 and 1989, Washington, D.C., 14. 12. 1987, S. 47.
39 USPIT 39, 17. 3. 1986, S. 13.
40 Stephen S. Rosenfeld: The Guns of July, in: Foreign Affairs 64,4, Frühjahr 1985, S. 698ff.
41 Congressional Quarterly Almanac 1984, S. 118–119.
42 USPIT 227, 16. 12. 1985, S. 12.

43 Dazu Selig S. Harrison: Inside the Afghan Talks, in: Foreign Policy 72, Herbst 1988, S. 31 ff.
44 Vereinte Nationen: Informationsdienst, UNIS/PS/14, 15. 4. 1988.
45 Donald Rothchild und John Ravenhill: Subordinating African Issues to Global Logic: Reagan Confronts Political Complexity, in: K. A. Oye et al.: Eagle Resurgent? The Reagan Era in American Foreign Policy, Boston 1987, S. 393 ff.
46 Dazu Wayne S. Smith: A Trap in Angola, in: Foreign Policy 62, Frühjahr 1986, S. 61 ff.
47 Dazu Pamela Falk: Cuba in Africa, in: Foreign Affairs 65,5, Sommer 1987, S. 1077 ff., 1092 f.
48 Public Law 99–440. Eine Übersicht bietet Congressional Quarterly Almanac 1986, S. 359 ff.
49 USPIT 95, 19. 6. 1988, S. 9.
50 So Crocker, zit. in: IHT, 16./17. 4. 1988.
51 Außenminister Shultz, zit. bei Gregory F. Treverton: US Strategy in Central America, in: Survival, Vol. XXVIII, No. 2, März/April 1986, S. 128.
52 Mark P. Sullivan: Nicaragua: An Overview of U. S. Policy 1979–1986, Congressional Research Service Report 87–855 F, Washington, D. C. 1987. Zu den Boland-Amendments vgl. die ausführliche Erörterung bei Larry M. Eig: Legislative Histories of Statutory Restrictions on Funding for Covered Assistance for Military or Paramilitary Operations in Nicaragua, FY 1983-FY 1986, Congressional Research Service Report 87–538 A, Washington, D. C. 1987.
53 Vgl. die ausführliche Darstellung in U. S. Congress 100/1, Report of the Congressional Committees investigating the Iran-Contra-Affair, H. Rept. No. 100–433, S. Rept. No. 100–216, Washington, D. C., November 1987, S. 38 ff.
54 Ebenda, S. 113.
55 Robert Parry und Peter Kornbluh: Iran-Contra's Untold Story, in: Foreign Policy 72, Herbst 1988, S. 4 ff., S. 29f.
56 Tad Szulc: Nicaragua: A Signal to Reagan from the Kremlin?, IHT, 8. 9. 1987.
57 Viron P. Vaky: Positive Containment in Nicaragua, in: Foreign Policy 68, Herbst 1987, S. 42 ff., S. 47f. Umfassend, wenn auch sehr kritisch zur Reagan-Politik in Zentralamerika, E. Bradford Burns: At War in Nicaragua: The Reagan Doctrine and the Politics of Nostalgia, New York 1987.
58 USPIT 65, 6. 4. 1988, S. 25.
59 Public Law 99–399, 27. 8. 1986. 100 Stat. 853. Teilweise abgedruckt in: Committee on Foreign Affairs und Committee on Foreign Relations: Legislation on Foreign Relations through 1987, Vol. 1, Washington, D. C., März 1988, S. 312–374.
60 Titel X des Foreign Relations Authorization Act, Fiscal Year 1988 und 1989.
61 Dazu Jeffrey D. Simon: Misunderstanding Terrorism, in: Foreign Policy 67, Sommer 1987, S. 104 ff.
62 John W. Sewell und Christine E. Contee: Foreign Aid and Gramm-Rudman, in: Foreign Affairs 65, 5, Sommer 1987, S. 1021.
63 Czempiel/Schweitzer (Anm. 3), S. 438.
64 Theodor W. Galdi: Development Assistance Policy: A Historical Overview, Washington, D. C., Congressional Research Service, April 1988, S. 22.
65 Balanced Budget and Emergency Deficit Control Act of 1985 (Public Law 99–177), der nach seinen Initiatoren auch Gramm-Rudman-Hollings (GRH)-Gesetz genannt wird.
66 U. S. Congress, Committee on Foreign Affairs, House: Congress and Foreign Policy 1985–86, Washington, D. C. 1988.
67 National Security (Anm. 34), S. 37.
68 Sewell/Contee (Anm. 62).

69 U. S. Congress 100/1, Committee on Foreign Relations, Senate: Security and Development Assistance, Hearings, Part 1, Februar/März 1987, Washington, D.C. 1988, S. 414, Statement McPherson, Administrator der Agency for International Development.
70 Ebenda, S. 419.
71 IHT, 20. 5. 1987.
72 Dazu Francine R. Frankel: Play the India Card, in: Foreign Policy 62, Frühjahr 1986, S. 148ff.
73 National Journal, 11. 7. 1987, S. 1773. USPIT 237, 31. 12. 1987, S. 21.
74 Brief Reagans an den Kongreß vom 17. 12. 1987, Archiv der Gegenwart, 22. 1. 1988, S. 31873. Ferner allgemein Paula R. Newberg: Pakistan's Troubled Landscape, in: World Policy Journal 4, 2, Frühjahr 1987, S. 313ff.
75 Rosenfeld (Anm. 40), S. 707.
76 Eva-Maria Masyk: US-Asienpolitik: ASEAN als Partner und Verbündeter, in: Aus Politik und Zeitgeschichte, B 52/87, S. 39ff., S. 42.
77 Asian Security 1987–88, London 1988, S. 100ff.
78 Michel Oksenberg: China's Confident Nationalism, in: Foreign Affairs 65, 3, 1987, S. 509.
79 USPIT 48, 10. 3. 1986, S. 19.
80 IHT, 10. 6. 1988.
81 Ronald A. Morse: Japan's Drive to Pre-Eminence, in: Foreign Policy 69, Winter 1987/88, S. 18.
82 Ebenda, S. 20.
83 IHT, 28. 6. 1988.
84 Abgedruckt bei Eva-Maria Masyk: Die Außenpolitik der Vereinigten Staaten von Amerika gegenüber ASEAN unter der Reagan-Administration, München 1986, S. 430f.
85 IHT, 12./13. 12. 1987. Dazu Manfred Mols: ASEAN am Vorabend der dritten Gipfelkonferenz, in: Europa-Archiv, 42, 22, 1987, S. 655ff.
86 IHT, 3. 4. 1986.
87 Masyk (Anm. 76), S. 43.
88 IHT, 28. 6. 1988.
89 Vgl. den instruktiven Aufsatz von Song Ximin: Changes in International Relations, in: Beijing Review, 2.–8. 5. 1988, S. 24–28.
90 U. S. Congress 99/2, Committee on Foreign Affairs, House: Developments in the South Pacific Region, Hearing, September 1986, Washington, D. C. 1987, Statement Robert Kiste, S. 251.
91 U. S. Congress 99/1, Committee on Appropriations, Senate: Foreign Assistance and Related Programs Appropriations, Fiscal Year 1986, Hearings, Washington, D. C. 1985, S. 212.
92 U. S. Department of State: Trust Territory of the Pacific States, 1987. 40th Annual Report, Washington, D. C., Mai 1988, S. 7.
93 Für diesen Abschnitt habe ich Informationen aus zahlreichen Gesprächen mit Politikern, Diplomaten und Militärs der Region geführt, die verständlicherweise ungenannt bleiben müssen.
94 Public Law 94–265, 13. 4. 1976.
95 Robert G. Sutter: Australia, New Zealand, and the Pacific Islands: Issues for U. S. Policy. Congressional Research Service Issue Brief IB86158, Washington, D. C., März 1988, S. 4.
96 Developments (Anm. 90), Statement Ben Blaz, S. 153.
97 Leslie H. Gelb und Richard K. Betts: The Irony of Vietnam: The System Worked, Washington, Brookings 1979.

98 U.S. Congress 100/1, Congressional Committees Investigating the Iran-Contra-Affair, Report, Washington, D.C., November 1987, S. 423ff.

VI. Der Preis der Macht

1 Abgedruckt in USPIT 34, 19. 2. 1988, S. 28.
2 U.S. Congress, Joint Economic Committee: The Economy at Midyear: A Legacy of Debt, zit. nach IHT, 12. 8. 1987.
3 Dario Scuka: United States Merchandise Trade and Trade Balances 1945–1987, Washington, D.C., Congressional Research Service, 2. 3. 1988, S. 1, 2.
4 Vgl. das Policy Consensus Statement ehemals führender amerikanischer Politiker, in: IHT, 4.–5. 6. 1988, S. 9. Ferner C. Fred Bergsten: Economic Imbalances and World Politics, in: Foreign Affairs 65, 4, Frühjahr 1987, S. 771.
5 U.S. Congress, Committee on the Budget, House: President Reagan's Fiscal Year 1989 Budget, Committee Print, Washington, D.C. 1988, S. 41. Vgl. auch Benjamin M. Friedman: The Campaign's Hidden Issues, in: The New York Review of Books, XXXV, 15, 13. 10. 1988, S. 26ff.
6 USPIT (Anm. 1), S. 33.
7 Reaganomics: The Good, The Bad, and the Ugly, in: Business Week, 1. 2. 1988, S. 59ff.
8 Congressional Quarterly, 27. 2. 1988, S. 513.
9 Zit. nach Thomas Byrne Edsall: The Return of Inequality, in: The Atlantic, Juni 1988, S. 88, Tabelle S. 89.
10 Committee on the Budget (Anm. 5), S. 246.
11 U.S. Congress, Congressional Budget Office: Defense Spending: What has been accomplished? Staff Working Paper, April 1985. Ferner: IHT 25. 10. 1988, S.4.
12 Reaganomics (Anm. 7), S. 61.
13 Vgl. die kritische Würdigung bei Reinhard Rode: Die Zeche zahlen wir. Der Niedergang der amerikanischen Wirtschaft, München 1988.
14 Dazu Michael V. Seitzinger: Foreign Investment in the United States: Major Federal Restrictions, Washington, D.C., Congressional Research Service, Februar 1988, passim.
15 USPIT 17, 28. 1. 1987, S. 18–19.
16 Siehe dazu allgemein John C. Hilke und Philip B. Nelson: International Competitiveness and the Trade Deficit, Bureau of Economics Staff Report to the Federal Trade Commission, Washington, D.C., Mai 1987.
17 Business Week, 29. 2. 1988, S. 60ff.
18 IHT, 15. 6. 1988.
19 NYT, 10. 4. 1988, S. F 3.
20 Statement des Vorsitzenden der President's Commission on Industrial Competitiveness John A. Young, zit. nach IHT, 20. 4. 1987.
21 Dazu Wolfgang Kappus: Abrüstung und Wirtschaftswachstum. Die Erfahrungen der USA mit der Rekonversion 1966–1976, Frankfurt 1985. Ders.: Die Legende vom Rüstungsboom, Starnberg, mimeo, 1987.
22 National Journal, 16. 4. 1988, S. 1009ff.
23 Ebenda, 2. 4. 1988, S. 873ff.
24 Andrew Kohut und Norman Ornstein: Constructing a Winning Coalition, in: Public Opinion, November/Dezember 1987, S. 41ff.
25 Kevin Phillips: The Rise of the Religious Right in America, in: IHT, 4. 3. 1877, S. 4.
26 National Journal, 27. 2. 1988, S. 537–8.
27 WP, 27. 1. 1988. Umfassend: Daniel Yankelovich und Richard Smoke: America's ‹New Thinking›, in: Foreign Affairs 67, 1, Herbst 1988, S. 1ff., S. 7.

28 Umfrageergebnis der WP, zit. nach IHT, 1. 7. 1988.
29 John E. Rielly: America's State of Mind, in: Foreign Policy 66, Frühjahr 1987, S. 44ff.
30 David S. Broder: A Rise-and-Fall Warning for America, in: IHT, 18. 1. 1988.
31 IHT, 1. 7. 1988.
32 Vgl. Strobe Talbott: Why START stopped, in: Foreign Affairs 67, 1, Herbst 1988, S. 49ff., S. 66. Umfassend dazu: Jürgen Wilzewski: Abrüstung oder Umrüstung? Waffentechnologische Dynamik und die START-Verhandlungen zur Reduzierung strategischer Offensivwaffen. HSFK-Report 10/1988.
33 Yankelovich/Smoke (Anm. 27), S. 8.

VIII. Methodisch-theoretische Nachbemerkung

1 Ernst-Otto Czempiel: Internationale Politik. Ein Konfliktmodell. Paderborn 1981, S. 101 ff.
2 Raymond L. Garthoff: Détente and Confrontation. American-Soviet Relations from Nixon to Reagan. Washington, D. C., Brookings, 1985.
3 Das gilt auch noch für den Neo-Realismus, vgl. Robert O. Keohane und Joseph S. Nye, Jr.: Power and Interdependence, World Politics in Transition, Boston 1977.
4 Er liegt der konservativen Position im deutschen «Historikerstreit» zugrunde, wo seine politisierenden Folgen besonders deutlich werden. Vgl. die Diskussion bei Hans-Ulrich Wehler: Entsorgung der deutschen Vergangenheit?, München 1988.
5 Czempiel (Anm. 1), S. 15ff.
6 Dazu habe ich mich im einzelnen geäußert in: Friedensstrategien. Systemwandel durch internationale Organisationen, Demokratisierung und Wirtschaft, Paderborn 1986, S. 27ff., S. 61f.
7 Ebenda, S. 34ff.
8 Nachweise ebenda, S. 149.
9 Einzelheiten dazu bei Ernst-Otto Czempiel: Internationalizing Politics. Some Answers to the Question Who Does What to Whom, in: ders. und James N. Rosenau (Hg.): Global Changes and Theoretical Challenges, Lexington, Mass. 1989, S. 117ff.
10 Czempiel (Anm. 6), S. 111ff.

Abkürzungsverzeichnis

ABM	Anti Ballistic Missile
ACDA	Arms Control and Disarmament Agency
ACM	Advanced Cruise Missile
AFL-CIO	American Federation of Labor – Congress of Industrial Organizations
AID	Agency for International Development
AIPAC	American-Israel Political Affairs Committee
ALCM	Air-Launched Cruise Missile
ANZUS	Pazifikpakt zwischen Australien, Neuseeland und den USA
ASAT	Antisatellite
ASEAN	Association of South East Asian Nations
ATB	Advanced Technology Bomber
AWACS	Airborne Warning and Control System
BMD	Ballistic Missile Defense
BSP	Bruttosozialprodukt
CAI	Central American Initiative
C^3I	Command, Control, Communications and Intelligence
CIA	Central Intelligence Agency
COCOM	Coordinating Committee for Multilateral Export Controls
CPD	Committee on the Present Danger
CRS	Congressional Research Service
CTB	Comprehensive Test Ban Treaty
DIA	Defence Intelligence Agency
ESF	Economic Support Fund
FAZ	Frankfurter Allgemeine Zeitung
FBS	Forward Based Systems
FDN	Nicaraguan Democratic Force
FOFA	Follow-on Forces Attack
HTC	Hard Target Capability
IAEA	International Atomic Energy Agency
ICBM	Intercontinental Ballistic Missile
IHT	International Herald Tribune
INF	Intermediate-Range Nuclear Forces
IISS	International Institute for Strategic Studies, London
JCS	Joint Chiefs of Staff
KSZE	Konferenz für Sicherheit und Zusammenarbeit in Europa
Kt	Kilotonne = 1000 t

KVAE	Konferenz für Vertrauens- und Sicherheitsbildende Maßnahmen und Abrüstung in Europa
LIC	Low-Intensity Conflict
MBFR	Mutual Balanced Force Reductions
MOU	Memorandum of Understanding
MPLA	Popular Movement for the Liberation of Angola
NATO	North Atlantic Treaty Organization
NED	National Endowment for Democracy
NPA	New People's Army (Philippinen)
NSC	National Security Council
NSDD	National Security Decision Directive
NTM	National Technical Means
NYT	New York Times
OMB	Office of Management and Budget
OPEC	Organization of Petrol Exporting Countries
PD	Presidential Directive
PLO	Palestinian Liberation Organization
PNET	Peaceful Nuclear Explosion Treaty
POMCUS	Prepositioned Material Configured to Unit Sets
RDF	Rapid Deployment Force
RDJTF	Rapid Deployment Joint Task Force
RGW	Rat für Gegenseitige Wirtschaftshilfe
SALT	Strategic Arms Limitation Talks
SDI	Strategic Defense Initiative
SLBM	Submarine/Sea-launched Ballistic Missile
SOS	Save Our Security (Gewerkschafts-Lobby)
SSBN	Ballistic Missile Submarine, Nuclear Powered
START	Strategic Arms Reduction Talks
TTBT	Threshold Test Ban Treaty
UN	United Nations
UNITA	National Union for the Total Independence of Angola
USCENTCOM	U. S. Central Command
USCINCPAC	U. S. Commander in Chief, Pacific Command
USD	US Dollar
USIA	United States Information Agency
USPIT	U. S. Policy Information and Texts
VOA	Voice of America
WB	Wireless Bulletin from Washington
WP	Washington Post

Verzeichnis der Tabellen

Namenregister

Sachregister

Anzeigen